中国财政发展协同创新中心资助出版

十通财经文献注释

王文素　孙翊刚　洪钢　注

（第二册）

中国社会科学出版社

图书在版编目（CIP）数据

十通财经文献注释. 第二册/王文素，孙翊刚，洪钢注. —北京：中国社会科学出版社，2016.6

ISBN 978 - 7 - 5161 - 8000 - 6

Ⅰ.①十…　Ⅱ.①王…　②孙…　③洪…　Ⅲ.①财政史—史料—中国—古代　Ⅳ.①F812.92

中国版本图书馆 CIP 数据核字（2016）第 074797 号

出　版　人	赵剑英
责任编辑	卢小生
特约编辑	熊江平
责任校对	李　楠
责任印制	王　超

出　　　版	中国社会科学出版社
社　　　址	北京鼓楼西大街甲 158 号
邮　　　编	100720
网　　　址	http：//www.csspw.cn
发 行 部	010 - 84083685
门 市 部	010 - 84029450
经　　　销	新华书店及其他书店

印　　　刷	北京君升印刷有限公司
装　　　订	廊坊市广阳区广增装订厂
版　　　次	2016 年 6 月第 1 版
印　　　次	2016 年 6 月第 1 次印刷

开　　　本	710×1000　1/16
印　　　张	34.5
插　　　页	2
字　　　数	531 千字
定　　　价	130.00 元

目　录

《文献通考》

《文献通考》

卷一 田赋考一

历代田赋之制

尧遭洪水①，天下分绝，使禹平水土，别九州②。冀州③：厥土白壤，无块曰壤。厥田惟中中，田第五。厥赋上上错④。赋第一。错，谓杂出第二之赋。兖州⑤：厥土黑坟色黑而坟起，厥田惟中下第六，厥赋贞贞，正也。州第九，赋正与九相当。作十有三载乃同，治水十三年乃有赋法，与他州同。青州⑥：厥土白坟，厥田惟上下，第三。厥赋中上。第四。徐州⑦：厥土赤埴坟，土黏曰埴。厥田惟上中，第二。厥赋中中，第五。扬州⑧：厥土惟涂泥，地泉湿。厥田惟下下，第九。厥赋下上上错第七，杂出第六。荆州⑨：厥土惟涂泥，厥田惟下中第八。厥赋上下第三。豫州⑩：厥土惟壤，下土坟垆，高者壤，下者垆。垆，疏也。厥田惟中上，第四。厥赋错上中，第二。杂出第一。梁州⑪：厥土青黎，色青黑，沃壤也，厥田惟下上，第七。厥赋下中三错。第八，杂出第七、第九三等。雍州⑫：厥土黄壤，厥田上上，第一。厥赋中

---

① 尧，《说文》段注：尧本姓高，陶唐氏以为号。史称在尧统治时期，洪水泛滥，多人多次治水无功。最后，大禹经十三年时间，方使多年的水害灾难得到治理。

② 别，指区分，划定。

③ 冀州，古九州之一。包括今陕西以东，河南黄河以北，山东西北和河北西南部，即包括今河南北部、山西、河北西北的广大地区。

④ 古代划分事物等级一般是分上中下三等，如再细分，每等又分上中下三等，即上上、上中、上下；中上、中中、中下……上上即第一等。

⑤ 兖州，古九州之一。"济、河惟兖州"。包括今河南东北、河北东南部地区。

⑥ 青州，古九州之一。包括今泰山以东的山东广大地区。

⑦ 徐州，古九州之一。地在今山东南部、江苏安徽北部的广大地区。

⑧ 扬州，古九州之一。包括今浙江、江西、福建以及江苏、安徽南部、广东北部等地区。

⑨ 荆州，古九州之一。包括今湖北南部、湖南、贵州东部、广东北部等地区。

⑩ 豫州，古九州之一。包括今河南黄河南部、湖北北部、山东西部等地区。

⑪ 梁州，古九州之一。包括今四川、湖北西部、陕西和甘肃南部地区。

⑫ 雍州，古九州之一。包括今陕西西北、青海、新疆、西藏东部等地区。

下。第六。九州之地，定垦者九百一十万八千二十顷。

孔氏曰："田下而赋上者，人功修也①。田上而赋下者，人功少也。"

三山林氏曰："三代取于民之法不同，而皆不出什一之数。既不出什一之数，而乃有九等之差者，盖九州地有广狭，民有多寡，其赋税所入之总数自有不同，不可以田之高下而准之。计其所入之总数，而多寡比较，有此九等。冀州之赋比九州为最多，故为上上。兖州之赋比九州为最少，故为下下。其余七州皆然。非取于民之时有此九等之轻重也。"

五百里甸服②，为天子服理田。百里赋，纳总，禾本全曰总。二百里，纳铚，刈禾曰铚。三百里，纳秸、服，半槁去皮曰秸。服，事也。纳总、铚、秸之外，又使之服输将之事。四百里，粟。五百里，米。量其地之远近，而为纳赋之轻重精粗③。

唐、虞法制简略，不可得而详，其见于《书》者如此。

夏后氏五十而贡，殷人七十而助。

朱子《集注》曰：夏时一夫受田五十亩，而每夫计其五亩之入以为贡。商人始为井田之制，以六百三十亩之地画为九区，区七十亩，中为公田，其外八家各授一区，但借其力以助耕公田，而不复税其私田。

周文王在岐，今扶风郡岐山县。用平土之法以为治人之道④。地著为

---

① 田下，指田为下等田，但田赋是按上等税率征收，这是由于精耕细作，产量高于其他田地，所以税率定得高。

② 甸服，古五服之一，指五百里内之田。辖内之民为天子耕种田地。

③ 近郊百里内的人民缴纳全禾（包括禾穗和禾秆），百里外二百里内纳禾穗，三百里纳秸秆，四百里纳没去壳的粟，五百里纳粟米。所谓远精近粗，远轻近重，取其公平负担之意。

④ 平，治也；均也。按土质好坏、人口多少，严格标准授田，士、工、商家受田，五口当农夫一人口二十亩，此谓平土可以为法者也。

本，地著谓安土。故建司马法：六尺为步，步百为亩；亩百为夫，夫三为屋；屋三为井，井十为通；通十为成，成十为终；终十为同，同方百里；同十为封，封十为畿，畿方千里。故邱有戎马一匹，牛三头；甸有戎马四匹，兵车一乘，牛十二头，甲士三人，步卒七十二人。一同百里，提封万井①，戎马四百匹，车百乘，此卿大夫采地之大者，是谓百乘之家。一封三百六十六里，提封十万井，定出赋六万四千井，戎马四千匹，车千乘，此诸侯之大者，谓之千乘之国。天子之畿内方千里，提封百万井，定出赋六十四万井，戎马四万匹，兵车万乘，戎卒七十万人②，故曰万乘之主。

按：孟子言文王之治岐，耕者九一，即司马法也。然自卿大夫采地推而至于诸侯、天子者，恐是商之末造，法制隳弛，故文王因而修明之，非谓在岐之时，自立千里之畿，提封百万之井，奄有万乘之兵车也。

周人百亩而彻。其实皆什一也。

朱子《集注》曰："周时一夫授田百亩，乡遂用贡法，十夫有沟；都、鄙用助法，八家同井。耕则通力而作，收则计亩而分，故谓之彻。其实皆什一也。贡法固以十分之一为常数，惟助法乃是九一，而商制不可考。周制则公田百亩中以二十亩为庐舍，一夫所耕公田实计十亩，通私田百亩为十一分，取其一，盖又轻于什一矣。窃料商制亦当似此，而以十四亩为庐舍，一夫实耕公田七亩，是亦什一也。"

《遂人》：凡治野，夫间有遂，遂上有径；十夫有沟，沟上有畛；百夫有洫，洫上有涂；千夫有浍，浍上有道；万夫有川，川上有路，以达于畿。十夫，二邻之田；百夫，一鄦之田③；千夫，二鄙之田；万夫，四县之田。遂、沟、洫、浍皆所以通水于川也。遂广深各二尺，沟倍之，洫倍沟，浍广二寻、深二仞。径、畛、涂、道、路皆所以通车徒于国都也。④ 径容牛马，畛容大车，涂容乘车

---

① 提封，指诸侯封地。按师古所说，提封，亦谓提举，四封之内，总计其数。
② 七十万人，应为七十二万人。
③ 鄦，周代的地方组织。一百家为鄦。
④ 畛，田间小道。

一轨，道容二轨①，路容三轨。万夫者方三十三里少半里，九而方一同，以南亩图之，则遂从沟横，洫从浍横，九浍而川周其外焉。去山林、陵麓、川泽、沟渎、城郭、宫室、涂巷三分之制，其余如此，以至于畿，则中虽有都鄙，遂人尽主其地。

　　右郑注，以为此乡、遂用沟洫之法也，用之近郊乡、遂。

　　《匠人》：为沟洫主通利田间之水道。耜广五寸，二耜为耦②。一耦之伐，广尺、深尺，谓之畎。田首倍之，广二尺、深二尺，谓之遂。古者耜一金，两人并发之。其陇中曰畎，畎上曰伐，伐之言发也。畎，畝也。今之耜岐头两金，象古之耦也。田一夫之所佃，百亩方百步也。遂者夫间小沟，遂上亦有径。九夫为井，井间广四尺，深四尺，谓之沟；方十里为成，成间广八尺，深八尺，谓之洫；方百里为同，同间广二寻，深二仞，谓之浍，专达于川。井者，方一里，九夫所治之田也。采地制井田异于乡、遂及公邑。三夫为屋，屋，具也。一井之中三屋，九夫，三三相具以出赋税，共治沟也。方十里为成，成中容一甸，甸方八里，出田税，缘边一里治洫。方百里同，同中容四都，六十四成，成方八十里，出田税，缘边十里治浍。

　　右郑注，以为此都、鄙用井田之法也，用之野外县都。
　　陈及之曰："周制井田之法，通行于天下，安有内外之异哉？《遂人》言'十夫有沟'，以一直度之也。凡十夫之田之首，必有一沟以泻水。以方度之，则方一里之地所容者九夫，其间广四尺、深四尺谓之沟，则方一里之内凡四沟矣。两旁各一沟，中间二沟。《遂人》云'百夫有洫'，是百夫之地相连属，而同以一洫泻水。以方度之，则方十里之成所容者九百夫，其间广八尺、深八尺谓之洫，则方十里之内凡四洫矣。两旁各一洫，中间二洫，至于浍亦然。若川则非人力所能为，故《匠人》不为川，而云两山之间必有川焉。《遂人》'万夫有川'，亦大约言之耳。大概畎水泻于沟，沟水泻于洫，洫水泻于浍，浍水泻于川，其纵横因地势之便利，《遂人》《匠人》以大意言之。《遂人》以长言之，故曰以达于畿。《匠人》以方言之，故

----

　　① 轨，古指两车轮之间的距离。《周礼·考工记》："辙广六尺。"再加辐内、辐广等，轨皆八尺。
　　② 耦，农具。耦耕，二人并耕。

止一同耳。"又曰："《遂人》所言者，积数也。《匠人》所言者，方法也。积数则计其所有者言之，方法则积其所围之内名之，其实一制也。"

朱子《语录》曰："沟洫以十为数，井田以九为数，决不可合。近世诸儒论田制，乃欲混井田、沟洫为一，则不可行。郑氏注分作两项，却是。"

永嘉陈氏曰："乡、遂用贡法，《遂人》是也。都、鄙用助法，《匠人》是也。按《遂人》云'百夫有洫'，'十夫有沟'，即不见得包沟、洫在内。若是在内，当云百夫、十夫之间矣。《匠人》沟洫却在内，故以间言。方十里者，以开方法计之，为九百夫。方百里者，以开方法计之，为万夫①。《遂人》《匠人》两处各是一法。朱子总其说，谓贡法十夫有沟，助法八家同井，其言简而尽矣，但不知其必分二法者何故。窃意乡、遂之地，在近郊远郊之间，六军之所从出，必是平原旷野。可画为万夫之田，有沟有洫，又有途、路、方、圆可以如图。盖万夫之地所占不多，以井田一同法约之，止有九分之一。故以径法摊算，逐一见其子数。若都、鄙之地谓之甸、稍、县、都，乃公卿大夫之采地，包山林陵麓在内，难用沟洫法整齐分画，故逐处画为井田，虽有沟、洫不能如图，故但言在其间。其地绵亘一同之地为万夫者九，故以径法纽算，但止言其母数。"

按：自孟子有"野九一而助，国中什一使自赋"之说，其后郑康成注《周礼》，以为周家之制，乡、遂用贡法，《遂人》所谓"十夫有沟"是也；都、鄙用助法，《匠人》所谓"九夫为井"是也。自是两法。晦庵以为《遂人》以十为数②《匠人》以九为数，决不可合，以郑氏分注作两项为是，而近世诸儒合为一法为非。然愚尝考之：孟子所谓"野九一"者乃授田之制，"国中什一"者乃取民之制。盖助有公田，故其数必拘于九，八居四旁为私，而一居其中为公，是为九夫，多与少皆不可行。若贡则无公田，孟子之什一，特言其取之之数。《遂人》之十夫，特姑举成数以言之耳。若九夫自有九夫之贡法，十一夫自有十一夫之贡法，初不必拘以十数而后可行贡法

---

① 此处疑有脱字。
② 晦庵，宋朱子讲学之室。地在今福建建阳。朱子自称晦翁，人称晦翁先生。

也。今徒见《匠人》有九夫为井之文，而谓《遂人》所谓十夫有沟者亦是以十为数，则似太拘。盖自遂而达于沟，自沟而达于洫，自洫而达于浍，自浍而达于川，此二法之所以同也。行助法之地，必须以平地之田分画作九夫，中为公田，而八夫之私田环之，列如井字，整如棋局，所谓沟洫者，直欲限田之多少，而为之疆界。行贡法之地，则无问高原下隰①，截长补短，每夫授之百亩，所谓沟洫者，不过随地之高下，而为之蓄泄。此二法之所以异也。是以《匠人》言遂必曰二尺，言沟必曰四尺，言洫必曰八尺，言浍必曰二寻，盖以平原旷野之地，画九夫之田以为井，各自其九以至于同，其间所谓遂、沟、洫、浍者，隘则不足以蓄水，而广则又至于妨田，故必有一定之尺寸，不可逾也。若《遂人》止言：夫间有遂，十夫有沟，百夫有洫，千夫有浍，盖是山谷薮泽之间，随地为田，横斜广狭皆可垦辟，故沟洫亦不言其尺寸。所谓"夫间有遂，遂上有径"，以至"万夫有川，川上有路"云者，姑约略言之，大意谓路之下即为水沟，水沟之下即为田耳。非若《匠人》之田，必拘以九夫，而其沟洫之必拘以若干尺也。《订义》所载永嘉陈氏谓《遂人》十夫有沟，是以直度之，《匠人》九夫为井，是以方言之。又谓《遂人》所言者积数，《匠人》所言者方法，想亦有此意，但其说欠详明耳。然乡、遂附郭之地，必是平衍沃饶，可以分画，宜行助法，而反行贡法；都、鄙野外之地，必是有山谷之险峻，溪涧之阻隔，难以分画，宜行贡法，而反行助法。何也？盖助法九取其一，似重于贡，然地有肥硗，岁有丰凶，民不过任其耕耨之事，而所输尽公田之粟，则所取虽多，而民无预。贡法十取其一，似轻于助，然立为一定之规，以乐岁之数而必欲取盈于凶歉之年，至称贷而益之，则所取虽寡，而民已病矣。此龙子所以言莫善于助，莫不善于贡也。乡、遂迫近王城，丰凶易察，故可行贡法；都、鄙僻在远方，情伪难知，故止行助法。此又先王之微意也。然乡、遂之地少，都、鄙之地多，则行贡法之地必少，而行助法之地必多，至鲁宣公始税亩，杜氏注以为公无恩信于民，民不肯尽力于公田，故履践案行，择其善亩好谷者税取之。盖是时公田所收必是不给于用，而为此横敛。孟子曰："《诗》云：'雨我公田，遂及我

---

① 下隰，指低湿的地方。

私。'惟助为有公田。由此观之，虽周亦助也。"则是孟子之时，助法之废已久，尽胥而为贡法矣。孟子特因《诗》中两语，而想象成周之助法耳。自助法尽废，胥而为贡法，于是民所耕者私田，所输者公租。田之丰歉靡常，而赋之额数已定。限以十一，民犹病之，况过取于十一之外乎！

《大司徒》：凡造都、鄙，制其地域而封沟之，以其室数制之。不易之地家百亩，一易之地家二百亩，再易之地家三百亩。不易之地，岁种之地美，故家百亩。一易之地，休一岁乃复种，地薄，故家二百亩。再易之地，休二岁乃复种，故家三百亩。

《遂人》：辨其野之土，上地、中地、下地，以颁田里。上地，夫一廛①，田百亩，莱五十亩，余夫亦如之。中地，夫一廛，田百亩，莱百亩，余夫亦如之。下地，夫一廛，田百亩，莱二百亩，余夫亦如之。莱，谓休不耕者。廛，居也。扬子云有田一廛，谓百亩之居。孟子所云"五亩之宅，树之以桑"者是也。

《小司徒》：乃均土地以稽其人民，而周知其数。上地，家七人，可任也者家三人。中地，家六人，可任也者二家五人。下地，家五人，可任也者家二人。一家男女七人以上，则授之以上地，所养者众也。男女五人以下，则授之下地，所养者寡也。有夫有妇，然后为家可任矣。见《力役门》。

《王制》：制农田百亩，百亩之粪②，上农夫食九人，其次食八人，其次食七人，其次食六人；下农夫食五人。庶人在官者，其禄以是为差也。孟子答北宫锜同。朱子《集注》：一夫一妇锄田百亩，加之以粪，粪多而力勤者为上农，其所收可供九人。其次用力不齐，故有此五等，庶人在官者，其受禄不同，亦有此五等也。《王制》"粪"作"分"。注疏引《周礼·小司徒》"上地家七人"解此段。按《小司徒》言上地、中地、下地，以田之肥瘠言之。《王制》言上农、次农、下农，以人之勤怠言之，当如《集注》云。

右按周家授田之制，但如《大司徒》《遂人》之说，则是田肥者少授之，田瘠者多授之；如《小司徒》之说，则口众者授之肥田，口少者授之瘠田；如《王制》《孟子》之说，则一夫定以百亩为率，

---

① 廛：《广雅·释诂》，廛，居地这里作一户解。
② 粪，粪种。给土地施肥播种。

而良农食多，惰农食少。三者不同。

西汉《食货志》：圣王量能授事，四民陈力受职。民受田，上田夫百亩，中田夫二百亩，下田夫三百亩。岁耕种者为不易，上田；休一岁者为一易，中田；休二岁者为再易，下田。三岁更耕之，自爰其处。爰，于也。更，谓三岁即改与别家佃，以均厚薄。农民户人己受田，其家众男为余夫，亦以口授田如比。比，同也。士、工、商家受田，五口当农夫一人，口二十亩。此谓平土可以为法者也。若山林、薮泽、原陵、淳卤之地，淳，尽也。泽卤之田不生。各以肥硗多少为差。民年二十受田，六十归田。七十以上，上所养也；十岁以下，上所长也；十一以上，上所强也。勉强劝之以集事。

按：此言受田之法，与《大司徒》《遂人》所言略同，但言余夫受田如此。孟子言余夫二十五亩。《集注》：年十六别受田二十五亩，俟其壮有室，然后更受百亩之田。则此二十五亩者，十六以后、十九以前所受也。

《载师》掌任土之法，以物地事授地职，而待其政令。任土者，任其力势所能生育，且以制贡赋也。物，物色之，以知其所宜之事，而授农、牧、衡、虞使职之。以廛里任国中之地，以场圃任园地，以宅田、士田、贾田任近郊之地，以官田、牛田、赏田、牧田任远郊之地，以公邑之田任甸地，以家邑之田任稍地，以小都之田任县地，以大都之田任畺地。廛里，若今邑居。里，民居之区域也。里，居也。圃，树果蓏之属。宅田，致仕之家所受田。士田，圭田也。贾田，在市贾人，其家所受田也。官田，庶人在官者，其家所受田也。牛田，牧田，畜牧者之家所受之田也。赏田，赏赐之田。公邑，谓六遂余地，天子使大夫治之。自此以外皆然。家邑，大夫之采地。小都，卿之采地①，王子弟所食邑也。畺，五百里三畿界也。皆言任者，地之形实不方平如图，受田邑者远近不得尽如制，其所生育赋贡取正于是耳。凡任地，国宅无征。园、廛二十而一，近郊十一，远郊二十而三，甸、稍、县、都皆无过十二，唯其漆林之征二十而五。征，税也。国宅，凡官所有宫室，吏所治者也。

---

① 此处疑脱漏"大都"二字。

郑氏曰："周税轻近而重远，近者多役也。园、廛亦轻，轻者，廛无谷，园少利也。"

山斋易氏曰："孟子之说，十一之法通乎三代，今考《载师》所言任地，则不止十一而已，毋乃非周人之彻法欤！郑氏惑焉，盖误认《载师》为任民之法，而不知其为任地之法也。尝考《载师》之职，以宅田、士田、贾田任近郊之地，故曰近郊十一；以官田、牛田、赏田、牧田任远郊之地，故曰远郊二十而三；若公邑之田，则六遂之余地，家稍小都、大都之田，则三等之采地，故曰甸、稍、县、都皆无过十二。是六者皆以田赋之十一者取于民，又以其一分为十分，各酌其轻重而以其十一、十二、二十而三者输之于天子，此皆任地之赋也。知任地之法异乎任民之法，则成周十一之彻法可考矣。"

《载师》：凡宅不毛者有里布，凡田不耕者出屋粟，凡民无职事者出夫、家之征。不毛，不树桑麻。布，帛也。宅不毛者，罚以一里二十五家之布。空田者，罚以一屋三家之税。民无职事者，出夫税，百亩之税；家税，出士徒车辇，给徭役。赵商问田不耕罚宜重①，乃止三夫之税粟，宅不毛罚宜轻，乃以二十五家之布，未达轻重之差，郑答语亦不明。《闾师》：凡庶民不畜者祭无牲，不耕者祭无盛，不树者无椁②，不蚕者不帛，不绩者不衰。

按：周家立此法，以警游惰之民。所谓里布、屋粟、夫家之征，盖倍蓰而取，以困之也。所谓无牲、无盛、无椁、不帛、不衰，盖禁其合用以辱之也。其为示罚一也。然所罚之里布、屋粟，国用曷常仰给于此？郑氏注谓以共吉、凶二服及丧器，误矣。至孟子言廛无夫里之布，则知战国时以成周所以罚游惰者为经常之征敛矣。是无罪而受罚也，可乎？甚至王介甫遂欲举此例以役坊郭之民③。夫古人五亩之宅与田皆受之于官，是以不毛者罚之，后世官何尝以宅地场圃给民，而欲举此比乎？

---

① 赵商，人名。

② 椁，外棺。

③ 王介甫，宋王安石，字介甫。神宗时为宰相，推行改革。博览强记，诗文书画俱佳，为唐宋八大家之一。

鲁宣公十五年，初税亩。宣公无恩信于民，民不肯尽力于公田，履践案行，择其善亩好谷者税取之。

《左氏传》曰："非礼也，谷出不过藉，谓公田借民力耕之，税不过此，以丰财也。"

《公羊传》曰："讥始履亩而税也。古者什一而藉，什一者天下之中正也，什一行而颂声作矣。"

《谷梁传》曰："私田稼不善则非吏，非，责也。吏，田畯也。言吏急民，使不得营私田。公田稼不善则非民，民勤私也。初税亩者，非公之去公田，而履亩十取一也，以公之与民为己悉矣。悉，谓尽其力。"

鲁成公元年，作邱甲。《周礼》：九夫为井，四井为邑，四邑为邱。邱十六井，出戎马一匹，牛三头。四邱为甸，甸六十四井，出长毂一乘、戎马四匹、牛十头、甲士三人、步卒七十二人①。此甸所赋，今鲁使邱出之，讥重敛。

《左氏传》曰："为齐难故。"

鲁哀公十二年，用田赋。杜预注《左传》："邱赋之法，因其田财，通出马一匹、牛三头，今欲别其田及家财，各自为赋，故名田赋。"何休注《公羊传》："田谓一井之田，赋者敛取其财也。言用田赋者，若今汉家敛民钱以田为率矣。不言井者，城郭里巷亦有井，嫌悉赋之。《礼》：税民，公田不过什一；军赋，十井不过一乘。哀公外慕强兵，空尽国储，故复用田赋过什一。"

《左传》："季孙欲以田赋，使冉有访诸仲尼。仲尼不对，而私于冉有曰：'君子之行也度于礼，施取于厚，事举其中，敛从其薄。如是，则以邱亦足矣。邱，十六井，出戎马一匹，牛三头，是赋之常法。若不度礼而贪冒无厌②，则虽以田赋，将又不足。且子季孙若欲行而法，则周公之典在；若欲苟而行，又何妨焉。'不听。"

《国语》："仲尼不对，而私于冉有曰：'先王制土，籍田以力，而砥其远近；赋里以入，而量其有无；任力以夫，而议其老幼。'于

---

① 牛十头，当为十二头。
② 礼字前可能漏一"于"字。

是乎有鳏、寡、孤、疾，有军旅之出则征之，无则已，言无军旅则不征鳏、寡、孤、疾之赋。其岁收，田一井出稯禾、秉刍、缶米，不是过也。此有军旅之岁所征。缶，庾也，十六斗曰庾。十庾曰秉，二百四十斗。四秉曰筥，十筥曰稯，稯，六百四十斛。先王以为足。若子季孙欲其法也，则有周公之籍；若欲犯法，则苟而赋，又何妨焉。”

按：四井为邑，四邑为邱，四邱为甸，甸六十四井，成公以甸赋取之于邱，已是四倍于先王之时。今详夫子答语，如《左传》所载，似是以井赋取之于邱，田乃一井之田，注见上。则又十六倍于成公之时，未应如是其酷。如《国语》所载，是以军旅之赋施之平时，则只是每井加赋，而未必尽及一邱之数。此杜、何二公所注，所以有别赋家财及引汉敛民钱为喻之说也。

哀公问于有若曰：“年饥用不足，如之何？”对曰：“盍彻乎？”公曰：“二，吾犹不足，如之何其彻也？”有若曰：“百姓足，君孰与不足？百姓不足，君孰与足”二，谓已收公田之租，又履私田之亩，十取其一。公又问于孔子，孔子曰：“薄赋敛，则人富。”公曰：“若是，寡人贫矣。”对曰：“岂弟君子，人之父母。未见子富而父贫也。”

滕文公使毕战问井地，孟子曰：“夫仁政必自经界始，经界不正，井地不均，谷禄不平。是故暴君污吏必慢其经界①。经界既正，分田制禄可坐而定也。夫滕壤地褊狭，将为君子焉？将为野人焉？无君子莫治野人，无野人莫养君子。请野九一而助，国中什一使自赋。卿以下必有圭田，圭田五十亩，余夫二十五亩。死徙无出乡，乡田同井，出入相友，守望相助，疾病相扶持，则百姓亲睦。方里而井，井九百亩，其中为公田，八家皆私百亩，同养公田，公事毕，然后敢治私事，所以别野人也。此其大略也。若夫润泽之，则在君与子矣。”

朱子《集注》曰：“经界谓治地分田，经画其沟涂封植之界也。此法不修，则田无定分，而豪强得以兼并，故井地不均；赋无定法，

---

① 慢、侮乱，破坏。

而贪暴得以多取，故谷禄不平。野，郊外都、鄙之地。九一而助，为公田而行助法也。国中，郊门之内，乡、遂之地也。田不井授，但为沟洫，使什而自赋其一，盖用贡法也。周所谓彻法盖如此。当战国时，非惟助法不行，其贡亦不止什一矣。圭田，世禄常制之外又有此田，以奉祭祀，所以厚君子。不言世禄，滕已行之，但此未备。余夫年十六授此田，在百亩之外，所以厚野人。‘方里而井’以下，乃周之助法。上言野及国中二法，此独详于治野者，国中贡法当时已行，但取之过于什一耳。”

魏文侯时，租赋增倍于常，或有贺者，文侯曰：“今户口不加而租赋岁倍，此由课多也。比如彼治野，令大则薄，令小则厚，治人亦如之。夫贪其赋税不爱人，是虞人反裘而负薪也。徒惜其毛，而不知皮尽而毛无所傅。”李悝为魏文侯作尽地力之教，以为地方百里，提封九万顷，除山泽、邑居三分去一，为田六百万亩。治田勤①，则亩益三升，臣瓒曰：“当言三斗，谓治田勤则亩加三斗也”。不勤，则损亦如之。地方百里之增减，辄为粟百八十万石矣。余见《平籴门》。

秦孝公十二年，初为赋。纳商鞅说，开阡陌，制贡赋之法。

杜氏《通典》曰：“秦孝公用商鞅。鞅以三晋地狭人贫；秦地广人寡，故草不尽垦，地利不尽出。于是诱三晋之人②，利其田宅，复三代无知兵事，而务本于内；而使秦人应敌于外。故废井田，制阡陌，任其所耕，不限多少，数年之间，国富兵强，天下无敌。”

吴氏曰：“井田受之于公，毋得粥卖，故《王制》曰：‘田里不粥。’秦开阡陌，遂得卖买。又战得甲首者益田宅，五甲首而隶役五家，兼并之患自此起。民田多者以千亩为畔，无复限制矣。”

朱子《开阡陌辩》曰：“《汉志》言秦废井田，开阡陌。说者之意，皆以开为开置之开，言秦废井田而始置阡陌也。故白居易云：‘人稀土旷者，宜修阡陌；户繁乡狭者，则复井田。’盖亦以阡陌为秦制，井田为古法。此恐皆未得其事之实也。按阡陌者，旧说以为田

---

① 治田勤，《汉书·食货志上》记为“治田勤谨”。
② 诱，导；引。《孔子家语》：“天诱其里”，【注】天导其善。

间之道，盖因田之强畔，制其广狭，辨其纵横，以通人物之往来，即《周礼》所谓遂上之径、沟上之畛、洫上之涂、浍上之道也。然《风俗通》云：'南北曰阡，东西曰陌。'又云：'河南以东西为阡，南北为陌。'二说不同。今以《遂人》田亩、夫家之数考之，则当以后说为正。盖陌之为言百也，遂洫从，而径涂亦从，则遂间百亩，洫间百夫，而径涂为陌矣；阡之为言千也，沟浍横，而畛道亦横，则沟间千亩，浍间千夫，而畛道为阡矣。阡陌之名由此而得。至于万夫有川，而川上之路周于其外，与夫《匠人》井田之制，遂、沟、洫、浍亦皆四周，则阡陌之名疑亦因其横从而得之也。然遂广二尺，沟四尺，洫八尺，浍二寻，则丈有六尺矣。径容牛马，畛容大车，涂容乘车一轨，道二轨，路三轨，则几二丈矣。此其水陆占地不得为田者颇多，先王之意，非不惜而虚弃之也，所以正经界，止侵争，时蓄泄，备水旱，为永久之计，有不得不然者，其意深矣。商君以其急刻之心，行苟且之政，但见田为阡陌所束，而耕者限于百亩，则病其人力之不尽；但见阡陌之占地太广，而不得为田者多，则病其地利之有遗。又当世衰法坏之时，则其归授之际，必不免有烦扰欺隐之奸，而阡陌之地切近民田，又必有阴据以自私，而税不入于公上者。是以一旦奋然不顾，尽开阡陌，悉除禁限，而听民兼并买卖，以尽人力；垦辟弃地，悉为田畴，而不使其有尺寸之遗，以尽地利；使民有田即为永业，而不复归授，以绝烦扰欺隐之奸；使地皆为田，而田皆出税，以核阴据自私之幸。此其为计，正与杨炎疾浮户之弊，而遂破租庸以为两税，盖一时之害虽除，而千古圣贤传授精微之意于此尽矣。故《秦纪》《鞅传》皆云：'为田开阡陌封疆，而赋税平。'蔡泽亦曰：'决裂阡陌，以静生民之业，而一其俗。'详味其言，则所谓开者，乃破坏？削之意，而非创置建立之名；所谓阡陌，乃三代井田之旧，而非秦之所制矣。所谓'赋税平'者，以无欺隐窃据之奸也；所谓'静生民之业'者，以无归授取予之烦也。以是数者合而证之，其理可见，而蔡泽之言尤为明白。且先王疆理天下，均以予民，故其田间之道有经有纬，不得无法。若秦既除井授之制矣，则随地为田，随田为路，尖斜屈曲无所不可，又何必取其东西南北之正以为阡陌，而后可以通往来哉？此又以物情事理推之，而益见其说之无疑者。或乃以汉世独有阡陌之名，而疑其出于秦之所置。殊不知秦之所开亦其旷僻，而非通路者耳。若其适当冲要，而便于往来，则亦岂得而尽废之哉！但必稍侵削之，不复使如先王之旧耳。或者又以董仲舒言富者连阡陌，而请限民名田，疑田制之坏由于阡陌，此亦非也，盖曰富者一家兼有千夫、百夫之田耳。至于所谓商贾无农夫之苦，有阡陌之得，亦以千夫、百夫之收而言。盖当是时去古未远，此名尚在，而遗迹犹有可考者，顾一时君臣乃不能推寻讲究而修复之耳，岂不可惜也哉！"

始皇三十一年，使黔首自实田。

　　《通典》曰："夏之贡，殷之助，周之彻，皆十而取一，盖因地而税。秦则不然，舍地而税人，故地数未盈，其税必备。是以贫者避赋役而逃逸，富者务兼并而自若。加以内兴工作，外攘夷狄，收大半之赋，发闾左之戍①，竭天下之资财以奉其政，犹未足以赡其欲也。二世承之不变，海内溃叛。"
　　按：秦坏井田之后，任民所耕，不计多少，已无所稽考，以为赋敛之厚薄。其后遂舍地而税人，则其缪尤甚矣。是年，始令黔首自实田以定赋，《通典》所言，其是年以前所行欤？

秦田租、口赋、盐铁之利二十倍于官②，或耕豪民之田，见税十五。
言贫人无田，而耕垦豪富家之田，十分之中以五输田主也。
汉兴，循而未改。汉兴，天下既定，高祖约法省禁，轻田租，十五而税一，量吏禄，度官用，以赋于民。
惠帝即位，减田租，复十五税一。汉初十五税一，中间废，今复之也。
文帝十二年，诏赐天下民租之半。

　　晁错说上曰："尧、禹有九年之水，汤有七年之旱，而国无捐瘠者，以蓄积多而备先具也。今海内为一，土地人民之众不避汤、禹③，加以亡天灾水旱，而蓄积未及，何也？地有遗利，民有余力，

---

① 闾，古指居民区，闾左指贫弱之户。
② 官，按《汉书·食货志上》所记为"古"。
③ 避，这里作避让解。即不少于汤、禹时期的土地人民。

生谷之土未尽垦，山泽之利未尽出也，游食之民未尽归农也。民贫则奸邪生，贫生于不足，不足生于不农，不农则不地着，不地着则离乡轻家不能禁也。今农夫五口之家，其服役者不下二人，能耕者不过百亩，百亩之收不过百石，春耕夏耘，秋获冬藏，伐薪樵，治官府，给徭役，四时之间无日休息；又私自送往迎来，吊死问疾，养孤长幼在其中。勤苦如此，尚复被水旱之灾，急政暴赋，赋敛不时，朝令而暮改，于是有卖田宅、鬻子孙以偿责者矣。方今之道，欲民务农，在于贵粟；贵粟之道，在于使民以粟为赏罚。今募天下入粟县官，得以拜爵除罪。如此，则富人有爵，农民有财，粟有所渫①。夫能入粟以受爵，皆有余者也。取有余以供君上，则贫民之赋可损。"上从其言，令民入粟边拜爵各有差。错复言边食足支五岁，可令入粟郡县；郡县足支一岁以上，可时赦勿收农民租。上从之，诏赐民田租之半。

十三年，除民之田租。

诏曰："农，天下之本，务莫大焉。今勤身从事而有租税之赋，是谓本末无以异也，其于劝农之道未备。其除田之租税。"

致堂胡氏曰："汉志文帝时②，封国渐众，诸侯王自食其地，王府所入寡矣。又与匈奴和亲，岁致金缯；后数为边患，天子亲将出击；复因河决，有筑塞劳费，大司农财用宜不致充溢。而文帝在位十二年，即赐民岁半租，次年遂除之。然则何以足用乎？盖文帝恭俭，百金之费亦不苟用，官阃是效，流传国都，莫有奢侈之习，如之何不富？其财盖不可胜用矣。然后知导谀逢恶者，纳君于荒淫，取之尽锱铢，用之如泥沙，至于财竭，下畔而上亡，其罪可胜诛哉！"按：文帝时，贾谊、晁错皆以积贮未备为可痛惜，说帝募民入粟拜爵。曾未几而边食可支五岁，郡县可支一岁，遂能尽蠲田之税租者，盖当时务末者多，农贱贾贵，一以爵诱之，则尽驱而之南亩。所谓为之者众则财常足，虽帝恭俭所致，亦劝励之有方也。

---

① 渫，疏通，流通。
② 志，当是"至"字之误。

景帝元年，诏曰："间者岁比不登，民多乏食，夭绝天年，朕甚痛之。郡国或硗狭，无所农桑系畜；或地饶广，荐草莽，水泉利，而不得徙。其议民欲徙宽大地者，听之。"

二年，令民半出田租，三十而税一。

先公曰："文帝除民田租税，后十三年至景帝二年，始令民再出田租，三十而税一。文帝恭俭节用，而民租不收者至十余年，此岂后世可及！"

武帝元狩元年，遣谒者劝种宿麦。

董仲舒说上曰："《春秋》他谷不书，至于麦禾不成则书之，以此见圣人于五谷最重麦禾。今关中俗不好种麦，是岁失《春秋》之所重，而损生民之具也。愿陛下诏大司农，使关中民益种宿麦，毋令后时。"上从之。仲舒又说上曰："秦用商鞅之法，改帝王之制，除井田，民得卖买。富者田连阡陌，贫者无立锥之地。汉兴，循而未改。古井田法虽难猝行，宜少近古，限民名田，以赡不足，名田，占田也。名为立限，不使富者过制，则贫弱之家可足也，塞并兼之路，然后可善治也。"竟不能用。

元鼎六年，上曰："左右内史地，名山川源甚众，内史地，谓京兆、扶风。细民未知其利。今内史稻田租挈重，挈，苦计反，收田租之约令也。不与郡同郡，谓四方诸郡。其议减。令吏民勉尽地利，平繇行水勿失其时。"

元封四年，祠后土，赐二县及杨氏无出今年租赋。

五年，修封禅，所幸县无出今年租赋。

天汉三年，修封泰山，行所过无出田租。

帝末年悔征伐之事，乃封丞相田千秋为富民侯，下诏曰："方今之务，在于力农。"以赵过为搜粟都尉。过能为代田，田一亩三甽，甽，垄也，或作"畎"。岁代处，故曰代田，代，易也。古法也。后稷始甽田，以二耜为耦，并两耜而耕。广尺深尺曰甽，长终亩。一亩三甽，一夫三百甽，而播种于甽中，苗生叶以上，稍耨陇草，因隤其土，以附苗根。故其《诗》曰："或耘或耔，黍稷薿薿。"耘，除草也。耔，附根也。言苗稍壮，每耨辄附根，比盛暑，陇尽而根深，能风与旱，能作"耐"。故巍巍而盛也。其耕耘下种田器，皆有便巧。率十二夫为田，一井一屋。故亩五顷，九夫为井，三夫为屋，夫百亩，于古为十二顷。古百步为亩，汉时二百四十步为亩。古千二百亩则得今五顷也。用耦犁、二牛三人，一岁之收，常过缦田亩一斛以上，缦田，谓不甽者①。音莫干反。善者倍之。善为甽者，又过缦田一斛以上。过使教田太常、三辅，太常主诸陵，有民，故亦课田种。大农置工巧奴与从事，为作田器。二千石遣令长、三老、力田及里父老善田者受田器，学耕种养苗状。民或苦少牛，无以趋泽，趋，读曰趣，及也。泽，雨之润泽。故平都令光教过以人挽犁。过奏光以为丞，光，史失其姓。教民相与佣挽犁。率多人者田日三十亩，少者十二亩，以故田多垦辟。过试以离宫卒田其宫壖而缘反。地，离宫，别处之宫，非天子所常居也。壖，余也。宫壖地，谓外垣之内，内垣之外。守离宫卒闲而无事，因令于壖地为田。课得谷皆多其旁田亩一斛以上。令命家田三辅公田。令离宫卒教其家田公田也。又教边郡及居延城。居延，张掖县。是后边城、河东、弘农、三辅、太常民皆便代田，用力少而得谷多。至孝昭时，流民稍还，田野垦辟，颇有蓄积。

石林叶氏曰："世多言耕用牛始汉赵过，以为《易》'服牛乘马，引重致远'，牛马之用盖同，初不以耕也。故华山、桃林之事，武王以休兵并言，而《周官》，凡农政无有及牛者。此理未必然。孔子弟子冉伯牛、司马牛皆名'耕'，若非用于耕，则何取于牛乎？《汉书·赵过传》但云：'亩五顷用耦耕，二牛三人。其后民或苦少牛，平都令光乃教过以人挽犁。'由是言之，盖古耕而不犁，后世变为犁法。耦用人，犁用牛，过特为之增损其数耳，非用牛自过始也。耦与犁皆耕事，故通言之。孔子言'犁牛之子骍且角'②，则孔子时固已用犁，此二氏所以为字也。"

昭帝始元元年，诏毋令民出今年田租。
始元六年，令民得以律占租。武帝时，赋敛烦多，律外而取之，今始复旧。
元凤二年，令三辅、太常郡得以菽粟当赋。谓听以菽粟当钱物也。

---

① 不甽者，《汉书·食货志上》注为"不为甽者"。
② 骍，赤色。

宣帝本始元年，凤凰集胶东千乘，赦天下租税勿收。

三年，诏郡国伤旱甚者，民毋出租赋。

四年，诏被地震伤坏甚者，勿收租赋。

元康二年，诏郡国被灾甚者，毋出今年租赋。

神爵元年，上行幸甘泉、河东，行所过毋出田租。

甘露二年，凤凰集新蔡，毋出今年租。

元帝初元元年，令郡国被灾害甚者，毋出租赋。

二年，郡国被地动灾甚者，毋出租赋。

永光元年，幸甘泉，所过毋出租赋。

成帝建始元年，郡国被灾什四以上，毋收田租。

鸿嘉四年，郡国被灾害什四以上，民赀不满三万，勿收租赋。

孝成帝时，张禹占郑、白之渠四百余顷，他人兼并者类此，而人弥困。孝哀即位，师丹建言："古之圣王莫不设井田，然后治乃可平。孝文皇帝承周、秦兵革之后，天下空虚，故务劝农桑，帅以节俭，民始充实，未有兼并之害，故不为民田及奴婢为限。今累世承平，豪富吏民赀数钜万，而贫弱逾困。盖君子为政，贵因循而重改作，所以可改者，将以救急也，亦未可详，宜略为限。"天子下其议，丞相孔光、大司空何武奏请："诸侯王、列侯皆得名田国中。列侯在长安，公主名田县道，及关内侯、吏民名田皆无过三十顷。诸侯王奴婢二百人，列侯、公主百人，关内侯、吏民三十人，期尽三年，犯者没入官。"时田宅、奴婢贾为减贱，丁、傅用事，董贤隆贵，皆不便也。诏书且须后，遂寝不行。

哀帝即位，令水所伤县邑，及他国郡灾害什四以上，民赀不满十万，皆无出今年租赋。

平帝元始二年，天下民赀不满二万，及被灾之郡不满十万，勿收租税。

汉提封田一万万四千五百一十三万六千四百五顷，提封者，大举其封疆也。其一万万二百五十二万八千八百八十九顷，邑居、道路、山川、陵泽群不可垦，其三千二百二十九万九百四十七顷可垦不可垦，定垦田八百二十七万五百三十六顷，汉极盛矣。据元始二年户千二百二十三万三千，每户合得田六十七亩百四十六步有奇。

王莽篡位，下令曰："古者设井田，则国给人富，而颂声作。秦为无道，坏圣制，废井田，是以兼并起，贪鄙生，强者规田以千数，弱者曾无立锥之居。汉氏减轻田租，三十而税一，而豪民侵凌，分田劫假。分田，谓贫者无田而取富人田耕种，共分其所收。假，如贫人赁富人之田。劫者，富人劫夺其税，欺凌之也。厥名三十，实什税五也。富者骄而为邪，贫者穷而为奸，俱陷于辜，刑用不错。今更名天下田曰王田，奴婢曰私属，皆不得买卖①。其男口不过八，而田满一井者，分余田与九族、乡党。"犯令，法至死，制度又不定，吏缘为奸，天下謷謷然，陷刑者众。后三岁，莽知民愁，下诏诸食王田及私属皆得卖②，勿拘以法。然刑罚深刻，他政悖乱，用度不足，数赋横敛，民愈贫困。

荀悦论曰："古者什一而税，以为天下之中正也。今汉氏或百一而税，可谓鲜矣，然豪强人占田逾侈③，输其赋大半。官家之惠，优于三代；豪强之暴，酷于亡秦。是上惠不通，威福分于豪强也。文帝不正其本，而务除租税，适足以资豪强也。且夫井田之制不宜于人众之时，田广人寡，苟为可也。然欲废之于寡，立之于众，土地布列在豪强，卒而革之，并有怨心，则生纷乱，制度难行。由是观之，若高祖初定天下、光武中兴之后，人众稀少，立之易矣。既未悉备井田之法，宜以口数占田，为之立限，人得耕种，不得卖买，以赡贫弱，以防兼并，且为制度张本，不亦善乎！"

老泉苏氏曰："周之时用井田。井田废，田非耕者之所有，而有田者不耕也。耕者之田资于富民，富民之家地大业广，阡陌连接，募召浮客，分耕其中，鞭笞驱役，视以奴仆。安坐四顾，指麾于其间，而役属之民夏为之耨，秋为之获，无有一人违其节度以嬉，而田之所入己得其半，耕者得其半。有田者一人，而耕者十人，是以田主日累其半以至于富强，耕者日食其半以至于穷饿而无告。夫使耕者至于穷饿，而不耕不获者坐而食富强之利，犹且不可，而况富强之民输租于县官，而不免于怨叹嗟愤！何则？彼以其半而供县官之税，不若周之民以其全力而供上之税也。周之什一，以其全力而供什一之税也。使其半供什一之税，犹用十二之税然也。况今之税，又非特止于什一而已，则宜乎其怨叹嗟愤之不免也。噫！贫民耕而不免于饥，富民坐而

① 按《汉书·食货志上》所记，买卖当为"卖买"。
② 皆得卖，按《汉书·食货志上》所记，卖之后当加一"买"字。
③ 豪强人，当为豪强富人。漏一"富"字。

饱且嬉又不免于怨，其弊皆起于废井田。井田复，则贫民有田以耕，谷食粟米不分于富民，可以无饥；富民不得多占田以锢贫民，其势不耕则无所得食，以地之全力供县官之税，又可以无怨。是以天下之士争言复井田。既又有言者曰：'夺富民之田以与无田之民，则富民不服，此必生乱。如乘大乱之后，土旷而人稀，可以一举而就。高祖之灭秦，光武之承汉，可为而不为，以是为恨。'吾又以为不然。今虽使富民奉其田而归诸公，乞为井田，其势亦不可得。何则？井田之制，九夫为井，井间有沟；四井为邑，四邑为邱，四邱为甸；甸方八里，旁加一里为一成；成间有洫，其地百井而方十里；四甸为县，四县为都，四都方八十里，旁加十里为一同；同间有浍，其地万井而方百里。百里之间，为浍者一，为洫者百，为沟者万，既为井田，又必兼备①。沟洫之制，夫间有遂，遂上有径；十夫有沟，沟上有畛；百夫有洫，洫上有涂；千夫有浍，浍上有道；万夫有川，川上有路。万夫之地，盖三十二里有半，而其间为川、为路者一，为浍、为道者九，为洫、为涂者百，为沟、为畛者千，为遂、为径者万。此二者非塞溪壑、平涧谷、夷丘陵、破坟墓、坏庐舍、徙城郭、易疆陇不可为也。纵使尽能得平原旷野，而遂规划于其中，亦当驱天下之人，竭天下之粮，穷数百年专力于此，不治他事，而后可以望天下之地尽为井田，尽为沟洫，已而又为民作屋庐于其中，以安其居而后可。吁，亦已迂矣！井田成，而民之死其骨已朽矣。古者井田之兴，其必始于唐、虞之世乎。井田之法起于黄帝，事见《乡党门》。非唐、虞之世，则周之世无以成井田。唐、虞启之，至于夏、商，稍稍葺治，至周而大备。周公承之，因遂申定其制度，疏整其疆界，非一日而遽能如此也，其所由来者渐矣。夫井田虽不可为，而其实便于今。今诚有能为近井田者而用之，则亦可以苏民矣乎！闻之董生曰：'井田虽难卒行，宜少近古，限民名田，以赡不足。'名田之说盖出于此。而后世未有行者，非以不便民也，惧民不肯损其田以入吾法，而遂因此以为变也。孔光、何武曰：'吏民名田，毋过三十顷，期尽三年，而犯者没入官。'夫三十顷之田，周民三十夫之田也。纵不能尽如周制，一人而兼三十夫之田，亦已过矣。而期之三年，是又迫蹙平民，使自坏

---

① 此处当有"沟洫"二字。

其业，非人情，难用。吾欲少为之限而不夺其田，尝已过吾限者，但使后之人不敢多占田以近吾限耳。要之数世，富者之子孙或不能保其地以复于贫，而彼尝已过吾限者散而入于他人矣。或者子孙出而分之，已无几矣。如此，则富民所占者少，而余地多，则贫民易取以为业，不为人所役属，各食其地之全利，利不分于人，而乐输官。夫端坐于朝廷，下令于天下，不惊民，不动众，不用井田之制，而获井田之利，虽周之井田，何以远过于此哉！"

水心叶氏进卷曰："今之言爱民者，臣知其说矣。俗吏见近事，儒者好远谋。故小者欲抑夺兼并之家，以宽细民，而大者则欲复古井田之制，使其民皆得其利。夫抑兼并之术，吏之强敏，有必行之于州县者矣。而井田之制，百年之间，士方且相与按图而画之，转以相授，而自嫌其迂，未敢有以告于上者，虽告亦莫之听也。夫二说者，其为论虽可通，而皆非有益于当世。为治之道，终不在此。且不得天下之田尽在官，则不可以为井，而臣以为虽得天下之田尽在官，文、武、周公复出而治天下，亦不必为井。何者？其为法琐细烦密，非今天下之所能为。昔者，自黄帝至于成周，天子所自治者皆是一国之地，是以尺寸步亩可历见于乡遂之中，而置官帅，役民夫，正疆界，治沟洫，终岁辛苦以井田为事；而诸侯亦各自治其国，百世不移。故井田之法可颁于天下。然江、汉以南，潍、淄以东，其不能为者不强使也。今天下为一国，虽有郡县吏，皆总于上，率二三岁一代，其间大吏有不能一岁半岁而代去者，是将使谁为之乎？就使为之，非少假十数岁不能定也。此十数岁之内，天下将不暇耕乎？井田之制虽先废于商鞅，而后诸侯封建绝，然封建既绝，井田虽在亦不可独存矣，故井田、封建相待而行者也。夫畎、遂、沟、洫，环田而为之，间田而疏之，要以为人力备尽，望之而可观，而得粟之多寡，则无异于后世。且大陂长堰因山为源，钟固流潦视时决之，法简而易周，力少而用博。使后世之治无愧于三代，则为田之利，使民自养于中，亦独何异于古！故后世之所以为不如三代者，罪在于不能使天下无贫民耳，不在于田之必为井、不为井也。夫已远者不追，已废者难因。今故堰遗陂在百年之外，潴防众流，即之渺然，弥漫千顷者，如其湮淤绝灭尚不可求，而况井田，远在数千载之上，今其阡陌连亘，墟聚迁改，盖欲求商鞅之所变且不可得矣。孔、孟生衰周之时，井田虽不治，而其大略具在，勤勤以经界为意，叹息先王之良法废坏于暴君汙吏之手。后之儒者乃欲以耳目之所不闻不见之遗言，顾从而效之，亦咨嗟叹息以为不可废，岂不难乎！井田既然矣，今俗吏欲抑兼并，破富人以扶贫弱者，意则善矣，此可随时施之于其所治耳，非上之所恃以为治也。夫州县狱讼繁多，终日之力不能胜，大半为富人役耳。是以吏不胜忿，常欲起而诛之。县官不幸而失养民之权，转归于富人，其积非一世也。小民之无田者，假田于富人；得田而无以为耕，借贷于富人；岁时有急，求于富人；其甚者佣作奴婢，归于富人；游手末作，俳优技艺，传食于富人；而又上当官输，杂出无数；吏常有非时之责，无以应上命，常取具于富人。然则富人者，州县之本，上下之所赖也。富人为天子养小民，又供上用，虽厚取赢以自封殖，计其勤劳，亦略相当矣。乃其豪暴过甚，兼取无已者，吏当教戒之；不可教戒，随事而治之，使之自改则止矣。不宜豫置疾恶于其心，苟欲以立威取名也。夫人主既未能自养小民，而吏先以破坏富人为事，徒使其客主相怨，有不安之心，此非善为治者也。故臣以为儒者复井田之学可罢，而俗吏抑兼并富人之意可损。因时施智，观世立法。诚使制度定于上，十年之后无甚富甚贫之民，兼并不抑而自已，使天下速得生养之利，此天子与其群臣当汲汲为之①。不然，古井田终不可行，今之制度又不复立，虚谈相眩，上下乖忤，俗吏以卑为实，儒者以高为名，天下何从而治哉！"

按：自秦废井田之后，后之君子每慨叹世主不能复三代之法，以利其民，而使豪强坐擅兼并之利，其说固正矣。至于斟酌古今，究竟利病，则莫如老泉、水心二公之论最为确实。愚又因水心之论而广之曰："井田未易言也。周制：凡授田，不易之地家百亩，一易之地二百亩，再易之地三百亩，则田土之肥瘠所当周知也。上地家七人，中地家六人，下地家五人，则民口之众寡所当周知也。上农夫食九人，其次食八人，其次食七人，则其民务农之勤怠又所当周知也。农民每户授田百亩，其家众男为余夫，年十六则别受二十五亩，士工商受田，五口乃当农夫一人，每口受二十亩，则其民之或长，或少，或为士，或为商，或为工又所当周知也。为人上者必能备知闾里之利病，

---

① 汲汲，急建。

详悉如此，然后授受之际可以无弊。盖古之帝王分土而治，外而公、侯、伯、子、男，内而孤、卿、大夫，所治不过百里之地，皆世其土，子其人。于是取其田畴而伍之，经界正，井地均，谷禄平，贪夫豪民不能肆力以违法制，污吏黠胥不能舞文以乱簿书。至春秋之世，诸侯用兵争强，以相侵夺，列国不过数十，土地浸广。然又皆为世卿、强大夫所裂，如鲁则季氏之费、孟氏之成，晋则栾氏之曲沃、赵氏之晋阳，亦皆世有其地。又如邾、莒、滕、薛之类，亦皆数百年之国，而土地不过五七十里，小国寡民，法制易立。窃意当时有国者授其民以百亩之田，壮而畀，老而归，不过如后世大富之家，以其祖父所世有之田授之佃客。程其勤惰以为予夺，较其丰凶以为收贷，其东阡西陌之利病，皆其少壮之所习闻，虽无俟乎考核，而奸弊自无所容矣。降及战国，大邦凡七，而么麽之能自存者无几。诸侯之地愈广，人愈众。虽时君所尚者用兵争强，未尝以百姓为念，然井田之法未全废也。而其弊已不可胜言，故孟子有'今也制民之产，仰不足以事父母，俯不足以畜妻子'之说，又有暴君污吏慢其经界之说。可以见当时未尝不授田，而诸侯之地广人众，考核难施，故法制隳弛，而奸弊滋多也。至秦人尽废井田，任民所耕，不计多少，而随其所占之田以制赋。蔡泽言'商君决裂井田，废壤阡陌，以静百姓之业，而一其志'。夫曰'静'曰'一'，则可见周授田之制，至秦时必是扰乱无章，轻重不均矣。晦庵《语录》亦谓：'因蔡泽此语，可见周制至秦不能无弊。'汉既承秦，而卒不能复三代井田之法，何也？盖守令之迁除，其岁月有限；而田土之还授，其奸弊无穷。虽慈祥如龚、黄、召、杜，精明如赵、张、三王，既不久于其政，则岂能悉知其土地民俗之所宜，如周人授田之法乎？则不过受成于吏手，安保其无弊？后世盖有争田之讼，历数十年而不决者矣。况官授人以田，而欲其均平乎！杜君卿曰：'降秦以后，阡陌既敝，又为隐核。隐核在乎权宜，权宜凭乎簿书，簿书既广，必藉众功，藉众功则政由群吏，由群吏则人无所信矣。夫行不信之法，委政于众多之胥，欲纪人事之众寡，明地利之多少，虽申、商督刑①，挠、首总算，不可得而详矣。'其说

---

① 申、商，指申不害、商鞅。申不害，战国韩人，韩昭侯时为相十五年，内修政教，外应诸侯，国治兵强。其学本于黄老，主刑名，后世尊为法家之祖。商鞅，公孙鞅战国卫人，少好刑名之学，入秦，孝公以为左庶长，推行变法，秦得以富强。封于商十五邑，号为商君。

可谓切中秦汉以后之病。然揆其本原，皆由乎地广人众，罢侯置守，不私其土、世其官之所致也。是以晋太康时，虽有男子一人占田七十亩之制，而史不详言其还受之法。未几，五胡云扰，则已无所究诘。直至魏孝文始行均田，然其立法之大概，亦不过因田之在民者而均之，不能尽如三代之制。一传而后，政已圮乱。齐、周、隋因之，得失无以大相远。唐太宗口分、世业之制，亦多踵后魏之法，且听其买卖而为之限。至永徽而后，则兼并如故矣。盖自秦至今，千四百余年，其间能行授田、均田之法者，自元魏孝文至唐初才二百年，而其制尽蠲矣。何三代贡、助、彻之法千余年而不变也？盖有封建足以维持井田故也。三代而上，天下非天子之所得私也；秦废封建，而始以天下奉一人矣。三代而上，田产非庶人所得私也；秦废井田，而始捐田产以与百姓矣。秦于其所当予者取之①。然沿袭既久，反古实难。欲复封建，是自割裂其土宇，以启纷争；欲复井田，是强夺民之田产以召怨讟，书生之论所以不可行也。"②

---

① 此处疑有脱漏。
② 讟，怨言。

卷二　田赋考二

历代田赋之制

王莽末，天下旱蝗，黄金一斤易粟一斛。至光武建武二年，野谷旅生①，麻菽尤盛，野蚕成茧，被于山阜，人收其利。至五年，野谷渐少，田亩益广焉。

建武六年十二月，诏曰："顷者师旅未解，用度不足，故行什一之税。今军士屯田，粮储差积，其令郡国收见田租，三十而税一，如旧制。"

建武十五年，诏州郡检复垦田。

帝以天下垦田多不以实自占②，又户口年纪互相增减，乃下诏州郡检覆。于是刺史、太守多为诈巧，苟以度田为名③，聚民田中，并度庐屋里落，民遮道啼呼，或优饶豪右，侵刻羸弱。时诸郡各遣使奏事，帝见陈留吏牍上有书，视之云："颍川、弘农可问，河南、南阳不可问。"帝诘吏由趣④，吏不肯伏，抵言于长寿街得之。帝怒。时东海公阳年十二侍侧，曰："吏受郡敕，当欲以垦田相方耳。河南帝城多近臣，南阳帝乡多近亲，田宅逾制，不可为准。"帝令虎贲将诘问吏，吏乃首服。十六年，河南尹张伋及诸郡守十余人坐度田不实，下狱死。

章帝建初三年，诏度田为三品。

---

① 旅，寄，不因播种而生，故叫"旅生"。
② 占，隐度，即自己如实估测。
③ 度田，丈量田地。
④ 由趣，指事情的缘由。

秦彭为山阳太守，兴起稻田数千顷，每于农月亲度顷亩，分别肥瘠，差为三品，各立文簿，藏之乡县。于是奸吏踦踦①，无所容诈。乃上言：宜令天下齐同其制。诏书以其所立条式颁令三府，并下州县。

诏以布帛为租。

时谷贵，县官给用不足。尚书张林上言："谷所以贵，由钱贱故也。可尽封钱，一取布帛为租，以通天下之用。"从之。

和帝永兴元年②，垦田七百三十二万一百七十顷八十亩百四十步。

安帝延光四年，垦田六百九十四万二千八百九十二顷三十三亩八十五步。

元初元年，诏除三辅三岁田租、更赋、口算③。

顺帝建康元年，垦田六百八十九万六千二百七十一顷五十六亩一百九十四步。据建康元年户九百九十四万六千九百九十，每户合得田七十亩有奇。

冲帝永嘉元年，垦田六百九十五万七千六百七十六顷二十亩百有八步。

质帝本初元年，垦田六百九十三万一百二十三顷三十八亩。

桓帝延熹八年，初令郡国有田者，亩税敛钱。亩十钱也④。

按：章帝时，以谷贵，乃封钱以布帛为租，则钱帛盖尝迭用矣。此所谓亩税敛钱，乃出于常赋三十取一之外，今所谓税钱始此。

---

① 踦踦，指恐惧不安的样子。
② 和帝永兴，查东汉和帝无永兴年号，永兴可能是元兴（105年），仅一年。
③ 更赋，指按规定应服役而未能服役的人所征课的代役金。汉代规定：每个成年男子均有服徭役的义务，其中军役包括正卒、更卒和戍卒。当不需要某些人服役或因故不能（不愿）亲身服役者，可以按规定出钱代役，这种钱（又称代役金）即叫更赋。口算，即指口赋和算赋。口赋，又叫口钱，是对7—14 岁的少年儿童所征收的税，人年20 钱（武帝时改为23 钱）；算赋，对成年人征收的税钱，每算120 钱。
④ 田赋的附加税。

灵帝中平二年，税天下田，亩十钱，又名修宫钱①。

　　帝欲铸铜人，而国用不足，乃诏调民田亩，税十钱。陆康上疏曰："哀公增赋而孔子非之，岂有取夺民物以营无用之铜人，捐舍圣戒，自蹈亡国之法哉！"

　　仲长统《昌言》曰："今欲张太平之纪纲，立至化之基址，齐民财之丰寡，正风俗之奢俭，非井田实莫由也。今当限夫田以断兼并，去末作以一本业。通肥硗之率，计稼穑之入。令亩收三斛，斛取一斗，未为甚多。一岁之间则有数年之储，虽兴非法之役，恣奢侈之欲，广爱幸之赐，犹未能尽也。不循古法，规为轻税，及至一方有警，一面被灾，未逮三年，校计塞短，坐视战士之蔬食，立望饿殍之满道，如之何为君行此政也！二十税一，名之曰貊，况三十税一乎！夫薄吏禄以丰军用，缘于秦征诸侯，续以四夷，汉承其业，遂不改更，危国乱家，此之由也。今田无常主，民无常居，吏食日禀，班禄未定，可为法制：画一定科，租税什一，更赋如旧。今者，土广人稀，中地未垦；虽然，犹当限以大家，勿令过制。其地有草者，尽曰官田，力堪农事，乃听受之。若听其自取。后必为奸也。"

　　崔寔《政论》曰："昔圣人分口耕耦，地各相副。今青、徐、兖、冀人稠土狭，不足相供；而三辅左右及凉、幽州内附近郡，皆土旷人稀，厥田宜稼，悉不垦发。今宜遵故事，徙贫人不能自业者于宽地，此亦开草辟土振人之术也。"

　　魏武初平袁氏，以定邺都，令收田租亩粟四升，户绢二匹而绵二斤，余皆不得擅兴，藏强赋弱。

　　吴孙权黄武五年，陆逊以所在少谷，表令诸将增广农亩。权报曰："甚善。今孤父子亲自受田②，车中八牛以为四耦，虽未及古人，亦欲与众均等其劳也。"

　　晋武帝平吴之后，置户调之式：丁男之户岁输绢三匹，绵三斤，女及次丁男为户者半输；其诸边郡或三分之二，远者三分之一；夷人输賓布在公

---

① 田赋的附加税。
② 孤，王侯、小国之君谦称。

反。布①，户一匹，远者或一丈。男子一人占地七十亩，女子三十亩，其外丁男课田五十亩，丁女二十亩，次丁男半之，女则不课。男女年十六以上至六十为正丁，十五以下至十三、六十一以上至六十五为次丁，十二以下、六十六以上为老小，不事。远夷不课田者输义米，户三斛，远者五斗；极远者输算钱，人二十八文。又限王公田宅及品官占田。见《职田门》。

按：两汉之制，三十而税一者，田赋也；二十始傅②；人出一算者，户口之赋也。今晋法如此，则似合二赋而为一。然男子一人占田七十亩，丁男课田五十亩，则无无田之户矣，此户调所以可行欤？

元帝为晋王，课督农功，诏二千石长吏以入谷多少为殿最。其非宿卫要任，皆宜赴农，使军各自佃作，即以为廪。

太兴元年，诏曰："徐、扬二州土宜三麦③，可督令燂地④，投秋下种。至夏而熟，继新故之交，相以周济，所益甚大。"后军将军应詹表曰："一夫不耕，天下必有受其饥者。而军兴已来，征战运漕，朝廷、宗庙、百官用度，既已殷广，下及工商、流寓、童仆不亲农桑而游食者，以十万计。不思开立美利，而望国足人给，岂不难哉！间者流人奔东吴，东吴今俭⑤，皆已还反。江西良田旷废未久，火耕水耨，为功差易。宜简流人⑥，兴复农官，功劳报赏皆如魏氏故事。一年中与百姓，二年分税，三年计赋税，以使之公私兼济，则仓盈庾溢，可计日而待也。"

成帝咸和五年，始度百姓田，取十分之一，率亩税米三升。是后频年水旱，田税不至。咸康初，算田税米，空悬五十余万斛，尚书诸曹以下免官。

哀帝即位，乃减田租，亩收二升。

孝武帝太元二年，除度定田收租之制，王公以下口税三斛，唯蠲在身

---

① 賨布，秦汉至晋，在今湖南、四川一带的少数民族向官府缴纳的一种实物税。

② 指应税年龄。人到二十岁以后，已具有纳税的义务，如授田纳田赋、服徭役等。

③ 三麦，指小麦、大麦、元麦，此三麦见于南方。

④ 燂地，旱地。

⑤ 俭，当指农业歉收，饥馑。

⑥ 简，差，选。

之役。八年，又增税米，口五石。

按：晋制，子男一人授田七十亩，以亩收三升计之，当口二斛一斗；以亩收二升计之，当口税一斛四斗。今除度定田收租之制，而口税二斛增至五石，则赋颇重矣，岂所谓公王以下云者，又非泛泛授田之百姓欤？当考。

前燕慕容皝以牧牛给贫家，田于苑中，公收其八，二分入私。有牛而无地者，亦田苑中，公收其七，三分入私。记室封裕谏曰："魏晋虽道消之世，犹削百姓不至于七八，持官牛田者官得六分，百姓得四分，私牛而官田者与官中分。臣犹曰非明王之道①，而况增乎！"

蜀李雄赋丁岁谷三斛，女丁半之，调绢不过数丈，绵数两，事少役稀，百姓富实。

宋文帝元嘉中，始兴太守徐豁上言："武吏年满十六，课米六十斛。"事见《丁口门》。

宋孝武帝大明初，山阴县人多田少，孔灵符表请徙无赀之家于余姚、鄞、莫侯反。鄞三县，垦起湖田。帝令公卿博议，咸曰："夫训农修政，有国所同。土著之人，习玩日久，如京师无田，不闻徙居他县。山阴豪族富室，顷亩不少，贫者肆力，非为无处。又缘湖居人，鱼鸭为业，小人习始既难，劝之未易。远废田畴，方剪荆棘，率课穷乏，其事弥难。"帝违众议徙人，并成良业。

齐高帝初，竟陵王子良上表言："宋武帝时，遣台使督郡县，或尺布之逋，曲以当疋；百钱余税，且增为千。故下实作尚方，寄系东冶，百姓骇迫，不堪其命。恣意赃贿，无人敢言，贫薄礼轻，即生谤讟②。愚谓凡诸检课，宜停遣使，明下符旨，审定期限，如有违越，随事纠坐。则政有恒典，人无怨咨。"

子良又启曰："今所在谷价虽和，室家饥嗛苦簟反；缣纩虽贱，骈门裸质。而守宰务在裒刻，围桑品屋，以准赀课，致令斩树发瓦，

① 明王之道，指贤君之行事。《书·旅獒》：明王慎德。《管子》：明王之务，在于强本事去无用。

② 谤诽，《说文通训定声》：放言曰谤，微言曰诽，曰讥。即指非议诽谤。

以充重赋，破人贩产，要利一时。东郡使人，年无常限，郡县相承，准令上直。每至州台使命，切求县急，乃有畏失严期，自残躯命；亦有斩绝手足，以避徭役。守令不务先富人，而唯言益国，岂有人贫于下，而国富于上邪？又泉铸岁远，类多剪凿，江东大钱，十不一在。公家所受，必须轮廓，遂买本一千，加子七百，尤求请无地。且钱、布相半，为制永久，或闻长宰须令输钱，进违旧科，退容奸利，欲人康泰，其可得乎！"又启曰："诸赋税所应纳钱，不限小大，但令所在兼折布帛，若杂物是军国所须者，听随价准直，不必尽令送钱。于公不亏其用，在私实荷其渥。昔晋氏初迁，江左草创，绢布所直，十倍于今，赋调多少，因时增减。永初中，官布一匹，直钱一千，而人所输，听为九百。渐及元嘉，物价转贱，私货则匹直六百，官受则匹准五百。所以每欲优人，必为降落。今入官好布，匹下百余，其四人所送，尤依旧制。昔为刻上，今为刻下，旷庶空俭，岂不由之！救人拯弊，莫过减赋。略其目前小利，取其长久大益；无患人赋不殷，国用不阜也。"

自东晋寓居江左，百姓南奔者，并谓之"侨人"，往往散居，无有土著。而江南之俗，火耕水耨，土地卑湿，无有蓄积之货。诸蛮陬俚洞，霑沐王化者，各随轻重收财物，以裨国用。又岭外酋帅，因生口、翡翠、明珠、犀象之饶，雄于乡曲者，朝廷多因而署之，收其利。历宋、齐、梁、陈，皆因而不改。其军国所需杂物，随土所出，临时折课市取，乃无恒法定令。列州郡县，制其任土所出，以为征赋。其无贯之人，不乐州县编者，为浮浪人，乐输亦无定数，任量，唯所输终优于正课焉。都下人多为诸王公贵人左右、佃客、典计、衣食客之类，皆无课役。见《品官占户门》。

后魏明帝永兴中①，频有水旱。神瑞二年，又不熟。于是分简尤贫者就食山东，敕有司劝课田农。自是人皆力勤，岁数丰穰，畜牧滋息。

太武帝初为太子监国②，曾令有司课畿内之人，使无牛家以人牛力相贸，垦植锄耨。其有牛家与无牛家一人种田二十亩，偿以新锄功七亩，如

---

① 永兴（409—413年），北魏明元帝拓拔嗣年号。此处明帝当为明元帝。
② 按《魏书·世祖纪下》所记，太武帝未曾为太子监国。为太子监国者，乃太武帝长子景穆帝拓拔晃，此处当为景穆帝。

是为差。至与老少无牛家种田七亩，老少者偿以锄功二亩。皆以五口下贫家为率。各列家别口数，所种顷亩，明立簿目。所种于地首标题姓名，以辨播殖之功。

魏令：每调，一夫一妇帛一匹，粟一石。人年十三以上未娶者①，四人出一夫一妇之调；奴任耕、婢任绩者，八口当未娶者四；耕牛十头当奴婢八②。其麻布之乡，一夫一妇布一匹，下至半③，以此为降。大率十匹中，五匹为公调，二匹为调外费，三匹为内外百官俸。

孝文延兴四年，诏州郡人十丁取一以充行，户收租五十石以备年粮④。太和八年，始准古班百官之禄，以品第各有差。先是，天下户以九品混通⑤，户调帛二匹、絮二斤⑥、粟二十石，又人帛一匹二丈，委之州库，以供调外之费。至是户增帛三匹、粟二石九斗，以为官司之禄，复增调外帛满二匹，所调各随其土所出。其司、冀、雍、华、定、相、蔡、洛、荆、河、怀、兖、陕、徐、青、齐、济、南河、东徐等州贡绵绢及丝，其余郡县少桑蚕处，以麻布充。

孝明帝时，张普上疏曰："伏闻尚书奏复丝麻之调，遵先皇之令轨，复高祖之旧典。仰惟高祖废大斗，去长尺，改重秤，所以爱百姓，从薄赋。和军国虽绵麻之用⑦，故立幅度之规，亿兆荷轻赋之饶，不但于绵麻而已。故歌舞以供其赋，奔走以役其勤，天子信于上，亿兆乐于下。自兹以降，渐渐长阔，百姓怨嗟，闻于朝野。宰辅不寻其本，知天下之怨绵麻，不察其幅广度长，秤重斗大，革其所弊，存其可存，而特放绵麻之调，以悦天下之心，此所谓悦之不以道，愚臣所以未悦者也。尚书既知国少绵麻，不惟法度之翻易，人言之可畏，便欲去天下之大信，弃己行之成诏，遵前之非，遂后之失，

① 人年十三，《魏书·食货志》记为"十五"。
② 《魏书·食货志》记为"耕牛二十头"。
③ 半，当为"牛"字之误。
④ 年粮，《魏书·高祖纪》作"军粮"。
⑤ 九品混通，指在征收租调时，先把民户按贫富分为九等（九品），然后根据平均定额所计算出来的赋税总额按九品分摊，品级高的户多摊，户等低的户少摊。这就是根据西晋九品相通而来的九品混通。
⑥ 此处据《魏书·食货志》所记，尚有"丝一斤"。
⑦ 和军国，应为"知军国"。

奏求还复绵麻以充国用；不思库中大有绵麻，而郡官共窃利之。臣以为于理未尽。何者？今官人请调度，造衣物，必量度，绢布匹有丈尺之盈，尤不计其广；丝绵斤两兼百铢之剩，未闻依律罪州郡者。若一匹之滥，一斤之恶，则鞭户主，连及三长①，此所谓教人以贪也。今百官请俸，祇乐其长阔，并欲厚重，无复准极。得长阔厚重者，便云其州能调，绢布精阔且长，横发美称，以乱视听，此百司所以仰负圣明者也。今若必复绵麻，谓宜先令四海知其所由，明立严禁，复本幅度，新绵麻之典，依太和之税。其在库绢布并及丝绵不依典制者，请遣一尚书与太府卿、左右藏令，依今官度、官秤，计其斤两广长，折给请俸之人。均常俸之数，年俸所出，以市绵麻，亦应周其一岁之用。使天下知二圣之心，爱人惜法如此，则高祖之执中兴于神龟，明明慈信，昭布于无穷，孰不幸甚！"正光后，国用不足，乃先折天下六年租调而征之，百姓怨苦。

孝文太和元年，诏曰："去年牛疫死大半，今东作既兴，人须肆业，有牛者加勤于常岁，无牛者倍佣于余年。一夫治田四十亩，中男二十亩，无令人有余力，地有遗利。"

时李安世上疏曰："臣闻量人画野②，经国大式③；邑地相参，致治之本。井税之兴，其来日久；田莱之数④，制之以限。盖欲使土不旷功，人罔游力，雄擅之家，不独膏腴之美；单陋之夫，亦有顷亩之分。窃见州县之人，或因年俭流移，弃卖田地，漂居异乡，事涉数代。三长既立，始返旧墟，庐井荒凉，桑榆改植。事已历远，易生假冒。强宗豪族，肆其侵凌，远认魏晋之家，近引亲旧之验。年载稍久，乡老所惑，群证虽多，莫可取据，各附亲知，互有长短，两证徒具，听者犹疑，争讼迁延，连纪不判⑤。良畴委而不开，柔桑枯而不

---

① 三长，此处指邻长、里长、党长。
② 量人画野，《周礼·夏官·量人》：量人，掌建国之法，以分国为九州。【注】量，犹度，谓丈尺度量土地。
③ 式，法则。
④ 田莱，荒芜的土地。莱，轮休土地。
⑤ 连纪，连年，指多年得不到解决。

采，欲令家丰岁储，人给资用，其可得乎！愚谓今虽桑井难复，宜各
均量，审其经术，令分艺有准，力业相称，细人获资生之利，豪右靡
余地之盈，无私之泽乃播均于兆庶，如阜如山可有积于比户矣。又所
争之田，宜限年断，事久难明，悉属今主。然后虚诈之人，绝于觊
觎；守分之士，免于凌夺。"帝深纳之，均田之制始于此矣。九年，
下诏均给天下人田，诸男夫十五以上，受露田四十亩，不栽树者，谓
之露田。妇人二十亩，奴婢依良；丁牛一头受田三十亩，限止四牛。
所授之田率倍之，二易之田再倍之，以供耕休及还受之盈缩。人年及
课则受田，老免及身没则还田，奴婢、牛随有无以还受。诸桑田不在
还受之限，但通人倍田分，于分虽盈，不得以充露田之数，不足者以
露田充倍。诸初受田者，男夫一人给田二十亩，课莳余，种桑五十
树，枣五株，榆三根；非桑之土，夫给一亩，依法课莳、余果及多种
桑、榆者不禁。诸应还之田，不得种桑、榆、枣、果，种者以违令
论，地入还分。诸桑田皆为代业①，身终不还，恒从见口，有盈者无
受无还，不足者受种如法。盈者得卖其盈，不足者得买所不足。不得
卖其分，亦不得买过所足。诸麻布之土，男夫及课，别给麻田十亩，
妇人五亩，奴婢依良，皆从还受之法。诸有举户老小残疾无受田者，
年十一已上及疾者各受以半夫田，年逾七十者不还所受，寡妇守制者
虽免课亦授妇田。诸还受人田，恒以正月。若始受田而身亡及卖买奴
婢、牛者，皆至明年正月乃得还受。诸土广人稀之处，随力所及，官
借人种莳，后有来居者，依法封授。诸地狭之处，有进丁受田而不乐
迁者，则以其家桑田为正田分，又不足不给倍田，又不足家内人别减
分。无桑之乡准此为法。乐迁者听逐空荒，不限异州他郡，唯不听避
劳就逸。其地足之处，不得无故而移。诸人有新居者，三口给地一亩
以为居室，奴婢五口给一亩。男女十五以上，因其地分，口课种菜五
分亩之一。诸一人之分，正从正，倍从倍，不得隔越他畔。进丁受田
者恒从所近。若同时俱受，先贫后富。再从倍之田，放此为法。诸远
流配谪无子孙及户绝者，墟宅、桑榆尽为公田，以供授受。授受之
次，给其所亲；未给之间，亦借其所亲。诸宰人之官，各随所给公
田，刺史十五顷，太守十顷，治中、别驾各八顷，县令、郡丞六顷。

---

① 代业，世代为业。

更代相付，卖者坐如律。

按：夹漈郑氏言①："井田废七百年，至后魏孝文始纳李安世之言，行均田之法。然晋武帝时，男子一人占田七十亩，女子三十亩，丁男课田五十亩，丁女二十亩，次丁男半之，女则不课，则亦非始于后魏也。但史不书其还受之法，无由考其详耳。或谓井田之废已久，骤行均田，夺有余以予不足，必致烦扰，以兴怨谤，不知后魏何以能行。然观其立法，所受者露田，诸桑田不在还受之限。意桑田必是人户世业，是以栽植桑榆其上，而露田不栽树，则似所种者皆荒闲无主之田。必诸远流配谪无子孙及户绝者，墟宅、桑榆尽为公田，以供授受，则固非尽夺富者之田以予贫人也。又令有盈者无受不还，不足者受种如法；盈者得卖其盈，不足者得买所不足；不得卖其分，亦不得买过所足。是令其从便买卖，以合均给之数，则又非强夺之以为公田，而授无田之人，与王莽所行异矣，此所以稍久而无弊欤！"

孝明孝昌二年冬，税京师田租亩五升，借赁公田者亩一斗。

庄帝即位，因人贫富，为租输三等九品之制，千里内纳粟，千里外纳米；上三品户入京师，中三品入他州要仓，下三品入本州②。

静帝天平初，诸州调绢不依旧式。兴和三年，各班海内悉以四十尺为度，天下利焉。元象、兴和之中，频岁大穰，谷斛至九钱。法网宽弛，百姓多离旧居，阙于徭赋矣。

齐神武秉政③，乃命孙腾、高崇之分责无籍之户，得六十余万，于是侨居者各勒还本。是后租调之入有加焉。及侯景背叛，河南之地困于兵革。寻而景乱梁，乃命行台辛术略有淮南之地，其新附州县，羁縻轻税而已。

北齐给授田令，仍依魏朝。每年十月普令转授，成丁而授，老而退，不听卖易。

文宣天保八年，议徙冀、定、瀛无田之人，谓之乐迁，于幽州宽乡以处之时。始立九等之户，富者税其钱，贫者役其力。

---

① 夹漈，山名，地在今福建莆田市西北，旁有西岩，为宋郑樵读书处。故世称称郑樵为夹漈先生。

② 按此段文字，《魏书·食货志》记为"显祖献文帝之事"。

③ 神武，这里当是北齐高欢之谥号。

武成以修创台殿①，所役甚广，并兼户居，益多隐漏。旧制，未娶者输半床租调。有妻者输一床，无者输半床。阳翟一郡，户至数万，籍多无妻，有司劾之。帝以为生事，不许。由是奸欺尤甚，户口租调十亡六七。

河清三年，诏每岁春月，各依乡土方税，课人农桑。自春及秋，男子十五以上，皆营蚕桑。孟冬②，布田亩。蚕桑之月，妇女十五以上，皆营蚕桑。孟冬，刺史听审教之优劣，定殿最之科品。人有人力无牛，或有牛无人力者，须令相便，皆得纳种，使地无遗利，人无游手。又令男子率以十八受田，输租调，二十充兵，六十免力役，六十六退田，免租调。京城四面，诸方之外三十里内为公田，受公田者，三县代迁户执事官一品以下，逮于羽林、虎贲，各有差。其外畿郡，华人官第一品以下，羽林、虎贲以上，各有差。执事及百姓请垦田者，名为永业。奴婢受田者，亲王止三百人，嗣王二百人，第二品嗣王以下及庶姓王百五十人，正三品以上及皇宗百人，七品以上八十人，八品以上至庶人六十人。奴婢限外不给田者皆不输。其方百里外及州人，一夫受露田八十亩③，妇人四十亩，奴婢依良人，限数与者在京百官同。丁牛一头受田六十亩，限止四牛。每丁给永业二十亩为桑田，其田入还受之分④。土不宜桑者，给麻田，如桑田法。

时定令：率人一床调绢一匹，绵八两，凡十斤绵中，折一斤作丝，垦租二石，义租五斗。奴婢各准良人之半。牛调二丈⑤，垦租一斗，义米五升。垦租送台，义租纳郡，以备水旱。垦租皆依贫富为三枭⑥。其赋税常调，则少者直出上户，中者及中户，多者及下户。上枭输远处，中枭输次远，下枭输当州仓。三年一授。租入台者，五百里内输粟，五百里外输米。入州镇者，输粟。人欲输钱者，准上绢收钱。武平之后，权幸赐予无限，乃料境内六等富人，调令出钱。

---

① 武成……此段文字，《隋书·食货志》记为北齐文宣帝高洋时事。
② 此处按《隋书·食货志》所记，"皆营蚕桑。孟冬"六字为错书。
③ 露田，北魏至隋实行均田制，按口授田，以种植谷物，年老或身终时需交回者。
④ 据《隋书·食货志》所记，"其田"后漏列"中种桑五十根，榆三根，枣五根，不在还受之限。非此田者，悉"等字。
⑤ 牛调二丈，《隋书·食货志》作"二尺"。
⑥ 三枭，即分为三等。

后周文帝霸政之初，创置六官，司均掌田里之政令，凡人口十以上宅五亩，口七以上宅四亩，口五以上宅三亩。有室者田百四十亩，丁者田百亩。

周制：司赋掌赋均之政令，凡人自十八至六十四与轻疾者皆赋之。有室者岁不过绢一匹，绵八两，粟五斛；丁者半之。其非桑土，有室者布一疋，麻十斤；丁者又半之。丰年则全赋，中年半之，下年一之，皆以时征焉。若艰凶札，则不征其赋。

隋文帝令自诸王以下至都督皆给永业田，各有差。其丁男、中男永业露田，皆遵后齐之制，并课树以桑、榆及枣。其田宅，率三口给一亩。京官又给职分田。详见《职田门》。

开皇九年，任垦田千九百四十万四千二百六十七顷。开皇中，户总八百九十万七千五百三十六，按定垦之数，每户合垦田二顷余也。开皇十二年，文帝以天下户口岁增，京辅及三河地少而人众，衣食不给，议者咸欲徙就宽乡。帝乃发使四出，均天下之田。其狭乡每丁才至二十亩，老少又少焉。至大业中，天下垦田五千五百八十五万四千四十顷。按其时有户八百九十万七千五百三十六，则每户合得垦田五顷余，恐本史之非实。

    水心叶氏曰："齐自河清始有受田之制，其君骄粗甚矣，然尚如此；周亦有司均掌田里之政，以其时田皆在官故也。今田不在官久矣，往事无复论，然遂以为皆不当在官，必以其民自买者为正，虽官偶有者亦效民卖之，此又偏也。"

    淳熙间，有卖官田之令，故水心云然。

隋文帝依周制，役丁为十二番，匠则六番。丁男一床租粟三石。桑土调以绢绝，麻土调以布。绢绝以匹，加绵三两；布以端，加麻二斤。单丁及仆隶各半之。有品爵及孝子、顺孙、义夫、节妇，并免课役。开皇三年，减十二番每岁为三十日役①，减调绢一匹为二丈。

    初，苏威父绰在西魏世，以国用不足，为征税之法，颇称为重，既而叹曰："今所为正如张弓，非平世也。后之君子，谁能弛乎？"威闻其

---

① 《隋书·食货志》记为"每岁为二十日役"。

言，每以为己任。至是，威为纳言，奏减赋役，务从轻典。帝悉从之。

开皇九年，帝以江表初平，给复十年，自余诸州，并免当年租赋。

十年五月，以宇内无事，益宽徭赋。百姓年五十者，输庸停役。《通鉴》作免役收庸。

十二年，诏河北、河东今年田租三分减一，兵减半，功调全免。

炀帝即位，户口益多，府车盈溢，乃除妇人及奴婢、部曲之课。其后将事辽碣，增置军府，扫地为兵，租赋之入益减，征伐巡幸，无时休息，天下怨叛，以至于亡。

唐武德二年制，每丁租二石，绢二疋，绵三两，自兹之外不得横有调敛。

武德六年，令天下户量其资产，定为三等。至九年，诏天下户三等未尽升降，宜为九等。余见《乡役门》。

七年，始定均田赋税。凡天下丁男，十八以上者给田一顷，笃疾、废疾给田十亩①，寡妻、妾三十亩，若为户者加二十亩，皆以二十亩为永业，其余为口分。永业之田，树以输、桑、枣及所宜之木②。田多可以足其人者为宽乡，少者为狭乡，狭乡授田减宽乡之半，其地有薄厚，岁一易者倍授之，宽乡三易者不倍授。工商者，宽乡减半，狭乡不给。凡庶人徙乡及贫无以葬者，得卖世业田。自狭乡而徙宽乡者，得并卖口分田，已卖者不复授。死者收之，以授无田者。凡收授皆以岁十月，授田先贫及有课役者。凡田，乡有余以给比乡，县有余以给比县，州有余以给比州。凡授田者，丁岁输粟二石谓之租。丁随乡所出，岁输绢绫絁各二丈，布加五之一；绵二两③；输布者，麻三斤，谓之调。用人之力，岁二十日，闰加二日，不役者日为绢三尺，谓之庸。有事而加役二十五日者免调，三十日租、调皆免，通正役并不过五十日。免课役及课户见《复除门》。若岭南诸州则税米：上户一石二斗，次户八斗，下户六斗。夷獠之户皆从半输。蕃人内附者，上户丁税钱十文，次户五文，下户免之。附经二年者，上户丁输羊二口，次户一口，下户三户共一口。凡水旱虫蝗为灾，十分损四分以上

① 按《旧唐书·食货志上》记为"笃疾、废疾给四十亩"。
② 输、桑、枣，《新唐书·食货一》记为"榆、桑、枣"。
③ 按《旧唐书·食货上》所载，此段文字是："布加五分之一。输绫绢絁者，兼调绵三两。"

免租，损六以上免租调，损七以上课役俱免。

右此租、庸、调征科之数，依杜佑《通典》及王溥《唐会要》所载。《陆宣公奏议》及《资治通鉴》所言，皆同《新唐书·食货志》，以为每丁输粟二斛，稻三斛，调则岁输绢二疋，绫绝各二丈，布加五之一，绵三两，麻三斤，非蚕乡则输银十四两。疑太重，今不取。

诸买地者不得过半制①，虽居狭乡，亦听依宽制。其卖者不得更请。凡卖买皆须经官，年终彼此除附。若无文牒辄卖买，财没不追，地还本主。诸工商，永业、口分田各减半给之，在狭乡者并不给。因王事落外蕃不还，有亲属同居，其身份之地六年乃追，还日仍给。身死王事者，子孙虽未成丁，勿追身份田。战伤废疾不追减，终身。诸田不得贴赁及质，若从远役外任无人守业者，听贴赁及质。官人守业田、赐田欲卖及贴赁者②，不在禁限。诸给口分田，务从便近，不得隔越。若州县改易，及他境犬牙相接者，听依旧受。其城居之人，本县无田，听隔县受。

《通典》曰："虽有此制，开元、天宝以来，法令弛坏，并兼之弊有逾汉成哀之间。"

致堂胡氏曰："古者制民之产，是度其丁户之众寡而授之田也。无世而无在官之田，不特唐初也，系上之人肯给与不肯给耳。苟有制民常产抑富恤贫之意，则必括民之无田者而给之田，其富而逾制者，必有限之之法，收之之渐也。若无此意，则以民之犯法而没田为公家之利，与百姓为市而贸之，甚则以为价不售而复夺之，又甚则强其亲属邻里高价而买之，而民之贫、之富、之利、之病皆不概于心，惟冀田得直、重敛得税斯已矣。自后魏、齐、周以来，莫如唐之租庸调法最善，然不能百年，为苟简者所变，可胜惜哉！食禄之家毋得与民争利，此以廉耻待士大夫之美政也。古之时，用人称其官，则久而不徙，或终其身及其子孙，禄有常赐，故仕则不稼，有马乘则不察鸡

---

① 半，疑为"本"字。
② 守业田，疑为"永业田"。

豚，家伐冰则不畜牛羊，当是时而与民争利，斯可责矣。后世用人不慎，升黜无常，朝飨大仓，暮而家食。苟非固穷之君子甘于菽水①，彼仰有事，俯有育，若不经营生理，又何以能存？卢怀慎为丞相，其死也，惟有一奴，自鬻以办丧事，况其余哉！以理论之，凡士而既仕者，即当视其品而给之田；进而任使，则有禄以酬其品；置而不用，则有田以资其生。惟大谴大呵，不在原宥之例，然后收其田里。如此，则不得与民争利之法可行，而廉耻之风益劝矣。"

水心叶氏曰："自古天下之田无不在官，民未尝得私有之。但强者力多，却能兼并众人之利以为富，弱者无力，不能自耕其所有之田，以至转徙流荡。故先王之政，设田官以授天下之田，贫富强弱无以相过，使各有其田得以自耕，故天下无甚贫甚富之民。至成周时，其法极备，虽《周礼·地官》所载，其间不能无牵合抵捂处，要其大略亦可见。周公治周，授田之制，先治天下之田以为井，井为疆界，岁岁用人力修治之，沟洫畎浍皆有定数。疆界既定，人无缘得占田。其间田有弱者，游手者不耕，却无强民贪并之害。后来井田不修，堤防浸失，毁坏绝灭。至商鞅用秦，已不复有井田之旧，于是开阡陌。《汉志》曰："东西曰阡、南北曰陌"。阡陌既开，天下之田却简直易见，看耕得多少，惟恐人无力以耕之。故秦汉之际有豪强兼并之患，富者田连阡陌，而贫者无立锥之地。虽然如此，犹不明说在民，但官不得治，故民得自侵占，而贫者插手不得，不得不去而为游手，转而为末业。终汉之世，以文景之恭俭爱民，武帝之修立法度，宣帝之励精为治，却不知其本不如此，但能下劝农之诏，轻减田租，以来天下之民。如董仲舒、师丹虽建议欲限天下之田，其制度又却与三代不合。当时但问垦田几亩，全不知是谁田，又不知天下之民皆可以得田而耕之。光武中兴，亦只是问天下度田多少，当时以度田不实，长吏坐死者无数。至于汉亡，三国并立，民既死于兵革之余，未至繁息，天下皆为旷土，未及富盛，而天下大乱。虽当时天下之田既不在官，然亦终不在民。以为在官，则官无人收管；以为在民，则又无簿籍契券，但随其力之所能至而耕之。元魏稍立田制，至于北齐、后周皆相承授民田，其初亦未尝无法度，但末年推行不到头，其法度亦是

---

① 菽水，豆与水。指疏淡之饮食。

空立。唐兴，只因元魏、北齐制度而损益之，其度田之法，阔一步、长二百四十步为亩，百亩为顷，一夫受田一顷。周制乃是百步为亩，唐却是二倍有余，此一项制度与成周不合。八十亩为口分，二十亩为世业。是一家之田，口分须据下来人数占田多少。周制八家皆私百亩，唐制若子弟多，则占田愈多，此又一项与成周不合。所谓田多可以足其人者为宽乡，少者为狭乡，狭乡之田减宽乡之半，其他有厚薄①，岁一易者倍授之，宽乡三易者不倍授，工商者宽乡减半，狭乡不给，亦与周制不同。先王建国，只是有分土，孟子曰："公、侯皆方百里，伯七十里，子、男五十里。"无分民，但付人以百里之地，任其自治。盖治之有伦，则地虽不足，民有余，孟子所谓"天下之农皆悦而愿耕于王之野"者是也。苟不能治，或德不足以怀柔，民不心悦而至，则地虽多，而民反少。《孟子》载梁惠王所谓"寡人之民不加多"者是也。唐既止用守令为治，则分田之时不当先论宽乡狭乡，当以土论，不当以人论。今却宽乡自得多，狭乡自得少，自狭乡徙宽乡者又得并卖口分、永业而去。成周之制，虽是授田与民，其间水旱之不时，凶荒之不常，上又振贷救恤，使之可以相补助，而不至匮乏。若唐但知授田而已，而无补助之法，纵立义仓振给之名，而既令自卖其田，便自无恤民之实矣。周之制最不容民迁徙，惟有罪则徙之。《记·王制》："命国之右乡，简不帅教者移之左；命国之左乡，简不帅教者移之右；不变，移之郊；不变，移之遂；不变，屏之远方，终身不齿"。唐却容他自迁徙，并得自卖所分之田。方授田之初，其制已自不可久，又许之自卖，民始有契约文书，而得以私自卖易。故唐之比前世，其法虽为粗立，然先王之法亦自此大坏矣。后世但知贞观之治，执之以为据，故公田始变为私田，而田终不可改。盖缘他立卖田之法，所以必至此。田制既坏，至于今，官私遂各自立境界，民有没入官者，则封固之，时或召卖，不容民自籍。所谓私田，官执其契券，以各征其直。要知田制所以坏，乃是唐世使民得自卖其田始。前世虽不立法，其田不在官，亦不在民。唐世虽有公田之名，而有私田之实。其后兵革既起，征敛繁重，遂杂取于民。远近异法，内外异制。民得自有其田而公卖之，天下纷纷，遂相兼并，故不得不变而为两税，要知其弊实出于此。"

---

① 他，当为"地"。

　　水心言唐方使民得立券自卖其田，而田遂为私田，此说恐亦未深考。如萧何买民田自污；贡禹有田一百五十亩，被召之日，卖其百亩以供车马。则自汉以来，民得以自买卖田土矣。盖自秦开阡陌之后，田即为庶人所擅，然亦惟富者贵者可得之。富者有赀可以买田，贵者有力可以占田，而耕田之夫率属役于富贵者也。王剪为大将，请美田宅甚众，又请善田者五人。可以见其时田虽在民，官未尝有授田之法，而权贵之人亦可以势取之，所谓善田则属役者也。苏秦曰："使我洛阳有田二顷，安能复佩六国相印？"盖秦既不能躬耕，又无赀可以买田，又无权势可以得田，宜其贫困无赖也。

卷三　田赋考三

历代田赋之制

元宗开元八年①，颁庸调法于天下。

　　是时天下户未尝升降，监察御史宇文融献策，括籍外羡田②、逃户，自占者给复五年，每丁税钱千五百。以摄御史分行括实。阳翟尉皇甫憬上书，言其不可。帝方任融，乃贬憬为盈川尉。诸道所括得客户八十余万，田亦称是。州县希旨，张虚数，以正田为羡，编户为客，岁终籍钱数百万缗。

　　沙随程氏曰："按唐令文，授田每年十月一日，里正预造簿，县令总集应退、应授之人，对共给授。谓如里正管百丁，田万亩。立法之意，欲百家仰事俯育，不致困乏耳。因制租调以禄君子，而养民之意为多。律文脱户者有禁，漏口者有禁，浮浪者有禁，占田违限者有禁，官司应授田而不授、应课农桑而不课者有禁，但使后世谨守高祖、太宗之法，其为治岂易量哉！中间法度废弛，凡史臣所记时弊，皆州县不举行法度耳。时天下有户八百万，而浮客乃至八十万，此融之论所以立也。使融检括剩田以授客户，责成守令不收限外之赋，虽古之贤臣何以加诸？虽有不善，其振业小民，审修旧法，所得多矣。故杜佑作《理道要诀》，称融之功。当是时，姚崇、宋璟、张九龄辈皆在，岂雷同默默者邪！故唐人后亦思之。然陆贽称租调法曰：'不校阅而众寡可知，是故一丁之授田，决不可令输两丁之赋。非若两

---

① 元宗，指唐玄宗。
② 羡田：指田籍簿未能登记的余田。

税，乡司能开阖走弄于其间也。'史臣曰：'州县希融旨，空张其数，务多其获。'盖与陆贽之说背驰，岂史臣未稽其实邪？"

开元十六年，诏每三岁以九等定籍。

先是，扬州租、调以钱，岭南以米，安南以丝，益州以罗、绸、绫、绢供春采。因诏江南以布代租，凡庸、调、租、资课皆任土所宜①。以江淮转输有河洛之艰，而关中蚕桑少，菽麦常贱，乃命庸、调、资课皆以米，凶年乐输布绢者从之。河南、北不通运州，租皆以绢，代关中庸课②，诏度支减转运。

天宝五载，诏贫不能自济者，每乡免三十丁租、庸。

天宝中，应受田一千四百三十万三千八百六十二顷十三亩。

按：十四年有户八百九十万余，计定垦之数，每户合得一顷六十余亩。至建中初，分遣黜陟使按比垦田田数，都得百十余万亩。

代宗宝应元年，租庸使元载以江淮虽经兵荒，其民比诸道犹有赀产，乃按籍举八年租调之违负及逋逃者，计其大数而征之，择豪吏为县令而督之。不问负之有无，赀之高下，察民有粟帛者发徒围之，籍其所有而中分之，甚者十取八九，谓之"白著"。有不服者，严刑以威之。民有蓄谷十斛者，则重足以待命，或相聚山林为群盗，县不能制。盗袁晁起浙东，攻陷诸郡，众近二十万，经二年，李光弼讨平之。

广德元年，诏一户三丁者免一丁，庸、税、地税依旧③，凡亩税二升，男子二十五为成丁，五十五为老，以优民。

大历元年，诏天下苗一亩税钱十五，市轻货给百官手力课④。以国用急，不及秋，苗方青则征之，号"青苗钱"。又有"地头钱"，亩二十，通名青苗钱。又诏上都秋税分二等，上等亩税一斗，下等六升，荒田亩税

---

① 庸，力役钱，调，户调；租，田赋；资课，租税。
② 庸课，《旧唐书·食货上》记为"调课"。
③ 按《旧唐书·食货上》所记，此处为"庸、调、地税"。
④ 手力课，即补助费。

二升。五年，始定法：夏，上田亩税六升，下田亩四升；秋，上田亩税五升，下田亩三升；荒田如此①，青苗钱亩加一倍，而地头钱不在焉。

大历四年，敕："天下及王公以下，今后宜准度支长行旨条②，每年税钱：上上户四千文，上中户三千五百，上下户三千，中上户二千五百，中中户二千，中下户千五百，下上户一千，下中户七百，下下户五百文。其见任官，一品准上上户税，九品准下下户税，余品并准此依户等税。若一户数处任官，亦每处依品纳税。其内外官，仍据正员及占额内阙者税③，其试及同正员文武官④，不在税限。百姓有邸店、行铺及炉冶，应准式合加本户二等税者，依此税数勘责征纳。其寄庄户⑤，准旧例从八等户税，寄住户从九等户税⑥，比类百姓，事从不均⑦，宜递加一等税。其诸色浮客及权时寄住田者⑧，无问有官无官，亦在所为两等收税，稍殷有者准八等户税，余准九等户税。如数处有庄田，亦每处税。诸道将士庄田，既缘防御勤劳，不可同百姓例，并从九等输税⑨。"

　　　　按：以钱输税而不以谷帛，以资力定税而不问身丁，人皆以为行两税以后之弊，今观此，则由来久矣。

德宗时，杨炎为相，遂作两税法。夏输无过六月，秋输无过十一月，置两税使以总之。凡百役之费，先度其数，而赋于人，量出制入。户无主、客，以见居为簿；人无丁、中，以贫富为差。不居处而行商者，在所州县税三十之一，度所取与居者均，使无侥利，其租庸杂徭悉省，而丁额不废。其田亩之税，以大历十四年垦田之数为定，而均收之。遣黜陟使按诸道丁产等级，免鳏寡茕独不济者，敢加敛以枉法论。旧制三百八十万五千⑩，使者按得主户三百八十万，客户三十万。天下之民，不土断而地

---

① 《新唐书·食货一》：荒田如故。
② 长行旨条，指户部对那些固定少变的财政收支项目汇编而成的簿籍。
③ 正员，按规定设置的官员。内阙，本指宫城内的门，此处指内官。
④ 试，指试官，即没有正式任命的官。唐武后及以后，当职官不足时，即以试官充任。
⑤ 寄庄户，指封建地主在本乡以外购置土地，设庄收租的人户。
⑥ 寄住户，指自己没有土地，寄居他乡的民户。
⑦ 事从不均，《旧唐书·食货上》记为"事恐不均"。
⑧ 寄住田，《旧唐书·食货上》记为"寄住户"。
⑨ 《旧唐书·食货上》记为"并一切从九等输税"。
⑩ 旧制，《新唐书·食货二》记为"旧户"。

著，不更版籍而得其虚实。岁敛钱二千五十余万缗、米四百万斛以供外，钱九百五十余万缗、米千六百余万斛以供京师。天下便之。

租庸调法以人丁为本，开元后久不为版籍，法度废弊。丁口转死，田亩换易，贫富升降，悉非向时，而户部岁以空文上之。又戍边者蠲其租庸，六岁免归。元宗事夷狄①，戍者多死，边将讳不以闻，故贯籍不除。天宝中，王鉷为户口使，务聚敛，以其籍存而丁不在，是隐课不出，乃按旧籍，除当免者，积三十年责其租庸，人苦无告，法遂大弊。至德后，天下兵起，人口凋耗，版图空虚，赋敛之司莫相统摄，纪纲大坏，王赋所入无几。科敛凡数百名，废者不削，重者不去，吏因其苛，蚕食于人。富人多丁者以宦、学、释、老得免，贫人无所入则丁存，故课免于上，而赋增于下。是以天下残瘁，荡为浮人，乡居土著者，百不四五。炎疾其弊，乃请为两税法，以一其制。议者以为租、庸、调，高祖、太宗之法，不可轻改，而帝方任炎，乃行之。自是奸吏无所容，轻重之权始归朝廷矣。

沙随程氏曰："开元中，豪弱相并，宇文融修旧法，收羡田以招徕浮户，而分业之。今炎创以新意，而兼并者不复追正，贫弱者不复田业，姑定额取税而已，始与孟子之论悖。而史臣诋融而称炎，可谓浅近矣。赞称融取隐户剩田以中主欲，夫隐户而不出剩田而不取，则高祖、太宗之法废矣，流亡浮寄者，何以振业之乎？使贤者当炎之地，宜用融之善，以修旧法，以革时弊；去融之不善，务为简易，责成守令，而不收籍外之税，俾高祖、太宗之法弊而复新。户口既增，租调自广，此陆贽之论谆复而发者，如斯而已也。且天宝盛时，户八百余万，兵乱之后，至是三百余万，既曰土著者百无四五，是主户十五余万，浮客二百八十余万也，宜无是理。既不复授田，虽以见居为簿，何益乎？"

按：宇文融、杨炎皆以革弊自任，融则守高祖、太宗之法，炎则变高祖、太宗之法。然融守法而人病之，则以其逼胁州县，妄增逃羡以为功也。炎变法而人安之，则以其随顺人情，姑视贫富以制赋也。

———————

① 元宗，指唐玄宗。

融当承平之时，簿书尚可稽考，乃不能为熟议缓行之规；炎当离乱之后，版籍既已隳废，故不容不为权时施宜之举。今必优融而劣炎，则为不当于事情矣。

建中三年，诏增天下税钱，每缗二百。朱滔、王武俊、田悦合纵而叛，国用不给。淮南节度使陈少游增其本道税钱，因诏天下皆增之。

贞元八年，剑南节度使韦皋又增税十二，以增给官吏。

贞元四年，诏天下两税审等第高下，三年一定户。

自初定两税，货重钱轻，乃计钱而输绫绢。既而物价越下，所纳越多，绢匹为钱三千二百，其后一匹为钱一千六百，输一者过二。虽赋不增旧，而民愈困矣。度支以税物颁诸司，皆折本价为虚估给之①，而缪以滥恶督州县剥价，谓之"增纳"②。复有"进奉""宣索"之名③，改科役曰"召雇"④，率配曰"和市"⑤，以巧避微文，比大历之数再倍。又疠疫水旱，户口减耗，刺史析户，张虚数以宽责。逃死阙税，取于居者，一室空而四邻亦尽。户版不缉，无浮游之禁。州县行小惠以倾诱邻境，新收者优假之，唯安居不迁之民赋役日重。

帝以问宰相陆贽，贽上疏请厘革其甚害者，大略有六。其一曰："国家赋役之法，曰租、曰调、曰庸。其取法远，其敛财均，其域人固。有田则有租，有家则有调，有身则有庸。天下法制均一，虽转徙莫容其奸，故人无摇心。天宝之季，海内波荡，版图隳于避地⑥，赋法坏于奉军。赋役旧法，行之百年⑦，人以为便。兵兴，供亿不常，诛求隳制，此时弊，非法弊也。时有弊而未理，法无弊而已更。两税新制，竭耗编甿⑧，日日滋甚。陛下初即位，宜损上益下，啬用节财，而摘郡邑，验簿书，州取大历中一年科率多者为两税定法，此总

---

① 折本价，《新唐书·食货二》记为"增本价"。

② 增纳，《新唐书·食货二》记为"折纳"。

③ 进奉，臣下向皇上进献财物。宣索，朝廷中央向下级索取财物。宣，指皇上旨意。

④ 召雇，指招募，雇役。

⑤ 和市，又称和买，公平买卖。实际上物与价是背离的。

⑥ 指安史之乱，唐玄宗西逃，国家残破。

⑦ 从唐高祖武德七年至唐玄宗天宝元年（624—742年），历时110多年。

⑧ 编甿，指编入户籍的农民。

无名之暴赋而立常规也。夫财之所生，必因人力。两税以资产为宗，不以丁身为本，资产少者税轻，多者税重。不知有藏于襟怀囊箧，物贵而人莫窥者；有场圃困仓，直轻而众以为富者；有流通蓄息之货①，数寡而日收其赢者；有庐舍器用，价高而终岁利寡者。计估算缗，失平长伪，挟轻费转徙者脱徭税，敦本业者困敛求②。此诱之为奸，驱之避役也。今徭赋轻重相百，而以旧为准，重处流亡益多，轻处归附益众。有流亡则摊出，已重者越重；有归附则散出，已轻者越轻③。人婴其弊。愿诏有司与宰相量年支，有不急者罢之，广费者节之。军兴加税，诸道权宜所增，皆可停。税物估贾，宜视月平，至京与色样符者，不得虚称折估。有滥恶，罪官吏，勿督百姓。每道以知两税判官一人与度支参计户数，量土地沃瘠、物产多少为二等，州等下者配钱少，高者配钱多，不变法而逋逃渐息矣。"其二曰："播殖非力不成，故先王定赋以布、麻、缯、纩、百谷，勉人功也。又惧物失贵贱之平，交易难准，乃定货泉以节轻重。盖为国之利权，守之在官，不以任下。然则谷帛，人所为也；钱货，官所为也。人所为者，租税取焉；官所为者，赋敛舍焉。国朝著令，租出谷，庸出绢，调出缯、纩、布、麻，曷尝禁人铸钱而以钱为赋？今两税效算缗之末法，估资产为差，以钱谷定税，折供杂物，岁目颇殊。所供非所业，所业非所供，增价以市所无，减价以货所有。耕织之力有限，而物价贵贱无常。初定两税，万钱为绢三匹，价贵而数不多，及给军装，计数不计价，此税少国用不充也。近者万钱为绢六匹，价贱而数加，计口蚕织不殊，而所输倍，此供税多而人力不给也。宜令有司复初定两税之岁绢、布匹估为布帛之数，复庸、调旧制，随土所宜，各修家技。物甚贱，所出不加；物甚贵，所入不减。且经费所资，在钱者独月俸、资课④，以钱数多少给布，广铸而禁用铜器，则钱不乏。有籴盐以入直，榷酒以纳资，何虑无所给哉！"其三曰："廉使奏吏之能者有四

---

① 这里指的是供放债取息的本钱。
② 指农民负担很重。
③ 指负担重的地方农民被迫逃到负担轻的地方，官府则把逃亡户的赋税加在未逃亡户身上，致重者越重，轻者越轻。
④ 资课，唐指应服色役之人所缴纳的代役金。纳资课者不再纳庸例免征行杂徭。

科：一曰户口增加，二曰田野垦辟，三曰税钱长数①，四曰率办先期②。夫贵户口增加，诡情以诱奸浮③，苛法以析亲族，所诱者将议薄征则遽散，所析者不胜重税则又亡，有州县破伤之病。贵田野垦辟，然农夫不增而垦田欲广，诱以垦殖荒田，限年免租，新亩虽辟，旧畲芜矣④，及至免租年满，复为污莱，有稼穑不增之病。贵税钱长数，重困疲羸，捶骨沥髓，苟媚聚敛之司，有不恤人之病。贵率办先期，作威残人，丝不容织，粟不暇舂，贫者奔逃，有不恕物之病。四病縣考核不切事情之过。验之以实，则租赋所加，固有受其损者，此州若增客户，彼郡必减居人。增处邀赏而税数加，减处惧罪而税数不降。国家设考课之法，非欲崇聚敛也。宜命有司详考课绩，州税有定，徭役有等，覆实然后报户部。若人益阜实，税额有余，据户均减十三为上课，减二次之，减一又次之。若流亡多，加税见户者，殿亦如之。民纳税以去岁输数为常，罢据额所率者⑤。增辟勿益租，废耕不降数。定户之际，视杂产以校之。田既有常租，则不宜复入两税。如此，不督课而人人乐耕矣。"其四曰："明君不厚所资而害所养⑥，故先人事而借其暇力，家给然后敛余财。今督取促迫，蚕事方兴而输缣，农功未艾而敛谷，有者急卖而耗半直，无者求假费倍。定两税之初，期约未详，属征役多故，率先限以收。宜定税期，随风俗时候，务于纾人。"其五曰："顷师旅亟兴，官司所储，唯给军食，凶荒不暇振救。人小乏则取息利，大乏则鬻田庐。敛获始毕，执契行贷⑦，饥岁室家相弃，乞为奴仆，犹莫之售，或缢死道途。天灾流行，四方代有⑧。税茶钱积户部者，宜计诸道户口均之。谷麦熟则平粜⑨，亦以义仓为名，主以巡院。时稔伤农，则优价广籴，谷贵而止；小敛则借贷⑩。循环敛散，使聚谷幸灾者无以牟大利。"其六曰："古者，百

---

① 意即税收收入有增加。
② 指能提前完成规定办理的事情。
③ 浮，指流动人口。
④ 畲芜，指开垦三年已成的熟土又已荒废。
⑤ 此处是说农民仍按上年缴纳的数额缴纳，不按所定赋税比例缴纳。
⑥ 此句是说贤明的君主不会为了自己的贪欲（需求）而去伤害农、工、商人的利益。
⑦ 意即捧着地契去借债。
⑧ 意即各地相继受灾。
⑨ 平粜，《新唐书·食货二》作"平籴"。
⑩ 小敛，《新唐书·食货二》作"小歉"。

亩地号一夫，盖一夫授田不得过百亩，欲使人不废业，田无旷耕。今富者万亩，贫者无容足之居，依托强家，为其私属，终岁服劳，常患不充。有田之家坐食租税，京畿田亩税五升，而私家收租亩一石，官取一，私取十，稼者安得足食？宜为定条限，裁租价，损有余，优不足，此安富恤穷之善经，不可舍也。"赘言虽切，以谗逐，事无施行者。

　　河南尹齐抗复论其弊，以为："陛下行两税，课纳有时①，贪暴无所容奸，二十年间，府库充牣。但定税之初，钱轻货重，故陛下以钱为税。今钱重货轻，若更有税名②，以就其轻，其利有六：吏绝其奸，一也；人用不扰，二也；静而获利，三也；用不乏钱，四也；不劳而易知，五也；农桑自劝，六也。百姓本出布帛，而税反配钱，至输时复取布帛，更为三估计折，州县升降成奸。若直定布帛，无估可折。盖以钱为税，则人力竭而有司不之党，今两税出于农人，农人所有，唯布帛而已。用布帛处多，用钱处少，又有鼓铸以助国计，何必取于农人哉！"疏入，亦不报。

　　东莱吕氏曰："赋役之制自《禹贡》始，可见《禹贡》既定九州之田赋，以九州之土地，为九州之土贡。说者以谓有九州之土贡，然后以田赋之当供者，市易所贡之物。考之于经，盖自有证。何者？甸服百里赋纳总，至于五百里米，自五百里之外，其余四服米不运之京师，必以所当输者土贡于天子。以此知当时贡、赋一事，所以冀州在王畿甸服之内，全不叙土贡，正缘已输粟米。以此相参考，亦自有证。盖当时寓兵于农，所谓贡赋，不过郊庙宾客之奉，都无养兵之费，故取之于畿甸而足。自大略而言之，三代皆沿此制，夏后氏五十而贡，商人七十而助，周人百亩而彻。三代之赋略相当，《周官》所载，九畿之贡而已。九州之贡所谓出者半，或三之一，或四之一，或以半输王府，或以二之一输王府，或以四之一输王府。所谓土贡未必能当贡赋之半，留之于诸侯之国，以待王室之用，皆是三代经常之法。所谓弼成五服③，至于五千州十有二师，说者以为二千五百人为

---

①　课纳，《新唐书·食货二》作"督"。
②　更有，《新唐书·食货二》作"更为"。
③　弼，辅。五服，古代指王畿之外的五等地带，各有服务于天子的任务。

师，亦是一时权时之役。所谓经常之役，用民之力岁不过三日，《豳》诗所谓'我稼既同，上入执宫功'皆是①，经常之役法如此。用兵军役寓之井赋乘马之法，无事则为农，有事则征役。至汉有所谓材官，践更、过更、卒更三等之制，当时有干戈之征。及至魏晋，有户调之名，凡有户者出布帛，有田者出租赋。后魏亦谓之户调，在后魏以一夫一妇出帛一匹。在北齐则有一床半床之制，已娶者则一床，未娶者则半床。当时有户调之名，然役法尚存古制。但至南北朝，增三代之三日至于四十五日。自汉至南北朝，其赋役之法如此。至唐高祖立租庸调之法，承袭三代、汉、魏、南北之制②，虽或重或轻，要之规摹尚不失旧。德宗时，杨炎为相，以户籍隐漏，征求烦多，变而为两税之法。两税之法既立，三代之制皆不复见。然而两税在德宗一时之间虽号为整办，然取大历中科徭最多以为数，虽曰自所税之外并不取之于民，其后如间架，如借商，如除陌③，取于民者不一，杨炎所以为千古之罪人。大抵田制虽商鞅乱之于战国，而租税犹有历代之典制，惟两税之法立，古制然后扫地。安得复古，田制不定，纵得薄敛如汉文帝之复田租，荀悦论豪民收民之资，惟能惠有田之民，不能惠无田之民。田制不定，虽欲复古，其道无由。兵制不复古，民既出税赋，又出养兵之费，上之人虽欲权减，兵又不可不养。兵制不定，此意亦无由而成。要之寓兵于农，赋役方始定。"

按：自秦废井田之制，隳什一之法，任民所耕，不计多少，于是始舍地而税人，征赋二十倍于古。汉高祖始理田租，十五而税一，其后遂至三十而税一，皆是度田而税之。然汉时亦有税人之法。按汉高祖四年，初为算赋。注：民十五以上至六十五出赋钱，人百二十为一算；七岁至十五出口赋，人钱二十，此每岁所出也。然至文帝时，即令丁男三岁而一事，赋四十，则是算赋减其三之一，且三岁方征一次，则成丁者一岁所赋不过十三钱有奇，其赋甚轻。至昭、宣帝以后，又时有减免。盖汉时官未尝有授田、限田之法，是以豪强田连阡陌，而贫弱无置锥之地，故田税随占田多寡为之厚薄，而人税则无分

---

① 《诗·豳风·七月》。意即当秋收完毕，就要到王宫服徭役（时间短暂，主要是一些宫室房屋的修缮。）

② 南北，当指南北朝。漏一"朝"字。

③ 间架、借商、除陌，均是临时征收的科杂。

贫富。然所税每岁不过十三钱有奇耳。至魏武初平袁绍，乃令田每亩输粟四升，又每户输绢二匹、绵二斤，则户口之赋始重矣。晋武帝又增而为绢三匹、绵三斤，其赋益重。然晋制男子一人占田七十亩，女子及丁男丁女占田皆有差，则出此户赋者亦皆有田之人，非凿空而税之，宜其重于汉也。自是相承，户税皆重。然至元魏而均田之法大行，齐、周、隋、唐因之。赋税沿革微有不同，史文简略，不能详知，然大概计亩而税之令少，计户而税之令多。然其时户户授田，则虽不必履亩论税，只逐户赋之，则田税在其中矣。至唐始分为租、庸、调，田则出粟、稻为租，身与户则出绢、布、绫、锦诸物为庸、调①。然口分、世业，每人为田一顷，则亦不殊元魏以来之法，而所谓租、庸、调者，皆此受田一顷之人所出也。中叶以后，法制隳弛。田亩之在人者，不能禁其卖易，官授田之法尽废，则向之所谓输庸、调者，多无田之人矣。乃欲按籍而征之，令其与豪富兼并者一例出赋可乎？又况遭安史之乱，丁口流离转徙，版籍徒有空文，岂堪按以为额？盖当大乱之后，人口死徙虚耗，岂复承平之旧？其不可转移失陷者，独田亩耳。然则视大历十四年垦田之数以定两税之法，虽非经国之远图，乃救弊之良法也。但立法之初，不任土所宜，输其所有，乃计绫帛而输钱。既而物价越下，所纳越多，遂至输一者过二，重为民困。此乃掊刻之吏所为，非法之不善也。陆宣公与齐抗所言固为切当，然必欲复租、庸、调之法，必先复口分、世业之法，均天下之田，使贫富等而后可，若不能均田，则两税乃不可易之法矣。又历代口赋、皆视丁、中以为厚薄。然人之贫富不齐，由来久矣。今有幼未成丁，而承袭世资，家累千金者，乃薄赋之；又有年齿已壮，而身居穷约，家无置锥者，乃厚赋之，岂不背缪？今两税之法，人无丁、中，以贫富为差，尤为的当。宣公所谓："计估算缗，失平长伪，挟轻费转徙者脱徭税，敦本业不迁者困敛求，乃诱之为奸，殴之避役。"此亦是有司奉行者不明不公之过，非法之弊。盖力田务本与商量逐末②，皆足以致富。虽曰逐末者易于脱免，务本者困于征求，然所困犹富人也，不犹愈于庸调之法不变，不问贫富，而一概按元籍征

---

① 绫、锦，《旧唐书·食货志上》记为"绫、绵"。
② 商量，当是"商贾"之误。

之乎？盖赋税必视田亩，乃古今不可易之法，三代之贡、助、彻，亦只视田而赋之，未尝别有户口之赋。盖虽授人以田，而未尝别有户赋者，三代也；不授人以田，而轻其户赋者，两汉也。因授田之名，而重其户赋，田之授否不常，而赋之重者已不可复轻，遂至重为民病，则自魏至唐之中叶是也。自两税之法行，而此弊革矣，岂可以其出于杨炎而少之乎？

　　又按：古今户口之数，三代以前姑勿论。史所载西汉极盛之数，为孝平元始二年，人户千一百二十三万三千。东汉极盛之时，为桓帝永寿三年，户千六十七万七千九百六十。此《通典》所载之数，据《后汉书·郡国志》，计户一千六百七万九百六则多《通典》五百八十三万有奇，是又盛于前汉矣。三国鼎峙之时，合其户数不能满百二十万，昔人以为才及盛汉时南阳、汝南两郡之数。盖战争分裂，户口虚耗，十不存一，固宜其然。然晋太康时，九州攸同，然不可谓非承平时矣，而为户只二百四十五万九千八百。自是而南北分裂，运祚短促者，固难稽据，姑指其极盛者计之，则宋文帝元嘉以后，户九十万六千八百有奇；魏孝文迁洛之后，只五百余万，则混南北言之，才六百万。隋混一之后，至大业二年，户八百九十万七千有奇；唐天宝之初，户八百三十四万八千有奇。隋唐土地不殊两汉，而户口极盛之时，才及其三之二，何也？盖两汉时，户赋轻，故当时郡国所上户口版籍，其数必实；自魏晋以来，户口之赋顿重，则版籍容有隐漏不实，固其势也。南北分裂之时，版籍尤为不明，或称侨寄，或冒勋阀，或以三五十户为一户苟避科役，是以户数弥少。隋唐混一之后，生齿宜日富，休养生息莫如开皇、贞观之间，考核之详莫如天宝，而户数终不能大盛。且天宝十四载所上户总八百九十一万四千七百九，而不课户至有三百五十六万五千五百。夫不课者鳏寡、废疾、奴婢及品官有荫者皆是也。然天下户口，岂容鳏寡、废疾、品官居其三之一有奇乎？是必有说矣。然则以户口定赋，非特不能均贫富，而适以长奸伪矣。又按汉元始时，定垦田八百二十七万五千三十六顷，计每户合得田六十七亩百四十六步有奇；隋开皇时垦田千九百四十万四千二百六十七顷，计每户合得田二顷有余。夫均此宇宙也，田日加于前，户日削于旧，何也？盖一定而不可易者田也，是以乱离之后容有荒芜，而顷亩犹在。可损可益者户也，是以虚耗之余，并缘为弊，而版籍难凭。杜氏

《通典》以为我国家自武德初至天宝末，凡百三十八年，可以比崇汉室，而人户才比于隋氏，盖有司不以经国驭远为意，法令不行，所在隐漏之甚。其说是矣，然不知庸、调之征愈增，则户口之数愈减，乃魏晋以来之通病，不特唐为然也。汉之时，户口之赋本轻，至孝宣时又行蠲减，且令流徒者复其赋，故胶东相王成遂伪上流民自占者八万余口以徼显赏。若如魏、晋以后之户赋，则一郡岂敢伪占八万口，以贻无穷之逋负乎？陆宣公又言："先王制赋入，必以丁夫为本，无求于力分之外，无贷于力分之内。故不以务穑增其税，不以辍稼减其租①，则播种多；不以殖产厚其征，不以流寓免其调，则地著固；不以饰励重其役，不以窳怠蠲其庸，则功力勤。如是，故人安其居，尽其力。"此虽名言，然物之不齐，物之情也。均是人也，而才艺有智愚之不同；均营生也，而时运有屯亨之或异②。盖有起穷约而能自致千金，其余力且足以及他人者；亦有蒙故业而不能保一箦，一身犹以为累者，虽圣人不能比而同之也。然则以田定赋，以家之厚薄为科敛之轻重，虽非盛世事，而救时之策不容不然，未宜遽非也。

贞元三年，时岁事丰稔，上因畋入民赵光奇家③，问："百姓乐乎？"对曰："不乐。"上曰："时丰，何故不乐？"对曰："诏令不信，前云两税之外悉无他徭，今非税而诛求者殆过于税，诏书优恤，徒空文耳。"宪宗末年，度支、盐铁与诸道贡献尤甚，有助军及平贼贺礼、上尊号贺物。穆宗即位，一切罢之，两税外加率一钱以枉法赃论。然务姑息，赏赐诸军不可胜纪，用不能节。

自建中定两税而物轻钱重，民以为患，至穆宗时四十年。当时为绢二匹半者为八匹，大率加三倍。豪家大商积钱以逐轻重，故农人日困，末业日增。帝亦以货轻钱重，民困而用不充，诏百官议革其弊。议者多请重挟铜之律④，户部尚书杨于陵言："大历以前，淄青、太原、魏博杂铅铁以通时用，岭南杂以金、银、丹砂、象齿，今一用泉

---

① 稼，播种曰稼，收藏曰穑。稼穑，统指农事活动。
② 屯，《易》六十四卦之一，指艰险难进之象。亨，通。
③ 畋，打猎。
④ 挟铜之律，指对铜实行管制的律令。

货，故钱不足。今宜使天下两税、榷酒、盐利、上供及留州、送使钱，悉输以布帛谷粟，则人宽于所求，然后出内府之积，收市廛之滞，广山铸之数，限边裔之出，禁私家之积，则货日重而钱日轻矣。"宰相善其议。由是两税、上供、留州皆易以布帛、丝纩，租、庸、课、调不计钱而纳布帛，惟盐酒本以榷率计钱，与两税异，不可去钱。

时货轻钱重，与留州、送使，所在长吏又降省估使就实估，以自封殖，而重赋于人。裴垍为相，奏请天下留州、送使物，一切令就省估，其所在观察使仍以其所莅之郡租赋自给，若不足，方许征于支郡、其诸州送使额变为上供，故疲人稍息肩。

会昌元年，敕："今后州县所征科斛斗，一切依额为定，不得随年检责。数外加有荒闲陂泽山原，百姓有人力能垦辟耕种，州县不得辄问所收苗子，五年不在税限，五年之外依例纳税。于一乡之中，先填贫户欠缺，如无欠缺，则均减众户合征斛斗①，但令不失元额，不得随田加率。仍委本道观察使每年收成之时，具管内垦田顷亩及合征科斗数②，分析闻奏。数外有剩纳人户斛斗，刺史以下重加惩贬。"

大中二年，制："诸州府县等纳税，只合先差优长户车牛，近者多是权要富豪悉请留县输纳，致使贫单之人却须雇脚搬载。今后其留县并须先饶贫下不支济户，如有违越，官吏重加科殿。"

四年，制："百姓两税之外，不许分外更有差率，委御史台纠察。其所征两税匹段等物，并留州、留使钱物，纳匹段虚实估价及见钱，从前皆有定制。如闻近日或有于虚估匹段数内实征，估物及其间分数，亦不尽依敕条，宜委长吏郡守，如有违越必议科惩。又青苗两税本系田土，地既属人，税合随去。从前赦令，累有申明，豪富之家尚不恭守。以后州县觉察，如有此比，须议痛惩，地勒还主，不理价直。"

按：两税不征粟帛而征钱，更得为奸以病民。穆宗时尝复旧制征

---

① 斛斗，此处当指"田赋"。
② 科斗，疑是"斛斗"之误。

粟帛矣，今复有此令，岂又尝变易邪？计货征钱，必有估直，而估乃有虚实之异。舞文如此，今禁其于定制外多科，固不若仍复粟帛之征，则自不能多求于定数之外也。

昭宗末，诸道多不上供，惟山南东道节度使赵匡凝与其弟荆南留后匡明委输不绝。详见《国用门》。

光启三年，张全义为河南尹。初，东都经黄巢之乱，遗民聚为三城以相保，继以秦宗权、孙儒残暴，仅存坏垣而已。全义初至，白骨蔽地，荆棘弥望，居民不满百户。全义麾下才百余人，乃于麾下选可使者十八人，命曰"屯将"，人给一旗一榜，于旧十八县中令招农户自耕种，流民渐归。又选可使者十八人，命曰"屯副"，民之来者绥抚之，除杀人者死，余但加杖，无重刑，无租税，归者渐众。又选谙书计者十八人，命曰"屯判官"。不一二年，每屯户至数千，于农隙选壮者教之战阵，以御寇盗。关市之赋，迨于无籍。刑宽事简，远近趋之如市。五年之后，诸县户口率皆归复，桑麻蔚然，野无旷土，其胜兵大县至七千人，小县不减二千人，乃奏置令佐以治之。全义明察，人不能欺，为政宽简，出见田畴美者，辄下马与僚佐共观之，召田主劳以酒食。有蚕麦善收者，或亲至其家，悉呼出老幼，赐以茶采衣物。民间言张公不喜声伎，见之未尝笑，独见佳麦良茧则笑耳。有田荒废者，则集众杖之。或诉以乏人牛，则召邻里责之曰："彼诚乏人牛，何不助之？"由是邻里有无相助，比户有积蓄，在洛四十年，遂成富庶。

按：唐末盗贼之乱，振古所未有，洛阳四战之地，受祸尤酷。全义本出郡盗，乃能劝农力本、生聚教诲，使荒墟为富实。观其规划，虽五季之君号为有志于民者所不如也。贤哉！

后唐庄宗即位，推恩天下，除百姓田租，放诸场务课利欠负者。而租庸使孔谦悉违诏督理，更制括田竿尺，尽率州使公廨钱①。天下怨苦，民多流亡，租税日少。

① 公廨钱，公廨本钱。指唐代各级官府经营商业和借贷取息的资本，以补充行政经费的不足和官员的津贴。

　　容斋洪氏《随笔》曰："朱梁之恶,最为欧阳公《五代史记》所斥詈,然轻赋一事,《旧史》取之,而《新书》不为拈出。其语云:'梁祖之开国也,属黄巢大乱之余,以夷门一镇,外严烽候,内辟污莱,厉以耕桑,薄其租赋,士虽苦战,民则乐输,二纪之间,俄成霸业。及末帝与庄宗对垒于河上,河南之民虽困于輂运,亦未至流亡,其义无他,盖赋敛轻而邱园可恋也。及庄宗平定梁室,任吏人孔谦为租庸使,峻法以剥下,厚敛以奉上,民产虽竭,军食尚亏,加以兵革,因以饥馑,不三四年,以致颠陨,其义无他,盖赋役重而寰区失望故也。'予以事考之,此论诚然,有国家者之龟鉴也。《资治通鉴》亦不载此一节。"

　　吴徐知诰为淮南帅,以宋齐邱为谋主。先是,吴有丁口钱,又计亩输钱,民甚病之。齐邱以为钱非耕桑所得,使民输钱,是教之弃本逐末也,请蠲人口钱,自余税悉收谷帛紬绢,匹直千钱者,税三十。知诰从之,由是旷土尽辟,国以富强。

　　容斋洪氏《随笔》曰:"自用兵以来,民间以见钱纽纳税直①,既为不堪,然于其中所谓和买折帛,尤为名不正而敛最重。偶阅大中祥符间太常博士许载著《吴唐拾遗录》,所载多诸书未有者,其《劝农桑》一篇正云:吴顺义年中,差官兴贩簿,定租税,厥田上上者,每一顷税钱二贯一百文,中田一顷税钱一贯八百,下田一顷千五百,皆足陌见钱,如见钱不足,许依市价折以金银。并计丁口课调,亦科钱。宋齐邱时为员外郎,上策乞虚抬时价,而折紬、绢、绵本色,曰:'江淮之地,唐季以来战争之所,今兵革乍息,黎甿始安,而必率以见钱,折以金银,此非民耕凿可得也②。必兴贩以求之,是为教民弃本逐末耳。'是时绢每匹市价五百文,紬六百文,绵每两十五文,齐邱请绢每匹抬为一贯七百,紬为二贯四百,绵为四十文,皆足钱,丁口课调,亦请蠲除。朝议喧然沮之,谓亏损官钱,万数不少。齐邱致书于徐知诰曰:'明公总百官,理大国,督民见钱与金银,求

----

① 钱纽,即钱币。纽,系钱的绳子。
② 耕凿,指农业劳动。耕田而食,凿井而饮。

国富庶，所谓拥彗救火，挠水求清，欲火灭水清可得乎？'知诰得书，曰：'此劝农上策也。'即行之。自是不十年间，野无闲田，桑无隙地。自吴变唐，自唐归宋，民到于今受其赐，齐邱之事美矣。徐知诰亟听而行之，可谓贤辅相，而《九国志·齐邱传》中略不书，《资治通鉴》亦佚此事。今之君子为国，唯知浚民以益利，岂不有腼于偏闰之臣乎！"

同光三年，敕："魏府小绿豆税，每亩减收三升。城内店宅园圃，比来无税，顷因伪命，遂有配征。后来以所征物色，添助军装衣赐，将令通济①，宜示矜蠲。令据紧慢去处②。于见输税丝上，每两作三等，酌量纳钱，贵与充本回图③，收市军装衣赐，其丝永与除放。"

吏部尚书李琪上疏曰："臣闻古人有言：谷者人之司命，地者谷之所生，人者君之所理。有其谷则国力备，定其地则人食足，察其人则徭役均。如此三者，为国之急务也。轩、黄以前，不可详记，自尧堙洪水，禹作司空，于是辩（辨）九等之田，收什一之税，其时户口一千三百余万，定垦田约九百二十万顷，为太平之盛。及殷革夏命，重立田制，每私田十亩，种公田一亩，水旱同之，亦什一之义也。洎周室立井田之法，大约百里之国，提封万井，出车千乘，戎马四千匹④，畿内兵车万乘，马四万匹。以田法论之，亦什一之制也。故当成康之时，比尧舜之朝，户口更增二十余万，非他术也，盖三代之前皆量入以为出，计农以立军，虽逢水旱之灾，而有凶荒之备。降及秦、汉，重税工商，急关市之征，倍舟车之算，人口既以减耗，古制犹复兼行，按此时户口尚有一千二百余万，垦土亦一千八百万余顷。至乎三国并兴，两晋之后，则农夫少于军众，战马多于耕牛，供军须夺于农粮，秣马必侵于牛草，于是天下户口，只有二百四十余万。洎隋文之代，与汉比崇，及炀帝之年，又三分去二。唐太宗文皇

---

① 将令，奉令。

② 令据，《旧五代史·食货志》记为"今据"。紧慢去处，紧，指重要州、县；慢，指一般州县。

③ 《旧五代史·食货志》无此句文字。

④ 出车千乘，戎马四千匹，疑为"百乘"、"四百匹"。

帝以四夷初定,百姓未丰,延访群臣,各陈所见,惟魏征独劝文皇力行王道。由是轻徭薄赋,不夺农时,进贤良,悦忠直,天下粟斗直两钱。自贞观至于开元,将及九百万户,五千三百万口,垦田一千四百万顷,比之近古,又多增加。是知救人瘼者,必重敛为病源①,料兵食者,以惠能为军政②。仲尼云:'百姓足,君孰与不足?'臣之此言,是魏征所以劝文皇也,伏惟深留宸鉴。如以六军方阙,未可轻徭,两税之余,犹须重敛,则但不以折纳为事,一切以本色输官,又不以细配为名③,止以正税加纳,则天下幸甚!"敕:"本朝征科唯有两税,至于折纳,比不施为。宜依李琪所论,应逐税合纳钱物斛斗及盐钱等,宜令租庸司指挥,并准元征本色输纳,不得改更,若合有移改,即须具事由闻奏。"

按:同光三年,是为庄宗既灭梁、蜀之后,骄侈自恣,赏赉无节,仓廪空虚,军民咨怨,孔谦复行克剥之政,民力重困,而国用不支,将以危亡之时也。然则琪言虽美,诏敕虽再,只虚文耳。以此疏叙述历代劝农宽征生聚之事,辞简而义备,故录之。

明年,以军食不足,敕河南尹预借夏秋税,民不聊生。

明宗天成元年,敕节文:"应纳夏秋税子,先有省耗,每斗一升,今后只纳正税数,不量省耗。"

二年,敕:"率土黎甿,并输王税,逐年生计,只在春时。深虞所在之方,无知之辈不自增修产业,辄便搅扰乡邻,既挠公门,须严定制。自今后凡关论认桑土,二月一日后,州县不得受状。十月务开,方许论对,准格据理断割。"

三年,敕:"应三京、邺都诸道州府县村人户,自今年七月后,于夏秋田苗上每亩纳曲钱五文足陌。"

长兴二年,人户每田亩纳农器钱一文五分。

四年五月五日,户部奏:"三京、邺都、诸道州府,逐年所征夏秋税租兼盐曲折征,诸般钱谷等起征,条流如后:

---

① "必"字疑误。
② 惠能,"能"字疑误。
③ 细配,细,疑为"纽"。

四十七处节候常早，大小麦、穬麦、豌豆五月十五日起征，八月一日纳足。正税、匹帛钱、鞋、地头、榷麹、蚕盐及诸色折科，六月五日起征，至八月二十日纳足。河南府、华州、耀、陕、绛、郑、孟、怀、陈、齐、棣、延、兖、沂、徐、宿、汝、申、安、滑、濮、澶、襄、均、房、雍、许、邢、洺、磁、唐、隋、郓、蔡、同、郓、魏、汴、颍、复、郿、宋、亳、蒲等州。二十三处节候差晚，随本处与立两等期限。一十六处校晚，大小麦、穬麦、豌豆六月一日起征，至八月十五日纳足。正税、匹帛钱，鞋、地头、榷麹、蚕盐及诸色折科，六月十日起征，至八月二十五日纳足。幽、定、镇、沧、晋、隰、慈、密、青、邓、淄、莱、邠、宁、庆、衍。七处节候尤晚，大小麦、豌豆六月十日起征，至九月纳足。正税、匹帛钱、鞋、榷麹钱等六月二十日起征，九月纳足。并、潞、泽、应、威塞军、大同军、振武军。其月，敕：“百姓今年夏苗，委人户自供通手状，其顷亩多少，五家为保，委无隐漏，攒连状送本州具帐送省，州县不得差人检括，如人隐欺，许令陈告，其田并令倍征。”

长兴二年六月，敕：“委诸道观察使，属县于每村定有力人户充村长。与村人议，有力人户出剩田苗，补贫下不追顷亩①。自肯者即据状征收，有词者即排段检括。自今年起为定额。有经灾沴及逐年逋处，不在此限。”

三年十二月，三司奏：“诸道上供税物，充兵士衣赐不足，其天下所纳斛斗及钱，除支赡外，请依时估折纳绫罗绢帛。”从之。

长兴九年，敕：“天下州府受纳秆草，每束约一文足，一百束纳枸子四茎，充积年供使，枣针一茎充莝场院。其草并柴蒿，一束其纳绢绸布绫罗，每匹纳钱十二文足。丝绵绌线麻皮等②，每一十两纳耗半两。鞋每量纳钱一文足。见钱每贯纳七文足。省库收纳上件钱物，元条流：见钱每贯纳二文足，丝绵纳子每一百两纳耗一两，其诸色匹段并无加耗。”二年，敕：“今后诸州府所纳秆草，每二十束别纳加耗一束，充场司耗折。”

潞王清泰元年，刘昫命判官钩考穷核积年逋欠之数，奸吏利其征责勾取，故存之。昫具奏其状，且请察其可征者急督之，必无可偿者悉蠲之。韩昭允极言其便，乃诏：“长兴以前户部及诸道逋租三百三十八万，虚烦

---

① 追，《旧五代史·食货志》作“迨”。
② 麻皮，当为“麻布”。

簿籍，咸蠲免勿征。"贫民大悦，而三司悉怨之。

致堂胡氏曰："胥吏利于督租，固小人常情也。长民者士大夫也，不恤百姓，而以胥吏所利者为生财之术，无穷之源，则于胥吏何责焉！前代著令曰：'凡言放税者，不得过四分，每有水旱，许诉灾伤，或下赦令尽蠲之。'而有司征督如故。农氓不谕，乃有'黄纸放、白纸催'之谣，盖不知令甲之文也。是则赦令行一时之恩，以收人心；令甲著永久之制，恐失财赋。阴行虐政，阳行惠泽，岂先王之用心哉！三司吏不肯释除逋负，非独其利在焉，亦以在上之意，吝于与而严于取也。此百姓膏肓之病也。明宗能蠲二百万缗，潞王能蠲三百万石，岂非衰乱之时盛德之事哉？"

卷四　田赋考四

历代田赋之制

晋天福四年，敕："应诸道节度使、刺史，不得擅加赋役及于县邑别立监征。所纳田租，委人户自量自概。"

吴越王钱弘佐年十四即位，问仓吏："今蓄积几何？"对曰："十年。"王曰："然则军食足矣，可以宽吾民。"乃令复其境内税三年。

致堂胡氏曰："钱氏当五代时，不废中国贡献，又有四邻之交，史氏乃谓：'自武穆王镠常理重敛以事奢侈，下至鱼鸡卵鷇，必家至而日取。每笞一人以责其负，则诸案吏各持簿立于庭，凡一簿所负，唱其多少，量为笞数，已则以次唱而笞之，少者犹积数①，多至百余，人不堪其苦。'信斯言也，是取之尽锱铢，用之如泥沙，安得仓廪有十年之积，而又复境内三年之税，则其养民亦厚矣。故以史所载，则钱氏宜先亡，而享国最久，何也？是故司马氏记弘佐复税之事，而《五代史》不载；欧阳公记钱氏重敛之虐，而《通鉴》不取，其虚实有证矣。"

吴徐知诰用歙人汪台符之策，括定田赋，每正苗一斛，别输三斗，官授盐一斤，谓之"盐米"。入仓则有籍米"。

吴氏《能改斋谩录》曰："今所在输秋苗，一斛之外，则别纳'盐米'三斗，亦始于《五代史》南唐耳。《江南野史》：李先主世括定田产，自正斛上别输三斗，于官廪受盐二斤，谓之'盐米'，百

---

① "数"字下疑"脱"字。

姓便之。及周世宗克淮南，盐货遂艰，官无可支，至今输之，犹有定制，此事与太宗朝和买绢无异。"余考《东齐记事》载夏秋沿纳之物，如盐钞之类，名件颇碎，庆历中有司建议并合归一名，以省帙钞。程文简公为三司使，独以为仍旧为便，若没其旧名，异日不知，或再敷盐曲，则致重复。此亦善虑者也。

宋咸淳六年，江东饶州乐平县士民白劄子陈："恭惟公朝勤恤民隐，比年以来，宽恩屡下，有如郊禋则预放明年之租，秋苗则痛除斜面之取，快活条贯，诚前所无，惠至渥也。今有五代以来所未蠲之苛政，四海之内所未有之暴赋，而独于小邑不得免焉。倘不引首一鸣，是疲民永无苏醒之期矣。窃见五季暴政所兴，江东、西酿酒则有'曲引钱'，食盐则输'盐米'，供军须则有'鞋钱'，入仓库则有'蠡钱'。宋有天下，承平百年，除苛解饶①，曲、盐、鞋、蠡之征一切削去。独盐、蠡米一项，诸路皆无，而江东独有之；江东诸郡皆无，而饶州独有之；饶州六邑皆无，而乐平独有之。照得本州元起催苗额十有八万，此正数也。乐平正苗二万七千五百余石，每石加'盐米'四斗、'蠡米'二斗八升二合，于是一石正苗，非三石不可了纳。夫所谓正苗者，隶之上供，籍之纲解，颗粒不敢言蠲减者也。加盐、蠡米者，上供纲解未尝取诸此，徒以利郡县而已。夫均为王土，而使此邑独受横敛，岂理也哉！士民怀此，欲陈久矣。徒以前此版籍不明，苗额失陷，政复哀吁，必遭沮格。今推排成矣，租额登矣，正赋之毫发不遗者，民既不敢亏官，则加赋之苦乐不均者，官稍捐以子民，宜无不可。且此项重敛，利归州郡，害在间阎，其于朝廷纲解，曾无损益。用敢合词控告，欲望特赐指挥，行下本州，契勘乐平每年输纳盐、蠡米一项，诣实供申，从朝廷斟酌蠲减施行。"

右盐、蠡米为南唐横赋，艺祖平南唐②，首命樊知古将漕江南，访求民瘼③，而樊非其人，讫不能建明蠲除。继而运使陈靖言之于祥符间，提举刘谊言之于元丰间，盖南唐正赋之外，所取

---

① 饶，疑为"娆"。娆，扰乱。
② 历代称太祖或高祖为艺祖。
③ 民瘼，即民间的疾苦。

不一，宋因之，名曰"沿纳"，盐、蒻米其一也。在后沿纳之赋多从蠲减，至中兴后，内翰洪公、敷文魏公又尝言之，则专指盐、蒻米而言。而此米独饶州有之，而饶州所征，则乐平独重。洪、魏以乡寓公知之为详，言之亦恳切，而未有中主其事者，遂抑不复行。先公丁卯居忧，时与郡士李君士会讨究本末，戊辰入觐，继登揆席①，讽李拉邑之士友请于郡，俾郡上其事，而久之未有发喙者。先公乃自草白劄子，作士民所陈，径自朝省下本州契勘。而郡守回申，上欲少作豁除，具文塞责。盖此米虽不系上供纲解，而州县经费所仰，故郡难其事。先公却回元奏，俾从实再申。守知不可拒，乃再诣实申上，即进呈，奉旨蠲除。盖自晋天福时创例，至是凡三百一十四年而始除云。据吴虎臣《能改斋谩录》称，今所在有之。虎臣此书，作于绍兴间，则知南渡后此赋之未减者，非独饶州而已。而洪、魏二公则谓独饶有此，当考。此宋咸淳年间事，《通考》所载，本不及咸淳，但欲见此项蠲除之难，故述其本末，附创法之后。

汉隐帝时，三司使王章聚敛刻急。旧制，田税每斛更输二斗，谓之"雀鼠耗"，章始令更输二斗，谓之"省耗"。旧钱出入皆以八十为陌，章始令入者八十，出者七十七，谓之"省陌"。

致堂胡氏曰："百姓输税足，雀鼠耗蠹仓廪，乃有司之责，而亦使百姓偿之，敛税重矣。然称之曰'雀鼠耗'，尚为有名，章乃使十倍而偿。十、百、千、万，有定数矣。以八十为百，既非定数，然出入皆然，尚为均一，章乃于出者特收其三。省耗不已，于是有一斛之税，又取其三斛者。省陌不已，于是有一千之省，又取其头子者。故曰作法于贪，敝将若何！章以此佐国用于一时，信号为能臣，然国所以兴而遂亡，身所以贵而自杀者，乃自于此。故言利之臣，自以谓时之不可少我，而不知人之不多我也，可不戒哉！"

周广顺二年，敕："约每岁民间所收牛皮，三分减二，计田十顷，税

---

① 揆席，指主持政事之官。

取一皮，余听民自用及买卖，惟禁卖于邻国。"先是，兵兴以来，禁民私卖牛皮，悉令输国受直。唐明宗之世，有司止偿以盐。晋天福中，并盐不给。汉法，犯牛皮一寸抵死。然民间日用，实不可无，帝素知其弊，至是，李谷建议均于田亩，公私便之。

显德二年，敕："应自前及今后有逃户庄田，许人请射承佃①，供纳租税。如三周年内本户来归业者，其桑土不以荒熟，并庄园交还一半；其承佃户自出力盖造到屋舍，及栽种树木园圃，并不在交还之限。如五周年后归业者，庄田除本户坟茔外，不在交付，如有荒废桑土，承佃户自来无力佃莳，祇仰交割与归业户佃莳。其近北诸州陷番人户来归业者：五周年内，三分交还二分；十周年内，还一半；十五周年内，三分还一分；此外不在交还之限。应有冒佃逃户物业不纳租税者，其本户归业之时，不计年限，并许总认。"

洪氏《容斋随笔》曰："国朝当五季衰乱之后，随宜损益，然一时设施，固亦有可采取。"今观周世宗显德三年射佃逃田诏敕，其旨明白，人人可晓，非若今之令式文书盈几阁，为猾吏舞文之具，故有舍去物业三五十年，妄人诈称逃户子孙，以钱买吏，而夺见佃者，为可叹也。

三年，宣三司指挥诸道州府，今后夏税以六月一日起征，秋税至十月一日起征，永为定例。又敕："旧制，织造绝、䌷、绢、布、绫、罗、锦、绮、纱、谷等，幅阔二尺。起来年后，并须及二尺五分，宜令诸道州府，来年所纳官绢，每匹须及十二两；其绝、䌷只要夹密停匀，不定斤两；其纳官䌷、绢，依旧长四十二尺。"

洪氏《容斋随笔》曰："今之税绢，尺度长短阔狭、斤两轻重，颇本于此。"

显德四年，敕节文："诸道州府所管属县，每年夏税征科了毕，多是却追县典，上州会末文钞，因兹科配敛掠。宜令今后科征了足日，仰本州

① 请射，即竞标。

但取仓场库务纳欠文钞，如无异同，不在更追官典。诸道州官管内县镇，每有追催公事，自前多差衙前使院职员及散从、步奏官。今后如是常程追催公事，只令府望知后承受递送，不得更差专人，若要切公事及军期，不在此限。"

按：五季离乱之时，世主所尚者，用兵争强而已。其间唐明宗、周世宗粗为有志于爱民重农者。有如农务未开而受理词讼，征科既足而追会科敛，皆官吏奸贪之情，为闾里隐微之害。而天成、显德之诏敕，丁宁禁切之，于倥偬日不暇给之时，而能及此，可谓仁矣。

显德五年，赐诸道均田诏，曰："朕以干戈既弭，寰海渐宁，言念地征，罕臻艺极，须议并行均定，所冀求适轻重。卿受任方隅，深穷治本，必能副寡昧平分之意，察乡间致弊之源，明示条章，用分寄任。仄聆集事，允属惟公。"乃命左散骑常侍艾颖等三十四人使诸州检定民租。

先时，上因览元稹《长庆集》，见在同州时所上《均田表》，因令制素成图，直考其事，以便观览，遍赐诸道，议均定民租。至是，乃诏行之。

宋太祖皇帝建隆二年，遣使度民田。周末，遣使度田不实，至是，上精择其人，仍加戒饬。未几，馆陶令坐括田不实，杖流海岛，人始知畏。

五代以来，常检视见垦田，以定岁租，吏缘为奸，税不均适，由是百姓失业，田多荒莱。上悯之，乃诏禁止，许民辟土，州县无得检括，止以见佃为额。

止斋陈氏曰："按孔氏《阙里志》云：先是，历代以圣人之后，不预庸调，至周显德中遣使均田，遂抑为编户。又按：太平兴国中，遣左补阙王永、太仆寺丞高象先均福建田税，岁蠲伪闽钱五千三百二十一贯、米七万一千四百余石。用知周朝均田，孔氏抑为编户，本朝至蠲伪闽之敛以数千万计，以其政之宽猛，足以卜其受命之长短矣。"

又命课民种树，每县定民籍为五等，第一等种杂树百，每等减二十为差，桑枣半之，令、佐春秋巡视。宣州言州境无隙地种莳，虑不应诏旨。乃令诸州随风土广狭，不宜课艺者，不须责课。太平兴国二年，又禁伐桑枣为薪。

遣使监输民租，惩五代藩镇重敛之弊。阎式等坐监输增羡贬杖，常盈仓吏以多入民租弃市。

建隆四年，诏令逐县每年造形势门内户夏、秋税数文帐，内顽滑通欠者，须于限内前半月了足。系见任文武职官及州县势要人户。雍熙四年，又诏形势户纳租于三限前半月足。

诏诸州勿得追县吏会末。即周显德四年所禁。

令诸州受民租籍，不得称分、毫、合、勺、铢、厘、丝、忽，钱必成文，绢帛成尺，粟成升，丝绵成两，薪蒿成束，金银成钱。

诏曰："自顷兵荒，人民流徙，州县未尝检覆，亲邻代输其租。自今民有逃亡者，本州具户籍顷亩以闻，即检视之。"乾德四年，诏曰："出纳之吝，谓之有司。倘规致于羡余，必深务于掊克。知光化军张全操上言，三司令诸处仓场主吏，有羡余粟及万石，刍五万束以上者，上其名，请行赏典。此苟非倍纳民租，私减军食，何以致之？宜追寝其事，勿颁行，除官所定正耗外，严加止绝。"

大中祥符八年，复诏禁诸仓羡余。

开宝三年，诏诸州府两税所科物，非土地所宜者，不得抑配。

六年，诏诸仓场受纳所收头子钱[1]，一半纳官，一半公用，令监司与知州、通判同支使。头子钱纳官始于此。

止斋陈氏曰："是岁，令川陕人户，两税以上输纳钱帛，每贯收七文，每匹收十文，丝绵一两、茶一斤、秆草一束各一文。头子钱数始略见于此。"

谨按：咸平三年十月，三司权判孙冕等奏[2]："天下诸夏秋税斛斗收仓耗例，并夏秋税斛斗、匹帛诸般物色等收头子钱，遍令检寻，

---

① 头子钱，指唐宋时，在法定租赋之外，按正赋的一定比例加收的税钱，或在官府出纳时抽收的税钱。

② 三司，各代所指不同：东汉称太尉、司徒、司空为三司；唐以御史大夫、中书、门下为三司；北宋称盐铁、户部、度支为三司。明清所指又有不同。

不见元定宣敕。"又按：后唐天成二年，户部奏："苗子一布袋，令纳钱八文，三文仓司吃食补衬。"长兴元年，见钱每贯七文，秆草每束一文盘缠，其所收与开宝数同，则头子旧有之，至此稍条约之耳。定康元年三月①，三司劄子，除利、益、梓、夔四路外，余路自今头子钱并令纳官。头子钱尽纳官始于此。熙宁二年十月，提举河北常平广惠仓皮公弼请今来给纳，欲每贯、石收五文足。诸路依此。则给纳并收头子钱始于此。政和四年四月，湖南转运司奏，应给应系省钱物，许每贯、石、匹、两各收头子钱五文，乞专充补助。直达纲之费增收钱始于此。自增收之请，起宣和六年闰三月，发运判官卢宗原欲于淮、浙、江、湖、广、福九路应出纳钱物，每一月交收头子钱一文，充籴本。靖康元年罢。绍兴五年四月，总制司状："赋入之利，莫大于杂税、茶盐出纳之间，若每贯增头子钱五文，有益于国计。"专切措置财用所看详："系省钱物，依节次指挥，每贯共收二十三文省，一十文作经制起发。今相度将杂税出纳每贯收见钱上增作二十三文足，除漕司并州县旧得一十三文省，经制一十文省，余入总制窠名。"十年七月，应官司收支钱物，量添头子钱每贯一十文足。至绍兴十年，诸司钱物不复分别，并每贯收四十三文矣。乾道元年十月，复添收一十文足，至今为定制。

八年，诏今后民输税䌷绢不满匹者，许计丈尺纳价钱，毋得以三户五户聚合成匹送纳烦扰。

三月，诏曰："中国每租二十石输牛革一，准千钱。西川尚存伪制，牛驴死者，革尽输官，宜蠲去之，每民租二百石输牛革一，准钱千五百。"

太平兴国二年，江南西路转运使上言："诸州蚕桑素少，而金价颇低，今折税，绢估小而伤民，金估高而伤金②。金上等旧估两十千，今请估八千；绢上等旧估匹一千，今请估一千三百，余以次增损。"从之。

景德五年，知袁州何蒙上言，本州二税请以金折纳。上曰："若

① 定康，查无此年号，可能是"康定"之误。康定（1040—1041年）为北宋仁宗赵祯年号。

② 金，《宋史·食货上二》作"官"。

是，则尽废耕农矣。"不许。

端拱元年，诏纳二税于各路元限外，可并加一月限。元限，见后唐天成年①。或值闰月，其田蚕亦有早晚，令有司临时奏裁。纳租，官吏以限外欠数差定其罚。

淳化元年，诏江南、两浙承伪制重赋流亡田废者，宜令诸州籍顷亩之数，均其赋，减十分之三，以为定制。召游民劝其耕种，给复五年，州县厚慰抚之。

淳化四年，诏曰："户口之数，悉载于版图；军国所资，咸出于租调。近年赋税减耗。簿书纠纷，州县之吏非其人，土地之宜不尽出，小民因以多辟，下吏缘而为奸，乃有匿比舍而称逃亡，挟他名而冒耕垦，征役不均于苦乐，收敛未适于轻重。宜示询求，以究情伪。今诸路知州、通判，限诏到具如何均平赋税，招辑流亡，惠恤鳏穷，窒塞奸幸，及民间未便等事，限一月附疾置以闻。"

先时，知封邱县窦玭上言："畿甸民苦税重，兄弟既壮乃析居，其田亩聚税于一家即弃去。县案所弃地除其租，已而匿他舍及冒名佃作。愿一切勘责。"上颇闻其弊，乃赏擢玭，俾案察京畿诸县田租。玭专务苛刻，以求课最，民实逃亡者，亦搜索于邻里亲戚家，益造新籍，甚为烦扰，凡数月，罢之。

五年，宋、亳诸州牛多死，官借钱令市牛。有太子中允武允成献踏犁，不用牛，以人力运之。诏依其制造成以给，民甚赖之。

五月，诏曰："作坊工官造弓弩用牛筋，岁取于民，吏督甚急，或杀耕牛供官，非务农重谷之意。自今后官造弓弩，其纵理用牛筋，他悉以马筋代之。"

至道元年，除兖州岁课民输黄荊②、荆子、茭芰十六万四千八百围，因令诸道转运使，检案部内无名配率如此类者以闻，悉蠲之。

六月，诏曰："近岁以来，天灾相继，民多转徙，田卒汗莱③，招诱

---

① 《旧五代史·食货志》记载，天成四年五月户部奏"各视其地节候早晚，分立期限"。
② 荊，或作"笿"，一种席草。
③ 汗莱，指地下潴水，原上长草，即指田地荒芜。

虽勤，逋逃未复，宜申劝课之旨，更示蠲复之恩。应州县旷土，并许民请佃为永业，仍蠲三岁租，三岁外输二分之一。州县官吏劝民垦田之数，悉书于印纸，以俟旌赏。"

开封府言："京畿十四县，自今年二月以前，民逃者一万二百八十五户。访闻多有坐家申逃，及买逃户桑土，不尽输税，以本户挟佃诡名，妄破官租，及侵耕冒佃，近居遥佃，妄称逃户，并以己租妄保于逃籍者。"诏殿中丞王用和等十四人分行检视，限一月，许其首露，不复收所隐之税。诏下，归业者甚众。

二年，以陈靖为劝农使。

靖时为直史馆，上言曰："谨按天下土田，除江淮、湖湘、浙右、陇蜀、河东等处，地里复远，虽加劝督，未能遽获其利。古者强干弱枝之法，必先富实于内。今京畿周环三二十州，幅员数千里，地之垦者十才一二，税之入者又十无五六。复有匿里舍而称逃亡，弃耕农而事游惰。逃亡既众，则赋税岁减而国用不充，敛收科率，无所不行矣。游惰既众，则地利岁削而民食不足，寇盗杀伤，无所不至矣。臣望择大臣一人有深识远略者，兼领大司农事，典领于中，又于郎官中选才智通明，能抚字役众者为副①，执事于外，皆自京东、京西择其膏腴未耕之处，申以劝课。臣又尝奉使四方，深见民田之利害，汙莱极目，膏腴坐废，亦加询问，颇得其由，皆诏书累下，许民复业，蠲其租调，宽以岁时，然乡县之间，扰之尤甚。每一户归业，则刺报所由。朝耕尺寸之田，幕入差徭之籍，追胥责问，继踵而来，虽蒙蠲其常租，实无补于损益②。况民之流徙，始由贫困，或避私债，或逃公税。亦既亡遁，则乡里检其资财，至于室庐、什器、桑枣、材木，咸计其直，或乡官用以输税，或债主取以偿逋，生计荡然，还无所诣，以兹浮荡，绝意归耕。如授臣斯任，则望备以闲旷之田，广募游惰之辈，诱之耕垦，未计赋税，许令别置版图，便宜从事。耕桑之

---

① 抚字，疑为"抚民"。
② 损益，《宋史·食货上一》作"捐脊"。

外，更课令益种杂木、蔬果，孳畜羊犬、鸡豚。给授桑土，潜拟井田，营造室居，使立保伍，逮于养生送死之具，庆吊问馈之资，咸俾经营，并令条制。俟至三五年间，生计成立，恋家怀土，即计户定征，量田输税，以司农新附之名籍，合计府旧收之簿书，斯实敦本化人之宏量也。若民力有不足，官借缗钱，或以市糇粮，或以营耕具。凡此给受，委于司农，比及秋成，乃令偿直，依时折估①，纳之于仓，以成数开白户部②。"上览之喜，谓宰相曰："靖此奏甚有理，可举而行之，正朕之本意。"因召对奖谕，令条对以闻。靖又言："逃民复业及浮客请佃者，委农官勘验，以给授田土收附版籍，州县未得议其差役。其乏粮种、耕牛者，令司农以官钱给借。其田验肥瘠为三品；上田人授百亩，中田百五十亩，下田二百亩，并五年后收其租，亦只计百亩，十收其二。其室庐、蔬韭及桑枣、榆柳种艺之地，每户及十丁者给百五十亩，七丁者百亩，五丁七十亩，三丁五十亩，二丁三十亩。除桑功五年后计其租，余悉蠲。令常参官于幕职州县中各举所知一人堪任司农丞者，分授诸州通判，即领农田之务。又虑司农官属分下诸州，或张皇纷扰，其事难成，望许臣领三五官吏于近甸宽乡设法招携，俟规划既定，四方游民必尽麕至，乃可推而行之。"吕端曰："靖所立田制，多改旧法，又大费资用，望以其状付有司详议。"乃诏盐铁使陈恕等共议，请如靖之奏。乃诏以靖为劝农使，按行陈、许、蔡、颍、襄、邓、唐、汝等州，劝民垦田，以大理寺丞皇甫选、光禄寺丞何亮副之。选、亮上言功难成，愿罢其事。上志在勉农，犹诏靖经度。未几，三司以为费官钱多，万一水旱，恐遂散失，其事遂寝。

　　按：靖所言，与元魏孝文时李安世之策略同，皆是官取荒闲无主之田以授民。但安世则仿井田，立还授之法，而此则有授无还，又欲官给牛、种等物贷之，而五年后，方收其租，责其偿，此所以费多而难行。然前乎此，有至道元年之诏；后乎此，咸平二年之诏。至道之诏，劝诱之词意恳切；咸平之诏，关防之规划详明。虽不必如靖所言张官置吏，计口给田，多费官钱，而自足以收劝农之效矣。

---

① 依时折估，《宋史·食货上一》作"依时价折估"。
② 开白户部，《宋史·食货上一》作"关白户部"。

真宗咸平二年，诏曰："前许民户请佃荒田，未定赋税，如闻抛弃本业，一向请射荒田。宜令两京诸路晓示，应从来无田税者，方许请射系官荒土及远年落业荒田，候及五年，官中依前敕，于十分内定税二分为永额。如见在庄田土窄，愿于侧近请射，及旧有庄产，后来逃移，已被别人请佃，碍敕无路归业者，亦许请射，州县别置籍钞土，逐季闻奏。其官中放收要用田土，及系帐逃户庄园、有主荒田，不得误有给付。如抛本业，抱税东西，改易姓名，妄求请射者，即押归本贯勘断。请田户吏长常切安抚，不得搅扰。"

咸平六年，广西转运使冯瓏上言："廉、横、宾、白州民田虽耕垦，未尝输送，已命官检括，令尽出常租。"上曰："遐方之人①，宜省徭赋。"亟命停罢。

大中祥符元年，诏："版籍之广，赋调方兴，尚虑有司有循旧式，资一时之经费，俾邻郡以均输。况稼穑之屡登，宜庶民之从便，宜蠲力役，用示朝恩。应诸路今年夏税赋，止于本州军输。"又诏："河北罢兵，其诸州赋税，止于本处送纳。"

诏："夏税，诸州军所纳大小麦，纳外残欠，许以秋色斛斗折纳。"

四年，诏诸州所须繁碎物折便以正税折斛者皆罢②。

大中祥符五年，上以江、淮、两浙路稍旱即水田不登，乃遣使就福建取占城稻三万斛，分给三路为种，择民田之高仰者莳之。盖旱稻也。内出种法，令转运司揭榜示民。其稻比中国者穗长而无芒，粒差小，不择地而生。

六年，知滨州吕夷简请免税河北农器，诸路农器悉免输算。

天禧四年，诏诸路提点刑狱朝臣为劝农使，使臣为副使，取民籍视其差等，不如式者惩革之。劝恤农民，以时耕垦，召集逃散，检括陷税，凡农田事悉领焉。自景德中置劝农之名，然无职局，至是，始置局案，铸印给之。

开宝末，天下垦田二百九十五万三千三百二十顷六十亩③。

至道二年，垦田三百一十二万五千二百五十一顷二十五亩。

天禧五年，垦田五百二十四万七千五百八十四顷三十二亩。

---

① 遐方，远方。
② 折便，疑为"辙便"；折斛，疑为"折科"。
③ 三千三百，《宋史·食货上一》作"二千三百"。

大凡租税有谷、帛、金铁、物产四类。谷之品七：一曰粟，二曰稻，三曰麦，四曰黍，五曰穄①，六曰菽，七曰杂子。粟之品七：曰粟、小粟、梁谷、硳床粟、秫米、黄米。稻之品四：粳米、糯米、水谷、旱稻。麦之品七：曰小麦、大麦、青稞麦、旷麦②、青麦、白麦、荞麦。黍之品三：曰黍、蜀黍、稻黍。穄之品三：曰穄、秫穄、糜穄③。菽之品十六：曰豌豆、大豆、小豆、绿豆、红豆、白豆、青豆、褐豆、赤豆、黄豆、胡豆、落豆、爪豆、稗豆、巢豆、杂豆。杂子之品九：曰脂、麻床子、稗子、黄麻子、苏子、苜蓿子、菜子、荏子、草子。布帛丝绵之品十：一曰罗，二曰绫，三曰绢，四曰纱，五曰绝，六曰绅，七曰杂折，八曰丝线，九曰绵，十曰布葛。金铁之品四：一曰金，二曰银，三曰铁、镴④，四曰铜、铁钱。物产之品六：一曰六畜，二曰齿、革、翎毛，三曰茶、盐，四曰竹木、麻草、刍菜⑤，五曰果、药、油、纸、薪、炭、漆、蜡，六曰杂物。六畜之品三：曰马、羊、猪。齿、革、翎毛之品七：曰象牙，麂皮，鹿皮，牛皮，狨，鹅翎、杂翎。竹之品四：曰笄竹、箭簳竹、箬叶、芦荻。木之品三：曰桑、橘、楮皮。麻之品五：曰青麻、白麻、黄麻、冬、苎麻。草之品五：曰紫苏、苃、紫草、红花、杂草。刍之品四：曰草、稻草、穰、芨草。油之品三：曰大油、桐油、鱼油。纸之品五：曰大灰纸、三钞纸、刍纸、小纸、皮纸。薪之品三：曰木柴、蒿柴、草柴。杂物之品十：曰白胶、香桐子、麻鞋、版瓦、堵笪、瓷器、笘帯、麻剪、蓝淀、草荐。至道末，岁收谷三千一百七十万七千余石，钱四百六十五万六千余贯，绢一百六十二万五千余匹，绝、绅二十七万三千余匹，布二十八万二千余匹，丝线一百四十一万余两，绵五百一十七万余两，茶四十九万余斤，刍茭三千余万围，蒿二百六十八万余围，薪二十八万余束，炭五十三万余秤，鹅翎、杂翎六十二万余茎，箭竿八十九万余只，黄铁三十万余斤，此皆逾十万之数者，他物不复纪。天禧末所收：谷增一百七万五千余石，钱增二百七十万八千余贯，绢减一万余匹，绝、绅减九万二千余匹，丝线减五十万五千余两，布增五万六千余匹，绵减一百一十七万五千余两，茶增一百一十七万八千余斤，刍茭减一千一百万五十余围，蒿减一百万余围，炭减五十万四千余秤，鹅翎、杂翎增一十二万九千余茎，箭竿增四十七万余只，黄铁增五万余斤。又鞋八十一万六千余

---

① 穄，又叫糜子，和黍子相似，但不黏。
② 旷 kuang，形似大麦，味甘微寒。
③ 糜 mei，《吕氏春秋》注："关西谓之糜，冀州谓之□。穄也。"
④ 镴，锡和铅的合金。
⑤ 菜，《宋史·食货上二》作"莱"。刍莱，指喂牲畜的草。

量，麻皮三十九万七千余斤，盐五十七万七千余石，纸十二万三千余幅，芦箔二十六万余张。大率名物约此，其折变及移输比壤者，视当时所须焉。

岁时①，其类有五：曰公田之赋，官庄、屯田、营田赋，民耕而收其租者是也；曰民田之赋，百姓各得专之者是也；曰城郭之赋，宅税、地税之类是也；曰杂变之赋，牛革、蚕盐、食盐之类，随其所出，变而输之者是也；曰丁口之赋，计丁率米是也。其输有常处，而以有余补不足，则移此输彼，移近输远，谓之"支移"②。其入有常物，而一时所须，则变而取之，使其直轻重相当，谓之"折变"。其输之迟速，视收成早暮而宽为之期，夏有至十月，秋有至明年二月者，所以纾民力也。自祖宗承五代之乱，王师所至，首务去民疾苦，无名苛细之敛，划革几尽，尺缣斗粟，无所增益，一遇水旱徭役，则蠲除、倚阁，殆无虚岁，倚阁者后或岁凶，亦辄蠲之。而又田制不立，畎亩转易，丁口隐漏，兼并伪冒者，未尝考按，故赋入之利，视古为薄。丁谓尝曰"二十而税一者有之，三十而税二者有之"，盖谓此也。

乾兴元年十一月，时仁宗已即位，未改元。诏限田：公卿以下毋过三十顷，衙前将吏应复役者毋过十五顷，止于一州之内。而任事者以为不便，寻废。详见《差役门》。又禁近臣置别业京师，又禁寺观毋得市田。

天圣初，诏民流积十年者，其田听人耕，三年而后收赋，减旧额之半。后又诏流民能自复者，赋亦如之。既而又与流民期，百司③复业，蠲赋役五年，减旧赋十之八，期尽不至，听他人得耕。

时天下生齿日蕃，田野多辟，独京西唐、邓间尚多旷土，唐州闲田尤多，入草莽者十八九，或请徙户实之，或议以卒屯田，或请废为县。嘉祐中，赵尚宽守唐州，劝课劳来，岁余，流民自归及自他所至者二千余户，引水溉田或数万顷。诏增秩赐钱，留再任。

宝元中，诏诸州旬上雨雪，著为令。

---

①　岁时，《宋史·食货上二》作"赋"。
②　支移，为便于粮食集中使用，一般要求农民将田赋粮运送到指定地点的仓库，有时为了某种需要，如供应边境军需，需农民运到更远的地方，这种义务运送，就叫"支移"。
③　司，《宋史·食货上一》作"日"。

皇祐中，作宝岐殿于苑中，每岁诏辅臣观刈谷麦，罕复出郊矣。

皇祐中，垦田二百二十八万余顷。

治平中，四百四十余万顷。

　　皇祐、治平，三司皆有《会计录》①，其间相去不及二十年，而垦田之数增倍。以治平数视天禧则犹不及，而叙《治平录》者，以为此特计其赋租以知顷亩之数，而赋租所不加者十居其七，率而计之，则天下垦田无虑三千余万顷矣。盖祖宗重扰民，未尝穷按，故莫得其实，姑著其可见者如此。治平中，废田见于籍者，犹四十八万余顷。景祐时，谏官王素言，天下田赋轻重不等，请均定。而欧阳修亦言："秘书丞孙琳尝往洺州肥乡县，与大理寺丞郭谘以千步方田法括定名田②，愿召二人者。"三司亦以为然，且请于亳、寿、蔡、汝四州择尤不均者均之。于是遣谘蔡州。谘首括一县，得田二万六千九百三十余顷，均其赋于民。既而谘言州县多逃田，未可尽括，朝廷亦重劳人，遂罢。

　　自郭谘均税之法罢，论者谓朝廷徒恤一时之劳，而失经远之虑。至皇祐中，天下垦田视景德增四十一万七千余顷，而岁入九谷乃减七十二万八千余石，盖田赋不均，故其弊如此。其后田京知沧州，均无棣田；蔡挺知博州，均聊城、高唐田。岁增赋谷帛之类，无棣总千一百五十二，聊城、高唐总万四千八百四十七。既而或言沧州民以为不便，诏如旧。嘉祐时，复诏均定，命三司使包拯与吕居简、吴中复总之，继以命张掞、吕公弼，乃遣官分行诸路，而秘书丞高本在遣中，独以为不可均。已而复罢，才均数郡田而已。

　　天圣时，贝州言："民析居者，例加税，谓之'罚税'，他州无此比，请除之。"诏可。自是州县有言税之无名若苛细者，所蠲甚众。

――――――――――

　　① 《皇祐会计录》有两种。一是仁宗皇祐二年田况编纂，共六卷，仿照丁谓《景德会计录》的体例，分为户赋、课入、经费、储运、禄赐、杂记六项。记其出入之数。数字采用一年中的中数。二是王尧臣、王守忠、陈升所撰的《会计录》，共七卷，于皇祐四年上呈给皇帝。《治平会计录》编纂于英宗治平四年，共六卷，上于神宗，时英宗已死。编纂者为三司使韩绛，也有说是蔡襄。

　　② 名田，《宋史·食货上二》作"民田"。

　　自唐以来，民计日输赋外①，增取他物，复折为赋，所谓"杂变之赋"也，亦谓之"沿纳"而名品烦细，其类不一。官司岁附帐籍，并缘侵扰，民以为患。明道中，因诏三司，"沿纳"物以类并合。于是三司请悉除诸名品，并为一物，夏秋岁入，第分粗细二色，百姓便之。

　　凡岁赋，谷以石计，钱以缗计，帛以匹计，金银、丝绵以两计，藁秸、薪蒸以围计，他物各以其数②。皇祐中比景德之数，增四百四十一万八千六百六十五，治平中又增一千四百一十七万九千三百六十四。其以赦令蠲除，以便百姓，若逃移、户绝不追者，景德中总六百八十二万九千七百，皇祐中三十三万八千四百五十七，治平中一千二百二十九万八千七百。每岁以灾害蠲减者，又不在此，盖不可悉数云。

　　神宗熙宁元年，京西转运使谢景温言："在法，请田户五年内，凡科役皆免。今汝州四县，如有客户不过一二年，便为旧户纠决，与之同役，以此即又逃窜，田土多荒，乞仍旧法五年内无差科。"从之。

　　初，赵尚宽、高赋为唐州守，流民自占者众，凡百亩起税四亩而已。税轻而民乐输，境内无旷土。至是，转运司以土辟税百亩增至二十亩。御史翟恩言③，恐再致转徙，宜戒饬④，量加以宽民。诏从之。

　　唐、邓、襄、汝州，自治平以后，开垦岁增，然未定税额。元丰中，乃以所垦新田差为五等输。元祐元年罢之，大观三年复元丰法，俄又罢之。

　　二年，分遣诸路常平官，使专领农田水利事。应吏民能知土地种植之法，陂塘、圩埠⑤、堤堰、沟洫之利害者，皆得自言，行之有效，随大小酬赏。

---

　①　计日，《宋史·食货上二》作"计田"。
　②　据《宋史·食货上二》所记，"数"字后尚有一"计"字。
　③　翟恩，《宋史·食货上二》作"翟思"。
　④　《宋史·食货上二》"宜戒饬"后有"使者"二字。
　⑤　埠，小堤。

六年，司农寺请立劝民种桑法，天下民种桑柘，毋得增赋。先时，河东等户以桑之多寡为高下，故植桑者少，蚕织益微。至和中，诏罢之。时又立法劝民栽桑，有不趋令，则仿屋粟、里布为之罚，民以为病。既而诏罢之。

五年，重修定方田法。八月，诏司农以《均税条约并式》颁之天下。以东西南北各千步，当四十一顷六十六亩一百六十步为一方。岁以九月，县委令、佐分地计量，随陂原平泽而定其地，因赤淤黑垆而辩其色。方量毕，以地及色参定肥瘠而分五等，以定税则。至明年三月毕，揭以示民，一季无讼，即书户帖①，连庄账付之②，以为地符③。均税之法，县各以其租额税数为限，旧尝取羡零，如米不及十合而收为升，绢不满十分而收为寸之类，今不得用其数均摊增展，致溢旧额，凡越额增数皆禁之。若瘠卤不毛，及众所食利山林、陂塘、路沟、坟墓，皆不立税。凡田方之角，立土为埄，植其野之所宜木以封表之。有方账，有庄账，有甲帖，有户帖，其分烟析生、典卖割移，官给契，县置簿，皆以今所方之田为正。令既具，乃以济州钜野尉王曼为指教官，先自京东路行之，诸路仿焉。六年，诏土色分五等，疑未尽，下郡县物其土宜，多为等以期均当，勿拘以五。七年，诏从邓润甫之请，京东十七州选官四员，各主其方，分行郡县，各以三年为任。又诏每方差大甲头二人、小甲头三人，同集方户，令各认步亩，方田官验地色，各勒甲头、方户同定。诏灾伤路分权罢。司农寺言："乞下诸路及开封府界，除秋田灾伤三分以上县权罢外，余候农隙。"河北西路提举司言，乞通一县灾伤不及一分勿罢。

元丰元年，诏："京东东路民诉方田未实，其先择词讼最多一县，据各等第，酌中立税，候事毕无讼，即案以次县施行。"

五年，开封府言："方田法，取税之最不均县先行，即一州而及五县，岁不过两县。今府界十九县，准此行之，十年乃定。请岁方五县。"从之。其后必岁稔农隙乃行，而县多山林者或行或否。

七年，京东东路提举常平等事燕若古言："沂、登、密、青州田讼最多，乞择三五县先方田。"诏候丰岁推行。

---

① 户帖，登记每户人口和产业簿册。
② 庄账，指一村庄的花名册。
③ 地符，对土地具有所有权的凭证。

八年，帝知官吏奉行多致骚扰，诏罢方田。天下之田已方而见于籍者，至是二百四十八万四千三百四十有九顷云。

五年，都水使者范子渊奏："自大明抵乾宁①，跨十五州，河徙地凡七千顷，乞募人耕植。"从之。先是，中书言："黄河北流，今已淤断，恩、冀下流，退皆田土，顷亩必多。深虑权豪横占，及旧地主未归，乞诏河北转运司，候朝廷专差朝臣同司职官同立标识，方许受状，定租给授。"

天下总四京一十八路，田四百六十一万六千五百五十六顷，内民田四百五十五万三千一百六十三顷六十一亩，官田六万三千三百九十三顷。

右此元丰间天下垦田之数，比治平时所增者二十余万顷。按：前代混一之时，汉元始定垦曰八百二十七万五千余顷，隋开皇时垦田一千九百四十万四千余顷，唐天宝时应受田一千四百三十万八千余顷，其数比之宋朝或一倍，或三倍，或四倍有余。虽曰宋之土宇北不得幽、蓟，西不得灵、夏，南不得交趾，然三方之在版图，亦半为边障屯戍之地，垦田未必多，未应倍蓰于中州之地。然则其故何也？按：《治平会计录》谓田数特计其赋租以知其顷亩，而赋租所不加者十居其七，率而计之，则天下垦田无虑三千余万顷。盖祖宗重扰民，未尝穷按，故莫得其实。又按：《食货志》言天下荒田未垦者多，京、襄、唐、邓尤甚②，至治平、熙宁间，相继开垦，然凡百亩之内，起税止四亩，欲增至二十亩，则言者以为民间苦赋重，再至转徙，遂不增。以是观之，则田之无赋税者，又不止于十之七而已。盖田数之在官者，虽劣于前代，而遗利之在民多矣，此仁厚之泽所以度汉唐欤！

二税：熙宁十年见催额五千二百一万一千二十九贯、石、匹、斤、两、领、团、条、角、竿。

夏税一千六百九十六万二千六百九十五贯、匹等：内银三万一千九百四十两，钱三百八十五万二千八百一十七贯，斛斗三百四十三万

---

① 大明，《宋史·食货上一》作"大名"。
② 京、襄，《宋史·食货上一》作"京西"。

五千七百八十五石，匹帛二百五十四万一千三百匹，丝绵五百八十四万四千八百六十一两。杂色茶、盐、蜜、麹、麸、面、椒、黄蜡、黄檗、甘草、油子、菜籽、蓝、纸、苎麻、楠木、柴、茆、铁、地灰、红花、麻皮、鞋、板、瓦。百二十五万五千九百九十二斤、两、石、角、筒、秤、张、塌、条、檐、团、束、量、口。

秋税三千五百四万八千三百三十四贯、匹等：内银二万八千一百九十七两，钱一百七十三万三千二贯，斛斗一千四百四十五万一千四百七十二石，匹帛一十三万一千二十三匹，绵五千四百九十五两，草一千六百七十五万四千八百四十四束，杂色茶、盐、酥、蜜、青盐、曲、油、椒、漆、蜡、枣、苎麻、柿子、木板、瓦、麻皮、柴、炭、蒿、茅、茭、草、蒲席、铁、翎毛、竹、木、芦蕟、鞋。一百九十四万四千三百一斤、两、石、口、根、束、领、茎、条、竿、只、檐、量。

开封府界田一十一万三千三百三十一顷六十七亩，官田五百一十六顷六十四亩，见催额四百五万五千八十七贯、石、匹、两、束、量。夏税九十九万八千九百二十四贯、石、匹、两、束、量。秋税三百五万六千一百六十三贯、石、束、斤、量、两。

京东路田二十五万八千二百八十四顷六十亩，官田八千九百九顷一亩，见催额三百万九百一贯、匹、两、石、束、量夏税一百五十五万五千八百八十贯、匹、两、石。秋税一百四十四万五千二十一贯、石、束、量。

京西路田二十万五千六百二十六顷三十八亩，官田七千二百八顷八十八亩，见催额四百六万三千八百七十贯、石、匹、两、量、角、束。夏税一百四十四万九百三十二贯、石、匹、两、量、角、个。秋税二百六十二万二千九百三十八贯、石、匹、束、量、两、个。

河北路田二十六万九千五百六十顷八亩，官田九千五百六顷四十八亩，见催额九百一十五万二千贯、石、匹、两、量、斤、束、端夏税一百三十九万三千九百八十三贯、石、匹、两、量、斤。秋税七百七十一万八千一百七贯、匹、石、斤、束。

陕府西路田四十四万五千二百九十八顷三十八亩，官田一千八百五顷二十二亩，见催额五百八十万五千一百一十四贯、石、匹、端、两、斗、量、口、斤、根、束。夏税一百一十一万一百五贯、石、匹、端、两、斗、量、口、斤。秋税四百六十九万五千九贯、石、匹、端、量、束、斤、口、根。

河东路田十万二千二百六十七顷三十亩，官田九千四百三十九顷三十亩，见催额二百三十七万二千一百八十七贯、石、匹、量、两、斤、束。夏税四十万三千三百九十五贯、匹、石、两、量。秋税一百九十六万八千七百九十二贯、石、匹、量、两、斤、束。

淮南路田九十六万八千六百八十四顷二十亩，官田四千八百八十七顷一十三亩，见催额四百二十二万三千七百八十四贯、石、匹、两、斤、秤、角、量、领、束。夏税二百五十五万八千二百四十九贯、石、匹、两、斤、秤、角、量。秋税一百六十六万五千五百三十五贯、石、匹、束、领、量。

两浙路田三十六万二千四百七十七顷五十六亩，官田九百六十四顷四十二亩，见催额四百七十九万九千一百二十二贯、石、匹、两、领。夏税二百七十九万七百六十七贯、石、匹、两。秋税二百万八千三百五十五贯、石、匹、领。

江南东路田四十二万一千六百四顷四十七亩，官田七千八百四十四顷三十一亩，见催额三百九十六万三千一百六十九贯、石、匹、两、斤、束、领。夏税二百万四千九百四十七贯、石、匹、两、斤。秋税一百九十五万八千二百二十二贯、石、束、匹、领、斤。

江南西路田四十五万四百六十六顷八十九亩，官田一千七百六十四顷五十七亩，见催额二百二十二万六百二十五贯、匹、石、两、斤、领。夏税七十四万八千七百二十八贯、匹、石、两、斤。秋税一百四十七万一千九百三十七贯、石、斤、领。

荆湖南路田三十二万四千二百六十七顷九十六亩，官田七千七百七十二顷五十九亩，见催额一百八十一万六千六百一十二贯、石、匹、串、斤、束、茎、两。夏税四十四万八千三百六十四贯、石、匹、两、串、斤。秋税一百三十六万八千二百四十八贯、石、匹、斤、束、茎。

荆湖北路田二十五万八千九百八十一顷二十九亩，官田九百三顷七十八亩，见催额一百七十五万六千七十八贯、石、匹、两、张、量、塌、条、束、斤、领、竿、只。夏税五十一万五千二百七贯、石、匹、两、张、量、塌、条。秋税一百三十六万八千二百四十八贯、石、匹、斤、束、茎。

福建路田一十一万九百一十四顷五十三亩，官田五顷三十七亩，见催额一百一万六百五十贯、石、匹、斤。夏税一十八万六千二百九十二贯、石、匹、斤。秋税八十四万四千三百五十八贯、石。

成都路田二十一万六千六百六十二顷五十八亩，官田六十五顷一十九亩，见催额九十二万六千七百三十二贯、石、匹、两、张、斤、担。夏税七万五千八百贯、石、匹、两、张、斤。秋税八十五万九百三十二贯、石、匹、束、斤、担。

梓州路田为山崖，难计顷亩，见催额八十三万四千一百八十七贯、石、匹、两、斤、担、束、量。夏税二十三万八千九百八十三贯、石、匹、两、斤、担。秋税五十九万三千二百四贯、石、匹、束、量、斤、担。

利州路田一万一千七百八十一顷五亩，官田一千九十九顷八十四亩，见催额六十六万五千三百六贯、石、匹、两、斤、束等。夏税一十八万六千七百二十四贯、石、匹、两、斤。秋税四十七万八千五百八十二贯、石、匹、束、斤。

夔州路田二千二百四十四顷九十七亩，官田二百二十三亩，见催额一十四万一千一百八十二贯、石、匹、两、团、斤、角、束。夏税七万四千二百九贯、石、匹、两、团、斤、角。秋税六万六千八百七十三贯、石、匹、束。

广南东路田三万一千一百八十五顷一十八亩，官田二百七十顷七十二亩，见催额七十六万五千七百一十五贯、匹、斤、石。夏税一十三万五千七百六十四贯、匹、斤。秋税六十二万九千九百五十一贯、石。

广南西路田一百二十四顷五十二亩，官田四百二十七顷二十八亩，见催额四十三万八千六百一十八贯、石、斤、束、领。夏税九万五千三百四十二贯、石、斤。秋税三十四万三千二百七十六贯、石、束、领、斤。

右以上系元丰间检正中书户房公事毕仲衍投进《中书备对》内所述天下四京一十八路垦田并夏、秋二税见催额数目，《国朝会要》及《四朝食货志》并不曾登载如此详密，故录于此。

卷五　田赋考五

历代田赋之制

哲宗元祐初，御史论陕西转运使吕太中假支移之名，实令农户计输脚钱十八①，百姓苦之。乃下提刑司体量，均其轻重之等：以税赋户籍在第一等、第二等者支移三百里，第三等、第四等二百里，第五等一百里。不愿支移而愿输道里脚钱者②，亦酌度分为三，各从其便焉。

六年，用有司议，河东助军粮草，支移无得输三百里③，灾伤五分以上，免其折变。

绍圣元年，臣僚言："元祐敕，典卖田宅，遍问四邻，乃于贫而急售者有害。乞用熙宁、元丰法，不问邻以便之。应问邻者，止问本宗有服亲，及墓田相去百户内与所断田宅接者，仍限日以节其迟。"宋初，亦有问亲邻之法。

徽宗崇宁三年，宰臣蔡京等请复行方田，从之。推行自京西、北两路始④。

四年，尚书省言："诸妄说方田条法，煽惑愚民，致贱价卖断田业，或毁伐桑柘者，杖以晓众。"从之。监察御史宋圣宠言："元丰方田之法，废且二十年，猾吏毁去案籍，豪民毁坏埄界⑤，乞按视补葺。"诏行下。

七月，诏："方田路分，令提举司视税最不均县，每州岁方一县或两县，遇灾伤权罢。"

---

① 计输，《宋史·食货上二》作"斗输"。
② 支移，指农户按国家规定将应纳的田赋粮运送到指定的地点。道里脚钱，指以钱代役。
③ 输，《宋史·食货上二》作"逾"。
④ 此处疑有脱字。
⑤ 埄界，古口人土和木桩堆

知开封府太康县李百宗上言:"州县官吏有苟简怀异之人,往往以本县丰熟妄为灾伤,以避推行。或有好进之徒,以人户实被灾伤妄为丰熟,务要邀求恩赏,殊不能体朝廷使民之美意。乞觉察禁治。"从之。

五年,诏:"诸路见行方田,切虑民间被方不均,公吏骚扰乞取难禁,除已方外权罢。"

大观二年,诏复行方田。

四年,诏:"去岁诸路灾伤,应已经方量而高下失当,见有陈诉,未为毕事,合依,已命权①。其赋税,依未方时旧则输纳。"又诏:"方田官吏非特妄增田税,又兼不食之山而方之,俾出刍草之直,民户因此废业失所。监司其推原本制,悉加改正,毋失其旧。"

五年②,河北西路提举常平司奏:"所在地色极多,不下百数,及至均税,不过十等。第一等虽出十分之税,地土肥壤,尚以为轻;第十等只均一分,多是瘠卤,出税虽少,犹以为重。若不入等,而依条只收柴蒿钱,每顷不过百钱至五百,既收入等,但可耕之地,便有一分之税,其间下色之地,与柴蒿之地不相远,乃一例每亩均税一分,上轻下重,故人户不无词诉。欲乞依条据土色分外,只将第十等之地再分上中下三等,折亩均数。谓如第十等地,每十亩合折第一等一亩,即第十等内上等依元数,中等以十五亩,下等以二十亩折地一亩之类是也。"诏诸路概行其法。

五月,臣僚上言:"朝廷推行方田之初,外路官吏不遵诏令,辄于旧管税额之外,增出税数,号为'蠲剩',其多有一邑之间及数万者。欲望下逐路提举司,将应有增税县分,并依近降指挥,重行方量,依条均定税数,不得于元额外别有增损。"止令提刑司体量诣实闻奏。

大观二年,诏:"天下租赋科拨支折,当先富后贫,自近及远。乃者漕臣失职,有不均之患,民或受害。其定为令。"所谓支移,视地远近,递迁有无,以便边饷,内郡罕用焉。间移用,则任民以所费多寡自择,故或输本色于支移之地,或输脚费于所居之邑。示折变之法,纳月初旬估中价折准,仍视岁丰凶定物之低昂,官吏毋得私其轻重③。

---

① 据《宋史·食货上二》所记,"权"字后脱一"罢"字。
② 政和三年,见《宋史·食货上二》。
③ 据《宋史·食货上二》所记,此句前脱一"俾"字。

初，京西旧不支移，崇宁中，将漕者忽令民曰："支移所宜同也，今特免，若地里脚钱则宜输。"自是岁以为常。脚钱之费，斗为钱五十六，比元丰既当正岁之数，而反复纽折，数倍于昔，农民至鬻牛易产犹不能继，漕司乃用是取办理之誉，言者极论其害。①遂诏支移而所输地里脚钱不及斗者，免之。寻诏五等户税不及斗者，支移皆免。

重和间，言者谓："物有丰匮，价有低昂，估丰贱之物，俾民输送，折价既贱，输官必多，则公私乏利。而州县之吏，但计一方所乏，不计物之有无，责民所无，其患无量②。至于支移，徙丰就歉，理则宜然。豪民赃吏故徙歉以就丰，挟轻货以贱价输官，其利自倍。而下贫之户各免支移，估直既高，更益脚费，视富户反重，因之逋负，困于追胥。又非法折变，既以绢折钱，又以钱折麦。以绢较钱，钱倍于绢；以钱较麦，麦亿于钱③。辗转增加，民无所诉。"前后奏请，帝必为之申禁且定法，而有司终不承恻怛之意焉。

宣和元年，臣僚言："方田以均天下之税，神考良法，陛下推行，今十年，告成者六路，可谓缓而不迫矣。御史台受诉，乃有二百余亩方为二十亩者，有二顷九十六亩方为七十亩者，虔州之瑞金是也。有租税一十三钱而增至二贯二百者，有租税二十七钱则增至一贯四百五十者，虔之会昌是也。盖方量官惮于跋履，并不躬亲，而行缠拍峰，验定土色，一任之胥吏④。望诏常平使者密行检察，若未按举，他时有诉不平，则明加贬黜改正。"诏令诸路提刑司体问。

二年，诏罢诸路方田。又诏："自今诸司毋得起请方田。诸路未方田县分已方量，赋役不以有无论诉，悉如旧额输税。民因方田而逃移归业者，逋欠并放。"

高宗绍兴元年，江西、湖南宣抚大使朱胜非言："民间之病，正税外

---

① 据《宋史·食货上二》所记，此处脱"政和元年"四字。
② 患，《宋史·食货上二》作"费"。
③ 据《宋史·食货上二》所记，"亿"作"倍"。
④ 行缠拍峰句，这里是指把牵绳丈量，在四边堆土作界标以及验定田土的肥瘠诸事，都交给胥吏去办。

科赋繁重。税米一斛有输至五六斛，税钱一缗有输及十八缗者，和籴与正税等，而未尝支钱。他皆类此。"又言："输苗请以限前听民从便纳早占米充支用。"从之。江东帅臣李光言："广德县秋苗旧纳水阳镇，乡民惮远。乞每一石贴三斗七升充脚剩，就本军送纳。自是立为年额。"诏蠲其半。

六年，殿中侍御史周秘言："昨朝廷展放淮南税限，闻州县有收撮课子之例，夏则撮麦，秋则撮谷。又有助军米、借牛租，名色十一①，往往取至四五分。重敛如此，乃以爱惜民力欺朝廷，使百姓虚被放免之惠。盖税赋则所取少而有限，收撮则所取多而无时，今欲信朝廷宽恤之令，宽百姓输纳之力，除已立定课子合官私中分外，余宜一切禁止。"权发遣淮南两路张成宪言："还业之人税额未定，乞据实种顷亩权纳课子五年。"并从之。

七年，知扬州晁公武言："朝廷以沿淮荒残，未行租税，民复业与创户者，虽阡陌相望，惧后来税重，闻之官者十才见一二②。昔晚唐民务稼穑则增其租，故播种少；吴越民垦荒田而不加税，故无旷土。望诏两淮更不增赋，庶民知劝。"诏可。

二十年，用正言章夏奏，诏州县收纳二税出剩数并附赤历，无得拨归公使库。

二十三年，张守帅江西，奏请蠲积欠预和市、和籴③，上欲行之，时秦桧为相，方损度为月进，且日虞四方财用之不至，怒而不行。是时，两浙州县合纳绵、绸、税绢、茶绢、杂钱、白米六色，皆以市价折钱，却别科米麦，有一亩地纳四五斗者。京西根括隐田，增添租米，加重于旧。湖南有土户钱、折绢钱、醋息钱、曲引钱，名色不一。曹泳为户部侍郎，又责荆南已蠲口赋二十余万缗甚急。桧晚年怒不可测，而泳其亲党，凶焰炽然。盖自桧再相，密谕诸路暗增民税七八，尝建言：国家经费，惟仰二税，间乞蠲免，理宜禁绝。虽经界之行，或谓但求括摘漏税，亦无实惠及民，故民力重困，饥死者众，皆桧之为也。

绍兴三年，户部言："人户抛弃田产，已诏三年外许人请射，十年内虽已请射及拨充职田者，并听理认归业，官司占田不还，许越诉。如孤幼

---

① 名色十一，可能是"名色不一"之误。
② 一二，《宋史·食货上一》作"二三"。
③ 和市，和买。和籴，国家因某种需要，按市价公平购买粮物。

儿女及亲属依例合得财产之人，委守令面问来历，取索契照。如无契照，句勒耆保邻佐照证得实，即时给付，或伪冒指占者论如律。如州县沮抑，及奉行不虔，隐匿晓示，委监司按治。"从之。

绍兴二年，工部侍郎李擢言："平江府东南有逃田，湖浸相连，塍岸久废，岁失四万三千余斛。乞招诱流民疏导耕垦，其不可即工者蠲其额。又郡民之陷虏者，弃田三万六千余顷，皆掌以旧佃户，诸县已立定租课，许以二年归业。圭田瘠薄，民以旧籍为病，愿除其不可耕之田，损其已定过多之额。"后皆次第行之。此经界张本也。

十二年，左司员外郎李椿年言经界不正十害：一、侵耕失税；二、推割不行；三、衙门及坊场户虚供抵当①；四、乡司走弄税名；五、诡名寄产；六、兵火后税籍不失，争讼日起；七、倚阁不实；八、州县隐赋多，公私俱困；九、豪猾户自陈，诡籍不实；十、逃田税偏重，人无肯售。经界正则害可转为利。且言："平江岁入，昔七十万斛有畸，今按籍虽三十万斛，然实入才二十万斛耳。询之土人，皆欺隐也。望考按核实自平江始，然后施之天下，则经界正而仁政行矣。椿年尝知宁国县，宣谕使刘大中荐其练习民事，稽考税额，各有条理。五年秋九月召对，椿年奏："州县不治，在不得人，若于二税稍加措置，不至大陷，用度自足。"寻通判洪州，屡迁浙东提举。八年春三月，三省奏："台州有匿名书，称椿年刻薄等事，欲率众作过。"上曰："兵火以来，官物多失陷，既差官检察，若稍留心，便生诬毁，此必州县吏所为。万一作过，当遣兵剿杀。"后卒无事。至是，乃建此议。上谓宰执曰："椿年之论，颇有条理。"秦桧曰："其说简易可行。"程克俊曰："比年百姓避役，止缘经界不正，行之乃公私之利。"翌日甲午，以椿年为两浙运副，专委措置经界。椿年条画来上，请先往平江诸县朱熹所谓"先自其家田上量起"者是也，俟其就绪，即往诸州，要在均平，为民除害，更不增税额。如水乡秋收后妄称废田者，许人告；陂塘塍埂之坏于水者，官借钱以修之；县令、丞之才短者听易。置图写墟亩，选官按覆，令各户各乡造砧基簿②，仍示民以赏罚，开谕禁防，靡不周尽。吏取财者论如法。

诏："人户田产多有契书，而今来不上砧基簿者皆没官。"又诏："州县租税簿籍，令转运司降样行下，真谨书写。如细小草书，官吏各科罪。其簿限一日改正，有欺弊者依本法。"并用椿年请也。

---

① "衙门"二字疑系"衙前"之误。
② 砧基簿，指登记田亩、基址的簿册。类似后世的鱼鳞册。

初，椿年置经界局于平江府，守臣周葵问之曰："公今欲均赋邪，或遂增税也？"椿年曰："何敢增税。"葵曰："苟不欲增，胡为言本州七十万斛？"椿年曰："当用图经三十万斛为准。"

仓部员外郎王循友言："国家平昔漕、江、淮、荆、浙六路之粟六百二十余万，加以和籴，而近岁上供才二百八十余万，两浙膏腴沃衍，无不耕之土，较之旧额亦亏五十万石。此盖税籍欺隐，豪强诡挟所致。比漕臣建议正经界，朝廷从之，望敕诸路漕臣各根检税籍。"

十四年，椿年权户部侍郎，仍旧措置经界。十二月，椿年以母忧罢，两浙运副王鈇权户部，措置经界。

十七年，李椿年再权户部侍郎，专一措置经界。自椿年去位，有司稍罢其所施行者，及是免丧还朝，复言："两浙经界已毕者四十县，其未行处，若止令人户结甲，虑形势之家尚有欺隐，乞依旧图画造簿，本所差官覆实。先了而民无争讼者推赏，弛慢不职者劾奏。"皆从之。椿年又言："已打量及用砧基簿计四十县，乞结绝。其余未打量及不曾用砧基簿，止令结甲县分，欲展期一月，许人户首实。昨已起新税依额理纳，俟打量宽剩亩角，即行均减，更不增添税额。仍令都内人各书诣实状，遇有两争，即对换产税。"并诏可。

十九年，诏："汀、漳、泉三州据见今耕种田亩收纳二税，未耕种者权行倚阁①。"昉行经界法于诸路②，而剧盗何白旗扰汀、漳诸郡，故有是旨。然汀在深山穷谷中，兵火之余，旧籍无有存者，豪民漏税，常赋十失五六，郡邑无以支吾，于是计口科盐，大为民害。是年冬十一月，经界之事始毕。

初，朝廷以淮东西、京西、湖北四路被边，姑仍其旧，又漳、汀、泉三州未毕行。明年，诏琼州、万安、昌化、吉阳军海外土产瘠薄，已免经界，其税额悉如旧。又泸南帅臣冯揖抗疏论不便，于是泸叙州、长宁军并免，渠果州、广安军既行亦复罢。自余诸路州县皆次第有成。二十一年，诏临江军王伯淮代还，言："本州倚郭清江县修德乡有税钱四十余贯、苗

① 倚阁，搁置。
② 经界法，南宋清丈土地、整理地籍，保护赋税的措施。绍兴十二年，左司员外郎李椿年首创并推行。

米四百余石，人烟、田产并在筠州高安县祈丰乡。上项苗税，在经界法谓之'鸾佃'，在乡村谓之'包套'。经界既定，两县随产认税，于是清江有税无田，高安有田无税，清江不免以无田之税增均于元额之田，高安即以无税之田减均于元额之税，是高安得偏轻之利，清江得偏重之害矣。谨按：国朝淳化癸巳岁，诏建临江军，取筠之潇滩镇为清江县，割高安之建安、修德两乡隶之。新丰与修德接壤，故有交乡鸾佃之弊，乞究实改正。"诏委转运卢奎措置。

受纳税限 建炎四年，右谏议大夫黎确言："近岁贪吏至与专库分利，凡民户自诣输纳夏税，和买缣帛等，往往多端沮抑，不堪留滞之苦，则委之揽纳之家而去。民有倍称之出，官受滥恶之物。"诏物帛非纰疏滥恶，官吏过有抑退者，许越诉。

绍兴三年，诏："江、浙诸州县帛及折帛钱①，并以七月中旬到行在。不足者，守、贰窜黜。②"用户部请也。四年，右司谏刘大中言："契勘租税条限，系五月半起催，八月半纳毕，灾伤放免，不尽者限一月，祖宗以来，未之有改。今户部令七月终以前数足，迫促太甚。纳毕者，人户送纳到官之期也；起发数足者，诸州团并起发到行在之期也。且以道里远近酌中言之，吉州陆路到临安二十八程，水程倍之。若依此，则须五六月纳足，岂不大段迫促？今户部不过以大礼赏格未足，上动朝廷，不知本部平时所管何事！平时蠹耗，未尝讲究；平时失陷，未尝稽考；乃临时画旨促限，变乱祖宗旧制，全不恤民。夫祀所以为民祈福也，迫取物帛，反为民害，有伤和气，有累圣德。"诏展限一月。二十五年，户部看详，令文思院造一石斛斗，用火印下诸转运司依式制造，付州县行用输纳，庶免吏胥轻重其手，重为民病。

绍兴十三年，臣僚言："赋税之输，止凭钞旁为信，谷以升，帛以尺，钱自一文以往，必具四钞受纳，亲用团印：曰'户钞'，则付人户收执；曰'县钞'，则关县司销籍；曰'监钞'，则纳官掌之；曰'住钞'，则仓库藏之，所以防伪冒、备毁失也。今所在监、住二钞废不复用，而县司亦不即据钞销簿，方且藏匿以要赂。望申严法令，戒监司、郡守检察受纳官司，凡户、县、监、住四钞皆存留，以备互照。"从之。

---

① 折帛钱，南宋时的一种田赋附加税。始初，官府向人民购买绢帛，后改为无偿征收，又改为折钱缴纳，故叫"折帛钱"。

② 窜黜，指放逐。

二十二年①，诏："诸县人户已纳税租钞，和、预买绸绢之类同。不即销簿者，当职官吏并科罪。人户赍出户钞，不为照使，抑令重纳者，以违制论，不以赦原。著为令。"

绍兴二十六年，户部言："今年人户畸零租税，欲令依法折纳价钱，如愿与别户合钞送纳本色者听。"初，秦桧画旨，不得合零就整。至是，钟世明权侍郎，恐奉行抵捂扰民，乃奏行之。

预借 建炎四年，上初自海道回跸，夏五月壬寅，用江浙制置司随军转运刘蒙议，于民间预借秋科苗米。壬子，御史沈与求奏罢之。

绍兴五年，诏预借民户和买绸绢二分，止输见缣，毋得抑纳金银每千除头子钱外，靡费毋过十文。十九年，诏禁止镇江府预借苗米。

支移折变 绍兴二年，左司谏吴表臣言："诸州折变有至数倍者，请今后并以中价细估。"诏违法漕、宪各罚铜十斤。三年，诏婺州额上供罗并权折价钱，以州人言每岁输纳两数太重故也。令二广人户税租合支移者，量地里远近递趱，无得过三百里。四年，起四川布估钱②。初，成都崇庆府、彭汉邓州、永康军六郡，自天圣间官以三百钱市布一匹，民甚便之，后不复予钱。至是，宣抚司又令民间每匹输估钱三引，岁七十万匹，估钱二百余万引。庆元初，累减至一百三十余万引。六年，右谏议大夫赵霈言："岳州自版籍不存，不以田亩收税，惟种一石作七亩科敷，而反复纽折，有至数十倍者。"诏本路宪臣体究改正。十年，明堂赦："诸路州县人户合纳田税免收头子、市利、船脚等钱③。"十一年，臣僚言："昨诏折帛钱以十分为率，绸折二分，绢折三分，绵折五分，所以宽民力也。今州县乃尽令折钱，却抵价收买④，以取出剩。民户积欠许逐年随税带纳，今州县乃一并督输。乞诏有司禁约。"十八年，知蕲州吕延年代还，言："五季时，江南李氏暴敛害民，江西一路税苗数外倍借三分，以应军须。本朝官司名为'沿纳'，盖谓事非创立，特循沿李氏旧法也。积岁既久，又以此项钱米支移折变，里巷之民，怨声犹在。乞量与裁定，仍将沿纳钱米免支移折变。"二十八年，右正言朱倬奏："福建米斗折纳八百有畸，倍于广右；近饶州乐平县亦科四百五十，恐别郡承风，有亏仁政。欲依祖

---

① 二十二年，《宋史·食货上二》作"三十二年"。

② 布估钱，对布所征的税钱。

③ 以上皆属于田赋附加税。

④ 抵价，疑为"低价"之误。

宗折科法，合纳初定实价，耗费共不得过百钱，非紧急无得折科。"从之。孝宗淳熙三年，刘邦翰、林枢奏："湖北州县请佃官田，未归业人户见耕田，期以一年自陈，分三限起税；不实，许人告。"

　　臣僚言："人户广占官田①，量输官赋，似为过优，此议者所以开陈告之门，而欲从实起税也。不思朝廷往日经界，独两淮、京西、湖北仍旧，盖以四路被边，土广人稀，诱之使耕，犹惧不至，若复履亩而税，孰肯远从力耕，以供上之赋哉？今湖北惟鼎、沣地接湖南②，垦田犹多，自荆南、安、复、岳、鄂、汉、沔，污莱弥望犹昔，户口稀少，且非土著，皆江南狭乡百姓，老耄携幼远来请佃所籍田亩宽而税赋轻也。若立限陈首，诱人告讦，恐于公家无一毫之补，而良民有无穷之扰矣。且当诱以开耕，不宜恐以增税。使田畴尽辟，岁收滋广，一遇丰稔年岁，以实边③，则漕运所省亦博。望依绍兴十六年诏旨，以十分为率，每年增额一分，或不愿开耕，即许退佃。期限稍宽，取之有渐，远民安业，一路幸甚！"
　　浙西提举颜师鲁奏："今乡民间于闲旷硗确之地，积日累月，垦成田围，用力甚勤，或未能以自陈起税，为人告首，即以盗耕罪之，给半充赏，其何以劝力田者哉？"上曰："农民开垦旷土，岂可以盗耕之法治之！可止令打量起税。"

　　七年夏，大旱，知南康军朱熹应诏上封事言："今日民间特以税重为害，正缘二税之入，朝廷尽取以供军，州县无复盈余，不免于二税之外别作名色巧取。今民贫赋重，惟有核兵籍，广屯田，练民兵，乃可以渐省列屯坐食之兵，损省州县供军之数。使州县事力渐舒，然后可以禁其苛敛，责其宽恤，庶几穷困之民得保生业，无流徙之患。"
　　隆兴元年，诏："应人户抛下田屋，如有归者依旧主，业已请佃者即时推还，出二十年无人归认，依户绝法。"
　　又诏："贫乏下户，或因赋税，或因饥馑逃亡，官司即时籍其田土，致令不复归业。今州县申严赦文五年之限，应归业者即给还。"

----

① 据《宋史·食货上二》所记，"人户"前应有"湖北"二字。
② 远从，《宋史·食货志上二》作"远徙"；鼎、沣，《宋史·食货志上二》作"鼎、澧"。
③ 据《宋史·食货志上二》所记，"丰稔年岁"后尚有"平籴"二字。

受纳税限 绍兴三十二年，诏："州县受纳青苗①，官吏并缘多收加耗，规图滥数，肆为奸欺，虚印文钞给予人户，民间相传，谓之'白钞'。方时艰虞，用度未足，欲减常赋而未能，岂忍使贪赃之徒重为民蠹！今后违犯官吏并坐重典，仍没其家。"此孝宗即位初诏

乾道七年修《受纳苗米纵吏乞取法》，受纳官比犯人减一等，州县长官不觉察，同罪。

淳熙四年，执政奏："往年谏官论州县先期趣办催科之弊，而户部长、贰执奏不行，谓递年四月五月合到行在折帛钱，共六十一万贯，指拟支遣，若不预催，恐致缺课。"上曰："既是违法病民，朝廷须作措置，安可置而不问？"次日，奏："户部每年八月于南库借六十万缗应副支遣，次年正月至三月拨还。今若移此六十万缗于四月上旬支借到户部，自无缺用，可以禁止预催之弊。"上喜曰："如此措置，不过移后就前，却得民力少宽，于公私俱便。"乃诏诸路州县并依条限催理二税，违者劾奏。十三年，赵汝愚守成都，民当输纳，使自概量，各持羡米去，民甚便之。

淳熙十一年，诏："受纳绵并依法：夏税重十二两，和买重十一两，毋得过行拣择。如有纰疏糊药合退者，勿用油墨印，违许越诉。"②

受纳税粮 十二年，臣僚言："州郡取民无制，其尤害民者，改钞一事也。县以新钞输之州，州改为旧钞以受之。夫一岁止有一岁之财赋，一政止有一政之财赋，顾乃今岁所输，改以补去岁之亏，甚者以补数岁之缺；后政所输，改以偿前政之欠，甚者以偿累政之欠。而广右有此弊，而江浙此弊尤甚也。伏乞禁戢州郡，今后毋得改钞。"诏付户部。

光宗绍熙元年，秘书监杨万里上言："民输苗则以二斛输一斛；税绢则正绢外有和买，而官未尝验直③，又以绢估直而倍折其钱。旧税亩一钱输免役一钱，今岁增其额，不知所止，既一倍其粟，数倍其钱④，而又有

---

① 青苗，《宋史·食货上二》作"秋苗"。
② 官府受纳绵税时，如果发现有"纰疏糊药"的情况，需要退给纳税人，不得用油墨盖印，违者，许民越级上诉。
③ 验直，《宋史·食货上二》作"给直"。
④ 此处《宋史·食货上二》的文字是："既一倍其粟，数倍其帛，又数倍其钱。"

月茶钱、板账钱①，不知几倍于祖宗之旧，又几倍于汉唐之制乎？此犹东南之赋可知者也，至于蜀赋之额外无名者，不得而知也。陛下欲薄赋敛，当节用度，而后财可积，国可足，然后赋可减，民可富，邦可宁。不然，臣未知其所终也！"

　　时金主璟新立，万里觇使客于淮，闻其蠲民间房园地基钱，罢乡村官酒坊，减盐价，又除田租一年，窃仁义以诳诱中原之民，使虚誉达于吾境，故因转对而有是奏。

　　臣僚言："今州县守令皆以财赋为先，不以民事为意。上供有常额，而以出剩为能；省限有定期，而以先期为办；斛、斗、升、合所以准租，而对量加耗；尺、寸、铢、两所以均税，而展取畸零。不求羡余之献，则为乾没之谋，民财既竭，民心亦怨，饥寒迫之，不去为盗者鲜矣！"

　　绍兴元年，臣僚言："诸路逃绝田产，自经界以来，今四十年，未闻一丁一户复业。夏秋官课，州责之县，县责之保、正长，其为扰甚大。乡村父老谓当春时布种，无一亩一角不耕之地。望下诸路县道，勒令乡胥指定逃田坐落，就令见耕种人请佃输官。"从之。

　　知漳州朱熹奏言："经界最为民间莫大之利，绍兴已推行处，图籍尚存，田税可考，贫富得实，诉讼不繁，公私两便。独漳、泉、汀三州未行，细民业去税存，不胜其苦，而州县坐失常赋，日朘月削，安可底止！臣不敢先一身之劳佚，而后一州之利病，切独任其必可行也。然行之详则足为一定之法，行之略则适滋他日之弊，故必推择官吏，委任责成，打量亩步，算计精确，攒造图账，费从官给，随产均税，特许过乡通户均纽②，庶几百里之内，轻重齐同。本州有产田，有官田，有职田，有学田，有常租课田，名色不一，税租轻重亦各不同。比来吏缘为奸，实佃者或申逃阁，无田者反遭俵寄。今欲每田一亩随九等高下定计产钱几文，而

---

　　① 月茶钱，当是"月桩钱"之误，见《宋史·食货上二》。月桩钱，起因于绍兴二年。时韩世忠驻军建康（今南京市），按规定应由江东漕司从经制钱、上供钱等税收收入中拨十万缗充饷，因指定科目内的税银不够供充，漕司又不能动用其他税款，于是转向地方摊派，州县则巧立名目（如曲引钱、纳醋钱等），向民征派。因系军需，每月拨付，故叫"月桩钱"。版帐钱，指南宋初，东南各路借供应军需而向农民征收的税款。因系按户籍立账，故称"版账钱"。

　　② 过乡通户，《宋史·食货上一》作"过乡通县"。

总合一州诸色税租钱米之数，以产钱为母，每一文纳米几何，只就一仓一库受纳。既输之后，却照元额分隶为省计，为职田，为学粮，为常平，各拨入诸色仓库。除二税簿外，每三年乡造一簿，县造都簿，通载田亩产钱实数，送州印押，付县收管，民有交易，对行批凿，则版图一定，而民业有经矣。又有废寺闲田为人侵占，许本州召人承买，不惟田业有归，亦免税赋失陷，又合韩愈氏'人其人，庐其居'之遗意。但此法之行，贫民下户皆所深喜，然不能自达其情；豪家猾吏实所不乐，皆善为辞说，以惑群听；贤士大夫之喜安静、厌纷扰者，又或不深察而望风沮怯，此则不能无虞。今已仲秋，向去农隙只有两月，乞即诏监司州郡施行。"又贻书宰辅云："经界事讲究巨细本末，不敢不尽，规划措置，十已八九。盖以本州田税不均，州县既失经常之入，至取所不应取之财，以足岁计，如县科罚，州卖盐之类是也。上下莫能相正，穷民受害，有不忍闻。若不经界，实无措手。"先是漳、泉二州被命相度，而泉州操两可之说，朝廷疑焉。著作郎黄艾轮对，又言之，且云："今日以天下之大，公卿百官之众，商量一经界，累年而不成，大于此者若之何！"上乃谕辅臣令先行于漳州。明年春，诏漕臣陈公亮同熹协力奉行，南方地暖，农务即兴，非其时也。熹犹冀嗣岁可行，益加讲究，每谓："经界半年可了，以半年之劳，而革数百年之弊，向后亦须五十年未坏，合令四县作四楼以贮簿籍，州作一楼以贮四县图帐。"条画既备，遍榜郡境，细民知其不扰而利于己，莫不鼓舞，而贵家豪右占田隐税，侵渔贫弱者，胥为异论以摇之，至有进状言不便者，前诏遂格。阅两月，熹请祠去，寻命持湖南使者节，犹以经界不行自劾，议者惜之。

预借 乾道三年，知常州钱建入对，奏："县令佐、税役、乡胥，陪贴钱物，至借贷税户，暗销官物，洎监司、州郡催督，又贴大胥以缓之，所以版曹财赋每每不足，其患起于细微，而所侵蠹甚大。"上然之。

淳熙十六年，两浙转运使耿秉奏，宜兴县预借今年、明年折帛钱共三万一千二百余贯，望与除豁。诏令封桩库照数支还会子①，付本县理还，今后再有预借，并知、通坐之。又诏令南库支还户部所借江山县折帛钱，其诸县预借，并令各州措置补还，庶绝其弊。

――――――――――――

① 封桩库，储藏财宝的仓库。宋太祖时，用以救助军族、备防饥馑之需。元祐三年，封桩钱物库改名为元祐库。会子，南宋时的一种纸币。

嘉定五年，臣僚言："预借非法也，顽民、豪户易预借之名，而以寄库为说。当催夏绢，则曰有钱在官；及督秋苗，则曰未曾倒折。所寄者一半，而所逋者亦一半。今预借之弊在在有之，而江西特甚，乞严切禁止。预借之弊除，而输借之名正。"从之。

臣僚言："四川州县二税积欠，其弊在吏。去去年预借今年秋科[①]，今年预借明年夏科，有给钞而不销簿者，有盗印钞而匿财者，有私立领而官不受理者，有公吏揽取而不归公上者。一遇赦恩，吏之罪释然，而民之忧如故。乞下诸路遵守条约，毋得预借。"诏制、总两司觉察。

四川宣抚虞允文言："州县预借人户税赋，合于总领所椿管，添造钱引三百万贯，委制、总及漕臣考核实数补填。自今后预借，官以违制论，吏以盗论。"从之。

支移折变　隆兴三年，太府少卿鲁訔奏："乞下户部将折帛以匹计者为钱有几，以尺计者为钱有几，自来全折钱处依旧外，余丁盐、绵、绢及下户不成匹两者尽折钱。盖零细者利于纳钱，端匹者利于纳绢，出产去处便于本色，不出产去处便于折钱。若以见价纽折，其直必轻，则折帛之弊可革。请下诸路运司条约州县，劾其违者。"诏可。又诏今后折帛银并依左藏库价折纳，不得辄有减降。

淳熙八年，诏申严许从民便之制，若愿纳本色，州县勒令折钱，或愿纳价钱，揽户过数乞取，许诣转运司诉。

嘉泰三年，知绍兴府辛弃疾奏："州县害农之甚者六事，如输纳岁计有余，又为折变高估趣纳其一也。往时有大吏为郡四年，多取斗面米六十万斛及钱百余万缗，别贮之仓库，以欺朝廷曰'用此钱籴此米'，还盗其钱而去。愿明诏内外台察劾无赦。"从之。嘉定三年，江淮制置使黄度奏："福州长溪县去州七八百里，苗米不能至州送纳，遂为揽户高价售钞，县又纵吏为奸。请照绍兴府新昌县例，明许折纳，县以钱上之州，州置场籴米。"从之。其后谏议大夫郑昭先奏："福州苛取十一县输纳之赢，以补长溪折纳之数，是仅免长溪一邑跋涉之劳，而使十一县阴受侵渔之害。盖米可无籴，钱可无出，而自足支遣。望严行约束，违者重坐之。"绍熙元年，臣僚言："古者赋租出于民之所有，不强其所无，如税绢出于蚕，苗米出于耕是也。今一倍折而为钱，再倍折而为银，银越贵，钱越艰

---

① "去去年预借"，可能是"如去年预借"之误。

得，谷越不可售，使民贱粜而贵折，则大熟之岁，反为民害。愿明诏州郡，凡多取而多折者，重真于罚。"从之。

庆元六年，臣僚言："折科太重，名目不一，州则增省额以敷于县，县则增州额以敷于民，反复细折，何啻三倍！民困重敛，莫此为甚。"诏户部条约。

宁宗嘉定六年，监察御史倪千里言："民间常赋，丈尺版籍，自有定数。今催科故存畸欠，异日却追畸零，或欠零寸，必纳全尺，此畸税漏催之弊。帛之尺寸，米之合勺，划刷根括，秋毫尽矣，乃于既足之余，复有重催之害，一追再追，乞取浩瀚。此文引乞觅之弊。乞诏诸监司禁戢州县，措置更革，奉行不虔者劾治。"从之。

代输 隆兴二年，知赣州赵公称收到宽剩钱十万余缗①，请为民代输今年夏税。乾道二年，知邵州李元老奏，节省剩钱五十余贯，乞理纳向后年分下户税赋。

淳熙五年，知昭州王光祖将郡计余剩为民送纳夏料役钱。知隆兴府张子颜为八县人户代输二税旧欠。知江阴军林元奋将公使库趱到钱补足人户所欠上供本色夏税②。八年，知泉州程大昌奏："本州岁为台、信等州代纳上供银二万四千两，系常赋外白科，苦民特甚。盖科取一害，先期预借一害，不给钞或勒重纳又一害。臣已措画为民代输淳熙九年一年上供银数齐足，乞从今禁预借，及不即给钞者官吏并坐之，许民越诉。"十二年，知隆兴府程叔达乞蠲淳熙十年未纳苗税，其未纳苗税及上管分隶之数自行管认。赵汝愚知太平州、郑侨知建宁府、韩同卿知泰州、曾栗知婺州、宇文绍彭知太平州任内，俱搏节浮费，将州用钱为下等人户代输，并补还各郡积欠税赋、折帛等钱。谏议大夫郑昭先言，诸路县道抑令户长代输逃绝之户，往往破家。诏申严禁戢。

畸零 淳熙六年，临安府守臣吴渊言："准乾道令：人户纳二税，每贯收朱墨钱二十文足，不成贯者收十五文，不成百者免收。今自九百九十文至一百文例取十五文足，显有不均。乞一百文收二文足，每一百增二文，至七百文省，即收十五文足，委是利民，且不冲改条令。"上曰："畸零税赋纳钱不及一贯者，皆贫民下户，所当矜恤。"乃从之。

---

① 宽剩钱，又叫"免役宽剩钱"。神宗熙宁二年，宋行免役法时，除了征收免役钱和助役钱外，还要加征定额的20%，以备在水旱年份收入不足时使用。这叫"免役宽剩钱"。

② 公使库钱，宋代州府用于宴请和馈送过往官员的费用。

卷六 田赋考六

水利田

魏史起引漳水溉邺。

　　魏襄王时，史起为邺令①。起曰："魏氏之行田也以百亩，赋田之法，一夫百亩。邺独二百亩，是田恶也。漳水在其旁，西门豹不知用，是不知也。"于是乃引漳水溉邺，以富魏之河内。民歌之曰："邺有贤令兮为史公，决漳水兮灌邺旁，终古舄卤兮生稻粱。"

秦开郑国渠。

　　韩欲疲秦人，使毋东伐，乃使水工郑国间说秦②，令开泾水，自中山西抵瓠口为渠，并北山，东注洛，三百余里，欲以溉田。中作而觉，秦欲杀国，国曰："始臣为间，然渠成亦秦之利也。"乃使卒就渠。渠成，用溉注填阏之水，溉舄卤之地四万余顷，收皆亩一钟，于是关中为沃野，无凶年，秦以富强，名曰"郑国渠"。

秦李冰开蜀渠。

　　秦平天下，以李冰为蜀守。冰壅江水作堋③部朋反，穿二江成都中，双过郡下，以通舟船，因以灌溉诸郡，于是蜀沃野千里，号为"陆海"。

---

① 邺，地在今河北省临漳西、河南省安阳北。
② 郑国，人名。战国时韩国人，水工。
③ 堋，分水堤。蜀人谓"堰为堋"。

公非刘氏《七门庙记》曰："予为庐州从事，始以事至舒城，观所谓七门三堰者。问于居人：其田溉几何？对曰：'凡二万顷。'考于图书，则汉羹颉侯信始基①，而魏扬州刺史刘馥实修其废。昔先王之典，有功及民则祀之，若信者，可谓有功矣。然吾恨史策之有遗，而怜舒人之不忘其思也。昔高帝之起，宗室昆弟之有才能者，贾以征伐显，交以出入传命谨信为功，此二者皆裂地为王，连城数十；代王喜以弃国见省，而子濞亦用力战王吴。独信区区，仅得封侯，而能勤心于民，以兴万世之利，而爱惠岂与贾、濞相侔哉？夫攻城野战，灭国屠邑，是二三子之所谓能②，能杀人者也；与夫辟地垦土，使数十万之民世世无饥馁之患，所谓善养人者，于以相譬，犹天地之悬绝也。然贾、濞以功自名，信不见录，岂杀人易以快意，养人不见形象哉？然彼贾、濞之死，泯无闻久矣，而信至今民犹思之。"

按：此汉初之事，史所不载，然溉田二万顷，则其功岂下于李冰、文翁邪？愚读《公非集》，表而出之，以补遗轶。

汉文帝以文翁为蜀郡太守，煎溇羊朱反口③，溉灌繁田千七百顷，人获其饶。

武帝开渭渠、龙首渠、白渠。

元光中，大司农郑当时言："引渭地渠④，起长安，并南山下，至河三百余里，渠下民田万余顷，又可得以溉田，益肥关中之地，得谷。"天子以为然，令齐水工徐伯表，巡行表记之。悉发卒数万人穿漕渠，三岁而通，渠下民颇得以溉田矣。其后，河东守番系请穿渠引汾溉皮氏汾阴下，引河溉汾阴、蒲坂下，皮氏，今龙门县地，属绛郡。汾阴，今宝鼎县地。蒲坂，今河东县地，并属河东郡。度可得五千顷。五千顷故尽河壖弃地，民茭牧其中耳，今溉田之，度可得谷二百万石以上。天子以为然，发卒数万人作渠田。数岁，河移徙，渠不利，则田者不

---

① 汉羹颉侯信，据《汉书·王子侯表》所记，系"帝兄子"。七年中封（师古曰：不记月日，故言七年中也），十三年，高后元年有罪，削爵一级为关内侯。

② 二三子，意即门人，汝辈。

③ "煎"字前当有一"穿"字。

④ "引渭地渠"当为"引渭穿渠"。见《汉书·沟洫志》。

能常种①。久之，河东渠田废，与越人，令少府以为稍入。时越人有徙者，以田与之，其租税入少府也。稍，渐也。其人未多，故谓之"稍"。其后庄熊、罴言："临晋民即今冯翊郡。愿穿洛以溉重泉以东万余顷重泉在今冯翊郡界，今有乾坑，即熊罴之所穿渠。故恶地，诚得水，可令亩十石。"于是为发卒万余人穿渠，自征音惩。引洛水至商颜下。征在冯翊郡，即今郡之澄城县。商颜，今冯翊县界。岸善崩。洛水岸。乃凿井，深者四十余丈，往往为井，井下相通行水，水颓以绝商颜，下流曰"颓"。东至山岭十余里间。井渠之生自此始。穿渠得龙骨，故名曰"龙首渠"。作之十余岁，渠颇通，犹未得其饶。是时，用事者争言水利，朔方、西河、河西、酒泉皆引河及川谷以溉田，而关中辅渠、灵轵引诸水，汝南、九江引淮，东海引钜定泽名，泰山下引汶水，皆穿渠为溉田，各万余顷，他小渠披山通道，不可胜言。自郑国渠起，至元鼎六年，百三十六岁，而倪宽为左内史，奏请穿凿六辅渠，在郑国渠之里，今尚谓之辅渠，亦曰六渠。以益溉郑国傍高仰之田。素不得郑国之溉灌者。仰谓上向。帝曰："农，天下之本也。泉流灌浸，所以育五谷也。左、右内史地，名山、川原甚众，细民未知其利，故为通沟渎，畜陂泽，所以备旱也。今内史稻田租挈重，不与郡同，租挈，收田租之约令。郡谓四方诸郡。其议减，令吏民免农②，尽地利，平徭行水，勿使失时。"平徭者，均齐渠堰之力役，谓俱得水之利。后十六岁，赵中大夫白公此时无公爵，盖相呼尊老之称也复奏穿渠，引泾水，首起谷口，尾入栎音药。阳，谷口，今云阳县治谷是也，注渭中，袤二百里，溉田四千五百余顷，因名曰白渠。民得其饶，歌之曰："田于何所？池阳、谷口。郑国在前，白渠起后。举锸为云，决渠为雨。锸，锹。泾水一石，其泥数斗。且溉且粪，长我禾黍。水停淤泥，可以当粪。衣食京师，亿万之口。"此两渠之饶也③。

自河决瓠子后二十余岁，岁数不登，而梁、楚尤甚。天子既封禅，巡祭山川，其明年旱，乾封少雨，乃发卒塞瓠子决④，筑宫其上，名"宣房

① "常种"，《汉书·沟洫志》作"偿种"。
② 免农，《汉书·沟洫志》作"勉农"。
③ 《汉书·沟洫志》"此两渠"前尚有一"言"字。
④ 《汉书·沟洫志》"决"字后有一"河"字。

宫"，而道河北行二渠，复禹旧迹，梁、楚乃无水灾。是后，用事者争言水利，朔方、西河、河西、酒泉皆引河及川谷以溉田，而关中辅渠、灵轵辅渠，倪宽所穿。引堵水，汝南、九江引淮，东海引钜定，太山下引汶水，皆穿渠为溉田，各万余顷，他小渠披山通道者，不可胜言，然其著者在宣房。

元帝时，召信臣造钳卢陂。

建昭中，召信臣为南阳太守，于穰县理南六十里造钳卢陂，累石为堤，傍开六石门以节水势，泽中有钳卢王池，因以为名。用广溉灌，岁岁增多至二万顷，人得其利。及后汉，杜诗为太守，后收其业①，时歌之曰："前有召父，后有杜母。"

《息夫躬传》：躬言："秦开郑国渠以富国强兵，今为京师，土地肥饶，可度地势水泉，灌溉之利。"天子使躬持节领护三辅都水，躬上表，欲穿长安城，引漕注太仓下，以省转输。议不可成，乃止。

《翟方进传》：汝南有鸿隙大陂，郡以为饶。成帝时，关东数水，陂溢为害。方进为相，与御史大夫孔光共遣掾行视，以为决去陂水，其地肥美，省堤防费，而无水忧，遂奏罢之。及翟氏灭，乡曲归恶，言方进请陂下良田不得而奏罢陂云。王莽时，常枯旱，郡中追怨方进，童谣曰："坏陂谁？翟子威。饭我豆食羹芋魁。反乎覆，陂当复，谁云者？两黄鹄。"

后汉章帝建初中，王景为庐江太守。郡部安丰县有楚孙叔敖所起芍陂，先是荒废，景重修之，境内丰给。陂径百里，灌田万顷，在今安丰县界。

顺帝永和五年，马臻为会稽太守，始立镜湖，筑塘周回三百十里，灌田九千顷，至今人获其利。

晋武帝咸宁元年，东南水灾，杜预请决坏诸陂。从之。

诏曰："今年霖雨过差，又有虫灾，颍川、襄城，自春以来略不下种，深以为虑。主者何以为百姓计？"当阳侯杜预上疏曰："臣辄

---

① 收，《通典·食货典》作"复修"。

思惟，今者水灾，东南特剧，非但五谷不收，居业并损，下田所在渟
洿①，高地皆多硗垎，百姓困穷，方在来年。虽诏书切告长吏、二千
石为之设计，而不廓开大制，定其趣舍之宜，恐徒文具，所益盖薄。
当今秋夏蔬食之时，而百姓已有不赡，前至冬春，野无青草，则必指
仰官谷，以为生命。此乃一方之大事，不可不早为思虑。臣愚谓既以
水为田，当恃鱼菜螺蚌，而洪陂泛溢，贫弱者终不能得。今者，宜大
坏兖及荆河州东界兖州东界，今济阳、济阴、东平、鲁郡之间。荆河州东界，
今汝南、汝阴、谯郡之间也。诸陂，随其所归而宣导之，令饥者尽得水
产之饶，百姓不出境界之内，朝暮野食，此目下日给之益也。水去之
后，填淤之田，亩收数钟，至春大种五谷，五谷必丰，此又明年之益
也。"杜预又言："诸欲修水田者，皆以火耕水耨为便，非不尔也，
然此施于新田草莱，与百姓居相绝离者耳。往者东南草创人稀，故得
火田之利。顷来户口日增，而陂堰岁决，良田变生蒲苇，人居沮泽之
际，水陆失宜，放牧绝种，树木立枯，皆陂之害也。陂多则土薄水
浅，潦不下润，故每有水雨，辄复横流，延及陆田。言者不思其故，
因云此种不可陆种②。臣计汉之户口，以验今之陂处，皆陆业也。其
或有旧堰，则坚完修固，非今所谓当为人害也。臣见尚书胡威启宜坏
陂，其言垦至。臣又见宋侯相应遵上便宜，求坏泗陂，徙运道。时下
都督度支共处当，各据所见，不从遵言。臣按遵上事，运道东诣寿
春，有旧渠，可不由泗陂出，泗陂在彼地界，坏地凡万三千余顷，伤
败成业。遵县领应佃三千六百口③，可谓至少，而无患地狭④，不足
肆力⑤，此皆水之为害也。当所共恤，而都督度支方复执异，非所见
之难，直以不同害理也。人心所见既不同，利害之情又有异，军家之
与郡县，士大夫之与百姓，其意莫有同者，此皆偏其利以忘其害，此
理之所以未尽，而事之所以多患也。臣又按荆河州界中，度支所领佃
者，州郡大军杂士凡用水田七千五百余顷，计三年之储，不过二万余
顷，以常理言之，无为多积无用之水。况于今者水涝瓮溢，大为灾

---

① 渟洿，洼处积水。
② 此种，《晋书·食货志》作"此土"。
③ "三千"，《晋书·食货志》作"二千"。
④ "无"，《晋书·食货志》作"犹"。
⑤ 肆力，尽力。

害，臣以为宜发明诏，敕刺史二千石：汉氏旧堰及山谷私家小陂，皆当修缮以积水；其诸魏氏以来所造立，及诸因雨决溢蒲苇马肠陂之类，皆决沥之。长吏二千石躬先劝诫，诸食力之人并一时附功令，比及水冻，得粗枯涸，其所修功实之人，皆以畀之。其旧陂堰沟渠当有所补塞者，此寻求微迹①，一如汉时故事，早为部分列上，须冬闲东南休兵交代，各留一月以佐之。夫川渎有长流，地形有定体，汉氏居人众多，犹以为患，今因其所患而宣泄之，迹古事以明近，大理昭然，可坐而论得②。臣不胜愚意，常窃谓最是今日之实益也。"朝廷从之。

按：水利之说，三代无有也。盖井田之行，方井之地，广四尺，谓之沟；十里之成，广八尺，谓之洫；百里之同，广二寻，谓之浍。夫自四尺之沟，积而至于二寻之浍，则夫一同之间，而捐膏腴之地以为沟洫之制，捐赋税之入以治沟洫之利，盖不少矣，是以能时其蓄泄，以备水旱。子产相郑，犹必使田有封洫，盖谓此也。自秦人开阡陌，废井田，任民所耕，不计多少，而沟洫之制大坏。后之智者，遂因川泽之势，引水以溉田，而水利之说兴焉，魏起、郑、白之徒以此为功。然水就下者也，陂而遏之，利于旱岁，不幸霪潦，则其害有不可胜言者，此翟子威、杜元凯所以决坏堤防，以纾水患也。

张闿音开。为晋陵内史，时所部四县并以旱失田，闿乃立曲阿新丰塘今丹阳郡。田八百余顷，每岁丰稔。

宋文帝时，刘义欣为荆河刺史，治寿阳寿春。芍陂良田万顷，堤堰久坏，秋夏常苦旱。乃因旧沟引渒水。在汝南入陂，伐木开渎，水得通泾，由是丰稔。

后魏刁雍为薄骨律镇将，至镇，上表曰："富平西三十里薄骨律镇，今灵武郡。富平，今回乐县有艾山，南北二十六里，东西四十五里，凿以通河，似禹旧迹。其两岸作溉田大渠，广十余步，山南引水入此渠中，计昔时高于河水不过一丈，河水激急，沙土漂流。今日此渠高于河水二丈三尺，又河水浸射，往往崩颓。渠既高悬，水不得上，虽复诸处按旧引水，水亦难

---

① "此"，《晋书·食货志》作"皆"。
② "坐而论得"，《晋书·食货志》作"坐论而得"。

求。今艾山北，中有洲渚，水分为二，西河小狭，水广百四十步。臣今请入来年正月，于河西高渠之北八里，分河之下五里，平凿渠，广十五步，深五尺，筑其两岸，令高一丈。北行四十里，还入占之高渠，即修高渠而北，复八十里，合百二十里，大有良田。计用四千人四十日功，渠得成就。所欲凿新渠口，河下五尺，水不得入。今求从小河东南岸斜断到西北岸，计长二百七十步，广十步，高二尺，绝岸小河①。二十日功，计得成毕，合计用功六十日。小河之水尽入新渠，水则充足，溉官私田四万余顷。旬日之间，则水一遍，水凡四溉，谷得成实。"从之。公私获其利。

裴延携为幽州刺史②，范阳郡有旧沈渠，径五十里。渔阳、燕郡有故戾诸堰，广袤三十里。皆废毁多时不复，水旱为害。延携自度水形营造，未几而就，溉田万余顷，为利十倍。

唐武德七年，同州治中云得臣开渠，自龙首引黄河溉田六十余顷③。

贞观十一年，扬州大都督府长史李袭称以江都俗好商贾，不事农业，乃引雷陂水，又筑白城塘，溉田八百余顷，百姓获其利。

永徽六年，雍州长史长孙祥奏言："往日郑、白渠溉田四万余顷，今为富商大贾竞造碾硙④，堰遏费水。"太尉长孙无忌曰："白渠水带泥淤，灌田益其肥美。又渠水发源本高，向下支分极众，若使流至同州，则水饶足。比为碾硙用水，泄渠水随入滑，加以壅遏耗竭，所以得利遂少。"于是遣祥等分检渠上碾硙，皆毁之。至大历中，水田才得六千二百余顷。

开元九年，京兆少尹李元纮奏疏：三辅诸渠，王公之家缘渠立硙，以害水田。一切毁之，百姓蒙利。

广德二年，户部侍郎李栖筠等奏拆京城北白渠上王公、寺观碾硙七十余所，以广水田之利，计岁收粳稻三百万石。

大历十二年，京兆尹黎干开决郑、白二水支渠，毁碾硙，以便水利，复秦、汉水道。

建中三年，宰相杨炎请于丰州置屯田⑤，发关辅人开陵阳渠。详见《屯田门》。

---

① 以上南、河、地、循、丈、断等字均据《魏书·刁雍传》改。
② 裴延携，疑为"裴延儁"之误。
③ 《唐会要·疏凿利人》作"自龙门引黄河溉田六千余顷"。
④ 碾硙，古指磨。也有说专水车的。
⑤ 《文献通考·田赋考·屯田》记为"建中初"。丰州，地在今内蒙古五原西南。

贞元八年，嗣曹王皋为荆南节度观察使。先是，江陵东北七十里有废田旁汉古堤，坏决凡二处，每夏则为浸溢。皋始命塞之，广良田五千顷，亩收一钟。楚俗佻薄①，旧不凿井，悉饮陂泽。皋乃令合钱凿井，人以为便。

元和八年，孟简为常州刺史，开漕古孟渎，长四十里，得沃壤四千余顷。十二月，魏博观察使田弘正奏准诏开卫州黎阳县古黄河故道，从郑滑节使薛平之请也②。先是，滑州多水灾，其城西去黄河止二里，每夏雨涨溢，则浸坏城郭，水及羊马城之半。薛平询诸将吏，得古黄河道于卫州黎阳县界，遣从事裴弘泰以水患告于田弘正，请开古河，用分水力。弘正遂与平皆以上闻，诏许之。乃于郑、滑两郡征促万人，凿古河，南北长十四里，东西阔六十步，深一丈七尺，决旧河以注新河，遂无水患焉。

十三年，湖州刺史于頔复长城县方山之西湖，溉田三十顷。

长庆二年，温造为郎州刺史，奏开复乡渠九十七里，溉田二千顷，郡人利之，名为"右史渠。"至太和五年，造复为河阳节度使，奏浚怀州古渠枋口堰，役功四万，溉济源、河内、温、武陟四县田五千顷。

长庆中，白居易为杭州刺史，浚钱塘湖，周回三十里，北有石涵，南有筧，凡放水溉田，每减一寸可溉十五顷，每一伏时可溉五十余顷③。作《湖石记》，言若堤防如法，蓄泄及时，则濒湖千余顷田无凶年矣。

周显德三年，以尚书司勋郎中何幼冲为开中渠堰使，命于雍耀二州界疏泾水以溉田。

宋太宗皇帝淳化四年，知雄州何承矩及临济令黄懋请于河北诸州置水利田④，兴堰六百里，置斗门灌溉。详见《屯田门》。

神宗熙宁元年，遣使察农田水利，程颢等八人充使。王临言："保州塘泺以西可筑堤植木，凡十九里。堤内可引水处即种稻，水不及处并为方田。又因出土作沟，以限戎马。"从之。中书言："诸州县古迹陂塘，异时皆蓄水溉田，民利数倍。近岁多所湮废。"诏诸路监司访寻州县可兴复水利，如能设法劝诱兴修塘堰圩堤，功利有实，当议旌宠。

---

① 佻薄，轻佻，轻薄。
② 节使当为"节度使"。
③ 一伏时，即一昼夜。
④ 临济，《宋史·食货上四》作"临津"。

苏轼上书论之，略曰："天下久平，民物滋息，四方遗利皆略尽矣。今欲凿空寻访水利，所谓'即鹿无虞'①，岂惟徒劳，必大烦扰。所在追集老少，相视可否，吏卒所过，鸡犬一空。若非灼然难行，必须且为兴役，何则？沮格之罪重②，而误兴之过轻，人多爱身，势必如此。且古陂、废堰，多为侧近冒耕，岁月既深，已同永业。苟欲兴复，必尽追收，人心或摇，甚非善政。又有好讼之党，多怨之人，妄言某处可作陂渠，规坏所怨田产；或指人旧物，以为官陂，冒佃之讼，必倍今日。臣不知朝廷本无一事，何苦而行此哉！"

熙宁四年，御史刘挚言："内臣程昉、大理寺丞李宜之于河北开修漳河，功力浩大，朝廷既令权罢，则利害姑置之。朝廷又令总领淤田司事，臣谨按程昉等将命兴事，初不以事之可实闻于朝，伏恐生事兴患③，未有穷已。乞明布昉等罪状，重行贬窜。"王安石为昉辩甚力，遂寝不报。

六年，赐屯田员外郎侯叔献等淤田各十顷。叔献等引河水淤田，决清水于畿县、澶州间，坏民田庐冢墓，岁被其患。他州县淤田类如此，朝廷不知也。

七年，提举河北常平等事韩宗师劾程昉导滹沱河水淤田，而堤坏水溢，广害民稼，欺罔十六罪。诏昉分析，王安石复为之辩明云。

原武等县民，因淤田侵坏庐舍坟墓，又妨秋种，相率诣阙诉。使者闻之，急责其令追呼，将杖之，民即缪曰："诣阙谢耳。"使者因代为百姓谢淤田表，遣吏诣鼓院投之④。状有二百余名，但二吏来投，安石喜，上亦不知其妄也。

吕氏曰："汴河乃京师之司命，安石信小人之狂言，谓决水淤田，可以省漕食。甚至河北塘泺，乃北边之设险，而安石以塘泺为无益，数欲废之。本朝恃河以捍虏，恃汴以通食，恃塘泺以安边，而安

---

① 即鹿无虞，《易·屯》疏：即，就也。虞谓虞官。如人之田猎，欲从就于鹿，常有虞官助己商度形势可否，乃始得鹿；若无虞官，即虚入于林木之中。意即有识者之动，自知可否，若为形势所格，则动不如静。

② 沮格，从中阻止。

③ 伏，疑为"复"字之误。

④ 鼓院，宋代官署名。即"登闻鼓院"，掌臣民章奏。

石乃于根本之地，数出高奇之策以动之，其罪大矣。"

六年，诏："创水硙碾碓，有妨灌溉民田者，以违制论，不以赦原。"

沈括言："浙西诸州水患，久不疏障堤防，川渎皆湮废之。乞下司农贷官钱募民兴役。"从之。

七年，赐江宁府常平米五万石修水利。

九年，前相度淮南路水利刘瑾言："体访扬州江都县古盐河，高邮县陈公塘等湖，天长县白马塘、沛塘，楚州宝应县泥港、射马港，山阳县渡塘沟、龙兴浦，淮阴县青州涧，宿州虹县万安湖、小河，寿州安丰县芍陂等，可兴置。古盐、万安湖、小河已令司农寺结绝，欲令逐路转运司选官覆案施行。"从之。

兴修水利①，起熙宁三年至九年，府界及诸路凡一万七百九十三处，为田三十六万一千一百七十八顷有奇。高宗绍兴七年，潭州守臣吕颐浩修复马氏时龟塘田万顷。

侍御史萧振奏："乞诏亲民官各分委土豪，共修陂塘水利，县满任批书印历，量加旌赏。"

兴隆元年②，知绍兴府吴芾乞浚会稽、山阴、诸暨县旧湖，以复水利，及筑萧山县海塘，以限咸潮。从之。又开掘鉴湖。

乾道二年，诏漕臣王炎相视开掘浙西势家新围田，谓草荡、荷荡、菱荡及陂湖、溪港岸际筑塍畦围裹耕种者，所至令守、倅、县令同共措置。

五年，知明州张津奏，乞开东钱湖潴水灌田。从之。

七年，四川宣抚使王炎奏开兴元府山河堰，溉南郑、褒城田九十三万三千亩有奇。诏奖谕。

淳熙二年，淮东总领钱良臣奏，修复镇江府练湖凡七十二源，灌田百余万亩。从之。

三年，监察御史傅淇奏："近臣僚奏陈围田湮塞水道之害，陛下复令监司守臣禁止围裹，此乃拔本塞源之要术。然豪右之家，未有无所凭依而肆意筑围者，闻浙西诸县江湖草荡，计亩纳钱，利其所入，给据付之。望条约诸县，毋得给据与官民户及寺观。"上曰："此乃侵占之田，今绝其

---

① 兴修水利，《宋史·食货上一》记为"兴修水利田"。

② 兴隆，为金张致年号，此处当为隆兴（1163—1164 年），南宋赵眘的年号。

源，后去毋复此患。可令漕司、常平司察之。"

宁宗嘉定七年，令临安府复西湖旧界至，自嘉泰以后续租地段侵占湖面处，尽行开拓，仍尽蠲岁增租钱。

圩田水利

江东水乡堤河两涯，田其中，谓之圩。农家云："圩者围也，内以围田，外以围水。"盖河高而田在水下，沿堤通斗门，每门疏港以溉田，故有丰年而无水患。

绍兴元年，诏宣州、太平州守臣修圩，议修圩官赏罚。

诏修圩钱米及贷民种粮，并于宣州常平义仓米拨借。又诏建康新丰圩租米①，岁以三万石为额。圩四至相去皆五六十里，有田九百五十余顷。近岁垦田不及三分之一，至是，始立额。

绍兴二十三年，诏以永丰圩赐秦桧。桧死，圩复归有司。乾道元年，诏令淮西总领所拨付建康中收到子粒令项桩管②，非诏旨毋得擅用。

　　臣僚言："秦桧既得永丰圩，竭江东漕计修筑堤岸，自此水患及于宣、池、太平、建康。昨据总领所申：通管田七百三十顷，共理租二十一万一千余顷。当年所收才及其半，次年仅收十五之一。假令岁收尽及元数，不过米二万余石，而四州岁有水患，所失民租何翅十倍？乞下江东转运司相度，本圩如害民者广，乞依浙西例开掘，及免租户积欠。"从之。江东转运司奏："永丰圩自政和五年围湖成田，今五十余载，横截水势，每遇泛涨，冲决民圩，为害非细。虽管田千顷，自开修至今，可耕者止四百顷，而损害数州民田，失税数倍。欲将永丰圩废掘潴水，其在侧民圩不碍水道者如旧。"诏从之。其后漕臣韩元吉言："此圩初是百姓请佃，后以赐蔡京，又以赐韩世忠，又以赐秦桧，继拨隶行官，今隶总所。五十年间，皆权臣大将之家，又在御府，其管庄多武夫健卒，侵欺小民，甚者剽掠舟船，囊橐盗贼③，乡民病之，非圩田能病民也。"于是开掘之命遂寝。

---

① 新丰圩，《宋史·食货上一》作"永丰圩"。

② 令项桩管，意即专项存储。

③ 囊橐，盛物的口袋。大曰囊，小曰橐。又说有底者曰囊，无底曰橐。《汉书·刑法志》："豪杰擅私，为之囊橐，奸有所隐。"注引师古言："容隐奸邪，若囊橐之盛物。"

乾道九年，诏户部侍郎叶衡核实宁国府、太平州圩岸。五月，衡言："宁国府惠民、化成旧圩四十余里，新增筑九里余，太平州黄州镇福定圩周回四十余里；延福等五十四圩周回一百五十余里，包围诸圩在内，芜湖县圩岸大小不等，周回总约二百九十余里，通当涂圩岸共约四百八十余里。并皆高阔壮实，濒水一岸种植榆柳，足捍风涛，询之农民，实为永利。"于是诏奖谕。

知宁国府汪□言①："他圩无大害，惟童圩最为民害，只决此圩，水势且顺。"从之。

湖田围田

绍兴五年春二月，宝文阁待制李光言："明、越之境皆有陂湖，大抵湖高于田，田又高于江、海，旱则放湖水溉田，涝则决田水入海，故不为灾。本朝庆历、嘉祐间，始有盗湖为田者，三司使切责漕臣甚严②。政和以来，创为应奉③，始废湖为田，自是两州之民，岁被水旱之患。壬子岁，尝取会余姚、上虞两邑利害④，自废湖以来，每县所得租课不过数千斛，而所失民田常赋动以万计，遂先罢两邑湖田。其会稽之鉴湖、鄞之广德湖、萧山之湘湖等处尚多，望诏漕臣访问，应明、越湖田尽行废罢，其江东、西圩田，苏、秀围田，并遍下诸路监司守令条上。"诏诸路漕臣躬亲相度，以闻于朝。

二十三年，谏议大夫史才言："浙西民田最广，而平时无甚害者，太湖之利也。近年濒湖之地，多为军下侵据，累土增高，长堤弥望，名曰'坝田'。旱则据之以溉，而民田不沾其利；水则远近泛滥，不得入湖，而民田尽没。望诏有司究治，尽复太湖旧迹，使军民各安，田畴均利。"从之。

按：圩田、湖田多起于政和以来，其在浙间者隶应奉局⑤，其在

---

① □，明正德年间慎独斋本记为"澈"字。
② 三司，宋称盐铁、户部、度支为三司，其长官为三司使。
③ 应奉，指为供奉皇帝生活、宫殿修缮诸事。
④ 会、余姚，当指会稽、余姚。
⑤ 应奉局，指宋徽宗等朝设在东南地区专为皇室搜刮花石竹木诸事的机构。

江东者蔡京、秦桧相继得之。大概今之田，昔之湖。徒知湖中之水可涸以垦田，而不知湖外之田将胥而为水也。主其事者皆近幸、权臣，是以委邻为壑，利己困民，皆不复问。《涑水记闻》言："王介甫欲兴水利，有献言欲涸梁山泊可得良田万顷者，介甫然其说，复以为恐无贮水之地，刘贡甫言，在其旁别穿一梁山泊则可以贮之矣。介甫笑而止。当时以为戏谈。"今观建康之永丰圩、明越之湖田，大率即涸梁山泊之策也。

沙田芦场

绍兴二十八年，诏户部员外郎莫濛同浙西、江东、淮南漕臣赵子潇、邓根、孙荩检视逐路沙田、芦场。先是，言者谓江、淮间沙田、芦场为人冒占，岁失官课至多，故以命濛等。既而侍御史叶义问等言贫民受害，乃诏："沙田、芦场止为世家诡名冒占，其三等以下户勿一例根括①。"寻诏官户十顷、民户二十顷以上并增租，余如旧。置提领官田所领之，不隶户部。

二十九年，诏尽罢所增租。

---

① 根括，即彻底调查。

卷七　田赋考七

屯田

汉昭帝始元二年，发习战射士，调故吏将屯田张掖郡。调，发遣之也。故吏，前为官职者。

宣帝神爵元年，后将军赵充国击先零羌，罢骑兵，屯田以待其敝。

充国奏曰："臣所将吏士、马牛食，月用粮谷十九万九千六百三十斛，盐千六百九十三斛，茭藁二十五万二百八十六石。难久不解，徭役不息，又恐他夷卒有不虞之变。且羌虏易以计破，难用兵碎也，故臣愚心以为击之不便。计度临羌东至浩亹告。亹，音门，即金城郡广武县地。临羌在今西平郡。羌虏故田及公田，民所未垦，可二千顷以上，愿罢骑兵，留弛刑应募，及淮阳、汝南步兵与吏私从者，合凡万二百八十一人，用谷月二万七千三百六十三斛、盐三百八斛，分屯要害处。冰解漕下，缮乡亭，浚沟渠，漕下，以水运木而下也。理湟音皇。陿音陕。以西道桥七十所，令可至鲜水左右。田事出，赋人二十亩田事出，谓至春人出营田也。赋谓班与之。至四月草生，发郡骑及属国胡骑伉健各十，倅马十二，就草，倅马，副马。十二者，千骑则与副马二百四也。为田者游兵，以充入金城郡，益积蓄，省大费。今大司农所转谷至者，足支万人一岁食。谨上田处及器用簿，唯陛下裁许。"又上便宜十二事："步兵九校，一部为一校。吏士万人，留屯以为武，因田致谷，威德并行，一也。又因摧折羌虏，令不得归肥饶之地，贫破其众，以成羌虏相畔之渐，二也。居民得并田作，不失农业，三也。军马一月之食，度支田士一岁，罢骑兵以省大费，四也。至春省田士卒，循河湟漕谷至临羌，以示羌虏，扬威武，传世折冲之具，五也。以闲暇时下所伐材，缮治邮亭，充入金城，六也。兵出，乘危徼幸，不出，令反畔之虏窜於风寒之地，离霜露、疾疫、瘃堕之患，谓因寒而堕指也。坐得必胜之道，七也。亡经阻远追死伤之害，八也。内不损威武之重，外不令虏得乘间之势，九也。又亡惊动河南大开、小开，皆羌种。使生他变，十也。治湟陿中道桥，令可至鲜水，以制西域，信威千里，从枕席上过师，十一也。大费既省，繇役豫息，以戒不虞，十二也。留屯田得十二便，出兵失十二利，屯田内有亡费之利，外有守御之备，骑兵虽罢，虏见万人留田，为必禽之具，其土崩归德，宜不久矣。"诏罢兵，独留充国屯田。明年五月，充国奏："羌本可五万人军，凡斩首七千六百级，降者三万三千人，溺河湟饥饿死者五六千人，定计遗脱与煎巩、黄羝俱亡者不过四千人①。羌靡忘等自诡必得，请罢屯兵。"诏可。充国振旅而还。

按：屯田所以省馈饷，因农为兵，而起于汉昭、宣之时。然文帝时，晁错上言："远方之卒，守塞一岁而更，不知胡人之能，不如选常居者，家室田作以备之，为之高城深堑，先为室屋，具田器，募罪人及免徒复作②，及民之欲往者，皆赐高爵，复其家，俾实塞下，使屯戍之事省，输将之费寡。"则其规模已略出此，但文帝则与以田屋，令其人自为战守，而此屯田则以兵留耕，因取其耕之所获以饷兵，微为不同。又按：武帝征和中，桑弘羊与丞相、御史请屯田故轮台地，以威西域，而帝下诏深陈既往之悔，不从之。其事亦在昭、宣之前。然轮台西於车师千余里，去长安且万里，非张掖、金城之比，而欲驱汉兵远耕之，岂不谬哉？赖其说陈於帝既悔之后耳。武帝通西域，复轮台、渠犁，亦置营田校尉领护，然田卒止数百人。今弘羊建请以为溉田五千顷以上，则徙民多而骚动众矣。帝既悔往事，思富民，宜其不从也。

东汉边郡置农都尉，主屯田殖谷。

光武建武四年，刘隆讨李宪，宪平，遣隆屯田武当。马援以三辅地旷土沃，而所将宾客猥多，乃上书求屯田上林苑中，帝许之。

六年，王霸屯田新安。夏，李通破公孙述於西域，还，屯田顺阳。

---

① 煎巩、黄羝皆当时西羌部落名字。
② 徒复作，指女人犯罪者，因其体弱而复轻役。

八年，王霸屯田函谷关。张纯将兵屯田南阳。

明帝永平十六年，北伐匈奴，取伊吾地，置宜禾都尉以屯田，遂通西域。

章帝建初二年，罢伊吾卢屯田兵。

和帝永元二年，击伊吾，破之。

三年，班超定西域，复置戊己校尉。

十年，安定降羌烧何种反①，曹凤请广设屯田，隔塞羌胡交关之路，及省委输之役。上乃拜凤为金城西部都尉，将徙士屯龙耆。后金城长史上官鸿上开置归又、建威屯田三十七部②。侯霸复开置东、西邯屯田，增留、逢二部，帝皆从之。列屯夹河，合三十四部，其功垂立，会永初中诸羌叛，乃罢。

顺帝永建四年，虞诩上疏曰："《禹贡》雍州之域，厥土惟黄③，且沃野千里。夫弃沃壤之饶，损自然之财，不可谓利。"书奏，帝乃复三郡，朔方、西河、上郡。激河浚渠为屯田，省内郡费岁一亿计。明年，校尉韩皓转湟中屯田，置西河间，以逼群羌。羌以屯田近之，恐必见图，乃解仇诅盟。马续上移屯田湟中，羌意乃安。至阳嘉元年，以湟中地广，增置屯田五部。并为十部。

永建六年，以伊吾膏腴之地，旁近西域，匈奴资之以为钞暴④，复令开设屯田，如永平故事。邓训击败迷唐诸羌，威信盛行，遂罢屯田，各令归郡，唯置弛刑徒二千余人，分以屯田，为贫人耕种。修理城郭坞壁而已。

阳嘉元年，复置元菟郡屯田六部。傅燮为汉阳太守，广开屯田，列置四千余营。

献帝建安元年，募民屯田许下。

中平以来，天下乱离，民弃农业，诸军并起，率乏粮谷，无终岁之计，饥则寇掠，饱则弃余，瓦解流离，无敌自破者不可胜数。袁绍在河北，军人仰食桑葚；袁术在江淮，取给蒲蠃。民多相食，州里萧

---

① 烧何种，羌族的十发支。
② 归又，《后汉书·西羌传》作"归义"。"三十七部"之数，与后面的数字不符。
③ 按《尚书·禹贡》"厥土惟黄"，原文为"厥土惟黄壤，厥田惟上上"。
④ 钞泰，指以武力劫掠骚扰。

条。羽林监枣祗及韩浩请建置屯田，操纵之，以祗为屯田都尉，以骑都尉任峻为典农中郎将，募民屯田许下，得谷百万斛。于是州郡例置田官，所在积谷，仓廪皆满，故操征伐四方，无运粮之劳，遂能兼并群雄。军谷之饶，起于祗而成于峻。

建安十四年，曹操引水军自涡入淮，出肥水，军合肥，开芍陂屯田。

诸葛亮由斜谷伐魏。亮以前者数出，皆以运粮不继，使己志不伸，乃分兵屯田，为久驻之计。耕者杂於渭滨居民之间，而百姓安堵，军无私焉。

魏齐王芳正始四年，司马宣王督诸军伐吴，时欲广田畜谷，为灭贼资，乃使邓文行陈、项以东至寿春。自今淮阳郡项城县以东至寿春郡。艾以为田良水少，不足以尽地利，宜开河渠，可以大积军粮，又通运漕之道，乃著《济河论》以喻其指。又以为："昔破黄巾，因为屯田，积谷于许都，以制四方。今三隅已定，事在淮南，每大军征举，运兵过半，功费百亿，以为大役。陈、蔡之间，土下田良，可省许昌左右诸稻田，并水东下。令淮北屯二万人，淮南三万人，十二分休，常有四万人且佃且守，水丰，常收三倍于西，计除众费，岁完五百万斛，以为军资。六七年间，可积三千万斛于淮上，此则十万之众五年之食也。以此乘吴，无往而不克矣。"宣王善之，皆如艾计，遂北临淮水，自锺离西南，横石以西，尽沘旁脂水四百余里，置一营①，六十人，且佃且守，兼修广淮阳、百尺二渠，上引河流，下通淮、颍，大理诸陂于颍南北，穿渠三百余里，溉田二万顷，淮南、淮北皆相连接，自寿春到京师，农官兵田，鸡犬之声，阡陌相属。每东南有事，大军兴众，汎舟而下，达于江淮，资食有储而无水害，艾所建也。

晋羊祜为征南大将军，镇襄阳。吴石城守去襄阳七百余里，每为边害，祜患之，竟以诡计令吴罢守。于是戍逻减半，分以垦田八百余顷，大获其利。祜之始至也，军无百日之粮，及至季年，有十年之积。

太康元年平吴之后，当阳侯杜元凯在荆州，今襄阳郡，修召信臣遗迹，召信臣所作钳卢陂、六门堰，并今南阳郡穰县界，时为荆州所统。激用浊、音蛊。

---

① 此处文字疑有错漏。《晋书·食货志》记为："尽沘水四百余里，五里置一营，营六十人。"

渍音育。诸水，以浸原田万余顷，分疆刊石，使有定分，公私同利，众庶赖之，号曰"杜父"。旧水道唯沔汉达江陵千数百里，北无通路。又巴邱湖，沅湘之会，表里山川，实为险固，荆蛮之所恃也。预乃开杨口，起夏水，达巴陵千余里，夏水、杨口在今江陵郡江陵县界，巴陵即今郡。内泻长江之险，外通零桂之漕。零陵、桂阳并郡。南土歌之曰："后世无叛由杜翁，孰识知名与勇功！"

东晋元帝督课农功，二千石长吏以入谷多少为殿最，其宿卫要任[1]，皆令赴农，使军各自佃[2]，即以名廪。大兴中，三吴大饥，后军将军应詹上表曰："魏武帝用枣祗、韩浩之议，广建屯田，又於征伐之中，分带甲之士，随宜开垦，故下不甚劳，大功克举。间者流人奔东吴，东吴今俭，皆已还返。江西良田旷废未久，火耕水耨，为功差易。宜简流人，兴复农官，功劳报赏，皆如魏氏故事，一年中与百姓，二年分税，三年计赋税，以使之公私兼济，则仓庾盈亿，可计日而待之。"

穆帝昇平初，荀羡为北部都尉，镇下邳，今临淮郡县。屯田於东阳之石鳖，亦在今之临淮郡界。公私利之。

齐高帝敕桓崇祖修理芍陂田，曰："卿但努力营田，自然平殄虏寇。昔魏置典农，而中都足食；晋开汝、颖，而河、汴委储。卿宜勉之。"

后魏文帝大统十一年[3]，大旱。十二年，秘书丞李彪上表："请别立农官，取州郡户十分之一为屯田人，相水陆之宜，料顷亩之数，以赃赎杂物市牛科给，令其肆力。一夫之田，岁责六十斛，甄其正课并征戍杂役。行此二事，数年之中谷积而人足矣。"帝览而善之，寻施行焉。自此公私丰赡，虽有水旱不为害。

北齐废帝乾明中，尚书左丞苏珍芝又议修石鳖等屯，岁收数十万石[4]。自是淮南军防粮足。

孝昭帝皇建中，平州刺史嵇晔建议开幽州督亢旧陂今范阳郡范阳县界，长城左右营屯，岁收稻粟数十万石，此境得以周赡[5]。又於河内置怀义等

---

① 其宿卫要任，《晋书·食货志》记为"其非宿卫要任"。
② 按《晋书·食货志》所记，"使军各自佃作"。
③ 按《魏书·食货志》所记：北魏孝文帝太和十一年"大旱，京都民饥。""十二年……又别立农官，取州郡户十分之一以为屯民。相水陆之宜……"且孝虎为此魏孝文帝时人，故此处疑为是北魏孝文帝，而不是后魏（西魏）文帝。
④ 《隋书·食货志》作"岁收数万石"。
⑤ 此境，《隋书·食货志》作"北境"。

屯，以给河南之费，自是稍止转输之劳。

武成帝河清三年，诏沿边城守堪耕食者营屯田，置都子使以统之，一子使当田五十顷，岁终课其所入，以论褒贬。

隋文帝开皇三年，突厥犯塞，吐谷浑寇边，转输劳敝，乃令朔方总管赵仲卿於长城以北大兴屯田。

唐开军府以捍要冲，因隙地置营田，天下屯总九百九十二。司农寺因屯三顷①，州、镇诸军每屯五十顷，水陆腴瘠、播植地宜与其功庸烦省、收率之多少，皆决於尚书省。苑内屯以善农者为屯官、屯副，御史巡行莅输。上地五十亩，瘠地二十亩，稻田八十亩，则给牛一②。诸屯以地良薄与岁之丰凶为三等，具民田岁获多少，取中熟为率。有警，则以兵若夫千人助收。隶司农者，岁二月，卿、少卿循行治不法者，凡屯田收多者褒进之。岁以仲春籍来岁顷亩、州府军镇之远近，上兵部，度便宜遣之。

开元二十五年，诏："屯官叙功，以岁丰凶为上下。镇戍地可耕者，人给十亩以供粮。方春，令屯官巡行，谪作不时者。"天下屯田，收谷百九十余万斛。

初，度支岁市粮於北部，以赡武振、天德、灵武、盐、夏之军③，费钱五六十万缗，溯河舟溺甚众。

建中初，宰相杨炎请置屯田於丰州，发关辅民凿陵阳渠以增溉。京兆尹严郢尝从事朔方，知其利害，以为不便，疏奏不报。郢乃奏④："五城旧屯，其数至广，以开渠之粮贷诸城官田，约以冬输；又以开渠功直布帛先给田者，据估转谷。如此，则关辅免调发，五城田辟，比之浚渠利十倍也。"时杨炎方用事，郢议不用，而陵阳渠亦不成，然振武、天德良田广袤千里。

元和中，振武军饥，宰相李绛请开营田，可省度支漕运，及绝和籴欺隐。宪宗称善，乃以韩重华为振武、京西营田、和籴、水运使，起代北，垦田三百顷，出赃罪吏九百余人，给以耒耜、耕牛，假粮种，使偿所负

---

① 司农寺因屯三顷，《新唐书·食货三》作"司农寺每屯三十顷"。

② "上地五十亩"至"给牛一"四句，据《通典》卷二："土软处，每一顷五十亩配牛一头；土硬处一顷二十亩，配牛一头。"《考异》卷四五引卢召弓说，这里以"上地""瘠地"取代了土软、土硬；还漏了"一顷"。

③ 北部，《新唐书·食货三》作"北都"。北都，指并州，因其为唐高祖发祥地，故升为太原府，建北都。"武振"，应是"振武"之误。

④ 乃，《新唐书·食货三》作"又"。

粟。一岁大熟①，因募人为十五屯，每屯百三十人，人耕百亩，就高为堡，东起振武，西逾云州，极於中受降城，凡六百余里，列栅二十，垦田三千八百余顷，岁收粟二十万石，省度支钱二千余万缗。重华入朝，奏请益开田五千顷，法用人七千②，可以尽给五城。会李绛已罢，后宰相持其议而止。宪宗末，天下营田皆雇民或借庸以耕，又以瘠地易上地，民间苦之。穆宗即位，诏还所易地，而耕以官兵。耕官地者，给三之一以终身。灵武、邠宁土广肥而民不知耕，太和末，王起奏立营田。后党项大扰河西，邠宁节度使毕諴亦募士开营田，岁收三十万斛，省度支钱数百万缗。

开元令："诸屯田应用牛之处，山原、川泽，土有硬软，至於耕垦，用力不同，土软处每一顷五十亩配牛一头，强硬处一顷二十亩配牛一头。即当屯之内，有软有硬，亦依此法。其稻田每八十亩配牛一头。诸营田若五十顷外更有地剩配丁牛者，所以收斛斗皆准顷亩折除。其大麦、荞麦、乾萝卜等，准粟计折斛斗，以定等级。"天宝八载，天下屯收百九十一万三千六百六十石，关内五十六万三千八百一十石，河北四十万三千二百八十石，河东二十四万五千八百石，河西二十六万八十八石，陇右四十四万九百二石。

上元中，于楚州古射阳湖置洪泽屯，寿州置芍陂屯，厥田沃壤，大获其利。

宋太祖皇帝端拱二年③，以左谏议大夫陈恕为河北东路招置营田使、魏羽为副使，右谏议大夫樊知古为河北西路招置营田使、索湘为副使，欲大兴营田也。

先是，自雄州东际于海，多积水，戎人患之，未尝敢由此路入寇。顺安军西至北平二百里，地平广无隔阂，每岁胡骑多由此而入。议者以为宜度地形高下，因水陆之便，建阡陌，浚沟洫，益树五

---

① 一岁大熟，《新唐书·食货三》作"二岁大熟"。
② 法用，制度规定。
③ 端拱（988—989 年），宋太宗赵炅年号。据《宋史·食货上四》所记为"宋太宗"端拱二年。"分命左谏议大夫陈恕、右谏议大夫樊知古为河北东、西路招置营田使"。

稼①，可以实边廪而限戎马。雍熙后数用兵，岐沟、君子馆败衄之后，河朔之民，农桑失业，多闲田，且戍兵增倍，故遣恕等经营之。恕密奏："戍卒皆惰游，仰食县官，一旦使冬被甲兵，春执耒耜，恐变生不测。"乃诏止令葺营堡，营田之议遂寝。

淳化四年，知雄州何承矩请於顺安寨西引易河筑堤为屯田。既而河朔频年霖潦水潦②，河流湍溢，坏城垒民舍，复请因积潦处蓄积为陂塘，大作稻田以足食。

沧州临津令黄懋上书，请于河北诸州作水利田。懋自言闽人，闽地种水田，缘山导泉，倍费功力；今河北州军陂塘甚多，引水溉田，省功易就，三五年内，公私必获大利。乃诏承矩往河北诸州水所积处大垦田，以承矩为制置河北沿边屯田使，懋充判官，发诸州镇兵万八千人给其役。凡雄莫霸州、平戎破虏顺安军兴堰六百里，置斗门，引淀水灌溉。初年种稻，值霜早不成，次年方熟。初，承矩建议，沮之者颇众，又武臣习攻战，亦耻于营葺，种稻又不成，群议益甚，几罢役。至是，议者乃息，莞蒲、蜃蛤之饶，民赖其利。

按：古者，兵与农共此民也，故无事则驱之为农而力稼穑，有事则调之为兵而任征战，虽唐府兵之法犹然。至于屯田，则驱游民辟旷土，且耕且戍，以省馈饷，尤为良法。自府兵之法既坏，然后兵农判而为二，不特农疲于养兵，而兵且耻于为农。观陈恕所奏及沮何承矩屯田之议者可见，然则国力如之何而不敝于饷军也哉！

真宗咸平五年，殿直牛睿请增广方田，疏治沟塍，为胡马之阂。诏边臣经度之。顺安军、威虏军、保州、定州皆有屯田。

九年③，改定州、保州、顺安军营田务为屯田务④。凡九州军皆遣官监务，置吏属，招募役兵，自京师传送，鬻秸秆以补牛阙。

---

① 五稼，即五种谷物。
② 霖澎水潦，此处梅连针多的，霖澎，久雨石止。
③ 九年，根据宋真宗年号，咸平无九年。
④ 营田务，宋代管理营田（屯田）事务的机构。

陕西转运使刘综上言："宜于古原州建镇戎军①，以备贼迁，请於军城四面置屯田务，开田五百顷，置下军二千人、牛八百头以耕种之。又置堡寨，使其分居，无寇则耕，寇来则战。"从之。既而原、渭亦开方田，戎人内属者皆依之得以安居。

太宗时，度支判官陈尧叟等上言："自唐季以来，农政多废，民率弃本，不务力田，是以家鲜余粮，地有遗利。臣等每於农亩之业，精求利害之理，必在乎修因地之利，建用水之法。讨论典籍，备穷本末。自汉、魏、晋、唐以来，於陈、许、邓、颍、蔡、宿、亳至於寿春，用水利垦田，陈迹具在。望选稽古通明之士，分为诸州长吏，兼管农事，大开公田，以通水利，发江淮下军散卒，及募民以充役，每一夫给牛一头，治田五十亩。虽古制一夫百亩，今且垦其半，俟久而古制可复也。亩约收三斛，岁可得十五万斛，凡七州之间置二十屯，可得三百万斛，因而益之，不知其极矣。行之二三年，必可至仓廪充实，省江、淮漕运。其民田之未辟者，官为种植，公田之未垦者，募民垦之，岁登所取，并如民间主客之例，此又敦本劝农之至道也。傅子曰：'陆田命悬於天，人力虽修，苟水旱不时，则一年之功弃矣；水田之制由人力，人力苟修，则地利可尽也。'且虫灾之害又少于陆，水田既修，其利兼倍，与陆田不侔矣。"上览奏嘉之，即遣大理寺丞皇甫选、光禄寺丞何亮乘传往诸州案视经度。事卒不行。

襄州襄阳县有屯田三百余顷，知州耿望请置营田务，是岁，种稻三百余顷。五年，以其烦扰，罢之。

唐州赭阳陂亦有营田务，岁种七十余顷。后以其所收薄，且扰人，罢之，赋贫民。

天禧末，诸州屯田总四千二百余顷，而河北屯田岁收二万九千四百余石，而保州最多，逾其半焉。江淮、两浙承魏制，皆有屯田，克复后，多赋与民输租，第存其名。在河北者，虽有其实，而岁入无几，利在蓄水，以限戎马而已。

---

① "陕西转运使刘综上言：宜於古原州建镇戎军"，据《宋史·食货上四》所记："（咸平）四年，陕西转运使刘综亦言：宜於古原州建镇戎军。"

治平三年，河北屯田有田三百六十七顷，得谷三万五千四百六十八石。

屯田因兵屯得名，则固以兵耕；营田募民耕之，而分里筑室，以居其人，略如晁错田塞之制，故以营名，其实用民而非兵也。国初，惟河北屯田有兵，若江、浙间名屯田者，皆因五代旧名，非实有屯也。祥符九年，李允则奏改保州、定州营田务为屯田务，则募兵以供其役。熙宁取屯田务罢之，则又收务兵各隶其州，以为厢军，则屯、营固异制矣。然咸平中，营田襄州，既而又取邻州兵用之，则非单出民力。熙、丰间，屯营多在边州，土著人少，则不复更限兵民，但及给用即取之，于是屯田、营田实同名异，而官庄之名最后乃出，亦往往杂用兵民也。其间又有牧地者，本收闲地以给牧养，后亦稍取可耕者以为之田，而边地荒弃者，又立顷亩，招弓箭手田；其不属弓箭手而募中土人往耕者，壤地租给大抵参错，名虽殊而制相入也。

神宗熙宁元年，诏以坊监牧马余地立田官，令专稼政，以资牧养之用。按原武、单镇、洛阳、沙苑、淇水、安阳、东平七监地，余良田万七千顷，可赋民租佃，收草粟以备枯寒，从枢密副使邵亢请也。

四年，河北屯田司屡言丰岁所入亦不偿费，诏沿边屯田，不以水陆，悉募民租佃，罢屯田务，收其兵为州厢军①。

五年，知延州赵卨乞根括闲田及募弓箭手，诏如其请行之。

卨上议曰："今陕西虽有旷土，而未尝耕垦，屯戍不撤，而远方有输纳之勤。愿募民耕闲田。"经略安抚使郭逵言："今怀宁寨新得地百里，已募弓箭手，无闲田可耕。"遂括得地万五千余顷，募藩汉兵几五千为八指挥。知熙州王韶乞以河州藩部近城川地招弓箭手，又以山坡地招藩兵弓箭手，每寨五指挥，以二百五十人为额，每人给地一顷，藩官两顷，大藩官三顷。熙河多美田，朝廷委提点秦凤刑狱郑民宪兴营田，奏辟官属，以集其事。

---

① 厢军，宋代各州的镇兵，供本州役使。至仁宗时，为镇压京东等地的农民起义，又令厢军习武打仗。故厢军又分行军打仗的厢军和任工役的厢军。

七年，章惇初筑沅州，亦为屯田务。

元丰二年，以所收不及额，罢之。

九年，诏："熙河路有弓箭手耕种不及之田，经略安抚司权点厢军田之，官置牛具、农器，人给一顷，岁终参较弓箭手、厢军所种，孰为优劣，以行赏罚。"六月，谢民宪言："逃走弓箭手并营田地土，作多方设法，召人请佃。今来认租课，乞许就近於本城寨送纳，特与蠲免支移、折变。"从之。

知河州鲜于师中乞以未募弓箭手地百顷为屯田①。从之。

枢密使吴充言："实边之策，惟屯田为利。近闻鲜于师中建请，朝廷以计置弓箭手重於改作，故裁令试治百顷而已。然屯田之法，行之於今诚未易，惟有因今弓箭手以为助法，公田似有可为。且以熙河四州较之，无虑一万五千顷，十分取一以为公田，大约岁收亩一石，则公田所得十五万，水旱、肥瘠，三分除一，亦可得十万。官无营屯、牛具、廪给之费，借用众力而民不劳，大荒不收而官无损，省转输，平籴价，凡六便。"诏议其事。议者谓弓箭手皆新招，重以岁连不善，若使之自备功力耕佃，恐人心动摇，宜俟稍稔推行。

元丰元年，诏经制熙河财用司括冒耕地，期半岁，使民得自言。

五年，提举熙河营田康识言："新复土地，及命官分画经界，选知田厢军，人给一顷耕之，余悉给弓箭手，人加一顷，有马者又加五十亩，每五十顷为一营。""四寨堡见缺农作厢军，乞许于秦凤、泾原、熙河三路选募厢军及马递铺卒，愿行者人给装钱二千。"从之。

八年，枢密院上河东经略司之言曰："去年出兵耕种木瓜原地，凡用将兵万八千余人，马二千余匹，费钱七千余缗，谷近九千石，糇粮近五万斤，草万四千余束。又保甲守御费缗钱千三百，米三千二百石，役耕民千五百，雇牛千具，皆强民为之，所收禾、粟、荞麦万八千石，草十万二千，不偿所费。又借转运司钱谷以为子种，至今未偿。增人马防拓之费，仍在年计之外。虑经略司来年再欲耕种，乞早赐约束。"诏谕吕惠卿毋蹈前失。

---

① 弓箭手地，指拨给弓箭手的边境无人耕种的土地。

先一年，惠卿雇五县耕牛，发将兵外护耕新疆于木瓜原等处五百余顷，自谓所得极厚，可助边计。至是，乃诏戒之。

元祐元年，永兴军民庶进状言："兴平县有地二百四十余顷，久输二税。熙宁五年，本县抑令退为牧地。"诏提刑司审定以奏，如他州县更有以税地改牧地者，亦具以闻。提刑司乞与免纳租钱，给种如故。

大观三年，陕西转运副使孙琦言："西宁、湟、廓三州良田沃野，并给族部，略无税赋。今进筑之初，宜召诸首领与族长开谕，令量立租课，责期限，并委族长使之催输。"诏童贯度其宜以行。

五年，提举泾原弓箭手司奏："乞案汉蕃田土，其已开熟地仍许著业外，若非朝命所给，而州军帅司一时私自拨予，或川原漫坡地土今仍荒闲者，并以给招阙额人马，惟其不堪耕种者，方许拨充牧地，庶可究极地利，增广人兵。"从之。

祖宗时，营田皆置务。淳化中，河北有屯田务。祥符九年，改定州、保州营田务为屯田务。天圣四年，废襄、唐二州营田务。庆历元年，陕西置营田务。何承矩建议于河北，端拱元年。欧阳修募弓箭手于河东，庆历二年。陈恕、樊知古招置营田于河东、北，端拱二年。范仲淹大兴屯田于陕西，庆历元年。耿望置屯田襄州，咸平二年。章惇初筑沅州亦为屯田务熙宁七年。正以极边两不耕之地，并边多流徙之余，因地之利，课以耕耘，赡师旅而省转输，此所以为扈边实塞之要务，足国安民之至计也。然屯田以兵，营田以民，固有异制。营者，分里筑室，以居其人，如晁错田塞之制。咸平中，襄州营田既调夫矣，又取邻州之兵，是营田不独以民也。熙、丰间，边州营屯不限兵民，皆取给用，是屯田不独以兵也。至于招弓箭手不尽之地，复以募民，则兵民参错，固无异也。然前后施行，或以侵占民田为扰，虞奕于徽。或以差借耰夫为扰咸平二年，耿望襄州借夫，或以诸郡括牛为扰，庆历间，范雍括诸郡牛。或以兵民杂耕为扰，又或以诸路厢军不习耕种，不能水土为扰，元符三年九月，提举河东营田言。至于岁之所入，不偿其费，遂又报罢。惟因弓箭手为助田法，一夫受田百亩，别以十亩为公田，俾之自备种粮、功力，岁收一石，水旱三分除一，官无廪给之费，民有耕凿之利，若可以为便矣。然弓箭手之招至者，末安其业，而种粮无所仰给，且又责其借力於公田，虑人心易摇，卒莫之行。熙宁九年正月，郑民宪言。

绍兴元年，镇抚使、知荆南府解潜奏，措置荆南、归、陕、荆门、公安五州营田。其后军食仰给，省县官之半。

二年，德安、复州、汉阳军镇抚使陈规放古屯田，有逃户归业者收毕给之，过三年者不受理。凡军士所屯之田，皆相其险隘，立为堡寨，其弓兵等，半为守御，半为耕种，如遇农时，则就田作，有警则充军用。凡耕种则必少增钱粮，秋收给斛斗犒赏，依锄田客户则例，余并入官。凡民户所营之田，水田亩赋粳米一斗，陆田豆麦夏秋各五升，满二年无欠输，给为永业①。兵民各处一方。流民归业渐众，亦置堡寨屯聚。凡屯田事务，营田司兼行；营田事，府、县官兼行，更不别置官吏。当时廷绅因规奏请，相与推广，谓："一夫受田百亩，古制也。厥今诸荒田甚多，惟恐人力不足，兼肥瘠不同，难以概论，当听人户量力取射。其有阙少牛畜，宜用人耕之法，以二人拽一犁。凡受田，五人为一甲，别给菜田五亩为庐舍、稻场。兵屯以大使臣主之，民屯以县令主之，以岁课多少为殿最。"下诸镇推行之。又诏江东、西宣抚使韩世忠措置建康营田。又诏湖北、浙西、江西屯营田，徭役科配并免。

五年，屯田郎中樊宾言："荆湖、江南与两浙膏腴之田弥亘数千里，无人可耕，则地有遗利；中原士民扶携南渡，几千万人，则人有余力。今若使流寓失业之人，尽田荒闲不耕之田，则地无遗利，人无遗力，可以资中兴。"

六年，右仆射张浚奏改江淮屯田为营田。凡官田、逃田并拘籍，以五顷为一庄，募民承佃。命措置官樊宾、王举行之。寻命五大将刘光世、韩世忠、张俊②、岳飞、吴玠及江、淮、荆、襄、利路帅悉领营田使。江淮营田置司建康，岁中收谷三十万有奇③。

七年，监中岳李寀言："营田之官或抑配豪户，或强科保正，田瘠难耕，多收子利。"张浚亦觉其扰，请罢司，以监司兼领。于是诏帅臣兼领

---

① 永业，长久的产业，即个人财产。
② 张俊，《宋史·食货上四》作"张浚"。
③ 三十万，《宋史·食货上四》作"三十万石"。

营田，内见带营田使名者即仍旧。

诏奖谕川陕宣抚吴玠治废堰营田六十庄，计田八百五十四顷，约收二十五万石，补助军粮，以省馈饷。

十六年，定江淮、湖北营田，以绍兴七年至十三年所收数内取三年最多数，内取一年酌中为额，县官奉行有方，无词诉抑勒处，分三等定赏罚。

隆兴元年，工部尚书张阐言："今日荆襄屯田之害，非田之不可耕也，无耕田之民也。官司虑其功之不就，不免课之游民；游民不足，不免抑勒百姓，舍已熟田，耕官生田。私田既荒，赋税犹在。或远数百里追夺以来①，或名双丁，役其强壮，占百姓之田以为官田，夺民种之谷以为官谷，老稚无养，一方骚然。有司知其不便，申言於朝，罢之诚是也。然臣窃谓自去岁以来，置耕牛，置农器，修长、水二渠，费已十余万，其间岂无已垦辟之地？岂无庐舍场圃尚可卒业？一旦举而弃之，必为势家所占，则是捐十万缗於无用之地，而荆襄之田终不可耕也。臣比见两淮归正之民，动以万计，官给之食，以半岁为期，今逾期矣。官不能给，则老弱饥饿者转而他之，殊失斯民向化之心，兼亦有伤国体。臣愚以为荆襄之田尚有可承之规，与其弃之，孰若使归正之民就耕，非惟可免流离，庶使中原之民知朝廷有以处我，率皆褓负而至。异日垦辟既广，田畴既成，然后取其余者而输之官，实为两便。"诏除见耕种人依旧外，余令虞允文同王珏疾速措置。

　　扬州、兴元府、阶、成、岷、凤等处屯田，后皆以所得不偿所费，罢之。

　　议者皆曰："汉赵充国、魏枣祗屯田皆卓有成效。"不知充国以方隆之汉，敝垂尽之先零②；枣祗以未裂之中原，营于无虞之许下，其为之也暇，且无有害其成者。今禾黍未登场，而驰突躁践，有不可必，苟严其备，有以限戎马之来，则沿边莽堰，莫非可耕之地矣。

官田籍田附

---

① 追夺，《宋史·食货上四》作"征呼"。
② 先零，古族名，汉朝西羌的一支。

孟子曰："殷人七十而助。"又曰："《诗》云：'雨我公田，遂及我私。'惟助为有公田，由此观之，虽周亦助也。"

《朱子集注》："当时助法尽废，典籍不存，惟有此诗可见周亦用助，故引之也。"

《月令》：孟春之月，天子乃择元辰①，亲载耒耜，措之於参、保介之御间，三公、九卿、诸侯、大夫躬耕帝籍②，天子三推，三公五推，卿、诸侯九推，保介，车右也。置耒于车右与御者之间，明已劝农，非农者也。反执爵於大寝③，三公、九卿、诸侯、大夫皆御，命曰"劳酒"。既耕而宴饮，以劳群臣。

《周礼》：甸师掌率其属而耕耨王籍，以时入之。其属，庶人也。王籍，谓王者籍田千亩，所亲帅公卿以下亲耕农人耕之处也。庶人终于千亩，故曰率其属。入其所收黍稷，以供粢盛。宣王即位，不籍千亩。籍，借也，借民力以为之。天子籍田千亩，诸侯百亩。自厉王之后，籍田礼废，宣王即位，不复古也。

虢文公谏曰："不可。夫民之大事在农。古者，太史顺时瞡音脉。土，阳瘅丁佐反。愤盈④，土气震发，瘅，厚也。愤，积也。农祥晨，正，农祥，房星。晨正，谓立春之日，晨正於午。日月底于天庙⑤天庙，营室也。孟春之日，日月皆在营室。土乃脉发。先时九日，太史告稷曰：'自今至于初吉，初吉。二月朔，阳气俱蒸，土膏其动。弗震弗渝，脉其满眚，谷乃不殖。言阳气升，土膏动，当即发动变泻其气，不然，则脉萌而气结，更为灾疫。稷以告王曰：'史帅阳官以命我司事阳官，春官。司事，农事。曰：'距今九日，土其俱动，王其祗祓，监农不易。'王乃使司徒咸戒公卿、百吏、庶民，司空除坛于籍，命农大夫咸戒农用农大夫，田畯。先时五日，瞽告有协风至⑥，王即斋宫，百官御事，各即

---

① 元辰，古指吉祥的时日。《礼记·月令》疏：耕用亥日，故曰"元辰。"
② 三公，《礼记·月令》作"帅三公"。
③ 大寝，祖庙。
④ 脉土，指勘察土地。阳瘅，指阳气厚。
⑤ 天庙，星名。
⑥ 瞽，乐师。协，和。

其斋三日。王乃淳濯飨醴①，及期，郁人荐鬯，牺人荐醴，王裸鬯，飨醴乃行②，百吏、庶民毕从。及籍，后稷监之，膳夫、农正行籍礼，太史赞王，王敬从之。王耕一墢③，班三之，班，次也。王一墢，公三，卿九，大夫二十七也。庶民终于千亩。其后稷省功，太史监之；司徒省民，太师监之；毕，宰夫陈飨，膳宰监之。膳宰赞王，王歆太牢，班尝之，庶人终食。是日也，瞽师、音官以风土。音官，乐官。风土，以音律省土风，风气和则土气养也。廪于籍东南，钟而藏之，廪，御廪，以藏王所籍田，以奉粢盛，而时布之于农。稷则遍戒百姓，纪农协功，曰：'阴阳分布，震雷出滞。'土不备垦，辟在司寇。乃命其旅曰：'徇，农师一之，农正再之，后稷三之，司空四之，司徒五之，太保六之，太师七之，太史八之，宗伯九之。王则大徇，耨获亦如之。'民用莫不震动，恪恭于农，修其疆畔，日服其镈，不解于时，财用不乏，民用和同。是时也，王事惟农是务，无有求利其官，以干农功。三时农而一时讲武，故征则有威，守则有财。若是，乃能媚于神而利于民矣，则享祀时至而布施优裕也。今天子欲修先王之绪而弃其大功，匮神乏祀而困民财，将何以求福用民？"王不听。

汉高祖二年，故秦苑囿园池，令民得之④。

文帝二年，诏曰："夫农，天下之本也。其开籍田，朕亲率耕，以给宗庙粢盛。"

贾谊说上曰："一夫不耕，或受其饥。今背本而趋末，生之者甚少，而靡之者甚多，天下财产何得不蹶！今驱民而归之农，皆著於本，使天下各食其力，末技、游手之民转而缘南亩，则畜积足而人乐其所矣。"上感谊言，乃开籍田。

十三年，诏曰："朕亲率天下农耕，以供粢盛；皇后亲桑，以奉祭服。其具礼仪。"令立耕、桑之礼制也。

---

① 淳，浇；濯；洗；飨，饮。
② 郁人，主管玉器；皆，香酒醴，甜酒。
③ 墢，坺土。一臿土
④ 《汉书·高帝纪》作"令民得田之"。

景帝后二年，亲籍田。

武帝元年①，罢苑马，以赐贫民。养马之苑，禁百姓刍牧，今赐民为田。

征和四年，上耕于钜定。地名，近东海。

昭帝始元元年，上耕于钩盾弄田。时帝年九岁，未能亲耕帝籍。钩盾，宦者近署，故往试耕为戏弄也。弄田，在未央宫中。

六年，上耕於上林。

元凤二年，罢中牟苑，赋贫民。

宣帝地节元年，假郡国贫民田。

二年，诏：“池籞未御幸者②，假与贫民。又令流民还归者，假公田，贷种、食。”

元帝初元元年，以三辅、太常、郡国公田及苑可省者，振业贫民；江海、陂湖、园池属少府者，以假贫民，勿租赋；省苑民③，以振困乏。

二年，诏罢水衡禁苑、宜春下苑、少府伙飞外池、严籞池田④，假与贫民。

五年，罢北假田官。主假赁见田官与民⑤，收其税。或曰：北假，地名也。

永光元年，令民各务农亩，无田者假之。

哀帝建平元年，太皇太后诏：“外家王氏田非冢茔，皆以赋贫民。”

《后汉·礼仪志》：正月始耕，昼漏上水初纳，执事告祠先农，已享。贺循《籍田仪》曰：“汉耕田，以太牢祭先农于田所。”薛综注《二京赋》曰：“为天神借民力于此田，故名曰帝籍，田在国之辰地⑥”。耕时，有司请行事，就耕位天子、三公、九卿、诸侯以次耕。力田种各襏讫，有司告事毕。《汉旧仪》曰：“春秋耕於籍田⑦，官祠先农。先农即神农炎帝也。祠以一太牢，百官皆从，大赐三辅二百里孝悌、力田、三老帛。种百谷万斛，为立籍田仓，置令、丞。谷皆以给祭天地、宗庙、郡神之祀，以为粢盛。”是月令日，郡国守相皆劝民始耕如仪。诸行出入皆鸣钟，皆作乐。其有灾眚，有他故，若请雨、止雨，皆不鸣钟，不作乐。汉家郡守行大夫礼，鼎俎笾豆，工歌县。

---

① 《汉书·武帝纪》作“武帝建元元年”。
② 籞，禁苑。
③ 省苑民，《汉书·元帝纪》作“省苑马”。
④ 伙飞，官名，掌弋射。
⑤ 田官，疑为“官田”。
⑥ 辰地，东南方。古代阴阳五行家将十二地支与四方相配辰位东南。
⑦ 此句疑有错漏。应为“春耕籍田”。

明帝永平九年，诏郡国以公田赐贫民各有差。

十三年，汴渠成，诏曰："今五土之宜，反其正色，滨渠下田赋与贫人，无令豪右得固其利。"

章帝建初元年，诏以上林池篽田赋与贫人。

元和元年，诏："郡国募人无田欲徙他界就饶者，悉听之。到在所赐给公田，为顾耕庸，赁种饷，贯与田器，勿收租五岁，除算三年。其后欲还本乡者，勿禁。"

三年，诏曰："《月令》，孟春善相丘陵土地所宜。今肥田尚多，未有垦辟，其悉以赋贫民，给与种粮，务尽地力，勿令游手。"

安帝永初元年，以广城游猎地及被灾郡国公田假与贫民。

魏制：天子亲耕籍田，藩镇阙诸侯百亩之礼。

晋武帝太始四年正月，帝躬耕籍田于东郊，诏曰："近代以来，耕籍田於数步之内，空有慕古之名，曾无供祀训农之实，而有百官车徒之费。今循千亩之制，当率群公卿士躬稼穑，以先天下。于东郊之南，洛水之北。"去宫八里，远十六里为北千亩帝御木辂以耕。自惠帝后礼废。

宋文帝元嘉十二年，将亲耕，司空、大司农、京尹、令度宫之辰地八里之外，整制千亩，中开阡陌。

齐武帝永平中[①]，耕籍田。

梁依宋、齐礼，天监十二年，以启蛰而耕。普通二年，移籍田於建康北岸。

后魏太武帝天兴三年春[②]，始躬耕籍田。

北齐籍于帝城东南千亩，内种赤梁、白谷、大豆、赤黍、小豆、黑稷、麻子、大小麦，色别一顷，自余一顷，中通阡陌。

隋制：于国南十四里启夏门置地千亩为坛，行播殖礼九谷，纳于神仓，以拟粢盛，秸藁以饷牺牲。

唐太宗贞观三年二月，籍于千亩之甸。

高宗永徽三年正月，率公卿耕于千亩之甸。

乾封二年、仪凤二年、景云三年，并躬耕籍田。

元宗开元二十三年正月，躬耕籍田。

---

① 永平，北魏宣武帝年号。南朝齐武帝的年号是永明（483—493 年）。

② 天兴（398—404 年），北魏道武帝的年号。

宋太宗端拱元年，亲耕籍田，以劝农事。

天禧元年，以久罢畋游，其京城四面禁围草地，令开封府告谕百姓，许其耕牧。

四年，福建转运使方仲荀言："福州王氏时，有官庄千二百一十五顷，自来给与人户主佃，每年只纳税米。乞差官估价，令见佃人收买，与限二年，送纳价直。"

仁宗天圣三年，屯田员外郎张希颜奏："福建八州皆有官庄，七州各纳租课，惟福州只依私产纳税，复免差徭，显是倖民①。乞相均米数，依州价折纳见钱，铜、铁中半。"从之。

嘉祐二年，诏以天下没入户绝田募人耕，收其利，置广惠仓，以赈贫人。见《赈恤门》。

熙宁间，以广惠仓之入，归之常平。

神宗熙宁二年，三司言："天下屯田、省庄，皆子孙相承，租佃岁久，乞不许卖，其余没官纳庄愿卖者听。"从之。

七年，诏：户绝庄产，召人充佃，及入实封状承买，以其直增助诸路常平钱。

开封府界、诸路系省庄屯田、营田，稻田务及司农寺户绝、水利田②，并都水监、淤田官庄司四十四万七千四百四十八顷一十六亩，内三司官田庄四千五百九十三顷四十亩零，总收租余斛斗匹帛六万一千四百九贯、石、匹；都水监、淤田司官庄五百五十四顷一十九亩零，总收租斛斗五万二百一十石、斤，秸秆等五十万一千六十六束、斤。

哲宗元祐元年，户部言："鬻卖绝户田宅，既有估覆定价，乞如买扑坊场例③，罢实封投状。"从之。

八年，诏："凡官田及已佃而逃，或佃租违期应划佃者，不别召佃，

---

① 倖民，指得到中央朝廷某种优惠政策的民众。

② 稻田务，指管理稻田事务的机关。

③ 买扑，即扑买，宋代实行的包税制。宋初，对酒、醋、陂塘、墟市等的税收，由官府核定应征税额，招商承包。承包商（买扑人）在缴纳抵挡（保证金）后，即自行征税。坊场，指店铺、作坊。

悉籍之官，为招募衙前之用①。如未有投募，且令租佃，以应募者而给之。"

徽宗建中靖国元年，诏市易折纳田产并依户绝田产法。

政和元年，时朝廷以用度艰窘，命官鬻卖官田，江西路一岁失折上供无虑二十余万斛。运副张根建言，田既不存，当减上供。朝廷深察所以然，遂止不卖。

总领措置官田所言："元奏存留屯田，为系河北、河东、陕西边防利害，乞存之不鬻。自三路外，名屯田者其实悉以民耕，与凡官田无异，无系边防，自应鬻卖。"从之。

知吉州徐常奏："诸路惟江西乃有屯田，非边地，其所立租，则比税苗特重，所以祖宗时，许民间用为永业，如有移变，虽名立价交佃，其实便如典卖己物。其有得以为业者，于中悉为居室、坟墓，既不可例以夺卖，又其交佃岁久，甲乙相传，皆随价得佃，今若令见业者买之，则是一业而两输直，亦为不可。而况若卖而起税，税起于租，计一岁而州失租米八万七千余石，其势便当损减上供。是一时得价而久远失利，此议臣见近利而失远图，公私交害也。"于是都省乞下江西核实，如屯田纽利多于二税，即住卖之；为税田而税多租少，即鬻之。他路仿此。诏可。

臣僚言："天下系官田产，如折纳、抵当、户绝之类，隶属常平，则法许鬻卖；如天荒、逃田、省庄之类，在运司有请佃法。自余闲田，名类非一，乞命官总领条画以闻。"户部奏："凡田当防河、招募弓箭手或屯田之类，悉应存留；凡市易抵当、折纳、籍没，常平户绝、天荒、省庄、沙田、退滩、荻场、圩田之类，并应出卖。"又奏："仿熙宁制，所委官一年内卖及七分，与转一官，余以次减磨勘②；不登五分，加奏劾。"诏从之。

八月，诏："乃者，有司建明尽鬻系官田宅，苟目前之利，废久长之

① 衙前，宋代职役之一。属于义务性质。由乡户差充。其职是负责官物的保管和押运。熙宁三年改为雇役。

② 磨勘，唐、宋时期对官员考绩升迁的制度。宋设审官院主持官吏的考课升迁。磨勘年限，真宗时规定，文武任职满三年给予迁秩。仁宗时规定：文官三年一迁，武职五年一迁。

策。其总领措置官并罢，已卖田宅给还元直，仍拘入官。如舍屋已经改更，但课亏租额者，与免仍旧修盖。官田已尝为墓，据合用亩步约价者，与免迁移。"

六年，始作公田于汝州。公田之法：县取民间田契根磨①，如田今属甲，则从甲而索乙契；乙契既在，又索丙契，碾转推求，至无契可证，则量地所在，增立官租。一说谓按民契券而以乐尺打量，其赢则拘入官，而创立租课。

初，因中官杨戬主后苑作，有言汝州地可为稻田者，置务掌之，号稻田务。复行于府畿，易名公田，南暨襄城，西至沔池②，北逾大河，民田有逾初券亩步者，辄使输公田钱。政和末，又置营缮所，亦为公田。久之，后苑、营缮所公田皆并于城西所③，尽山东、河朔天荒逃田与河堤退滩输租举入焉，皆内侍主其事，所括凡得田三万四千三百余顷。农亩困败，但能输公田钱，而正税不复有输。后李彦又立城西括田所，而公田皆彦主之。靖康初，诛彦。

宣和元年，提举水利农田所奏："浙西平江诸州积水减退，欲委官分诣乡村检视露出田土，惟人户见业已纳省税不括外，其余逃田、天荒、草田、荇茭荡及湖泺、退滩、沙涂等地，悉标记置籍，召人请射种植，视乡例拘纳租课，桩充御前钱物，专一应奉御前支用，置局提举。如造谤惑众沮害之人，罪徒。"从之。

三年，诏："方量根括到田土租税课利内，特与减一半。"十月，尚书省言："诸路学田并西南外宗室财用司田产，元所给佃租课太轻，不足于用。"诏许添立实封入状，添立租课，划佃一次，如佃人愿从添数，亦仍给佃。

高宗建炎元年，从江南经制使翁彦国言④，拘籍蔡京、王黼等庄田，令佃户就种，岁减租课二分。

三年，令："应天下系官田，令有司依乡例纽纳佃租，期以半月，许

---

① 磨，磨对，核对。
② 沔池，《宋史·食货上二》作"渑池"。
③ 皆并于城西所，《宋史·食货上二》作"皆并于西城所"。
④ 经制使，宋代官职名，掌经理东南财赋。

民自陈输租额，过期依见行条法。"

绍兴元年，诏尽鬻诸路官田。命各路宪臣总领措置。

时以军兴，用度不足，又先时知永嘉县霍蠡言："温州四县没官田，势家诡名请佃，岁责保正长代输，公私病之。"乃诏并召人鬻。五年，又诏：见佃人愿承买者听，佃及三十年以上者，减价钱三之二。

十二年，户部言："诸路常平司未卖田，令见佃人添租三分，不愿者勒令离业，召人佃。"

知邵州吕稽仲言："湖南、广西闲田甚多，若轻租召佃，收其所输，籴其盈余，可宽州县。"诏户部措置。

刘夔为福州帅，贸易僧寺田以取资。至张守帅闽，始议存留上等四十余刹，以待高僧外，悉令民实封请买。岁入七八万缗，以助军衣，余宽百姓杂科，民皆便之。

二十六年，户部侍郎韩仲通言："蜀地狭人稠，而京西、淮南系官膏腴之田尚众，乞许人承佃，官贷牛、种，八年仍偿。并边免十年租，次边半之，满三年充己业。"从之。

户部言："诸路卖官田钱，乞以七分上供，三分充常平司籴本。今诸买官田者，免纳税契钱，又免和买二年，免物力三年至十年。一千贯以下免三年，一千贯以上五年，五千贯以上十年。已给卖后，不许执邻取赎。旧六十日输钱不足者，钱没官，别召买，今倍其日。"皆从之。

二十九年，户部提领官田所言："应官户、势户坐占官田①，今依估承买，其浙西营田及余路营田、官庄田、屯田并住卖。"诏各路提举司督察欺弊②，申严赏罚。县卖十万缗、州二十万缗，守令各进一秩，余以次减磨勘，最稽迟者贬秩。荆南提刑彭合入对③，言州县卖官田之害，望减

---

① 官户，宋代官户指享有优免服役特权的品官之家。势户，指州县豪强地主，这类人户也具有减免租税和劳役的特权。

② 提举，宋代主管特种事务之官。如提举常平、农田水利等事。

③ 提刑，指提点刑狱之官。掌察所部之狱讼而平其曲直。

价，无抑勒。户部以减价为难，但令勿抑勒而已。

谏议大夫何溥言："比议臣欲优恤见佃者，令减价二分承买，而复谓其低价买、增价卖，或借钱收买、增价准折，许人告即拘没。夫始怜其失业而为之减价，终设为转卖之说而开其争端，望明诏改正。"

两浙转运司言："申括到平江府省田一十六万六千七百二十八亩，每亩纳上供省苗三斗三升六合，计米三万九千四十七石，系民户世业。今若出卖，便为私田，止输二税，暗失上供岁额苗米。"乃止。

臣僚言："江东西、二广村疃之间，人户凋疏，弥望皆黄茅、白苇。民间膏腴之田，耕布犹且不遍，岂有余力可置官产？浙东、西最号繁盛，所买仅及百余万缗，累月尚未足数，且有抑勒之患。况江、广米谷既平，钱货艰得，亩直不过贯百，纵根括无遗，其能应期限乎？若谓命令已行，难于寝罢，乞宽之一年，听民情愿，无或抑勒，违者坐之。"诏可。

又言："二年之间，三省、户部困于文移①，监司、州郡疲於出卖。上下督责，始限一季，继限一年，已卖者才十三，已纳者才十二，其事犹未竟也。盖买产之家，无非大姓，估价之初，以上色之产轻立价贯，揭榜之后，率先投状，至於拆封，往往必得，今之已卖者是也。若中下之产，无人计嘱，所立之价，轻重不均，今之无人承买者是也。宜且令元佃之家著业纳租，岁犹可得数十万斛。"从之。

宁宗开禧三年冬，韩侂胄既诛，复与虏讲解。明年，改元嘉定，始用廷臣言，置安边所，命户部侍郎沈诜等条画来上，凡侂胄与其他权倖没入之田，及围田、湖田之在官者皆隶焉。初，以御史提其纲，继委之版曹或都司、寺、监官，其后又俾畿漕领之。诸路岁输米七十二万二千七百斛有奇，钱一百三十一万五千缗有奇。两浙、江东西、淮东西、福建皆有籍，以给行人金缯之费。迨虏好既绝，军需边用每於此乎取之。

---

① 文移，文牍；公文。

卷八　钱币考一

历代钱币之制

自太皞以来则有钱矣，太皞氏、高阳氏谓之金[①]，有熊氏、高辛氏谓之货[②]，陶唐氏谓之泉[③]，商人、齐人谓之布[④]，齐人、莒人谓之刀[⑤]。

神农列廛于国，以聚货帛，日中为市，以交有无。虞、夏、商之币，金为三品，或黄，或白，或赤；或钱，或布，或刀，或龟贝。

管子曰："汤七年旱，禹五年水，人之无糧，章延反，糜也。有卖子者。汤以庄山之金铸币，而赎人之无糧卖子者；禹以历山之金铸币，以救人之困。""夫玉起于禺音虞氏，金起于汝、汉，珠起于赤墅，东西南北去周七八千里，水绝壤断，舟车不能通。为其途之远，其至之难，故托用于其重，以珠玉为上币，以黄金为中币，以刀布为下币。"三币，握之则非有补于暖也，食之则非有补于饱也，先王以守财物，以御人事，而平天下也，是以命之曰"衡"。衡者，使物一高一下，不得有调也。若五谷与万物平，则人无其利。故设上中下币，而行轻重之术，使一高一下，乃可权制利门悉归于上。

---

① 太皞，传说中的上古帝王，即太昊。也作太皓、大皞、伏羲氏。《补史记·三皇本纪》："太皞庖犠氏，风姓，代燧人氏继天而王。蛇身人首，有圣德。高阳氏，传说中的上古帝王颛顼之号。黄帝之孙。初国于高阳，因号高阳氏。"

② 有熊氏，"黄帝之号。《白虎通·号》：黄帝有天下，号有熊。有熊者，独广大道德也。高辛氏，即帝喾，黄帝曾孙。传说他年十五时辅佐颛顼，受封于辛，后代颛顼王天下，号高辛氏。"

③ 陶唐氏，即帝尧。尧始封于陶，后徙于唐。

④ 此处"齐人"，如上下连接，当为"周人"；而且后面还有"齐人"之事。

⑤ 金、货、泉、布、刀，均系古代货币名。

周制，以商通货，以贾易物。太公又立九府圆法，《周官》有太府、玉府、内府、外府、泉府、天府、职内、职币、职金，皆掌财币之官，故云九府。圆，谓均而通也。黄金方寸而重一斤；钱圆函方，外圆而内孔方，轻重以铢黄金以斤为名，钱以铢为重也。布帛广二尺二寸为幅，长四丈为疋。故货宝于金，利于刀，流于泉，流行于泉。布于布，布于民间。束于帛束，聚也。《周官·司市》：国凶荒札丧，则市无征而作布。① 凶年物贵，置钱以饶民。

> 夹漈郑氏曰："谓之泉者言其形，谓之金者言其质，谓之刀者言其器，谓之货、谓之布者言其用。古文'钱'字作'泉'者，言其形如泉，文一变而为刀器，再变而为圆法，即太公所作。自圆法流通于世，民实便之，故泉与刀为废。后人不晓其谓也，观古钱其形即篆泉文也，后世代以'钱'字，故'泉'之文借为泉水之泉，其实'泉'之篆文下体不从水也。先儒不知本末，因谓流于泉，布于布，宝于金，利于刀，此皆沿凿之义也。"

外府掌邦布之入出②，以共百物，而待邦之用。凡有法者。布，泉也。有法，百官之公用也，共王及后、世子之衣服之用。凡祭祀、宾客、丧纪、会同、军旅③，共其财用之币，赍赐予之财。赍，行道之财用也。凡邦之小用皆受焉。岁终则会④，唯王及后之服不会。

泉府掌以市之征布⑤，敛市之不售，货之滞于民用者，以其贾买之物揭而书之，以待不时而买者。买者各从其抵，都鄙从其主，国人、郊人从其有司，然后予之。抵，故贾也。主者，别治大夫也。康成谓："抵，本也。本谓所属吏，主、有司是也。"凡赊者，祭祀无过旬日，丧纪无过三月。凡民之贷者，与其有司辩而授之，以国服为之息。郑司农谓："以其所贾之国所出为息也。假令其国出丝絮，则以丝絮偿；出絺葛，则以絺葛偿。"康成谓："以其于国服事之税为息也。于国事受园廛之田而贷万泉者，则期出息五百。"凡国事之财用取

---

① 凶荒，指五谷不熟，即粮食歉收。札丧，即疫病死丧。在此情况下，国家减免赋税，铸钱以促进流通。

② 邦布，指国库的钱货。储以备国家各样开支，以及帝王、后妃、王子之衣服等用。

③ 这里包括祭祀费、宾客接待费、丧事补贴、各国诸侯拜会天子以及国家军事开支等费用。

④ 《周礼·天官·大宰》注："会，大计。岁终则会，指稽核。"

⑤ 征布，古指政府征收税钱。

具焉①，岁终则会其出入，而纳其余。

按：《周礼》主财之官虽多，而专掌钱布则惟外府、玉府二官②，外府掌赍赐之出入，泉府掌买卖之出入。自王介甫以郑注国服为息之说行青苗误天下，而后儒之解此语者，或以"息"为生息之息，或以"息"为休息之息，然于义皆无所当。盖古人创泉布之本意，实取其流通。缘货则或滞于民用，而钱则无所不通；而泉府一官最为便民，滞则买之，不时而欲买者则卖之，无力者则赊贷与之。盖先王视民如子，洞察其隐微，而多方济其缺乏，仁政莫尚于此，初非专为谋利取息设也。不原其立官之本意，而剿其一语以断天下大事可乎③？

买之于方滞之时，卖之于欲买之际，此与常平贱籴贵粜之意同。泉府则以钱易货，常平则以钱易粟，其本意皆以利民，非谋利也。然后世常平之法转而为和籴，且以其所储他用而不以济民，则惟恐其数之不多，利之不羡，于是亦以理财之法视之矣。

周景王二十一年，患钱轻，更铸大钱，径一寸二分，重十二铢，文曰"大泉五十"，肉、好皆有周郭④，以劝农，赡不足。

王将铸大钱，单穆公曰："不可。古者天灾降戾，于是乎量资币⑤，权轻重，以赈救民。民患轻，则为作重币以行之币轻物贵也，于是乎有母权子而行，民皆得焉。重曰母，轻曰子。相权，并行也。若不堪重，则多作轻而行之，亦不废重，于是乎有子权母而行，大小利之。民患币重，则多作轻钱而行之，亦不废去重者。言重者行其贵，轻者行其贱。今王废轻而作重，民失其资，能无匮乎？若匮，王用将有所乏，乏则将厚取于民，民不给，将有远志，是离民也。且夫有备未至而设之，有至而后救之，是不相入也。可先而不备，谓之急；可后而先之，谓之召灾。且绝民用以实王府，犹塞川原而为潢汙也，其竭无日矣。"

---

① 国服，国事，即国丧。
② 玉府，应是"泉府"，见后面二句。
③ 剿，此处指取之义。
④ 肉、好，《汉书·律历志上》注引如淳曰：钱币"体为肉，孔为好"。
⑤ 资币，即货币。

王弗听。

楚庄王以为币重，更以小为大，百姓不便，皆去其业。孙叔敖为相，市令言于相曰："市乱，人莫安其处，行不定。"叔敖白于王，遂令复如故，而百姓乃安。

秦兼天下，币为二等，黄金"镒"为名①，上币；二十两为镒。改周一斤之制，更以镒为金之名数也。高祖初赐张良金百镒，此尚秦制也。上币者，二等之中，黄金为上，而钱为下也。铜钱质如周钱，文曰"半两"，重如其文。而珠玉、龟贝、银锡之属为器饰宝藏，不为币，然各随时而轻重无常。

汉兴，以为秦钱重难用，更令民铸荚钱。如榆荚也。荚音颊。黄金一斤。复周之制，更以斤名金。而不轨逐利之民蓄积余盈以稽市物，踊腾跃，②稽，贮满也。言以其盈余之财蓄积群货，使物甚腾跃也。米至石万钱，马至匹百金

高后二年，行八铢钱。即秦半两钱也。汉初患其重，更铸榆荚，人患太甚，故复行此。

六年，行五分钱即荚③。

文帝五年，为钱益多而轻，乃更铸四铢钱，其文为"半两"。除盗铸钱④，使民放铸。

贾谊谏曰："法使天下公得顾租铸铜锡为钱，敢杂以铅铁为他巧者，其罪黥。顾租，谓雇佣之直，或租其本。然铸钱之情，非殽杂为巧，则不可得盈，而殽之甚微，为利甚厚。夫事有召祸而法有起奸，今令细民人操造币之势，各隐屏而铸作，因欲禁其厚利微奸，虽黥罪日报，其势不止。乃者民抵罪多者，一县百数，及吏之所疑，榜笞奔走者甚众。夫县法以诱民，使入陷阱，孰积于此！曩禁铸钱，死罪积下；言罪多委积于下。今公铸钱，黥罪积下。为法若此，上何赖焉？又民用钱，郡县不同，或用轻钱，百加若干，时钱重四铢，法钱百枚当重一斤十六铢，轻则以钱足之若干枚，令满平也。或用重钱，平称不受。秦钱

---

① 黄金"镒"为名，《汉书·食货志下》作"黄金以镒为名"。

② 踊腾跃，《史记·平准书》作"物踊腾跃"。

③ 此处应为"荚钱"。

④ 除盗铸钱，《汉书·食货志下》作"除盗铸钱令"。

重半两，汉初铸荚钱，文帝更铸四铢钱。秦钱与荚钱皆当废，而故与四铢并行。民以其见废，故用轻钱则百加若干；用重钱虽以一当一，犹复不受之，是以州县不同也①。法钱不立，法钱，依法之钱也。吏急而壹之乎，则大为烦苛而力不能胜；纵而弗呵乎，则市肆异用，钱文大乱。苟非其术，何乡而可哉！今农事弃捐而采铜者日蕃，释其耒耜，冶镕吹炭②，奸钱日多，五谷不为多。善人怵而为奸邪，愿民陷而之刑戮，刑戮将甚不详，奈何而忽！国知患此，吏议必曰禁之。禁之不得其术，其伤必大。令禁铸钱，则钱必重，重则其利深，盗铸如云而起，弃市之罪又不足以禁矣。奸数不胜而法禁数溃，铜使之然也。故铜布于天下，其为祸博矣。今博祸可除，而七福可致也。何谓七福？上收铜勿令布，则民不铸钱，黥罪不积，一矣；伪钱不蕃③，民不相疑，二矣；采铜铸作者反于耕田，三矣；铜毕归于上，上挟铜积以御轻重④，钱轻则以术敛之，重则以术散之，货物必平，四矣；以作兵器，以假贵臣，多少有制，用别贵贱，五矣；以临万货，以调盈虚，以收奇羡，则官富实而末民困，六矣；制吾弃财，以与匈奴逐争其民，则敌必怀，七矣。故善为天下者，因祸而为福，转败而为功。今久退七福而行博祸，臣诚伤之。"上不从。

是时，吴以诸侯即山铸钱，富埒天子，后卒叛逆。邓通以铸钱，财过王者。故吴、邓钱布天下。

贾山上书谏，以为钱者无用器也，而可以易富贵。富贵者，人主之操柄也，令民为之，是与人主共操柄，不可长也。其后，复禁铸钱。

景帝中六年，定铸钱伪黄金弃市律。

人有告邓通盗出徼外铸钱，下吏验问，颇有，遂竟案，尽没之。

---

① 州县不同，疑当为"郡县不同"。郡县，见前文。
② 冶镕吹炭，《汉书·食货志下》记为"冶镕炊炭"。《汉书》应劭注曰："镕，作钱模也。"这里是说，在利益诱使下，农民放弃农活，从事盗铸钱币活动。
③ 伪钱不蕃，意即不让私铸继续发展。
④ 上挟铜积，意即中央控制积聚的铜。

武帝建元元年，行三铢钱。坏四铢造此也。重如其文。

五年，罢三铢钱，行半两钱。自孝文更造四铢钱，至元狩四年，四十余年。从建元以来，用少，县官往往多即铜山而铸钱①，民亦盗铸，不可胜数。钱益多而轻，物益少而贵。有司言曰："今半两钱法重四铢，而奸或盗磨钱质而取鋊，鋊，铜屑也。钱益轻薄而物贵，则远方用币烦费不省。"乃令县官销半两钱，更铸三铢钱，重如其文。其明年，有司言三铢钱轻，轻钱易作奸诈，乃更请郡国铸五铢，周郭其质，令不得磨钱取鋊。

元狩四年，造白金及皮币。

时县官大空，而富商贾或滞财役贫②，转谷数百③，冶铸、鬻盐④，财或累万金，而不佐公家之急，黎民重困。于是天子与公卿议，更造钱币以赡用。时禁苑有白鹿而少府多银锡⑤，有司言曰："古者皮币，诸侯以聘享。金有三等，黄金为上，白金为中，赤金为下⑥。今半两钱，法重四铢，而奸或盗摩钱质而取鋊，钱益轻薄而物贵，则远方用币烦费不省。"今以白鹿皮方尺，缘以缋⑦，为皮币，直四十万。王侯宗室朝觐享⑧，必以皮币荐璧⑨，然后得行。又造银锡白金。以为天用莫如龙，地用莫如马，人用莫如龟，故曰金三品⑩：其一曰重八两，圆之，其文龙，名"白撰"，直三千；二曰以重差小，方之，其文马，直五百；三曰复小，撱之，撱下而长。其文龟⑪，直三百。一重八两，则二重六两，三重四两。其后，官铸赤仄。白金稍贱，民弗宝用，县官以令禁之，无益。岁余，终废不行。自造白金、五铢钱后五岁，而赦吏民之坐盗铸金钱死者数十万人。其不发觉相杀者，不可胜计。赦自出者百余万人。然不能半自出，天下大抵无

---

① 县官往往多即铜山，《汉书·食货志下》作"县官往往即多铜山"。
② 滞财役贫，《汉书·食货志下》作"墆财役贫"。墆，贮也，久积也。
③ 转谷数百，《汉书·食货志下》作"转毂百数"。毂，此处指车。
④ 鬻盐，《汉书·食货志下》作"煮盐"。
⑤ 禁苑，指上林苑，喂有白鹿。
⑥ 白金，指银。赤金，指铜。
⑦ 意即绘成五彩图案。缋，同绘。
⑧ 朝觐享，《汉书·食货志下》作"朝觐聘享"。
⑨ 意即将璧置于价值四十万的皮币上进献。
⑩ 故曰金三品，《汉书·食货志下》作"故白金三品"。
⑪ 指圆形的龙纹币，方形的马纹币，椭圆形的龟纹币。并按钱币的重量分成等差。

虑皆铸金钱矣。犯法众①，吏不能尽诛，于是遣博士褚大、徐偃等分行郡国，举并兼之徒、守相为利者劾之。

时张汤用事，帝与汤造白鹿皮币，以问大司农颜异，对曰："今王侯朝贺以苍璧，直数千而皮荐反四十万，本末不相称。"上不悦。汤奏异腹诽②，坐死。

元鼎二年，令京师铸官赤仄③。

时郡国铸钱，而民多奸铸④，钱多轻，而公卿请令京师铸官赤仄，以赤铜为其郭也，一当五，赋、官用非赤仄不得行。其后二岁，赤仄钱贱，民巧法用之，不便，又废。于是悉禁郡国毋铸钱，专令上林三官铸⑤。钱既多，而令天下非三官钱不得行，诸郡国前所铸钱皆废销之，输入其铜三官。而民之铸钱益少，计其费不能相当，唯真工大奸乃盗为之。

元帝时，贡禹言："铸钱采铜，一岁十万人不耕，民坐盗铸陷刑者多。富人藏钱满室，犹无厌足。民心动摇，弃本逐末，耕者不能半，奸邪不可禁，原起于钱。疾其末者绝其本，宜罢采珠玉、金银、铸钱之官，毋复以为币，除其贩卖租铢之律，租铢，谓计其所卖物价，平其锱铢而收租也。租税禄赐皆以布帛及谷，使百姓一意农桑。"议者以为交易待钱，布帛不可尺寸分裂，禹议亦寝。

《师丹传》，有上书言古者以龟、贝为货，今以钱易之，民以故贫，宜可改币。上以问丹，丹对言可改。章下有司议，皆以为行钱以来久，难卒变易。

---

① 犯法众，《汉书·食货志下》作"犯法者众"。

② 腹诽，口不言而心非。

③ 赤仄，官铸赤仄钱。因钱边（廓）为红铜，仄即侧，故称红铜边的五铢钱为"赤仄钱"。

④ 奸铸，指在铜内参杂铅锡诸物。

⑤ 上林三官，汉代，水衡都尉居在上林苑。其属官有钟官、技巧、辨铜三令，专管铸钱，故称上林三官。

自孝武元狩五年三官初铸五铢钱，至平帝元始中，成钱二百八十亿万余云。

石林叶氏曰："《汉书·王嘉传》，元帝时都内钱四十万万，水衡钱一十五万万，少府钱十八万万，言其多也。以今计之，才八百三十万贯耳，不足以当榷货务盛时一岁之入。盖汉时钱极重而币轻，谷价甚贱时至斛五钱，耿寿昌以谷贱伤农，建常平之议，其年斛五钱。故嘉言是时外戚赀千万者少。正使有千万，亦是今一万贯，中下户皆有之。汉律，丞相、大司马、大将军月俸六万，乃今六十贯，御史大夫四万；而大将军米月三百五十斛，下至佐史，秩百石，犹月八斛有奇。其赐臣下黄金每百斤、二百斤，少亦三十斤，虽燕王刘泽以诸侯赐田生金亦二百斤，梁孝王死，有金四十余万斤。币轻，故米贱金多。近世患国用不足，以为钱少，故夹锡当十等交具，卒未尝有补。盖钱之多寡系币之轻重，不在鼓铸广狭也。"

又曰："如魏文侯相李悝言，一夫治田百亩，亩收粟一石半，为粟百五十石。一夫五口①，人月食一石半。百亩之入，以其十五石为税，九十石为食，余四十五石。石钱三十，计钱千三百五十，而社闾、尝新、春秋之祠只用钱三百，而其余钱以为五口之衣。衣，人率用钱三百，五人终岁用千五百，今只余千五十，不足四百五十。则固不嫌钱之少也。然正使币轻，亦何至是？盖日用犹不满一钱，不知何以为生。"

王莽居摄，变汉制，以周钱有子母相权，于是更造大钱，径寸二分，重十二铢，文曰"大钱五十"②。又造契刀、错刀。契刀，其环如大钱，身形如刀，长二寸，文曰"契刀五百"③。错刀，以黄金错，其文曰"一刀直五十"④。张晏曰："按今所见契刀、错刀，形质如大钱，而肉好轮厚异于此，大钱形如大刀环矣，契刀身形员，不长二寸也。其文左曰'契'，右曰'刀'，无

---

① 一夫五口，《汉书·食货志下》作"一夫挟五口"。
② 大钱五十，现出土的钱文皆为"大泉五十"。
③ 契刀五百，当作"契刀五百"。
④ 一刀直五十，《汉书·食货志下》作"一刀直五千"。当作"一刀平五千"。"一刀"两字涂金。

'五百'字也。错刀则刻之作字也，以黄金填其文，上曰'一'，下曰'刀'。二刀泉甚不与志相应也，似札单差错，文字磨灭故耳。"师古曰："张说非也。王莽钱刀今并尚在，形质及文并与志相合。"与五铢钱凡四品，并行。

　　莽即真①，以为书"刘"字有金刀②，乃罢错刀、契刀及五铢钱，而更作金、银、龟、贝、钱、布之品，名曰"宝货"。小钱径六分，重一铢，文曰"小钱直一"。次七分，三铢，曰"幺钱一十"。幺，小也。次八分，五铢，曰"幼钱二十"。次九分，七铢，曰"中钱三十"。次一寸，九铢，曰"壮钱四十"。因前"大钱五十"，是为钱货六品，直各如其文。黄金重一斤，直钱万。朱提银重八两为一流③，直一千五百八十。朱提，县名，属犍为，出善银。朱音殊。提字音上支反。他银一流直千。是为银货二品。元龟岠冉长尺二寸④，冉，龟甲缘也。岠，至也。度背两边缘尺二寸也，直二千一百六十，为大贝十朋。两贝为朋。朋直二百一十六，元龟十朋，故二千一百六十也。公龟九寸，直五百，为壮贝十朋。侯龟七寸以上，直三百，为幺贝十朋。子龟五寸以上，直百，为小贝十朋。是为龟宝四品。大贝四寸八分以上，二枚为一朋，直二百一十六。壮贝三寸六分以上，二枚为一朋，直五十。幺贝二寸四分以上，二枚为一朋，直三十。小贝寸二分以上，二枚为一朋，直十。不盈寸二分，漏度不得为朋⑤，率枚直钱三。是为贝货五品。大布、次布、第布、壮布、中布、差布、厚布、幼布、幺布、小布⑥。长寸五分⑦，重十五铢，文曰"小布一百"。自小布以上，各相长一分，相重一铢，文各为其布名，直各加一百。上至大布，长二寸四分，重一两，而直千钱矣。是为布货十品。⑧布亦钱。凡宝货五物，六

----

　　① 莽即真，指王莽由摄行皇帝事而即皇帝位。

　　② 繁体字的劉，由卯、金、刂（刀）组成。王莽迷信，避开此字。

　　③ 朱提（shū shí），古县名。产银多而质量高，后世因以"朱提"作为优质银的代称。流，王莽时期的银两计量单位。

　　④ 元龟岠冉，指龟甲左边到龟甲右边，距离达一尺二寸，就合乎元龟的标准。元，大。

　　⑤ 漏度，指够不上标准的。

　　⑥ 现今出土的王莽十布，其文字为：大布黄千，次布九百，第布八百，壮布七百，中布六百，差布五百，厚布四百，幼布三百，幺布二百，小布一百。厚布，应为序布。

　　⑦ 长寸五分，《汉书·食货志下》作"小布长寸五分"。

　　⑧ 布货，王莽时期的货币。布货十品，始建国二年，王莽实行宝货制，其中布币有如上十种。

名，二十八品①。铸作钱、布皆用铜，殽以鈆、锡，许慎曰："鈆，铜属也。"然则以鈆及杂铜而为钱也。鈆，音连，。文质周郭放汉五铢钱云。②放，依。其金银与他物杂，色不纯好，龟不盈五寸，贝不盈六分，皆不得为宝货。元龟为蔡③，非四民所得居，有者，入太卜受直。其后百姓愦乱，其货不行，民私以五铢钱市买。莽患之，下诏敢挟五铢钱者为惑众，投诸四裔。于是农商失业，食货俱废，民涕泣于市道。坐卖买田宅奴婢、铸钱抵罪者，自公卿大夫至庶人，不敢称数④。莽知民愁，乃但行小钱直一，与大钱五十，二品并行，龟、贝、布属遂废。莽天凤元年，复中下金、钱、龟、贝之货，颇增减其价直，而罢大小钱，改作货布，长二寸五分，广一寸，首长八分有奇，其广八分，其圆好径二分半，足枝长八分，间广二分，其文右曰"货"，左曰"布"，重二十五铢，直货泉二十五。货泉径一寸，重五铢，文右曰"货"，左曰"泉"，枚直一，与货布二品并行。又以大钱行久，罢之，恐民挟不止，乃令民且独行大钱，与新货泉俱放直一⑤，并行尽六年，毋得复挟大钱矣。每壹易钱，民用破业，而大陷刑。莽以私铸钱死及非沮宝货投四裔，犯法者多，不可胜行，乃更轻其法：私铸作泉、布者，与妻子没为官奴婢，吏及比伍知而不举告，与同罪，比音频末反。非沮宝货，民罢作一岁⑥，吏免官。犯者愈众，又五人相坐皆没入，郡国槛车铁锁，传送长安钟官，钟官，主铸钱者。愁苦死者十六七。汉钱旧用五铢，自王莽改革，百姓皆不便之。及公孙述废铜钱，置铁官铸铁钱，百姓货币不行。时童谣曰："黄牛白腹，五铢当复。"好事者窃言王莽称黄，述欲继之，故称白腹，五铢汉货，言汉当复并天下。

世祖建武十六年，始行五铢钱，天下赖其便。

初，王莽乱后，货币杂用布帛金粟。建武初，马援在陇西，上书

---

① 五物，即钱货、银货、龟货、贝货、布货。六名：指金、银、龟、贝、钱、布六种。二十八品，指钱货六品、银货二品、龟货四品、贝货五品、贝货十品。银货实包括黄金、朱提银和它银三品，共计为二十八品。

② 文，指钱上的文字；质，指钱肉；放，仿。即仿照汉之五铢钱。

③ 元龟为蔡，古代蔡国出大龟，故叫"大龟为蔡"。

④ 不敢称数，《汉书·食货志下》作"不可称数"。

⑤ 与新货泉俱放直一，《汉书·食货志下》作"与新货泉俱枚直一"。

⑥ 民罢作一岁，《汉书·食货志下》作"民罚作一岁"。

言宜如旧铸五铢钱。事下三府①，三府奏以为未可许，事遂寝。及援还，从公府求得前奏难十余条，乃随牒解释，更具表言。帝从之。

建武时，长安铸钱多奸，第五伦为督铸钱掾领长安市，伦平铨衡，正斗斛，市无阿枉②，百姓悦服。

桓帝时议改铸大钱，刘陶言其不便，乃止。

时有上书言人以货轻财薄，故致贫困，宜改铸大钱。事下四府群僚及太学能言之士。陶上议曰："当今之忧，不在于货，在于民饥。盖民可百年无货，不可一朝有饥，故食为至急也。议者不达农殖之本，多言冶铸之便，故欲因缘行诈，以贾国利。国利将尽，取者争竞，造铸之端，于是乎生。盖万人铸之，一人夺之，犹不能给，况一人铸之，万人夺之乎？夫欲民殷财阜，要在止役禁夺，则百姓不劳而足。陛下欲铸钱齐货，以救其弊，此犹养鱼沸鼎之中，栖鸟烈火之上。水木本鱼鸟之所生也，用之不时，必致焦烂。"帝乃止，不铸钱。

灵帝中平三年，铸四出文钱③。

钱皆四道，识者窃言侈虐已甚，形象兆见，此钱成，必四道而去。及京师乱，钱果流布四海。

献帝初平元年，铸小钱。

董卓坏五铢钱，更铸小钱，悉取洛阳、长安铜人、钟簴、飞廉、铜马之属以充铸④，故货贱物贵，谷石数万。又钱无伦理文章，不便人用。

---

① 三府，三公之府。
② 阿枉，阿谀歪曲。
③ 四出文钱，即四出五铢。此钱的特点是在其背面有四道斜纹，由穿孔的四角直达外廓，所以又叫角钱。
④ 钟簴，悬挂钟鼓的立柱。飞廉，铜质神禽。

昭烈取蜀，铸直百钱。

先主攻刘璋，与士众约，若事定，府库、百姓，孤无取焉。及入成都，士庶皆舍干戈，赴诸库藏取宝物，军用不足，备忧之。西曹掾刘巴曰："此易耳！但当铸直百钱，平诸物价，令吏为官市。"备从之，旬月之间，府库充实。文曰"直百"，亦有勒为五铢者，大小秤两如一焉，并径七分，重四铢。

魏文帝黄初二年，罢五铢钱，使百姓以谷帛为市。至明帝世，废钱谷用既久，人间巧伪渐多，竞湿谷以要利，作薄绢以为市，虽处以严刑不能禁。司马芝等议以为用钱非徒丰国，亦以省刑，若更铸五铢钱，则国丰刑省，于是为便，明帝乃立五铢钱。

孙权嘉平五年①，铸大钱，一当五百。赤乌元年，又铸当千钱。故吕蒙定荆州，孙权赐钱一亿。钱既太贵，但有空名，人间患之。权闻百姓不以为便，省息之，铸为器物，官勿复出也。私家有者，并以输藏，平卑其直，勿有所枉。

晋用魏五铢钱，不闻有所更创。

元帝过江，用孙氏旧钱，轻重杂行，大者谓之"比轮"，中者谓之"四文"。吴兴沈充又铸小钱，谓之"沈郎钱"②。钱既不多，由是稍贵。

孝武太元三年，诏曰："钱，国之重宝，小人贪利，稍坏无已，监司当以为意。广州夷人宝贵铜鼓，而州境素不出铜，闻官司贾人皆食比轮钱斤两差重③，以入广州，货与夷人，铸辅作鼓④。其重为禁制，得者科罪。"

安帝元兴中，桓元辅政，议欲废钱用谷帛，朝议以为不可，乃止。

---

① 孙权嘉平五年，魏齐王曹芳的年号。孙权的年号应是嘉禾。嘉禾五年为 236 年。
② "比轮""四文""沈郎钱"，属孙吴时旧钱。比轮，形容其大如车轮，属孙吴大泉（当千、当五百）；沈郎钱当为吴兴沈充私铸，在浙绍兴有大量出土。
③ 闻官司贾人皆食比轮钱斤两差重，《晋书·食货志》作"闻官私贾人皆于此下贪比轮钱斤两差重"。
④ 铸辅作鼓，《晋书·食货志》作"铸败作鼓"。

孔琳之议曰："《洪范》八政，货为食次，岂不以交易之所资，为用之至要者乎！若使百姓用力于为钱，则是妨为生之业，禁之可也。今农自务谷，工自务器，各隶其业，何尝致勤于钱？故圣王制无用之货，以通有用之财，既无毁败之费，又省运致之苦，此钱所以嗣功龟、贝，历代不可废者也。谷帛本充于衣食，今分以为货，则致损甚多，又劳毁于商贩之手，耗弃于割截之用，此之谓弊，著于目前。故钟繇曰：'巧伪之人，竞湿谷以要利，制薄绢以充资。'魏代制以严刑，弗能禁也。是以司马芝以为用钱非徒丰国，亦所以省刑。钱之不用，由于兵乱积久，用之于废①，有由而然，汉末是也。今既用而废之，则百姓顿亡其利。今既度天下之谷，以周天下之食，或仓库充溢，或粮靡斗储②，以相资通，则贫者仰富。致之之道③，实假于钱，一朝断之，便为弃物。是有钱无粮之人，皆坐而饥困，此断之④，又立弊也。且据今用钱之处不为贫，用谷之处不为富⑤，又人习来久，革之怨惑。语曰：'利不百，不易业。'况又钱便于谷也！魏明帝时，钱废用谷四十年矣，以不便于人，乃举朝大议，精才达政之士，莫不以宜复用钱，下无异情，朝无异论。彼尚舍谷帛而用钱，足以明谷帛之弊著于已诚也。愚谓救弊之术，无取于废钱。"朝议多同琳之，故元议不行。

前凉张轨太府参军索辅言于轨曰："古以金贝皮币为货，息谷帛量度之耗。二汉制五铢钱，通易不滞。晋太始中，河西荒废，遂不用钱，裂匹以为段数，缣布既坏，市易又难，徒坏女工，不任衣用，弊之甚也。今中州虽乱，此方全安，宜复五铢，以济通变之会。"轨纳之，立制准布用钱，钱遂大行，人赖其利。

宋文帝元嘉七年，立钱置法，铸四铢，文曰"四铢"，重如其文。

---

① 用之于废，《晋书·食货志》作"自致于废"。
② 或粮靡斗储，《晋书·食货志》作"或粮靡并储"。
③ 致之之道，《晋书·食货志》作"致富之道"。
④ 此断之，《晋书·食货志》作"以此断之"。
⑤ 用钱之处不为贫，用谷之处不为富，《晋书·食货志》作"用钱之处不以为贫，用谷之处不以为富"。

人间颇盗铸，多剪凿古钱取铜，帝甚患之。录尚书、江夏王义恭建议以一大钱当两，以防穿凿，议者多同之。何尚之议曰："夫泉贝之兴，以估货为本，事在交易，岂假多数？数少则币轻①，数多则物重，多少虽异，济用不殊，况复以一当两，徒崇虚价。夫钱之形大小多品，直云大钱，则未知其格。若止于四铢、五铢，则文皆古篆，既非庸下所识，如或漫灭，尤难分明，公私交乱，争讼必起，此最足深疑者也。命旨兼虑剪凿日多，以致销尽，鄙意复谓直由纠察不精，致使立制以来，发觉者寡。今虽有悬金之名，竟无酬与之实，若申明旧科，擒获即报，畏法希赏，不日息矣。"中领军沈演之以为："晋迁江南，疆境未廓，或土习其风，钱不普用。今封略开广，声教遐暨，金镠布洽，爰逮边荒。用弥广而货愈狭，如复竞窃剪凿，销毁滋繁，刑虽重禁，奸弊方密，肆力之旷，徒勤不足以供赡。诚由货贵物贱，常调未革。愚谓若以大钱当两，则国传难毁之宝，家盈一倍之利，不俟加宪，巧源日绝。"上从演之议，遂以一钱当两，行之经时，公私非便，乃罢。时言事者多以钱货减少，国用不足，欲禁私铜，以充官铸五铢。范泰又陈曰："夫货存贸易，不在多少，昔日之贵，今日之贱，彼此共之，其揆一也。但今官人均通，则无患不足。若使必资广以收国用者，则龟贝之属，自古而行。铜之为器，在用也博矣，钟律所通者远，机衡所揆者大。器有要用，则贵贱同资；物有适宜，则家国共给。今毁必资之器而为无施之钱，于货则功不补劳，在用则君人俱困，较之以实，损多益少。良由阶根未固，意存远略。伏愿思可久之道，赎欲速之情，则嘉谟日陈，圣虑可广。"

自元嘉中铸四铢钱，轮廓形制，与古五铢同价无利，百姓不资盗铸。孝武孝建初，铸四铢，文曰"孝建"，一边为"四铢"。其后稍去"四铢"，专为"孝建"。

尚书右丞徐爰议曰："货薄人贫，公私俱罄，不有革造，将大乏。宜应遵式古典，收铜缮铸，纳赎刊刑，著在往策。合宜以铜赎刑，随罪为品。"诏可之。所铸钱形式薄小，轮廓不成就。于是人间

---

① 轻，按语意此处当为"重"字。

盗铸者云起，杂以铅锡，并不牢固。又剪凿古钱，以取其铜，钱既转小，稍违官式。虽重制严刑，人吏官长坐罪免者相系，而盗铸弥甚，百物踊贵，人患苦之。乃立品格，薄小无轮廓者悉加禁断。时议者又以铜转难得，欲铸二铢钱。颜峻曰："议者将谓官藏空虚，宜更改变，天下铜少，宜减钱式，以救灾弊，赈国吊人。愚以为不然。今铸二铢，浅行新细，于官无解于乏，而人奸巧大兴，天下之货将糜碎至尽。空立严禁，而利深难绝，不过一二年间，其弊不可复救，此其不可一也。今镕铸获利，不见有顿得一二倍之理，纵复得此，必待弥年，又不可二也。人惩大钱之改，兼畏近日新禁，市井之间，必生纷扰，富商得志，贫人困穷，又不可三也。况又未见其利而众弊如此，失算当时，取诮百代！"上不听。

废帝景和二年①，铸二铢钱，文曰"景和"，形式转细。官钱每出，人间即模效之，而大小厚薄皆不及也。无轮廓，不磨剪凿者②，谓之"来子"，谓尤轻薄者谓之"荇叶"③，市井通用之。永光元年，沈庆之启通私铸，由是钱货乱改，一千钱长不盈三寸，大小称此，谓之"鹅眼钱"④，劣于此者谓之"綖环钱"⑤。入水不沈，随手破碎，市井不复断数，十万钱不盈一掬，斗米一万，商贾不行。

明帝太始初，唯禁鹅眼、綖环，其余皆通用。复禁民铸，官署亦废工，寻又普断，唯用古钱。

齐高帝建元四年，奉朝请孔觊上书曰："三吴国之关闉，比岁被水潦而籴不贵，是天下钱少，非谷穰贱，此不可不察也。铸钱之弊，在轻重屡更。重钱患难用，而难用为无累；轻钱弊盗铸，而盗铸为祸深。人所盗铸，严法不禁者，由上铸钱惜铜爱工也。惜铜爱工也者，谓钱无用之器，以通交易，务欲令轻而数多，使省工而易成，不详虑

---

① 废帝景和二年，按南朝前废帝刘子业仅有一年，即景和元年（465年）。
② 此句疑有漏字。
③ 来子、荇叶，均系民间私铸之钱。民间称为来子的私铸钱不到二钱，没有轮廓，不经磨鑢，或经过剪凿而成。比来子更轻的（二铢）钱则称为"荇叶"。
④ 顾烜称其大如鹅眼。
⑤ "綖环钱"，指钱极小而穿孔大，像一个小环。后来也叫"线环钱"。

其患也。自汉铸五铢钱，至宋文帝四百余年，制度有废兴，而不变五铢者，其轻重可得货之宜也。以为开置钱府，方督贡金，大兴镕铸，钱重五铢，一依汉法。府库以实，国用有储，乃量俸禄，薄赋税，则家给人足。顷盗铸新钱者，皆效作剪凿，不铸大钱也。若官钱已布于人，使严断剪凿，小轻破缺无周郭者悉不得行，官钱细小者称合铢两，销以为大。利贫良之人，塞奸巧之路，钱货既均，远近若一，百姓乐业，市道无争，衣食滋殖矣。"时议者以为钱货转少，宜更广铸，重其铢两，以防人奸。上乃使诸州大市铜，上崩乃止①。武帝时，竟陵王子良上表曰："顷钱贵物贱，殆欲兼倍，凡在触类，莫不知兹。稼穑艰劬，斛直数千，机杼勤苦，匹才三百。所以然者，实亦有由。人间钱多剪凿，鲜复完者，公家所受，必须圆大，以两代一，困于无所，鞭捶质系，益致无聊。"

梁初唯京师及三吴、荆、郢、江、襄、梁、益用钱，其余州郡则杂以谷帛交易，交、广之域则全以金银为货。

武帝乃铸钱，肉好周郭，文曰"五铢"，重四铢三参二黍，其文则重一斤三两②。又别铸，除其肉廓③，谓之"公式女钱"，径一寸，文曰"五铢"，重如新铸五铢，二品并行。百姓或私以古钱交易者，其五铢径一寸一分，重八铢，文曰"五铢"，三吴属县行之。女钱径一寸，重五铢，无轮廓，郡县皆通用。太平百钱二种，并径一寸，重四铢，源流本一，但文字古今之殊耳，文并曰"太平百钱"。定平一百，五铢，径六分，重一铢半，文曰"定平一"④。稚钱五铢，径一分半，重四铢，文曰"五铢"，源出于五铢，但狭小，东境谓之"稚钱"。五铢钱径七分半，重三铢半，文曰"五朱"，源出稚钱，但稍迁异，以"铢"为"朱"耳，三吴行之，差少于余钱。又有对文钱，其原未闻。丰货钱径一寸，重四铢半，代之，谓之"男钱"，云妇人佩之即生男也。此等轻重不一，天子频下诏书，非新铸二种之钱，并

---

① 此句疑有漏字。
② 文则重一斤三两，不确。疑有漏字。
③ 除其肉廓，又称"缺边五铢"。
④ 疑漏一"百"字。前有"定平一百"字样。

不许用。而趋利之徒，私用转甚，至普通中①，乃议尽罢铜钱，更铸铁钱。人以铁钱易得，并皆私铸，及大同以后，所在铁钱，遂如邱山，物价腾贵，交易者以车载钱，不复计数而惟论贯。商旅奸诈，因之以求利。自破岭以东，八十为陌，名曰"东钱"，江、郢以上，七十为陌，名曰"西钱"，京师以九十为陌，名曰"长钱"。大同元年②，天子乃诏通用足陌。诏下而人不从，钱陌益多③，至末年遂以三十五为陌。

陈初，承梁丧乱之后，铁钱不行。始梁末，又有两柱钱及鹅眼钱④，时人杂用，其价同。但两柱重而鹅眼轻，私家多镕铸，又间以锡钱⑤，兼以粟帛为货。文帝元嘉五年⑥，改铸五铢，初出，一当鹅眼十。宣帝大建十一年，又铸大货六铢，以一当五铢之十，与五铢并行。后还当一，人皆不便，乃相与讹言曰："六铢钱有不利县官之象。"未几而帝崩，遂废六铢而行五铢，竟至陈亡。其岭南诸州多以钱米布交易，俱不用钱。

后魏初置太和，钱货无所用也。

孝文帝始诏天下用钱。十九年，公铸粗备，文曰"泰和五铢"，诏京师及诸州镇皆通行之。内外百官禄皆准绢给钱，匹为钱二百。在所遣钱工备炉冶，人有欲铸，就听铸之，铜必精炼，无所和杂。

宣武帝永平三年冬，又铸五铢钱。京师及诸州镇或不用，或有止用古钱，不行新钱，致商货不通，贸迁颇隔。

孝明熙平初，尚书令、任城王澄上言："窃寻太和之钱，孝文留心创制，后与五铢并行，此乃不刊之式。臣窃闻之，君子行礼，不求变俗，因其所宜，顺而致用。'太和五铢'，虽利于京邑之肆，所不入徐、扬之市⑦。徐，今彭城琅琊郡地。扬，今寿春郡地。土货既殊，贸鬻亦异，便于荆、郢之邦者，则碍于兖、徐之域，荆，今南阳郡地。

① 普通，南朝梁武帝年号，520—527年。
② 大同元年，《隋书·食货志》作"中大同元年"。
③ 钱陌益多，《隋书·食货志》作"钱陌益少"。
④ 两柱钱，指钱孔上下各有一点，故称为"两柱"。
⑤ 锡，《隋书·食货志》作"锡铁"。
⑥ 文帝元嘉五年，《隋书·食货志》作"文帝天嘉五年"。
⑦ 所不入徐、扬之市，《魏书·食货志》作"而不入徐、扬之市"。

郾，今汝南郡地。兖，今鲁郡、东平郡地。致使贫人有重困之切，王道贻隔化之讼。臣之愚意，谓今之太和与新铸五铢，及诸古钱方俗所便用者，虽有小大之异，并得通行，贵贱之差，自依乡价。庶货环海内，公私无壅。其不行之钱，及盗铸毁大为小，伪不如法者①，据律罪之。"诏曰："钱行已久，今东南有事，且可依旧。"澄又奏："'太和五铢'乃大魏之通货，不朽之常模，宁可专货于京邑②，不行于天下！但今戎马在郊，江疆未一，东南之州，依旧为便。至于京北、京邑域内州镇未用钱处③，行之则不足为难，塞之则有乖通典。何者？布帛不可尺寸而裂，五谷则有负担之难，钱之为用，贯襁相属，不假斗斛之器，不劳枰尺之平，济代之宜，便益于此。请并下诸方镇④，其太和及新铸并古钱内外全好者⑤，不限大小，悉听行之。鹅眼、环凿，依律而禁。河南州镇先用钱者，既听依旧，不在断限。唯太和、五铢二钱得用公造新者，其余杂种，一用古钱，生新之类，普同禁约。诸方钱通用京师，其听依旧，使与太和钱及新造五铢并行，若盗铸钱者，罪当重宪。"诏从之。而河北诸州旧少钱货，犹以他物交易，钱略不入于市。二年冬，尚书崔亮奏："弘农郡铜青谷有铜矿，计一斗得铜五两四铢；苇池谷矿，一斗得铜五两；鸾帐山矿，一斗得铜四两；河内郡王屋山今玉山县。矿，一斗得铜八两；南有青州苑烛山、齐州商山，并是往昔铜官，旧迹见在。谨按铸钱方兴，用铜处广，既有冶利，并许开铸。"诏从之。自后所行之钱，人多私铸，钱稍小薄，价用弥贱。建初⑥，重制盗铸之禁，开纠赏之格。

　　孝庄帝初，私铸者益更薄小，乃至风飘水浮，米斗几直一千。秘书郎杨侃奏曰："臣顷在雍州，表陈听人与官并铸五铢钱，使人乐为，而俗弊得改。旨下尚书，八座不许⑦。以今况昔，为理不殊，求取臣前表，经御披析。"侃乃随宜剖说，帝从之，乃铸五铢钱。御史

---

① 伪不如法者，《魏书·食货志》作"巧伪不如法者"。

② 宁可专货于京邑，《魏书·食货志》作"宁可专贸于京邑"。

③ 京北、京邑域内，《魏书·食货志》作"京西、京北域内""并下诸方镇"，《魏书·食货志》作"并下诸方州镇"。

④ 并下诸方镇，《魏书·食货志》作"并下诸方州镇"。

⑤ 其太和及新铸并古钱，《魏书·食货志》作"其太和及新铸五铢并古钱"。

⑥ 建初，《魏书·食货志》作"建义初"。建义（528年），北魏孝庄帝元子攸年号。

⑦ 八座，指八座尚书。魏以五曹尚书、左右仆射和尚书令谓之八座。

中尉高恭之又奏曰："四民之业，钱货为本，救弊改铸，王政所先。自顷以来，私铸薄滥，官司纠绳，挂网非一。在今铜价，八十一文得铜一斤，私造薄钱，斤余二百。既示之以深利，又随之以重刑，得罪者虽多，奸铸者弥众。今钱徒有五铢之文，而无二铢之实，薄甚榆荚，上贯便破，置之水上，殆欲不沉。此乃因循有渐，科防不切，朝廷失之，彼复何罪。昔汉文以五分钱小，改铸四铢，至孝武复改三铢为半两。此皆以大易小，以重代轻也。论今据古，宜改铸大钱，文载年号，以记其始，则一斤所成，七十六文。铜价至贱，五十有余，其中人功、食料、锡炭、铅沙，纵复私营，不能自润。直置无利，应自息心，况复严刑广设。以臣测之，必当钱货永通，公私获允。"后遂用王侃计①。永安二年秋，诏更铸，文曰"永安五铢钱"②，官自立炉，亦听人就铸，起自九月，至三年正月而止。官欲知贵贱，乃出藏绢，分遣使人于三市卖之③，绢匹止钱二百，而私市者犹三百。利之所在，盗铸弥众，巧伪既多，轻重非一，四方州镇，用各不同。时铸钱都督长史高谦之即高恭之兄，字道让。上表求铸三铢钱曰："盖钱货之立，本以通有无，便交易，故钱之轻重，世代不同。太公为周置九府圜法，至景王时更铸大钱。秦兼海内，钱重半两。汉兴，以秦钱重，改铸荚钱。至孝文五年，复为四铢。孝武时，悉复销坏，更铸三铢，至元狩中，变为五铢，又造赤仄，以一当五。王莽摄政，钱有六等，大钱重十二铢，次九铢，次七铢，次五铢，次三铢，次一铢。魏文帝罢五铢钱，至明帝复立。孙权江左铸大钱，一当五百。权赤乌五年，复铸大钱，一当千。轻重大小，莫不随时而变。况今寇难未除，州郡沦没，人物凋零，军国用少，则铸小钱可以富益，何损于政，何妨于人也？且政兴不以钱大，政衰不以钱小，唯贵公私得所，政化无亏，既行之于古，亦宜效之于今矣。臣今请铸，以济交乏五铢之钱，任使并用，行之无损，国得其益。"诏将从之，事未就，会卒。

北齐神武霸政之初，犹用永安五铢。迁邺已后，百姓私钱，体制渐

---

① 王侃，据上文此处疑为杨侃。
② 文曰永安五铢钱，《魏书·食货志》作"文曰永安五铢"。
③ 于三市卖之，《魏书·食货志》作"于二市卖之"。

别，遂各以为名，有雍州青州①，梁州生厚、紧钱、古钱②，河阳生涩、天柱、赤牵之称。冀州之北，钱皆不行，交贸者皆以绢布。神武乃收境内之铜及钱，仍依旧文更铸，流之四境。未几之间，渐复细薄，奸伪竞起。

　　武定六年，文襄王以钱文五铢，名须称实，宜秤钱一文重五铢者听入市用，计一百文重一斤四两二十铢，自余皆准此为数。其京邑二市、天下州镇郡县之市，各置二秤，悬于市门，私人所用之秤，皆准市秤以定轻重。凡有私铸，悉不禁断，但重五铢，然后听用。若入市之钱不重五铢，或虽重五铢而多杂铅镴，并不听用。若辄以小薄杂钱入市，有人纠获，其钱悉入告者。其薄小之钱，若便禁断，恐人交乏绝，畿内五十日，外州百日为限。群官参议，咸以为时谷稍贵，请待有年。王从之而止。

文宣受东魏禅，除永安之钱，改铸"常平五铢"，重如其文。其钱甚贵而制造甚精。其钱未行，而私铸已兴，一二年间，即有滥恶，虽杀戮不能止，乃令市增长铜价，由此利薄，私铸少止。至乾明、皇建之间，往往私铸。邺中用钱有赤郭、青熟、细眉、赤生之异，河南所用有青薄铅锡之别，青、齐、徐、兖、梁、荆河等州，辈类各殊。武平以后，私铸转甚，或以生铁私铜③，至于齐亡，卒不能禁。

后周之初，尚用魏钱。及武帝保定元年，乃更铸布泉之钱，以一当五，与五铢并行。梁、益之境，又杂用古钱交易。河西诸郡或用西域金银之钱，《汉书·西域传》："罽宾国以银为钱，文为骑马，幕为人面。"其止即漫也。乌弋山燕国之钱与罽宾国同，文为人头，幕为骑马，加金银释其仄。安息亦以银为钱，文为王面，幕为夫人面，王死即更铸。大月氏亦同。而官不禁。建德三年，更铸五行大布钱，以一当十，大收商贾之利，与布泉钱并行。四年，又以边境之钱，人多盗铸，乃禁五行大布不得出入四关，布泉之钱听入而不听出。五年，以布钱渐贱而人不用，遂废之。初，私铸者绞，从者远配为户。齐平以后，山东之人犹杂用齐氏旧钱。至宣帝大成元年，又铸"永

---

① 青州，《隋书·食货志》作"青赤"。
② 古钱，《隋书·食货志》作"吉钱"。
③ 私铜，《隋书·食货志》作"和铜"。

通万国"钱，以一当千①，与五行大布、五铢，凡三品并用。

隋文帝开皇元年，以天下钱货轻重不一，乃更铸新钱，背面肉好皆有周郭，文曰"五铢"，而重如其文，每钱一千重四斤二两。《后魏·食货志》云，齐文襄令钱一文重五铢者，听入市用，计一百钱重一斤四两二十铢，则一千钱重十二斤以上。而隋代五铢钱一千重四斤二两，当是大小秤之差耳。是时，钱既杂出，百姓或私有镕铸。三年，诏四面诸关各付百钱为样。从关外来，勘样相似。然后得过；样不同者则坏以为铜，入官。诏行新钱以后，前代旧钱有五行大布、永通万国及常平②，所在勿用，以其贸易不止。四年，诏依旧不禁者③，县令夺半年禄。然百姓习用既久，犹不能绝。五年，诏又严其制。自是钱货始一，所在流布，百姓便之。是时，见用之钱，皆须和以锡镴。锡镴既贱，求利者多，私铸之钱，不可禁约。其年诏乃禁出锡镴之处，并不得私有采取。十年，诏晋王广听于扬州立五炉铸钱。其后奸猾稍多，渐磨鑢钱郭取铜私铸，又杂以铅锡，递相仿效，钱遂轻薄。乃下恶钱之禁。京师及诸州邸肆之上，皆令立榜置样为准，不中样者不入于市。十八年，诏汉王谅听于并州立五炉铸钱。又江南人间钱少，晋王广又请于鄂州白纻山有铜矿处铸钱。于是诏听置十炉铸钱。又诏蜀王秀于益州立五炉铸钱。是时钱益滥恶，乃令有司检天下邸肆见钱，非官铸者皆毁之，其铜入官。而京师以恶钱贸易为吏所执有死者。数年之间，私铸颇息。大业以后，王纲弛紊，巨奸大猾遂多私铸，钱转薄恶，每千宜重二斤，后渐轻至一斤。或剪铁锭，裁衣粗纸以为钱，相杂用之，货贱物贵，以至于亡。

唐武德四年，废五铢钱，铸"开元通宝"钱，每十钱重一两，计一千重六斤四两，得轻重大小之中。置钱监于洛、并、幽、益等诸州。赐秦王、齐王三炉，右仆射裴寂一炉以铸。盗铸者死，没其家属。

高祖初入关，民间生线环钱④，其制轻小，凡八九万才满半斛。乃铸"开元通宝"，其文，给事中欧阳询制词及书，时称其工。字含八分及篆、隶三体，其词先上后下，次左后右读之。自上及左回环读之，其义亦通，流俗谓之"开通元宝"钱，郑虔《会粹》云，询初

① 以一当千，《隋书·食货志》作"以一当十"。
② 及常平，《隋书·食货志》作"及齐常平"。
③ 诏依旧不禁者，《隋书·食货志》作"诏仍依旧不禁者"。
④ 民间生线环钱，《新唐书·食货四》作"行线环钱"。

进蜡样日，文德皇后掐一甲迹，故钱上有掐文。每两二十四铢，则一钱重二铢半以下，古秤比今秤三之一也，则今钱为古秤之七铢以上，古五铢则加重二铢以上。

显庆五年，以盗铸恶钱多，官为市之，以一善钱售五恶钱。民间藏恶钱，以待禁弛。

仪凤四年，以天下恶钱转多，令东都出远年糙米及粟于市糶，斗别纳恶钱百文。其恶钱令少府、司农相知，即令铸破；其厚重合斤两者，任将行用。

乾封元年，改铸"乾封泉宝"钱，径寸，重二铢六分，以一当旧钱之十。逾年而旧钱多废。明年，以商贾不通，米帛踊贵，复行"开通元宝"钱，天下皆铸之。然私钱犯法日蕃，有以舟筏铸江中者。诏所在纳恶钱，而奸亦不息。仪凤中，濒江民多私铸钱为业，诏巡江官督捕，载铜、锡、鑞过百斤者没官。四年，命东都糶米粟，别纳恶钱百文，少府、司农毁之。时铸多钱贱，米踊贵，乃诏少府铸，寻复旧。永淳元年，私铸者抵死，邻保从坐。

武后长安中，令悬样于市，令百姓依样用钱。俄而拣择艰难，交易留滞，乃令钱非穿穴及铁锡、铜液①，皆得用之，熟铜、排斗、沙涩之钱皆售。自是盗铸蜂起，江淮尤甚，吏莫能捕。先天之际②，两京钱益滥，郴、衡钱才有轮廓，铁锡五铢之属皆可用之，或镕锡模钱，须臾千百。

元宗开元初③，宰相宋璟请禁恶钱，行二铢四参钱，毁旧钱不可用者。江淮有官炉钱、偏炉钱、棱钱、时钱，遣监察御史萧隐之使江淮括恶钱。隐之严急烦扰，怨嗟盈路，坐贬官。璟又请糶十万斛收恶钱，少府毁之。

开元二十二年三月二十一日，敕："布帛不可以尺寸为交易，菽粟不可以抄勺贸有无。古之为钱，以通货币，顷虽官铸，所入无几，约工计本，劳费又多，公私之间，给用不赡，永言其弊，岂无变通。往者汉文之时，已有放铸之令，虽见非于贾谊，亦无废于贤君。古往今来，时移事

① 铜液，《旧唐书·食货上》作"铜荡"，即废坏之钱。
② 先天之际，《旧唐书·食货上》作"神农、先天之际"。神农，唐中宗年号；先天，唐玄宗年号。
③ 元宗，即唐玄宗。

异，亦欲不禁私铸，其理如何？公卿百僚详议可否。"秘书监崔沔议曰："夫国之有钱，时所通用。若许私铸，人必竞为，各徇所求。小如有利，渐忘本业，大计斯贫。是以贾生之陈七福，规于更汉令；太公之创九府，将以殷贫人。况依法则不成，违法乃有利。谨按《汉书》，文帝虽除盗铸钱令，而不得杂以铅铁为他巧者。然则虽私铸，不容奸钱。钱不容奸，则铸者无利。铸者无利，则私铸自息。斯则除之与不除，为法正等。能谨于法而节其用，则令行而诈不起，事变而奸不生，斯所以称贤君也。今若听其私铸，严断恶钱，官必得人，人皆知禁，诚则汉政可侔，犹恐未若皇唐之旧也。今若税铜折役，则官冶可成；计估度庸，则私钱无利。易而可久，简而难诬，谨守旧章，无越制度。且夫钱之为物，贵以通货，利不在多，何待私铸，然后足用也！"左监门录事参军刘秩议曰："古者以珠玉为上币，黄金为中币，刀布为下币。管子曰：'夫三币，握之则非有补于暖也，舍之则非有损于饱也。先王以守财物，以御人事，而平天下。'是以命之曰'衡'。衡者，使物一高一下，不得有常。故与之在君，夺之在君。以人戴君如日月[1]，亲君如父母，用此术也，是谓人主之权。今之钱，即古之下币也。陛下若舍之任人，则上无以御下，下无以事上，其不可一也；夫物贱则伤农，钱贱则伤贾，故善为国者，观物之贵贱、钱之轻重。夫物重则钱轻，钱轻由乎物多，多则作法收之使少，少则重，重则作法布之使轻。轻重之本，必由乎是，奈何而假于人？其不可二也；夫铸钱不杂以铅铁则无利，杂以铅铁则恶，不重禁不足以惩息。方今塞其私铸之路[2]，人犹冒死以犯之，况启其源而欲人之从令乎！是设陷阱而诱之入，其不可三也；夫许人铸钱，无利则人不铸，有利则人去南亩者众。去南亩者众，则草莱不垦，又邻于寒馁，其不可四也；夫人富溢则不可以赏劝，贫馁则不可以威禁，故法令不行，人之不理，皆由贫富之不齐也。若许其铸钱，则贫者必不能为。臣恐贫者弥贫而服役于富室，富室乘之则益盗[3]。昔汉文时，吴濞，诸侯也，富埒天子；邓通，大夫也，财侔王者。此皆铸钱所致也。必欲许其私铸，是与人利权而舍其柄，其不可五也。陛下必以钱重而伤本，工费而利寡，则臣愿言其失，以效愚计。夫钱重者，犹人日滋于前，而炉不加于旧。又公钱重，与铜之价颇等，故盗铸者破重

---

① 以人戴君如日月，《旧唐书·食货上》作"是以人戴君如日月"。
② 方今塞其私铸之路，《旧唐书·食货上》作"且方今塞其私铸之路"。
③ 富室乘之则益盗，《旧唐书·食货上》作"富室乘之则益恣"。

钱以为轻钱。禁宽则行，禁严则止，止则弃矣，此钱之所以少也。夫铸钱用不赡者，在乎铜贵，铜贵之由，在于采用者众矣。夫铜以为兵则不如铁，以为器则不如漆，禁之无害，陛下何不禁于人①？则铜无所用，铜无所用，则铜益贱，铜贱则钱之用给矣。夫铜不布下，则盗铸者无因而铸，无因而铸，则公钱不破，公钱不破，则人不犯死刑，钱又日增，末复利矣。是一举而四美兼也。伏惟陛下熟察之。"其年十月六日，敕："货币兼通，将以利用，而布帛为本，钱刀是末。贱本贵末，为弊则深，法教之间，宜有变革。自今以后，所有庄宅、口马交易，并先用绢布、绫罗、丝绵等，其余市买至一千以上，亦令钱物兼用，违者科罪。"二十六年，于宣、润等州置钱监。

　　时两京用钱稍善，米粟价益下。其后钱又渐恶，诏出钱所在置监，铸"开元通宝"钱，京师库藏皆满。天下盗铸益起，广陵、丹阳、宜城尤甚。京师权豪岁岁取之，舟车相属。江淮偏炉钱数十种，杂以铁锡，轻漫无复钱形。公铸者号官炉钱，以一当偏炉钱七八②，富商往往藏之，以易江淮私铸者。两京钱有鹅眼、古文、綖环之别，每贯重三四斤，至剪铁而缗之。宰相李林甫请出绢布三百万匹，平估收钱，物价踊贵，诉者百万人③。兵部侍郎杨国忠欲招权以市恩，扬鞭市门曰："行当复之。"明日，诏复行旧钱。天宝十一载，又出钱三十万缗，易两市恶钱；出左藏库排斗钱，许民易之。国忠又言非铁锡、铜沙、穿穴、古文④，皆得用之。是时增调农人铸钱，既非所习，皆不聊生。内作判官韦伦请厚价募工，繇由役用减而鼓铸多⑤。天下炉九十九：绛州三十，扬、润、宣、鄂、蔚皆十，益、郴皆五⑥，洋州三，定州一。每炉岁铸钱三千三百缗，役丁匠三十，费铜二万一千二百斤、镴三千七百斤、锡五百斤。每千钱费钱七百五十。天下岁铸三十二万七千缗。

---

① 何不禁于人？《旧唐书·食货上》作"何不禁于人？禁于人"。

② 以一当偏炉钱七八，《新唐书·食货四》作"公铸者号官炉钱，以一当偏炉钱七八"。

③ 诉者百万人，《新唐书·食货四》作"诉者日万人"。

④ 非铁锡，《新唐书·食货四》作"钱非铁锡"。

⑤ 繇由役用减，《新唐书·食货四》作"繇是役用减"。

⑥ 益、郴皆五，据《通典》作"益、邓、郴皆五"，加此正合九十九炉。

肃宗乾元元年，户部侍郎第五琦以国用未足，币重货轻，乃请铸"乾元重宝"钱，径一寸，每缗重十斤，以一当十，与"开元通宝"参用。及琦为相，又铸重轮乾元钱，一当五十，每缗重十二斤。与三品钱并行。法既屡易，物价腾踊，斗米至七千钱，死者满道。初，有"虚钱"，京师人人私铸，并小钱，坏钟像，犯禁者愈众。郑叔清为京兆尹，数月榜死者八百余人。上元元年，减重轮钱以一当三十，"开元"旧钱与乾元十当钱，皆以一当十，碾砠鬻受，得为实钱，虚钱交易皆用十当钱，由是钱有虚实之名。

史思明据东都，铸"得一元宝"钱，径一寸四分，以当"开元通宝"之百。既而恶"得一"非长祚之兆，改其文曰"顺天元宝"。

代宗即位，"乾元重宝"钱以一当二，重轮钱以一当三，凡三日而大小钱皆以一当一。自第五琦更铸，犯法者日数百，州县不能禁止，至是人甚便之。其后民间乾元、重轮二钱铸为器，不复出矣。

当时议者以为："自天宝至今，九百余万①。《王制》：上农食九人，中农夫七人。以中农夫计之，为六千三百万人。少壮相均，人食米二升，日费米百二十六万斛，岁费四万五千三百六十万斛，而衣倍之，吉凶之礼再倍，余三年之储以备水旱凶灾，当米十三万六千八十万斛，以贵贱丰俭相当，则米之直与钱均也。田以高下肥瘠丰耗为率，一顷出米五十余斛，当田二千七百二十一万六千顷。而钱亦岁毁于棺瓶埋藏焚溺，其间铜贵钱贱，有铸以为器者，不出十年，钱几尽，不足以周当世之用。"诸道盐铁转运使刘晏以江、岭诸州，任土所出，皆重粗贱弱之货，输京师不足以供道路之直。于是积之江淮，易铜铅薪炭，广铸钱，每岁得十余万缗，输京师及荆、扬二州，自是钱日增矣。

建中元年九月，户部侍郎韩洄上言："江淮钱监，岁共铸钱四万五千贯，输于京师，度工用转送之费，每贯计钱二千，是本倍利也。""今商

---

① 自天宝至今，九百余万，《新唐书·食货四》作"自天宝至今，户九百余万"。

州有红崖冶出铜益多，又有洛源监久废不理。请增工凿山以取铜，兴洛源故监，置十炉铸之，岁计出钱七万二千贯，度用工转送之费，贯计钱九百，则浮本矣。其江淮七监请皆停罢。"从之。

二年八月，诸道盐铁使包佶奏："江淮百姓近日市肆交易钱，交下粗恶，拣择纳官者三分才有二分，余并铅锡铜荡，不敷斤两，致使绢价腾贵，恶钱渐多。访闻诸州山野地窖，皆有私钱，转相货易，奸宄渐深。今后委本道观察使明立赏罚，切加禁断。"

贞元九年正月，张滂奏："诸州府公私诸色铸造铜器杂物等。伏以国家钱少，损失多门。兴贩之徒，潜将销钱一千为铜六斤，造写器物，则斤直六百余。有利既厚，销铸遂多，江淮之间，钱实减耗。伏请准从前敕文，除铸镜外，一切禁断。"

十年六月，敕："今后天下铸造、买卖铜器，并不须禁止，其器物约每斤价直不得过一百六十文。委所在长吏及巡院同勾当访察，如有销钱为铜者，以盗铸钱罪论。"

十四年十二月，盐铁使李若初奏："诸道州府多以近日泉货数少，缯帛价轻，禁止见钱不令出界，致使课利有缺，商贾不通。请指挥见钱任其往来，勿使禁止。"从之。

宪宗以钱少，复禁用铜器。时商贾至京师，委钱诸路进奏院及诸军、诸使富家，以轻装趋四方，合券乃取之，号"飞钱"。京兆尹裴武请禁与商贾飞钱者，搜索诸坊，十人为保。盐铁使李巽以郴州平阳铜坑二百八十余，复置桂阳监，以两炉日铸钱二十万。天下岁铸钱十三万五千缗。命商贾蓄钱者，皆出以市货，天下有银之山必有铜，唯银无益于人，五岭以北，采银一两者流他州，官吏论罪。

元和四年，京师用钱缗少二十及有铅锡钱者，捕之；非交易而钱行衢路者，不问。复诏采五岭银坑，禁钱出岭。六年，货易钱十缗以上者，参用布帛。蔚州三河冶距飞狐故监二十里而近，河东节度使王锷置炉，疏拒马河水铸钱，工费尤省，以刺史李听为使，以五炉铸，每炉月铸钱三十万。自是河东锡钱皆废。自京师禁飞钱，家有滞藏，物价顿轻。判度支卢坦、兵部尚书判户部事王绍、盐铁使王播请许商人于户部、度支、盐铁三司飞钱，每千缗增给百钱，然商人无至者。复许与商人敌贯而易之，然钱重币轻如故。宪宗为之出内库钱五十万缗市布帛，每匹加旧估十之一。会吴元济、王承宗连衡拒命，以七道兵讨之，经费屈竭。皇甫镈建议，内外用钱每缗垫二十外，复抽五十送度支以赡军。

十二年敕："自今文武官僚，不问品秩高下，并公郡县主、中使，下至士庶、商旅、寺观、坊市，所有私储见钱，并不得过五千贯。如有过此，许从敕出后，限一月市别物收储。如限内未了，更请限亦不得过两月。限满违犯者，白身人处死；有官人等闻奏科贬，其剩储钱纳官，五分取一充赏。"时京师里闬区肆所积，多方镇钱，如王锷、韩弘、李惟简，少者不下五十万贯。于是竞买地屋以变其钱，而高赀大价①，多依倚左右军官钱为名，府县不能究治，竟不行。

　　先是，三年，诏："应天下商贾先蓄见钱者，委所在长吏，令收市货物，官中不得辄有程限，逼迫商人，任其货易，以求便利。周岁之后，此法遍行，朕当别立新规，设蓄钱之禁。所以先有告示，许其方员②，意在他时行法不贷。"

　　按：后之为国者，不能制民之产，以均贫富，而徒欲设法，以限豪强兼并之徒。限民名田，犹云可也；限民蓄钱，不亦甚乎！然买田者志于吞并，故必须上之人立法以限其顷亩；蓄钱者志于流通，初不烦上之人立法以救其懋迁也。今以钱重物轻之故，立蓄钱之限，然钱重物轻，正藏镪逐利者之所乐闻也。人弃我取，谁无是心？正不必设法禁以驱之，徒开告讦之门而重为烦扰耳。

穆宗即位，京师鬻卖金银十两亦垫一两，籴米盐百钱垫七八。京兆尹柳公绰以严法禁止之。寻以所在用钱垫陌不一，诏从俗所宜，内外给用，每缗垫八十。

宝历初，河南尹王起请销钱为佛像者以盗铸钱论。

太和三年，诏佛像以铅、锡、土、木为之，饰带以金银、鍮石、乌油、蓝铁，唯鉴、磬、钉、镮、钮得用铜，余皆禁之，盗铸者死。是时峻盐铁钱之禁③，告千钱者赏以五千。

四年，诏积钱以七千缗为率，十万缗者期以一年出之，二十万以二年。凡交易百缗以上者，匹帛米粟居半。河南府、扬州、江陵府以都会之

① 高赀大价，《旧唐书·食货上》作"高赀大贾"。
② 许其方员，《旧唐书·食货上》作"许有方圆"。
③ 是时峻盐铁钱之禁，《新唐书·食货四》作"是时峻铅锡钱之禁"。

剧，约束如京师。未几皆罢。八年，河东锡钱复起，盐铁使王涯置飞狐铸钱院于蔚州，天下岁铸钱不及十万缗。文宗病币轻钱重，诏方镇纵钱谷交易。时虽禁铜为器，而江淮、岭南列肆鬻之，铸千钱为器，售利数倍。宰相李珏请加炉铸钱，于是禁铜器，官一切为市之。天下铜坑五十，岁采铜二十六万六千斤。及武宗废浮屠法，永平监官李郁彦请以铜像、钟、磬、炉、铎皆归巡院，州县铜亦多矣。盐铁使以工有常力，不足以加铸，许诸道观察使皆得置钱坊。淮南节度使李绅请天下以州名铸钱，京师为京钱，大小径寸如开元通宝，交易禁用旧钱。会宣宗即位，尽由会昌之政①，新钱以字可辩，复铸为像。昭宗末，京师用钱八百五十为贯，每百才八十五，河南府以八十为百云。

---

① 由，《新唐书·食货四》作"黜"。

卷九　钱币考二

历代钱币之制

后唐同光二年，令京师及诸道，于市行使钱内[①]，检点杂恶铅锡[②]，并宜禁断；沿江州县每舟船到岸，严加觉察，不许将杂铅锡恶钱往来换易好钱，如有私载。并行收纳。

天成元年，中书门下奏："访闻诸道州府所买卖铜器价贵，多是销镕见钱，以邀厚利。""宜遍告晓[③]，如元旧破损铜器及碎铜，即许铸造铜器。生铜器每斤价定二百，熟铜器每斤四百，如违省价，买卖之人依盗铸钱律文科断。"又敕："诸道州府约勒见钱，素有条制，若全禁断，实匪通规。宜令三京、诸道州府，城门所出见钱如五百以上，不得放出。"

二年，敕："买卖人所使见钱，旧有条流，每陌八十文。近访闻在京及诸道市肆人户，皆将短陌转换长钱。今后凡有买卖，并须使八十陌钱，如有辄将短钱兴贩，仰所在收捉禁治。"

四年，制："今后行使钱陌内，捉到一文、二文系夹带铅铁钱，所使钱不计多少，纳官科罪。"

晋天福三年，诏曰："国家所资，泉货为重，销蠹则甚，添铸无闻。宜令三京、诸道州府，无问公私，应有铜者，并许铸钱，仍以'天福元宝'为文，左环读之。每一钱重二铢四参，十钱重一两，仍禁将铅铁杂铸。诸道应有久废铜冶，许百姓取便开炼，永远为主，官中不取课利。除铸钱外，不得接便别铸铜器。"

其年十二月，敕："先许铸钱，切虑逐处缺铜，难依先定铢两。宜令

[①]　于市行使钱内，《旧五代史·食货志》作"于坊市行使钱内"。
[②]　检点杂恶铅锡，《旧五代史·食货志》作"点检杂恶铅锡钱"。
[③]　宜遍告晓，《旧五代史·食货志》作"乃下诏曰：宜令遍行晓告"。

天下公私应有铜欲铸钱者，取便酌量轻重铸造，不得入铅铁及缺落不堪久远流行。"

四年，敕："以天下公私铸钱杂以铅锡，缺小违条。今后祇官铸造，私下禁旧法①。"

汉隐帝时，王章为三司使，聚敛刻急。旧制，钱出入皆以八十为陌，章始令入者八十，出者七十七，谓之"省陌"。

周显德二年，帝以县官久不铸钱，而民间多销钱为器皿及佛像，钱益少，乃立监采铜铸钱。自非县官法物、军器及寺观钟、磬、钹、铎之类听留外，自余民间铜器、佛像，五十日内悉令输官，给其直。过期隐匿不输，五斤以上罪死，不及者论刑有差。其铜钟，官中铸，于东京置场货卖，许人户收买兴贩。朝廷及诸州见管法物、军器，旧用铜制及装饰者，候经使用破坏，即仰改造，不得更使铜，内有合使铜者，奏取进止。

上谓侍臣曰："卿辈勿以毁佛为疑。夫佛以善道化人，苟志于善，斯奉佛矣，彼铜像者，岂所谓佛邪！且吾闻佛志在利人，虽头目犹舍以布施，若朕身可以济民，亦非所惜也。"

致堂胡氏曰："令之而行，禁之而止，惟为人所难者能，若世宗欲禁销钱而毁铜像是也。铜像，人所敬畏，尚且毁之，钱之不可销必矣。韩愈拜京兆尹，神策六军不敢犯法，曰'是尚欲除佛者'，亦犹是也。销钱为器，其利十倍。钱所以权百货，平低昂，其铸之也，不计费，不谋息，今而销之，可不禁乎？虽然，销而为器，钱虽毁而器存焉。若夫散而四出，舟迁车转，入于他国，归于蛮夷，其害岂特为害而已！而不闻世宗禁之，则不以泉货贸远方之宝可知已，钱之散也，以贸远方之宝故也。上好之，下效之，于是关防不严，法制隳坏，真钱日少，伪钱日多。以不赀之价，靡有限之钱，虽万物为铜，阴阳为炭，亦且不给，区区器像又何济乎！故惟至廉无欲，然后可蓄生人之共宝。而又关防严密，法制具在，鼓铸不废，则中国之钱真可流于地上矣。"

唐主李璟既失江北，困于用兵，钟谟请铸大钱，以一当十，文曰

---

① 私下禁旧法，据《五代会要·泉货》所记为"私铸下禁依旧法"。

"永通泉货"。谟得罪而大钱废，韩熙载又铸铁钱，以一当二。

　　钱有铜铁二等。五代相承用唐钱。诸国割据者，江南曰"唐国通宝"，又别铸如唐制而篆文。其后铸铁钱，每十钱以铁钱六权铜钱四而行，乾德后只以铁钱贸易，凡十当铜钱一。两浙、河东自铸铜钱，亦如唐制。西川、湖南、福建皆用铁钱，与铜钱兼行。湖南文曰"乾封泉宝"，径寸，以一当十。福建如唐制。

　　宋初，钱文曰"宋元通宝"①。太平兴国后，又铸"太平通宝"钱。太宗亲书"淳化元宝"，作真、行、草三体。自后每改元必更铸，以年号元宝为文。

　　太祖皇帝建隆二年，禁诸铁镴钱，民间有者悉送官。

　　乾德五年，禁轻小恶钱，限一月送官。

　　自平广南、江南，听权用旧钱，勿得过本路之境。

　　国初因汉制，其输官钱亦用八十或八十五为陌，然诸州私用各随俗，至有以四十八钱为陌。是岁，所在用七十七陌②为，贯及四斤半以上。

　　真宗咸平四年，旧制犯铜禁七斤以上，并奏裁处死，诏自今满五十斤以上取裁，余第减之。

　　天禧三年，诏犯铜、鍮石，并免极刑。

　　铁钱者，川、陕、福州承旧制用之。

　　开宝三年，令雅州百丈县置监铸铁钱，禁铜钱八两川③。后令兼行，铜钱一当铁钱十。

　　太平兴国八年，以福建少铜钱，令于建州铸大铁钱，与铜钱并行，寻罢铸。

　　凡铸铜钱有四监：饶州曰永平，池州曰永丰，江州曰广宁，建州曰丰国。京师、昇、鄂州、南安军旧并有钱监，杭州有宝兴监，后并废之。每千文用铜三斤十两，铅一斤八两，锡八两，成重五斤。惟建州增铜五两，减铅如其

---

① 宋元通宝，又读"宋通元宝"。
② 所在用七十七陌为，《宋史·食货下二》作"诏所在用七十七钱为百"。
③ 禁铜钱八两川，疑为"禁铜钱入两川"。

数。至道中，岁铸八十万贯，景德中，至一百八十三万贯。大中祥符后，铜坑多不发，天禧末，铸一百五万贯。铁钱有三监：邛州有惠民，嘉州有丰远，兴州有济众。益州、雅州旧亦有监，后废。大钱贯重十二斤两①，以准铜钱。旧皆用小铁钱，十当铜钱之一。景德二年，令知益州张咏、西川转运使黄观同裁度嘉、邛二州所铸大铁钱，每贯用二十五斤八两成直，铜钱一小铁钱十②，相兼行用。后以铁重，多盗镕为器，每二十五斤鬻之直二千。大中祥符七年，知益州凌策言："钱轻则行者易赍，钱小则镕者鲜利③。请减景德二年之制，其见使旧钱亦令仍旧行用。"从之。岁总铸二十一万余贯。

太祖时，取唐朝飞钱故事④，许民入钱京师，于诸州便换⑤。其后，定外地闲慢州乃许指射。自此之后，京师用度益多，诸州钱皆输送，其转易当给以钱者，或移用他物。

先是，许商人入钱左藏库，以诸州钱给之，而商旅先经三司投牒，乃输于库，所由司计一缗私刻钱二十。开宝三年，置便钱务⑥，令商人入钱者诣务陈牒，即日辇致左藏库，给以券，仍敕诸州凡商人赍券至，当日给付，不得住滞，违者科罚，自是毋复停滞。至道末，商人便钱一百七十余万贯⑦，天禧末增一百一十三万贯。

初，蜀人以铁钱重，私为券，谓之"交子"，以便贸易，富人十六户主之。其后富人赀稍衰，不能偿所负，争讼数起。寇瑊尝守蜀，乞禁交子。薛田为转运使，议废交子则贸易不便，请官为置务，禁民私造。诏从

---

① 大钱贯重十二斤两，《宋史·食货下二》作"大钱贯十二斤十两"。
② 铜钱一小铁钱十，《宋史·食货下二》作"铜钱一当小铁钱十"。
③ 钱小则镕者鲜利，《宋史·食货下二》作"铁少则镕者鲜利"。
④ 飞钱，唐代商业发达，交换量大，金属货币携带起来很不方便；同时，因金属货币缺少，各地官府禁止出境，于是，商贾"委钱诸道进奏院及诸军、诸使富家，以轻装趋四方，合券乃取之，号飞钱"。
⑤ 便换，即飞钱。唐宪宗和七年，以京都时用多重现钱，致官府开支现金缺少，"盖缘比来不许商人便换，因兹家有滞藏，所以物价转高，钱多不出。……伏请许令商人于三司任便换现钱，一切依旧禁约"。
⑥ 便钱务，宋在京师设置的钱币管理机构。
⑦ 商人便钱，《宋史·食货下二》作"商人入便钱"。

其请①，置交子务于益州。

诸路钱岁输京师，四方籴此钱重而货轻。景祐初，始诏三司以江东、福建，广南岁输缗钱合三十余万易为金帛，钱流民间。

凡铸铜钱，用剂八十八两得钱千，重八十两十分。其剂，铜居六分，铅、锡居三分，皆有奇赢。铸大铁钱，用铁二百四十两得钱千，重百九十二两。此其大法也。有许申者，为三司度支判官，建议以药化铁与铜杂铸，轻重如铜钱法，而铜居三分，铁居六分，皆有奇赢，亦得钱千，费省而利厚。诏铸于京师。然铸钱杂铅、锡，则其液流速而易成，申杂以铁，铁涩而多不就，工人苦之，后卒无成。

国朝钱文皆用"元宝"而冠以年号，及改号宝元，文当曰"宝元元宝"，诏学士议，因请改曰"丰济元宝"，仁宗特命以"皇宋通宝"为文。庆历以后，复冠以年号。

时军兴，陕西移用不足，始用知商州皮仲容议，采洛南县红崖山、虢州青水冶青铜，置阜民、朱阳二监以铸钱。既而陕西都转运使张奎、知永兴军范雍请铸大铜钱，与小钱兼行，大钱一当小钱十。奎等又请因晋州积铁铸小钱。及奎徙河东，又铸大铁钱于晋、泽二州，亦以一当十，以助关中军费。未几，三司奏罢河东铸大铁钱，而陕西复采仪州竹尖岭黄铜，置博济监铸大钱。朝廷因敕江南铸大铜钱，而江、池、饶、仪、虢州又铸小铁钱，悉辇致关中。数州钱杂行，大约小铜钱三可铸当十大铜钱一，以故民间盗铸者众，钱文大乱，物价翔踊，公私患之。于是奎复奏晋、泽、石三州及威胜军日铸小铁钱，独留用河东。而河东铁钱既行，盗铸者获利十六，钱轻货重，其患如陕西，言者皆以为不便。知并州郑戬请河东铁钱以二当铜钱一，行一年，又以三当一，或以五当一，罢官炉日铸，且行旧钱。知泽州李昭遘亦言河东民烧石炭，家有囊冶之具，盗铸者莫可诘，而北虏亦能铸铁钱，以易并边铜钱而去，所害尤大。朝廷尝遣鱼周询、欧阳修分察两路钱利害，至庆历末，遂命学士张方平、宋祁，御史中丞杨察与

_____

① 交子，中国最早的纸币。商人以铁钱体大而重，面值小，不便流通，于是由十六户富商发行一种纸币，叫"交子"，取"交合""合券取钱"之意。可兑换，可流通。后因发行人中有破产者，无法兑现，曾被官府禁止流通。仁宗天圣元年，转运使薛田奏准，改由官府发行。

三司杂议。时叶清臣复为三司使，与方平先上陕西钱议①，曰："关中用大钱，本以县官取利大多，致奸人盗铸，其用日轻。比年以来，皆虚高物估，始增直于下，终取偿于上，县官虽有折当之虚名，乃罹亏损之实害。救弊不先自损，则法未易行。请以江南、仪商等州大铜钱一当小铜钱三。"又言："奸人所以不铸小铁钱者，以铸大铜钱得利厚而官不能必禁，若铸大铜钱无利，又将铸小铁钱以乱法。请以小铁钱三当铜钱一。"既而又请河东小铁钱如陕西，亦以三当一，且罢官所置炉。朝廷皆施用其言。自是奸人稍无利，犹未能绝滥钱。其后，诏商州罢铸青黄铜钱，又令陕西大铜钱、大铁钱皆以一当二，盗铸乃止。然令数变，兵民耗于资用，类多咨怨，久之始定。

神宗熙宁四年，陕西转运使皮公弼言："顷岁西边用兵，始铸当十钱。后兵罢，多盗铸者，乃以当三，又减作当二，行之至今，铜费相当，盗铸衰息。请以旧铜、铅尽铸当二钱。"从之。其后折二钱遂行天下。

庆历中，陕西、河东皆用铁钱，后小铁钱独行于河东，而陕西许用铜钱及大铁钱以一折二。然小铁钱凡四十万缗积在同、华二州，熙宁诏赐河东，以铁偿之。永兴路安抚吴中复请以钱四十买缺薄恶钱一斤，以所买恶钱悉改铸大钱。秦凤转运使熊本言："今虽以钱四十得伪钱一斤，及铜钱千易当二钱千，其实铁钱一斤才当斤铁耳！千钱为铁六斤，铸为钱二千，而以铜钱千易之，官失多矣。又钱多，一年改铸未得竟也。且民卖千钱得二百五十折二大钱，才易其半，又禁其通行大钱，则方灾伤民所有钱四亡其三，何以救灾？"

判应天府张方平上言："臣向者再总邦计，见诸炉岁课上下百万缗，天下岁入茶、盐、酒税、杂利仅五千万缗。公私流布，日用而不息，上自社稷百神之祀、省御供奉、官吏廪禄、军师乘马、征戍聘赐凡百用度，斯焉取给，出纳大计备于此矣。景德以前，天下财利所入，茶、盐、酒税，岁课一千五百余万缗。太宗以是料兵阅马，平河东，讨拓跋，岁有事于契丹。真宗以是东封岱宗，西祀汾雎，南幸亳、宋，未尝闻加赋于民，而调度克集。至仁宗朝，重熙累盛，生齿繁庶，食货滋殖。庆历以后，财利之入，乃至三倍于景德之时，而国

---

① 　与方平先上陕西钱议，《宋史·食货下二》作"与方平等上陕西钱议"。

计之费，更称不赡。则是本末之源，盈虚之数，其疏阔不侔久矣。陛下悯时事之积弊，志在变而通之，创立法制，凡大措置事以十数，要在经国利民，崇德而广业也。其中率钱募役一法，为天下害实深，且举应天府为例，畿内七县共主客六万七千有余户，夏秋米麦十五万二千有零石，绢四万七百有零匹，此乃田亩桑功之自出，是谓正税，外有沿纳诸色名目杂钱十一万三千有零贯，已是因循弊法。然虽有钱数，实不纳钱，并系折纳谷帛，惟屋税五千余贯，旧纳本色见钱。大体古今赋役之制，自三代至于唐末、五代，未有输纳之法也。今乃岁纳役钱七万五千三百有零贯文，散青苗钱八万三千六百余贯，累计息钱一万六千六百有零贯，此乃岁输实钱三千余贯。又弛边关之禁，开卖铜之法，外则泄于四夷，内则纵行销毁。鼓铸有限，坏散无节，钱不可得，谷帛益贱。凡公私钱币之发敛，其则不远。百官、群吏、三军之俸给，夏秋籴买谷帛、坑冶场监本价，此所以发之也；屋庐正税、茶盐酒税之课，此所以敛之者也。民间货布之丰寡，视官钱所出之多少，官钱出少，民间已乏，则是常赋之外，钱将安出？"

自王安石为政，始罢铜禁，奸民日销钱为器，边关海舶不复讥钱之出，国用日耗。又青苗、助法皆征钱①，民间钱荒，故方平极言之。

八年，皮公弼又请铸铁折二钱，从之。

御史周尹言："臣去冬奉使，经由永兴、秦凤路，伏见盗铸钱不少，问其本末，盖是钱法用一当二铁钱易得，而民间盗铸者费少利倍。又访闻得所在官中积聚，有数百万余贯，民间收藏者犹不在其数。缘上件钱货起初元以一当十，后来减为折三，近岁又作折二，已于国家重货十损其八，若更作一文行用，即又损一分，所以不当，辄有奏请。昨来朝廷差汪辅之往逐路拣选铁钱万数不多，今三司指挥更不行用，仍行改铸，务监每一日铸及三千贯。即一年之内，除节假、旬假，实有三百日，课程约只得九十万贯，以来计三二年间，未满数百万贯，况日课未必及三千贯之数也！若改铸之法或只仍旧作折二

---

① 青苗、助法，《宋史·食货上五》作"青苗、助役法"。

钱，即民间盗铸定亦不可止绝。臣欲望作折二铸钱，更不别行改铸，亦不须拣选，起自今后只作一文行用，则盗铸者所获之利，不充所费，自然无复冒禁作过，岁省重辟，而农商交易获众货流通之利。且约官中所有，止就四百万贯言之，若以二为一，即犹得二百万贯之数，致力简省，便可得用。"

诸路铸钱总二十六监，每年铸钱铁钱四十九万九千二百三十四贯[①]。内铜钱十七监，铸钱五百六万贯；铁钱九监，铸钱八十八万九千二百三十四贯。

铜钱逐监钱数

阜财监两京。二十万贯。黎阳监卫州。二十万贯。永兴军、华州、陕府钱监，各铸二十万贯，计六十万贯。垣曲监绛州。二十六万贯。同安监舒州。一十万贯。神泉监睦州。一十万贯。富民监兴国军。二万贯[②]。熙宁监衡州。二十万贯。宝泉监鄂州。一十万贯。广宁监江州。三十四万贯。永丰监池州。四十四万五千贯。永平监饶州。六十一万五千贯。丰国监建州。二十万贯。永通监韶州。八十万贯。阜民监惠州。七十万贯。

铁钱逐监钱数

在城、朱阳两监虢州。各十二万五千贯。阜民、洛南两监商州。各十二万五千贯。威远镇、通远军。滔山镇岷州。两监共二十五万贯。嘉州二万五千贯。邛州七万三千二百三十四贯。兴州四万一千贯。

铜钱一十三路行使

开封府界。京东路。京西路。河北路。淮南路。两浙路。福建路。江南东路。江南西路。荆湖南路。荆湖北路。广南东路。广南西路。

铜铁钱两路行使

陕府西路。河东路。

铁钱四路行使

---

① 每年铸钱铁钱，应是每年铸铜、铁钱。
② 此处疑有漏字。

成都府路。梓州路。利州路。夔州路。

　　右元丰间毕仲衍所进《中书备对》，言诸路铜、铁钱监与所铸钱数目，及行使地分详明，今录于此。盖比国初至景德中，则铜钱增九监，而所铸增三百余万贯，铁钱增六监，而所铸增六十余万贯云。

哲宗元祐六年，申钱币阑出之禁，立铜钱出界徒流、编配、首从之法。

　　言者谓，自熙宁七年削除钱禁，以此边关重车而出，海舶饱载而回，沿边州军钱出外界，但每贯收税钱而已，是中国货宝与四夷共用之也。
　　户部侍郎苏辙北使还，论事宜曰："臣切见北界别无钱币，公私交易并使本朝铜钱。沿边禁钱条法虽极深重，而利之所在，势无由止。本朝每岁铸钱以百万计，而所在常患钱少，盖散入四夷，势当尔也。谨按：河北、河东、陕西三路，土皆产铁。见今陕西铸折二铁钱万数极多，与铜钱并行，而民间轻贱铁钱，铁钱十五仅能比铜钱十，而官用铁钱与铜钱等，缘此解盐钞法久远必败。河东虽有小铁钱，然数目极少，河北一路则未尝鼓铸。臣等尝闻议者谓可于三路并铸铁钱，而行使之地止于极边，诸州极边见在铜钱并以铁钱兑换，般入近里州郡，如此则虽不禁钱出外界，而其弊自止矣。伏乞下户部，令遍问三路提、转、安抚司详讲利害，如无窒碍，乞早赐施行。惟河东路极边数郡，访闻每岁秋成，必假铜钱于北界人户收籴，乞令相度，若以绸绢优与折博，有无不可。此计若行，为利不小。"

　　徽宗崇宁二年二月庚午，初令陕西铸折十铜钱并夹锡钱。左仆射蔡京奏："据陕西转运副使许天启申，送到新铸铜钱、铁钱样，已降指挥，铜钱于岁终须管铸三十万贯，铁钱铸二百万贯。自来铸钱，张官置吏，招刺军兵，所费不少，而军兵之役最为辛苦，官得至薄，率三钱得一钱之利，盖是久失擘画[①]。今陕西河中府等处，民间私铸最多，招募私铸人，令赴官充铸钱工匠，广为营屋，许其一家之人在营居止，不必限其出入，官给

————————
　　①　擘画，经营区划。

以物料，尽其一家人力鼓铸，计其工直，率十分中支若干分数充其工价，又可收私铸人在官，盖昔人招天下亡命即山铸钱之意。欲令许天启相度，疾速准此施行，仍与旧来军工相兼鼓铸。今来所铸铜钱，除陕西、四川、河东系铁钱地分更不得行使外，诸路并准折十行用，其钱唯令陕西铁钱地分铸造，却于铜钱地分行使，贵绝私铸之患，如有私铸，并以一文计小钱十科罪。又陕西铜钱至重，每一钱当铁钱三或四，今夹锡铸造，样制精好，欲一钱当铜钱二支用，令许天启相度，依此施行。"从之。

夹锡钱始于二年，河东运判洪中孚言："二虏以中国钱铁为兵器，若杂以铅锡，则脆不可用，请改铸夹锡当三、当十铁钱。"从之。

尚书省言，崇宁监铸御书当十钱，每贯重一十四斤七两，用铜九斤七两二钱，铅四斤一十二两六钱，锡一斤九两二钱，除火耗一斤五两，每钱重三钱。

四年，尚书省言东南诸路盗铸当十钱者多，乃诏广南、福建路更不行使当十钱，有者兑换，于别路行使，其本路别铸小平钱。以闽、广系出铜处故也。又诏荆湖、江、浙当十钱并改作当五钱。

五年，蔡京罢相，监察御史沈畸言："古者军兴，锡赏不继，或以一当百，或以一当千，此权时之宜，岂可行于太平无事之日！自为当十之议，招祸起奸，游手之民一朝鼓铸，无故而有数倍之息，何惮而不为？虽日斩之，其势不可遏也。"六月，诏当十钱惟京师、陕西、两河许行，诸路并罢。令民于诸县镇寨送纳，给以小钞①，自一百至十贯止，令通用行使如川钞引法。

张商英为相，上言："当十钱自唐以来，为害甚明，行之于今，尤见窒碍。盖小平钱出门有限有禁，故四方客旅物货交易得钱者，必入中求盐钞，收买官告、度牒，而余钱又流布在街市小民间，故官司内外，交相利养。自当十钱行，一夫负八十千，小车载四百千，钱既为轻赍之物，则告、牒难售，盐钞非操虚钱而得实价则难行，轻重之势然也。今欲权于内库并密院诸司，借支应干封桩金银、物帛并盐铁等②，下令以当十钱盗铸为滥害法，限半年更不行用。令民间尽所有

---

① 给以小钞，《宋史·食货下二》作"给以小钱"。
② 并盐铁等，《宋史·食货下二》作"并盐钞等"。

于所在州军送纳，每十贯官支金银物帛四贯文，择其伪铸者送近便改铸小平钱，存其如样者。俟纳官足，十贯作三贯文，各拨还原借处，然后京城作旧钱禁施行，乃可议榷货通商钞法。"

蔡绦《国史补》："国朝铸钱沿袭五代及南唐故事，岁铸之额日增，至庆历、元丰间为最盛，铜、铁钱岁无虑三百余万贯，及元祐、绍圣而废弛，崇宁初则已不及祖宗之数多矣。鲁公秉政，思复旧额，以铜少终不能得，考夫古人之训，子母相权之说，因作大钱，以一当十，至大观，上又为亲书钱文焉。盖昔者鼓冶，凡物料火工之费，铸一钱凡十得息者一二，而赡官吏、运铜铁，悉在外也，苟稍加工，则费一钱之用，始能成一钱。而当十钱者，其重三钱，加以铸三钱之费，则制作极精妙乃大钱一，是十得息四矣，始亦通流，又以其精致，人爱重之。然利之所在，故多有盗铸，如东南盗铸，其私钱既锲薄，且制作粗恶，遂以猥多成弊。大观三年，鲁公既罢，朝议改为当三，当三则折阅倍焉①，虽县官亦不能铸矣，而大钱遂废。初议改当三也，宰执争辇钱而市黄金，在都金银铺未之知，不两月命下，时传以为讪笑。"

交子　天圣以来，界以百二十五万六千三百四十缗为额。

熙宁元年，始立伪造罪赏如官印文书法。

二年，以河东公私共苦运铁钱劳费，诏置潞州交子务。

明年，漕司以其法行则矾、盐不受②，有害入中粮草之计，奏罢之。四年，复行于陕西，而罢永兴军盐钞务，文彦博言其不便，未几，竟罢其法。

五年，交子二十二界将易，而后界给用已多，诏更造二十五界者百二十五万，以偿二十三界之数。交子之有两界自此始。

九年，以措置熙河财利，孙迥言："商人买贩，牟利于官，且损钞价。"于是罢陕西交子法。

绍圣元年，成都路漕司言："商人以交子通行于陕西，而本路乏用，请更印制。"诏一界率增造十五万缗。是岁，通旧额书放百四十万六千三

① 折阅，指减低售价，亏本出售。
② 矾、盐不受，《宋史·食货下三》作"矾、盐不售"。

百四十缗。

崇宁元年，复行陕西交子。

大观元年，改四川交子为钱引。自朝廷取湟、廓、西宁，籍其法以助兵费，较天圣一界逾二十倍，而价愈损。及更界年，新交子一乃当旧者之四，故更张之。成都漕司奏："交子务已改为钱引务，欲以四十三界引准书放数，仍用旧印行之，使人不疑扰，自后并更为钱引。"从之。又诏："陕西、河东数路引直五千至七千，而成都才直二三百，豪右规利害法，转运司觉捕煽惑之人，准法以行。民间贸易十千以上，令钱与引半用。"言者谓钱引杂以铜、铁钱，难较其直增损。诏令以铜、铁钱随所用分数比计，作铜钱闻奏。知威州张特奏："钱引元价一贯，今每道止直一百文。盖必官司收受无难，自然民心不疑，便可递相转易通流，增长价例。乞先自上下请给不支见钱，并支钱引，或量支见钱一二分，任取便行，使公私不得抑勒，仍严禁止害法不行之人。"从之。大凡旧岁造一界，备本钱三十六万缗，新旧相因。大观中，不蓄本钱而增造无艺，至引一缗当钱十数。钱引，崇宁间行于京东西、淮南、京师诸路，惟福建、江、浙、湖、广不行。赵挺之以为福建，蔡京之乡里也，故免焉。

高宗绍兴三年，刘大中宣谕江南归，言泉司官吏之费岁十三万缗，请省官属。从之。

> 宋朝鼓铸，饶、池、江州、建宁府四监，岁铸铜钱百三十四万缗，充上供；饶州永平监，四十六万五千；江州广宁监，二十四万；池州永丰监，三十四万五千；建宁丰国监，二十四万四百。衡、舒、严、鄂、韶、梧州六监，岁铸百五十六万缗，充逐路支用。衡州咸宁监，二十万；舒州同安监，十万；严州神泉监，十五万；鄂州宝泉监，十万；韶州永通监，八十三万；梧州元丰监，十八万。建炎兵革，州县困散，鼓铸皆废。绍兴初，并广宁监于虔州，并永丰监于饶州，后来只在饶州置司，赣州只系巡历。岁铸才及八万缗。以铜、钱、铅、锡之入①，不及于旧，而官吏廪稍工作之费，视前日自若也。每铸钱一千，率用本钱二千四百文。时范汝为作乱，权罢建州鼓铸，二年复铸十二万缗，泉司应副铜、锡六十五万余斤。

———————————

① 以铜、钱、铅、锡，《宋史·食货下二》作"以铜、铁、铅、锡"。

· 二十四年，罢铸钱司，归之漕司。

二十八年，上命御府铜器千五百事付泉司，大索民间铜器，告者有赏，其后得铜二百余万斤。寺观钟、磬、铙、钹既籍定投务外，不得添铸。

二十九年，立为限制，命官之家存留见钱二万贯，民庶半之，余限二年听变转金银，算请茶、盐、香、矾钞引之类，越数隐寄，许人告。

按：此即唐元和所行，皆是以民间钱少而不能流通，县官费重而不能广铸，故为此末策耳。

孝宗隆兴元年，诏铸当二、小平钱，如绍兴之初。自乾、淳、迄嘉泰、开禧皆如之。

六年①，并铸钱司归发运司。

七年，复置。

八年，于饶、赣各置提点官。

自大中祥符及崇宁以来，钱皆精好。高宗尝谕近臣，欲尽如旧制，不较工料之费。乾道八年，孝宗以新铸钱渐杂，诏提点铸钱及永平监官、左藏西库监官、户工部长贰，议罚有差。

淳熙二年，并赣州归饶州而加都大焉②。

祖宗内帑岁收新钱一百五万，江、池、饶、建四监。而每年退却六十万，三年一郊，又支一百万赴三司，是内帑每年才得十一万六千余缗，而左藏得九十三万三千余缗也。今岁额止十五万，而隶封桩者半，内藏者半，左藏咸无焉。又自国家置市舶于浙，于闽，于广，舶商往来，钱宝所由以泄。是以自临安出门有禁，下江有禁，入海有禁。凡舶船之方发也，官必点视，及遣巡捕官监送放洋。然商人先期以小舟载钱离岸，及官司之点、巡捕之送，一为虚文。于是许火内人告，以其物货之半充赏；又或以装发，则舶回日亦许告首，尽以回货

---

① 六年，《宋史·食货下二》作"乾道六年"。

② 都大，宋官名，计有都大提举茶马，都大提点坑冶。都大提点坑冶掌采矿、铸钱诸事。

充赏。沿海州军以铜钱入海船者有罚。淳熙五年五月，诏蕃商往来夹带铜钱五百文，随离岸五里外依出界法。

　　臣僚言："泉、广二舶司及西、南二宗司①，建州回易②，悉载金钱。四司既自犯法，郡县巡尉其能谁何？至淮、楚屯兵，月费五十万，见钱居其半，南北贸易，缗钱之入易境者③，不知其几。于是沿边皆用铁钱矣。"所以淮南旧铸铜钱。乾道初，诏两淮、京西悉用铁钱，荆门隶湖北，以地接襄、岘，亦用铁钱，而淮西鼓铸铁钱未办。议者欲取之蜀，事既行，参政洪造以为不便，上然之，但即蜀中取十五万缗，行之庐、和而已。

六年，诏司农丞许子中往淮西措置铁钱。子中言舒、蕲、黄州皆产铁，合置监，舒州置同安监，蕲春置蕲春监④，黄州置齐安监。且铸折二钱。诏户部支凑二十万贯为本。又诏发运司通管四监，江州、兴国军、临江军、抚州。子中所管三监，舒、蕲、黄。每岁各认三十万贯，其大小铁钱，令两淮通行。

七年，舒、蕲守臣皆以铸钱增羡迁官，然淮民为之大扰。

光宗绍熙二年，诏帅、漕司赈粜收破缺铁钱及私钱。明年，又降度牒二百道换私铁钱。

　　臣僚言：江北公行以铜钱一准铁钱四，禁之。当时铜钱之在江北者，自乾道以来，悉以铁钱收换，或以会子一贯换钱一贯省⑤，其铜钱解赴行在及建康、镇江。沿江州军关津去处，委官检察，又于江之南北各置官库，以铜、铁钱交换。凡沿江私渡及极边径路，严禁透漏

绍熙十五年⑥，置利州绍熙监⑦，铸钱十万缗以救钱引。地多山林，宜炭铁，仍增铸十五万缗。未行，卒减铸十万。

---

① 西、南二宗司，《宋史·食货下二》作"西、南二泉司"。

② 建州回易，《宋史·食货下二》作"遣舟回易"。

③ 缗钱之入易境者，《宋史·食货下二》作"缗钱之入敌境者"。

④ 蕲春置蕲春监，《宋史·食货下二》作"蕲州置蕲春监"。

⑤ 会子，南宋临安豪右发行的"便钱会子"，属汇兑性质。后为临安太守钱端礼收为官发。高宗绍兴三十年，又改为户部发行。三年换发一次。

⑥ 绍熙十五年，光宗绍熙没有十五年。《宋史·食货下二》作"绍兴十五年"。

⑦ 绍熙监，《宋史·食货下二》作"绍兴监"。

二十二年，嘉州守臣王知远乞复嘉之丰远、邛之惠民二监，铸小钱①。

宁宗嘉定元年，即利州铸当五大钱。

三年，制司欲尽收旧引，又于绍兴、惠民二监岁铸共三十万贯，其料并同当三钱。时议者恐其利厚而盗铸滋多，而总所方患引直日低，虽盗铸不禁，盖欲钱轻则引重也。

会子　高宗绍兴元年，因婺州之屯驻，有司请椿办合用钱，而舟楫不通，钱重难致。乃诏户部造见钱关子付婺州②，召客人入中，执关赴榷货务请钱，有愿得茶、盐、香货钞引者听。于是州县以关子充籴本，未免抑配，而榷货务又止以日纳三分之一偿之，人皆嗟怨。

六年二月，诏置行在交子务。臣僚言："朝廷措置见钱关子，有司浸失本意，改为交子，官无本钱，民何以信?"极论其不可。于是罢交子务，令榷货务桩垛见钱印造关子。

二十九年，印给公据、关子③，赴三路总领所④：淮西、湖广各关子八十万缗，淮东公据四十万缗，自十千至百千，凡五等。内关子作三年行使，公据二年，许钱银中半入纳。

三十年，户部侍郎钱端礼被旨造会子，桩见钱，于城内外流转，其合发官钱，并许兑会子赴左藏库送纳。明年二月，诏会子务隶都茶场。正以客旅算请茶、盐、香、矾等，岁以一千万贯，可以阴助称提⑤，不独恃见钱以为本，又非全仰会子以佐国用也。

三十二年十二月，诏定伪造会子之罚⑥。犯人处斩，赏钱一千贯，如不愿支赏，与补进义校尉。若徒中及窝藏之家能自告首，特与免罪，亦支上件赏钱，或愿补前名目者听。日造会子，监官分押，每一万道解赴户部覆印。当时会纸取于徽、池州，续造于成都府，又造于临安府。会子初止行于两浙，后又诏通行于淮、浙、湖北、京西。除亭户盐本并用见钱外，其不通水路去处

---

① 铸小钱，《宋史·食货下二》作"铸小平钱"。

② 南宋高宗绍兴元年，因婺州屯兵，运钱不便，到杭州贩运茶、盐的商人，在婺州向官府交现钱，领取关子汇票，到杭州榷货务兑取现钱或换取茶引、盐引。

③ 公据，南宋官府发行的纸币属汇票性质，行于淮西。

④ 赴，《宋史·食货下三》作"付"。

⑤ 称提，南宋时，指维持或恢复纸币的购买力。称提的主要方法是用现金收兑跌价纸币，限制发行额，规定使用期限。时也有人称维持铜钱的正常流通为称提。

⑥ 罚，《宋史·食货下三》作"法"。

上供等钱，许尽用会子解发。其沿流州军，钱、会中半。民间典卖田宅、牛畜、车船等如之，或全用会子者听。

孝宗隆兴元年，诏官印会子以"隆兴尚书户部官印会子之印"为文，更造五百文会，又造二百、三百文会，五年置江州会子务①。

乾道二年，因左司谏陈祐言会子之敝，出内库及南库银一百万两收之。

三年正月，度支郎中唐璪言："自绍兴三十一年至乾道二年七月，共印过会子二千八百余万道，止乾道二年十一月十四日以前，共支取过一千五百六十余万道，除在官司桩管循环外，其在民间者，有九百八十万道。自十一月十四日以后，措置收换，截至三年正月六日，共缴进过一百一十八万九千余贯，尚有八百余万贯未收，大约每月收换不过六七十万。缘诸路纲运依近指挥，并要十分见钱，州县不许民户输纳会子，是致在外会子，往往商贾低价收买，辐辏行在，所以六务支取拥并。"诏给降度牒及诸州助教帖各五千道付榷货务，召人全以会子入纳，候出卖将尽，申取朝廷节续给降，务欲尽收会子也。六月，户部曾怀言②，会子除收还外，有四百九十万贯在民间，乞存留行使。十二月，以民间会子有破损者，别造五百万换给。他日，又诏损会贯百钱数可照者，并作上供钱解发，巨室以低价收者坐罪。

四年，以取到旧会毁抹截凿付会子局重造，三年立为一界，界以一千万贯为额，逐界造新换旧。差户部尚书曾怀同共措置，铸"提领措置会子库"印，依左藏库推赏，其将带经过务场不得收税。蒋芾奏曰："此月用会子收回金银，若会子稍多，又出钱银收之。"陈俊卿奏曰："敛散抑扬，权之在上，可以无敝。"其年四月一日，兴工印造，至岁终可造一千万贯，措置收换旧会。每道收楪费钱二十足，零百半之，应旧会破损，但贯百字存，印文可验者，即与兑换，内有假伪，将辩验人吏送所司，其监官取朝廷指挥。每验出一贯伪会，追究元收兑会子人，钱三贯与辩验人。如官吏用心，讫事无假伪，具姓名推赏。自十二月一日始置局收换，至明年三月十日终尽绝，更不行用。

淳熙三年，诏第三界、四界各展限三年，令都茶场会子库将第四界铜

---

① 五年置江州会子务，《宋史·食货下三》作"置江州会子务"。

② 户部曾怀，《宋史·食货下三》作"户部尚书曾怀"。

板，接续印造会子二百万赴南库桩管。当时户部岁入一千二百万，其半为会子，而南库以金银换收者四百万，流行于外者才二百万耳。

范成大《揽辔录》载："虏本无钱，惟炀王亮尝一铸正隆钱，绝不多余，悉用中国旧钱。又不欲留钱于河南，效中国楮币，于汴京置局造官会，谓之'交钞'，拟见钱行使。而阴收铜钱，悉运而北，过河即用钱，不用钞。钞文略曰：'南京交钞所准户部符，尚书省批降，检会昨奏南京置局印造一贯至三贯例交钞，许人纳钱给钞，南路官私作见钱流转。若赴库支取，即时给付，每贯输工墨钱一十五文。候七年纳换别给，以七十为陌。伪造者斩，赏钱三百千①。'前后有户部管当令史官、交钞库使副书押，四围画龙鹤有饰。"

右石湖乾道间充泛使入金国，道汴京，有交钞所，载其所见如此。其时中国亦以币权钱，然东南之地有会子，又有川引、淮交、湖会，而鼓铸之所亦复不一，所以常困钱币多而贱，称提无策。而彼则惟以交钞行之河南，以中国旧钱行之河北，似反简易也。元祐间，颍滨使辽回奏事，亦言北界别无钱币，惟用中国钱云。

光宗绍熙元年，诏第七、八界会子各展三年。臣僚言："会子界三年为限，今展至再，则为九年矣，何以示信？"诏造第十界立定年限。

宁宗庆元元年，诏会子界以三千万为额，额外更增，许执奏不行。

嘉定二年，臣僚言三界会子数目滋多，称提无策。诏封桩库拨金银、度牒、官诰绫纸、乳香，凑成二十万，添贴临安府官局，收换旧会，品搭入纳，以旧会之二换新会之一。而称提新会最严，未免告讦肆起，根连株逮而苛政出；估籍徒流，乡井相望而重刑用；假称提而科敷抑配，酷吏得志。

泉州守臣宋钧，南剑州守臣赵崇亢、陈宓，皆以称提失职，均降一官，崇亢、陈宓各展二年磨勘。自是，岁月扶持，民不以信，特以畏耳。然籴本以楮，盐本以楮，百官之俸给以楮，军士支犒以楮，州县支吾无一而非楮，铜钱以罕见为宝，前日桩积之本，皆绝口而不言

---

① 此处疑漏"首告者"等字。

矣。是宜物价翔腾，楮价损折，民生憔悴，战士常有不饱之忧，州县小吏无以养廉为叹，皆楮之弊也。楮弊而钱亦弊。昔也以钱重而制楮，楮实为便；今也钱乏而制楮，楮实为病。况伪造日滋，欲楮之不弊，不可得也。且国家建隆之初，赋入尚少，东征西伐，兵馈不绝于道，未尝藉楮以开国也。靖康以来，外攘夷狄，内立朝廷，左支右吾，日不遑暇，未尝藉楮以中兴也。至于绍兴末年，权以济用，至于孝宗，谋虑及此，未尝不曲尽其心焉。当时内有三宫之奉，外有岁币之费，而造楮惟恐其多，收换惟恐其不尽，而或无以示民信也。至于光、宁以来，造越多而弊越甚，其所幸者，恭俭节用，无土木之妖，动静有常，无锡予之泛，所以楮虽弊而有以养其原也。

川引 高宗绍兴三年六月诏，四川自祖宗以来，先计引数，封桩本钱，常停重钱以权轻券，故法不弊。中间印给泛料数多，即将本钱侵用，故引法日坏。况自张浚开宣府，赵开为总饷，以供籴本，以给军需，增引日多[1]，莫能禁止。

七年二月，川陕副帅吴玠请置银会于河池。五月，中书省言引数已多，虑害成法。诏止之。盖祖宗时，蜀交书放两界，每界止一百二十余万。令三界通行[2]，为三千七百八十余万，以至于绍兴末年，积至四千一百四十七万余贯，所有铁钱仅及七十万贯，又以盐酒等阴为称提。是以饷臣王之望亦请添印钱引以救目前，不得不为朝廷久远之虑。当时诏添印三百万，委之望约度，给用即止。后之望只添印一百万。

孝宗隆兴二年，饷臣赵沂依前指挥添印二百万。

淳熙五年闰六月，臣僚言："蜀中钱引已增至四千五百余万，增而不已，必至于不可行，乞立定额，毋得增添。"从之。

光宗绍熙二年五月，诏川引展界行使。

宁宗嘉泰末，两界书放凡五千三百余万缗，通三界书放益多矣。开禧末年，饷臣陈咸以岁用不足，尝为小会，卒不能行。嘉定初，每缗止直铁钱四百以下，咸乃出金银、度牒一千三百万，收回半界，期以岁终不用。然四川诸州去总所远者千数百里，期限已逼，受给之际，吏复为奸。于是

---

① 增引日多，《宋史·食货下三》作"增印日多"。
② 令三界通行，《宋史·食货下三》作"今三界通行"。

商贾不行，民皆嗟怨，一引之直，仅售百钱。制司乃揭榜，除收兑一千三百万引外，三界依旧通行，又檄总所取金银就成都置场收兑，民心稍定。自后引直五百铁钱有奇，若关外用铜钱，引直百七十钱而已。

嘉定三年春，制、总司收兑九十一界二千九百余万缗，其千二万缗以茶马司羡余钱及制司空名官告、总所桩管金银、度牒对凿，余以九十三界钱引收兑。又造九十四界钱引五百余万缗，以收前宣抚程松所增之数，应民间输纳者，每引百帖八千。其金银品搭，率用新引七分，金银三分，其金银品色官称，不无少亏，每旧引百，帖纳二十引。盖自元年、三年两收旧引，而引直遂复如故。昔高宗因论四川交子，最善沈该称提之说，谓官中尝有钱百万缗①，如交子价减，即官用钱自买，方得无弊。

淮交　高宗绍兴末年，会子行，未有两淮、湖广之分。

乾道元年，户部侍郎林安宅言，督府忘费，印给会子太多而本钱不足，遂致有弊，乞别给会子二十万，背印付淮南州军行使，不得越过他路。

二年六月，诏别印二百、三百、五百、一贯交子三百万，止于两淮州县行使，其日前旧会听对换。应入纳买卖，并以交子见钱中半。如往来不便，诏给交子、会子各二十万，付镇江、建康府榷货务，使淮人之过江，江南人之渡淮者，皆得对换循环使用。然自绍兴末年以前，铜钱禁用于淮而易以铁钱，会子既用于淮而易以交子，于是商贾不行，淮民以困。右司谏陈良祐言："莫若如旧，从民便。铁钱已散，铜钱已收，且令兼行，以铁钱二当铜钱一，交子可以尽罢无疑也。"上曰："朕亦知其不可行，只为武锋一军在彼。"良祐又奏交子不便，诏两淮郡守、漕臣各条其利害。皆谓所降交子数多，而铜钱并会子又不过江，是致民旅未便。诏铜钱并会子依旧过江行使，其民间交子许作见钱纳官，应在官交子日下尽数赴行在左藏库交纳。

后又诏铜钱并会子依旧过江行使。又诏江南州郡民间行使淮交者从便。至嘉定十五年，增印及三百万，其数日增，价亦日损，称提无其术也。

① 尝有钱，《宋史·食货下三》作"常有钱"。

湖会 孝宗隆兴元年，湖广饷臣王珏言："襄阳、郢、复等处大军支请，以钱银品搭。令措置于大军库堆垛见钱，印造五百并一贯直便会子，发赴军前，当见钱流转，于京西、湖北路行使。乞铸勘会子、覆印会子印，及下江西、湖南漕司根刷举人落卷，及已毁抹茶引故纸，应副抄造会子。"从之。及印造之权既专，则印造之数日增，且总所所给止行本路，而京南水陆要冲①，商贾必由之地，流通不便。乃诏总所以印造铜板缴申尚书省，又拨茶引及行在会子收换焚毁。而总领所谓："江陵、鄂州商旅辐辏之地，每年客贩官盐动以数百万缗，自来难得回货。又湖北会子不许出界，多将会子就买茶引，回往建康、镇江等处兴贩。今既有行在会子可以通行，谁肯就买茶引？缘每年帖降引数多。若卖不行，军食必阙。"朝廷遂寝其议，乃再印给湖北会子二百万贯，收换旧会。至嘉定十四年，诏造湖广会子三十万，对换破损会。自后因仍行之。

按：钱币之权当出于上，则造钱币之司当归于一。汉时，常令民自铸钱，及武帝则专令上林三官铸之，而天下非三官钱不得行，郡国前所铸钱皆废，销输其铜三官。然钱以铜、铁、铅、锡而成，而铜、铁、铅、锡搬运重难，是以历代多即坑冶附近之所置监铸钱；亦以钱之直日轻，其用日广，不容不多置监冶，铸以供用。中兴以来，始转而为楮币。夫钱重而直少，则多置监以铸之可也；楮轻而直多，则就行都印造足矣。今既有行在会子，又有川引、淮引、湖会，各自印造，而其末也，收换不行，称提无策，何哉？盖置会子之初意，本非即以会为钱，盖以茶、盐钞引之属视之，而暂以权钱耳。然钞引则所直者重，承平时，解盐场四贯八百售一钞，请盐二百斤。而会子则止于一贯，下至三百、二百。钞引只令商人凭以取茶、盐、香货，故必须分路，如颗盐钞只可行于陕西，末盐钞只可行于江淮之类。会子则公私买卖支给无往而不用，且自一贯造至二百，则是明以之代见钱矣。又况以尺楮而代数斤之铜，赍轻用重，千里之远、数万之缗，一夫之力克日可到，则何必川自川，淮自淮，湖自湖，而使后来或废或用，号令反复，民听疑惑乎？盖两淮、荆湖所造，朝廷初意欲暂用而即废，而不知流落民间，便同见镪，所以后来收换生受，只得再造，遂越多而越

---

① 京南水陆要冲，《宋史·食货下三》作"荆南水陆要冲"。

贱，亦是立法之初，讲之不详故也。

东莱吕氏曰："泉布之设，乃是阜通财货之物，权财货之所由生者。考之于古，如《管子》论禹汤之币，禹以历山之金，汤以庄山之金，皆缘凶年，故作币救民之饥。考之《周官?司市》，凡国有凶荒，则市无征而作布。又考单穆公谏景王之说，古者天灾流行，于是量资币，权轻重，作币以救民。以《管子》与《周礼》、单穆公之论，观夏商之时所以作钱币，权一时之宜，移民通粟者，为救荒而设，本非先王财货之本处。论国用，三年耕必有一年之食，以三十年通制，则有九年之食，以为财货之盛。三登曰太平，王道之盛也。以此知古人论财货，但论九年之积，初未尝论所藏者数万千缗，何故？所论农桑，衣食货之本；钱布流通，不过权一时之宜而已。先有所谓谷粟，泉布之权方有所施，若是无本，虽积镪至多，亦何补盈虚之数。所以三代以前论财赋者，皆以谷粟为本，所谓泉布，不过权轻重，取之于民。所以九贡、九赋用钱币为赋甚少，所谓俸禄亦是颁田制禄，君、卿、大夫不过以采地为多寡，亦未尝以钱布为禄。所以三代之人多地著，不为末作，盖缘钱之用少。如制禄既以田，不以钱，制赋又自以谷粟布帛，其间用钱甚少，所以钱之权轻，惟凶年饥荒所以作币。先儒谓金铜无凶年，权时作此，以通有无，以均多少而已。所以三代之前论布泉者甚少。到得汉初有天下，尚自有古意，王公至佐吏以班职之高下，所谓万石、千石、百石，亦是以谷粟制禄。不过口、算，每人所纳，百余年尚未以钱布为重，至武帝有事四夷，是时国用不足，立告缗之法，以括责天下，自此古意渐失，钱币方重。大抵三代以前，惟其以谷粟为本，以泉布为权，常不使权胜本，所以当时地利既尽，浮游末作之徒少。后世此制坏，以匹夫之家藏镪千万，与公上争衡，亦是古意浸失，故后世贡禹之徒欲全废此，惟以谷帛为本，此又却是见害惩艾，矫枉过直之论。大抵天下之事，所谓经权本末，常相为用，权不可胜经，末不可胜本，若徒见一时游手末作之弊，欲尽废之，如此则得其一不知其二。后世如魏文帝当时天下尽不用钱，贡禹之论略已施行，遂有湿谷薄绢之弊，反以天下有用之物为无用，其意本要重谷帛，反以轻谷帛。天下惟得中适平论最难，方其重之太过，一切尽用，及其废之太过，一切尽不用，二者皆不得中。然三代以前更不得而考，自汉至隋，其泉布更易虽不可知，要知五铢之钱最为得中。自汉至隋，屡更屡易，惟五铢之法终不可易。自唐至五代，惟武德时初铸'开元钱'最得其平，自唐至五代，惟'开元'之法终不可易。论者盖无不以此为当。以此知数千载前有五铢，复有'开元'最可用。何故？论太重，有所谓直百、当千之钱；论太轻，则有所谓榆荚、三铢之钱。然而皆不得中，惟五铢、'开元'铢两之多寡，鼓铸之精密，相望不可易。本朝初用开元为法，其钱皆可以久行。自太宗以张齐贤为江南转运，务欲多铸钱，自此变'开元'钱法，钱虽多，其精密俱不及前代。本朝张齐贤未变之前，所谓'太平钱'尚自可见，齐贤既变法之后，钱虽多，然甚薄恶不可用。当时务要得多，不思大体。国家之所以设钱以权轻重本末，未尝取利。论财计不精者，但以铸钱所入多为利，殊不知权归公上，铸钱虽多，利之小者，权归公上，利之大者。南齐孔𬯀论铸钱不可以惜铜爱工，若不惜铜，则铸钱无利，若不得利，则私铸不敢起，私铸不敢起，则敛散归公上，鼓铸权不下分，此其利之大者。徒徇小利，钱便薄恶，如此，奸民务之皆可以为。钱不出于公上，利孔四散，乃是以小利失大利。南齐孔𬯀之言乃是不可易之论。或者自缘钱薄恶后，论者纷纷，或是立法以禁恶钱，或是以钱为国赋，条目不一，皆是不揣其本而齐其末。若是上之人不惜铜爱工，使奸民无利，乃是国家之大利。泉布之法，总而论之，如周、如秦、如汉五铢、如唐开元，其规或可以为式，此是钱之正。若一时之所铸，如刘备铸大钱以足军市之财，第五琦铸'乾元钱'，此是钱之权也。如汉武帝以鹿皮为币，王莽以龟贝为币，此是钱之蠹也。或见财货之多，欲得废钱；或见财货之少，欲得鼓铸。皆一时矫枉之论，不可通行者也。若是权一时之宜，如寇瑊之在蜀创置交子，此一时举偏救弊之政，亦非钱布经久可行之制。交子行之于蜀，则可；于他，利害大段不同。何故？蜀用铁钱，其大者以二十五斤为一千，其中者以十三斤为一千，行旅赍持不便，故当时之券会，生于铁钱不便，缘轻重之推移，不可以挟持。交子之法，出于民之所自为，托之于官，所以可行。铁钱不便，交子即便。今则铜钱稍轻，行旅非不可挟持，欲行楮币，铜钱却便，楮券不便。昔者之便，今日之不便。议者欲以楮币公行，参之于蜀之法，自可以相依而行，要非经久之制。今日之所以为楮券，又欲为铁钱，其原在于钱少，或稍为铜器，或边鄙渗漏，或藏于富室。今则所论利害甚悉。财利之用，在于贸易，孔颙之论，宜不惜铜爱工，不计多寡，此最的当推本论之。钱之为物，饥不可食，寒不可衣，至于百工之事，皆资以为生，不可缺者。若是地力既尽，谷帛有余，山泽之藏咸得其利，钱虽少不过钱重。钱虽重，彼此相权，国家之利，亦孔颙之论。要当寻古义，识经权，然后可也。"

水心叶氏曰："钱之利害有数说。古者因物，权之以钱；后世因钱，权之以物。钱币之所起，起于商贾通行，四方交至，远近之制，物不可以自行，故以金钱行之。然三代之世，用钱至少，自秦、汉以后浸多，至于今日，非钱不行。三代以前，所以钱极少者，当时民有常业，一家之用，自谷米、布帛、蔬菜、鱼肉，皆因其力以自致，计其待钱而具者无几。止是商贾之贸迁，与朝廷所以权天下之物，然后赖钱币之用。如李悝平籴法，计民一岁用钱只一千以上，是时已为多矣，盖三代时尚不及此。土地所宜，人力所食，非谷粟则布帛，与夫民之所自致者，皆无待于金钱，而民安本著业，金钱亦为无用，故用之至少，所用之数，以岁计之，亦是临时立法，制其多少。后世不然，百物皆由钱起，故因钱制物，布帛则有丈尺之数，谷粟有斛斗之数，其他凡世间饮食资生之具，皆从钱起，铢两多少，贵贱轻重，皆由钱而制。上自朝廷之运用，下自民间输贡、州县委藏、商贾贸易，皆主于钱，故后世用钱百倍于前。然而三代不得不少，后世不得不多。何者？三代各断其国以自治，一国之物自足以供一国之用，非是天下通行不可阙之物，亦不至费心力以营之。上又明立禁戒，不要使天下穷力远须，故《书》曰'惟土物爱，厥心臧'。《老子》曰：'致治之极，民甘其食，美其服，乐其俗，邻国相望，鸡犬之声相闻，民至老死不相往来。'其无所用钱如此，安得不少！后世天下既为一国，虽有州县异名，而无秦、越不相知之患，臂指如一，天下之民安得不交通于四方？则商贾往来，南北互致，又多于前世，金钱安得不多？古者以玉为服饰，以龟为宝，以金银为币，钱只处其一，朝廷大用度、大赐予，则是金尽用黄金。既以玉为服饰，玉是质重之物，以之为饰，过于金、珠远矣。汉世犹用金银为币，宣、元以后，金币始尽。王莽欲复古制，分三等币，后不复行。至东汉以后，黄金最少，又缘佛、老之教盛行，费为土木之饰，故金银不复为币，反皆以为器用服玩之具。玉自此亦益少，服饰却用金银，故币始专用钱，所以后世钱多。此数者，皆钱之所由多。用钱既多，制度不一，轻重、大小、厚薄皆随时变易，至唐以'开元钱'为准，始得轻重之中。古钱极轻，今三代钱已无，如汉五铢、半两，其在者尤轻薄不可用。盖古者以钱为下币，为其轻易，后世以钱为重币，则五铢、半两之类宜不可用。然大重则不可行，所以'开元'为轻重之中。唐铸此钱，漫衍天下，至今犹多有之，然唐世无钱尤甚。宋朝则无时不鼓铸，以'开元钱'为准，如太平、天禧钱又过于'开元'。仁宗以前，如'太平钱'最好，自熙宁以后不甚佳。国初惟要钱好，不计工费，后世惟欲其富，往往减工缩费，所以钱稍恶，若乾道、绍兴钱又不及熙丰远矣。然而唐世所以恶钱多，正以朝廷不禁民之自铸。要之利权当归于上，岂可与民共之？如刘秩之论与贾谊相似，当汉文帝欲以恭俭致昇平，谓天下无用钱处，故不复收其权柄，使吴、邓钱得布天下，吴王用之，卒乱东南。唐以开元、天宝以后，天下苦于用兵，朝廷急于兴利，一向务多钱以济急，如茶、酒、盐、铁等末利既兴，故自肃、代以来，渐渐以末利征天下，反求钱于民间。上下相征，则虽私家用度，亦非钱不行，天下之物隐没不见，而通行于世者惟钱耳！夫古今之变，世数之易，物之轻重，货之贵贱，其间迭往迭来，不可逆知，然钱货至神之物，无留藏积蓄之道，惟通融流转，方见其功用。今世富人既务藏钱，而朝廷亦尽征天下钱入于王府，已入者不使之出，乃立楮于外以待之。不知钱以通行天下为利，钱虽积之甚多，与他物何异？人不究其本原，但以钱为少，只当用楮，楮行而钱益少，故不惟物不可得而见，而钱亦将不可得而见。然自古今之弊相续至于今日，事极则变，物变则反，必须更有作新之道，但未知其法当如何变得。其决不可易者，废交子，然后可使所藏之钱复出。若夫富强之道，在于物多，物多则贱，贱则钱贵，钱贵然后轻重可权，交易可通。今世钱至贱，钱贱由乎物少，其变通之道，非圣人不能也。"

卷十　户口考一

历代户口丁中赋役

夏禹平水土为州①，人口千三百五十五万三千九百二十三。涂山之会，诸侯执玉帛者万国。及其衰也，诸侯相兼，逮汤受命，其能存者三千余国，方于涂山，十损其七。周武王定天下，列五等之封，凡千七百七十二国，又减汤时千三百国，人众之损亦如之。周公相成王，致理刑措，人口千三百七十万四千九百二十三，此周之极盛也。

小司徒之职，掌建邦之教法，以稽国中及四郊都鄙之夫家；九比之数，以辨其贵贱老幼废疾，凡征役之施舍，与其祭祀饮食丧纪之禁令。郑司农云："九比，谓九夫为井。"康成谓："九比者，冢宰职出九赋者人之数也。"乃会万民之卒伍而用之：五人为伍，五伍为两，四两为卒，五卒为旅，五旅为师，以起军旅，以作田役，以比追胥，以令贡赋。

乃均土地，以稽人民，而周知其数。上地家七人，可任也者家三人。中地家六人，可任也者二家五人。下地家五人，可任也者家二人。可任，谓丁强任力役之事者。出老者，以其余男女、强弱相半其大数。凡起徒役，毋过家一人，以其余为羡，唯田与追胥竭作。羡，饶也。田，谓猎也。追，追寇贼也。竭作，尽行。

乡大夫以岁时登其夫家之众寡②，辨其可任者。国中自七尺以及六十，野自六尺以及六十有五，皆征之。其舍者，国中贵者、贤者、能者、服公事者、老者、疾者皆舍③，以岁时入其书。征之，给公上事也。国中，城郭内。年十五以下为六尺；二十为七尺，国中晚赋而早免之，以其所居复多役少；野早赋而晚免之，以其复少役多。

---

① 为州，应为"为九州"。

② 岁时，指四时。夫家，指男女一家。

③ 舍，复除。即对贵者、贤者、能者、老者、疾者免除其赋役。

《朱子语录》曰："问：'周制都鄙用助法，八家同井；乡遂用贡法，十夫有沟。乡遂所以不为井者何故？曰：'都鄙以四起数，五六家始出一人，故甸出甲士三人，步卒七十二人。乡遂以五起数，家出一人为兵，以守卫王畿。役次必简，故《周礼》惟挽枢则用之①，此役之最轻者。"

山斋易氏曰："近郊之民，王之内地，共辇之事，职无虚月，追胥之比，无时无之。故七尺而征，六十而舍，则稍优于畿外，非姑息也。远郊之地，王之外地也，其沟洫之制，各有司存，野役之起，不及其羡。故六尺而征，六十五而舍，则稍重于内地，非荼毒也。园廛二十而一②，若轻于近郊也，而草木之毓，夫家之聚，不可以扰，扰则不能以宁居，是故二十而税一。漆林二十而五，若重于远郊也，而器用之末作，商贾之资利，不可不抑，不抑则必至于忘本，是二十而五，系近郊、远郊劳佚所系。"

《载师》：凡民无职事者，出夫家之征。夫税者，百亩之税；家税者，出士徒车辇，给徭役。横渠张氏曰："夫家之征，疑无过家一人者，谓之夫；余夫竭作，或三人，或二人，或二家五人，谓之家。"

《闾师》：凡无职者，出夫布。

民无职者一而已，《载师》出夫家之征，《闾师》止言出夫布，何也？《载师》承上文宅不毛、田不耕之后，乃示罚之法也。《闾师》承上文九职任民之役，乃常法也。均一无职之民，而待之有二法，何也？盖古人于游惰不耕及商贾末作之人，皆于常法之外别立法以抑之。如关市或讥而不征，或征之。讥者，常法也；征者，所以抑之也。闲民或出夫布，或并出夫家之征。夫布，其常也；并出夫家，所以抑之也。夫家解当如横渠之说，郑注谓令出一夫百亩之税，则无田而所征与受田者等，不几太酷矣。

遂大夫以岁时稽其夫家之众寡、六畜、田野，辨其可任者，与其可施

---

① 挽枢，古人送葬时皆执绋拉棺材大绳挽的前行，叫挽枢。
② 园廛，指果园，蒂地和住宅，这里的廛当指店铺。

舍者，掌其政令禁戒。司民掌登万民之数，自生齿以上皆书于版，辨其国中与其都鄙，及其郊野，异其男女，岁登下其死生。及三年大比，以万民之数诏司寇，司寇及孟冬祀司民之日献其数于王，王拜受之，登于天府，内史、司会、冢宰贰之，以赞王治。三官以贰佐王治者，当以民多少黜陟主民之吏。均人掌均人民、牛马、车辇之力政。政读为征。人民，则治城郭、涂巷、沟渠。牛马、车辇，转委积之属。凡均力政以岁上下，丰年，则公旬用三日焉；中年，则公旬用二日焉；无年，则公旬用一日焉；旬，均也。凶札①则无力政。

《王制》：用民之力，岁不过三日。

宣王既丧南国之师，败于姜于是也。乃料民于太原。

仲山甫谏曰："民不可料也。夫古者不料民，而知其多少。司民协孤终，掌民数者。无父曰孤。终，死也。司商协民姓，掌赐族受姓之官。司徒协旅，合师旅。司寇协奸，刑官，知死刑之数。牧协职，牧养牺牲，合其物色之数。工协革，百工之官，更制度合其数。场协入，场圃黍稷之数。廪协出，廪人掌九谷出用之数。是则少多、死生、出入、往来者，皆可知也。于是乎又审之以事，事，谓国籍田、蒐狩，简知其数。王治农于籍、蒐于农隙，耨获亦于籍，狝于既烝②，狩于毕时，烝，秋时。毕，冬时。是皆习民数者也，又何料焉。不谓其少而大料之，是示少而恶事也，言王不谓其众少而大料数之，是示以寡少，又厌恶政事，不能修之意也。临政示少，诸侯避之。治民恶事，无以赋令。且无故而料民，天之所恶也，害于政而妨于后嗣。"王卒料之，及幽王乃废灭。

平王东迁三十余年，庄王十三年，齐桓公二年，五千里外非天子之御，自太子、公侯以下至于庶人，凡千一百九十四万一千九百二十三人。

战国之时，考苏、张之说③，计秦及山东六国戎卒，尚余五百余万，推人口数尚当千余万。秦兼诸侯，所杀三分居一，犹以余力北筑长城四十余万，南戍五岭五十余万，阿房、骊山七十万，三十年间，百姓死没相踵

---

①　凶札，指饥荒残疾疠。

②　狝，指王举符秩猎，以为祭。

③　苏、张，指苏秦、张仪。苏秦（？—前284年），战国时东周洛阳人。倡导齐等五国合纵攻秦。张仪（？—前310年），战国时魏国贵族后裔。入秦为相，倡连横之策。

于路。陈、项又肆其酷烈，新安之坑，二十余万，彭城之战，睢水不流①。汉高帝定天下，人之死伤亦数百万，是以平城之卒不过三十万，方之六国，十分无三。

右杜氏《通典》所考东迁以后，汉初户口数目，大约如此。

秦用商鞅之法，月为更卒，已复为正，一岁屯戍，一岁力役，三十倍于古。更卒，谓给郡县一月而更者。正卒，谓给中都官者也。汉兴，循而未改。

汉高祖四年八月，初为算赋。《汉仪注》：人年十五以上至五十六出赋钱，人百二十为一算，为治库并车马②。

按：户口之赋始于此。古之治民者，有田则税之，有身则役之，未有税其身者也。汉法：民年十五而算，出口赋，至五十六而除；二十而傅，给徭役，亦五十六而除。是且税之且役之也。

十一年，诏曰："欲省赋甚，今献未有程，吏或多赋以为献，而诸侯王尤多，民疾之。令诸侯王、通侯常以十月朝献，及郡各以口数率，人岁六十三钱，以给献费。"据四年算赋减其半也。

更赋。如淳曰："更有三品：有卒更，有践更，有过更。古者正卒无常人，皆当迭为之，一月一更，是为卒更也。贫者欲得雇更钱者，次直者出钱雇之，月二千，是为践更也。天下人皆直戍边三日，亦名为更，律所谓繇戍也，虽丞相子亦在戍边之调。不可人人自行三日戍；又行者当自戍三日，不可往便还，因便住一岁一更。诸不行者出钱三百入官，官以给戍者，是为过更也。律说，卒、践更者，居也。居更县中，五月乃更也。后从尉律，卒践更一月，休十一月。《食货志》曰：'月为更卒，已复为正，一岁屯戍，一岁力役，三十倍于古。'此汉初因秦法而行，后遂改易，有诏乃戍边一岁耳。"

惠帝六年，令民女子年十五以上至三十不嫁，五算。汉律，人出一算，算百二十钱，唯贾人与奴婢倍算。今使五算，罪谪之也。

文帝偃武修文，丁男三年而一事，民赋四十。常赋，岁一事，每算百二

① 新安，战国时西周地，秦曰新安，汉置县。彭城，项羽自立为西楚霸王曾都此。汉三年，汉王入彭城，项王击汉大破汉军。
② "为治库并车马"，疑为"为治库兵车马"。

十。时天下民多，故三岁一事，赋四十也。

吴以铜盐，故百姓无赋、卒、践更，辄予平贾。

景帝二年，令天下男子年二十始傅。傅，著也。言著名籍，给公家徭役。

徐氏曰："按《高纪》：发关中老弱未傅者悉诣军。"如淳曰："律，年二十三傅之畴官，高不满六尺二寸以下为疲癃。"《汉仪注》："民年二十三为正，一岁为卫士，一岁为材官、骑士，习射御，驰战陈，年五十六乃免为庶民，就田里。"则知汉初民在官三十有三年也。今景帝更为异制，令男子年二十始傅，则在官三十有六年矣。

武帝建元元年，诏民年八十复二算。二口之算也。

元封元年，行所巡县，无出今年算。

昭帝元凤四年，诏毋收四年、五年口赋。《汉仪注》：民年七岁至十四出口赋钱，人二十三。二十钱以食天子；其三钱，武帝加口钱，以补车骑马。三年以前逋更赋未入者，勿收。更赋注见上。

按：算赋，十五岁以上方出，此口赋则十五岁以前未算时所赋也。

元平元年，诏减口赋钱。有司奏请减什三，上许之。

宣帝地节三年，流民还归者且勿算事。

甘露元年，减民算三十。一算减钱三十也。

五凤三年，减天下口钱。

按：汉始有口赋，然颇轻于后代。至昭、宣时又时有减免，且令流民还归者勿算。故其时胶东相王成遂伪增上流民，自占八万余口，以蒙显赏。则以流徙者算数既除，州郡无逋负之责，可以容伪故也。

元帝时，贡禹请民年二十乃算。

禹以为古民亡赋算口钱，起武帝征伐四夷，重赋于民。民产子三岁则出口钱，故民重困，至于生子辄杀。宜令民七岁去齿乃出口钱，年二十乃算。天子下其议，令民产子七岁乃出口钱自此始。

成帝建始元年，减天下赋钱，算四十。

惠帝即位，令吏六百石以上父母妻子与同居，及故吏尝佩将军都尉印将兵及佩二千石官印者，家唯给军赋，他无所与。同居，谓同籍同财也。

《货殖传》：秦、汉之制，列侯封君食租税，岁率户二百，千户之君则二十万，朝觐聘享出其中。庶民农工商贾，率一岁万息二千户①，百万之家即二十万，而更徭租赋出其中，衣食好美矣。

按：汉法有口赋、有户赋。口赋，则算赋是也。户赋，见于史者惟此二条。《货殖传》所言，则是封君食邑户所赋。然则地土之不以封者，县官别赋之欤？抑无此赋也？庶民农工商贾以下，似是百户赋二十，与上悬绝，殊不可晓，又谓之息二千，岂官每户贷以一文，而万户取其息二千乎？当考。

汉自高祖讫于孝平，民户千二百二十三万三千六十二，口五千九百五十九万四千九百七十八，汉极盛矣。汉之户口至元始二年最为殷盛，故志举之以为数。王莽篡位，以《周官》税民，凡田不耕者为不殖，出三夫之税；城郭中宅不树艺者为不毛，出三夫之布；民浮游无事，出夫布一匹，其不能出布者冗作，冗，散也，人勇反。县官衣食之。

世祖建武二十二年，地震，压死者其口赋逋税勿收。

明帝即位，九月，发天水三千人讨叛差②，后是岁更赋。

永平五年，复元氏田租、更赋六岁。

永平九年，徙朔方者复口算。

章帝元和元年，人无田徙他界者，除算三年。

二年，诏曰："《令》'人之有产子者复，勿算三岁'。令诸怀妊者赐'胎养谷'，人三斛，复其夫勿算一岁，著以为令。"

---

① 万息二千户，《史记·货殖列传》作"万息二千"。

② 差，当为羌。

和帝永元五年，流民就践还归者，复一岁田租、更赋。

安帝元初四年，除三年过更、口算。

元初元年，除三辅三岁更赋、口算。

顺帝永建五年，郡国贫人被灾伤者，勿收责今年过更。

阳嘉元年，勿收更、租、口赋。

永和四年，除太原民更赋，金城、陇西地震灾甚者，勿收口赋。

桓帝永寿元年，复泰山、琅琊更、算。

光武中元二年，户四百二十七万九千六百三十四，口二千一百万七千八百二十。

明帝永平十八年，户五百八十六口百七十三①，口三千四百一十二万五千二十一。

章帝章和二年，户七百四十五万六千七百八十四，口四千三百三十五万六千三百六十七。

和帝永兴元年，户九百二十三万七千一百一十二，口五千三百二十五万六千二百二十九。

安帝延光四年，户九百六十四万七千八百三十八，口四千八百六十九万七百八十九。

顺帝建康元年，户九百九十四万六千九百一十九，口四千九百七十三万五百五十。

冲帝永嘉元年，户九百九十三万七千六百八十，口四千九百五十二万四千一百八十三。

质帝本初元年，户九百三十四万八千二百二十七，口四千七百五十六万六千七百七十二。

　　右《郡国志》注，伏无忌所记，每帝崩辄记户口及垦田大数列于后，以见滋减之差。垦田数见《田赋门》。光武中兴之后，三十余年所附养，至末年，户数仅及西都孝平时四分之一，兵革之祸可畏哉！嗣是累朝休养生息，每每增羡，固其理也。但冲、质二帝享国各止一年二年之间，史所载无大兵革饥馑，而永嘉户数损于建康一万，本初户数损于永嘉五十八万有奇，殊不可晓，岂纪录之误邪？

————————

①　此处疑漏掉“万”字。

桓帝永寿二年，户千六百七万九百六，口五千六万六千八百五十六。

右东都户口极盛之数。此系《后汉书·郡国志》所载，如《通典》则以为户千六十七万七千九百六十，口五千六百四十八万六千八百五十六。户少于《汉书》五百三十八万有奇，口多于《汉书》六百四十二万有奇，未知孰是。

灵帝遭黄巾之乱，献帝罹董卓之难，大焚宫庙，劫御西迁，京师萧条，豪杰并争，郭汜、李傕之徒，残害又甚，是以兴平、建安之际，海内荒废，天子奔流，白骨盈野。故陕津之难，以箕撮指①，安邑之东，后裘不全。遂有戎寇，雄雌未定，割剥庶民三十余年。及魏武克平天下，文帝受禅，人众之损，万有一存。

魏武据中原，刘备割巴蜀，孙权尽有江东之地，三国鼎立，战争不息。魏氏户六十六万三千四百二十三，口四百四十三万二千八百八十一。

汉昭烈章武元年，有户二十万，男女九十万。蜀亡时，户二十八万，口九十四万，带甲将士十万二千，吏四万。

吴赤乌三年，户五十二万，男女口二百三十万。吴亡时，户五十三万，吏三万二千，兵二十三万，男女口二百三十万，后宫五千余人。

刘昭补注《后汉·郡国志注》曰："魏景元四年，与蜀通计民户九十四万三千四百二十三，口五百三十七万二千八百九十一。又按正始五年，扬威将军朱照日所上吴之所领兵户凡十三万二千，推其民数，不能多蜀矣。昔汉永和五年，南阳户五十余万，汝南户四十万，方之于今，三帝鼎足，不逾二郡，加有食禄复除之民，凶年饥疾之难，且可供役裁足一郡，以一郡之用供三帝之用，斯亦勤矣。"

魏武帝初平袁氏，定邺都，制赋，户绢二匹、绵二斤。见《田赋门》。

晋武帝平吴之后，制户调之式，丁男之户岁输绢三匹、绵三斤，女及次丁男为户者半输，其诸边郡或三分之二，远者三分之一；夷人输賨布，户一匹，远者或一丈。占田数见《田赋门》。男女年十六已上至六十为正丁，

---

① 撮，用两手指撮取，指根物奇缺。

十五以下至十三、六十一以上至六十五为次丁，十二以下、六十六以上为
老小，不事。

　　蜀李雄薄赋，其人口出钱四十文。巴人谓赋为賨，因为名焉。賨
之名旧矣，其赋钱四十，则起于李雄也。

晋武帝太康元年，平吴之后，九州攸同，大抵编户二百四十五万九千
八百四，口千六百一十六万三千八百六十三，此晋之极盛也。

　　后赵石勒据有河北，初文武官上疏，请依刘备在蜀、魏王在邺故
事。魏王即曹公。以河内、魏、绛等十一郡并前赵国合二十四，户二
十九万，为赵国。前秦苻坚灭前燕慕容暐，入邺阅其名籍，户二百四
十五万八千九百六十九，口九千九百九十八万七千九百三十五①，徙
关东豪杰及诸杂夷十万口于关中，平燕定蜀之后，伪代之盛也。时关
陇清宴，百姓丰乐，自长安至于诸州，二十里一亭，四十里一旅②，
行者取给于途，工贾资贩于道。

孝武帝太元二年，除度定田收租之制，公王以下口税三斛，唯蠲在身
之役。
八年，又增税米五石。

　　南燕主慕容备德优迁徙之民③，使之长复不役，民缘此迭相荫
冒，或百室合户，或千丁共籍，以避课役。尚书请加隐核，从之。得
荫户五万八千。

宋武帝北取南燕，平广固，今北海郡。西灭姚秦，平关、洛，长河以
南尽为宋有。帝素节俭，文帝励精勤民，元嘉之治，比于文、景。国富兵
强，更务远略，师徒覆败，江左虚耗。今按本史，孝武大明八年，户九十
万六千八百七十，口四百六十八万五千五百一。

---

① 此处户只有二百四十五万余，而人口则有九千九百九十八万余，肯定有误。
② 旅，疑为"驿"，即驿站。
③ 慕容备德，应为慕容德。

宋文帝元嘉中，始兴太守孙豁上表曰："武吏年满十六便课米六十斛，五十以下至十三皆课三十斛①，一户内随丁多少悉皆输米，且十三儿未堪田作，或是单迥，便自逃匿。户口之减，实此之由。宜更量课限，使得存立。今若减其米课，虽有交损，考之将来，理有深益。"诏善之。

按：汉以前，田赋自为田赋，户口之赋自为户口之赋。魏晋以来，似始混而赋之，所以晋孝武时除度定田收租之制，只口税三斛增至五石。而宋元嘉时，乃至课米六十斛，与晋制悬绝，殊不可晓。岂所谓六十斛者非一岁所赋邪？当考。

宋孝武帝大明五年，制：天下人户，岁输布四尺。

孝武大明中，王敬弘上言："旧制，人年十二半役，十六全役，当以十三以上自能营私及公，故以充役。考之见事，犹或未尽。体有强弱，不皆称耳。循吏恤隐，可无甚患，庸愚守宰，必有勤剧，况值苛政，岂可称言！至今逃窜求免，胎孕不育，乃避罪宪，实亦由兹。今皇化维新，四方无事，役名之宜，应存消息。十五至十六宜为半丁，十七为全丁。"帝从之。

齐氏六主，年代短促，其户口未详。

齐自永元以后，魏每来伐，继以内难，扬、徐二州人丁三人取两，以此为率，远郡悉令上米。准行一人五十斛，输米既毕，就役如故。又先是诸郡役人，多依人士为附隶，谓之属名。又东境役苦，百姓多注籍诈病遣外，医巫在所检占，诸属名并取病身，凡属名多不合役，往往所在并是复荫之家。凡注病者，或以积年皆摄充将役，又追责病者租布，随其年岁多少，衔命之人皆务货赂，随意纵舍。

梁武之初，亦称为治，后侯景逆乱，竟以幽毙。元帝才及三年，便至覆灭，坟籍亦同灰烬，户口不能详究。

陈武帝荆州之西既非我有，淮、肥之内力不能加。宣帝勤恤民隐，时称令主，阅其本史，户六十万，而末年穷兵黩武，远事经略，吴明彻全军只轮不返，锐卒歼焉。至后主亡时，隋家所收户五十万，口二百万。

后魏起自阴山，尽有中夏。孝文迁都河洛，定礼崇儒。明帝正光以

---

① 五十以下，应为十五以下。

前，时惟全盛，户口之数，比夫晋太康倍而余矣。

　　按：太康平吴后，户二百四十五万九千八百，口千六百一十六万三千八百六十三。云倍而余，是其盛时则户有至五百余万矣。

　　道武帝时，诏采诸漏户令输纶绵。自后诸逃户占为绐茧罗谷者甚众，于是杂营户师遍于天下，不隶守宰，赋役不同，户口错乱。景穆帝即位一切罢之①，以属郡县。

　　按：人户之以输财别为户计，不隶郡县，其事始此。

　　魏令每调一夫一妇帛一匹、粟二石。详见《田赋门》。

　　尔朱之乱，政移臣下，分为东西。权臣擅命，战争不息，人户流离，官司文簿散弃。今按旧史，户三百三十七万五千三百六十八。

　　其时以征伐不息，唯河北三数大郡多千户以下，复通、新附之郡，小者户才二十，口百而已。

　　齐神武秉政，乃命孙腾、高崇之分责无籍之户，得六十余万。于是侨居者各勒还本籍，是后租调之入有加焉。

　　北齐承魏末丧乱，与周人抗衡，虽开拓淮南，而郡县褊狭。文宣受禅，性多暴虐，及武成、后主俱是僻王②，至崇化二年为周所灭。有户三百三万二千五百二十八，口二十万六千八百八十。

　　北齐武成清河三年③，乃令男子十八以上、六十五以下为丁，十六以上、十七以下为中丁，六十六以上为老，十五以下为小。

　　后周闵、明二主，俱以弑崩。武帝诛权臣，揽庶政，恭俭节用，考核名实，五六年内，平荡燕、齐，嗣子昏虐，亡不旋踵。大象中有户三百五十九万，口九百万九千六百四。

　　周制：司役掌力役之政令，凡人自十八至五十九皆任于役，丰年不过三旬，中年则二旬，下年则一旬。起徒役无过家一人；有年八十者，一子

————————

　　① 此句《魏书·食货志》作"始光三年诏一切罢之"。
　　② 僻王，指武成、后主举止轻慢，性淫僻。
　　③ "北齐武成清河三年"，北齐武成帝高湛没有清河年号，当是"河清三年"之误。

不从役；百年者，家不从役；废疾非人不养者，一人不从役。若凶札，亦无力征。

隋文帝颁新令，男女三岁以下为黄，十岁以下为小，十七岁以下为中，十八岁以上为丁，以从课役，六十为老乃免。开皇三年，乃令人以二十一成丁。炀帝即位，户口益多，男子以二十二为丁。高颎奏："人间课税，虽有定分，年恒征纳，除注常多，长吏肆情。文帐出没，既无定簿，难以推校。乃输籍之样，请遍下诸州，每年正月五日，县令巡人，各随近①，五党三党，共为一团，依样定户上下。"帝从之，自是奸无所容。

《通典》论曰："隋受周禅，至大业二年，有户八百九十万。盖承周、齐分据，暴君慢吏，赋重役勤，人不堪命，多依豪室；禁网隳废，奸伪尤滋。高颎睹流冗之病，建输籍之法，于是定其名，轻其数，使人为浮客，被强家收太半之赋；为编氓奉公上，蒙轻减之征。浮客悉自归于编户，隋代之盛由此。"

东坡苏氏曰："古者以民之多寡，为国之贫富。故管仲以阴谋倾鲁、梁之民，而商鞅亦招三晋之人以并诸侯。当周之盛时，其民物之数登于王府者，盖拜而受之。自汉以来，丁口之蕃息与仓廪府库之盛莫如隋，其贡赋输籍之法，必有可观者。然学者以其得天下不以道，又不过再世而亡，是以鄙之，而无传焉。孔子曰'不以人废言'，而况可以废一代之良法乎！文帝之初，有户三百六十余万，平陈所得又五十万，至大业之始，不及二十年，而增至八百九十余万者，何也？方是时，布帛之积至于无所容，资储之在天下者至不可胜数，及其败亡涂地，而洛口诸仓，足以致百万之众，岂可少哉！"

文帝恭俭为治，不加赋于人。炀帝大业二年，户八百九十万七千五百三十六，口四千六百一万九千九百五十六，此隋之极盛也。后周静帝时，有户三百九十九万九千六百四，至隋开皇九年平陈，户五十万，及是才二十六七年，直增四百八十万七千九百二十二。

炀帝承其全盛，遂恣荒淫，建洛邑，每月役丁二百万人；导洛河及淮，北通涿郡，筑长城东西千余里，皆征百万余人。丁男不充，以妇女充

---

① 《隋书·食炎志》作"各随便近"。

役，而死者大半。天下之人十分九为盗贼，以至于亡。

大业五年，民部侍郎裴蕴以民间版籍脱漏，户口及诈注老少尚多，奏令貌阅，若一人不实，则官司解职。又许民纠得一丁者，令被纠之家代输赋役。是时，诸郡计账进丁二十四万三千，新附口六十四万一千五百。帝临朝览状曰："前代无贤才，致此罔冒。今户口皆实，全由裴蕴。"由是渐见亲委。

唐制：民始生为黄，四岁为小，六为中①，二十一为丁，六十为老。授田法见《田赋门》。

定天下户，量其资产定为三等。后诏三等未定升降，宜为九等。凡丁附籍账者，春附则课役并征，夏附则免课从役，秋附则课役俱免。其冒诈隐避以免课役者，不限附之早晚，皆征之。制：每岁一造账，三年一造籍，州县留五比，尚书省留三比。

唐贞观户不满三百万，三年，户部奏中国人因塞外来归及突厥前后降附，开四夷为州县，获男子一百二十余万口。侯君集破高昌，得三郡、五县、二十二城，户八千四十六，口万七千三十一，马千三百匹。永徽元年，户部奏：去年进户一十五万，通天下户三百八十万。

致堂胡氏曰："方隋之盛也，郡县民户尚版图者，八百九十余万。自李密、王、窦为倡，而山东尽为盗区，是后四方并兴，拥众十数万而加多者，垂五十余党，以郡县反者尚不与焉。至唐武德六十年间②，盖干戈云扰、狼吞虎噬者十三四年，而后内盗悉平。后二年太宗即位，贞观仁义之治兴，休息生养，至高宗永徽三年，天下乐业阜生，将一世矣，有司奏户口才及三百八十万。然则略会之隋氏极盛之民，经离乱之后，十存不能一二，皆起于独孤后无《关雎》之德，废长立少，而其祸至此也。"

总章元年，司空李勣破高丽国，虏其王，下城百七十，户六十九万七千二百，配江淮以南、山南、京西。

---

① 六为中，《新唐书·食货五》作"十六为中"。

② 武德（618—626 年），唐高祖李渊年号，仅有九年，此六十年有错。

　　证圣元年，凤阁舍人李峤上表曰："臣闻黎庶之数，户口之众，而条贯不失，按此可知者，在于各有管统，明其簿籍而已。今天下流散非一，或违背军镇，或因缘逐粮，苟免岁时，偷避徭役。此等浮衣寓食，积岁淹年，王役不供，簿籍不挂，或出入关防，或往来山泽，非直课调虚蠲，阙于恒赋，亦自诱动愚俗，堪为祸患，不可不深虑也。或逃亡之户，或有检察，即转入他境，还行自容，所司虽具设科条，颁其法禁，而相看为例，莫适惩承；纵欲纠其愆违，加之刑罚，则百州千郡庸可尽科？前既依违，后仍积习，检获者无赏，停止者获原，浮逃不悛，亦由于此。今纵更搜检，委之州县，则还袭旧踪，卒于无益。臣以为宜令御史督察检校，设禁令以防之，垂恩德以抚之，施权衡以御之，为制限以一之，然后逃亡可还，浮寓可绝。所谓禁令者，使闾阎为保，递相觉察，前乖避皆许自新，仍有不出，辄听相告，每纠一人，随事加赏，明为科目，使知劝阻。所谓恩德者，逃亡之徒久离桑梓，粮储空阙，田野荒废，即当赈其乏少，助其修营，虽有缺赋悬徭，背军离镇，亦皆舍而不问，宽而勿征；其应还家而贫乏不能致者，乃给程粮，使达本贯。所谓权衡者，逃人有绝家去乡，失离本业，心乐所住，情不愿还，听于所在隶名，即编为户。夫愿小利者失大计，存近务者丧远图。今之议者，或不达于变通，以为军府之地，户不可移，关辅之人，贯不可改；而越关继踵，背府相寻，是开其逃亡而禁其割隶也。就令逃亡者多，不能总计割隶，犹当计其户等，量为节文，殷富者令还，贫弱者令住；检责已定，计料已明，户无失编，人无废业，然后按前①，申旧章，严为防禁，与人更始。所谓限制者，逃亡之人应自首者，以符到百日为限，限满不出，依法科罪，迁之边州。如此，则户无所遗，人无所匿矣。"

武后神龙元年，户六百三十五万六千一百四十一。

　　万岁通天元年，敕："天下百姓，父母令外继别籍者，所析户并须与本户同②，不得降下；其应入役者，共计本户丁中，用为等级，

---

① 蹰，迹。
② 此句疑有漏字。如"户"等。

不得以析生蠲免。"

元宗开元十四年，户七百六万九千五百六十五。

八年，宇文融请括籍外逃户羡田，从之。见《田赋门》。

按：开元二十五年《户令》云："诸户主皆以家长为之，户内有课口者为课户，无课口者为不课户。诸视流内九品以上官及男年二十以上，老男、废疾、妻妾、部曲、客女、奴婢皆为不课户，无夫者为寡妻妾，余准旧令。诸年八十及笃疾，给侍一人；九十，二人；百岁，五人①，皆尽子孙听取，先亲皆先轻色，无近亲外取白丁者人，取家内中男者并听；诸以子孙继绝应析户者，非年十八以上不得析，即所继处有母在，虽小亦听析出；诸户欲析出口为户及首附口为户者，非成丁皆不合析，应分者不用此令。诸户计年将入丁、老疾，应征免课役及给侍者，皆县令貌形状，以为定簿，一定以后，不须更貌，若有奸欺者，听随事貌定，以附于实。"

九年，制：天下虽三载定户，每载亦有团貌，自今以后，计其转年合入中丁、成丁、五十者，任追团貌。

天宝十三载，户九百六十一万九千二百五十四。

《通典》：天宝十四载，管户总八百九十一万九千三百九，应不课户三百五十六万五千五百，应课户五百三十四万九千二百八；管田总五千二百九十一万九千三百九；不课口四千四百七十万九百八十八，课口八百二十万八千三百二十一，唐之极盛也。

三载，更令民十八以上为中男，二十三以上成丁。又制：如闻百姓或有户高丁多，苟为规避；父母见在，别籍异居。宜令州县②，一家有十丁以上放两丁征行赋役，五丁以上者放一丁，即令同籍共居，以敦风化。如更犯者，准法科罪。

《通典》曰："我国家自武德初至天宝末，凡百三十八年，可以

---

① 《旧唐书·食货》
② 勘会，核实实物或账簿。

比崇汉室，而人户才比于隋氏，盖有司不以经国驭远为意，法令不行，所在隐漏之甚也。"愚论见《田赋门》。

致堂胡氏曰："世有博古者言，自古人主养民至一千万户则止矣。三代以上无经据者。两汉而后，诚未有溢于一千万户，明皇几之矣。繁夥既甚，理复亏耗，岂人力所能遏哉！是以数言亦然亦不然也。然者，以汉文、景而武帝继之，以隋高祖而炀帝继之，以明皇而禄山出焉。不然者，尧、舜、禹、启太平凡三百余年，周成王身致刑措，康王、穆王、昭王嗣守丕业，太平亦二百余年，岂与后世中国无事之时浅促之比也。然则唐、虞、夏、周之民，岂止一千万户而已哉！养之既至，教之又备，无夭札瘥及兵革杀戮之祸①，父子祖孙连数十世为太平之民，王者代天理物，于是为尽矣。明皇享国虽久，户口虽多，不待易世而身自毁之，比祸乱稍平，几去其半，徒以内有一杨太真，外有一李林甫而致之。呜呼！可不监哉，可不监哉！"

肃宗至德二载，户八百一万八千七百一。

乾元三年，户一百九十三万三千一百二十五。

敕："逃亡户不得辄征，亲近及邻保务从减省，要在安存。"又敕："应有逃户田宅并须官为租赁，取其价直以充课税。逃人归复，宜并却还。所由亦不得称负欠租赋，别有追索。"

《通典》：乾元三年，见到账百六十九州，应管户总百九十三万三千一百三十四，不课户总百一十七万四千五百九十二，课户七十五万八千五百八十二；管口总千六百九十九万三百八十六，不课口千四百六十一万九千五百八十七，课口二百三十七万七千六百九十九。自天宝十四载至乾元三年，损户总五百九十八万二千五百八十四，损口总三千五百九十二万八千七百二十三。

愚尝论汉以后以户口定赋，故虽极盛之时，而郡国所上户口版籍终不能及三代、两汉之数，盖以避赋重之故，递相隐漏。且疑天宝以上户不应不课者居三分之一有奇，今观乾元户数，则不课者反居其太半，尤为可笑。然则，是岂足凭乎！详见《田赋门》。

---

① 札瘥，《国语·周语下》汪：疫死曰札；瘥，病也。

代宗广德二年，户二百九十三万三千一百二十五。

诏一户三丁者免一丁，凡亩税二升，男子二十五为成丁，五十五为老，以优民。二年，敕："如有浮客愿编附，请射逃人物业者，便准式据丁口给授，如二年以上种植家业成者，虽本主到，不在却还限，任别给授。"大历元年，制："逃户复业者，给复二年。如百姓先卖田宅尽者，宜委本州县取逃死户田宅，量丁口充给。"

德宗建中元年，定天下两税户，凡三百八十万五千七十六。

《通典》：主户百八十余万，客户百三十余万。

《通典》论曰："昔贤云：'仓廪实，知礼节；衣食足，知荣辱。'夫子适卫，冉子仆，曰：'美哉，庶矣！既庶矣，又何加焉？'曰：'富之。''既富矣，又何加焉？'曰：'教之。'故知国足则政康，家足则教从，反是而理者，未之有也。夫家足不在于逃税，国足不在于重敛，若逃税则不土著而人贫，重敛则多养赢而国贫①，不其然矣。管子曰：'以正户籍，调之养赢。'赢者，大贾蓄家也。正数之户既避其赋役，则至浮浪，以大贾蓄家之所役属，自收其利也②。三王以前，井田定赋。秦革周制，汉因秦法。魏晋以降，名数虽繁，亦有良规，不救时弊。昔东晋之宅江南也，慕容、符、姚迭居中土，人无定本，伤理为深，遂有庚戌土断之令，财丰俗阜，实由于兹。其后法制废弛，旧弊复起，义熙之际，重举而行③，已然之效，著在前志。隋受周禅，得户三百六十万，开皇九年平陈，又收户五十万，洎于大业二年，干戈不用，唯十八载，有户八百九十万矣。自平陈后，又加四百八十余万。其时承西魏丧乱，周、齐分据，暴君慢吏，赋重役勤，人不堪命，多依豪室，禁网疏素，奸伪尤滋。高颎睹流冗之病，建输籍之法，于是定其

---

① 赢，疑为"赢"字之误。

② 此处的三个赢或赢字，中间的贝或羊字迹模糊。按《管子·国蓄》："以正户籍，谓之养赢。赢，谓大贾蓄家也。正数之户，既避其籍，则至浮浪为大贾蓄家之所役属，增其利也"。

③ 指西晋末年，由于战乱，北方人民南迁，侨居各地，东晋成帝咸康七年（341），为加强对南迁人口的控制，令北来侨民编入所在郡县版籍，桓温执政，又于哀帝兴宁二年（364）三月初一庚戌日行土断法，史称庚戌土断。桓温死后，此法不行。晋安帝义熙九年（413），再行土断，多数侨置郡县被裁并。

名，轻其数，使人知为浮客，被强家收大半之赋，为编甿奉公上，蒙轻减之征。浮客，谓避公税，依强家作佃家也。荀悦论曰：'公家之惠，优于三代；豪强之暴，酷于亡秦。是惠不下通，威福分于豪人也。'高颎设轻税之法，浮户悉自归于编户，隋代之盛，实由于此。先敷其信，后行其令，烝庶怀惠，奸无所容。隋氏资储遍于天下，人俗康阜，颎之力焉。国家贞观中有户三百万，至天宝末百三十余年，才如隋氏之数。圣唐之盛，迈于西汉，约计天下编户合逾元始之间，而名籍所少三百余万。贞观以后，加五百九十万，其时天下户都有八百九十余万也。汉武黩兵，人口减半，末年追悔，方息征伐。其后至平帝元始二年，经七十余载，有户千二百二十余万。唐百三十余年中，虽时起兵戎，都不至减耗，而浮浪日众，版图不收，若比量汉时，实合有加数。约计天下人户，少犹可有千三四百万矣。直以选贤授任，多在艺文，才与职乖，法因事弊，隳循名责实之义，阙考言询事之道。习程典，亲簿领，谓之浅俗；务根本，去枝叶，目以迂阔。职事委于郡胥，货贿行于公府，而至此也。自建中初，天下编甿百三十万，赖分命黜陟，重为按比，收入公税，增倍而余。诸道加出百八十万，共得三百一十万。遂令赋有常规，人知定制，贪冒之吏，莫得生奸，狡猾之甿，皆被其籍。诚适时之令典，拯弊之良图。旧制：百姓备上上，计丁定庸调及租，其税户虽兼出王公以下，比之二三十分唯一耳。自兵兴以后，经费不充，于是征敛多名，且无常数，贪吏横恣，因缘为奸，法令莫得检制，烝庶不知告诉。其丁狡猾者即多规避，或假名入仕，或托迹为僧，或占募军伍，或依倚豪族，兼诸色役，万端蠲除。钝劣者即被征输，困竭日甚。建中新令，并入两税，常额既立，加益莫由，浮浪悉收，规避无所。而使臣置制各殊，或有轻重未一，仍属多故。兵革洊兴，旧额既在，见人渐艰。详今日之宜，酌晋、隋故事，版图可增其倍，征缮自减其半。赋既均一，人知税轻，免流离之患，益农桑之业，安人济用，莫过于斯矣。计诸簿账所收，可有二百五十余万户。按历代户口，多不过五，少不减三，约计天下，除有兵马多处食盐，足知见在之数。者采晋、隋旧典制置①，可得五百万矣。以五百万户共黜二百五十万户税②，自然各减数。古之为理也，在于周知人数，乃均其事役，则庶功以兴，国富家足，教从化被，风齐俗一。夫然，故灾沴不生，悖乱不起。所以《周官》有比、闾、族、

---

① 者，此字疑误，疑为"如"或"若"字。
② 黜，当为"出"字之误。

党、州、乡、县、遂之制，维持其政，纲纪其人。孟冬司徒献民数于王，王拜而受之，其敬之守之如此之重也。及理道乖方，版图脱漏，人如鸟兽，飞走莫制，家以之乏，国以之贫，奸宄渐兴，倾覆不悟，斯政之大者远者，将求理平之道，非无其本欤！"

宪宗元和时，户二百四十七万三千九百六十三。

史官李吉甫撰《元和国计簿》十卷，总计天下方镇凡四十八道，管州府二百九十三，县一千四百五十三，见定户二百四十四万二百五十四。其凤翔、鄜坊、邠宁、镇武、泾原、银夏、灵盐、河东、易定、魏博、镇翼、范阳、沧景、淮西、淄青十五道七十一州，并不申户口数目。每岁赋入倚办，止于浙西、浙东、宣歙、淮南、江西、鄂岳、福建、湖南等道，合四十州，一百四十万户①，比量天宝供税之户，四分有一。天下兵戎，仰给县官八十三万余人，比量士马，三分加一，率以两户资一兵。其他水旱所损征科妄敛，又在常役之外。

六年，制："自定两税以来，刺史以户口增损为其殿最，故有析户以张虚数，或分产以系户，兼招引浮客，用为增益，至于税额，一无所加。徒使人心易摇，土著者寡。观察使严加访察，必令诣实。"

衡州刺史吕温奏："当州旧额户一万八千四百七，除贫穷死绝、老幼单独不支济外，堪差科户八千二百五十七。臣到后团定户税，次检责出所由隐藏不输税户一万六千七百。昨寻旧案，询问闾里，承前征税并无等第；又二十余年都不定户，存亡孰察，贫富不均。臣不敢因循，设法团定，检获隐户数万余，州县虽不曾科征，所由已私自敛率。与其潜资于奸吏，岂若均助于疲人？臣请作此方圆，以救彫瘵，庶得下免偏苦，上不缺供。"敕旨："宜付所司。"

库部员外郎李渤上言："臣过渭南长源乡，旧四百户，今才百户，阌乡县旧三千户，今才千户，他处皆然。盖由聚敛之臣，剥下媚上，惟思竭泽，不虑无鱼故也。"执政恶之，渤谢病免。

致堂胡氏曰："天宝初，户几一千万，元和初，合方镇有户百四十四万，是十失其八也。宪宗急于用兵，则养民之政不得厚，重以用

---

① 《新唐书·食货二》作"一百四十四万户"。

异、铸聚敛①，受诸道贡献，百姓难乎其阜蕃矣。"

穆宗长庆时，户三百九十四万四千五百九十五。

敬宗宝历时，户三百九十七万八千九百八十二。

文宗开成四年，户四百九十九万六千七百五十二。

《唐·食货志》：天宝户数通以二户养一兵，长庆以后，率三户养一兵。详见《国用门》。

武宗会昌时，户四百九十五万五千一百五十一。

会昌元年正月，制："安土重迁，黎民之性，苟非难窨，岂至流亡！将欲招绥，必在资产。诸道频遭灾沴，州县不为申奏，百姓输纳不办，多有逃移。长吏惧在官之时破失人户，或恐务免征税，减克料钱，只于见在户中分外摊配；亦有破除逃户桑地，以充税钱。逃户产业已无，归还不得，见户每年加配，流亡转多。自今以后，应州县开成五年以前观察使、刺史差强明官，就乡村诣实检会桑田屋宇等，仍勒令长加检校，租佃与人，勿令荒废，据所得与纳户内征税，有余即官为收贮，待归还给付，如欠少，即与收破，至归还日，不须征理。自今以后，二年不归复者，即仰县司召人给付承佃，仍给公凭，任为永业。其逃户钱草斛斗等，计留使钱物合十分中三分以上者，并仰于当州、当使杂给用钱内方圆权落下，不得克正员官吏料钱及馆驿使料。递乘作人课等钱，仍任大户归还日，渐复元额。"

大中二年正月制："所在逃户见在桑田屋宇等，多是暂时东西，便被邻人与所由等计会，推云代纳税钱，悉将斫伐毁拆，及愿归复，多已荡尽，因致荒废，遂成闲田。从今往后，如有此色，勒村老人与所由并邻近等同检勘分明，分析作状，送县入案，任邻人及无田产人，且为佃事与纳税，如五年内不来复业者，便任佃人为主，逃户不在论理之限。其屋宇桑田树木等，权佃人逃户未归五年内，不得辄有毁除斫伐，如有违犯者，据根口量情科责，并科所由等不检校

---

① 异、铸，当为人名。

之罪。"

会昌五年，天下所还俗僧尼二十六万五千余人，奴婢为两税户十五万人。

周广顺三年，敕："天下县邑素有差等，年代既深，增损不一。其中有户口虽众，地望则卑；地望虽高，户口至少，每至调集，不便铨衡。宜立成规，庶协公共。应天下州府及县，除赤县、畿县、次赤、次畿外①，其余三千户以上为望县，二千户以上为紧县，一千户以上为上县，五百户以上为中县，不满五百户为中下县。宜令所司，据今年天下县户口数，定望、紧、上、中、下次等奏闻。"户部据今年诸州府所管县户数目，合定为望县六十四，紧县七十，上县一百二十四，中县六十五，下县九十七。

---

① 赤县、畿县，唐代县的等级名称。按《读史方舆纪要》注：京都所理曰赤县，所统曰畿县，其余曰望、曰紧及上、中、下之目，凡分七等。

卷十一　户口考二

历代户口丁中赋役

宋太祖皇帝建隆元年，户九十六万七千三百五十三。

乾德元年，平荆南，得户十四万二千三百。湖南平，得户九万七千三百八十八。

三年，蜀平，得户五十三万四千二十九。

开宝四年，广南平，得户十七万二百六十三。

八年，江南平，得户六十五万五千六十五。

九年，天下主客户三百九万五百四。

　　此系《会要》所载。本年主客户数如前行所载，开宝八年平江南以前户数，出《通鉴长编》，通算只计二百五十六万六千三百九十八，与《会要》不合，当考。

诏更定县望，以户四千以上为望，次为紧、为上、为中、为中下，凡五等。

乾德元年，令诸州岁奏男夫二十为丁，六十为老，女口不预。

开宝四年，诏曰："朕临御以来，忧恤百姓，所通抄人数目，寻常别无差徭，只以春初修河，盖是与民防患。而闻豪要之家，多有欺罔，并差贫阙，岂得均平？特开首举之门，明示赏罚之典。应河南、大名府、宋、亳、宿、领、青、徐、兖、郓、曹、濮、单、蔡、陈、许、汝、邓、济、卫、淄、潍、滨、棣、沧、德、具、冀、澶、滑、怀、孟、磁、相、邢、洺、镇、博、瀛、莫、深、杨、泰、楚、泗州、高邮郓所抄丁口，宜令逐州判官、县令佐子细通检，不计主户、牛客、小客，尽底通抄，差遣之时，所冀共分力役。敢有隐漏，令佐除名，典吏决配，募告者以犯人家财赏，仍免三年差役。"

太宗雍熙元年，令江、浙、荆湖、广南民输丁钱，以二十成丁，六十入老，并身有疾废者免之。

至道元年，诏复造天下郡国户口版籍。

> 自唐末四方兵起，版籍亡失，故户税赋莫得周知，至是始命复造焉。

至道三年，天下主客户四百一十三万二千五百七十六。

真宗大中祥符四年，诏除两浙、福建、荆南、广南旧输身丁钱①，凡四十五万四百贯。

> 三司使丁谓言："东封及汾阴赏赐亿万，加以蠲复诸路租赋，除免口算，圣泽宽大，恐有司经费不给。"上曰："国家所务，正为泽及下民，但敦本抑末，节用谨度，自然富足。"
>
> 初，湖、广、闽、浙因伪国旧制，岁敛丁身钱米②，所谓丁口之赋。大中祥符间，诏除丁钱，而米输如故。至天圣中，婺、秀二州犹输丁钱，转运司以为言，乃除之。其后庞籍请罢漳泉州、兴化军丁米，有司持不可。皇祐三年，帝命三司首减潭、永、桂阳监丁米③，以最下数为准，岁减十余万石。既而漳、泉、兴化军亦第损之。嘉祐四年，复命转运司裁定郴、永、桂阳与道、衡二州所输丁米及钱绢杂物，无业者弛之，存业者减半，后虽进丁，而复增取④。时广南犹或输丁钱，亦命转运司条上。自是所输无几矣。

天禧五年，天下主客八百六十七万七千六百七十七⑤，口一千九百九十三万三百二十。

---

① 身丁钱，也叫"丁钱、丁赋"。对成丁课征的税钱。有代役性质。北宋初，南方各地沿用五代旧制征收，真宗时废除。

② 丁身钱米，指身丁钱和作为丁口税缴纳的米（丁米）。

③ 潭，《宋史·食货上二》作"郴"。

④ 而复，《宋史·食货上二》作"勿复"。

⑤ 此处"主客"当为"主客户"，因下面是人口数。

诏："诸州县自今招来户口，及创居入中开垦荒田者，许依格式申入户口籍，无得以客户增数。"旧制，县吏能招增户口，县即申等，仍加其俸缗，至有析客户者，虽登于籍，而赋税无所增入。故条约之。

仁宗天圣七年，天下主客户一千一十六万二千六百八十九，口二千六百五万四千二百三十八。

庆历八年，天下主客户一千七十二万三千六百九十五，口二千一百八十三万六十四。

嘉祐八年，天下主客户一千二百四十六万二千三百一十七，口二千六百四十二万一千六百五十一。

英宗治平三年，天下主客户一千二百九十一万七千二百二十一，口二千九百九十二万二千一百八十五。

神宗熙宁八年，天下主客户一千五百六十八万四千五百二十九，口二千三百八十万七千一百六十五。

湖广承伪政，旧输丁米，大中祥符以后，屡裁损犹不均。四年，诏屯田员外郎周之纯往广东相度均之。

元丰二年七月，提举广西常平刘谊言："广西一路户口二十万，而民出役钱至十九万缗，先用税钱敷出，税数不足，又敷之田米，田米不足，复算于身丁。夫广西之民，身之有丁也，既税以钱，又算以米，是一身而输二税，殆前世弊法。今既未能蠲除，而又益以役钱，甚可悯也。至于广东西监司、提举司吏，一月之给，上同令、录，下倍摄官，乞裁损其数，则两路身丁田米亦可少宽。"遂诏月给钱递减二千，岁遂减一千二百余缗。

按：广南丁钱，史所载大中祥符间尽蠲之，独丁米未除。今观谊之言，则尚有丁钱也。作法于贪，难革而易复，可畏哉！

元丰六年，天下主客户一千七百二十一万一千七百一十三，口二千四百九十六万九千三百。

右以上系《国朝会要》所载户口数目，今考元丰三年，检正中书户房公事毕仲衍经进《中书备对》，内载天下四京、一十八路户口主客数目，微为不同，又有各路细数，今具录于后：

天下总四京、一十八路户，主客一千四百八十五万二千六百八十四。

主一千一十万九千五百四十二。内四十一万九千五百二十二户元供弓箭手，僧院、道观、山泾、山团、山瑶、典佃、乔佃、船居、黎户不分主、客、女户，今并附入主户数。

客四百七十四万三千一百四十四。内一万五百二十二户，元供交界浮居散户、蕃部无名目户，今并附入客户数。

口，主客三千三百三十万三千八百八十九。

主二千三百四十二万六千九百九十四。内六十八万三千八百八十三口，元供弓箭手、山瑶、童行、僧道、蜒船居、黎户，今入主口数。

客九百八十七万六千八百九十五。内一万一百二十八口元供浮居散户，今入客户数。

丁，主客一千七百八十四万六千八百七十三。

主一千二百二十八万四千六百八十五。内二十九万八千二百七十五口，不分主客。

客五百五十六万二千一百八十八。

东京开封府，县二十二：开封、祥符、陈留、雍邱、襄邑、咸平、太康、扶沟、尉氏、鄢陵、中牟、管城、新郑、阳武、酸枣、长垣、封邱、白马、韦城、胙城、东明、考城。

户，主一十七万一千三百二十四。

口，主二十九万五千九百一十二，客八万五千一百八十。

丁，主二十一万二千四百九十三。

京东路州一十五：兖、徐、曹、青、郓、密、齐、济、登、莱、单、濮、潍、淄。县七十八。

　　　　户，主八十一万七千九百八十三，客五十五万二千八百一十七。
　　　　口，主一百六十六万九百三，客八十八万五千七百七十四。
　　　　丁，主九十五万七千五百五十四，客五十六万五千六百九十三。

　　京西路州一十四：许、孟、陈、襄、邓、随、金、房、汝、蔡、郢、
均、唐、颖。

　　　　府一：河南。军一：信阳。县七十九。
　　　　户，主三十八万三千二百二十六，客二十六万八千五百一十六。
　　　　口，主六十四万四千七百五十七，客四十五万八千一百三十。
　　　　丁，主四十万七百四十，客二十六万九千六百二十三。

　　河北路州二十三：定、澶、相、恩、邢、沧、怀、卫、博、磁、洺、
棣、深、瀛、雄、霸、祁、冀、赵、德、滨、莫、保。府二：大名、真
定。军十一：永静、乾宁、信安、广信、安肃、保定、顺安、保顺、德
清、永宁、北平。县一百四。

　　　　户，主七十六万五千一百三十，客二十一万九千六十五。
　　　　口，主一百四十七万三千六百八十三，客四十万七千五百一。
　　　　丁，主七十七万三千八百九十一，客二十万五千四百六十七。

　　陕府西路州二十六：陕、同、华、耀、邠、泾、秦、郿、延、解、
陇、成、凤、虢、坊、丹、阶、商、宁、原、庆、渭、环、熙、岷、河。
府三：京兆、凤翔、河中。军六：庆成、镇戎、保安、康定、通远、德
顺。县一百一十八。

　　　　户，主六十九万七千九百六十七，客二十六万四千三百五十一。
　　　　口，主二百一万五千四百三十六，客七十四万六千三百六十八。
　　　　丁，主一百六万七千九百三十六，客四十二万五千六百五十一。

河东路州十四：潞、晋、麟、府、代、绛、隰、忻、汾、泽、宪、岚、石、丰。府一：太原。军七：威胜、宁化、平定、岢岚、火山、保德、吉乡。监一：大通。县七十三。

户，主三十八万三千一百四十八，客六万七千七百二十一。

口，主七十五万二千三百一，客一十三万八千三百五十八。

丁，主三十七万二千三百九十，客七万七千四百六十二。

淮南路州一十八：扬、寿、庐、宿、濠、和、蕲、海、楚、舒、泰、泗、亳、光、滁、黄、真、通。军一：无为。县六十九。

户，主七十二万三千七百八十四，客三十五万五千二百七十。

口，主一百三十九万三千五百五十五，客六十三万七千三百二十六。

丁，主一百三十二万三百六，客十五万二千三百。

两浙路州一十四：杭、越、苏、润、湖、婺、明、常、衢、温、合、秀、睦、处。县七十九。

户，主一百四十四万六千四百六，客三十八万三千六百九十。

口，主二百六十万五千四百八十四，客六十一万八千二百一十五。

丁，主一百六十二万九千五百三十二，客二十九万八千二十七

江南东路州七：宣、歙、江、池、饶、信、太平。府一：江宁。军二：广德、南康。县四十八。

户，主九十万二千二百六十一，客一十七万一千四百九十九。

口，主一百六十万九千六百一十二，客二十八万九千八百四十三。

丁，主一百一万九千一百三十四，客一十八万六千二十七。

江南西路州六：洪、虔、吉、袁、抚、筠。军四：兴国、建昌、临江、南安。县四十七。

户，主八十七万一千七百二十，客四十九万三千八百一十三。

口，主二百一万六百四十六，客一百六万五千二百一。

丁，主八十八万四千三百二十九，客三十八万七百九十八。

荆湖南路州七：潭、衡、永、郴、邵、全、道。监一：桂阳。县三十三。

户，主四十五万六千四百三十一，客三十五万四千六百二十六。

口，主一百一十五万三千八百七十二，客六十七万四千二百五十八。

丁，主六十二万二千九百三十三，客三十二万二千五百四十六。

荆湖北路州九：鄂、安、岳、鼎、温、峡、归、辰、沅。府一：荆南。县四十五。

户，主三十五万五百九十三，客二十三万八千七百九。

口，主七十万二千三百五十六，客五十万九千六百四十四。

丁，主二十八万五千五百二十六，客二十万七千六百二十四。

福建路州六：福、建、泉、南剑、漳、汀。军二：邵武、兴化。县四十五。

户，主六十四万五千二百六十七，客三十四万六千八百二十。

口，主一百三十六万八千五百九十四，客六十七万四千四百三十八。

丁，主七十九万七百一十九，客五十六万二百三十。

成都府路州一十二：眉、绵、汉、彭、蜀、嘉、邛、简、黎、雅、茂、威。府一：成都。军一：永康。监一：陵井。县五十八。

户，主五十七万四千六百三十，客一十九万六千九百三。

口，主二百七十八万九千二百二十五，客八十六万四千五百二十三。

丁，主六十八万五千二十，客二十七万七百二十四。

梓州路州一十一：梓、遂、果、资、普、合、荣、渠、昌、戎、泸。军二：怀安、康安。监一：富顺。县四十九。

户，主二十六万一千五百八十五。

口，主八十八万五千五百一，客五十二万八千二百一十四。

丁，主三十七万四千六百六十九，客三十万五千五百二十九。

利州路州九：利、阆、洋、文、剑、兴、巴、蓬、龙。府一：兴元。县三十九。

户，主一十七万九千八百三十五，客一十二万二千一百五十六。

口，主四十万二千八百七十四，客二十四万五千九百九十二。

丁，主一十九万五千三百八十七，客一十四万四千五百九十一。

夔州路州九：夔、忠、万、施、开、达、涪、渝、黔。军三：云安、梁山、南平。监一：大宁。县三十一。

户，主六万八千三百七十五。

口，主二十一万五千五百九十五，客二十五万二千四百七十二。

丁，主一十四万九千七十，客一十七万一千一十七。

广南东路州一十四：广、韶、循、潮、连、南雄、英、贺、封、端、新、康、惠、南恩。县四十。

户，主三十四万七千四百五十九，客二十一万八千七十五。

口，主八十一万二千一百四十七，客三十二万二千五百一十二。

丁，主七十三万五千七百四十七，客二十六万二千五十九。

广南西路州二十四：桂、客、邕、象、昭、梧、藤、龚、浔、贵、柳、宜、宾、横、融、化、高、雷、白、钦、郁林、廉、琼、顺。军三：万安、昌化、朱崖。县六十。

户，主一十六万三千四百一十八，客七万八千六百九十一。

口，主五十八万四千六百四十一，客四十七万九百四十六。

丁，主二十七万三千六百七十四，客四十一万九千三百一十六。

哲宗元祐六年，天下主客户一千八百六十五万五千九十三，口四千一百四十九万二千三百一十一。

元符二年，天下主客户一千九百七十一万五千五百五十五，口四千三百四十一万一千六百六。

徽宗崇宁元年，天下主客户共升户三十万三千四百九十五，口四十万九千一百六十三，增入元符元数，计户二千合一万九千五十，口四千三百八十二万七百六十九。

政和三年，详定《九域图志》。蔡攸、何志同言："本所取会天下户口数类多不实，且以河北二州言之：德州主客户五万二千五百九十九，而口才六万九千三百八十五；霸州主客户二万二千四百七十七，而口才三万四千七百一十六。通二州之数，率三户四口，则户版刻隐，不待校而知之。乞诏有司申严法令，务在核实。"从之。八月，淮南转运副使徐闳中言："《九域志》，在元丰间主客户共一千六百余万，大观初已二千九十一万，乞诏诸路应奏户口，岁终再令提刑、提举司参考同保。"从之。

六年，户部言："淮南转运司申：《政和格》知、通、令、佐任内增收漏户一千至二千户常格，一县户口多者止及三万，脱漏难及千户，少得应赏之人，縣此不尽心推括。看详令、佐任内增收漏户八百户，升半年名次；一千五百户，免试；三千户，减磨勘一年①，七千户，减二年；一万二千户，减三年。知、通随所管县通理，比令、佐加倍。"从之。

① 磨勘，勘察官吏政绩。唐宋磨勘进秩之法，如武职五年一迁。

　　按：以史传考之，则古今户口之盛，无如崇宁、大观之间。然观当时诸人所言，则版籍殊欠核实，所纪似难凭，览者详之。

　　高宗绍兴三十年，天下主客户一千一百三十七万五千七百三十三，口一千九百二十二万九千八。

　　绍兴五年，诏："诸路经残破州县，亲民官到任，据见存户口实数批上印历，满任日亦如之，以考殿最。"

　　八年，尚书刘大中奏："自中原陷没，东南之民死于兵火、疫疠、水旱以至为兵、为缁黄及去为盗贼①，余民之存者十无二三，奸臣虐用其民，诛求过数，丁盐绸绢最为疾苦。愚民宁杀子而不愿输，生女者又多不举，民何以至是哉？乞守令满日以生齿增减为殿最。"

　　又诏："应州县乡村五等、坊郭七等以下户，及无等第贫乏之家，生男女不能养赡者，于常平钱内人支四贯文省，仍委守令劝谕父老，晓譬祸福。若奉行如法，所活数多，监司保明推赏。"

　　孝宗乾道二年，诸路主客户一千二百三十三万五千四百五十，口二千五百三十七万八千六百八十四。

　　淳熙八年，臣僚言："饥馑之时，遗弃小儿为人收养者，于法不在取认之限，听养子之家申官附籍，依亲子孙法。昨叶梦得守颍昌，岁大饥，仍为空名券，坐上件法，印版付里胥，凡有收养者给其券，所全活甚众。乞下州县镂版，谕民通知。"

　　又诏，申严建、剑、汀、邵四州不举子之禁。

　　光宗绍熙四年，诸路主客户一千二百三十万二千八百七十三，口二千七百八十四万五千八十五。

　　宁宗嘉定十六年，诸路主客户一千二百六十七万八百一，口二千八百三十二万八十五。

――――――――――

　　①　缁黄，指僧人和道士。因僧侣缁衣，道士黄冠，故称。

两浙路户二百二十二万三百二十一，口四百二万九千九百八十九。

江南东路户一百四万六千二百七十二，口二百四十万二千三十八。

江南西路户二百二十六万七千九百八十三，口四百九十五万八千二百九十一。

淮南东路户一十二万七千三百六十九，口四十万四千二百六十一。

淮南西路户二十一万八千二百五十，口七十七万九千六百一十二。

广南东路户四十四万五千九百六，口七十七万五千六百二十八。

广南西路户五十二万八千二百二十，口一百三十二万一千二百七。

荆湖南路户一百二十五万一千二百二，口二百八十八万一千五百六。

荆湖北路户三十六万九千八百二十，口九十万八千九百三十四。

福建路户一百五十九万九千二百一十四，口三百二十三万五百七十八。

京西路户六千二百五十二，口一万七千二百二十一。

成都府路户一百一十三万九千七百九十，口三百一十七万一千三。

利州路户四十万一千一百七十四，口一百一万六千一百一十一。

潼川府路户八十四万一千一百二十九，口二百一十四万三千七百二十八。

夔州路户二十万七千九百九十九，口二十七万九千九百八十九。

右《国朝会要》所载户口，南渡前无各路数目，故以《中书备对》所书元封各路数编入，而南渡后莫盛于宁宗嘉定之时，故备书之。

身丁钱者，东南、淮、浙、湖、广等路皆有之。自马氏据湖南始取永、道、郴州、桂阳军、茶陵县民丁钱、绢、米、麦，嘉祐四年，诏无业者与除放，有业者减半。然道州丁米每岁犹为二千石，人甚苦之。绍兴五年，守臣赵坦请以二分敷于田亩，一分敷于民丁。诏下其议，漕司言："如此，则贫民每丁当输二斗有奇，乞尽敷于田亩。"言者以为太重，请损其一分。诏漕司相度。四月甲辰。六年，枢密院检详王迪又请两路丁钱随田税带纳，八月己亥。不果行。十四年，知永州罗长源言于朝，遂尽放湖南诸郡丁钱。十月庚子。然上供椿数则如故。后十余年，杨良佐邦弼为漕，乃奏除之。江东诸郡丁口盐钱，李氏有国日所制也。盖以泰州及静海军今通州。盐货计口俵散，收钱入官。其后失淮南，而盐不可得，既又令折绵绢输之，民益以为病。明道二年，范文正公为江淮安抚，乞会一路主户，以见在盐价，于春时给盐食用，随夏税送纳价钱。奏可。其后谓之蚕盐者，此也。两浙身丁钱者，始未行钞法以前，岁计丁口，官散蚕盐，每丁给盐一斗，输钱百六十有六，谓之丁盐钱。皇祐中，许氏以绅绢依时直折纳，谓之丁绢。自钞法既行之后，盐尽通商，而民无所给，每丁仍增钱为三百六十，谓之丁身钱。大观中，始令三丁纳绢一匹，当时纳钱，未有倍费，其后物价益贵。乃令每丁输绢一丈、绵一两，皆取于五等下户，民甚病之。建炎三年，诏以一半折绢，一半纳见钱。十一月丁未，于是岁为绢二十四万匹、绵百万两、钱二十万缗。绍兴初，又用严守颜为言，曾得解人免丁钱。三年四月甲午。二十五年，上念浙民之困，免丁绢钱绵一年，以内府钱帛偿户部。八月己丑。乾道元年，孝宗以两浙岁涝，又免灾伤郡邑身丁钱十三万七千缗、绢十六万三千匹，皆有奇。二月癸卯。惟临安以驻跸所在，每三年一下诏除之，岁满复然。至开禧元年十二月御笔，浙路身丁钱自今永与除免，恩施浸博矣。先是，绍兴末，吕公雅广问为浙漕，以湖州丁绢多所隐漏，乃给申帖付民户，俾自排丁名，得四十万丁，每丁为钱千四百、绢八尺有奇。三十一年四月丁亥。明年，守臣陈之茂因请折绢，以五千为匹，仍止岁额为定，不以添丁而增赋。诏皆可之。正月丁巳。自是湖州以五丁科一匹矣。未几，又曾以七丁为一匹。乾道八年，余处恭为乌程令，请于朝，乞以七丁科一匹。曾钦道秉政，奏行之。自是为例。两淮丁钱者，不知所从始。乾道末，诏民户一丁充民丁者，本名丁钱勿输。七年八月丙辰。二广丁钱，亦不知其所始。广西郡县贫薄，凡民间父祖年六十以上而身丁未成者，亦行科纳，谓之挂丁钱。绍熙初，诏令本路监司约束。二年郊敕申明。大抵丁钱多伪国所创，余尝谓唐之庸钱，杨炎已均入二税，而后世差役复不免焉，是力役之征既取其二也；本朝王安石令民输钱以免役，而绍兴以后，所谓著户长、保正雇钱复不给焉，是取其三也；合丁钱而论之，力役之征，盖取其四矣；而一有边事，则免夫之令又不得免焉，是取其五也。孟子曰："有布缕之征，有谷粟之征，有力役之征。用其一，缓其二。用其二则民有殍，用其三而父子离。"今布缕之征，有所折税，有和、预买，川路有激赏，而东南有丁绢，是布缕之征三也。谷粟之征，有税米，有义仓，有和籴，川路谓之劝籴。而斗面加耗之输不与，是谷粟之征亦三也。通力役之征而论之，盖用其十矣，民安得不困乎？余恶夫世之俗吏，不知财赋本末源流，故以趣办为能，而拨其本也。故详录其事，以待上问而出焉。闽、浙、湖、广丁钱，在国初岁为四十五万缗，大中祥符四年七月尝除之，后又复。

西汉户口至盛之时，率以十户为四十八口有奇，东汉户口率以十户为五十二口，可准周之下农夫。唐人户口至盛之时，率以十户为五十八口有奇，可准周之中次。自本朝元丰至绍兴户口，率以十户为二十一口，以一家止于两口，则无是理，盖诡名子户漏口者众也。然今浙中户口，率以十户为十五口有奇，蜀中户口，率以十户为二十口弱，蜀人生齿非盛于东南，意者蜀中无丁赋，于漏口少尔。昔陆宣公称租庸调之法曰："不校阅而众寡可知，是故一丁授田，决不可令输二丁之赋，非若两税，乡司能开阖走弄于其间也。自井田什一之后，其惟租庸调之法乎！"

右二段系《建炎以来朝野杂记》所载宋朝丁钱本末，及历代户口详略之概，其考订精核故书之。

水心叶氏曰："为国之要，在于得民，民多则田垦而税增，役众而兵强。田垦税增，役众兵强，则所为而必从，所欲而必遂。是故昔者战国相倾，莫急于致民，商鞅所以坏井田开阡陌者，诱三晋愿耕之民以实秦地也。汉末天下弹残，而三国争利，孙权搜山越之众以为民，至于帆海绝徼，俘执岛居之夷而用之。诸葛亮行师，号为秉义，不妄虏获，亦拔陇上家属以还汉中。盖蜀之亡也，为户二十四万，吴之亡也，为户五十余万，而魏不能百万而已。举天下之大，不当全汉数郡之众。然则因民之众寡为国之强弱，自古而然矣。今天下州县，直以见入职贡者言之，除已募而为兵者数十百万人，其去而为浮屠、老子及为役而未受度者，又数十万人，若此皆不论也。而户口昌炽，生齿繁衍，几及全盛之世，其众强富大之形，宜无敌于天下。然而偏聚而不均，势属而不亲，是故无垦田之利，无增税之入，役不众，兵不强，反有贫弱之实见于外，民虽多而不知所以用之，直听其自生自死而已。而州县又有因其丁中而裁取其绢价者，此其意岂以为民不当生于王之土地而征之者欤？夫前世之致民甚难，待其众多而用之，有终不得者，今欲有内外之事，因众多已成之民，率以北向，夫孰敢争者！而论者曾莫以为意，此不知其本之甚者也。以臣计之，有民必使之辟地，辟地则增税，故其居则可以为役，出则可以为兵。而今也不然，使之穷居憔悴，无地以自业。其驽钝不才者，且为浮客，为佣力，其怀利强力者，则为商贾，为窃盗，苟得旦暮之食，而不能为家。丰年乐岁，市无贵粜，而民常患夫斗升之求无所从给。大抵得以税与役自通于官者不能三之一，有田者不自垦，而能垦者非其田，此其所以虽蕃炽昌衍，而其上不得而用之也。呜呼！亦其势之有不得不然者矣。夫吴越之地，自钱氏时独不被兵，又以四十年都邑之盛，四方流徙尽集于千里之内，而衣冠贵人不知其几族，故以十五州之众，当今天下之半。计其地不足以居其半，而米粟谷帛之直三倍于旧①，鸡豚、菜茹、樵薪之鬻五倍于旧，田宅之价十倍于旧，其便利上腴，争取而不置者，数十百倍于旧。盖秦制万户为县，而宋、齐之间，山阴最大而难治，然犹不过三万，而两浙之县以三万户率者，不数也。夫举天下之民未得其所，犹不足为意，而此一路之生聚，近在畿甸之间，十年之后，将以救之乎？夫迹其民多而地不足若此，则其穷而无告者，其上岂宜有不察者乎？田无所垦而税不得增，徒相聚博取攘窃以为衣食，使其俗贪淫诈靡而无信义忠厚之行②，则将尽弃而鱼肉之乎！噫！此不可不虑也。汉之末年，荆、楚甚盛，不惟民户繁实，地著充满，而才智勇力之士森然出于其中，孙、刘资之以争天下。及其更唐、五代，不复振起，今皆为下州小县，乃无一士生其间者。而闽、浙之盛，自唐而始，且独为东南之望。然则亦古所未有也。极其盛而将坐待其衰，此岂智者之为乎？且其土地之广者，伏藏狐兔，平野而居虎狼，荒墟林莽，数千里无聚落，奸人亡命之所窟宅，其地气

---

① 谷，疑为"布"字。
② 疑为"贪诈淫靡"。

蒸郁而不遂；而其狭者，凿山捍海，摘决遗利，地之生育有限，民之锄耨无穷，至于动伤阴阳，侵败五行，使其地力竭而不应，天气亢而不属，肩摩袂错，愁居戚处，不自聊赖，则臣恐二者之皆病也。夫分闽、浙以实荆、楚，去狭而就广，田益垦而税益增，其出可以为兵，其居可以为役，财不理而自富，此当今之急务也。而论者则又将曰'虑其因徙而变'，夫岂有不变之术而未之思乎！抑听其自变者乎！"

奴婢佣赁　品官占户

《周官》：大宰以九职任万民，八曰臣妾，聚敛疏材。九曰闲民，无常职，转移执事。臣妾，男女贫贱之称。转徙执事。① 若今佣赁也。

《酒人》：奚三百人。古者从坐男女没入县官为奴，其少才知以为奚，今之侍史、官婢。

汉高祖令民得卖子。

五年，诏民以饥饿自卖为人奴婢者，皆免为庶人。

文帝劝务农桑，帅以俭节，未有兼并之害，故不为民田及奴婢为限。

　　贾谊曰："岁恶不入，请卖爵子。"又曰："今人卖僮者，为之绣衣丝履，偏诸缘，纳之闲中，是古天子后服所以庙而不晏者也。"

　　晁错劝帝募民徙塞下，募民以丁奴婢赎罪，及输奴婢欲以拜爵者。

　　女子缇萦愿没入为官婢②，以赎父罪。

四年，免官奴婢为庶人。

武帝建元元年，赦吴楚七国帑输在官者。吴、楚七国反时，其首事者妻子没入为官奴婢，帝即位，哀而赦之。

　　《司马相如传》，卓王孙僮客八百人，程郑亦数百人。

　　董仲舒说上曰："宜少近古，限民名田，以赡不足，塞兼并之路，去奴婢，除专杀之威。"不得专杀奴婢也。

---

① 转徙执事，应为"转移执事"。
② 缇萦，人名，汉太仓令淳于意之少女，愿为官奴以赎父罪。

其后，府库并虚，乃募民能入奴婢得以终身复，为郎增秩。

杨可告缗遍天下，告民匿缗钱不算者。乃分遣御史、廷尉正监分曹①，郎治郡国缗钱②，得民财物以亿计，奴婢以千万数，其没入奴婢，分诸苑养狗马禽兽，及与诸官。官益杂置多谓杂置官员，分掌众事，徙奴婢众，而下河漕度四百万石，及官自籴乃足。

元帝时，贡禹言："官奴婢十余万，游戏无事，税良民以给之，宜免为庶人。"

杜延年坐官奴婢乏衣食免官。

今按家家奴婢细民为饥寒所驱而卖者也。官奴婢有罪而没者也。民以饥寒至于弃良为贱，上之人不能有以赈救之，乃复效豪家兼并者之所为，设法令其入奴婢以拜爵复役，是令饥寒之民无辜而与罪隶等也。况在官者十余万人，而复税良民以养之，则亦何益于事哉！

成帝永始四年，诏曰："公卿列侯、亲属近臣多蓄奴婢，被服绮縠，其申饬有司，以渐禁之。"

哀帝即位，诏曰："诸侯王、列侯、公主、吏二千石及豪富民多蓄奴婢，田宅亡限，其议限例。"有司条奏："诸侯王奴婢二百人，列侯、公主百人，关内侯、吏民三十人，年六十以上，十岁以下，不在数中。诸名田畜奴婢过品，皆没入县官。官奴婢年五十以上，免为庶人。"

王莽名天下奴婢曰"私属"，不得买卖。

光武建武二年五月，诏曰："民有嫁妻、卖子欲归父母者，悉听之，敢拘执，论如律纪。"下同。

六年十一月，诏王莽时吏人没入为奴婢不应旧法者，皆免为庶人。

七年，吏人遭饥乱，及为青徐贼所掠为奴、下妻，欲去留者，悉听之。敢拘制不还，以卖人法从事。

十一年，诏曰："天地之性人为贵，其杀奴婢，不得减罪。"

八月癸亥，诏曰："敢炙灼奴婢，论如律。所炙灼者为废民。"

冬十一月壬午，诏除奴婢射伤人弃市律。

---

① 廷尉正监分曹，《汉书·食货下》作"廷尉正监分曹往"。
② 郎治郡国缗钱，《汉书·食货下》作"即治郡国缗钱"。

十二年三月，诏陇蜀民被掠为奴婢自讼者，及狱官未报，一切免为庶民。

十三年十二月甲寅，诏益州民自八年以来被掠为奴婢者，皆一切免为庶民，或依托为人下妻欲去者，悉听之。拘留者，比青、徐二州，以掠人法从事。

十四年十二月癸卯，诏益、凉二州奴婢，自八年以来自讼在所官，一切免为庶民，卖者无还直。

殇帝延平元年，诏诸官府、郡国、王侯家奴婢姓刘及疲癃羸老，皆上其名，务令实悉。

安帝永初四年，诸没入为官奴婢者，免为庶人。

晋武帝平吴之后，令王公以下得荫人以为衣食客及佃客，官品第一、第二者，佃客无过五十户，三品十户，四品七户，五品五户，六品三户，七品二户，八品、九品一户。详见《职官门》。

晋元帝太兴四年，诏曰："昔汉二祖及魏武皆免良人，武帝时，凉州覆败，诸为奴婢亦皆复籍，此累代成规也。其免中州良人遭难为扬州诸郡僮客者，以备征役。"

东晋寓居江左以来，都下人多为诸王公贵人左右、佃客、典计、衣食客之类①，皆无课役。官品第一、第二，佃客无过四十户，每品灭五户②，至第九品五户。其佃谷皆与大家量分。其典计，官品第一、第二置三人，第三、第四置二人，第五、第六及公府参军、殿中监、监军、长史、司马部曲督、关外侯、材官、议郎以上一人，皆通在佃客数中。官品第六以上并得衣食客三人，第七、第八二人，第九品、举辇、迹禽、前驱、强弩司马、羽林郎、殿中虎贲、持椎斧武骑虎贲、持钑色立反、冗从虎贲、命中武骑一人③。其客皆注家籍。其课，丁男调布、绢各二丈，丝三两，绵八两，禄绢八尺，禄绵三两二分，租米五石，④丁女并半之。男年十六亦半

---

① 佃客，指在豪强荫庇下的一种依附农民。衣食客，晋代依附于世族、豪强荫庇下的人。典计，指主管计会之人。

② 灭（减），应为"减"字之误。

③ 《晋书·食货志》作："第九品及举辇、迹禽、前驱、由基、强弩、司马、羽林郎、殿中冗从虎贲、殿中武贲、持椎斧武骑虎贲、持钑色立反冗从虎贲、命中武贲武骑一人。"以上均是皇帝的仪从、侍卫名称。

④ 据《魏书·食货志》所记，此句后还有"禄米二石"。

课，年十八正课，六十六免课。其男丁每岁役不过二十日。① 其田，亩税米二升。盖大率如此。其度量，三升当一升，秤则三两当今一两，尺则一尺二寸当今一尺。

按：此即汉人封君食邑户之遗意。然汉不过每户岁赋二百钱，而此所赋乃过重者，盖封君所得只是口赋，而汉人有田者官别赋之；晋以来人皆授田，无无田之户，是以户赋之入于公家及私属皆重。又一品所占不过四十户，非汉列侯动以千户万户计者比也。

后魏令：每调奴任耕、婢任绩者，八口当未娶者四；耕牛十头当奴婢八②。详见《田赋门》。

孝文太和九年，诏均天下人田：诸男夫十五以上，受露田四十亩，妇人二十亩，奴婢依良。诸麻布之土，男夫及课，别给麻田十亩，妇人五亩，奴婢依良。皆从还受之法。详见《田赋门》。

周武帝天和元年，诏江陵人年六十五以上为官奴婢者已令放免，其公私奴婢年七十以外者，所在官私赎为庶人。

建德元年，又诏江陵所获俘虏充官口者，悉免为百姓。

容斋洪氏《随笔》曰："元魏破江陵，尽以所俘士民为奴，无问贵贱，盖北方夷俗皆然也。自靖康之后，陷于金虏者，帝子王孙、宦门士族之家尽没为奴婢，使供作务。每人一月支稗子五斗，令自春为米，得一斗八升，用为糇粮；岁支麻五把，令绩为裘。此外更无一钱一帛之入。男子不能绩者，则终岁裸体，虏或哀之，则使执爨，虽时负火得暖气，然才出外取柴归，再坐火边，皮肉即脱落，不日辄死。惟喜有手艺如医人、绣工之类，寻常只团坐地上，以败席或芦籍衬之。遇客至开筵，引能乐者使奏技，酒阑客散，各复其初，依旧环坐刺绣，任其生死，视如草芥云。"

唐制：凡反逆相坐，没其家为官奴婢。反逆家男女及奴婢没官皆谓之官奴

---

① 据《隋书·食货志》所记，此处还有"又率十八人出一运丁役之"一句。
② 按《魏书·食货志》所记，耕牛十头作"耕牛二十头"。

婢。男年十四以下者，配司农；十五以上者，以其年长，令远京师，配岭南为城奴也。一免为审户，再免为杂户，三免为良人，皆因赦宥所及则免之。凡免，皆因恩言之。

显庆二年，敕："放诸奴婢为良及部曲、客女者听之，皆由家长手书，长比见任之半，其南口请以蜀蛮人①。官奴婢年六十以上及废疾者，并免贱。"

永昌元年，越王正被诛，家僮胜衣田者千余人，于是制王公已下奴婢有数。

万岁通天元年，敕："士庶家僮仆有骁勇者，官酬主直，并令讨击契丹。"

大足元年，敕："以北缘边州县，不得畜突厥奴婢。"

天宝八载，敕："京畿及诸郡百姓，有先是给使在私家驱使者，限敕到五日内，一切送内侍省。其中有是南口及契券分明者，各作限约，定数驱使，虽王公之家不得过二人②，其职事官一品不得过十二人，二品不得过十人，三品不得过八人，四品不得过六人，五品不得过四人，京文武清官六品、七品不得过二人，八品、九品不得过一人。其嗣郡王、郡主、县主、国夫人、诸县君等，请各依本品同职事及京清资官处分，其有别承恩赐，不在此限。其荫家父祖先有者，各依本荫职减比见任之半。其南口请以蜀蛮及五溪、岭南夷獠之类。"

大历十四年，诏："邕府岁贡奴婢，使之离父母之乡，绝骨肉之恋，非仁也。宜罢之。"

元和四年，敕："岭南、黔中、福建等道百姓，多被公私掠卖为奴婢，宜令所在长吏，切加捉搦，并审细勘责。委知非良人百姓，乃许交关，犯者准法处分。"

八年，敕岭南诸道，不得辄以良口饷遗贩易。

长庆元年，诏禁登、莱州及缘海诸道，纵容海贼掠卖新罗人口为奴婢。

四年，敕诸司、诸使，各勘官户奴婢，有废疾及年七十者，准格免贱从良。

---

① 以上两句疑有错漏。
② 此句疑有漏字。

会昌五年，中书门下奏："天下诸寺奴婢，江淮人数至多，其间有寺已破废，全无僧众，奴婢既无衣食，皆自营生。洪、潭管内人数倍多，一千人以下五百人以上处，计必不少，并放从良百姓。"旨依。

大中九年，禁岭南诸州货卖男女，如有以男女佣赁与人，贵分口食，任于当年立年限为约，不得将出外界。

昭宗大顺二年，敕："天下州府及在京诸军，或因收掳百姓男女，宜给内库银绢，委两军收赎，归还父母。其诸州府，委本道观察使取上供钱充赎，不得压良为贱。"

后唐同光二年，敕："应百姓妇女俘虏他处为婢妾者，不得占留，一任骨肉识认。"

天成元年，敕："京城诸道，若不是正口，不得私书契券，辄卖良人。"

周显德五年，新定《刑统》："讻诱良口、勾引逃亡奴婢与货卖所盗资装者①，其讻诱勾引之人，伏请处死，良口奴婢准律处分，居停主人重断，或分受赃物至三匹以上处死；将良口于蕃界货卖，居停主人知而不告官者，亦处死。"

宋太祖皇帝开宝二年，诏："奴婢非理致死者，即时检视、听其主速自收瘗，病死者不须检视。"

四年，诏："应广南诸郡民家有收买到男女为奴婢，转将佣雇以输其利者，今后并令放免，敢不如诏旨者，决杖配流。"

淳化二年，诏："陕西沿边诸郡先岁饥贫，民以男女卖与戎人，宜遣使者与本道转运使分以官财物赎还其父母。"

至道二年，诏："江南、两浙、福建州军，贫人负富人息钱无以偿，没入男女为奴婢者，限诏到并令检勘，还其父母，敢隐匿者治罪。"

真宗咸平元年，诏："川陕路理通欠官物，不得估其家奴婢价以偿。"

六年，诏："士庶家雇仆，有犯不得黥其面。"

天禧三年，诏："自今掠卖人口入契丹界者，首领并处死，诱致者同罪，未过界者决杖黥配。"

大理寺言："按律，诸奴婢有罪，其主不请官司而杀者，杖一

---

① 讻，诱、诈。

百；无罪而杀者，徒二年。又诸条，主驱部曲至死者，徒一年；故杀者，加一等。其有愆犯决罚至死及过失杀者，勿论。自今人家佣赁，当明设要契，及五年，主因过驱决至死者，欲望加部曲一等；但不以愆犯而杀者，减常人一等；如过失杀者，勿论。"从之。

卷十二　职役考一

历代乡党版籍职役

昔黄帝始经土设井，以塞争端，立步制亩，以防不足。使八家为井，井开四道，而分八宅，凿井于中。一则不泄地气，二则无费一家，三则同风俗，四则齐巧拙，五则通财货，六则存亡更守，七则出入相司，八则嫁娶相媒，九则无有相贷，十则疾病相救。是以情性可得而亲，生产可得而均，均则欺凌之路塞，亲则斗讼之心弭。既牧之于邑，故井一为邻，邻三为朋，朋三为里，里五为邑，邑十为都，都十为师，师七为州①。夫始分于井则地著，计之于州则数详，迄乎夏、殷，不易其制。

周制，大司徒：令五家为比，使之相保；五比为闾，使之相受；四闾为族，使之相葬；五族为党，使之相救；五党为州，使之相赒；五州为乡，使之相宾。郑元曰："此所以劝民者也。使之者，皆谓立其长而教令使之。保，犹任也。救，救凶灾也。宾，宾客其贤者也。受者，宅舍有故，相受寄托也。赒者，谓礼物不备，相给足也②。闾，二十五家。族，百家。党，五百家。州，二千五百家。乡，万二千五百家。"此总谓郊内者也。及三年则大比，大比则受邦国之比要③。大比，谓使天下更简阅人数及其财物也。受邦国之比要，则亦受乡遂矣。郑司农云："五家为比，故以比为名，今时八月按比是也。要，谓其簿。"

比长：每比下士一人，掌五家。各掌其比之治，五家相受相和亲，有罪奇衺则相及④。徙于国中⑤，则从而授之；徙，谓不便其居，或国中徙郊，或郊徙国中，皆从而付所处之吏，明无罪恶。徙于他，则为旌节而行之；谓徙异

---

① 师七为州，本书食货典作"师十为州"。
② 赒，《集韵》：振赡。《诗·鸿雁》笺：欲令赒饩之。《释文》：赒，救也。
③ 三年则大比，见《周礼·地官·小司徒》。即三年一次，登记全国的人口和财物的多少。比要，即指验对乡遂呈报的所辖居民户口、土地及住宅登记簿。
④ 衺（xie），不正，邪恶。
⑤ 《周礼·地官·比长》作"徙于国中及郊"。

乡，有节乃达。若无授无节，则唯圆土纳之①。

闾胥：每闾中士一人，掌二十五家。各掌其闾之征令，岁时数其闾之众寡，辨其施舍。凡春秋之祭祀、役政、丧纪之数，聚众庶，既比而读法，书其敬敏任恤者，凡事掌其比，觵挞罚之事②。<small>失礼者之罚也。</small>

族师：每族上士一人，掌一百家。各掌其族之戒令政事，月吉属民读邦法，书其孝悌睦姻有学者③，春秋祭酺亦如之。登其族之夫家众寡，辨其贵贱、老幼、废疾、可任者，及其六畜、车辇。比、伍、闾、族各为联，使之相保相受，赏罚相及，以受邦职，以役国事，相葬埋④。若师田行役，则合其卒伍，简其兵器，以鼓铎旗物帅而至，掌其治令、戒禁、刑罚。岁终则会⑤。

党正：每党下大夫一人，掌五百家。各掌其党之政令教治，四孟月属民读法⑥，春秋祭禜亦如之⑦。国索鬼神而祭祀<small>禘祭</small>，则以礼属民，而饮酒于序，以正齿位。凡党之祭祀、丧纪、昏冠、饮酒，教其礼事，掌其戒禁。师田行役，则以法治其正事⑧。正岁属民读法，书其德行道艺。岁终则会。

州长：每州中大夫一人，掌二千五百家。各掌其州之教治政令，月吉，属民读法⑨，考其德行道艺，纠其过恶而劝诫之。岁时祭祀州社，则属民读法。春秋以礼会民，而射于州序。州之大祭、大丧，皆莅其事。师田行役，则帅而致之，掌其戒令赏罚。于军因为师帅。岁终则会。正岁读法。三年大比，则大考州里，以赞乡大夫废兴。

遂人：掌邦之野，<small>郊外曰野。此野谓甸、稍、县、都。</small>以土地之图经田野，造县鄙形体之法。五家为邻，五邻为里，四里为酇，<small>作管反。</small>五酇为鄙，五鄙为县，五县为遂，皆有地域沟树之。使各掌其政令刑禁，以岁时稽其人民，而授之田野，简其兵器，教之稼穑。<small>经、形体，皆谓制分界也。</small>

---

① 圆土，狱城也。即指监狱。
② 觵（gong）挞罚，古代对失礼者的处罚。
③ 姻，姻。壻议。
④ 此处疑漏一个"以"字。即"以相葬埋"。
⑤ 会，会计。此处指年终会计审计。
⑥ 按《周礼·地官·党正》："及四时之孟月吉日，则属民而读。"
⑦ 禜（yong），祭名。原注：禜谓雩。祭水旱疠疫之神。
⑧ 正，通政。正事，《周礼·地官·党正》作"政事"。
⑨ 月吉，《周礼·地官·州长》作"正月之吉，各属其州之民而读法"。

邻、里、酂、鄙、县、遂，犹郊内比、闾、族、党、州、乡也。郑司农云："田野之居，其比、伍之名与国中异制，故五家为邻。"郑元谓异其名者，示相变耳。遂之军旅、追胥、起徒役如六乡。里有序而乡有庠，序以明教，庠则行礼而视化焉。夫均其厚薄则生产平，统之于都则其数举，家于乡遂则其户可详，五人为伍则人之众寡可知。故《管子》曰："欲理其国者，必先知其人，欲知其人者，必先知其地。"自昭、穆之后，王室中衰，井田废坏，不足以纪人之众寡，宣王是以料人于大原，由兹道失之。

邻长：每邻一人，掌五家。掌相纠相受。凡邑中之政相赞，徙于他邑，则从而授之。

里宰：每里下士一人，掌二十五家。掌比其邑之众寡，与其六畜、兵器，治其政令。以岁时合耦于锄，以治稼穑，趋其耕耨，行其秩序，以待有司之政令，而征敛其财赋。

酂长：每酂中士一人，掌一百家。各掌其酂之政令，以时校登其夫家，比其众寡，治其丧纪、祭祀之事。作民则旗鼓兵革帅而至。岁时简器稼器，兵器。趋其耕耨，稽其女工。

鄙师：每鄙上士一人，掌五百家。各掌其鄙之政令、祭祀。作民谓起役也则掌其戒令，以时数其众寡，而察其美恶而诛赏。岁终则会。

县正：每县下大夫一人，掌二千五百家。各掌其县之政令、征比，以颁田里，以分职事，掌其治讼，趋其稼事，而赏罚之。若将用野民，师田行役，移执事，则帅而至，治其政令，移执事，谓移用其民。既役，则稽功会事而诛赏。

　　　　章氏曰："三代役法，莫详于周。《周礼》五、两、军、师之法，此兵役也；师田、追胥之法，此徒役也；府史、胥徒之有其人，此胥役也；比、闾、族、党之相保，此乡役也。有司徒焉，则因地之善恶而均役；有族师焉，则校民之众寡以起役；有乡大夫焉，则辨年之老少以从役；有均人焉，则论岁之丰凶以行复役之法。"

齐威公用管仲，仲曰："夫善牧者非以城郭也，辅之以什，司之以伍。伍无非其里，什无非其家[1]，故奔亡者无所匿，迁徙者无所容。不求

_____

① 夫善牧者非以城郭也，辅之以什，司之以伍。伍无非其里，什无非其家。《管子·禁藏》作"夫善牧民者非以城郭也，辅之以什，司之以伍。伍无非其人，人无非其里，里无非其家"。

而得，不召而来，故人无流亡之意，吏无备追之忧。故主政可行于人，人心可系于主。"是以制国，郊内则以五家为轨，轨十为里，里四为连，连十为乡，乡五为帅。国内十五乡，自家至帅。郊外则三十家为邑，邑十为卒，卒十为乡，乡三为县，县十为属，属有五。自家至属，各有官长，以司其事，以寓军政焉，而齐遂霸。

　　徐伟长《中论》曰："夫治平在庶功兴，庶功兴在事役均，事役均在民数周，民数周为国之本也。先王周知其万民众寡之数，乃分九职焉。九职既分，则劬劳者可见，勤惰者可闻也，然而事役不均者，未之有也。事役既均，故上尽其心，而人竭其力，然而庶功不兴者，未之有也。庶功既兴，故国家殷富，大小不匮，百姓休和，下无怨疾焉，然而治不平者，未之有也。故泉有源，治有本。道者，审本而已矣。故《周礼》：孟冬，司寇献民数于王，王拜受之，登于天府，内史、司会、冢宰贰之。其重之也如是。今之为政者，未之知恤民也，譬犹无田而欲树艺，虽有农夫，安能措其强力乎？是以先王制六乡、六遂之法，所以维持其民，而为之纲目也。使其邻比相保爱，赏罚相延及，故出入、存亡、臧否逆顺，可得而知也，及乱吾之为政也，户口漏于国版，夫家脱于联伍，避役逋逃者有之，于是奸心竞生，而伪端并作，小则滥窃，大则攻劫，严刑峻令不能救也。人数者，庶事之所自出也，莫不取正焉。以分田里，以令贡赋，以造器用，以制禄食，以起田役，以作军旅。国以建典，家以立度，五礼用修，九刑用措，其唯审人数乎！"

秦用商鞅变法，令民为什伍而相收司连坐，告奸者与斩敌首同赏，不告奸者与降敌同罚。

　　按：秦人所行什伍之法，与成周一也。然周之法则欲其出入相友，守望相助，疾病相扶持，是教其相率而为仁厚辑睦之君子也。秦之法，一人有奸，邻里告之，一人犯罪，邻里坐之，是教其相率而为暴戾刻核之小人也。

汉高祖二年，举民年五十以上，有修行，能帅众为善，置以为三老，乡一人；择乡三老一人为县三老，与县令、丞、尉以事相教，复勿繇戍，以十月赐酒肉。十里一亭，亭有长。十亭一乡，乡有三老、有秩、啬夫、游徼。三老掌教化，啬夫职听讼、收赋税，游徼徼循禁贼盗。县大率方百里，其民稠则减，稀则旷，乡、亭亦如之。皆秦制也。《汉官仪》曰："游徼、亭长皆习设备五兵：弓弩、戟、楯、刀剑、甲钲①。鼓吏赤帻行滕，带剑佩刀，持盾被甲，设矛戟，习射。十里一亭，亭长，侯②。五里一邮，邮间相去二里半，司奸盗。亭长持二尺版以劾贼，执绳以收执贼。"

水心叶氏曰："县、乡、亭之制，本于商鞅。鞅虽改法，要是周衰，国大者难用旧制，齐、晋、楚裂地名官以自便，往往在商鞅之前矣。古者百里之狭，自为朝廷，由后世观之，疑若烦民。然三老、啬夫、游徼，犹各有职掌，近民而分其责任。若后世荡然无复纪秩，而令、长悍然独以征取为事，则又鞅之所不为也。"
新城三老董公遮说汉王，为义帝发丧，讨项羽。

文帝十二年，诏以户口率置三老常员，遣谒者劳赐三老帛，人五匹。
武帝元狩元年，遣谒者赐县三老帛，人五匹；乡三老人三匹。
元狩六年，遣谒者循行天下，谒三老、孝弟以为民师③。

戾太子发兵诛江充，长安扰乱，言太子反。上怒甚，壶关三老茂上书，言太子亡邪心，上感悟。

宣帝元康元年，加赐三老帛。四年及甘露三年，皆赐帛有差。

王尊为京兆尹，坐免。湖三老公乘兴等上书讼尊治京兆功效日著。书奏，天子后以尊为徐州刺史④。
王尊为东郡太守，河水甚溢。尊躬率吏民，投沈白马，状以身填金堤，水波稍却。白马三老奏其事，制诏秩尊中二千石。

---

① 钲，《后汉书·百官志》注作"铠"。
② 侯，《后汉书·百官志》注作"亭侯"。
③ 谒三老，《汉书·武帝纪》作"谕三老"。
④ 后，《汉书·王尊传》作"复"。

黄霸守颍川，吏民兴于行谊，赐三老爵及帛。

韩延寿守冯翊，有昆弟讼田，延寿曰："咎在冯翊。"称疾病，不听事，令、丞、啬夫、三老亦自系待罪。

元帝初元元年，赐三老帛，人五匹。

五年，赐三老帛，人五匹。

元光二年①，赐三老帛。

成帝建始元年，赐三老钱、帛。

绥和元年，赐三老帛。

平帝元始三年，赐三老帛。

西汉，凡县、道、有蛮夷曰道。国、列侯所食县曰国。邑皇太后、皇后、公主所食曰邑。千五百八十七，乡六千六百二十二，亭二万九千六百三十五。

东汉乡置三老，掌教化，凡有孝子顺孙、正女义妇，逊财救患，及学士为民法式者，皆扁表其门闾，以兴善行。乡置有秩、游徼。有秩，郡所置，秩百石，掌一乡人；其乡小者，县置啬夫一人。皆主知民善恶，为役先后，知民贫富，为赋多少，平其差品。游徼掌循禁司奸盗。又有乡佐，属乡，主民收赋税。亭有长，以禁盗贼。里有里魁，民有什伍，善恶以告。本注曰："里魁掌一里百家。什主十家，伍主五家，以相检察。有善事、恶事，以告监官。"《汉官仪》曰："乡户五千则有秩②。"

明帝即位，赐爵三老、孝弟、力田人三级。注云："三老、孝弟、力田，皆乡官之名。三老，高帝置，孝弟、力田，高后置，所以劝导乡里，助成风化。"

今考西汉《高后纪》，元年，初置孝弟、力田二千石者一人。师古曰："特置孝弟、力田官而尊其秩，欲以劝厉天下，令各敦行务本。"然则三老，乡各一人，孝弟、力田既禄秩如许尊，未必各乡皆设，有其人则置之耳。孝文、武、宣、成、哀《纪》，各有赐孝弟、力田金帛爵级事。

---

① 元帝无元光年号，此处当为"永光二年"。
② 则有秩，《后汉书·百官志》作"则置有秩"。

元和二年，帝耕于定陶。诏曰："三老，尊年也；孝弟，淑行也①；力田，勤劳也。国家甚休之②。其赐帛人一匹，勉率农功。"

永平三年，赐三老、孝弟、力田爵，人三级。

十二年，赐三老、孝弟、力田爵，人三级。

十七年，赐三老、孝弟、力田爵，人三级。

章帝建初三年，赐三老、孝弟、力田爵，人三级。

四年，立皇太子，赐爵同。

和帝永光八年③，赐爵同。

十二年，赐爵同。

元兴元年，立皇太子，赐爵同。

安帝永初二年④，帝加元服，赐爵二级。

元初元年，赐爵同。

延光元年，赐爵人一级⑤。

顺帝永建元年，赐爵人三级。

四年，赐爵二级。

阳嘉元年，赐爵三级。

桓帝建和元年，赐爵同。

献帝建安元年，赐爵人二级。

晋制：每县户五百以上皆置乡，三千以上置二乡，五千以上置三乡，万以上置四乡，乡置啬夫一人。乡户石每千以下，置治书吏一人⑥；千以上，置史、佐各一人，正一人；五千五百以上，置史一人，佐二人。县率百户置里吏一人，其土广人稀，听随宜置里吏，限不得减五十户。户千以上，置校官掾一人。县皆置方略吏四人。洛阳县置六部尉。江左以后，建康亦置六部尉，余大县置二人，次县、小县各一人。邺、长安置吏如三千户以上之制。

---

① 淑，善，美好。行，即善行。

② 休，善也。又，休，叚借为喜，与喜通。

③ 和帝永光八年，按：东汉和帝只有永元、元兴两个年号，并无永光年号。

④ 《后汉书·安帝纪》作"永初三年"。

⑤ 《后汉书·安帝纪》作"人二级"。

⑥ 按《晋书·职官志》所记，"乡户"下无"石"字。"治书吏"为"治书史"。

东晋哀帝崇和元年三月庚戌，天下所在土断①。

孝武时，范甯陈时政曰："昔中原丧乱，流寓江左，庶有旋反之期，故许其狭注本郡。自尔渐久，人安其业，丘垅坟柏，皆以成行，无本邦之名，而有安土之实。今宜正其封疆，土断人户，明考课之科，修闾伍之法。难者必曰：'人各有桑土之怀，下役之虑。'斯成并兼之所执，而非通理之笃论也。古者失地之君，犹臣所寓之主；列国之臣，亦有违适之礼。随会仕秦，致称《春秋》；乐毅谊燕，见褒良史。且今普天之人，原其氏出，皆随代移迁，何至于今而独不可。"帝善之。

安帝义熙九年，宋公刘裕缘人居士，上表曰："臣闻先王制礼，九土攸序，分境画野，各安其居。故井田之制，三代以崇。秦革其政，汉遂不改，富强兼并，于是为弊。在汉西京，大迁田、景之族，以实关中，即以三辅为乡闾，不复系之于齐、楚。九服不扰，所托成旧。自永嘉播越，爰托淮、海，朝运匡复之算，人怀思本之心，经略之图，日不暇给，是以宁人绥理，犹有未遑。及至大司马桓温，以人无定本，伤理为深，庚戌土断，以一其业，于时财阜国丰，实由于此。自兹迄今，弥历年载，画一之制，渐用颓弛。杂居流寓，闾伍不修，王化所以未纯，民瘼所以犹在，自非改调②，无以济理。夫人情滞常，难与虑始，谓父母之邦以为桑梓者，诚以生焉③，敬爱所托。请依庚戌土断之科，庶存其本，稍与事著。然后率之以仁义，鼓之以威声，超大江而跨黄河，抚九州而复旧土。则恋本之志，乃速申于当年，在始暂勤，要终必易。"于是依界土断，唯青、兖、徐三州人居晋陵者，不在断限，诸流寓郡县多被并省。

宋孝武大明中，王元谟请土断雍州诸侨郡县。今襄阳、汉东等郡也。

齐高祖建元二年，诏朝臣曰："黄籍，人之大纪，国之理端。自顷氓

---

① 按《晋书·哀帝纪》所记，"兴宁二年三月庚戌朔，大阅户人，严法禁称为庚戌制"。据此，"崇和元年三月庚戌"当为"兴宁二年三月庚戌"。土断，东、晋、南朝的居民政府。废除侨置州、邵、县，将侨居民户编入阪在君郡县户籍之内。

② 自非改调，《宋书·武帝纪中》作"自非改调解张"。

③ 诚以生焉，《宋书·武帝纪中》作"诚以生焉终焉"。

伪已久，乃至窃注爵位，盗易年月。或户存而文书已绝，或人在而反记死叛，停私而云隶役，身强而称六疾，皆政之巨蠹，教之深疵。比年虽却改籍书①，终无得实。若约之以刑，则人伪已远；若绥之以德，又未易可惩。诸贤并深明理体，各献嘉谋，以何科算能革斯弊也。"

　　虞玩之上表曰："宋元嘉二十七年八条取人，孝建元年书籍，众巧之所始也。元嘉中，故光禄大夫傅崇②，年出七十，犹手自书籍，躬加隐校。古之共理天下，唯良二千石，今欲求理正③，其在勤明令长。凡受籍，县不加检勘，但封送州，州检得知，方却下归县。吏贪其赂，人肆其奸，奸弥深而却弥多，赂逾厚而答逾缓。自泰始三年至元徽四年，扬州等九郡黄籍④，共却七万一千余户。于今十一年矣，而所正者犹未四万。神州奥区，尚或如此，江、湘诸郡，尤不可言。愚谓宜以元嘉二十七年籍为正。人惰法既久，今建元二年书籍⑤，宜更立明科，一听首悔，迷而不返，依制必戮。使官长审自检校，然后上州⑥，永以为正。若有虚昧，州县同咎。今户口多少，不减元嘉，而版籍顿阙，弊亦有以。自孝建以来，入勋者众，其中操干戈卫社稷者，三分殆无一焉。寻苏峻平后，庾亮就温峤求勋簿，而峤不与，以为陶侃所上，多非实录。物之怀私，无代不有。又有改注籍状，诈入仕流，昔为人役者，今反役人。又生不长发，便谓道人。或抱子并居，竟不编户，迁徙去来，公违土断，属役无漏，流亡不归。法令必行，自然竟反。为理不患无制，患在不行；不患不行，患在不久。"帝省表，纳之。乃别置校籍官，置令史，限人一日得数巧，以防懈怠。至武帝永明八年，谪巧者戍缘淮各十年，百姓怨咨。帝乃诏曰："既往之愆，不足追究。自宋昇明以前，皆听复注。其有谪边疆，皆许还本。自此后有犯，严其罪。"⑦

① 却改籍书，《南齐书·虞玩之传》作"却籍改书"。
② 崇，《南齐书·虞玩之传》作"隆"。
③ 求理正，《南齐书·虞玩之传》作"求治取正"。
④ 九郡黄籍，《南齐书·虞玩之传》作"九郡四号黄籍"。
⑤ 二年，《南齐书·虞玩之传》作"元年"。
⑥ 然后上州，《南齐书·虞玩之传》作"必令明洗，然后上州"。
⑦ 此篇文字，同《南齐书·虞玩之传》中的文字相较，有删节和改动。

梁武帝时所司奏，南徐、江、郢逋两年黄籍不上。帝纳尚书令沈约之言，诏改定《百家谱》。

约上言曰："晋咸和初，苏峻作乱，版籍焚化。此后，起咸和三年以至乎宋，并皆翔实，朱笔隐注，纸连悉缝。而尚书上省库籍，唯有宋元嘉中以来者。晋代旧籍并在下省左人曹，谓之'晋籍'。自东西二库。既不系寻检，主者不复经怀，狗牵鼠啮①，雨湿沾烂，解散于地，又无扃縢②。此籍精详，实宜保惜，位高官卑，皆可依按。宋元嘉二十七年，始以七条征发。既立此科，苟有回避，奸伪互起，岁月滋广，以至于齐。于是东堂校籍，置郎、令史以掌之，而簿籍于此大坏矣。凡粗有衣食者，莫不互相因依，竞行奸货，落除卑注，更书新籍。通官荣禄，随意高下。以新换故，不过用一万许钱，昨日卑微，今日仕伍。凡此奸巧，并出愚下，不辨年号，不识官阶，或注义熙在宁康之前，或以崇安在元兴之后，此时无此府，此年无此国。元兴唯有三年，而猥称四年；又诏书甲子不与长历相应。如此诡谬，万绪千端，校籍诸郎，亦所不觉，不才令史，更何可言？且籍字既细，难为眼力，寻求巧伪，莫知所在，徒费日月，未有实验。假令兄弟三人，分为三籍，却一籍祖父官③，其二初不被却，同堂从祖以下，固自不论。诸如此例，难可悉数。或有应却而不却，不须却而却。所却既多，理无悉当，怀冤抱屈，非止百千，投辞请诉，充曹牣府，既难领理，交兴人怨。于是悉听复注，普停洗却。既蒙复注，则莫不成官。此盖核籍不精之巨弊也。臣谓宋、齐二代，士庶不分，杂役减阙，职由于此。自元嘉以来，籍多假伪，景平以前，既不系检，凡此诸籍，得无巧换。今虽遗落，所存尚多，宜有征验，可得信实，其永初、景平籍，宜移还上省。窃以为晋籍所余，须加宝爱，若不留意，则远复散失矣。不识胄允，非谓衣冠，凡诸此流，罕知其祖。假称高、曾，莫非巧伪，质诸文籍，奸事立露，征覆矫诈，为益实弘。又上省籍库虽直郎题掌，而尽日科校，唯令史独入，籍既重实，不可专委群细。若入库检籍之时，直郎、直都，应共监视，写籍皆于郎、都

① 枸牵鼠齧。指盗窃。
② 扃縢，指关闭，保藏之所。
③ 却，除。

目前，并皆掌置，私写、私换，可以永绝。事毕郎出，仍自题名。臣又以为巧伪既多，并称人士，百役不及，高卧私门，致令公私阙乏，是事不举。宜选史传学士谙究流品者为左人即左人尚书①，专共校勘。所贵卑姓杂谱②，以晋籍及宋永初、景平籍在下省者对共雠校。若谱注通籍有卑杂，则条其巧谬，下在所科罚。"帝以是留意谱籍，诏御史中丞王僧孺改定《百家谱》，由是有令史、书吏之职，谱局因此而置。始，晋太元中，员外散骑侍郎贾弼好簿状，大披群族，所撰十八州百一十六郡，合七百一十二卷，士庶略无遗阙，其子孙代传其业。宋王弘、刘湛并好其书。弘日对千客，不犯一人讳。湛为选曹，始撰百姓谱③，以助铨序，伤于寡略，齐王俭复加④，得繁省之衷。僧孺为八十卷，东南诸族别为一部，不在百家之数。

　　按：魏、晋以来，最重世族，公家以此定选举，私门以此订婚姻，寒门之视华族，如冠屦之不侔⑤。则夫徭役贱事，人之所惮，固宜其改窜冒伪，求自附流品，以为避免之计也。然徭役当视物力，虽世族在必免之例，而官之占田有广狭，泽之荫后有久近，若于此立法以限之，不劳而定矣。不此之务，而方欲改定谱籍，虽曰选谙究流品之人为郎、尚书以掌之，然伪冒之久者滋多，非敢于任怨者谁肯澄汰⑥？如杨佺期、井韶至以耻愤构逆乱，则澄汰亦岂易言哉！

陈文帝天嘉初，诏曰："自顷编户播迁，良可哀伤。其亡乡失土，逐食流移者，今年内随其适乐，来岁不问侨旧，悉令著籍，同土断之例。"

　　按：《周官》之法，贵者、贤者及新甿之迁徙者，皆复其征役，后世因之。故六朝议征役之法，必以土断侨寓，厘正谱籍为先。然自晋至梁、陈，且三百年，贵者之泽既斩，则同于编甿；侨者之居既久，则同于土著，难以稽考。此所以伪冒滋多，而议论纷纷也。

---

① 即，《通典·食货典三》作"郎"。
② 贵，《通典·食货典三》作"作"。
③ 百姓谱，当是"百家谱"之误。
④ 此处疑有漏字。
⑤ 侔，相等。
⑥ 澄汰，淘汰。

后魏初不立三长，唯立宗主督护，所以人多隐冒，五十、三十家方为一户，谓之"荫附"。荫附者皆无官役，豪强征敛，倍于公赋。孝文太和十年，纳给事中李冲之说，遂立三长。三长谓五家一邻长，五邻一里长，五里一党长。

李冲以为，三正理人，所由来远，于是创三长之制，曰："宜准古，五家立一邻长，五邻立一里长，五里立一党长，取乡人强谨者①。邻长复一夫，里长二，党长三，三长三载亡愆，则陟用之一等②。"太皇览而称善③，引见公卿议之。中书令郑羲、秘书令高祐等曰："冲求立三长者，乃欲混天下为一法，言似可用，其实难行。"太尉元丕曰："臣谓此法若行，公私有益。"方今有事之月，校比人户，新旧未分，人心劳怨，请过今秋，至冬闲月，徐乃遣使，于事为宜。冲曰："人可使由之，不可使知之。若不因课时，百姓徒知立长校户之勤，未见均徭省赋之益，心必生怨。宜及课调之月，令知赋税之均。既识其事，又得其利，因人之欲，为之易行。"著作郎傅思益进曰："人俗既异，险易不同。九品差调，为日已久，一朝改法，恐成扰乱。"太后曰："立三长则课有常准，赋有常分，包荫之户可出，侥幸之人可止，何为而不可？"遂立三长，公私便之。

北齐令人居十家为邻比，五十家为闾④，百家为族党。一党之内，则有党族一人、副党一人、闾正二人、邻长十人，合十有四人，共领百家而已。至于城邑，一坊侨旧或有千户以上，唯有里正二人、里吏二人。里吏不常置。隅老四人，非是官府，私充事力，坊事亦得取济，若论外党，便是烦多。

齐文宣始立九等之户，富者税其钱，贫者役其力。

隋文帝受禅，颁新令，五家为保⑤，保五为闾，闾四为族，皆有正。

---

① 取乡人强谨者，《魏书·食货志》作"长取乡人强谨者"。
② 三长三载亡愆，则陟用之一等，《魏书·食货志》作"三载亡愆则陟用，陟之一等"，意即只免除征戍，其他赋役负担同农民一样。陟，升。
③ 太皇，《魏书·李冲传》作"太后"。
④ 《隋书·食货志》作"人居十家为比邻，五十家为闾里"。
⑤ 五家为保，《隋书·食货志》作"五家为保，保有长"。

畿外置里正，比闾正，党长比族正，以相检察。

　　苏威奏置五百家乡正，令理人间词讼。李德林以为："本废乡官判事，为其里闾亲识，判断不平，今令乡正专理五百家，恐为害更甚。且今时吏部总选人物，天下不过数百县，于六七百万户内铨简数百县令，犹不能称才，乃欲于一乡之内选人能理五百家者，必恐难得。又即要荒小县有不至五百家者，复不可令两县共管一乡。"敕内外群官就东宫会议。自皇太子以下多从德林议。苏威又言废郡，德林语之云："修令时，公何不论废郡为便？令出，其可改乎？"然高颎同威之议，遂置之。十年，虞庆则于关东诸道巡省使还，并奏云："五百家乡正专理词讼，不便于人。党与爱憎，公行货贿。"乃废之。

　　唐令，诸户以百户为里，五里为乡，四家为邻，三家为保。每里设正一人，若山谷阻险，地远人稀之处，听随便量置，掌按比户口，课植农桑，检察非违，催驱赋役。在邑居者为坊，别置正一人，掌坊门管钥，督察奸非，并免其课役。在田野者为村，别置村正一人，其村满百家，增置一人，掌同坊正。其村居如满十家者，隶入大村，不须别置村正。天下户，量其资产升降，定为九等，三年一造户籍，凡三本，一留县，一送州，一送户部，常留三比在州县，五比送省。仪凤二年二月敕：自今以后，省黄籍及州县籍也。诸里正，县司选勋官六品以下、白丁清平强干者充。其次为坊正。若当里无人，听于比邻里简用。其村正，取白丁充。无人处，里正等并通取十八以上中男、残疾免充①。

　　开元十八年，敕："天下户等第未平，升降须实。比来富商大贾多与官吏往还，递相凭嘱，求居下等。自后如有嘱请，委御史弹奏。"

　　广德二年，敕："天下户口委刺史、县令据见在实户，量贫富等第科差，不得依旧籍账。"

　　睿宗景云二年，监察御史韩琬陈时政，上疏曰："往年两京及天下州县学生、佐史、里正、坊正，每一员阙，先拟者辄十人。顷年差人以充，犹致亡逸，即知政令风化渐以散也。"

---

① 此句按文意当为"残疾等充"。

宣宗大中九年，诏以州县差役不均，自今每县据人贫富及役轻重作差科簿，送刺史检署讫，炼于令厅①，每有役事，委令据簿轮差。

周显德五年，诏诸道州府，令团并乡村。大率以百户为一团，每团选三大户为耆长。凡民家之有奸盗者，三大户察之；民田之有耗登者，三大户均之。仍每及三载即一如是。

宋太祖皇帝建隆三年，旧制：凡有课役，皆出于户民，郡国辇运官物，率以侨居人充。至是，始令文武官、内诸司、台、省、监、诸使，不得占州县课役户，及诸州不得役道路居民为递夫。五月，诏令、佐检察差役有不平者，许民自相纠举。京百官补吏，须不碍役乃听。

> 国初循旧制，衙前以主官物，里正、户长、乡书手以课督赋税，耆长、弓手、壮丁以逐捕盗贼，承符、人力、手力、散从官以奔走驱使；在县曹司至押、录，在州曹司至孔目官，下至杂职、虞侯、拣掐等人，各以乡户等第差充。

乾德五年，又禁诸州职官私占役户供课。

太宗太平兴国三年，京西转运使程能上言："诸州户供官役素无等第，望品定为九等，著于籍，以上四等量轻重给役，余五等免之，后有贫富，随所升降。望令本路施行，俟稍便宜，即颁于天下。"诏令转运使躬裁定之。

七年，令两京诸州、府部民，有乏种及耕具、人丁者，许众共推择一人，练土地之宜②，明种树之法者，县补为农师，令相视田亩沃瘠及五种所宜，指言某处土地宜植某物，某家有种，某户有丁男，某人有耕牛。即令乡三老、里胥与农师周劝民分于旷土种莳，俟岁熟共取其利。为农师者蠲税外，免其他役。民家有嗜酒赌博者、怠于农务者，农师谨察之，白于州县论其罪，以警游惰焉。九年，以其烦扰，停之。

淳化五年，令天下诸县以第一等户为里正，第二等户为户长，勿得冒名以给役，迄今循其制。

宋朝凡众役多以厢军给之，罕调丁男。大中祥符五年，提点府界段惟

---

① 炼，指精熟周悉。
② 练，娴熟。指熟悉土地种植技术。

几发中牟县夫修马监仓，群牧制置使以厩卒代焉，因下诏禁之。

天禧元年，又诏治河勿调丁夫，以役充。

乾兴元年十二月。时仁宗已即位，未改元。臣僚上言："伏见劝课农桑，曲尽条目①，然乡间之弊，无由得知。朝廷惠泽虽优，豪势侵陵罔暇，遂使单贫小户，力役靡供。乃岁丰登，稍能自给，或时水旱，流徙无踪，户籍虽有增添，农民日以减少。以臣愚见，且以三千户之邑五等分等，中等已上可任差遣者约千户，官员、形势、衙前将吏不啻一二百户，并免差遣，州县乡村诸色役人又不啻一二百户，如此则二三年内已总遍差，才得归农，即复应役，直至破尽家业，方得休闲。所以人户惧见，稍有田产，典卖与形势之家②，以避徭役，因为浮浪，或纵惰游。更有诸般恶幸影占门户，田土稍多，同居骨肉③，及衙前将吏各免户役者，除见庄业外，不得更典卖田土，如违，许人告官，将所典卖没官，自减农田之弊，均差遣之劳，免致私役不禁，因循失业。其罢俸、罢任、前资官元无田者，许置五顷为限。"诏三司定夺。三司言："准农田敕，应乡村有庄田物力者，多苟免差徭，虚报逃移，与形势户同情启幸，却于名下作客户隐庇差徭，全种自己田产。今与一月，自首放罪，限满不首，许人告论，依法断遣支赏。又准敕，应以田产虚立契，典卖于形势、豪强户下隐庇差役者，与限百日，经官首罪，改正户名。限满不首，被人告发者，命官、使臣除名，公人、百姓决配。今准臣僚奏，欲诸命官所置庄田，定以三十顷为限，衙前将吏合免户役者，定以十五顷为限。所典买田只得于一州之内典买。如祖父迁葬，别无茔地者，数外许更置坟地五顷。若地有崖岭，不通步量，刀耕火种之处，所定顷亩，委逐路转运使别为条制，诣实申奏。又按农田敕，买置及析居归业佃逃户未并入本户者，各共户帖供输，今并须割入一户下，今后如有违犯者科罪，告人给赏。"并从之。

开宝平蜀后，令西川得替官部纲赴京④，与减一选；无选可减，加一阶。

---

① 曲尽，《文选·陆机文赋序》注："委屈尽其妙道矣。"

② 形势，本指地形的高下夷险，人事之强弱盛衰。形势之家，宋代对在仕籍的文武官员及州县的豪强地主的称呼。这类人户，当时具有见面注水何劳逸的特权。

③ 此句前当有漏字。

④ 纲，纲运。指成批编组运输货物。

止斋陈氏曰："熙宁罢衙前，应纲运皆募得替官管押，自令下，无应募者。"

仁宗景祐中，诏川陕、闽、广、吴、越诸路衙前仍旧制，余路募有版籍者为衙前，满三期，罪不至徒，补三司军将。

皇祐中，又禁役乡户为长名衙前①，使募人为之。

役之重者，自里正、乡户为衙前，主典府库或辇运官物，往往破产。景祐中，稍欲宽里正衙前之法，乃命募充②。

知并州韩琦上疏曰："州县生民之苦，无重于里正衙前，兵兴以来，残剥尤甚。至有孀母改嫁，亲族分居，或弃田与人，以免上等，或非分求死，以就单丁，规图百端，苟脱沟壑之患。每乡被差疏密，与赀力高下不均。假有一县甲乙二乡，甲乡第一等户十五户，计赀为钱三百万，乙乡第一等户五户，计赀为钱五十万，番休递役，即甲乡十五年一周，乙乡五年一周。富者休息有余，贫者败亡相继，岂朝廷为民父母之意乎？请罢里正衙前，命转运司以州军见役人数为额，令佐视五等簿通一县计之③，籍皆在第一等，选赀最高者一户为乡户衙前，后差人仿此。即甲县户少而役蕃，听差乙县户多而役简者。簿书未尽实，听换取他户。里正主督租赋，请以户长代之，二年一易。"下其议京畿、河北、河东、陕西、京东西转运司度利害，皆以为便。而知制诰韩绛、蔡襄亦极论江南、福建里正衙前之弊，绛请行乡户五则之法④，襄请以产钱多少定役重轻。至和中，遂命绛、襄与三司参定⑤，继遣尚书都官员外郎吴机复趋江东，殿中丞蔡禀趋江西，与长吏、转运使议可否。因请行五则法，凡差乡户衙前，视赀产多寡置

① 长名衙前，宋代职役"衙前"名目之一。指用钱雇募，属于职业性质。
② 乡户，指乡村中的农户。衙前，宋代职役之一，属于义务性质，由乡户差充。仁宗初，始派里正轮流充当，其职责是负责官物的保管和押运。如官物有缺损，里正需负责赔偿，里正因此而倾家破产。神宗熙宁三年实行免役法时，衙前改为雇役。
③ 五等簿，即丁产簿。宋王朝规定，每三年修造一次丁产簿，核实各等主户的人口及资产，作为征收赋税和征调力役的依据。因主户是按其实际占有的土地和资产分为五等，故称五等簿。
④ 宋代乡户分为五等，其一、二、三等为富户。
⑤ 与三司参定，《宋史·食货上五》作"与三司置司参定"。

籍，分为五则，又第其役轻重放此。假有第一等重役十，当役十人，列第一等户百；第二等重役五，当役五人，列第二等户五十。以备一番役使。藏其籍通判治所，遇差人，长吏以下同按视之，转运使、提点刑狱察其违慢。遂更著淮南、江南、两浙、荆湖、福建之法，下三司颁焉。自是遂罢里正衙前，百姓稍休息矣。

按：乾兴元年，臣僚上言影占徭役之害，自官豪势要以至衙前将吏，皆避役之人。请立限田之法，命官三十顷，而衙前将吏亦得占十五顷，余者以违制论。夫均一衙前也，将吏为之则可以占田给复，乡户为之则至于卖产破家。然则非衙前之能为人祸也，盖官吏侵渔之毒，可施之于愚戆之乡氓，而不可施之于谙练之将吏故也。韩、蔡诸公所言固为切当，然过欲验乡之阔狭、役之疏密而均之，且既曰罢里正衙前，而复选赀最高者为乡户衙前，则不过能免里正重复应役之苦，而衙前之弊如故也。此王荆公雇募之法所以不容、不行之熙丰欤！

庆历中，令京东西、河北、陕西、河东裁损役人，即给使不足，益以厢兵①。

时范仲淹执政，以为天下县多，故役蕃而民瘠，首废河南府诸县，欲以次及他州，当时以为非是，未几悉复。

时州县既广，徭役益众，知广济军范讽上言："军地方四十里，户口不及一县，而差役与诸郡等，愿复为县。"转运司执不可，因诏裁损役人。自是数下诏书，议蠲冗役，以宽民力。又置宽恤民力司，遣使四出。自是州县力役多所裁损，凡省二万三千六百二十二人。

皇祐中，诏州县里正、押司、录事既代而令输钱免役者②，论如违制律。

时有王逵者，为荆湖转运使，率民输钱免役，得缗钱三十万，进

---

① 厢兵，又称厢军，唐宋时的军队名。宋以为诸州之镇兵。厢军很少教习，类多供役使。
② 押司、录事，宋代官府的书吏之类。

为羡余，蒙奖诏。由是他路竞为掊克，欲以市恩，民至破产不能偿所负，朝廷知其弊，乃下此诏。

按：役钱之说始于此。以免役诱民而取其钱，及得钱，则以给他用，而役如故，其弊由来久矣。

治平四年六月，时神宗已即位，未改元。诏州县差役仍重，劳役不均，其令逐路转运司遍牒辖下州军，如官吏有知差役利害可以宽减者，实封条析以闻。

先是，三司使韩绛言："害农之弊，无甚差役之法，重者衙前，多致破产，次则州役亦须重费。向闻京东有父子二丁将为衙前，其父告其子云'吾当求死，使汝曹免冻馁'，自经而死。又闻江南有嫁其祖母及与母析居以避役者。此大逆人理，所不忍闻。又有鬻田产于官户，田归不役之家，而役并增于本等户。其余戕贼农民，未易遽数。望令中外臣庶条具利害，委侍从、台省官集议，考验古制裁定，使役力无偏重之患①，则农民知为生之利，有乐业之心。"役法之议始此。

英宗时，谏官司马光言："置乡户衙前以来，民益困乏，不敢营生，富者反不如贫，贫者不敢求富。臣尝行于村落，见农民生具之微而问其故，皆言不敢为也，今欲多种一桑，多置一牛，蓄二年之粮，藏十匹之帛，邻里已目为富室，指抉以为衙前矣，况敢益田畴，葺间舍乎？臣闻其事，怒焉伤心，安有圣帝在上，四方无事，而立法使民不敢为久生之计乎？臣愚以为凡农民租税之外，宜无所预，衙前当募人为之，以优重相补，不足，则以坊郭上户为之。彼坊郭之民，部送纲运，典领仓库，不费二三，而农民常废八九。何则？儇利戆愚之性不同也②。其余轻役，则以农民为之。"

按：温公此奏，言之于英宗之时，所谓募人充衙前，即熙宁之法也。然既曰募，则必有以酬之。此钱非出于官，当役者合输之，则助役钱岂容于不征？而当时诸贤论此事复断断不可③，何也？盖荆公新法大概主于理财，所以内而条例司，外而常平使者，所用皆苛刻小

---

① 役力，《宋史·食货上五》作"力役"。
② 儇利，敏捷。
③ 断（yín）断，辩论之意。

民，虽助役良法，亦不免以聚敛巫疾之意行之，故不能无弊，然遂指其法为不可行，则过矣。

知谏院吴充言："乡役之中，衙前为重。被差之日，官吏临门籍记，杯杅匕箸皆计资产，定为分数，以应须求。至有家赀已竭而逋负未除，子孙既没而邻保犹逮。是以民间规避重役，土地不敢多耕，而避丁等①；骨肉不敢义聚，而惮人上②。无以为生。乞早定乡役利害，以时施行。"

帝因阅内藏库奏，有衙前越千里输金七钱，库吏邀乞，逾年不得还者。帝重伤之，乃诏制置条例司讲立役法。

二年③，条例司言："考合众论，悉以使民出钱雇役为便，即先王之法，致民财以禄庶人在官者之意也。愿以条目付所遣官分行天下，博尽众议。"奏可。于是条谕诸路曰："衙前既用重难分数，凡买扑酒税、坊场，旧以酬衙前者，从官自卖，以其钱同役钱随分数给之。其厢镇场务之类，旧酬奖衙前，不可令民买占者，即用旧定分数为投名衙前酬奖。如部水陆运及领仓驿、场务、公使库之类，旧烦扰且使陪备者④，今当省，使无费。承符、散从等旧苦重役偿欠者⑤，今当改法除弊，使无困。凡有产业物力而旧无役者，今当出钱以助役。"皆其条目也。久之，司农寺言："今立役条，所宽优者，皆村乡朴蠢不能自达之穷氓；所裁取者，乃仕宦兼并能致人言之豪右。若经制一定⑥，则衙司县吏又无以施诛求巧舞之奸，故新法之行尤所不便。筑室道谋，难以成就，欲自司农申明所降条约，先自一两州为始，候其成就，即令诸州军放视施行，若其法实便百姓，当特奖之。"从之。于是提点府界公事赵子几以其府界所行条目奏上之，帝下之司农寺，诏判寺邓绾、曾布更议之。绾、布上言："畿内乡户，计产业若家资之贫富，上下分为五等。岁以夏秋随等输钱，乡户自四等、坊郭自六等以下勿输。两县有产业者，上等各随县，中等并一县输。

---

① 而避丁等，《宋史·食货上五》作"而避户等"。
② 而惮人上，《宋史·食货上五》作"而惮人丁"。
③ 二年，《宋史·食货上五》作"熙宁二年"。
④ 旧烦扰且使陪备者，《宋史·食货上五》作"其旧烦扰且使陪备者"。
⑤ 承符、散从，宋代供官府役使的职役名称。
⑥ 经制，经国之制度。

析居者随所析而升降其等。若官户、女户、寺观、未成丁，减半输。皆用其钱募三等以上税户代役，随役重轻制禄。开封县户二万二千六百有奇，岁输钱万二千九百缗，以万二百为禄，赢其二千七百，以备凶荒欠阙，他县仿此。"然输钱计等高下，而户等著籍，昔缘巧避失实。乃诏责郡县，坊郭三年，乡村五年，农隙集众，稽其物业，考其贫富，察其诈伪，为之升降，若故为高下者，以违制论。募法：三人相任，衙前仍供物产为抵；弓手试武艺，典史试书计。以三年或二年乃更。为法既具，揭示一月，民无异辞，著为令。令下，募者执役，被差者得散去。开封一府罢衙前八百三十人，畿县放乡役数千，于是颁其法天下。天下土俗不同，役重轻不一，民贫富不等，从所便为法。凡当役人户以等第出钱，名免役钱。其坊郭等第户及成丁、单女户、寺观、品官之家①，旧无色役而出钱者，名助役钱。凡敛钱，先视州若县应用雇直多少，而随户等均取，雇直既已足用，又率其数增取二分，以备水旱欠阙，虽增毋得过二分，谓之免役宽剩钱。

四年，上召二府对资政殿，冯京言："修差役，作保甲，人极劳敝。"上曰："询访邻近百姓，亦皆以免役为喜。盖虽令出钱，而复其身役，无追呼刑责之虞，人自情愿故也。"文彦博言："祖宗法制具在，不须更张，以失人心。"上曰："更张法制，于士大夫诚多不说，然于百姓何所不便?"彦博曰："为与士大夫治天下，非与百姓治天下也。"

按：潞公此论失之。盖介甫之行新法，其意勇于任怨而不为毁誉所动，然役法之行，坊郭、品官之家尽令输钱，坊场、酒税之入尽归助役，故士夫豪右不能无怨，而实则农民之利，此神宗所以有"于百姓何所不便"之说。而潞公此语与东坡所谓"凋敝太甚，厨传萧然"云者，皆介甫所指以为流俗干誉，不足恤者，是岂足以绳其偏而救其弊乎?

四月，从提举常平陈知俭之请，罢许州衙前干公使库，以军校主之，

---

① 其坊郭等第户及成丁、单女户、寺观、品官之家，《宋史·食货上五》作"其坊郭等第户及未成丁、单丁、女户、寺观、品官之家"。

月给食钱三千。初，诸路衙前以公使多所倍费，有至破家者，至是始更以军校，其后行于诸路，人皆便之。

御史中丞杨绘言："非不知助役之法乃陛下闵差役之不均，欲平一之，而有司率务多敛，致天下不晓，以为取赢而他用之也。如王庭老、张靓科配一路缗钱至七十万①，输之多者一户至三百千，民皆谓供一岁役之外，剩数几半，咸谓庭老、靓必有升擢。此盖因取数多，谤议兴也。乞少赐裁损，以安民心。"

东明县民数百诣开封府及台省，诉超升等第出役钱事。杨绘又言："东明县民所诉，乃因司农寺不因旧则，自据户数创立助役钱等第，下县令遵所立而著之籍，不问堪升与否也。凡立等第，必稽户力高下而制其升降。州必凭县，县必凭户长、里正，户长、里正稽之乡众，乃可得实。今乃自司农寺预定品数，付县立簿，岂得民心甘服哉？"帝命提点司诣所从升降以闻，仍严升降之法。司农寺及府界提举言，畿民有未知新立法意，以助役钱多，愿仍旧充役者。诏如不愿输钱免役，县案所当供役岁月，如期役之，与免输钱。王安石为言外间扇摇役法者，谓输钱多必有盈余，若群诉必可免役，既聚众侥幸②，苟受其诉，与免输钱，当仍役之。帝从其说。

监察御史刘挚陈十害，其要曰："上户常少，中下户掌多③，故旧法上户之役类皆数且重，下户之役率常简而轻，今不问上下户，概视物力以差出钱，故上户以为幸，而下户苦之。优富苦贫，非法之善。况岁有丰凶，而役人有定数，助钱岁不可阙，则是赋税有时减阙④，而助钱更无蠲损也。役人必用乡户，为其有常产则自重，今既招雇，恐止得浮浪奸伪之人，则帑庾、场务、纲运，不唯不能典干⑤，窃恐不胜其盗用而冒法者众。至于弓手、耆、壮、承符、散从、手力、胥史之类，恐遇寇则有纵逸，因事辄为骚扰也。司农新法，衙前不差乡户，其旧尝愿为长名者，听仍其旧，却用官自召卖酒

① 一路缗钱，《宋史·食货上五》作"一路役钱"。
② 既聚众侥幸，《宋史·食货上五》作"彼既聚众侥幸"。
③ 掌，当是"常"字之误。
④ 减阙，《宋史·食货上五》作"减阁"。
⑤ 典干，主管。

税、坊场并州县坊郭人户助役钱数，酬其重难，惟此一法有若可行。然坊郭十等户，缓急科率，郡县赖之，难更使之均助钱①。乞诏有司，若坊场钱可足衙前雇直，则详究条目，徐行而观之。"

御史中丞杨绘言："助役之利一，而难行有五。请先言其利：假如民田有一家而百顷者，亦有户才三顷者，其等乃俱在第一。以百顷而较三顷，则已三十倍矣，而受役月日均齐无异。况如官户，则除耆长外，皆应无役，今例使均出雇钱，则百顷所输必三十倍于三顷者，而又永无决射之讼，此其利也。然难行之说亦有五：民惟种田，而责其输钱，钱非田之所出，一也；近边州军应募者非土著，奸细难防，二也；逐处田税，多少不同，三也；耆长雇人，则盗贼难止，四也；专典雇人②，则失陷官物，五也。乞先议防此五害，然后著为定制，仍先戒农寺无欲速就以祈恩赏，提举司无得多取于民以自为功，如此则谁复妄议？"

同判司农寺曾布撼绘、挚所言而条奏辩诘之，其略曰："畿内上等户尽罢昔日衙前之役，故今所输钱比旧受役时，其费十减四五，中等人户旧充弓手、手力、承符、户长之类，今使上等及坊郭、寺观、单丁、官户皆出钱以助之，故其费十减六七，下等人户尽除前日冗役，而专充壮丁，且不输一钱，故其费十减八九，大抵上户所减之费少，下户所减之费多，言者谓优上户而虐下户，得聚敛之谤，臣所未谕也；提举司以诸县等第不实，故首立品量升降之法，开封府、司农寺方奏议时，盖不知已尝增减旧数，然旧敕每三年一造簿书，等第常有升降，则今品量增减亦未为非，又况方晓谕民户，苟有未便，皆与厘正，则凡所增减，实未尝行，言者则以为品量立等者，盖欲多敛雇钱，升补上等以足配钱之数；至于祥符等县以上等人户数多减充下等，乃独掩而不言，此臣所未谕也；凡州县之役，无不可募人之理，今投名衙前半天下，未尝不典主仓库、场务、纲运，而承符、手力之类，旧法皆许雇人，行之久矣，惟耆长、壮丁，以今所措置最为轻役，故但轮差乡户，不复募人，言者则以为专典雇人，则失陷官物，耆长雇人，则盗贼难止，又以为近边奸细之人应募，则焚烧仓廪，或

① 均助钱，《宋史·食货上五》作"均出助钱"。
② 专典雇人，《宋史·食货上五》作"衙前雇人"。

守把城门，则恐潜通外境，此臣所未谕也；免役或输见钱，或纳斛斗，皆从民便，为法至此，亦已周矣，言者则谓直使输钱，则丝帛粟麦必贱，若用他物准直为钱，则又退拣乞索，且为民害，如此则当如何而可？此臣所未谕也；昔之徭役皆百姓所为，虽凶荒饥馑，未尝罢役，今役钱必欲稍有余羡，乃所以为凶年蠲减之备，其余又专以兴田利、增吏禄。言者则以为助钱非如税赋有倚阁减放之期，臣不知昔之衙前、弓手、承符、手力之类，亦尝倚阁减放否？此臣所未谕也；两浙一路，户一百四十余万，所输缗钱七十万耳，而畿内户十六万，率缗钱亦十六万，是两浙所输财半畿内，然畿内用以募役，所余亦自无几，言者则以为吏缘法意，广收大计，如两浙欲以羡钱徼幸，司农欲以出剩为功，此臣所未谕也。"于是诏绘知郑州，挈落馆阁校勘、监察御史里行，监衡州盐仓。遣察访使遍行诸路，促成役书。

司农言："始议出钱助民执役，今悉招募，请改助役为免役。"制可，若不愿就募而强之者，论如律。

诏监司各定所部助役钱数，利路转运使李瑜欲定四十万，判官鲜于侁曰："利路民贫，二十万足矣。"议既不合，各为奏上。帝是侁议，侍御史邓绾言："利路役岁须缗钱九万余，而李瑜率取至三十三万有奇。"乃诏责瑜而擢侁为副使，以示诸路。

颁募役法于天下。内外胥吏素不赋禄①，惟以受赇为生，至是，用免役钱禄之，有禄而赃者，用仓法重其坐。初时，京师赋吏禄，岁仅四千缗。至八年，计缗钱三十八万有奇，京师吏旧有禄及外路吏禄尚在数外。又诏："凡县皆以免役剩钱，用常平法给散收息，添支吏人餐钱，仍立为法。"

五年，权江西提刑、提举金君卿首遵诏书募受代官部钱帛纲趋京，不差乡户衙前，而费十减五六。赐诏奖谕，仍落权为真。

先时，招募人押钱帛纲入京，每一万贯匹支陪纲钱五百贯足，询问曾押纲乡户衙前之家，皆不愿行，乃选得替官员、使臣人员管押，相度每绸绢万匹正支钱一百缗足，钱万贯支钱七十缗足，并不差乡户

① 赋禄，按国家规定颁发的俸禄。

衙前，故有此诏。

王安石白上曰："此事诸路皆可行，但令监司加意许令指占好舟，差壮力兵士及时遣，则替罢官人人争应募矣。"

七年，诏："役钱每千别纳头子五钱，凡修官舍、作什器、夫力輂载之类，皆许取以供费，若尚不给用，许以情轻赎铜钱足之。"

先是，凡公家之费有敷于民间者，谓之"圆融"。多寡之数，或出临时，污吏乘之以为奸，习弊滋久。至是，诏辄圆融者，以违制论，不以去官赦原。

诏："闻定州民有拆卖屋木以纳免役钱者，令安抚、转运、提举司体量，具实以闻。"

王安石白上，言："百姓卖屋纳役钱，臣不能保其无此。然论事有权，须考问从前差役卖屋陪填，与今卖屋纳役孰多孰少，即于役法利害灼然可见。"

诏："崇奉圣祖及祖宗陵寝神御寺院、宫观，免纳役钱。诸旌表门闾有敕书，及前代帝王子孙于法有荫者，所出役钱依官户法，赐号处士非因技授者准此。"五月，诏："诸路公人如弓箭手法，给田募人为之。凡逃、绝、监牧之田籍于转运司者，不许射买请佃，以其田给应募者，而覈其所直，准一年雇役为钱几何，而归其直于转运司。"衢州西安县用缗钱十二万买田，始足募一县之役。司农寺请行之诸路，诏自今用宽剩钱买募役田，须先参会余钱可以枝梧灾伤①，方许给买，若田价翔贵之地则止之。八月，诏罢给田募役法，已就募人如旧，阙者勿补。

七月，参知政事吕惠卿献议曰："免役出钱或未均，出于簿法之不善。按户令手实者，令人户具其丁口、田宅之实也。嘉祐敕造簿，委令佐责户长、三大户录人户丁口、税产物力为五等，且田野居民，耆、户长岂能尽知其贫富之详？既不令自供手实，则无隐匿之责，安肯自陈？又无赏

---

① 枝梧，即支吾。这里指应付。

典，孰肯纠抉？以此旧簿不可信用。谓宜仿手实之意，使人户自占家业，如有刊匿，即用隐寄产业赏告之法，庶得其实。"于是遂行手实法。其法：官为定立田产中价，使民各以田亩多少高下随价自占，仍并屋宅分有无蕃息以立之等，凡居钱五当蕃息之钱一，非用器、田谷而辄隐落者许告，有实，三分以一充赏。将造簿，预具式示民，令依式为状，县受而籍之。以其价列定高下，分为五等。既该见一县之民物产物数①，乃参会通县役钱本额而定所当输，明书其数，众示两月②，使悉知之。从之。

察访京南常平事蒲宗孟言："近制，民以手实上其家之物产而官为注籍，以正百年无用不明之版图，而均齐其力役，此天下之良法也。然县灾伤五分以上，则留竣丰岁。以臣观之，使民自供手实，无所扰也，何待于丰穰哉？愿诏有司不以丰凶弛张其法。"从之。

十月，诏："闻东南推行手实簿法，公私烦扰，其权罢，委司农寺再详定以闻。"

初，吕惠卿创行手实法，言者多论其长告讦③，增烦扰，不便。至是，惠卿罢政，御史中丞邓绾言："役法初行，且用丁产户籍，故诸路患其不均，各已改造。其均钱之法，田顷可用者视田顷，税数可用者视税数，已得家业贯陌者视家业贯陌。或随所下种石，或附所收租课，法虽不同，大约已定，而民乐输矣，安用剔抉披索，互相纠告，使不安其生邪？凡民所以养生之具，日用而家有之。今欲尽数供析出钱，则本用供家，不专于租赁营利，欲指为供家之物，则有时余羡，不免须贸易与人，则家家有告讦之忧，人人有隐落之罪，无所措手足矣。夫行商坐贾，通货殖财，四民之一也。其有无交易，不过服食、器用、粟米、财畜、丝麻、布帛之类，或春有之而夏已析阙，或秋居之而冬已散亡，则公家簿书如何拘辖，隐落之罪安得而不犯？徒使嚚讼者趋赏报怨而公相告讦，畏怯者守死忍饿而不敢为生，其为未善可知矣。"故降是诏。

---

① 民物产物数，《宋史·食货上五》作"民物产钱数"。
② 众示，《宋史·食货上五》作"示众"。
③ 告讦，揭发、检举。

司农寺乞废户长、坊正，其州县坊郭择相邻户三二十家排比成甲①，迭为甲头，督输税赋苗役，一税一替。若催科外别令追呼者，以违制论。从之。明年，诏问罢者户长、壮丁之法何人建议，及以此议奏呈，帝曰："已令出钱免役，又排甲使为保丁，责之催科，失信于民。又保正本令习兵，何可更供二役？"安石曰："保丁、户长皆百姓为之，今罢差户长，使为保丁，数年或十年方催一税，其任役不过二十余家，于人情无所苦。《周官》什伍其民，有军旅，有田役，若谓保丁止供教阅，不知余事属何人也？"其后，诸路皆言甲头催税未便，遂诏者户长、壮丁仍旧募充，其保正、甲头、承帖法并罢。诏："官户输役钱免其半，所免虽多，各无过二十千。两县以上有物产者通计之，两州两县有物产者随所输钱②，等第不及者并一多处。"以司农寺言户减免钱数，承民户两处有物业者出钱不一故也。

九年，荆湖路察访蒲宗孟言："两路元敷役钱太重，以一岁较其入出而宽剩数多。"诏权减二年。十月，诏："自今宽剩役钱及买扑坊场钱，更不以给役人，岁具羡数上之司农，余物凡籍之常平者，常留一半。"

侍御史周尹言："诸路募役钱，元指挥于数外留宽剩钱一分，闻诸州县希提举司风指③，广敷民钱，至减省役额，克损雇直，而民间输数一切如旧。宽剩数已倍多而募直太轻，仓法又重，役人多不愿就募。天下皆谓朝廷设法聚敛，不无疑怨。乞遵免役本法，募者长、户长及役人，不可过减者悉复旧额，但约募钱足用，其宽剩止存留二分以上不得更有敷取。"三司使沈括亦言："立法之意，本欲与民均财惜力，役重者不可不助，无役者不可不使之助金。重役不过衙前、者户长、散从官之类，衙前即坊场、河渡钱自可足用，其余取于坊郭、官户、女户、单丁、寺观之类，足以赋禄。出钱之户不多，则州县易于督敛，重轻相补民力均，诏司农寺相度以闻。"

知彭州吕陶奏："朝廷欲宽力役，立法招募，初无过敛民财之意，有司奉行过当，增添科出，谓之宽剩。自熙宁六年施行役法，至

① 其州县坊郭，《宋史·食货上五》作"令州县坊郭"。
② 两州两县有物产者随所输钱，《宋史·食货上五》作"两州两县以上有物产者随所在输钱"。
③ 风指，风采意志。

今四年，臣本州四县，已有宽剩钱四万八千七百余贯，今岁又须科纳一万余贯。以成都一路计之，无虑五六十万，推之天下，现今纳有六七百万贯文宽剩在官①。岁岁如此，泉币绝乏，货法不通，商旅、农夫最受其弊。臣恐朝廷不知免役钱外有此宽剩数目，乞令诸路提举仓司契勘见在宽剩钱数，约度支得几岁不至缺乏，沛发德音，特与免数年，或乞逐年限定数目，不得过役钱十分之一，所贵民不重困。"不报。

是岁，诸路上司农寺岁收免役钱一千四十一万四千五百五十三贯、石、匹、两：金银钱斛匹帛一千四十一万四千三百五十二贯、石、匹、两，丝绵二百一两；支金银钱斛六百四十八万七千六百八十八两、贯、石、匹；应在银钱斛匹帛二百六十九万二千二十贯、匹、石、两，见在八十七万九千二百六十七贯、石、匹、两。

役钱之初立额，两浙之东多以田税钱数为则，浙西多用物力。至是，诏令通物力、税钱互细为数②，从便输纳。

初，许两浙坊郭户家产不及二百千、乡村户不及五十千，毋输役钱，已而乡户不及五十千者亦不免输。

元丰七年，天下免役缗钱岁计一千八百七十二万九千三百，场务钱五百五万九千，谷帛石匹九十七万六千六百五十七，役钱较熙宁所入多三之一。

帝之力主免役也，知民间通苦差役，而衙役之任重行远者尤甚，特创免法。虽均敷雇直不能不取之民，然民得一意田亩，实解前日困敝。故群议杂起，意不为变。顾其间采王安石策，不正用雇直为额，而展敷二分以备吏禄、水旱之用。群臣每以为言，屡加疑诘，而安石持之益坚。此其为法既不究终防弊，又有聚敛小人乘此增取，帝虽数诏禁戒，而不能尽止。至是，雇役不加多，而岁入比前增广，则安石

---

① 现今纳有，《宋史·食货上五》作"现今约有"。
② 互细为数，《宋史·食货上五》作"互纽为数"。

不能将顺德意，其流弊已见矣。

八年哲宗已即位。八月，户部言："役钱所留宽剩，内有及三四分已上去处，合行裁减，令所留宽剩不得过二分，余并减，其元不及二分处依旧。"从之。又诏体量人户役钱轻重，先从下等减放。又诏："旧以保正代耆长催税、甲头代户长、承帖人代壮丁并罢，如元充保正、户长、保丁，愿不妨本保应募者听。"

知吉州安福县上官公颖奏："臣窃怪耆、壮、户长法之始行也，皆出于雇；及其既久也，耆、壮之役则归于保甲之正、长，户长之役则归于催税甲头。往日所募之钱，系承帖司及刑法司人吏许用，而其余一切封桩，若以为耆、壮、户长诚可以废罢，即所用之钱自当百姓均减元额，今则钱不为之减，又使保正、长为耆壮之事，催税甲头任户长之责，是何异使民出钱而免役，而又使之执役也？"

按：以保正代耆长等役，熙宁间已尝行之，继而以人言不便罢之矣。今观此，则是罢而复行也。盖熙宁之征免役钱也，非专为供乡户募人充役之用而已，官府之需用、吏胥之廪给，皆出于此。及其久也，则官吏可以破用，而役人未尝支给，是假免役之名以取之，而复他作名色以役之也。为法之弊，一至此哉！

侍御史刘挚言："州县上户常少，中下户常多。自助役法行以来，簿籍不改，务欲敷配钱数，故所在临时肆意升补下户入中，中户入上。今天下往往中上户多而下户少，富县大乡上户所纳役钱，岁有至数百缗或千缗者，每岁输纳无已，至贫竭而后有裁减之期。旧来乡县差役循环相代，上等大役至速亦十余年而一及之，若下役则动须三二年乃复一差，虽有劳费，比今日岁被重敛之害，孰为多少也？"

卷十三　职役考二

历代乡党版籍职役

元祐元年二月，门下侍郎司马光言："按因差役破产者，惟乡户衙前有之，自余散从、承符、弓手、手力、耆户长、壮丁未闻有破产者。其乡户衙前所以破产者，盖由山野愚戆之人，不能干事，或因水火损破官物，或为上下侵欺乞取，是致欠折，备偿不足，有破产者。至于长名衙前，在公精熟，每经重难，别得优轻场务酬奖，往往致富，何破产之有？又向者役人皆上等户为之，其下等、单丁、女户及品官、僧道，本来无役，今更使之一概输钱，则是赋敛愈重也。故自行免役法来，富者差得自宽，而穷者困穷日甚。又监司、守令之不仁，于雇役人之外，多取羡余，以希恩赏，此农民之所以重困也。臣愚以为莫若直降命敕，应天下免役钱一切并罢，其诸役人并依熙宁以前旧法人数①，委本县令、佐亲自揭五等丁产簿定差之人，若正身自愿充役者，即令入役，不愿充役者，任便选雇有行止人自代，其雇钱多少，私下商量。若所雇人逃亡，即勒正身别雇，若将带官物，勒正身赔填。如此，则诸色公人尽得其根柢行止之人，少敢作过，官中百事无不修举。其见雇役人候差到新役人，各放逐便。如衙前一役虽号重难，近来条贯颇为优假②，诸公库、设厨酒库、茶酒司，并差将校勾当，诸上京纲运召得替官员或差使臣、殿侍、军将管押，其杂色及畸零之物差将校或节级管押，衙前若无差遣，不闻更有破产之人。若今日差充衙前，料民间赔备亦少于向日。若犹以衙前为力难独任，即乞依旧于官户、僧道、寺观、单丁、女户有屋业，每月掠钱及十五贯，庄田中年所收斛斗及百石以上者，随贫富等第出助役钱，不及此数者与免放。其助役钱令逐

---

① 其诸役人，《宋史·食货上五》作"其诸色役人"。
② 条贯，指条例规定。

州桩管，约本州衙前重难分数，即行支给。然尚虑天下役人利害逐处不同，乞指挥下诸路转运司下诸州县，限五日内具利害申本州，州限一月申转运司，本司类聚限一季奏闻，委执政官参详施行。"

是日，三省、枢密院同进呈，得旨依。初，光上奏，左仆射蔡确言，此大事，当与枢密院共之。故同进呈。知枢密院章惇取光所奏，凡疏略未尽者，枚数而驳奏之。尚书左丞吕公著言："光所建明，大意已善，其间不无疏略未备。惇所言专欲求胜，不顾朝廷大体。乞选差近臣三四人，专切详定闻奏。"从之。始司马光奏乞复行差役旧法，既得旨依奏，知开封府蔡京即用五日限，令开封、祥符两县如旧役人数，差一千余人充役，亟诣东府白光。光喜曰："使人人如待制，何患法之不行！"议者谓京但希望风旨，苟欲媚光，非事实也。苏辙言："京明知熙宁以前旧法役人数目显有冗长，并不依近降指挥相度申请，便尽数差拨；及朝旨本无日限，辄敢差人监勒，于数日内蹙迫了当，故意扰民，以害成法。乞赐行遣，以示惩戒。"

监察御史王岩叟言："请复差乡户主管天下官物，公家则免侵陷，在私亦脱刑祸。宜独可于衙前大役立本等相助法，以尽变通之利。借如一邑之中当应大役者百家，而岁取十人，则九十家出力为助，明年易十户，复如之，则大役无偏重之弊矣。其于百色无名之差占，一切非理之资陪，悉用熙宁新法禁之，虽不助，犹可为。今所谓助者，不过助受役之家岁用而已，无厚敛也。"

中书舍人苏轼言："先帝初行役法，取宽剩钱不得过二分，以备灾伤。而有司奉行过当，通计天下乃十四五，然行之几十六七年，常积而不用，至三十余万贯石。先帝圣意，固自有在，今日所当追探其意，以兴长世无穷之利。熙宁中，尝行给田募役法，其法：以系官田如退滩、户绝、没纳之类，及用宽剩钱买民田，以募役人，大略如边郡弓箭手。臣知密州，亲行其法，先募弓手，民甚便之，曾未半年，此法复罢。盖大臣利于速成，且利宽剩钱以为他用，故不果行。"因列其五利。诏并送详定所。

右司谏苏辙言："复行差役，其应议者有五：其一曰旧差乡户为衙前，破散人家，甚如兵火。自新法行，天下不复知有衙前之患，然而天下反以为苦者，其弊自是农家岁出役钱为难，及许人添划见卖坊场，遂有输纳不纳者耳。向使止用官卖坊场一色课入以雇衙前，自可足办，而他色役人止如旧法，则为利较然矣。初疑衙前多是浮浪投雇，不如乡差税户可托，然行之十余年，投雇者亦无大败阙，不足以易乡差衙前之害。今略计天下坊场钱，一岁可得四百二十余万，若立定中价，不许添划，三分减一，尚有二百八十余万贯。而衙前支费及招募非泛纲运，一岁共不过一百五十余万缗，则是坊场之直自可了办衙前百费，何用更差乡户？今制尽复差役，知衙前苦无陪备，故以乡户为之。至于坊场，元无明降处分，不知官自卖邪，抑仍用以酬奖衙前也？若仍用以酬奖，即招募部纲以何钱应用？若不与之钱，即旧名重难，乡户衙前仍前自备，为害不小。其二，坊郭人户旧苦科配，新法令与乡户并出役钱而免科配，其法甚便。但敷钱太重，未为经久之法。乞取坊郭、官户、寺观、单丁、女户，酌今役钱减定中数，与坊场钱用以支雇衙前及招募非泛纲运外，今桩备募雇诸色役人之用①。其三，乞用见今在人数定差，熙宁未减定前，其数实冗长，不可遵用。其四，熙宁以前，散从、弓手、手力诸役人常苦迓送，自新法以来，官吏皆请雇钱，役人既便，官亦不至阙事，乞仍用雇法。其五，州县胥吏并量支雇钱募充，仍罢重法，亦许以坊场钱为用，不足用，方差乡户，所出雇钱不得过官雇本数。"诏送看详役法所详定，役法所以役法难尽猝就，择其要者先奏以行。于是役人悉用见数为额，惟衙前一役用坊场、河渡钱雇募，不足，方许揭簿定差。其余役人惟该募者得募，余悉定差。遂罢官户、寺观、单丁、女户出助役法，其今夏役钱即免输。寻以衙前不皆有雇直，遂改雇募为招募。凡熙、宁尝立法禁以衙前及役人非理役使②，及令陪备、圆融之类，悉申行之，耆、壮依保正、长法。坊场河渡钱、量添酒钱之类，名色不一，惟于法许用者仍以支用外，并桩备招募衙前、支酬重难及应缘役事之用。如州钱不供用③，许移别州钱用之；一路不足，许从户部通他路移用；其或有余，毋得减募增差④。衙前最为重役，若已招募足额，上

---

① 今桩备，《宋史·食货上五》作"却令桩备"。
② 凡熙、宁，《宋史·食货上五》作"凡熙、丰"。
③ 如州钱，《宋史·食货上五》作"如一州钱"。
④ 其或有余，毋得减募增差，《宋史·食货上五》作"其或有余，毋得妄用，其或不足，毋得减募增差"。

一等户有虚间不差者，令供次等色役。乡差役人，在职官如敢抑令别雇承符、散从承代其役者，转运司劾奏重责。时提举常平司已罢置，凡役事改隶提刑司。

九月，诏："诸路坊郭五等已上，及单丁、女户、官户、寺观等三等以上①，旧输免役钱者减五分，余户下此悉免之，输仍自元祐二年始。凡支酬衙前重难，及纲运公早迓送餐钱②，用坊场、河渡钱给赋，不足，方得取此六色钱助用；而有余，封桩以备不时之需。"

七年，尚书省言："近者参行差募之法，闻州县奉诏不谨，以致差徭轻重失当，或役人有所赔备，或占留役钱不尽雇募。"诏运使、提刑司申饬，使之究心，如更不虔，劾奏以闻。二月，诏："应差诸县手力，如合一乡休役皆不及二年者③，得用助役钱募人为之，既终一役，别有间及三年者，复行差法。"

御史中丞苏辙言："臣近奏乞修完弊政，以塞异同之议，其一谓诸州衙前。臣请先论今昔差雇衙前利害之实。盖定差乡户，人有家业，欺诈逃亡之弊，比之雇募浮浪，其势必少，此则差衙前之利也。然而每差乡户，必有避免纠决，比至差定，州县吏乞取不赀。及被差使，先入重难，若使雇募惯熟之人费用一分，则乡差生疏之人非二三子不了④，由此破荡家产。嘉祐以前，衙前之苦，民极畏之，此则差衙前之害也。若雇募情愿，自非惯熟，必不肯投，州县吏人知其熟事，乞取自少，及至勾当，动知空便，费亦有常，虽经重难，自无破产之患，此则雇衙前之利也。然浮浪之人，家产单薄，侵盗之弊，必甚于乡差，熙宁以来，多患于此，此则雇衙前之弊也。然则差衙前之弊害在私家，而雇衙前之弊害在官府。若差法必行，则私家之害无法可救；若雇法必用，则官府之弊有法可正。何者？嘉祐以前，长名衙前除差二大户外⑤，许免其余色役。今若许雇募衙前，依昔日长名免

---

① 寺观等，《宋史·食货上六》作"寺观第"。
② 纲运公早，《宋史·食货上六》作"纲运公皂"。
③ 不及二年者，《宋史·食货上六》作"不及三年者"。
④ 二三子，疑为"二三分"。
⑤ 二大户，应为"三大户"。

役之法，则上等人户谁不愿投？诸州衙前例得实户，则所谓官府之害，坐而自除。臣窃谓虽三代圣人，其法不能无弊，是以易贡为助，易助为彻，要以因时施宜，无害于民而已。今差法行于祖宗，雇法行于先帝，取其便于民者而用之，此三代变法之比也。"

役次之名：衙前　散从　承符　弓手户　耆户长　壮丁

熙宁雇役所取之钱：坊场　当役户　坊郭户　官户　女户单丁寺观　内坊场系官钱，当役户以下系取之于民，谓之"六色钱"。

取民间六色之钱，益以系官坊场钱，充雇役之用，而尽蠲衙前以下诸役，熙宁之法也。以坊场充衙前雇役之用，而承符以下诸役仍复输差民户，而尽蠲六色之钱，元祐之法也。然元祐复差役之初，议者不同，故有弓手许募曾充有劳效者指挥，则所谓雇役者，不特衙前而已也。六色钱虽曰罢征，继而诏诸路坊郭五等以上及单丁、女户、官户，自三等以上，旧输免役钱并减五分，余户下此悉免之，则所谓雇役之钱，元未尝尽除也。自是诸贤于差雇之议各有所主，而朝廷亦兼行之。然熙宁尽除差法，明立雇议，而当时无状官吏，尚且揢免役之钱而不尽支给①，假他役之名而重复科差，况元祐差雇兼行，议论反复，则此免役六色之钱，其在官者不肯尽捐以予民，其在民者有时复征以入官，固其势也。颍滨所谓所在役钱宽剩一二年必未至缺用，从今放免，理在不疑；东坡所谓六色钱以免役取，当于雇役乎尽之，然后名正而人服，皆至当之论。

绍圣元年，帝始亲政，三省言役法尚未就绪，帝曰："第行元丰旧法，而减去宽剩钱，百姓有何不便邪？"

右司谏朱勃言："输钱免役，固有过数多敷者。用钱雇役，有立直太重者。役色之内，又有优便而愿自投募，不必给雇者。苟详为裁省，则人情无有不便。"诏付户部详议。

诏复免役法，凡条约悉用元丰八年见制。乡差役人，有应募者可以更

---

① 揢，胁迫、勒索。刁难。

代，即罢遣之。许借坊场、河渡及封椿钱以为雇①，须有役钱日补足其数。所输免役钱，自今年七月始。耆户长、壮丁召雇，不得以保正、保长、保丁充代，其他役色应雇者放此。所敷宽剩钱，不过一分②，昔常过数、今应减下者，先自下五等人户始。复置提举官。九月，用户部言，举行元丰条制，以保正、长代耆长，甲头代户长，承帖人代壮丁。

其后，又诏："诸县无得以催税比磨追甲头、保长，无得以杂事追保正、副。在任官以承帖为名，占破当直者，坐赃论。所管催督租赋，州县官辄令陪备输物者，以违制论。"

左正言孙谔言："役法之行，在官之数，元丰多，元祐省；虽省，未尝废事也，则多不若省。雇役之直，元丰重，元祐轻；虽轻，未尝不应募也，则重不若轻。"户部尚书蔡京言："详谔所论多省、轻重，明有抑扬，是谓元丰不如元祐，乞行贬黜。"谔坐黜知广德军。

徽宗建中靖国元年四月，户部奏："京西北路乡书手、杂职、斗子、所由、库秤、拣、掐之类，土人愿就募，不须给之雇直，他路亦须详度施行。"诏从之。

崇宁元年，尚书省言："民户既输钱免役，岂可复差？前尝令大保长催税而不给雇直，是为差役，非免役也。"诏提举司以元输雇钱如旧法均给。

二年，臣僚言："常平之息，岁取二分，则五年有一倍之数。免役剩钱，岁取一分，则十年有一年之备。故绍圣立法，常平息及一倍，免役宽剩及三料，取旨蠲减③，以明朝廷取于民者，非为利也。乞诏常平司候丰衍日，具此制奏而蠲之。"

四年，臣僚言："州县户簿等累经改造，故增减失实。乞委常平官分行所部，不以等第，而以田税多寡均敷役钱。"户部尚书许几言："州县户众而役少，则敷钱止于第三等；或户少而役多，则均及四、五等。今若不计家业税钱，不用等第，概以田亩均敷役钱，则失输钱代役之意。"其

---

① 以为雇，《宋史·食货上六》作"以为雇直"。
② 不过，《宋史·食货上六》作"不得过"。
③ 取旨蠲减，《宋史·食货上六》作"取旨蠲免"。

议遂格。

宣和元年，臣僚言：“役钱一事，神宗首防官户免多，时责半输①。今比户称官，州县募役之类既不可减，雇令官户所减之数均入下户②，下户于常赋之外，又代官户减半之输，岂不重困？”诏：“非泛补官者，输赋、差科、免役并不得视官户法减免，已免者改之。进纳人自如本法。”

高宗建炎二年，臣僚言：“官户役钱，旧法比民户减半。今来诏置弓手，以御暴防患，官户所赖犹重，欲令官户役钱更不减，而民户比旧役钱量增三分，专椿管以助养给。”从之。

官旧给庸钱以募户长，及立保甲，则椿庸钱以助给费。未几，废保甲，复户长，而庸钱不复给，遂拘入总制窠名焉。

臣僚言：“州县保正、副，未尝肯请雇钱，并典吏雇钱亦不曾给，乞行拘收。”户部看详：“州县典吏雇钱若不支给，窃恐无以责其廉谨，难以施行。其乡村耆、户长依法系保正、长轮差，所请雇钱往往不行支给，委是合行拘收。乞下诸路常平司，将绍兴五年分州县所支雇钱，依经制钱例分季发付行在。敢隐匿侵用，并依擅支上供钱法。”从之。

<u>按：役钱之在官者以供他用，而雇役之直或给或否，中兴以前已如此矣，但尚未曾明立一说，尽取之耳。今乃谓保正、副未尝肯请雇钱，又谓所请雇钱往往不行支给。夫当役者岂有不肯请雇钱之理？而不行支给则州县之过，朝廷所尝觉察禁治，使不失立法之初意可也，今乃以此之故而拘入经制之窠名，所谓“舍曰欲之而必为之辞”也。</u>

四年，罢催税户长，依熙、丰法，以村疃三十户，每料轮差甲头一名，催纳租税、免役等分物。

既而言者谓甲头不便者有五：一、小户丁小③，催科不办；二、旧每都保正、长才四人，今甲头凡三十一人，破产者必众；三、夏耕秋收，一都之内废农业者凡六十人，则通一路有万万人不容力穑；

---

① 时责半输，《宋史·食货上六》作“特责半输”。
② 雇，《宋史·食货上六》作“顾”。
③ 小，按语意此处应为“少”。

四、甲头皆耕夫，既不识官府，且不能与形势豪户争立，所差既多，争诉必倍，于是甲头不复差，而耆、户长役钱因不复给①。

保正、副：十大保为一都保，二百五十家内通选才勇物力最高二人充应，主一都盗贼烟火之事。大保长一年替，保正、小保长二年替。户长催一都人户夏秋二税，大保长愿兼户长者，输催纳税租，一税一替，欠数者后料人催。

以上系中兴以后差役之法，已充役者谓之"批朱"，未曾充役者谓之"白脚"。

孝宗隆兴二年，诏："诸充保正、副，依条只令管烟火、盗贼外，并不得泛有科扰差使，如违，许令越诉，知县重行黜责，守、倅各坐失觉察之罪。②"

以言者谓，近来州县违法，保内事无巨细，一一责办，至于承受文引、催纳税役、抱佃宽剩、修葺铺驿、置买军器、科卖食盐，追扰赔备，无所不至，一经执役，家业随破，故有是命。

乾道三年，三省言："役法之害，下三等尤甚。官户既有限田，往往假名寄产。不若一切勿拘限法，只选物力高强官户与民户通差，则役户顿增，下户必无偏差之害。乞此后官户合雇人代役。"诏依，令两浙路先次遵行。

宁宗庆元五年，右谏议大夫张奎言："乞行下州县，保正止许干当本都贼盗、斗殴、烟火公事，不许非泛科配；户长止许专一拘催都内土著租税，不许抑勒代纳逃绝官物，违者官吏重罚。"从之。

又臣僚言："户长催纳苗税，内有逃绝之家户籍如故，见存之户特顽拖欠，为户长者迫于期限，不免与之填纳。虽或经官陈诉，而乃

---

① 以上只有四项，还缺一项。
② 倅，此处指佐贰之官。

视为私债，不与追理，势单力穷，必至破荡，此户长之所以重困也。乞行下州县，如有恃顽拖欠之徒，即与严行追断，仍勒还代输之钱，庶使充役者不致重困破家。"从之。

嘉定二年，殿中侍御史徐范言："民赀之重者，俾充里正。彼多产之家，其输役钱于官亦多，既已征其财，而又俾之执二年之役，是为重复。乞参酌祖宗常平免役之本意，行下州县，姑于役人从役之年，蠲其免役之输，役满输钱如故。"从之。

役起于物力，物力有升降，升降不爽则役法公。是以绍兴以来，讲究推割、推排之制最详①。应人户典卖产业、推割税赋，即与物力一并推割。至于推排，则因其赀产之进退与之升降，三岁一行，固有赀产百倍于前，科役不增于今者。其如贫乏下户，赀产既竭，物力犹存，朝夕经营，而应酬之不给者，非推排不可也。然当时推排之弊，或以小民粗有米粟，仅存屋宇，凡耕耨刀斧之器，鸡豚犬彘之畜，纤微细琐皆得而籍之。吏视其赂之多寡，以为物力之低昂。又有计田家口食之余，尽载之物力者，上之人忧之，于是又为之限制，除质库房廊、停塌店铺、租牛、赁船等外，不得以猪羊杂色估纽，其贫民求趁衣食，不为浮财，后耕牛、租牛亦与蠲免。若夫江之东、西，以田地亩头计税，亦有不待推排者。惟受产之家，有司详于税契而略于割税，尚为之令曰"交易固以税契为先后，亦以割税为得业，虽已税契，而不割税，许出产人告，以业还见纳税人"，则人孰有不割税者乎？此亦所以救役法之弊也。保正、长之立也，五家相比，五五为保，十大保为都保，有保长，有都、副保正，余及三保亦置长，五大保亦置都保正，其不及三保、五大保者，或为之附庸，或为之均并，不一也。其人户物力如买扑坊场，别无产业，即以本坊物力就坊充役。如有田产物力，即并就一多处充役。其有物力散在邻乡者，并归烟爨处。又有散在别县数乡者，各随县分并归一里为等第。若夫役次之歇倍，则绍兴十四年臣僚奏请以其物力增及半倍者歇役十年，增及一倍者歇役八年，增及二倍歇役

---

① 推割，宋制，凡民户典卖产业，赋税同物力负担能力一并过户，叫推割。推排，即核实赋役，宋代查考农民人、物、财力以确定赋税的办法。

四年，皆理为白脚。必差遍上三等户，方许于得替人轮差。其窄都不
及歇役年限去处，即从递年体例选差。十六年，两浙漕臣耿秉申明，
又以一倍歇役十年，二倍歇役八年，三倍歇役六年，庶几疏数得中。
庆元元年，徐谊尽破秉之说，专用淳熙十四年臣僚之议。而议者又
谓："物力有高下之殊，乡都有宽狭之异。其折倍之法，可以为宽乡
之便，适以贻狭乡之害；可利宽乡之中户，适以困狭乡多产之家。如
以宽乡言之，自物力五百贯而上累至二千贯者，则三倍五百贯之家
矣。其在富室，虽使之四年一役，亦未为过。若狭乡自物力一百贯而
上积至于四百贯，亦谓之三倍，所谓四百贯之户曾不及宽乡之中产，
今亦使之四年一役，其利害轻重灼然矣。"于是从耿秉之议，务要宽
乡、狭乡各得其便。其析生白脚，则庆元五年臣僚奏谓："若兄弟共
有田二三百亩，才已分析，便令各户充役，则前役未苏而后役踵至，
实为中产之害，须以其分后物力参之。其在二等以上者，合作析生白
脚，充应役次；若在三等以下，许将未分前充过役次，于各户名下批
朱，理为役脚，与都内得替人比并物力高下、歇役久近，通行选
差。"品官限田有制：死亡，子孙减半；荫尽，差役同编户。一品五十
顷；二品四十五顷；三品四十顷；四品三十五顷；五品三十顷；六品二十五顷；
七品二十顷；八品一十顷；九品五顷。封赠官子孙差役同编户谓父母生前无
曾任官，伯叔或兄弟封赠者①。应非泛及七色补官，不在限田免役之数，
其奏荐弟侄子孙，原自非泛、七色而来者，仍同差役。进纳、军功、
捕盗、宰执给使，减年补授，转至升朝官，即为官户，身亡，子孙并
同编户。太学生及得解及曾经省试人，虽无限田，许募人充役。单
丁、女户及孤幼户，并免差役，庶几孤寒得所存恤，凡有夫有子，不
得为女户，无夫、子，则生为女户，死为绝户。女适人，以奁钱置
产，仍以夫为户。坑冶户遇采打矿宝，免本身诸般差役。盐、亭户家
产及二等以上，与官户、编户，一般差役不及；二等依绍兴十七年七
月指挥蠲免。民兵、万弩手免户下三百亩税赋及诸般差役，不及三百
亩辄隐他人田亩，许人告。湖北、京西民义勇第四等户，与免非泛差
科外，其合差保正、长，以家业钱数多寡为限，将限外之数与官、编
户轮差。总首、部将免保正、长差役。文州义士已免之田，不许典

---

① 伯叔或兄弟封赠者，《宋史·食货上六》作"因伯叔或兄弟封赠者"。

卖，老疾身亡，许承袭。凡募人充役，并募土著有行止人，其故停军
人及曾系公人并不许募①。既有募人，官司不得复追正身。募人不管
于雇役之家，非理需索，或凭借官司之势，奸害善人，断罪外，坐募
之者以保伍有犯，知而不纠之罚。且保正、副所职在于烟火、盗贼、
桥梁、道路，今或使之督赋租，备修造，供役使，皆非所役，而执役
者每患参役有钱，知县到罢有地理钱，时节参贺有节料钱，官员过
都、醋库月息皆于是而取之；抑有弓兵月巡之扰，透漏禁物之责，捕
盗出限之罚，催科填代之费，承月追呼之劳；至于州县官吏收买公私
食用及土产所有，皆其所甚惧也。若夫户长所职，催夏税则先期借
绢，催秋税则先期借米，坍溪落江之田、逃亡死绝之户，又令填纳，
凡此之弊，皆上之所当察也。高宗皇帝身履艰难，在河朔亲知闾阎之
苦，尝叹知县不得人，一充役次，即便破家，是以讲究役法，至中兴
而大备。乾道五年，处州松阳县首倡义役，众出田谷，助役户轮充，
守臣范成大嘉其风义，为易乡名，自是所在推行浸广。而当时浮议胥
动，多有伺其隙而败其谋者，十一年，御史谢谔言："义役之行，当
从民便，其不愿义役者，乃行差役。"上然之，且美其言为法意圆
备。及朱文公熹亦谓义役有未尽善者四："上户、官户、寺观出田以
充义役，善矣。其间有下户只有田一二亩者，亦皆出田，或令出钱买
田入官，而上户田多之人却计会减缩，所出殊少。其下户今既被出
田，将来却不免役，无缘复收此田之租，乃是困贫民以资上户，此一
未尽善也；如逐都各立役首，管收田租，排定役次，此其出纳先后之
间，亦未免有不公之弊，将来难施刑罚，转添词诉，此二未尽善也；
又如逐都所排役次，今目已是多有不公，而况三五年后，贫者或富，
富者或贫，临事未免却致争讼，此三未尽善也；所排役次，以上户轮
充都、副保正，中下户轮充夏秋户长，上户安逸而下户陪费，此四未
尽善也。"固尝即此四未尽善者而求之，盖始倡义役者，多乡间之善
士，惟恐当时议之未详而虑之未周。及踵接义役者，未必皆乡间之善
士，于是其弊日开，其流日甚。或以其才智足以把握，而专义役之
利；或以其气力足以凌驾，乃私差役之权。曰倍法，曰析生，等第法
皆无所考，而雇募人亦不与置；置必受约束、任驱使于义首者，可以

---

① 其故停军人，《宋史·食货上六》作"其放停军人"。

教号乡曲，厌酒肉而有余，否则佣钱不支，而当役者困矣。是以虐贫而优富，凌寡而暴孤。义役之名立，而役户不得以安其业；雇役之法行，而役户不得以安其居。信乎朱熹未尽善之弊，固如此也。

水心叶氏《义役跋》曰："保正、长法不承引帖催二税，今州县以例相驱，诃系鞭挞，遂使差役不行，士民同苦。至预酿钱给费①，逆次第其先后，以应期会，名曰义役，然则有司失义甚矣。余尝问为保正者，曰费必数百千；保长者，曰必百余千，不幸遇意外事，费辄兼倍，少不破家荡产，民之恶役，甚于寇雠。余尝疑之，官人以牧养百姓为职，当洁身驭吏，除民疾苦。且追则有期，约日以集，使贿必行，应追者任之可也。民实有产，视税而输，使赋必重，应输者任之可也。保正、长会最督促而已，何用自费数百千及百余千，甚或兼倍，以至破家荡产乎？且此钱合而计之，岁以千百巨万，既不归公上，官人知自爱，又不敢取，谁则有此？余欲以其言为妄，然余行江、淮、闽、浙、洞庭之南北，盖无不为此言者矣。呜呼！此有司之所宜陈者也。余忝为长吏，不得为令佐自试其术，以破余疑而不能，意殊惨然。因孙君《义役》书成，辄题于后，以告其得为者。"

按：差役，古法也，其弊也，差设不公，渔取无艺，故转而为雇。雇役，熙宁之法也，其弊也，庸钱白输，苦役如故，故转而为义。义役，中兴以来，江、浙诸郡民户自相与诸究之法也，其弊也，豪强专制，寡弱受凌，故复反而为差。盖以事体之便民者观之，雇便于差，义便于雇，至于义而复有弊，则末如之何也已。窃尝论之，古之所谓役者，或以起军旅，则执干戈、胄锋镝而后谓之役；或以营土木，则亲畚锸、疲筋力然后谓之役。夫子所谓"使民以时"，《王制》所谓"岁不过三日"，皆此役也。至于乡有长，里有正，则非役也。柳子厚言，有里胥而后有县大夫，有县大夫而后有诸侯，有诸侯而后有方伯连帅，有方伯连帅而后有天子。然则天子之与里胥，其贵贱虽不侔，而其任长人之责则一也。其在成周，则五家设比长，二十五家设里宰，皆下士也。等而上之，则曰闾胥掌二十五家。六乡，曰酂长掌一百家。六遂，皆中士也。曰族师掌一百家。六乡，曰鄙师掌五百家。六遂，皆上士也。曰党正掌五百家。六乡，曰县正掌二千五百家。六

---

① 酿，凑钱。

遂，皆下大夫也。曰州长掌二千五百家。六乡，则中大夫也。周时，邻里乡党之事，皆以命官主之。至汉时，乡亭之任，则每乡有三老、孝悌、力田，掌观导乡里，助成风俗。每亭有亭长、啬夫，掌听狱讼、收赋税。又有游徼，掌巡禁盗贼。亦皆有禄秩，而三老、孝悌、力田为尤尊，可与县令丞尉以事相教，复勿繇戍。古之所谓复除者，复其繇戍耳，如三老，盖亦在复除之科。然则谓三老为役可乎？尝以岁十月赐酒肉，或赐民爵一级，则三老、孝悌、力田必二级；赐民帛一匹，则三老、孝悌、力田必三四或五匹，其尊之也至矣。故戾太子得罪，而壶关三老得以言其冤；王尊为郡，而东郡三老得以奏其治状。至于张敞、朱博、鲍宣、仇香之徒为显宦有声名，然其猷为才望，亦皆见于为亭长、啬夫之时。盖上之人爱之重之，未尝有诛求无艺、迫胁不堪之举；下之人亦自爱自重，未尝有顽钝无耻、畏避苟免之事。故自汉以来，虽叔季昏乱之世，亦未闻有以任乡亭之职为苦者也。隋时，苏威奏置五百家乡正，令理人间词讼，而李德林以为本废乡官判事，为其里间亲识，剖断不平，今令乡正专理五百家，恐为害更甚。诏集议，而众多是德林，遂废不置。然则隋时乡职或设或废，本无关于理乱之故，而其所以废者，盖上之人重其事而不轻置，非下之人畏其事而不肯充也。至唐睿宗时，观监察御史韩琬之疏，然后知乡职之不愿为，故有避免之人。琬言"往年两京及天下州县学生、佐史、里正、坊正，每一员阙，先拟者辄十人。顷年，差人以充，犹致士逸①，即知政令风化渐以弊也。"唐宣宗时，观大中九年之诏，然后知乡职之不易为，故有轮差之举。诏以州县差役不均，自今每县据人贫富及差役轻重作差科簿，送刺史检署讫，镳于令厅，每有役事，委令据簿轮差。自是以后，所谓乡亭之职至困至贱，贪官污吏非理征求，极意凌蔑，故虽足迹不离里闾之间，奉行不过文书之事，而期会追呼，笞棰比较，其困踣无聊之状，则与以身任军旅、土木之徭役者无以异，而至于破家荡产，不能自保，则徭役之祸反不至此也。然则差役之名，盖后世以其困苦卑贱，同于徭役而称之，而非古人所以置比、间、族、党之官之本意也。王荆公谓免役之法合于《周官》所谓府史、胥徒，《王制》所谓庶人在官者。然不知《周官》之府史、胥徒，盖服役于比、间、族、党之官者也。

---

① 士，《文献通考·职役考》作"亡"。

苏文忠公谓自杨炎定两税之后，租调与庸两税既兼之矣，今两税如故，奈何复欲取庸钱？然不知唐之所谓庸，乃征徭之身役，而非乡职之谓也。二公盖亦习闻当时差役之名，但见当时差役之贱，故立论如此，然实则误举以为比也。上之人既贱其职，故叱之如奴隶，待之如罪囚；下之人复自贱其身，故或倚法以为奸，或匿贼以规免，皆非古义也。成周之事远矣，汉之所以待三老、啬夫、亭长者，亦难以望于后世。如近代则役法愈弊，役议愈详。元祐间讲明差雇二法，为一大议论，然大概役之所以不可为者，费重破家耳。苏黄门言，市井之人应募充役，家力既非富厚，生长习见官司，吏虽欲侵渔，无所措手；耕稼之民性如麋鹿，一入州县，已自慑怖，而况家有田业，求无不应，自非廉吏，谁不动心，凡百侵扰，当复如故。以是言之，则其所以必行雇役者，盖虽不能使充役之无费，然官自任雇募之责，则其役与民不同，而横费可以省；虽不能使官吏之不贪，然民既出雇募之费，则其身与官无预，而贪毒无所施。此其相与防闲之术，虽去古义远甚，然救时之良策亦不容不如此。然熙、丰间言其不便者，则谓差役有休歇之时，而雇役则年年出费；差役有不及之户，而雇役则户户征钱，至有不愿输钱而情愿执役者。盖当时破家者皆愚懦畏事之人，而桀黠之徒自能支吾，而费用少者反以出雇役钱为不便。又当时各州县所征雇役钱，除募人应役之外，又以其余者充典吏俸给之用，又有宽剩钱可以备凶旱赈救，可以见当时充役之费本不甚重，故雇役之钱可以备此三项支用也。若夫一承职役，羁身官府，则左支右吾，尽所取办，倾困倒廪不足赔偿，役未满而家已罄，事体如此，则雇役之法岂复可行，雇役之金岂复能了？然则此法所以行之熙、丰而民便之，元祐诸君子皆以为善者，亦当时执役之费本少故也。礼义消亡，贪饕成俗，为吏者以狐兔视其民，睥睨朵颐，惟恐堕窔之不早[1]；为民者以寇戎视其吏，潜形匿影，日虞怀璧之为殃。上下狙伺，巧相计度，州县专以役户之贫富为宦况之丰杀，百姓亦专以役籍之系否验家道之兴衰。于是民间视乡亭之职役如蹈汤火，官又以复除之说要市于民，以取其赀。其在复除之科者，苟延岁月，而在职役之列者，立见虚耗，虽有智者，不能为谋矣。所谓正本澄源之论，必也朝廷以四维励

----

① 堕窔，掉入陷井。

士大夫①，饩廪称事②，无俾有多藏之恶；士大夫以四维自励，力行好事，稍能以泽物存心。然后锄奸贪之胥吏，以去其蠹害；削非泛之支备，以养其事力。赋敛之簿书必核，无使代逋欠之输；勾呼之期会必明，毋使受稽慢之罚。夫然，故役人者如父母之令其子弟，恩爱素孚；役于人者如臂指之护其腹心，劬劳不惮。既无困苦之忧，不作避免之念，则按籍召而役之可矣，奚必曰雇、曰义之纷纷哉？不然，举三代以来比、闾、族、党之法所以连属其民，上下相维者，反借为厉民之一大事，愚不知其说矣。

复除

周乡大夫之职，以岁时登其夫家之众寡，辨之可任者，国中自七尺以及六十，野自六尺以及六十有五，皆征之。其舍者，国中贵者、贤者、能者、服公事者、老者、疾者，皆舍。舍，役除，不收役事也。贵，若今宗室及关内侯皆复也。服公事者，若今吏有复除也。老者，谓若今八十、九十复羡卒也。

《旅师》：凡新甿之治皆听之，使无征役新徙来者复之也。《均人》：凶札则无力政。"政"读作"征"。

《王制》：命乡论秀士，升之司徒，曰选士。司徒论选士之秀者而升之学，曰俊士。升于司徒者，不征于乡；升于学者，不征于司徒，曰造士。不征，不给其徭役。

五十不从力政。力政，城道之役也。八十者，一子不从政。九十者，其家不从政。废疾非人不养者，一人不从政。父母之丧，三年不从政。齐缞、大功之丧③，三月不从政。将徙于诸侯，三月不从政。自诸侯来徙家，期不从政。大夫采地之民徙于诸侯为民，以其亲徙，当须复除，但诸侯地宽役少，故三月不从政。自诸侯来徙大夫之家邑，大夫役多地狭，故期不从政。

汉高祖二年，蜀、汉民给军事劳者，复勿租税二岁。关中卒从军者，复家一岁。乡三老、县三老，复勿徭戍。

五年，诏诸侯子在关中者复之十二岁，其归者半之；军吏卒赐爵，非七大夫已下，皆复其身及户勿事。

---

① 维，指系物的大绳。四维，旧指礼义廉耻。
② 饩廪，给予米粟。
③ 齐缞 cui，即齐衰，丧服之一。缞，古时用粗麻布做成的丧服。大功，丧服名，视齐缞为细。

七年，民产子，复勿事二岁。

八年，令吏卒从军至平城及守城邑者，皆复终身勿事。

十一年，诸县坚守不降反寇者，复租三岁。丰人徙关中者，皆复其身。士卒从入蜀、汉、关中者，皆复终身。

十二年，诏吏二千入蜀①、汉定三秦者，皆世世复。以沛为汤沐邑，复其民，世世无有所与。沛父兄请复丰，乃并复丰，比沛。又诏秦始皇帝守冢二十家，楚、魏、齐各十家，赵及魏公子无忌各五家，令视其冢，复无与他事。

惠帝四年，举民孝悌、力田者复其身。

文帝礼高年，九十者一子不事，八十者二算不事。募民守塞皆赐高爵，复其家。令民入粟，至五大夫，乃复一人。西边、北边之郡，虽有长爵，不轻得复。

三年，幸太原，复晋阳、中都民三岁租。

四年，复诸刘有属籍者，家无所与。

景帝遗诏，出宫人归其家，复终身。

武帝建元元年，民年八十复二算，九十复甲卒。又诏民年九十以上，已有受鬻法。给米粟为糜。鬻，之六反。为复子若孙，令得身率妻妾，遂其供养之事。

武帝为博士官置弟子五十人，复其身。登礼中岳，以山下户凡三百，封崇高，为之奉邑，独给祠，复无有所与。府库并虚，乃募民能入奴婢者，得以终身复。桑弘羊请令民入粟甘泉各有差，以复终身。时兵革数动，民多买复及五大夫、千夫，调发之士益鲜。

宣帝地节二年，诏："博陆侯功德茂盛，复其后，世世毋有所与，功如萧相国。"

地节三年，诏流民还归者，且勿算事。

地节四年，诏有大父母丧者，勿徭事，使得送②。

元康元年，复高皇帝功臣绛侯周勃等百三十六人家子孙，令奉祭祀，世世勿绝。其毋嗣者，复其次。

元帝好儒，能通一经者复。数年，以用度不足，更为设员千人。

---

① 二千，应为二千石。

② 此句《汉书·宣帝纪》记为："四年，春二月……诏自今诸有大父母、父母丧者，勿徭事，使得收敛送终，尽其子道。"

永光三年，用度不足，民多复除，无以给中外徭役。

世祖建武五年，诏复济阳二年徭役。帝生于济阳，故复之。

十九年，幸汝南顿县，赐吏人，复南顿岁租一岁。

父老叩头言，愿赐复十年。帝曰："天下重器，常恐不任，日复一日，安敢远期十年乎？"吏人又言："陛下实惜之，何言谦也？"帝大笑，复增一岁。

二十年，复济阳县徭役六岁。

三十年，复济阳县徭役一岁。

明帝永平五年，常山三老言："上生于元氏，愿蒙优复。"诏曰："丰、沛、济阳，受命所由，加恩报德，适其宜也。今永平之政，百姓怨结，而吏人求复，令人愧笑。重逆此县之拳拳，其复元氏田租、更赋六岁，劳赐县掾史及门阑走卒。"

桓帝永康元年，复博陵、河间二郡，比丰、沛。

灵帝光和六年，复长陵县，比丰、沛。

徐氏曰："按汉之有复除，犹《周官》之有施舍，皆除其赋役之谓也。然西京时，或以从军，或以三老，或以孝悌、力田，或以明经，或以博士弟子，或以功臣后，以至民产子者，大父母、父母之年高者，给崇高之祠者，莫不得复，其间美意至多。至东都所复，不过济阳、元氏、南顿数邑，为天子之私恩矣。"

按：《周官》及《礼记》所载周家复除之法，除其征役而已，至汉则并赋税除之，岂汉之法优于周乎？曰：非也。盖赋税出于田，而周人之田则皆受之于官。其在复除之例者，如所谓贵者、贤者、能服公事者，即公卿大夫以及庶人在官之流，皆受公田之禄以代耕，未尝予之田而使之躬耕者也。所谓老者、疾者，则不能耕而不复给以田，且仰常仰给于官者也。所谓新氓之迁徙者，则是未及授以田者也。此数色之人，既元无田，则何有于赋税？故只除其征役。至汉，则田在民间，官不执授受之柄，亦无复应受与不应受之法矣，故在复除之例者，并除其赋役也。然汉以后则官户之有荫，至单丁或老疾者，除其役则有之，亦不复闻有除税之事矣。

魏黄初元年之后，始开太学。至太和、青龙中①，中外多事，人怀避就，虽性非解学，多求诣太学。诸生有千数，而诸博士率皆粗疏，无以教弟子，弟子本亦避役，竟无能习学，冬来春去，岁岁如是。

王褒门人为本县所役，求褒为属。褒曰："卿学不足以庇身，吾德薄，不足以荫卿，属之何益？且吾不捉笔已四十年。"乃步担乾饭，儿负盐豉，门徒从者千余人。安邱令以为见已，整衣出迎之于门，褒乃下道至土牛②，磬揖而立③，云门生为县所役，故来送别，执手涕泣而去。令即放遣诸生。

唐制：太皇太后、皇太后、皇后缌麻以上亲，内命妇一品以上亲，郡王及五品以上祖父兄弟，职事、勋官三品以上有封者若县男父子，国子、太学、四门学生、俊士，孝子、顺孙、义夫、节妇同籍者，皆免课役。凡主户内有课口者为课户。若老及废疾、笃疾、寡妻妾、部曲、客女、奴婢及视九品以上官，不课。四夷降户附以宽乡，给复十年。奴婢纵为良人，给复三年。役外蕃人④，一年还者给复三年，二年者给复四年，三年给复五年。又诏诸宗姓未有职任者，不在徭役之限。

元宗初立，求治。蠲徭役者给蠲符，以流外及九品京官为蠲使，岁再遣之。

白履忠，召拜朝散大夫，乞还。吴竞谓之曰："子素贫，不需斗米匹帛，虽得五品何益？"履忠曰："往，契丹入寇，家取排门夫；吾以读书，县为免。今终身高卧，宽徭役，岂易得哉！"

唐制：诸司捉钱户，皆给牒蠲免徭役。详见《杂征榷门》。

宋真宗皇帝乾兴元年，臣僚上言官势户及将校衙前占田避役之害。见《差役门》。

仁宗时，初，官八品已下死者子孙役同编户，诏特蠲之。民避役者或

---

① 太和、青龙，三国魏明帝曹叡的年号。
② 土牛，土墩。
③ 磬揖，曲体揖之。
④ 役外，《新唐书·食货一》作"没外"。

窜名浮图籍①，号为出家，赵州至千余人，州以为言，遂诏出家者须落发为僧，乃可免役。

神宗熙宁二年，颁募役法于天下。诏崇奉圣祖及祖宗陵寝神御寺院、宫观，免纳役钱。

诸旌表门闾有敕书，及前代子孙于法有荫者，所出役钱依官户法，赐号处士非因技授者准此。

　　按：自熙宁助役之法既行，凡品官、形势以至僧道、单丁该免役之科者，皆等第输钱，无所谓复除矣。然数者之输钱，轻重不等，其详见《户役门》，兹更不备录。

中兴以后，差役之法，品官限田有制，死亡子孙减半，荫尽差役同编户。详并见《户役门》。

---

① 浮图，指僧侣。

卷十四　征榷考一

征商　关市

《周官·司市》：国凶荒札丧，则市无征而作布。有灾害，物贵，市不税，为民困乏也。金铜无凶年，因物贵，大铸泉以饶民。

廛人掌敛市纵布、总布、质布、罚布、廛布，而入于泉府。布，泉也。郑司农云："纵布，列肆之税布。"杜子春云："总当为儇，谓无肆立持者之税也。"元谓："总读如租稯之稯。稯布，谓守斗斛铨衡者之税也。质布者，质人之所罚犯质剂者之泉也。罚布者犯市令者之泉也。廛布者，货贿诸物邸舍之税。"凡屠者敛其皮角筋骨，入于玉府。以当税给作器也①。凡珍异之有滞者，敛而入于膳府。

孟子曰："市廛而不征，法而不廛，则天下之商皆悦，而愿藏于其市矣。关讥而不征，则天下之旅皆悦，而愿出于其涂矣。"《集注》："廛，市宅也。张子曰：'或赋其市地之廛而不征其货，或治之以市官之法而不赋其廛。盖逐末者多则廛以抑之，少则不必廛也。'"讥，察也，察异服异言之人而不征商贾之税也。又曰："古之为市者，以其所有易其所无者，有司者治之耳。有贱丈夫焉，必求龙断而登之，以左右望而罔市利，人皆以为贱，故从而征之，征商自此贱丈夫始矣。"《集注》："治之，谓治其争讼。龙断，冈垄之断而高也。左右望者，欲得此而又取彼也。罔，谓罔罗而取之也。从而征之，谓人恶其专利，故就征其税，后世缘此遂征商人也。"

按：如孟子之说，可以见古今关市征敛之本意。盖恶其逐末专利而有以抑之，初非利其货也。

---

① 作器也，《周礼·地官·廛人》作"作器物也"。

汉高祖接秦之弊，诸侯并起，民失作业而大饥馑，凡米一石五千。乃约法省禁，量吏禄，度官用，以赋于民。而山川、园池、市肆租税之入，自天子至于封君汤沐邑，皆各自为私奉养，不领于天下经费。言各收其所赋税以自供，不入国朝之库仓也。经，常也。又令贾人不得衣丝乘车，重租税以困辱之。

> 石林叶氏曰："高祖禁贾人毋得衣锦、绣、绮、谷、纻、绔、罽，操兵、乘、骑马，其后又禁毋得为吏与名田。凡民一等①，商贾独倍，其贱之至矣。凡贾皆有籍，谪以戍边者七科：吏有罪一，亡命二，赘婿三，而贾人四，故有市籍五，父母有市籍六，大父母有市籍七。虽非先王之政，然敦本抑末，亦后世所不能行也。"

孝惠、高后时，为天下初定，复弛商贾之律，然市井子孙亦不得仕宦为吏。

> 文帝时，晁错说上曰："商贾大者积贮倍息，小者坐列贩卖②，操其奇赢，日游都市，乘上之急，所卖必倍。故其男不耕耘，女不蚕织，衣必文采，食必粱肉，亡农夫之苦，有千百之得。因其富厚，交通王侯，力过吏势，以利相倾；千里游敖，冠盖相望，乘坚策肥③，履丝曳缟④。此商人所以兼并农人，农人所以流亡也。今法律贱商人，商人已富贵矣；尊农夫，农夫已贫贱矣。故俗之所贵，主之所贱；吏之所卑，法之所尊。上下相反，好恶乖迕，而欲国富法立，不可得也。"
>
> 按：汉初铸钱，轻于周、秦，一时不轨逐末之民，蓄积余赢，以稽市物，不勤南亩，而务聚货。于是立法，崇农而抑商，入粟者补官，而市井子弟至不得为吏，可谓有所劝惩矣。然利之所在，人趋之如流水，《货殖传》中所载，大抵皆豪商钜贾，未闻有以力田致富

---

① 等，按文意，此处疑为"算"字。
② 列，据《汉书·食货志上》注引师古曰："列者，若今市中卖物行也。古指市中毗连之店铺。"
③ 乘坚策肥，指坐好车，驾肥马。
④ 履丝曳缟，指穿丝着绸。缟，指素色精美的绸子。

者。至孝武时，东郭咸阳以大鬻盐，孔仅以大冶领大司农，桑弘羊以贾人子为御史大夫，而前法尽废矣。

武帝元光六年，初算商贾①。始税商贾车船，令出算。

先公曰："武帝承文、景富庶之后，即位甫一纪耳，征利以至于此。然则府库之积，其可恃哉！兴利之臣不知为谁。时郑当时为大司农，以他日荐桑弘羊、咸阳、孔仅观之，益可疑也。政使非其建白，亦任奉行之责矣。汉人多言汲、郑，其实当时非黯比也。黯奋不顾身，以折功利之冲，当时乃荐掊刻之人，以济武帝之欲，乌得并称哉！"

元狩四年，初算缗钱。

公卿请令诸贾人末作各以其物自占，率缗钱二千而一算。此谓雠缗钱者也，随其用所施，施于利重者，其算益多。诸作有租及铸，以手力所作而卖之，率缗钱四千一算。手作者得利差轻，故算亦轻。已上皆算缗钱之法。

非吏比者、三老、北边骑士，轻车以一算②。凡民不为吏，不为三老、骑士，苟有轻车③，皆出一算。商贾轺车二算。商贾则重其赋也。已上算车之法。元光只算商车，至是，民庶皆不免。

船五丈已上一算。商贾之船。匿而能告者，以半畀之。所谓告缗也。贾人无得籍名田，以便农，犯者没入。

按：算缗钱之法，其初亦只为商贾居货者设，至其后，告缗遍天下，则凡不为商贾而有蓄积者皆被害矣，故择其关于商贾者登载于此，而余则见《杂征榷门》。

太初四年，徙弘农都尉治武关，税出入者，以给关吏卒食。

---

① 初算商贾，《汉书·武帝纪》作"初算商车"。
② 轻车，《史记·平准书》作"轺车"。
③ 轻车，应是轺车。

　　王莽篡位，于长安及五都立五均官①，令工商能采金银铜连锡、登龟取贝者，皆自占司市钱府，顺时气而取之。诸取众物、鸟兽、鱼鳖、百虫于山林水泽及畜牧者，嫔妇桑蚕、织纤、纺绩、补缝，工匠医卜及他方技、商贩、贾人坐肆列里区谒舍②。居处所在为区。谒舍，今客店。皆各自占所为于其所在之县官，除其本，计其利，十一分之，而以其一为贡。敢不自占，占不以实，尽没入所采取。

　　按：莽之法，既榷商贾之货而取其十一，又效商贾之为而官自买卖。今录其关于征商者于此，而余则见《市籴考》。

　　晋自过江，至于梁、陈，凡货卖奴婢、马牛、田宅，有文券，率钱一万，输佑四百入官③，卖者三百，买者一百；无文券者，随物所堪，亦百分收四，名为散佑。历宋、齐、梁、陈如此，以为常。以人竞商贩，不为田业，故使均输，欲为惩励。虽以此为辞，其实利在侵削。

　　宋孝武大明八年，诏："东境去岁不稔，宜广商贾，远近贩鬻米粟者，可停道中杂税。"自东晋至陈，西有石头津④，东有方山津，各置津主一人，贼曹一人，直水五人，以检察禁物及亡叛者。荻炭鱼薪之类小津⑤，并十分税一以入官。淮水北有大市自余⑥，小市十余所，备置官司⑦，税敛既重，时甚苦之。

　　后魏明帝孝昌二年，税市入者，人一钱。其店舍又为五等，收税有差。

　　北齐黄门侍郎颜之推奏请立关市邸店之税，开府邓长颙赞成之，后主大悦。于是以其所入以供御府声色之费，军国之用不在此焉。税僧尼令曰："僧尼坐受供养，游食四方，损害不少，虽有薄敛，何足为也！"

　　后周闵帝初，除市门税。及宣帝即位，复兴入市之税，每人一钱。

　　① 指在长安及洛阳、邯郸、临淄、宛、成都等五城设五均司市师管理市场、平抑物价。
　　② 工匠医卜及他方技，《汉书·食货志下》作"工匠医巫卜祝及他方技"。
　　③ 文券，指立有契约文书。输佑，按《魏书·食货志》所说，应是输估，即对买卖行为的征税。
　　④ 西有石头津，《隋书·食货志》作"都西有石头津"。津，水路道口（码头）。
　　⑤ 荻炭鱼薪之类小津，《隋书·食货志》作"荻炭鱼薪之类过津者"。
　　⑥ 大市自余，《隋书·食货志》作"大市百余"。
　　⑦ 备置官司，《隋书·食货志》作"大市备置官司"。

隋文帝受禅，除入市之税。

唐武后长安二年，凤阁舍人崔融上议曰："臣伏见有司税关市事条，不限工商，但是行人尽税者。臣谨按：《周礼》九赋，其七曰关市之赋。窃惟市纵繁杂，关通末游，欲令此徒止抑，所以咸增赋税。夫关市之税者，唯敛出入之商贾，不税往来之行人。何四海之广，九州之杂，关必据险路，市必凭要津。若乃富商大贾，豪宗恶少，轻死重气，结党连群，喑鸣则弯弓，睚眦则挺剑。小有失意，且犹如此，一旦变法，定是相惊。非唯流迸齐人，亦自扰乱殊俗。求利虽切，为害方深。而有司上言，不识大体，徒欲益帑藏，助军国，殊不知军国益扰，帑藏愈空。且如天下诸津，舟行所聚，洪舸巨舰，千轴万艘，交货往还，昧旦永日。今若江津河口置铺纳税，则检覆，检覆则迟留。此津才过，彼铺复止，非唯国家税钱，更遭主司僦略。何则？关为诘暴之所①，市为聚人之地，税市则人散，税关则暴兴，暴兴则起异图，人散则怀不轨。况浇风久扇②，变法为难，徒欲禁末游、规小利，岂知失元默、乱大伦乎？古人有言：'王者藏于天下，诸侯藏于百姓，农夫藏于庾，商贾藏于箧。'惟陛下详之。必若师兴有费，国储多窘，即请倍算商客，加敛平人。如此则国保富强，人免忧惧，天下幸甚。"

德宗时，赵赞请诸道津会置吏阅商贾钱，每缗税二十，竹木茶漆税十之一，以赡常平本钱。帝纳其策。属军用迫蹙，亦随而耗竭，不能备常平之积。

文宗太和七年，御史台奏："太和三年赦文，天下除两税外，不得妄有科配，其擅加杂榷率一切宜停，令御史台严加察访者。臣伏以方今天下无事，圣政日跻，务去烦苛，与民休息。臣昨因岭南道擅置竹练场，税法至重，害人颇深，博访诸道，委知自太和三年准赦文两税外停废等事，旬月之内，或以督察不严，或以长吏更改，依前却置，重困齐人。伏望今后自太和三年准赦文所停两税外，科配杂榷等率复却置者，仰敕到后十日内，具却置事申闻奏，仍申报台司。每有出使郎官、御史、令严加察访，苟有此色，本判官重加惩责，长吏奏听进止。"旨依。

开成二年十二月，武宁军节度使薛元赏奏："泗口税场，应是经过衣

---

① 诘，疑为"御"字。
② 浇风，指轻薄之风。

冠商客，金银、羊马、斛斗、见钱、茶盐、绫绢等，一物已上并税。今商量其杂税物请停绝。"敕旨："淮、泗通津，向来京国自有率税，颇闻怨嗟。今依元赏所奏，并停其所置官司，所由悉罢。所有泗口税额，准徐泗观察使今年前后两度奏状，内竖共得钱一万八千五十五贯文。内十驿一万一千三百贯文，委户部每年以实钱逐近支付，泗、宿二州以度支上供钱赐充本军用，其他未赡，委在才臣，共息怨咨，以泰行旅。"

后周显德五年，敕诸道州府，应有商贾兴贩牛畜者，不计黄牛、水牛，凡经过处并不得抽税；如是货卖处，祗仰据卖价每一千抽税钱三十，不得别有邀难。

　　按：鬻卖而有税，理也。经过而有税，非理也。观此，则其来已久，而牛畜之外，余物俱有过税，商旅安得愿出其涂乎？

宋太祖皇帝建隆元年，诏所在不得苛留行旅赍装，非有货币当算者，无得发箧搜索。又诏榜商税则例于务门，无得擅改更增损及创收。

　　止斋陈氏曰："此薄税敛初指挥也。恭惟我艺祖开基之岁，首定商税则例，自后累朝守为家法，凡州县小可商税，不敢专擅创取，动辄奏禀三司取旨行下。谨按景德四年，三司盐铁商税按奏：'据滨州监税李忠恕状，准条，银每两税钱四十文，其专栏等却称银元来不纳税钱事。省司检会景德元年二月二十二日敕令。将银出京城门往诸路州军者，并须于在京税务纳钱，每两四十文，不降指挥，只是条贯。自京出门，其滨州税务元不收税，合依久例，不得创收。'天禧四年，福建转运司奏：'尚书屯田员外郎方仲荀奏，乞收福建枋木税每估一贯税一百文。本司勘会《祥符编敕》，每木十条抽一条讫，任贩货卖，不收商税。'天圣七年，福建运司奏：'福州商税有当增收钱者八，当减钱者五，当不收钱者十，当创收钱者十二。'有旨，创收、增收并不行，余依奏。以此见当时州郡小可商税不敢专擅创收，动须奏禀，而漕臣、省司亦不敢辄从所请，横改条法。至淳化三年，令诸州县有税，以端拱元年至淳化元年收到课利最多钱数，立为祖额，比校科罚。盖商税额比较自此始。及王安石更改旧制，增减税额，所申省司不取旨矣。熙宁三年九月，中书札子：'详定编敕所参详，自来场务课利增亏，并自本州保明三司，立定新额，始牒转运司令本处趁办，往复经动年岁，虚有留滞，莫若令本州自此立定祖额比较。'有旨从之，而本州比较自此始，商税轻重皆出官吏之意，有增而无减矣。政和间，漕臣刘既济申明于则例外增收一分税钱，而一分增收税钱窠名自此起①。至今以五分充州用，五分充转运司上供，谓之五分增收钱。绍兴二年，令诸路转运司量度州县收税紧慢，增添税额三分或五分，而三五分增收税钱窠名自此始。至今以十分为率，三分本州，七分隶经总制司②，谓之七分增税钱，而商税之重极于今日。"

李重进平，以宣徽北院使李处新知扬州，枢密直学士杜韡监州税。

止斋陈氏曰："以朝臣监州税始于此，盖收方镇利权之渐，然是时初未以此置官也。据《太宗实录》，上谓赵普等曰：'王仁赡纵吏为奸，诸州场院皆隐没官钱。朕初即位，悉罢去，分命使臣掌其事，利入遂数倍。'以此见诸州监当分差使臣自太宗始。雍熙三年始著于令，监当使臣、京朝官并三年替，仍委知州、通判提举之，遂为定员。"

关市之税，凡布帛、什器、香药、宝货、羊彘，民间典卖庄田、店宅、马牛、驴骡、橐驼，及商人贩茶盐，皆算，有敢藏匿物货，为官司所捕获，没其三分之一，以其半畀捕者。贩鬻而不由官路者罪之。有官须者十取其一，谓之抽税。自唐室藩镇多便宜从事，擅其征利，其后诸国割据，掊聚财货以自赡，故征算尤繁。宋朝每克复疆土，必下诏蠲省。凡州县皆置务，关镇或有焉，大则专置官监临景德二年，诏诸路商税年额及三万贯以上，审官院选亲民官临莅，小则令、佐兼领，诸州仍令都监、监押同掌之。行者赍货，谓之过税，每千钱算二十；居者市鬻，谓之住税，每千钱算三十。大约如此，然无定制，其名物各从地宜而不一焉。

---

① 窠，这里是指某种制度之类。即税费冗杂，名目繁多之意。
② 总制司，宋代掌理东南财政的机构，其长官称总制使。

开宝六年，诏岭南商贾赍生药者勿算。

先是，伪蜀时，部民凡嫁娶，皆籍其帏帐妆奁之数估价抽税，是年，诏除之。

太宗淳化二年，诏曰："关市之租，其来旧矣。用度所出，未遑削除，征算之条，当从宽简。宜令诸路转运使以部内州军市征所算之名品，共参酌裁减，以利细民。"又诏："除商旅货币外，其贩夫、贩妇细碎交易，并不得收其算。常税各物，令有司件析揭榜，颁行天下。"

至道元年，诏两浙诸州纸扇、芒鞋及细碎物皆勿税。

二年，诏民间所织缣帛非出鬻于市者勿得收算。

真宗景德元年，除杭、越等十三州军税鹅鸭年额钱。

四年，诏京东西、河北、陕西、江淮南民以柴薪渡河津者勿税。

大中祥符元年，诏免诸路州军农器收税。

熙宁十年以前天下诸州商税岁额：

四十万贯以上：

东京　成都二十一务　兴元三务

二十万贯以上：

蜀九务　彭八务　永康五务　梓二务　遂二务

十万贯以上：

开封二十三务　寿八务　杭十二务　眉二务　绵二务　汉二务　嘉八务　邛十九务　简四务　果一务　戎三务　泸六务　合一务　怀安三务　利三务　阆一务　剑七务　三泉县二务　夔二务

五万贯以上：

西京二十六务　北京十四务　徐七务　郓十二务　邠三务　颍十一务　沧二十二务　博十四务　棣十一务　秦六务　德十三务　京兆十二务　楚八务　真五务　庐六务　成五务　扬七务　蕲八务　无为八务　资一务　高邮八务　苏五务　普一务　昌三十八务　洋八务　兴二务　大宁监一务　达一务　施五务　涪六务

五万贯以下：

南京九务　青十务　齐十务　沂五务　兖九务　淮阳二务　济六

务　单五务　濮八务　襄八务　邓七务　许十务　蔡十六务　陈六务　滑一务　澶十务　瀛七务　滨六务　思六务　凤四务　永静军九务　真定十五务　河中十一务　陕六务　并九务　延十六务　凤翔十五务　亳十一务　舒十九务　宿九务　光七务　黄九务　湖十务　婺八务　秀七务　信八务　洪十一务　吉七务　潭七务　荣一务　雅十一务　广安三务　富顺监一务　巴五务　蓬一务　云安二务　福十二务　黔七务　忠二务　万六务　渝三务

三万贯以下：

密六务　登四务　莱四务　潍三务　曹四务　淄十一务　郓二务　唐五务　孟七务　汝十务　郑九务　冀七务　雄一务　相七务　邢七务　定十七务　怀八务　卫八务　洺九务　深五务　磁十一务　赵六务　保一务　永宁一务　华八务　通利三务　同十一务　耀九务　邠四务　解五务　庆十一务　商四务　宁六务　环六务　泽五务　陇八务　渭十八务　阶二务　德顺一务　乾八务　通远一务　潞六务　晋六务　绛六务　汾五务　海四务　泰七务　泗七务　滁四务　和六务　濠四务　涟水二务　越九务　润六务　明五务　常五务　温六务　台八务　处七务　衢八务　睦六务　江宁五务　宣九务　歙六务　江六务　池十一务　饶六务　太平八务　南康七务　虔六务　广德二务　袁九务　兴国二务　临江五务　衡一务　江陵十四务　鄂八务　安五务　岳十一务　黎一务　汉阳三务　荆门二务　文六务　龙二务　集七务　璧一务　南剑十一务　开一务　建七务　泉九务　汀八务　漳十务　广十四务　昌化三务　潮五务

一万贯以下：

随三务　金十七务　均三务　信阳二务　莫三务　霸三务　乾宁一务　信安一务　郦五务　虢四务　坊四务　岷三务　原六务　仪四务　府二务　代十九务　隰九务　忻一务　石六务　辽五务　威胜五务　平定四务　南安三务　建昌二务　通二务　桂阳二务　鼎四务　澧四务　陵井监四务　峡五务　梁山一务　邵武三务　康十六务　南雄六务　英八务

五千贯以下：

广济一务　房一务　保安一务　安肃一务　丹四务　广信一务　顺安二务　保安①三十务　镇戎六务　熙一务　庆成二务　郦一务　宪一务

岚三务　慈二务　宁化一务　火山一务　岢岚一务　保德一务　抚二务　大通监二务　江阴三务　筠三务　永三务　郴一务　邵三务　全二务　归一务　辰一务　沅四务　复二务　茂一务　南平三务　兴化八务　循四务　韶三务　连四务　贺二十一务　封三务　端一务　新一务　南恩一务　惠四务　梅二务　春九务　桂十四务　容五务　邕一务　象七务　融一务　昭十二务　梧一务　藤一务　龚一务　浔三务　贵十一务　柳九务　宜五务　宾四务　横三务化五务　高六务　雷二务　白一务　钦一务　郁林一务　万安一务　珠崖一务　廉五务　琼一务　蒙一务　窦二务　南仪一务

按：天下商税惟四蜀独重，虽夔、戎间小垒，其数亦倍蓰于内地之壮郡①。然《会要》言四蜀所纳皆铁钱，十才及铜钱之一，则数目虽多，而所取亦未为甚重。而熙宁十年以后再定之额，他郡皆增于前，而四蜀独减于旧，岂亦以元额偏重之故欤？

仁宗时，诏场务岁课倍增者，乃增使臣一员监临。又诏取一岁中数为额，后虽羡益勿增，仍毋得抑配人户、苛留商贾，求羡余以希赏详见《酒税门》。

天圣中，有请算钱以助给费者②，仁宗曰："货泉之利，欲流天下而通有无，何可算也。"不许。又诏有司裁定岁课或不登而州县责衙前备偿者，立命罢之。

神宗熙宁元年，诏："三路支移，或民以租赋赍货至边贸易以转官者毋税③。石炭自怀至京不征。流民复业者，所过免算。"

四年，诏三司："凡民承买酒曲、坊场，率千钱输税五十，储之以禄吏。"

七年，诏减国门税数十种，钱不满三十者蠲之。其先，外城二十门皆责以课息，近止令随其闲要分等，以检捕获失之数为赏罚。既而以岁旱，复有是命。

八年，手诏问中书，贾贩之物法不税者，其市利钱当输否？时有司创税贾物之入京者，谓之市利钱，以禄吏。帝疑焉，故问之。

---

① 壮郡，大郡。
② 算钱，《宋史·食货下八》作"算缗钱"。
③ 以转官者，《宋史·食货下八》作"以输官者"。

《郑侠奏议》跋后云："建言者以诸门及本务税钱额亏折，皆是官员饶税过多，而吏人受财，公共偷瞒，不知乃为市易拘拦商旅入务官买，以致商旅不行，税乃大亏也。遂立条约，专拦皆有食钱，官员不得饶税。专拦取钱依仓法，官员妄饶税，并停替，仍会问诸处，每商旅纳官税一百文，即专拦所得市利钱几何。诸处申，约官税一百，专拦等合得事例钱十文①。官中遂以为定例，每纳税钱一百文，别取客人事例钱六文，以给专拦等食钱。已而市易司作弊，于申收事例钱项，即声说所收不及十文亦收十文，此明为所收事例钱不及十文亦收十文，及法行，乃谓所收之税不及十文亦收事例钱十文。只如苎麻一斤收钱五文，山豆根一斤收钱五文，却问客人别要事例钱一十文。本门为不便申省，及市易司并不施行，致客人为事例钱故，屡与专拦相拖拽，云：'我官钱十文纳了，你却问我要甚事例钱?'必须取条贯分明详谕，方肯纳钱而去。不三五日间，适因三月二十六日奏状，准三月二十七日圣旨，市利钱三百文以下税钱者，皆无市利钱矣。看详，有司当立法时，取专拦所得事例钱以供专拦逐月食钱，不曰事例钱，而以市利名之者，盖取《孟子》所谓'有贱丈夫左右望而罔市利'之意以为名，是贱之也，又从而多取之以益官，岂不谬哉! 宜乎圣上闻之，自三百以下税钱，并不收市利也。"

哲宗元祐元年，从户部之请，在京商税院酌取元丰八年钱五十五万二千二百六十一缗有奇，以为新额，自明年始。

八年，商人载米入京粜者，力胜税权蠲②。

兵部尚书苏轼上言："臣闻谷太贱则伤农，太贵则伤末。是以法不税五谷，使丰熟之乡商贾争籴，以起太贱之价；灾伤之地舟车辐辏，以压太贵之直。自先王以来，未之有改也。而近岁法令始有五谷力胜税钱，使商贾不行，农末皆病，废百王不刊之令典，而行自古所无之弊法，百世之下，书之青史，曰：'收五谷力胜税钱，自皇宋某年始也。'臣切为圣世病之。臣顷在黄州，亲见累岁谷熟，农夫连车

---

① 事例钱，宋对买卖活动征收的附加税之一种。
② 力胜税，宋商税之一，也叫"五谷力胜钱"。凡商、民用车、船载运米谷、食盐进入市场货卖，官府对其车、船所征的税钱，叫"五谷力胜钱"。

载米入市，不了盐酪之费，所蓄之家日夜祷祠，愿逢饥荒。又在浙西，累岁亲见水灾，中民之家有钱无谷，被服珠金，饿死于市。此皆官收五谷力胜税钱，致商贾不行之咎也。臣闻以物与人，物尽而止；以法活人，法行无穷。今陛下每遇灾伤，捐金帛，散仓廪，自元祐以来，盖所费数千万贯石，而饿殍流亡不为少衰。只如去年浙中水灾，陛下使江西、北雇船运米，以救苏、湖之民，盖百余万石，又计籴本、水脚，官费不赀，而客船被差雇者，皆失业破产，无所告诉。与其官司费耗为害如此，何似削去近日所立五谷胜税钱一条，只行《天圣附令》免税指挥，则丰凶相济，农末皆利，纵有水旱，无大饥荒。虽目下稍失课利，而灾伤之地，不必尽烦陛下出捐钱谷如近岁之多也。今《元祐编敕》，虽云灾伤地分，虽有例亦免，而谷所从来，必自丰熟地分，所过不免收税，则商贾亦自不行。议者或欲立法，如一路灾伤，则邻路免税，一州灾伤，则邻州亦然。虽以今之法小为疏通，而隔一州一路之外，丰凶不能相救，未为良法，须是尽削近岁弊法，专用《天圣附令》指挥，乃为通济。臣窃谓若行臣言，税钱亦必不至大段失陷。何也？五谷无税，商贾必大通流，不载见钱，必有回货。见钱、回货，自皆有税，所得未必减于力胜，而灾伤之地有无相通，易为赈救，官司省费，其利不可胜计。今肆赦甚近，若得于赦书带下，光益圣德，收结民心，实无穷之利。取进止。"

徽宗大观元年，凡典买牛畜、舟车之类，未印契者，更期以百日免倍税。建中靖国初有此令，至是镯之。

三年，诏在京诸门，凡民衣屦、谷菽、鸡鱼、果蔬、炭柴、磁瓦器之类，并镯其税，岁终计所镯，令大观库给偿。

重和元年，以臣僚言，凡民有遗嘱并嫁女承书，令输钱给印文凭；其丝绵缣帛即其乡聚市鬻者，亦令先历近地场务请税。寻皆罢之。八月，臣僚又言，税物由便道者，请令批引致务参验并税之。诏户部下诸路漕司计划以行。

宣和二年，宫观、寺院、臣僚之家为商贩者，令关津搜阅，如元丰法输税，岁终以次数报转运司取旨。

初，《元符令》，品官供家服用之物免税。至建中靖国初，马、牛、驼、骡、驴已不入服用之例，而比年臣僚营私谋利者众，官观、寺院多有免税专降之旨，皆以船艘贾贩，州县无孰何之者，故有是诏。

三年，两浙、淮西等路税例外增一分者勿取。其先，漕臣被旨起应奉物，乃增税以更费。至是，御笔罢之。

钦宗靖康元年，诏："都城物价未平，凡税物，权更蠲税一年。"

高宗建炎元年，诏："京城久闭，道路方通，有贩货上京者，与免税。"又诏应残破州县合用竹木砖瓦并免收税。又诏北来归正人、两淮复业人，在路不得收税。又诏于平江昆山县江湾浦量收海船税，应官司回易诸军收买物色，依条收税。盖宁于海道取给军需，而不以病民也。又虑税网太密，诏减并一百三十四处，减罢者九处，免过税者五处。至于牛、米、柴、面，民间日用所需，并与罢税。

孝宗隆兴之初，召集流民，凡两淮之商旅、归正人之兴贩，并与免税。州县续置税场不曾申明去处，并罢之。又诏乡落墟市贸易皆从民便，不许人买扑收税，减罢州县税务甚多。

光宗复罢楚州、雅州管下镇务，减临安府富阳余杭税额。

宁宗时，减罢州县税务亦不一。

关市之征日以蠲免，中兴列圣仁民之心何如哉！其间贪吏并缘苛取百出，绍兴二十一年六月，臣僚言诸州额外征取，止资公库，无名妄用，乞令监司检察。私立税场，算及缗钱、斗米、菜茹、束薪之属。乾道四年，诏诸州县不得私置税场，邀阻客旅。嘉定五年四月，臣僚言：广中无名场税在在有之，若循之浰头、梅之梅溪①，皆深村山路，略通民旅，私立关津，缗钱、斗米、菜茹、束薪，并令输免。或擅用稽查、措置，乾道九年二月，诏诸县税场于正官外擅置稽查、措置等官，许民户越诉。添置专拦收检，绍兴十年九月，敕："诸路税务置专拦外，类皆过数招收，并有监官、亲随之类，通同接取，可令禁止。"淳熙五年四月，臣僚言池州雁汊等处，栏头妻子直入船内搜检，谓之女栏头，与吾民相刃相靡，不啻雠敌。虚市有税，空舟有税，乾道六年闰月，臣僚言："重征莫甚于沿江。凡溯流而上，至于荆峡，虚舟

———————————

① 浰头，地在今广东和平县。梅溪，今梅江。

往来，谓之'力胜'；舟中无重货，谓之'虚喝'；宜征百金，元抛千金之数，谓之'花数'，骚扰不一，乞严禁止。"从之。以食米为酒米，以衣服为布帛，皆有税。绍兴三十二年八月，都省言专拦骚扰，甚者指食米为酒米，指衣服为布帛。遇士夫行李则搜囊发箧，目以兴贩。绍兴二十五年十二月，敕："访闻场务利于所入，以至士夫、举子道路之费，搜箧倒囊，一切拦税，可以禁止。"甚者，贫民博易琐细于村落，指为漏税，辄加以罪。嘉定八年二月，臣僚言："滨江之民，担负鱼鲜于村落博卖，未尝经涉城市，亦诬其漏税而加之罪。或遇溪簰贩运火柴，每束亦收五六文钱。乞严行觉察。"从之。空身行旅，亦白取金，百方纡路避之，则拦截叫呼。嘉定五年四月，臣僚言广中场。或有货物，则抽分给偿，断罪倍输，倒囊而归矣。嘉定五年四月臣僚言。闻者咨嗟，则指曰："是大小法场也"绍兴二十二年，臣僚言蕲之蕲阳、江之湖口、池州之雁汊税务，号为大小法场。"是以中兴以来，申明越津拦税之禁，上曰："昨见河朔有步担负米，尤为所害。其专拦有在十里外私自收税者，况舟船之利多于步担，其扰可知。"绍兴三十二年三月，臣僚言州县多遣人于三二十里外拘拦税物，以发关引为名，乞禁止。乾道四年九月，诏不得离县五里外拦掠村民。绍兴四年三月，嘉定八年二月，皆有禁。其场务税赏不许引用，倘于租额外有剩数，听其累赏，是道天下重征。其告漏税不实者坐之庆元六年五月诏。其有合税者，照自来则例，不得欺诈骚扰，如例外多收投子钱①，许民越诉。绍熙元年十一月。其赴务投税者，不得截留收买。庆元五年四月诏。列圣之禁戢吏奸也如此，是宜商贾之利通而民生之用足，虽中兴再造，民力已竭，而不至于甚困者，皆此之由也。

---

① 投子钱，疑是"头子钱"。

卷十五　征榷考二

盐铁^矾

齐管子^①曰："海王之国，海王者，言以负海之利而王其业。王，音于况反。谨正盐筴^②。正，税也，音征。十口之家，十人食盐；百口之家，百人食盐。终月，大男食盐五升少半，少半，犹劣薄也。，大女食盐三升少半，吾子食盐二升少半，吾子，谓小男、小女也。此其大历也。历，数。盐百升而釜，盐十三两七铢一素十分之一为升，当米六合四勺也。百斤之盐^③，七十六斤十二两十九铢二累为釜，当米六斗四升。，今盐之重，升加分强。^④，釜五十也分强，半强也。今使盐官税其盐之重，每一斗加半合为强而取之，则一釜之盐得五十合而为之强。升加一强，釜百也。升加二强，釜二百也。钟二千，十釜之盐，七百六十八斤为钟，当米六斛四斗是。十钟二万，百钟二十万，千钟二百万。万乘之国，人数开口千万也举其大数而言之也。开口，谓大男、大女之所食盐也。禺筴之商，日二百万。禺，读为"偶"。偶，对也。商，计也。对其大男、大女食盐者之口数而立筴，以计所税之盐，一日计二百万，合为二百钟。十日二千万，一月六千万。万乘之^⑤，正九百万也。万乘之国，大男、大女食盐者千万人，而税之盐，一日二百钟十日二千钟也。今又施其税数，以知万人如九百万人之数，则所税之盐，一日百八十钟，十日千八百钟，一月五千四百钟。月人三十钱之籍，为钱三千万，又变其税千四百钟之盐而籍其钱^⑥，计一

---

① 管仲（前719—前645年），姬姓，管氏，名夷吾，字仲，谥敬，春秋时期法家代表人物，相齐桓公治齐。
② 筴，疑为"筴"字之误，即策。
③ 百斤之盐，《通典·食货十》作"百升之盐"。
④ 强，通镪，本指串钱之绳，代指钱。
⑤ 万乘之，后脱一"国"字，下文即曰"万乘之国"。《管子·海王》也作"万乘之国"。
⑥ 又变其税千四百钟之盐，《通典·食货十》作"又变其五千四百钟之盐"。

月每人籍钱三十①，九千万人，为钱二万万矣②。以此籍之数而比其常籍，则当一国而有三千万人矣。今吾非籍之诸君、吾子，而有二国之籍者六千万。诸君，谓老男、老女也。六十以上为老女也③。既不籍于老男、老女，又不籍于小男、小女，乃能以十万人而当三千万人者，盖盐官之利耳。盐官之利既然，则铁官之利可知也。盐官之利当一国而三万人，铁官之利当一国而三万人焉④，故能有二国之籍者六千万人耳，其常籍人之数犹在此外。使君施令曰‘吾将籍于诸君、吾子’，则必嚣号，令天⑤给之盐策，则百倍归于上，人无以避此者，数也。今铁官之数曰：‘一女必有一针、一刀，若其事立；若，犹然后。耕者必有一耒、一耜、一铫，若其事立。大锄谓之铫，羊昭反。行服连。辇名，所以载作器，人挽者。轺、羊昭反、辇居玉反者大车驾马，必有一斤、一锯、一锥、一凿，若其事立。不尔而成事者，天下无有。’金针之重加一也⑥，三十针一人之籍。针之重，每十分加一分为强强取之⑦，则一女之籍得三十针也矣。刀之重加六，五六三十，五刀，一人之籍也。刀之重，每十分加六分以为强而取之，五六为三十也，则一女之籍得五刀。耜铁之重加七，三耜铁，一人之籍也。耜铁之重，每十分加七分以为强而取之，则一农之籍得三耜铁也。其余轻重皆准此而行。其器弥重，其加弥多，然则举臂胜音升事，无不服籍者。”桓公曰：“然则国无山海不王乎？”管子曰：“因人山海，假之名有海之国虽无海而假名有海，则亦虽无山而假名有山。售盐于吾国，彼国有盐而籴于吾国为售耳⑧，釜十五吾受而官出之以百，受，取也。假令彼盐平价釜当十钱者，吾又加五钱而取之，所以来之也。既得彼盐，则令吾国盐官又出而籴之⑨，釜以百钱也，我未与其本事也与，用也。本事，本盐也。受人之事，以重相推以重相推，谓加五钱之类

---

① 人人，衍一人字。

② 九千万人，为钱二万万矣，按之计算可知此句有误。《通典·食货十》作"凡千万人，为钱三万万矣"。

③ 此处解释何为老女，而不言何为老男，疑有脱漏。《通典·食货十》作"六十以上为老男，五十以上为老女也"。

④ 盐官之利当一国而三万人，铁官之利当一国而三万人焉，两句中的"三万人"，皆当为"三千万人"。《通典·食货十》可证。

⑤ 令天，《管子·海王》作"今夫"，似较此易解。

⑥ 金针，《通典·食货十》作"今针"。

⑦ 强强取之，《通典·食货十》作"而强取之"。

⑧ 彼国有盐而籴于吾国，此语本于《通典·食货十》，但按文意，"籴"应为"粜"。《册府元龟》卷四九三，邦计部、明刘绩《管子补注》卷二二皆作"粜于吾国"。

⑨ 吾国盐官又出而籴之，《通典·食货十》、《册府元龟》卷四九三邦计部、明刘绩《管子补注》卷二二皆作"又出而粜之"。

也。推，犹度也，此用人之数也彼人所有而皆为我用也。"又曰："齐有渠展之盐渠展，齐地，沛水所流入海之处，可煮盐之所也，故曰渠展之盐，请君伐菹薪草枯曰菹，采居反。煮水为盐，煮海水。正音征而积之。十月始征，至于正月，成三万钟，下令曰：'孟春既至，农事且起，大夫无得缮冢墓，理宫室，立台榭，筑墙垣。北海之众，无得聚庸庸，功也。而煮盐。北海之众，谓北海煮盐之人。本意禁人煮盐，下令讬以农事，虑有妨夺，先自大夫起，欲人不知其机，斯为权术。此则坐长十倍，以令粜之。梁、赵、宋、卫、濮阳，彼尽馈食之国，本国自无盐，远馈而食。无盐则肿，守围之国'围'与'御'同，古通用。用盐独甚。"桓公乃使粜之，得成金万斤。

按：《周礼》所建山泽之官虽多，然大概不过掌其政令之厉禁，不在于征榷取财也。至管夷吾相齐，负山海之利，始有盐铁之征。观其论盐，则虽少男、少女所食；论铁，则虽一针、一刀所用，皆欲计之，苛碎甚矣。故其言曰："利出一孔者，其国无敌；出二孔者，其兵不诎；出三孔者，不可以举兵；出四孔者，其国必亡。先王知其然，故塞人之养，养，利也。隘其利途。故予之在君，夺之在君，贫之在君，富之在君。"又曰："夫人予则喜，夺则怒。先王知其然，故见予之形而不见夺之理，故民可爱而洽于上也。"其意不过欲巧为之法，阴夺民利而尽取之，既以此相桓公霸诸侯，而齐世守其法。故晏子曰"山木如市，弗加于山；鱼盐蜃蛤，弗加于海。民参其力，二入于公，而衣食其一。山林之木，衡麓守之；泽之萑蒲，舟鲛守之；薮之薪蒸，虞侯守之；海之盐蜃，祈望守之。县鄙之人，入从其政；逼介之关①，暴征其私。布常无艺，征敛无度。"盖极言其苛如此。然则桑、孔②之为，有自来矣。

汉高祖接秦之敝，量利禄，度官用，以赋于民。而山川、园池、市肆租税之入，自天子至于封君汤沐邑，皆各自为奉养，不领于天下之经费。秦赋盐铁之利，二十倍于古，汉兴，循而未改。

---

① 逼介之关，迫近国都的关卡。
② 桑，指桑弘羊，孔，指孔仅，都是西汉武帝时的理财之臣。

按：史既言高祖省赋，而复言盐铁之赋仍秦者，盖当时封国至多，山泽之利在诸侯王国者，皆循秦法取之以自丰，非县官经费所榷也。

孝惠、高后时，吴有豫章铜山，即招致天下亡命盗铸钱，东煮海水为盐，以故无赋，国用饶足。

班固赞曰："吴王擅山海之利，能薄敛以使其众，逆乱之萌，自其子兴。古者诸侯不过百里，山海不以封，盖防此矣。"

武帝元狩四年，置盐铁官。

元狩中，兵连不解，县官大空，富商大贾冶铸鬻盐，财或累万金，而不佐公家之急。于是以东郭咸阳、孔仅为大农丞，领盐铁事。五年，仅、咸阳言："山海，天地之藏，宜属少府，陛下弗私，以属大农佐赋。愿募民自给费，因官器作鬻盐，官为牢盆。苏林曰：'牢，价直也。今世人言雇手牢。'如淳曰：'牢，廪食也。古者名廪①。盆，煮盐盆也'。浮食奇民欲擅斡山海之货，以致富羡，役利细民。其沮事之议，不可胜听。敢私铸铁器鬻盐者，钛左趾，没入其器物。郡不出铁者，置小铁官，使属在所县。"使仅、咸阳乘传举行天下盐铁，作官府，除故盐铁家富者为吏。吏益多贾人矣。孔仅使天下铸作器，而县官以盐铁缗钱之故，用少饶矣。益广开，置左右辅②。初，大农斡盐铁官布多，置水衡，欲以主盐铁，及杨可告缗，上林财物众，乃令水衡主上林，既充满，益广。卜式为御史大夫，见郡国多不便县官作盐铁，苦恶盐味苦，器脆恶，贾贵，强令民买之，乃因孔仅言事，上不说③。

先公曰④："孔仅、咸阳所言，前之属少府者其利微，今改属大农，则其利尽，此聚敛之臣饰说以盖其私也。管仲之盐铁，其大法税

---

① 古者名廪，《汉书·食货志》如淳注作"古者名廪为牢"，较此为通。

② 益广开，《史记·平准书》作"益广关"，而《汉书·食货志》作"益广开"。清代学者何焯认为《汉书》误，当从《平准书》。

③ 说，音yuè，同"悦"。

④ 先公，本书作者马端临对其父、宋代学者马延鸾的称谓。

之而已，盐虽官尝自煮之以权时取利，亦非久行，铁则官未尝冶铸也，与孔、桑之法异矣。"

元封元年，因桑弘羊请，置大农部丞数十人，分部主郡国，名往往均输盐铁官，不出铁者置小铁官，使属所在县。

盐官凡二十八郡：

河东安邑　太原晋阳　南郡巫州　钜鹿堂阳　勃海章武　千乘　琅琊海曲、长广　会稽海盐　犍为南安　蜀临邛　益州连然　巴朐忍　安定三水　北地弋居　上郡独药　西河富昌　朔方沃野　五原成宜　雁门楼烦、沃阳、有长、丞　渔阳泉州　陇西　辽西海阳　辽东　南海番禺　苍梧高要　东平　北海　东莱曲城、弦、东牟、当利、阳乐

铁官凡四十郡：

京兆郑　左冯翊夏阳　右扶风雍、漆　弘农宜阳、渑池　太原大陵　河东安邑、绛县、皮氏、平阳　河内隆虑　河南　颍川阳城　汝南西平　南阳宛　庐江皖　山阳　沛沛　魏武安　常山都乡　千乘郡千乘　齐临淄　东莱东牟　东海下邳、朐　济南东平陵、历城　泰山嬴　临淮盐渎、堂邑　桂阳　汉中沔阳　犍为武陵、南安　蜀临邛　琅琊　渔阳渔阳　右北平夕阳　辽东平郭　陇西　胶东郁秩　鲁　楚彭城　广陵　中山北平　东平　城阳莒　涿

元鼎中，博士徐偃使行风俗，矫制①，使胶东、鲁国鼓铸盐铁，还，奏事，徙为太常丞。御史大夫张汤劾偃矫制大害，法至死。有诏下终军问状，军诘偃："胶东南近琅琊，北接北海，鲁国西枕泰山，东有东海，受其盐铁。偃度四郡口数、田地，率其用器食盐，不足以并给二郡邪？将势宜有余，而吏不能也？何以言之？偃矫制而鼓铸者，欲及春耕种赡民器也。今鲁国之鼓，当先具其备，至秋乃能举火。此言与实反者非重问之一？偃已前三奏，无诏，不报听也。不惟

① 矫制，假托君命行事。

所为不许，惟，思也。而直矫作威福，以从民望，干①民采誉，此明圣之所必诛也。偃矫制颛行，非奉使体，请下御史征偃即罪。"上善其请，奏可。

昭帝始元六年，诏郡国举贤良文学之士，问以民所疾苦、教化之要。皆对愿罢盐铁酒榷、均输，毋得与天下争利，视以俭勤。御史大夫桑弘羊难②，以为此国家大业，所以制四夷，安边足用之本，不可废也。

弘羊言："往者豪强之家得管山海之利，采石鼓铸、煮盐，一家聚或至千余人，大抵尽流放之人，远去乡里，弃坟墓，依倚大家，相聚深山穷泽之中，成奸伪之业。家人有宝器，尚犹柙而藏之，况天地之山泽乎？夫权利之处，必在山泽，非豪人不能通其利。异时盐铁未笼，布衣有朐邴，人君有吴王，专山泽之饶，薄赋其人，赡穷乏以成私威，私威积而逆节之心作。今纵人于权利，罢盐铁以资强暴，遂其贪心，众邪群聚，私门成党，则强御日以不制，而并兼之徒奸形成矣。盐铁之利，佐百姓之急，奉军旅之费。不可废也。"文学曰："庶人藏于家，诸侯藏于国，天子藏于海内。是以王者不蓄，下藏于民，远争利，务民之义，利散而人怨止。若是，虽汤、武生存于代，无所容其虑。工商之事，欧冶之任，何奸之能成？三桓专鲁，六卿分晋，不以盐冶。故权利深者，不在山海，在朝廷；一家害百家，在萧墙，不在朐邴。"大夫曰："山海有禁而人不倾，贵贱有平而人不疑。县官设衡立准，而人得其所，虽使五尺童子适市，莫之能欺。今罢之，则豪人擅其用而专其利也。"文学曰："山海者，财用之宝路也。铁器者，农之死士也。死士用则仇雠灭，田野辟而五谷熟。宝路开则百姓赡而人用给，人用给则富国而教之以礼。礼行则道有让，而人敦朴以相接而莫相利也。夫秦、楚、燕、齐，士乃不同，刚柔异气，巨小之用，倨勾之宜，党殊俗异，各有所便。县官笼而一之，则铁器失其宜，而农人失其便。器用不便，则农夫罢于野而草莱不辟，草莱不辟则人困乏也。"大夫曰："昔商君理秦也，设百官之利，收山泽之

① 干，追求，求取。
② 难，责难，质问。

税，国富人强，蓄积有余。是以征伐敌国，攘地斥境，不赋百姓，军师以赡。故利用不竭而人不知，地尽西河而人不苦。今盐铁之利，所佐百姓之急①，奉军旅之费，务于蓄积，以备乏绝，所给甚众，有益于用，无害于人。"文学曰："昔文帝之时，无盐铁之利而人富，当今有之而百姓困乏，未见利之所利而见其所害。且利非从天来，不由地出，所出于人间而为之百倍，此计之失者也。夫李梅实多者，来年为之衰；新谷熟，旧谷为之亏。自天地不能满盈，而况于人乎②？故利于彼者必耗于此，犹阴阳之不并③，昼夜之代长短也。商鞅峭七叫反法长利，秦人不聊生，相与哭孝公，其后秦日以危。利蓄而怨积，地广而祸构，恶在利用不竭乎？"于是丞相奏曰："贤良、文学不明县官④，猥以盐铁为不便。宜罢郡国榷酤酒、关内铁。"奏可。于是利复流下，庶人休息。

宣帝地节四年，诏："盐，民之食，而贾咸贵，其减天下盐贾。"

元帝初元五年，罢盐铁官。

永光二年，复盐铁官。

成帝绥和二年，赐丞相翟方进策曰"百僚用度各有数。君增益盐铁，更变无常。朕既不明，随奏许可"云云。方进自杀。

东汉郡有盐官、铁官者，随事广狭置令长及丞。本注曰："凡郡县出盐多者，置盐官主盐税；出铁多者，置铁官主鼓铸。"

明帝时，官自鬻盐。

时谷贵，县官给用不足。尚书张林言："盐，食之急，虽贵，人不得不须，官可自鬻。"诏诸尚书通议。朱晖等言："盐利归官，则人贫怨，非明主所宜行。"帝卒以林言为然。

---

① 所佐百姓之急，《通典·食货十》作"所以佐百姓之急"。
② 而况于人乎，《盐铁论·非鞅》作"而况于人事乎"。
③ 阴阳之不并，《盐铁论·非鞅》作"阴阳之不并曜"。
④ 县官，指朝廷，不明县官，《盐铁论·取下》作"不明县官事"。

永平十五年，复置涿郡故安铁官①。

肃宗建初中②，议复盐铁官，郑众谏，以为不可。诏数切责，至被奏劾。众执之不移，帝不从。

按：盐铁官，显宗已尝置矣③，今言复，岂中间尝罢邪？

和帝即位，罢盐铁禁。

诏曰："昔孝武皇帝致诛胡、越，故榷收盐铁之利，以奉师旅之费。自中兴以来，匈奴未宾④，永平末年，复修征伐。先帝即位，务休力役，然犹深思远虑，安不忘危，探观旧典，复收盐铁，欲以防备不虞，宁安边境，而吏多不良，动失其便，以违上意。先帝恨之，故遗戒郡国罢盐铁之禁，纵民煮铸，入税县官如故事。其申敕刺史、二千石，奉顺圣旨，勉行德化，布告天下，使明朕意。"

献帝建安初，置使者监卖盐。

时关中百姓流入荆州者十余万家，及闻本土安宁，皆企愿思归，而无以自业。于是卫觊议，以为："盐者，国家之大宝，自丧乱以来放散，今宜依旧置使者监卖，以其直益市犁牛。百姓归者，以供给之，劝耕积粟，以丰实关中。远者闻之，必竞还。"魏武于是遣谒者仆射监盐官，移司隶校尉居弘农。流人果还，关中丰实。

后秦主姚兴以国用不足，增关津之税，盐、竹、木皆有赋。群臣咸谏，以为天殖品物，以养群生，王者子育万邦，不宜节约⑤，以夺其利。兴曰："能逾关梁通利于山水者，皆豪富之家，吾损有余以裨不足，何不可？"遂行之。

---

① 永平十五年，查《后汉书·和帝纪》，事在和帝永元十五年（103年），而非明帝永平十五年（72年）。本书按时序叙事，此条应移至"和帝即位"一条之后。
② 肃宗，汉章帝刘炟庙号。
③ 显宗，汉明帝刘庄庙号。
④ 宾，服从、降顺。
⑤ 节约，节制、约束。

陈文帝天嘉二年，太子中庶子虞荔、御史中丞孔奂以国用不足，奏立煮海盐税，遂从之。

后魏宣武时，河东郡有盐池，旧立官司，以收税利。先是罢之①，而人有富强者专擅其食，贫弱者不能资益。延兴末，复立监司，量其贵贱，节其赋入，公私兼利。孝明即位，复罢其禁，与百姓共之。

时御史中尉甄琛表称："《周礼》，山林川泽有虞衡之官，为之厉禁。盖取之以时，不使戕贼而已。故虽置有司，实为民守之也。夫一家之长，必惠养子孙；天下之君，必惠养兆民。未有为民父母，而吝其醯醢②；富有群生，而榷其一物者也。今县官鄣护河东盐池而收其利，是专奉口腹而不及四体也。盖天子富有四海，何患于贫？乞弛盐禁，与民共之。"录尚书、彭城王勰曰："圣人敛山泽之货，以宽田畴之赋；收关市之税，以助什一之储。取此与彼，皆非为身。所谓资天地之产，惠天地之民。盐池之禁，为日已久，积而散之，以济国用，非专为供大官之用，宜如旧。"魏主卒从琛议。

致堂胡氏③曰："盐之为物，天地自然之利，所以养人也。尽捐之民，则纵末作、资游惰；尽属之官，则夺民日用，而公室有近宝之害。琛、勰之言，皆未得中道也。官为厉禁，俾民取之，而裁入其税，则政平而害息矣。"

魏自弛盐禁之后④，官虽无榷，而豪贵之家复乘势占夺，近池之人又辄障。神龟初，太师高阳王雍，太傅清河王怿等奏，请依先朝，禁之为便，于是复置监官以监检焉。其后更罢更立，至于永熙。自迁邺后，于沧、瀛、幽、青四州之境，傍海煮盐。沧州置灶一千四百八十四，瀛州置灶一百五十二，幽州置灶一百八十，青州置灶五百四十六，又于邯郸置灶四，计终岁合收盐二十万九千七百八斛四斗。军国所资，得以周赡矣。

---

① 先是罢之，与前言"旧立官司"关系抵牾。《魏书·食货志》作"是时罢之"，较此为通。

② 醯醢，加醋等作料制成的鱼、肉酱。此处意为美食。醯，就是醋；醢，用鱼、肉等制成的酱。

③ 致堂胡氏，即宋代学者胡寅（1098—1156 年），字明仲，人称致堂先生，著有《读史管见》、《论语详说》等书。

④ 魏，此处指北魏。

　　后周文帝霸政之初，置掌盐之政令，一曰散盐，煮海以成之；二曰监盐①，引池以化之；三曰形盐，掘地以出之；四曰饴盐，于戎以取之。凡监盐每池为之禁，百姓取之皆税焉。

　　按：东南之盐，煮海而已；西北之盐，则所出不一，而名亦各异。《南史·张畅传》，魏太武至瓜洲，饷武陵王以九种盐，曰"此诸盐各有所宜：白盐是魏主所食；黑者疗腹胀气满，细刮取六铢，以酒服之；胡盐疗目痛；柔盐不用食，疗马脊创；赤盐、驳盐、臭盐、马齿盐四种，并不中食"是也。

　　隋文帝开皇三年，先是尚依周末之弊，盐池、盐井皆禁百姓采用，至是通盐池、盐井与百姓共之。
　　唐肃宗即位时，两京陷没，民物耗弊，天下用度不足。于是吴盐、蜀麻、铜冶皆有税，市轻货繇江陵、襄阳、上津路转至凤翔。
　　唐贞元元年②，河中尹姜师度以安邑盐池渐洇，开拓疏决水道，置为盐屯，公私大收其利。左拾遗刘彤请检校海内盐铁之利。从之。

　　彤上表曰："臣闻汉孝武为政，厩马三十万，后官数万人，外讨戎夷，内兴官室，殚费之甚，实百当今。然而古费多而货有余，今用少而财不足者何？岂非古取山泽，而今取贫人哉！取山泽，则公利厚而人归于农；取贫人，则公利薄而人去其业。故先王之作法也，山海有官，虞衡有职，轻重有术，禁发有时，一则专农，二则饶国，济入盛事也。臣实为当今宜之。夫煮海为盐，采山铸铁，伐木为室，丰余之辈也。寒而无衣，饥而无食，佣赁自资者，穷苦之流也。若能收山海厚利，夺丰余之人，蠲调敛重徭，免穷苦之子，所谓损有余而益不足，帝王之道，可不讲乎！然臣愿陛下诏盐、铁、木等官各收其利，贸迁于人，则不及数年，府有余储矣。然后下宽贷之令，蠲穷独之

①　监盐，《隋书·食货志》作"监盐"。
②　贞元，应为"开元"之误。查《旧唐书·姜师度传》，师度任河中尹在开元六年，而卒于开元十一年（723年）不可能活动于贞元（785年）。同传载刘彤上书事在开元年间。年代有误，造成本段文字误书在"肃宗"一段之后。

徭，可以惠群生，可以柔荒服，虽戎狄降服①，尧、汤水旱，无足虞也。奉天适变，惟在陛下行之。"上令宰臣议其可否，咸以盐铁之利，甚益国用，遂令将作大匠姜师度、户部侍郎强循俱摄御史中丞，与诸道按察使检校海内盐铁之课。至十年八月十日，敕："诸州所造盐铁，每年合有官课。比令使人句当②，除此更无别求。在外不细委知，如闻称有侵克，宜令本州刺史上佐一人检校，依令式收税。如有落帐欺没，仍委按察纠觉奏闻。其姜师度除蒲州盐池以外，自余处更不须巡检。"

唐有盐池十八，井六百四十，皆隶度支。蒲州安邑、解县有池五，总曰"两池"，岁得盐万斛，以供京师。盐州五原有乌池、白池、瓦窑池、细项池，灵州有温泉池、两井池、长尾池、五泉池、红桃池、回乐池、弘静池，会州有河池，三州皆输米以代盐。安北都护府有胡落池，岁得盐万四千斛，以给振武、天德。黔州有井四十一，成州、巂州井各一，果、阆、开、通井百二十三，山南西院领之。邛、眉、嘉有井十三，剑南西川院领之。梓、遂、绵、合、昌、渝、泸、资、荣、陵、简有井四百六十，剑南东川院领之。皆随月督课。幽州、大同横野军有盐屯，每屯有丁有兵，岁得盐二千八百斛，下者千五百斛。负海州岁免租为盐二万斛以输司农。青、楚、沧、海、棣、杭、苏等州，以盐价市轻货，亦输司农。天宝、至德间，盐每斗十钱。乾元元年，盐铁、铸钱使第五琦初变盐法，就山海井灶近利之地置监院，游民业盐者为亭户，免杂徭。盗鬻者论法③。及琦为诸州权盐铁使④，尽榷天下盐，斗加时价百钱而出之，为钱一百一十。自兵起，流庸⑤未复，税赋不足供费，盐铁使刘晏以为因民所急而税之，则国用足。于是上盐法轻重之宜，以盐利多则州县扰⑥，出盐乡因旧

---

① 戎狄降服，不应是"不足虞"，而是可喜可庆。故此语不通。《通典·食货十》作"戎狄未服"，当是。

② 句当（gòu dāng），掌管、主持。

③ 论法，《新唐书·食货志》作"论以法"。

④ 权盐铁使，权，为代理之意。《新唐书·第五琦传》载，琦始任即为"诸道盐铁铸钱使"，不曾权代。

⑤ 流庸，流落在外乡、受人雇用者。

⑥ 盐利多，《新唐书·食货志》作"盐吏多"，当是。因刘晏等理财之臣追求的就是盐利多。

监置吏，亭户粜商人，纵其所之。江、岭去盐远者，有常平盐，每商人不至，则减价以粜民，官收厚利而人不知贵。晏又以盐生霖潦则卤薄，暵旱则土溜坟，乃随时为令，遣吏晓导，倍于劝农。吴、越、扬、楚盐廪至数千，积盐二万余石。有涟水、湖州、越州、杭州四场，嘉兴、海陵、盐城、新亭、临平、兰亭、永嘉、大昌、侯官、富都十监，岁得钱百余万缗，以当百余州之赋。自淮北置巡院十三，曰扬州、陈许、汴州、庐寿、白沙、淮西、甬桥、浙西、宋州、泗州、岭南、兖郓、郑滑，捕私盐者，奸盗为之衰息。然诸道加榷盐钱，商人舟所过有税。晏奏罢州县率税，禁堰埭邀以利者。晏之始至也，盐利岁才四十万缗，至大历末，六百余万缗。天下之赋，盐利居半，宫闱服御、军饷、百官禄俸皆仰给焉。明年而晏罢。贞元四年，淮西节度使陈少游奏加民赋，自此江淮盐每斗亦增二百，为钱三百一十，其后复增六十，河中两池盐每斗为钱三百七十。江淮豪贾射利，或时倍之，官收不能过半，民始怨矣。刘晏盐法既成，商人纳绢以代盐利者，每缗加钱二百，以备将士春服。包佶为汴东水陆运、两税、盐铁使，许以漆器、玳瑁、绫绮代盐价，虽不可用者，亦高估而售之，广虚数以罔上。亭户冒法，私鬻不绝，巡捕之卒遍于州县。盐估益贵，商人乘时射利，远乡贫民困高估，至有淡食者。巡吏既多，官冗伤财，当时病之。其后军费日增，盐价浸又贵，有以谷数斗易盐一升。私粜犯法，未尝少息。顺宗时，始减江淮盐价，每斗为钱二百五十，河中两池盐斗钱三百。增云安、涣阳、涂浍三监。其后盐铁使李锜奏江淮每斗减钱十以便民①，未几复旧。方是时，锜盛贡献以固宠，朝廷大臣皆饵以厚货，盐铁之利积于私室，而国用耗屈，榷盐法大坏，多为虚估，率千钱不满百三十而已。兵部侍郎李巽为使，以盐利皆为度支②，物无虚估，天下粜盐税茶，其赢六百六十五万缗。初岁之利，如刘晏之季年，其后则三倍晏时矣。两池盐利岁收百五十余万缗。四方豪商猾贾杂处解县，主以郎官，其佐贰皆御史。盐民田园籍于县，而令不得以县民治之。

　　元和中，皇甫镈奏："应管煎盐户及盐商，并诸监院停场官吏、所由等，前后制敕除两税外不许差役追扰。今请更有违越者，县令奏

---

① 江淮每斗减钱十，《新唐·书·食货志》言"江淮盐斗钱减钱十"，较此明确。

② 皆为度支，语义欠通，查《新唐书·食货志》为"皆归度支"。

闻贬黜，刺史罚俸，再罚奏取旨施行。"从之。

贞元二十一年，停盐铁使月进，旧盐铁钱总悉入正库，以助给费，而主北务①者稍以时市珍玩时新物充进献，以求恩泽。其后益甚，岁进钱物，谓之"羡余"，而给入益少。及正元末，逐月有献，谓之"月进"，及是而罢。

宪宗之讨淮西也，度支使皇甫镈加剑南东西、两川、山南西道盐估以供军。贞元中，盗鬻两池盐一石者死，至元和中，减死，流天德五诚。镈奏论死如初，一斗以上杖背，没其车驴，能捕斗盐者赏千钱，州县团保相察，比于贞元加酷矣。自兵兴，河北盐法羁縻而已。至皇甫镈又奏置榷盐使，如江淮榷法，犯禁岁多。

元和十三年，盐铁使程异奏："应诸州府先请置茶盐店收税。伏准今年正月赦文，诸州府因用兵以来，或虑有权置职名及擅加科配，事非常禁②，一切禁断者。伏以榷税茶盐，本资财赋，赡济军镇，盖是从权，兵罢自合便停，事久实为重敛。其诸道先所置店及收诸色钱物等，虽非擅加，且异常制，伏请准赦文勒停。"从之。

按：皇甫镈、程异皆聚敛小人。元和十三年，则宪宗平淮西之后，浸以骄侈，二人以进羡余有宠为相之时也。然镈加盐估，峻榷法，靡所不至，而异能上此奏，犹为彼善于此。史称异自知不合众心，能廉谨谦退，为相月余，不敢知印秉笔，故终免于祸，观此奏，亦其一节也。

穆宗时，田弘正举魏博归朝廷，乃命河北罢榷盐。户部侍郎张平叔议榷盐法敝，请官自卖盐可以富国，诏公卿议其可否。中书舍人韦处厚、兵部侍郎韩愈条诘之，以为不可，遂不行。

愈奏略谓："平叔请今州府差人自粜官盐③，可以获利一倍。臣

---

① 北务，《唐顺宗实录》卷二、《唐会要》卷八十八皆作"此务"。
② 事非常禁，《唐会要》卷八八《盐铁》、《旧唐书·食货志》皆作"事非常制"。
③ 平叔请今州府差人自粜官盐，《韩昌黎集》卷四〇《论变盐法事宜状》作"平叔请令州府差人自粜官盐"。

以为城郭之外，少有见钱，籴盐多用杂物贸易。盐商则无物不取，或赊贷徐还，用此取济，两得利便。今令吏人坐铺自卖，利不关己，罪则加身，非得见钱，必不敢受，如此则贫者无从得盐，自然坐失常课，如何更有倍利？又欲令人吏将盐家至户到而粜之，必索百姓供应，骚扰极多。有贫家食盐至少，或有淡食，动经旬月，若据口给盐，依时征价，官吏畏罪，必用威刑，臣恐所在不安，此尤不可之大者。平叔又云：‘浮寄奸猾者转富，土著守业者日贫，若官自粜盐，不问贵贱贫富，四民僧道并兼游手，因其所食，尽输官钱；并诸道军、诸使家口亲族，递相影占，不曾输税，若官自粜盐，此辈无一人遗漏者。’臣以为此数色人等，官未粜盐之时，从来籴盐而食，不待官自粜然后食盐也。国家榷盐，粜与商人，商人纳榷，粜与百姓，则是天下百姓无贫富贵贱，皆已输钱于官矣，不必与国家交手付钱，然后为输钱于官也。”

时奉天卤池生水柏，以灰一斛得盐十二斤，利倍硷卤。文宗时，采灰一斗，比盐一斤论罪。开成末，诏私盐月再犯者，易县令，罚刺史俸；十犯，则罚观察、判官课料。宣宗即位，茶、盐之法益密，粜盐少、私盗多者，谪观察、判官，不计十犯。户部侍郎、判度支卢弘止以两池盐法敝，遣巡院官司空舆更立新法，其课倍入，迁榷盐法。以壕篱者，盐池之堤禁，有盗壤与鬻硷皆死，盐盗持弓矢者亦皆死刑。兵部侍郎、判度支周墀又言：“两池盐盗贩者，迹其居处，保、社按罪。鬻五石，市二石，亭户盗粜二石，皆死。”是时，江、吴群盗以所剽物易茶盐，不受者焚其室庐，吏不敢枝梧，镇戍、场铺，堰埭以关通致富。宣宗乃择尝更两畿辅望县令者为监院官。户部侍郎裴休为盐铁使，上盐法八事，其法皆施行，两池榷课大增。其后兵遍天下，诸镇擅利，两池为河中节度使王重荣所有，岁贡盐三千车。中官田令孜募新军五十四都，饷转不足，仍倡议两池复归盐铁使①，而重荣不奉诏，至举兵反，僖宗为再出，然而卒不能夺。

后唐同光三年，敕：“魏府每年所征随丝盐钱，每两与减放五文，逐年俵卖蚕盐、食盐、大盐、甜次冷盐，每斗与减五十，栾盐与减三十。”

天成元年，敕：“诸州府百姓合散蚕盐，二月内一度俵散，依夏税限

---

① 仍倡议，《旧唐书·食货志》作“乃倡议”。

纳钱。"

晋天福元年，敕："京洛管内所配人户食盐，起来年每斗放减十文。"

七年，宣旨下三司："应有往来盐货悉税之，过每斤七文①，住税每斤十文。其诸道应有保属州府盐务，并令省司差人勾当。"

　　先是，诸州府除俵散蚕盐征钱外，每年末盐界分场务，约槊钱一十七万贯有余。言事者称，虽得此钱，百姓多犯盐法，请将上件食盐钱，于诸道州府计户，每户一贯至二百，为五等配之，然后任人逐便兴贩，既不亏官，又益百姓。朝廷行之，诸处场务且仍旧。俄而盐货顿贱，去出盐远处州县，每斤不过二十，掌事者又称骤改其法，奏请重置税焉，盖欲绝兴贩，归利于官。场院槊盐虽多，人户盐钱又不放免，民甚苦之。

　　按：盐之为利，自齐管仲发之，后之为国者，榷利日至。其初也，夺灶户之利而官自煮之，甚则夺商贩之利而官自卖之。然官卖未必能周遍，而细民之食盐者不能皆与官交易，则课利反亏于商税。于是立为蚕盐、食盐等名，分贫富五等之户而俵散抑配之。盖唐张平叔所献官自卖盐之策，而昌黎公所以驳议之者，其虑已略及此矣。迨其极弊也，则官复取盐自卖之，别取其钱，而人户所纳盐钱遂同常赋，无名之横敛永不可除矣。当时，江南亦配盐于民而征米，在后盐不给而征米如故，其弊历三百年而未除。宇县分割，国自为政，而苛敛如出一辙，异哉！

周广顺二年，敕令庆州榷盐务，今后每青盐一石依旧抽税钱八百八十五陌、盐一斗；白盐一石抽税钱五百八十五陌、盐五升，此外不得别有邀求。

　　青、白盐池在盐州北。唐朝元管四池：曰乌池、白池、瓦窑池、细项池。今出税置吏唯有青、白二池。

敕诸色犯盐、曲五斤以上，并重杖处死，以下科断有差。

----

① 过每斤七文，过，应为过税，方能与下文住税相对应。《旧五代史·食货志》即曰"过税每斤七文，住税每斤十文。"

刮碱煎炼私盐所犯一斤以上断死，以下科断有差；人户所请蚕盐只得将归裹茧供食，不得博易货卖，违者照私盐科断。州城、县镇郭下人户系屋税合请盐者，若是州府，并于城内请给；若是外县镇郭下人户，亦许将盐归家供食。仰本县预取逐户合请盐数目，攒定文帐部领人户请给，勒本处官吏及所在场务同点检入城。若县镇郭下人户城外别有庄田，亦仰本县预先分擘开坐，勿令一处分给供使。

三年，敕："诸州府并外县镇城内，其居人屋税盐，今后不俵，其盐钱亦不征纳。所有乡村人户合请蚕盐，所在州城县镇严切检校，不得放入城门。"

显德元年，上谓侍臣曰："朕览食末盐州郡，犯私盐多于颗盐界分。盖卑湿之地易为刮盐煎造①，岂惟违我榷法，兼又污我好盐。况末盐煎炼，搬运费用倍于颗盐。今宜分割十余州，令食颗盐，不唯辇运省力，兼亦少人犯禁。"自是，曹、宋已西十余州皆食颗盐种者曰颗盐②，出解州。煮者曰末盐，出濒海。

三年，敕："漳河已北州府管界，元是官场枭盐，今后除城郭草市内仍旧禁法，其乡村并不许盐货通商③。逐处有咸卤之地，一任人户煎炼，兴贩则不得逾越漳河入不通商界。"

五年，既取江北诸州，唐主奉表入贡，因白帝以江南无卤田，愿得海陵盐监南属以赡军。帝曰："海陵在江北，难以交居，当别有处分。"乃诏岁支盐三十万斛以给江南，士卒稍稍归之。

宋朝之制，颗盐出解州安邑、解县两池。以户民为畦夫，悉蠲其他役，每岁自三月一日垦畦，四月始种，八月乃罢，官廪给之。安邑池每户岁种盐千席，解池减二十席。至道二年，两池得盐三十七万三千五百四十五席，席一百一十六斤半，此其最多之数也。大中祥符九年四月，陕西转运张象中言："两池见贮盐三千二百七十六卷④，计三亿八千八百八十二万八千九百二十八斤，计直二

----

① 刮盐煎造，《旧五代史·食货志》作"刮碱煎造"，当是。若得盐，即不必煎造了。
② 种，种盐，即引池水入预先挖好的畦以晒盐。
③ 不许，则与原来相同，自无可言。《旧五代史·食货志》作"许盐货通商"，当是。
④ 卷，《续资治通鉴长编》卷八六作"掩"，《宋会要辑稿》食货二三之三〇作"庵"。

千一百七十六万一千八十贯。虑尚有遗利,望行条约。"上曰:"地财之阜,此亦至矣,若过求增羡,虑有时而阙,不可许也。"

募兵百人,目为"护宝都"以巡逻之,以给本州及三京、京东之齐①、兖、曹、濮、单、郓州、广济军,京西之滑、郑、陈、颍、汝、许、孟州,陕西之河中府、陕虢州、庆成军,河东之晋、绛、慈、隰州,淮南之宿、亳州,河北之怀州及澶州诸县之在南河者。郓、齐、宿州旧食末盐,建隆二年以漕流辇运劳费,始改食颗盐②。末盐煮海,则楚州盐城监岁煮四十一万七千余石,通州丰利监四十八万九千余石,泰州海陵监、如皋仓、小海场六十五万六千余石,给本州及淮南之庐、和、舒、蕲、黄州、无为军,江南之江宁府、宣、洪、袁、吉、筠、江、池、太、平、饶、信、歙、抚州、广德、临江军,两浙之常、润、湖、睦州,荆湖之江陵府、安、复、潭、鼎、鄂、岳、衡、永州、汉阳军。庐,和,舒,蕲,黄州,汉阳军旧通商、太平兴国二年始令官卖。信、歙旧食两浙盐,后改焉。江、浙旧皆禁,九年,盐铁使王明请开禁,计岁卖盐钱五十三万五千余贯:二十八万七千余贯给盐与民,随税收其钱;二十四万余贯商人贩易,收其算。雍熙二年六月,依旧禁止。海州板浦、惠泽、洛要三场岁煮四十七万七千余石,涟水军海口场十一万五千余石,以给本州军及京东之徐州,淮南之光、寿、濠、泗州,两浙之杭、苏、湖、常、润州、江阴军。密州涛洛场岁煮三万二千余石,以给本州及沂、潍州。杭州场岁煮七万七千余石,明州昌国东、西监三十万一千余石,秀州场二十万八千余石,温州天富南、北监,密鬷、永嘉二场七万四千余石,台州黄岩监一万五千余石,以给本州及越、处、衢、婺州。越州旧有盐润监,岁煮三千余石,后罢。福州长清场岁煮五百一万五千余斤,以给福建路。初得福建即禁盐,太平兴国八年开其禁,后复禁之。建、剑、汀尝食两浙盐,后改就本路。广州、东莞、静安等十三场岁煮二万四千余石,以给本州及封、康、英、韶、端、潮、连、贺、恩、新、惠、梅、循、南雄州,西路之昭、桂州,江南之南安军。旧潮州有松口等四场,岁煮以给本州及梅、循二州,雍熙四年废。廉州白石、石康二场岁煮一百五十万斤,以给本州及容、白、钦、化、蒙、龚、藤、象、宜、柳、邕、浔、贵、滨、梧、横、南、仪、郁林州。又高、窦、春、雷、融、琼、崖、儋、万安州各煮以给本州,无定额。大率煮海有亭户、盐丁,鬻于官或折租税,亦有役军士定

---

① 齐,《宋史·食货志》作"济"。
② 在南河着,《宋史·食货志》作"在河南者"。

课煮者。通、泰亭户每一石并耗三石，给钱五百文，以布帛茶米充直，民甚苦之，开宝七年始诏并给实钱。初平岭南，令民煮盐，以百一十斤为石，给钱二百，后廉州言盐田荒废，民新锄治，旧盐课月八石至三石，凡五等，不能充其数，望差减之，诏蠲其半。又有滨州场，岁煮二万一千余石，以给本州及棣、祁州杂支，并京东之青、淄、齐州旧滨、棣二州禁榷，雍熙二年令通商。煮井者，益州路则陵井监及二十八井，岁煮一百十四万五千余斤，乾德五年，伪蜀知陵井监任元吉始请凿五井煮监，是岁得八十万斤，擢元吉永清令，是后浸增其数。绵州二十四万余斤，邛州九井二百五十万斤，眉州一井一万余斤，简州十九井二十七万斤，嘉州十五井五万九千余斤，雅州一井一千六百余斤，汉州一井五百余斤。梓州路则梓州一百四十八井三百六十六万余斤，资州九十四井六十四万二千余斤，遂州三十五井四十一万六千余斤，果州四十三井十四万六千余斤，普州三十八井二十二万九千余斤，昌州四井四万余斤，泸州淯井监及五井七十八万三千余斤，富顺监十四井一百一十七万三千余斤。利州路则阆州一百二十九井六十一万余斤。夔州路则夔州永安监十一万七千余斤，忠州五井五十一万三千余斤，达州三井十九万余斤，万州五井二十万九千余斤，黔州四井二十九万七千斤，开州一井二十万四千斤，云安军云安监及一井八十一万四千余斤，大宁监一井一百九十五万余斤。以各给本路。监则官掌，井则土民斡鬻，如数输课，听往旁境贩卖，唯不得出川峡①。川峡盐，初承伪制，官鬻之。开宝七年，诏斤十钱②，又令斡鬻③，其美利者但输十之九。太平兴国三年，右拾遗郭泌上言："剑南诸州官粜盐，斤为钱七十。盐井浚深，煮盐极苦，樵薪益贵，辇置弥艰，加以风水之虞，或至漂丧。而豪民黠吏相与为奸，贱籴于官，贵粜于民，至有斤获钱数百者。有司亏失岁额，而民间不得贱盐。望稍增旧价为百五十文，则豪猾无以规利，民有望以给食矣。"从之。有司言："昌州岁收虚额盐万八千五百余斤，乃开宝中知州李佩率意掊敛，以希课最，废诸井薪钱，于岁额外课部民煮盐。民不习其事，甚以为苦，至破产不能偿其数，多流移入他部，而积年之征不可遽免。欲均于诸州，作两税草估钱米以输官。"诏悉除之，其旧额二万七千六十斤即令井户煮焉。端拱元年七月，以西川食盐不足，许商人贩阶、文州青、白盐，陕路井盐、永康军崖盐入川勿收算。大中祥符元年十二月，诏泸州南井灶户过正、至、寒食各给假三日，所收日额仍与除放；三年正月，减泸州淯井监课盐三之一。煮卤者，并州永利监本名河东榷盐院，咸平四年改名。岁煮十

---

① 川峡，指宋代的川峡四路地区，即益州路、梓州路、利州路、夔州路。
② 诏斤十钱，《宋史·食货志》作"诏斤减十钱"。
③ 斡鬻，管制销售。

二万五千余石，以给本州及忻、代、石、岚、宪、辽、泽、潞、麟、府州、威胜、岢岚、火山、平定、宁化、保德军，许商人贩卖，如川峡之制。凡颗、末盐，皆以五斤为斗。颗盐卖价，每斤自四十四至三十四钱，有三等；末盐卖价，每斤自四十七至八钱，有二十一等。开宝初，尝诏诸州卖盐斤六十钱者减为五十，四十者为三十，后颗盐减至四十四。九年，又减四钱。太平兴国初，新禁榷之地以转送回远，又有增颗盐至五十、末盐至四十钱处。至道二年，杨允恭等复请定和州、无为军斤三十六，舒、庐州加二钱，蕲、黄、濠、寿州又加二钱，安、复州又加二钱，止于四十四钱。至道末，卖颗盐钱七十二万八千余贯，末盐一百六十三万三千余贯。凡禁榷之地，官立标识，候望以晓民。其颗盐通商之地，京西则蔡、襄、邓、随、唐、金、房、均、郢州、光化信阳军，陕西则京兆凤翔府、同、华、耀、乾、商、泾、原、邠、宁、仪、渭、鄜、坊、丹、延、环、庆、秦、陇、凤、阶、成州、保安、镇戎军，旧缘边诸州兼食乌、白池之青、白盐。淳化三年，陕西转运郑文宝以李继迁叛逆，请禁止之，许商人贩解池盐，可以资国计。诏可，自陕以西收私市者抵死。其后戎人乏食，复商贩。解盐利薄，多取他径趣唐、邓，以邀善价，吏不能禁，关陇民无盐食。四年八月，除其禁。咸平中，有请官运解盐，就边州置吏鬻之，命度支使梁鼎驰往经画。度支员外郎李士衡上言："辇运劳民非便，请行解盐通商。"从之，而以旧榷年额钱分配诸州，随税输纳。景德三年，士衡又言京兆、同、华、耀钱额多，请减十之二，诏悉除之。及澶州诸县之在河北者。蔡、襄等州及安、复、商州旧通商，太平兴国初，令商、蔡食解盐，余食海盐，并官卖。后以运路不通，复许通商，唯安、复则禁之。末盐运商之地，京东则登、莱州，河北则大名真定府、贝、冀、相、卫、邢、洺、深、赵、沧、磁、德、博、棣、祁、定、保、瀛、莫、雄、霸州、德清、通利、永静、乾宁、定远、保定、广信、安肃、永定军。河北旧禁盐，建隆四年，始令邢、洺、磁、镇、冀、赵六州城外二十里通行盐商。开宝三年，悉罢榷，官收其算，斤一钱，往卖者倍之。旧榷利钱均赋城郭居民，及门户形要户，随夏税输之，亦差减旧数。

五代时，盐法太峻。建隆二年，始定官盐阑入禁法，贸易至十斤、煮碱至三斤乃坐死，民所受蚕盐以入城市三十斤以上，徒。三年，增阑入三十斤、煮碱至十斤坐死，蚕盐入城市百斤以上，奏裁。自后每诏优宽，至太平兴国二年，乃诏阑入至二百斤以上，煮碱及主吏盗贩至百斤以上，蚕盐入城市五百斤以上，并黥面送阙下。

止斋陈氏①曰："国初，盐筴只听州县给卖，岁以所入课利申省，而转运司操其赢，以佐一路之费，初未有客钞也。雍熙二年三月，令河东，北商人如要折博茶盐，令所在纳银，赴京请领交引。盖边郡入纳算请，始见于此。端拱二年十月，置折中仓，令商人入中斛斗，给茶盐钞。盖在京入中斛斗算请，始见于此。天圣七年，令商人于在京榷货务入纳钱银，算请末盐。盖在京入纳见钱算请，始见于此。而解盐算请，始天圣八年；福建、广东盐算请，始景祐二年。京师岁入见钱至二百二十万，诸路斛斗至十万石。见是年八月淮南、江、浙、荆湖、福建等路提举盐事朱某奏。祖宗之意，虑客钞行而州县之盐不足，则为之限制，至道二年二月，敕江、浙、淮南官卖盐，并赴永丰、盐城监般请，其海陵监应副客人；至解盐则以唐、邓、商、均等十一州为在京入纳金银交引地分，永兴、凤翔等二十五州为陕西入纳粮草交引地分。可谓详密矣。熙、丰新法，增长盐价。福建路祖额卖盐收到二十七万三百余贯，自推行盐法，于元丰二年收到四十六万五千三百余贯，三年收六十万余贯，见转运司贾青奏。河北路自元丰七年正月推行盐法，至十一月终，收盐息钱二十六万五千贯，充便籴司籴本，见元丰八年四月六日敕。可以略见当时盐课。于是河北复官盐，而广盐亦通入江、湖，置便籴司，以所封桩诸路增剩盐利钱充籴本②。元祐裁损剩数，且罢封桩。三年，令任公裕裁定增损九路盐价，未几，复新法。绍圣三年二月，江、湖、淮、浙六路，通算钞引见钱充足。元祐八年，年额外有增收到五分入朝廷封桩，五分转运司。元符元年九月，令福建准此。崇宁元年二月，敕盐钞每一百贯于在京入纳九十五贯，于请盐处纳充盐本，其绍圣三年五分指挥不行。自二年十二月行法，至三年十一月，在京已及一千二百余万贯，遂尽罢，诸路官以盐钞每百贯拨一贯与转运司。于是东南官卖与西北折博之利尽归京师，而州县之横敛起矣。"

开宝七年，诏三司校诸州盐、曲、市征课而殿最之。

---

① 止斋陈氏，指宋代学者陈傅良。陈傅良（1137—1203 年），字君举，号止斋，著有《止斋先生文集》。

② 封桩，宋代的一种财政管理制度。凡现钱和可保存之物岁终用度之余，皆封存以备急需，故称。

令诸州知州通判官、兵马都监、县令所掌盐、曲及市征、地课等，并亲临之，月具籍供三司，秩满较其殿最，欺隐者置于法。募告者，赏钱三十万

止斋陈氏曰："太平兴国以后，虽有比较岁入增亏酬奖之法，而累朝多不果行。至景德以后，且有诸盐场监受课出剩不得理为劳绩。嘉祐赦文，又申严希求恩赏，苛阻商旅之禁。至熙宁五年，始令逐年转运司每岁比较州县盐酒课利最多最少者两处，开坐增亏及知、通、令、尉名衔闻奏，当行赏罚，合黜者不以去官赦降原减。"

雍熙四年，禁代州宝兴军等处民私市北房骨堆渡及桃山盐，犯者论罪有差。

雍熙后，以用兵乏馈饷，令商人输刍粟塞下，增其直，令江、淮、荆湖给以颗、末盐。

端拱二年，置折中仓，听商人输粟京师，优其直，给江、淮茶盐。

咸平四年十月，秘书丞、直史馆孙冕上言曰："茶盐之制，利害相须。若或江南、荆湖通商卖盐，缘边折中粮草，在京纳金银钱帛，则公私皆便，为利实多。今若便放行，即南中州军且令官卖。商人既已入中，候其换易交引，往至亭场，川路修逺，风波阻滞，计须二年以上，方到江、潭。未即间，官卖盐课已倍获利入，纵其垄集，稍侵官卖之额，然以增补亏，于官无损，缘边入中又委输愈多。况三路官卖旧额止百三十万贯，臣计在北所入已多，在南所亏至少，旧额钱数必甚增盈。其淮南禁盐，有长江之限，但严切警巡，明立赏罚，则官卖盐课，必不亏悬。设使淮南因江南、荆湖通商之后，官吏怠慢，或至年额稍亏，则国家以折中粮草赡得边兵，以中纳金银实之官库，且免和雇车乘，差扰户民，冒涉凛寒，经历逺远。借加荆湖运钱万贯，淮南运米千石，地里脚力送至穷边，则官费民劳，何啻数倍！"诏吏部侍郎陈恕等议其事。恕等上议曰："江、湖之地，素来官自卖盐，禁绝私商，良亦有以。盖由近煮海之地，自犯禁之人①，官得缗钱，

---

① 自犯禁之人，文意难通。《宋会要辑稿》食货二三之二六作"盖由近煮海之地，息犯禁之人"。

颇资经费。且江、湖之壤，租赋之中，谷帛虽多，钱刀盖寡。每岁买茶入榷，市铜铸钱，准粮斛以益运输，平金银以充贡入。乃至京师便易，南土支还，赡用之名，实藉盐钱佽助，居常度费，犹或阙供。今若悉许通商，则必顿无储拟，未有别钱备用，盐法讵可更张？且变制改图，事非细故，若匪官盐住卖，则又私商不行。即令住卖官盐，立乏一年课额。况行商算画，必务十全，岂有江、湖官犹卖盐，边塞私肯入粟？假令敢入私物，获请官盐，首初运到江、湖，必须官私竞贸。既而官价高大，私价低平，多粜商盐，则官盐不售；并依官价，则私价太高。公私两途，矛盾不已，则官利失而私商困矣。况不即住卖而望商人入中藁粟者，未之有也；既入中藁粟而望课利不亏者，亦未之有也。向者淮南通商，亦于边上折中，一岁之内，入数甚微，粮则不及万钟，草则多无一束。近者陕西盐法，亦令纳秸资边，一年之间，数亦无几。全亡实验，但有虚名。江、湖若放通商，淮南亦须撤禁。三处既私商杂扰，两浙必官盐流离，透漏侵淫，禁不可止。乍变易则江、湖为首，终紊乱则淮、浙相兼，大失公储，莫救边备，若以施之于今日，窃恐未为叶宜也。"诏从之。

榷矾者，唐于晋州置平阳院以收其利，开成三年，度支奏罢之，以矾山归州县。五代以来，创务置官吏。宋朝之制，白矾出晋、慈、坊州，无为军，汾州之灵石县，无为军场曰昆山，自大中祥符元年后，以停积颇多，权罢煮造。灵石场，至道初废，景德元年复置，大中祥符八年又废，其矾徙就晋州。慈州场，曰芥泉。绿矾出慈隰州，池州之铜陵县，隰州场，太祖时以地接河东伪境，罢之。太平兴国八年，本州牙吏卜美请募工造镤煮矾，输官课，诏从其请。铜陵场，雍熙二年废，天禧五年复置。又汾州灵石亦有绿矾。各置官典领，有镤户煮造入官。市晋、汾、慈州矾，以一百四十斤为一驮，给钱六十。给见钱三之二，余准以茶丝①。隰州矾驮减三十斤，给钱八百。卖博白绿矾：汾州每驮二十四贯五百，慈州又增五百，隰州每驮四贯六百，皆博卖于人。又有散卖者，白矾：坊州斤八十钱，汾州百九十二钱，无为军六十钱；绿矾，斤七十钱。至道中，白矾岁课九十七万六千斤，绿矾四十万五千余斤，卖钱十

---

① 《宋史·食货志》作"给钱六千"。

七万余贯。贞宗末①，白矾增二十万一千余斤，绿矾增二万三千余斤，卖钱增六万九千余贯。建隆三年，诏禁商人私贩幽州矾，官司严捕没入之。其后定令，私贩河东幽州矾一两以上，私煮矾三斤及盗官矾至十斤者，弃市。开宝三年二月，增私贩至十斤，私煮及盗满五十斤者死，余论罪有差。太平兴国初，以岁鬻不充，有司请严禁法，诏私贩化外矾一两以上及私煮至十斤，并如律论决，而再犯者悉配流，远复犯者死。淳化元年，有司言："慈州官矾滞积，盖小民多就山谷僻奥处私煮，以侵其利，而绿矾价钱，不可以晋州矾均法。"② 诏如犯私茶论罪。

建隆时，命晋州制置矾务，许商人输金帛丝绵茶及缗钱，官以矾偿，凡岁增课八十万贯。淳化初，有司言："国家以见钱酬矾直，商客以陈茶入博，有利豪商，无资国用。请今后惟以金银见钱入博。"从之。

止斋陈氏曰："太祖矾禁为契丹、北汉设也，其后并盐、酒皆榷之，非本意也。"

---

① 贞宗，当为真宗，可见《宋史·食货志》。
② 而绿矾价钱，不可以晋州矾均法，《宋史·食货志》作"而绿矾价贱，不宜与晋州矾均法"。

卷十六　征榷考三

盐铁 矾

仁宗时，诏天下茶盐酒税取一岁中数为额，后虽羡益勿增，无得抑配人户苛阻商旅。

天圣八年，上书者言："陕西禁盐①，得利微而为害博，两池积盐为阜，其上生木合抱，数莫可校。请听通商，平估以售，可宽百姓之力。"乃诏罢三京、二十八军州榷法，听商贾入钱若金银京师榷货务，受盐两池。自是，商贾流行，然税课之入官者颇耗。自元昊反，聚兵西边，用度不足，因诏入中他货②，予券偿以池盐。由是羽毛，筋角、胶漆、钱③、炭、瓦木之属，一切以盐易之。猾商贪贾乘时赇吏为奸，至入椽木二，估千钱，给钱一大席④，为盐二百二十斤。虚费池盐，不可胜计，盐直益贱，贩者不行，公私无利。朝廷知其弊，乃诏复京师榷法，凡商人以虚估受券及已受盐未鬻者，皆计直输亏官钱。内地州军民间盐，悉收市入官，官为置场，增价而出之。复禁永兴、同、华、耀、河中、陕、虢、解、晋、绛、庆成十一州军商盐，官自辇运，以衙前主之。又禁商盐私入蜀，置折博务于永兴、凤翔，听人入钱若蜀货，易盐趋蜀中以售。自禁榷之后，量民资厚薄，役令挽车转致诸郡，道路床靡费，役人竭产不能偿，往往亡匿，关内骚然。所得盐利，不足以佐县官之急。并边诱人入中刍粟，皆为虚估⑤，腾踊至数倍，岁费京师钱币，不可胜数，帑藏愈虚。太常博

---

① 陕西，《宋史·食货志》作"县官"。

② 入中，即宋朝开始施行的入中法，具体办法是，募商人入纳粮草或者其他特需物资于规定的沿边地点，给予钞引，使至京师或他处领取现钱或金银、盐、茶、香药等。

③ 钱，《宋史·食货志》作"铁"，较此为当。

④ 钱，查《宋史·食货志》为"盐"，应是，因席不是钱的计量单位。

⑤ 虚估，在实行入中法的情况下，政府高估商人运来的商品的价格，使其大大高于市场价格，这样商人在扣除成本、运费后，仍可获得高额利润，于是有入中军需物资的积极性。

士范祥乃请旧禁盐地一切通商，盐入蜀者亦恣不问；罢并边九州军入中刍粟，第令入实钱，以盐偿之。视入钱州军远近及所指东、南、西盐，第优其估；东、南盐又听入钱永兴、凤翔、河中，岁课入钱，凡通商州军，在京西者为南盐，在陕西者为西盐，若筑盐池则为东盐。总为盐三十七万五千大席，受以要券，即池验券，按数而出，尽弛兵民輦运之役。诏从之。数年，滑商贪贾无所侥幸，关内民安其业。其后三司言京师商贾罕至则盐直踊贵，请得公私并贸，而余则禁止官鬻。皆从之。两池岁役畦户以解、河中、陕、虢、庆成民为之，官司旁沿侵剥为苦，乃诏三岁一代。尝积逋盐课至三百三十七万余席，诏蠲其半。中间以积盐多，特罢种盐一岁，或二岁、三岁，以宽其力。其后减畦户半，又稍佣夫代之，五州之民得安田里，无追逮侵剥之扰。

沈氏《笔谈》① 曰："陕西颗盐，旧法官自搬运，置务拘卖。兵部员外郎范祥始为钞法，令商人就边郡入钱四贯八百售一钞，至解池请盐二百斤，任其私卖，得钱以实塞下，省数十郡搬运之劳。异日，輦车牛驴以盐役死者岁以万计，冒禁抵罪者不可胜数，至是悉免。行之既久，盐价时有低昂，又于京师置都盐院，陕西转运司自遣官主之，京师食盐斤不足三十五钱，则敛而不发，以长下价②；过四十，则大发库盐，以压商利，使盐价有常，而钞法有定数。行之数年，至今以为利。"

青、白盐出乌、白池，西羌擅以为利。自继迁叛，乃禁毋入塞，未几罢。庆历中，元昊纳款，请岁入十万石售于县官，谏官孙甫等言："輦运疲劳。又并边户尝言青盐价贱而味甘，故食解盐者少，虽刑不能禁。今若许之，则并边蕃汉尽食羌人所贩青盐，不能禁止，解盐利削，陕西财用屈矣。"乃不许其请。

庆历元年冬，以淄、潍、青、齐、沂、密、徐、淮扬八州军仍岁凶灾，乃诏弛禁，听人贸易，官收其算，而罢密、登岁课，第令户输租钱。

---

① 沈氏《笔谈》，即北宋学者沈括（1031—1095 年，所著《梦溪笔谈》，该书包括《笔谈》、《补笔谈》、《续笔谈》三部分。

② 下价，《梦溪笔谈》卷一一原文作"盐价"，古人引述他书，只述其意，"下价"亦可通。

其后郓、兖皆以壤地相接，请罢食池盐，得通海盐，收算如淄、潍等州，许之。自是，诸州官不贮盐，而岁应授百姓蚕盐皆罢给，然百姓输蚕盐钱如故。至和中，始诏百姓输钱以十分为率，听减三分云。

河北沧、滨二州盐，自开宝以来，听人贸易，官收其算，岁为额钱十五万缗。上封者请禁榷以收其利，余靖为谏官，言："前岁军兴以来，河北拣点义勇及诸色科率，数年未得休息。臣尝痛燕蓟之地陷虏且百年，而民无南顾之思者，戎狄之法大率简易，盐、曲俱贱，科役不烦故也。昔太祖皇帝特推恩以惠河朔，故许通盐商，止令收税。若一旦榷绝，价必腾踊，民苟怀怨，悔将何及。伏缘河朔土多盐卤，小民税地不生五谷，惟刮碱煎之以纳二税，今若禁止，便须逃亡。盐价若高，犯者必众，近民怨望①，非国之福。"其议遂寝。后王拱辰为三司使，复建议榷二州盐，下其议。鱼周询等以为不可，请重算商人，可得缗钱七十余万。上曰："使人顿食贵盐，非朕之意。"于是三司更立榷法而未下，张方平见上，问曰："河北再榷盐，何也？"上曰："始议立法，非再榷也。"方平曰："周世宗榷河北盐，犯辄处死。世宗北伐，父老遮道泣诉，愿以盐课均之两税钱而弛其禁，今两税盐钱是也。岂非再榷乎？且今未榷也，而契丹常盗贩不已，若榷之则盐贵，虏盐益售，是为我敛怨而使虏获福也。虏盐滋多，非用兵不能禁，边隙一开，所得盐利能补用兵之费乎？"上大悟，立以手诏罢之。河朔父老相率拜迎于澶州，为佛会七日以报，且刻诏书北京。后父老过其下辄流涕。

> 按：授人以盐而征其钱，谓之蚕盐，行之京东诸路；免盐之榷而均诸税，谓之两税盐钱，行之河北，皆五代法也。及其弊也，盐不给而征钱如故，税已纳而禁榷再行。盖误以二者为经常之赋而不知其源出于盐也。河北之榷，方平言之，仁皇听之，惠及一道矣；独蚕盐钱之输，未有能如方平者力言之，至和中仅免其十之三。惜哉！

东南盐利，视天下为最厚。盐之入官，淮南、福建斤为钱四，两浙杭、秀为钱六，温、台、明亦为钱四，广南为钱五。其出，视去盐道里远近而上下其估，利有至十倍者。先是，天禧初，募人入缗钱、粟帛京师及

① 近民，《宋史·食货志》作"边民"。

淮、浙、江南、荆湖州军易盐，乾兴元年，入钱货京师总为缗钱一百十四万。会通、泰鬻盐岁损，所在贮积无几，因罢入粟帛，第令入钱，久之，积盐复多。明道二年，参知政事王随建言："淮南盐初甚善。自通、泰、楚运至真州，自真州运至江、浙、荆湖，纲吏舟卒侵盗贩鬻，从而杂以砂土。涉道愈远，杂恶殆不可食，吏卒坐鞭笞，配徙相继而莫能止。比岁运河浅涸，漕挽不行，远州村民，顿乏盐食，而淮南所积一千五百万石，至无屋以贮，则露积苦覆，岁以损耗。又亭户输盐，应得本钱或无以给，故亭户贫困，往往起为盗贼，其害如此。愿得权听通商三五年，使商人入钱京师，又置折博务于扬州，使输钱及粟帛，计直予盐。盐一石约售钱二千，则一千五百万石可得缗钱三千万以资国用，一利也；江、湖远近皆食白盐，二利也；岁罢漕运糜费，风水覆溺，舟人不陷刑辟，三利也；昔时漕盐舟可移以漕米，四利也；商人入钱可取以偿亭户，五利也。赡国济民，无出于此。"时范仲淹安抚江、淮，亦以疏通盐利为言，即诏翰林侍读宋绶、枢密直学士张若谷、知制诰丁度与三司使、江淮制置使同议可否。皆以为听通商则恐私贩肆行，侵蠹县官，请敕制置司益漕船运至诸路，使皆有二三年之盐；天禧元年制，听商人入钱粟京师及淮、浙、江南、荆湖州军易盐；在通、泰、楚、海、真、扬、涟水、高邮贸易者毋得出城，余州厅县镇①，毋至乡村；其入钱京师者增盐予之，并敕转运司经画本钱，以偿亭户。诏皆施行。

景祐二年，三司言诸路博易无利，遂罢，而入钱京师如故。

康定元年，诏商人入刍粟陕西并边，愿受东南盐者加数予之，而河北复出三税法，亦以盐代京师所给缗钱。然东西盐利特厚②，商旅不愿受金帛，皆愿得盐。

江、湖漕盐既杂恶，又官估高，故百姓利食私盐，而并海民以鱼盐为业，用工省而得利厚，无赖之徒盗贩者众，捕之急则起为盗贼。江、淮间虽衣冠士人，狃于厚利，或以贩盐为事。江西则虔州地连广南，而建之汀州与虔接③，虔盐既不善，汀故不产盐，多盗贩广南盐以射利。每岁秋冬，田事既毕，往往数十百为群，持甲兵旗鼓，往来虔、汀、漳、梅、

---

① 余州厅县镇，《宋史·食货志》作"余州听诣县镇"，较此为通。
② 东西，《宋史·食货志》作"东南"，较此为通。
③ 建之汀州，《宋史·食货志》作"福建之汀州"。

循、惠、广八州之地①。所至污人妇女，掠人谷帛，与巡捕吏斗格，至杀伤吏卒，则起为盗，依阻险要，捕不能得，或赦其罪招之。岁月浸淫滋多，而虔州官粜盐岁才及百万斤，朝廷以为患。职方员外郎黄炳请增近岁所增官估②，斤为钱四十，以虔州十县五等户夏秋税率百钱令籴盐二斤，随夏税钱入偿官。从之。然岁才增粜六十余万斤。江西提点刑狱蔡挺乃令民首纳私藏带兵械，以给巡捕吏兵，而令贩黄鱼笼挟盐不及二十斤、徒不及五人、不以兵甲自随者，止输算勿捕。淮南既团新纲漕盐，挺增为十二纲，纲二十五艘，锁枓至州乃发。输官有余，则以畀漕舟吏卒，官复以半贾取之，繇是减侵盗之敝，盐遂差善。又损粜价，岁课视旧增至三百万余斤，乃罢扶等所率籴盐钱③。

嘉祐间，两浙转运使沈立、李肃之奏："本路盐课缗钱岁七十九万，嘉祐二年才及五十三万，而一岁之内，私贩坐罪者三千九十九人，其弊在于官盐估高，私贩不止，而官课益亏。请榷官估④，罢盐纲，令铺户衙前自趋山场取盐，如此则盐善而估平，人不肯冒禁私售，官课必溢。"诏从之。

皇祐以来，屡下诏书，命亭户给官本皆以实钱，其售额外盐者，给粟帛必良，逋岁课久者悉蠲之，所以存恤之甚厚，而有司罕能承上意焉。蜀煮井为盐者，井源或发或微⑤，而责课如故，任事者多务增课以为功，贻患后人。朝廷切于除民害，尤以远人为意，有司上言，辄为蠲减，前后不可悉数。

鬻碱为盐⑥，大抵碱土或厚或薄，薄则利微，锴户破产不能足其课。至和初，韩琦请户满三岁，地力尽，得自言，摘他户代之。明年，又诏锴户输岁以分数为率⑦，蠲复有差，复遇水灾，又听得他户代役，百姓便之。矾初亦官置务煮之，天圣以后，听民自煮，官置场售之，私售矾禁如私售茶法。两蜀旧亦榷矾，天圣间诏弛其禁。初，晋、慈矾募人入金帛茶

---

① 句中所列为七州，《宋史·食货志》列有潮州。

② 黄炳请增，《宋史·食货志》作"黄炳请损"，当是。

③ 扶，指称不明，查《宋史·食货志》为"炳"。

④ 请榷官估，估是价格，无法榷。《宋史·食货志》作"请裁官估"。

⑤ 发，开发；微，衰落。

⑥ 鬻，一意为卖，则此句似不通，查《宋史·食货志》作"煮"，较此为通。而鬻又一意为粥，或亦可动词化为煮粥，《仪礼·士丧礼》"鬻余饭"，即煮余饭为粥，则用于煮碱亦可通。

⑦ 锴户输岁，《宋史·食货志》作"锴户输岁课"。

丝易之。其后，河东转运使薛颜请一切入缗钱，以助边籴。久之矾积益多，复听入金帛、刍粟。刍粟虚估高，商人利于入中。麟州斗粟直钱百万①，估增至三百六十，矾之出官为钱二万一千五百，才易粟六石，以麟州粟实直较之，为钱六千，而矾一驮已费本钱六千。县官徒有榷矾之名，其实无利。嘉祐六年，乃罢入刍粟。复令入缗钱。矾以百四斤为一驮，入钱京师榷货务者，为钱十万七千；入钱麟州府者，又减三十②，自是，商贾不得专其利矣。

神宗熙宁七年，中书议陕西盐钞大出，多虚钞而盐益轻，以钞折兑粮草，有虚抬边籴之患，请用西蜀交子法，使其数与钱相当，可济缓急。诏以内藏钱二百万缗假三司，遣市易吏行四路请买盐引，又令秦凤、永兴盐钞岁以百八十万为额。

八年，中书又言："买钞本钱有限，而出钞过多，则钞贱而籴贵，故出钞不可无限。然入中商人或欲变易见钱，而官不为买，即为兼并所抑，则钞价贱。而边境有急，钞未免多出，故当置钞③，以市价平之。今当定买两路实卖盐二百二十万缗，以当用钞数立额。永兴军遣官买钞，岁支转运司钱十万缗买西盐钞，又用市易务赊请法，募人赊钞变易，即民钞多而滞，则送解池毁之。"诏从其请。然有司给钞溢额，犹视其故。

旧制，河南北曹、濮以西，秦、凤以东，皆食解盐。自仁宗时，解盐通商，官不复榷。熙宁中，市易司始榷开封、曹、濮等州。八年，大理寺丞张景温提举出卖解盐，于是开封府界阳武、酸枣、封邱、考城、东明、白马、中牟、陈留、长垣、胙城、韦城，曹、濮、澶、怀、济、单解州，河中府等州县，皆官自卖。未几，复用商人议，以唐、邓、襄、均、房、商、蔡、郢、随、金、晋、绛、虢、陈、许、汝、颍、隰州，西京、信阳军通商，畿县及澶、曹、濮、怀、卫、济、单、解、同、华、陕、河中

① 斗粟直钱百万，《宋史·食货志》作"斗粟值钱百"，当是。在正常情况下，斗粟之价不可能为百万，且下文增价后才三百六十钱。

② 入钱麟州府者，又减三十，此句刊刻当有误。《宋史·食货志》作"入钱麟、府州者，又减三千"。对于上文十万七千的价格，减三十毫无意义，也不会记入史书。

③ 故当置钞，《宋史·食货志》作"故当置场"。

府、南京、河阳，令提举解盐司运盐卖之。

自禁榷之后，盐价既增，民不肯买，乃课民买官盐，随其贫富作业为多少之差，重赏构捕私盐，民间骚怨。盐钞旧法，每席六缗，至是二缗有余，商不入粟，边储失备，乃议所以更之。皮公弼、沈括等言官卖当罢。于是河阳、同华解州、河中、陕府、陈留、雍邱、襄邑、中牟、管城、尉氏、鄢陵、扶沟、太康、咸平、新郑听通商，其入不及官卖者，官复自卖；澶、濮、济、单、曹、怀州，南京，阳武、酸枣、封邱、考城、东明、白马、长垣、胙城、韦城九县，官卖如故。又诏商盐入京，悉卖之市易务，每席无减千；民盐皆买之市易务，私与商人为市，许告，没其盐。又诏京师置七场，买东、南钞①，市易务计为钱五十九万三千余缗，三司阙钱，请颇还其钞，令卖之于西，买者其三给钱，其七准缘边价给新引，庶得民间旧钞，而新引易于变易。诏用其议。

哲宗元祐元年，户部及陕西制置解盐司议："延、庆、渭、原、环、镇戎、保安、德顺等八州军皆禁榷，官自鬻，以万五千五百席为额，听商旅入纳于八州军折博务，算给交引，一如范祥旧法。其出卖到盐钱，以给转运司籴买。"从之。

徽宗崇宁元年，解州贾考南北团池修治畦眼，拍磨布种，通得盐百七十八万二千七百余斤，州具以闻。初，解梁之东有大盐泽，绵亘百余里，岁得亿万计。自元符元年，霖潦池坏，至是，乃议修复。四年，池成，凡开二千四百余畦，百官皆贺。其役内侍王仲千实董之，仲千以额课敷溢为功。然议者或谓解池灌水盈尺，暴以烈日，鼓以南风，须臾成盐，其利则博，苟欲溢额，不俟风日之便，厚灌以水，积水而成，味苦不适口。

沈氏《笔谈》曰："解州盐泽方百二十里，久雨，四山之水悉注其中，未尝溢；大旱，未尝涸。卤色正赤，在版泉之下，俚俗谓之'蚩尤血'。唯中间有一泉，乃是甘泉，得此水然后可以聚人。其北有尧梢水，一谓之巫咸河。大卤之水，不得甘泉和之，不能成盐。唯巫咸水入，则盐不复结，故人谓之'无咸河'，为盐泽之患，筑大堤

---

① 买东、南钞，《宋史·食货志》作"买东南盐钞"，较此准确。盐钞不同一般流通的纸币。

以防之，甚于备寇盗。原其理，盖巫咸乃浊水，入卤中则淤淀卤脉，盐遂不成，非有他异也。"又曰："盐之品至多，前史所载，夷狄间自有十余种，中国所出亦不减数十种。"今公私通行者四种：末盐、颗盐、井盐、崖盐是也。唯陕西路颗盐有定课，岁为钱二百三十万缗，自余盈虚不常，岁入二千余万缗。唯末盐岁自抄三百万缗，供河北边籴，其他皆给本处给费而已①。缘边籴买仰给于度支者，河北则海、末盐，河东、陕西则颗盐及蜀茶为多。运盐之法，凡行百里，陆运斤四钱，船运斤一钱，以此为率。

祖宗以来，行盐钞以实西边。其法：积盐于解池，积钱于在京榷货务，积钞于陕西沿边诸郡，商贾以物解至边入中，请钞以归。物斛至边有数倍之息，惟患无回货，故极利于得钞，径请盐于解池。旧制，通行解盐池甚宽②。或请钱于京师，每钞六千二百，登时给与，但输头子等钱数十而已③。以此，所由州县，贸易炽盛，至为良法。崇宁间，蔡京始变盐法，俾商人先输钱请钞，赴产盐郡授盐，欲囊括四方之钱尽入中都，以进羡要宠，钞法遂废，商贾不通，边储失备。东南盐禁加密，犯法被罪者众，民间食盐杂以灰土，解池天产美利，乃与粪壤俱积矣。大概常使见行之法售给不通，辄复变易，名对带法，季年又变对带为循环。循环者，已积卖钞，未授盐，复更钞；已更钞，盐未给，复贴输钱，凡三输，始获一直之货。民无赀更钞，已输钱悉干没④，数十万券一夕废弃，朝为豪商，夕侪流丐，有赴水投缳而死者。时有魏伯刍者，本三省大胥也，蔡京委信之，专主榷货务。政和六年，盐课通及四千万缗，官吏皆进秩。七年，又以课羡第赏。其后，伯刍年除岁迁。官通议大夫、徽猷阁待制，既而党附王黼，京恶而黜之。伯刍非有心计，但与交引户关通，凡商旅算请，率克留十分之四以充入纳之数，务入纳数多，以昧人主而张虚最。初，政和再更盐法，伯刍方为蔡京所倚信，建言："朝廷所以开阖利柄，驰走商贾，不烦号令，亿万之钱，辐辏而并至，御府须索，百司支费，岁用之外沛然有余，则榷盐之入可谓厚矣。顷年盐法未有一定之

---

① 给费，《梦溪笔谈》卷一一作"经费"。
② 通行解盐池，《宋史·食货志》作"通行解盐地"。
③ 头子钱，唐宋时按赋税的一定比例加征的附加，或官府出纳是抽取的手续费。
④ 干没，此处意为侵吞。

制，随时变革以便公私，防闲未定，奸弊百出。自政和立法之后，顿绝弊源，公私兼利。异时一日所收不过二万缗，则已诧其太多，今日之纳乃常及四五万贯。以岁计之，有一郡而客钞钱及五十余万贯者，处州是也；有一州仓而客人请盐及四十万袋者，泰州是也。新法于今才二年，而所收已及四千万贯，虽传记所载贯朽钱流者，实未足为今日道也。伏乞以通收四千万贯之数宣付史馆，以示富国裕民之政。"小人得时骋志，无所顾惮，遂至于此。于时御府用度日广，课入欲丰，申岁较季比之令，在职而暂取告，其月日皆毋得计折，害法者不以官荫，并处极坐，微至盐袋鲞盐①，莫不有禁，州县惟务岁增课以避罪法，上下程督加厉。七年，乃降御笔："昨改盐法，立赏至重，抑配者众，计口敷及婴孩，广数下逮驰畜，使良民受弊，比屋愁叹。悉□□令②，以利百姓。三省其申严近制，改奉新钞。"盖帝意未尝不欲审法定令，宽济斯民。有司不能将明帝恩，故比较已罢而复用，钞札既免而复行，盐囊增饶而复止，一囊之价裁为十一千，既又复为三十三千矣③，民力因以扰匮，盗贼滋焉。

南盐

熙宁五年，卢秉提点两浙刑狱，仍专提举盐事。令盐场约得盐之多寡而定其分数，自六分至十分；三灶为一甲，而煮盐地什五其民，以相讥察；及募酒坊户愿占课额，取盐于官卖之，月以钱输官，毋得越所酤地；又严捕盗贩，刑禁苛酷。塞周辅措置福建盐，以建、剑、汀、邵武官卖盐价苦高，漳、泉、福、兴化煮盐价贱、故多盗贩卖于贵处，请减建、剑、汀、邵武盐价，募上户为铺户，官给券，定月所卖，从官场买之，如是则民易得盐，盗贩不能规厚利。周辅又措置江西盐法，言汀州运路险远，淮盐至者不能多，请罢运淮盐，通搬广盐一千万斤于江西虔州、南安军，复均淮盐六百一十六万斤于洪、吉、筠、袁、抚、临江、建昌、兴国军，以补旧额。大率峻剥，民被其害。哲宗即位，御史言周辅议江西盐法掊刻诞谩，乃削职贬官。

---

① 鲞盐，腌咸鱼用的盐。
② 此处缺两字，《宋史·食货志》承《续资治通鉴长编拾补》卷三十八，此二字为"从初"。
③ 三十三千，《宋史·食货志》作"十三千"。

河北盐

旧不榷。熙宁八年，三司使章惇言河北、陕西并为边防，今陕西榷盐而河北独不榷，此祖宗一时误恩，请遣使诣海阳及煮小盐州县，小盐，伪盐也。与两路转运司度利害施行。而文彦博论其不便，诏如旧。元丰三年，京东转运李察言，南京、济、濮、曹、澶行解盐，余十有二州行海盐，请用今税法置买盐场，尽灶户所煮盐，官自卖之，禁私为市。岁收钱二十七万三千余缗。而息几半之。乃诏以京东法榷之河北，自大名府、澶、恩、信、安、雄、霸、瀛、莫、冀等州，尽榷卖以增其利。哲宗即位，监察御史王岩叟言其不便，遂罢河北榷法。绍圣中复之。

河东盐

熙宁八年，三司使章惇言："东西永利两监，盐岁课旧额二十五万余缗。自许商人入中粮草，增饶给钱支盐，商人得钞千钱，售价半之，县官阴有所亡，坐贾获利不赀。又私盐不禁，岁课日减，今才十万四千余缗，若计粮草虚估，官才得实钱五万余缗，视旧亏十之八。请如解盐例，募商人入钱请买，或官自鬻，重私贩之禁，岁课且大增，并边市粮草，一用见钱。"乃诏官自运盐，鬻于本路。知太原府韩绛言其不便，请通商，乃令商人输钱于边，给券，于东西监请盐，以除加饶折籴之弊。仍令商人自占所卖地，即官盐已运至场务者，令商人买之，加运费。

蜀盐

熙宁中，患井盐不可禁，欲尽实私井而运解盐以足之，修起居注，沈括以为不可，遂寝。九年，刘佐入蜀经度茶事，乃岁运解盐十万席，未几，罢之。崇宁二年，川峡利、洋、兴、剑、蓬、闻、巴、绵、汉、兴元府等州，并通行东北盐。四年，梓、遂、夔、绵、汉、大宁监等盐仍旧鬻于蜀，惟禁侵解池盐。

蚕盐

熙宁五年，京西漕臣陈知俭言蚕盐畸零，非民所愿，乃罢之，第令输钱。七年，复诏开封府界蚕盐折以粮者，三等户以下许代以钱，愿输本色者听。元祐初，有司言罢所俵①蚕盐，而令虚纳盐钱，于义未安，乃诏旧经蚕盐处仍旧散敛。有司复奏府界、京西、京东等路用蚕盐三万二千五十席，预出盐引，募人算请于解盐司以给用。六年，徐州、淮阳军仍旧散

---

① 俵，俵散、散发。

敛，京东及晋、绛、隰、磁州皆罢。元符三年，重定散蚕盐给纳之限，开封府界、京东西、河北澶州皆罢。初，东南岁支蚕盐，即不欲盐，计其数输价钱六分，如京东、西之制。政和三年，虑州县抑民，诏罢两浙、淮南支俵，其江、湖四路下盐事、常平司共相度闻奏。后遂诏淮、浙支俵蚕盐去处，依市卖客盐价例支给价钱，俵散依旧，来数输纳物帛，其丁口盐钱亦依上件指挥散纳。中兴后，亦不复散盐，而差损民间所纳之直。

东莱吕氏曰①："《洪范》，初一曰五行，一曰水，水曰润下，润下作咸，此盐之根原。五行之气无所不在。水周流于天地间，润下之性无所不在。其味作咸，凝而为盐，亦无所不在。种类品目甚多，世所共知者有三，如出于海，出于井，出于地②。三者盐之尤多，世共知之。如青州出于东井③，幽蓟东海、岭南南海皆出于海，剑南西川出于井，如河东盐出于池，如解池，盐之尤著者，大略三种。三种之外，所出亦多。如河北有卤地，此出于地者；如永康军盐出于崖，此出于山者。又有出于石，出于木，品类不一。大抵盐生民之日用，不可一日缺者，所以天地之间，无处不有。自《禹贡》青州贡盐、絺，此海盐之见于经。三代之时，盐虽入贡，与民共之，未尝有禁法。自管仲相桓公，当时始兴盐策，以夺民利。自此后，盐禁方开。虽汉兴除山泽之禁，到武帝时，孔仅、桑弘羊祖管仲之法，盐始禁榷。至昭帝之世，召贤良文学论民疾苦，请罢盐铁，又桑弘羊反复论难，所以盐榷不能废。元帝虽暂罢之，卒以用度不足复建。自此之后，虽盐法有宽有急，然禁榷与古今相为终始，以此知天下利源不可开，一开不可复塞。于是论其作俑出于管仲，计近功浅效，夺民利以开盐禁，自此天下之盐皆入禁榷。论禁榷之利，惟是海盐与解池之盐，最资国用。南方之盐皆出于海，北方之盐皆出于池。如蜀中井盐，自赡一方之用，于大农之国计不与焉。前代盐法兴衰皆不出于所论，今且论本朝盐本末。本朝就海论之，惟是淮盐最资国用。方其国初，钞盐未

---

① 东莱吕氏，北宋吕蒙正、吕蒙正侄吕夷简、吕夷简三子吕公著祖孙三代为相。另吕夷简次子吕公弼官枢密使，世称东莱吕氏。此处东莱吕氏指吕蒙正的后代、南宋学者吕祖谦。祖谦，字伯恭，南宋婺州，今浙江金华人，人称东莱先生。

② 吕祖谦：《历代制度详说》卷五《盐法》作"出于池"。

③ 如青州出于东井，青州盐当出于海，且上文列出盐处也先言海。不过东井或指方位。

行，是时，建安军置盐仓，乃令真州发运。在真州，是时，李沆为发运使，运米转入其仓，空船回，皆载盐，散于江、浙、湖、广。诸路各得盐，资船运而民力宽，此南方之盐，其利广而盐榷最资国用。至道二年十一月，西京作坊使杨允恭言：'淮南十八州军，其九禁盐，余不禁。商人由海上贩盐，官倍数而取之，至禁盐地，则上下其价。民利商盐之贱，故贩者益众，至有持兵器往来为盗者。且行法宜一，今请悉禁，官遣吏主之。'诏知制诰张秉与盐铁使陈恕等会议，恕言其不可，允恭再三为请，乃从之。是岁，收利巨万。解池之盐，朝廷专置使以领之，北方之盐尽出于解池。大中祥符九年，陕西转运副使张象中言：'安邑、解县贮盐三千二百七十六庵，计三亿八千八百八十万八千九百二十八斤，计直二千一百七十六万一千八十贯，切虑遗利，望行条目。'帝曰：'地财之阜，此亦至矣。若过求增美，虑有时而阙，不可许也。'当时，南方之盐全在海，北方全在解池。然而南方之盐，管得其人则其害少，惟北方解池之盐，有契丹、西夏之盐尝相掺杂，夺解池之利，所以本朝议论最详，大抵解池之盐，味不及西夏，西夏优而解池劣；价直，西北之盐又贱。所以沿边多盗贩二国盐以夺解池，所以国家常措置关防，西夏常护视入中国界。大抵南方所出是海盐，自汉以来，海盐、井盐用煎熬之制，皆烹炼然后成，两处之盐，必资人力。如解池之盐，大抵耕种①，疏为畦垄，决水灌其间，必俟南风起，此盐遂熟，风一夜起，水一夜结成盐。所以北方皆坐食盐，如南风不起，则课利遂失。夫海盐、井盐全资于人，解地之盐全资于天，而人不与。至徽宗时，如两浙之盐多有变更。自蔡京秉政，费转搬仓之法②，使商贾入纳于官，自此为钞盐法，请钞于京师，商贾运于四方。有长引、短引，限以时日，各适所适之地，远近以为差。蔡京专利罔民，所以盐法数十日一变。盐法既变，则钞盐亦不可用，商贾既纳钱之后，钞皆不用，所以商贾折阅甚多，此海盐之一变也。解盐之变，缘徽庙初，雨水不常，围堑不密，守者护视不固，为外水掺杂。雨水不常，外水弥满流入，解池不复成盐，此所以数年大失课利。后大兴徭役，尽车出外水，渐可再复，此是解盐之一变也。若论禁榷之利，天下之盐固皆禁榷，惟是河北之盐自安、史乱河北一路，缘藩镇据有河北盐本朝因而以盐定税，所以河北一路盐无禁榷。

---

① 大抵耕种，吕祖谦：《历代制度详说》卷五作"大抵如耕种"。
② 费转搬仓之法，吕祖谦：《历代制度详说》卷五作"废转搬仓之法"。

《唐志》：'自兵兴，河北盐羁縻而已。至皇甫镈奏置榷盐使，如江淮榷法，犯禁者岁多。及田弘正举魏博归朝廷，穆宗命河北罢榷盐。'《国朝会要》：'开宝三年四月，诏河北诸州，盐法并许通行，量收税钱，每斤过税一文、住卖二文，隐而不税，悉没官，以其半给捕人定赏。'仁宗时，议者要禁榷，仁宗不肯。神宗时，荆公、章惇亦欲禁榷，神宗亦不许。自后章惇为相，方始行禁榷，犯刑禁者甚多，盗贼滋起。河北所以不可禁榷，兼河北之盐又与其他不同。如井盐，官司只才一井，故井盐可榷。如解池之盐，毫厘封守，亦可禁榷。海盐亦待煎起炉，非一旦所成，官司及时禁察，亦可禁榷。惟河北盐是卤地，其地甚广，非如井、池可以为墙园篱堑封守；又却才煎便成，非如海盐必待煎煮，可以禁察，所以最易得犯禁。自章惇禁榷河北，一到靖康之末，盗贼愈多。河北风俗剽悍，盐又易成，小人图利，所以不体朝廷之法，遂轻来相犯。盐大略如此。然推大纲论之，盐固是三代以前与民共之，若就后世不得已，彼善于此论之，取诸山泽不犹胜取之于民！盖所谓兴贩煎盐皆非地著之人，因而取之，必宽民力。本之民力，然而取之欲宽，不尽其利，则盐可以公行，若迫而取之，必有官刑。此见小者必至于失大，而盐法之弊所以不可施行也与！"

自熙宁初，始变矾法。岁课所入，元年为钱三万六千四百缗有畸，并增者五岁，乃取熙宁六年中数，定以一十八万三千一百缗有畸为新额。至元丰六年，课增至三十二万七千九百缗，而无为军矾听民自鬻，官置场售之，岁课一百五十万斤，用本钱万八千缗，自治平至元祐，数无增损。初，熙宁间①，东南九路官自卖矾，发运司总领焉。元祐初通商，绍圣复熙宁之制。大观元年，定河北、河东矾额各二十四万缗，淮南九万缗，复罢官卖，听客贩。政和初，以亏损额数，于是复官卖，罢客贩如旧制。

高宗建炎初，淮、浙亭户，官给本钱。诸州置仓，令商人买钞算请，五十斤为一石，六石为一袋，输钞钱十八千。又诏运司勿得将盐本钱支给他用。

绍兴元年，诏临安府、秀州亭户合给二税，依皇祐专法计纳盐货。以亭户皆煎盐为生，未尝垦田故也。二年，诏淮、浙盐每商人每袋贴纳通货

----

① 熙宁间，《宋史·食货志》作"熙丰间"。下文"绍圣复熙宁之制"亦如此。

钱三千，已算请而未售者亦如之，十日不自陈，如私盐律。十一月，诏淮、浙盐场所出盐以十分为率，四分支今降指挥以后交钞，二分支今年九月以后交钞，四分支建炎渡江以后交钞。先是，吕颐浩以对带法不可用，令商人贴纳钱，至是，复以分数如对带法，于是始加严察矣。三月①，诏盐场官煎卖盐比租额增者推赏。四年，诏淮、浙盐每袋增贴纳钱三贯文，并计纲赴行在，寻命广盐亦如之。九月，以入纳迟细，减所添钱。然自建炎三年改钞法，绍兴三年九月又改，十一月又改，今年正月又改，及令所改，凡五变，而建炎旧钞支发未绝，乃命以资次前后从上并支焉。

六年，赵鼎奏久不变法，建康日纳盐钱甚盛。上曰："法既可信，自然悠久。"

孝宗乾道六年，户部侍郎叶衡奏："今日财赋之源，煮海之利居其半，然年来课入不增，商贾不行者，皆私贩之害也。且以淮东、二浙盐货出入之数言之，论盐额则淮东之数多于两浙五之一，以去岁卖盐所得钱数论之，淮东多于二浙三之二，及以灶之多寡论之，两浙反多淮东之三②，盖二浙无非私贩故也。乞委官分路措置。"

十三年③，臣僚言总辖权制亭、灶，刻剥本钱，却纵亭户私煎盗卖，诏淮、浙场见差总辖并罢。

《朝野杂记》曰④："淮、浙盐额最多者，泰州岁产盐一百六十一万石，嘉兴八十一万石，通州七十八万石，庆元三十九万石。淮、浙盐一场十灶，每灶昼夜煎盐六盘，一盘三百斤，遇雨则停。淳熙末，议者谓总辖、甲头权制亭、灶，兜请本钱，恣行刻剥，惧其赴诉，纵令私煎，且如一日雨，乃妄作三日申，若一季之间十日雨，则一场私盐三十六万斤矣。而又有所谓镬子盐，亭户小火，一灶之下，无虑二十家，家皆有镬，一家通夜必煎两镬，得盐六十斤，十灶二百家，以

---

① 三月，前文已述及十一月，此三月或应是"三年三月"。

② 反多淮东之三，《宋史·食货志》作"反多淮东四之三"。

③ 十三年，此处年份有误。按上文年号，应为乾道十三年，而乾道仅九年。应是"十三年"之前有脱文。

④ 《朝野杂记》，指宋代学者李心传（1166—1243年）所著《建炎以来朝野杂记》，是一部研究宋史的重要资料。

一季计之，则镬子盐又百余万斤矣。一场之数已如此，诸路可知。十三年九月己未，遂罢总辖，令亭户自请本钱焉。"

宁宗庆元元年二月诏循环盐钞住罢，将增剩钞名改作五支文钞给算①，与日前已投在仓通理资次支散。以淮东提举陈损之言："循环、增剩两等文钞，据客人称循环钞多有弊。盖自宣和间客人先买一钞，却更重买一钞，其先钞号为旧钞，而重买谓之新钞。旧钞可以换支，重买复为旧钞，如此循环，实商贾之利也。乞截日住罢，只用一色增剩钞支请。"于是富商巨贾有顿为贫民者矣。嘉泰四年十二月，诏支客盐并以旧钞七分、新钞三分，以旧钞理资次。

开禧以后，节次有缴纳旧钞换新钞，指挥不一。唐乾元初，第五琦为盐铁使，变盐法，刘晏代之，当时举天下盐利才四十万缗。至大历末，增至六百万缗，天下之赋，盐利居半。宋朝元祐间，淮盐与解池等岁四百万缗，比唐举天下之赋已三分之二。绍兴末年以来，泰州海宁一监支盐三十余万席，为钱六七百万缗，则是一州之数，过唐举天下之数矣。

右《中兴四朝食货志》言，绍兴间一州盐利过唐时举天下之数，其说固然矣。然考之唐史，则至德间盐每斗十钱而已，至第五琦变盐法而十倍其榷，然不过每斗为钱一百一十。而建炎初商人贾钞，计盐六石为一袋，至输钱十八千，继而每袋又增贴纳钱三千，则其时盐价比之第五琦所榷已是三倍有余，而至德之价则又悬绝矣。盖盐直比唐则越贵，缗钱比唐则越轻，所以其数之多如此，要亦未可全归之征利之苛也。

闽、广之盐，自祖宗以来漕司官般官卖，以给司存。建炎间，淮、浙之商不通，而闽、广之钞法行。未几，淮、浙之商既通，而闽、广之钞法遂罢。然旧法，闽之上四州曰建、剑、汀、邵，行官卖盐法；闽之下四州曰福、泉、漳、化，行产盐法随税纳盐也。官卖之法既革，产盐之法亦弊，钞法一行，弊若可革，而民俗又有不便。故当时转运提举司申乞上四州依上项指挥，下四州且令从旧。及钞法既罢，岁令漕司认钞钱二十万缗纳行

① 五支，《宋史·食货志》作"正支"。

在所榷茶务，自后或减或增，卒为二十二万缗。绍兴三年，诏榷免五万贯①。五年，依旧认二十万。十二年，诏添十万，计三十万。二十七年，特减八万，为二十二万。

上四州用钞法，以私贩多钞额，随即停钞法，仍系官卖。

下四州随产纳盐，而州县苛取，每产一文以上至二十文，皆纳盐五斤，而胥吏交纳钱数又倍之。嘉定间，臣僚奏乞行下，将产二十文以下合纳盐五斤者并行蠲免。从之。

二广之盐皆属于漕司，量诸州岁用而给之盐。然广东之俗富，犹可通商，广西之地广漠而凋瘁，食盐有限，商贾难行。况自东广而出，乘大水而无滩碛，其势甚易；自西广而出，水小多滩碛，其势甚难。是广西之盐不得与广东比伦也。建炎末鬻钞，未几复止，然官般、客钞亦屡有更革，东、西两漕屡有分合。绍兴八年，诏广西盐岁以十分为率，二分令钦、廉、雷、高、化州官卖，余八分行钞法。又诏广东盐九分钞法，一分产盐州县出卖。广南土旷民贫，赋入不给，故漕司鬻盐，以其息什四为州用，可以粗给，而民无加赋，若客钞既行，州县必致缺乏。

孝宗乾道四年，罢盐钞，令广西漕司自认钞钱二十万。其后再行钞法，而州县间率以钞抑售于民，其害甚于官般，乃诏官卖如故。

蜀盐有隆州之仙井、邛州之蒲江、荣州之公井、大宁富顺之井监、西和州之盐官、长宁州之淯井，皆大井也。若隆、荣等十七州，则皆卓筒、小井而已。自祖宗以来，皆民间自煮之。成都、潼川、利路自元丰间，岁输课利钱银绢，总为八十万缗，比军兴所输，已增数倍矣。然井有耗淡而盐不成者，官司虑减课额，不肯相验封闭。高宗建炎二年十一月德音，令逐路漕臣躬亲按视。绍兴二年九月，四川总领赵开初变盐法，仿大观法置合同场，收引税钱，大抵与茶法相类，而严密过之。每斤输引钱二十有五，土产税及增添约九钱四分，所过税钱七分，住税一钱有半，每引别输提勘钱六十，其后又增贴纳等钱。凡四川四千九百余井，岁产盐约六千余万斤，引法初行，每百斤为一担，又增十斤勿算以优之，其后递增至四百余万缗。二十九年十二月，诏减西和州卖盐直之半。先是，州之盐官井岁

---

① 榷免，《宋会要辑稿》食货二六之二五作"权免"。

产盐七十余万斤，半为官吏柴茆之费，半鬻于西和、成、凤州，岁得钱七万缗，为西和州铸钱本。盐多地狭，每斤为直四百，民甚苦之，故有是命。

初，赵开之立榷法也，令商人入钱请引，井户但如额煮盐，赴官输土产税而已。其后咸脉有盈缩，月额有登耗，官以虚钞赴之，而收其算，引法由是大坏。井户既为商人所要，因增其斤重与之，每担有增及百六十斤者。又逃废绝没之井，许人增额承认，小民利于得井，每界递增，盐课加多而不可售，公私皆病。绍熙间，杨辅为总计，遣官核去虚额，栈闭废井，申严合同场法。

卷十七　征榷考四

榷酤禁酒

《酒诰》①："文王诰教小子有正有事，无彝酒。越庶国，饮惟祀，德将无醉。""矧汝刚制于酒，厥或告曰：'群饮。'汝勿佚，尽执拘以归于周，予其杀。又惟殷之迪诸臣惟工乃湎于酒，毋庸杀之，姑惟教之。"

东坡苏氏曰②："自汉武帝以来至于今，皆有酒禁，刑者有至流，赏或不赏，未尝少纵，而私酿终不能绝。周公独何以能禁之？曰：周公无所利于酒也，以正民德而已。甲乙皆笞其子，甲之子服，乙之子不服。何也？甲笞其子而责之学，乙笞其子而夺之食。此周公之所以能禁酒也。"

《周官》：萍氏掌几酒、谨酒。几者，几察酤卖过多及非时者。谨者，使民节用而无彝也。

汉文帝即位，赐民酺五日酺，布也。王德布于天下，合聚饮食为酺。

汉兴，有酒酤酤禁③，其律：三人以上无故群饮酒，罚金四两。

十六年九月，令天下大酺。
后元年，诏戒为酒醪以靡谷。
景帝中元三年，夏旱，禁酤酒。
后元年，夏，大酺，民得酤酒。

---

① 《酒诰》，《今文尚书》篇名，传为周公所作。
② 东坡苏氏，指北宋学者苏轼。苏轼（1037—1101 年），字子瞻，号东坡居士。
③ 有酒酤酤禁，应是衍一"酤"字。

武帝天汉三年，初榷酒酤。

昭帝元始六年二月①，诏有司问郡国所举贤良文学民所疾苦，乃罢榷酤官。从贤良文学之议也。令民得以律占租，卖酒升四钱。

> 颜氏曰②："占谓自隐度其实，定其辞也。武帝时赋敛烦多，律外而取，今始复旧。"

> 公非刘氏曰③："罢酤、占租、卖酒钱，共是一事。以律占租者，谓令民卖酒，以所得利占而输其租矣。占不以实，则论如律也。租，即卖酒之税也。卖酒升四钱，所以限民不得厚利尔。《王子侯表》④，旁况侯殷坐贷子钱不占租，皆免侯，义与此占租同。"

> 先公曰："按：'租'字古时恐以为钱货所直之名。如《食货志》贾谊谏：'法使天下公得雇租铸钱。'颜注'雇佣之直，或租其本'是也。"

王莽篡汉，始立法，官自酿酒卖之。

> 羲和鲁匡言："山泽、盐、铁、钱、布帛、五均赊贷，斡在县官，唯酒酤乃独未斡。《诗》'曰无酒酤我'，而《论语》曰'酤酒不食'，二者非相反也。夫《诗》据承平之时，酒酤在官，和旨便人，可以相御也。《论语》孔子当周衰乱，酒酤在民，薄恶不诚，是以疑而勿食。今绝天下之酒，则无以行礼相养；放而亡限，则费财伤民。请法古，令官作酒，以二千五百石为一均，率开一卢以卖，如淳曰：'卢，肆地。'臣瓒曰：'卢，酒瓮也。'师古曰：'卢者，卖酒之区也，以其一边高，形如锻家卢，故取名耳。'雔五十酿为准。一酿用粗米二斛、曲一斛，得成酒六斛六斗。各以其市月朔米曲三斛，并计其贾而参分之，以其一为酒一斛之平。除米曲本贾，计其利而什分之，以其七入官，其及糟瓑灰炭瓑，酢浆也，才代反。给工器薪樵之费。"⑤ 羲和置命

---

① 昭帝元始六年，元始二字颠倒，汉昭帝有"始元"年号。元始为汉平帝年号，但无六年。

② 颜氏，指唐初学者颜籀（581—645 年）。籀，字师古，曾注《汉书》。

③ 公非刘氏，指宋朝学者刘攽。刘攽（1023—1089 年），字贡夫，一作贡父、赣父，号公非。临江新喻（今江西新余）人。

④ 《王子侯表》，《汉书》八表之一。

⑤ 其及糟瓑灰炭，《汉书·食货志》作"其三糟瓑灰炭"，与上文"什分之"相合。

士督五均六斡，郡有数人，皆用富贾。洛阳薛子仲、张长叔，临菑姓伟等姓，名伟也。乘传求利，交错天下。因与郡县通奸，多张空簿，府藏不实，百姓愈病。莽知民苦之，复下诏曰："夫盐，食肴之将；酒，百药之长，嘉会之好；铁，用农之本①；名山大泽，饶衍之藏；五均赊货②，百姓所取平，卬以给赡；铁布铜冶，通行有无，备民用也。此六者，非编户齐民所能家作，必卬于市，虽贵数倍，不得不买。豪民富贾，即要贫弱，先圣知其然，故斡之。每一斡为设科条防禁，犯者罪至死。"奸吏猾民并侵，众庶各不安生。

东汉和帝永元十六年，诏兖、豫、徐、冀四州雨多伤稼，禁酤酒。
顺帝汉安二年，禁酒。
桓帝永兴二年，以旱蝗饥馑，禁郡国不得卖酒，祠祀裁足。
汉末，曹操表奏酒禁，孔融争之。
赵石勒以民始复业，资储未丰，重制禁酿。行之数年，无复酿者。

　　致堂胡氏曰："用兵以食为尤急，故禁酒，为其糜米谷也。而后世当尚武之时，取利于酒，夺民酤而榷之官，比承平时责利加倍；而军屯所在，又许之置场自酿，争多竞胜，谓足以充军费、省民力，岂古今世变之异欤！不然，何曹操、石勒能行之，而后之君子不能也？"

宋文帝时，扬州大水，主簿沈亮建议禁酒。从之。
后魏明帝正光后，国用不足，有司奏断百官常给之酒，计一岁所省米五万三千五十四斛九斗，糵谷五千九百六十斛，曲三十万五百九十九斤，其四时郊庙、百神郡祀依式供营③，远蕃客使不在断限。
陈文帝时，虞荔以国用不足，奏立榷酤之科。天嘉二年，从之。
隋文帝开皇三年，先时尚依周末之弊，官置酒坊收利，至是，罢酒坊，与百姓共之。
唐初无酒禁。乾元元年，京师酒贵，肃宗以廪食方屈，乃禁京城酤

---

① 用农，疑应颠倒为"农用"。
② 五均赊货，《汉书·食货志》作"五均赊贷"。
③ 郡祀，《魏书·食货志》作"群祀"。

酒，期以麦熟如初。二年，饥，复禁酤，非光禄祭祀、燕蕃客，不御酒。

代宗广德二年，敕天下州各量定酤酒户，随月纳税。此外不问公私，一切禁断。

大历六年，量定三等，逐月税钱，并充布绢进奉。

德宗建中元年，罢酒税。三年，复制禁人酤酒，官自置店酤，收利以助军费，斛收置三十①，州县总领，漓薄私酿者论其罪。寻以京师四方所凑，罢榷。

> 致堂胡氏曰："善政建于古圣王者，后世鲜克遵之，以谓时异事殊，不可胶柱而调瑟也。不善之政兴于聚敛之臣者，后世多不肯改，以为强兵足用，不可既有而弃之也。榷酒茗、算舟车、筭山泽，古圣王所不为，而后世以为大利之源，置官立法，防之严，取之悉，甚于常赋，一有废弛，立见阙匮。不知三代之天下，亦后世之天下，亦廪官吏，亦用军旅，亦赈水旱，亦交四夷，所仰者独贡、助、什一而足，是何道也？故取之有制，用之有节，量入以为出，无侈靡妄费，则贡、助、什一不富足矣。费出无涯，征求无艺，贡、助常法所不能支，则必榷之又榷，算之又算，筭之又筭，称贷于富家，税陌于大旅，多至于倍蓰，加至于什百，于是财竭下叛，并国而失之。是故知治体者欲罢官榷酒，使民自为之，而量取其利，虽未尽合古制，亦裕民去奢之渐也。德宗尽罢之，善矣，已而牟利最急。故知尽罢之，未若勿榷而以予民之为善也。"

贞元二年，复禁京城、畿县酒，天下置肆以酤者，每斗榷百五十钱，其酒户与免杂差役。独淮南、忠武、宣武、河东榷曲而已。

> 按：昔人举杜子美诗，以为唐酒价每斗为钱三百。今榷百五十钱，则输其半于官矣。

宪宗元和六年，京兆府奏："榷酒钱除出正酒户外，一切随两税、青苗钱据贯均率。"从之。

---

① 斛收置三十，《新唐书·食货志》作"斛收直三千"。

十二年，户部奏："准敕文，如配户出榷酒钱处，即不得更置官店榷酤；其中或恐诸州府先有不配户出钱者，即须榷酤。请委州府长官据当处钱额，约米曲时价收利，应额足即止。"

太和八年，遂罢京师榷酤。凡天下榷酒为钱百五十六万余缗，而酿费居三之一，贫户逃酤不在焉。

会昌六年敕："扬州等八道州府，置榷曲，并置官店酤酒，代百姓纳榷酒钱，并充资助军用，各有权许限，扬州、陈许、汴州、襄州、河东五处榷曲，浙西、浙东、鄂岳三处置官店酤酒。如闻禁止私酤，官司过为严酷，一人违犯，连累数家，闾里之间，不免咨怨。宜从今以后，如有百姓私酤及置私曲者，但许罪止一身；同谋容纵，任据罪处分。乡井之内，如有不知情，并不得追扰，兼不得没入家产。"

昭宗世，以用度不足，易京畿边镇曲法[1]，后榷酒以赡军。凤翔节度使李茂贞方颛其利，按兵请入奏利害，天子遽罢之。

梁开平三年敕："听诸道州府百姓自造曲，官中不禁。"

后唐天成三年敕："三京、邺、诸道州府乡村人户，自今年七月后，于夏秋田苗上，每亩纳曲钱五文足陌。一任百姓造曲，酝酒供家，其钱随夏秋征纳，并不折色。其京都及诸道州府县镇坊界及关城草市内，应逐年买官曲酒户，便许自造曲，酝酒货卖，仍取天成二年正月至年终一年，逐月计算，都买曲钱数内十分只纳二分，以充榷酒钱，便从今年七月后，管数征纳。榷酒户外，其余诸色人亦许私造酒曲供家，即不得衷私卖酒。如有故违，便仰纠察，勒依中等酒户纳榷。其村坊一任沽卖，不在纳榷之限。"

　　吴氏《能改斋谩录》曰[2]："今之秋苗有曲脚钱之类，此事起于五代后唐。当时虽纳曲钱，而民间许自卖酒。时移事变，曲钱之额遂为定制，而民间则禁私酤矣。"

长兴元年敕节文："人户秋苗一亩元征曲钱五文，今后特放三文，止征二文。"

---

① 边镇，《新唐书·食货志》作"近镇"。
② 《能改斋谩录》，传世本作《能改斋漫录》，宋代学者吴曾所著，故称吴氏《能改斋漫录》。吴曾，字虎臣，生活在1162年前后，抚州崇仁（今属江西）人。

　　二年，放曲钱。官中自造曲，逐年减旧价一半①，于在城货卖。除在城居人不得私造外，乡村人户或要供家，一任私造。令下，人甚便之。其年七月，以课额不迨，准前禁，乡村百姓造曲，其已造到者，令纳官，量支还麦本。

　　周显德四年敕："停罢先置卖曲都务。应乡村人户今后并许自造米醋，及买糟造醋供食，仍许于本州县界就精美处酤卖。其酒曲条法依旧施行。"先是，晋、汉以来，诸道州府皆榷计曲额，置都务以沽酒，民间酒醋例皆漓薄。上知其弊，故命改法。

　　吴氏《能改斋谩录》曰："《魏名臣传》，中书监刘放曰：'官贩苦酒，与百姓争锥刀之末。请停之。'苦酒，盖醋也。醋之有榷，自魏已然，乃知不特近世也。"

　　宋朝之制，三京官造曲，听民纳直②。诸州城内皆置务酿之，县、镇、乡、间或许民酿而定其岁课，若有遗利，则所在皆请官酤。

　　陈、滑、蔡、颖③、随、郢、邓、金、房州，信阳军旧皆不禁④。太平兴国初，京西转运使程能请榷之，乃置官吏局署，取民租米麦给酿，以官钱市樵薪及吏工俸料。岁计获利无几，而主吏规其盈羡，又酝齐不良，酒多漓坏，至课民婚葬，量户大小令酤，民甚苦之。岁俭物贵，殆不偿其费。太宗知其弊，淳化五年，诏募民自酿，输官钱减常课三之二，使易办；民有应募者，检视其资产，长吏及大姓其保之，后课不登则均偿之。是岁，取诸州岁课钱少者四百七十二处，募民自酤，或官卖曲收其直。其后民应募者寡，犹多官酿。

　　陕西虽榷酤，而尚多遗利，度支员外郎李士衡请增课以助边费，乃岁增十一万余贯。两浙旧制，募民掌榷。雍熙初，以民多私酿，乃蠲其禁，其榷酤岁课如曲钱之制，附两税均率。雍熙二年，诏："杭州更榷法以来，城郭富豪之家，坐收酤酝之利；乡村贫弱之户，例纳

① 逐年减旧价一半，《旧五代史·食货志》作"逐州减旧价一半"。
② 听民纳直，句欠完整。《宋史·食货志》作"听民纳直以取"。
③ 颖，查《宋史·食货志》、《宋史·邵雍传》为"颍"。
④ 禁，意为禁榷，而非禁止。《宋史·食货志》即作"不榷"。

配率之钱。非便，可仍依江南例，官造酒，减价酤卖，其所均钱并罢纳。"天禧四年，转运使方仲荀言："本道酒课旧额十四万，遗利尚多。"乃岁增课九万八十贯①。

川陕承伪制，卖曲价重，开宝二年，诏减十之二。既而颇兴榷酤，言事者多以为非便，乃罢之，仍旧卖曲。

太宗皇帝太平兴国元年，诏："先是募民掌茶盐榷酤，民多增常数求掌以规利。岁或荒俭，商旅不行，致亏常课，多籍没家财以偿，甚乖仁恕之道。今后宜并以开宝八年额为定，不得复增。"

真宗景德四年，诏曰："榷酤之法，素有定规，宜令计司立为永式。自今中外不得复议增课，以图恩奖。"

时承平日久，掌财赋者法禁愈密，悉笼取遗利，凡较课，以祖额前界递年相参。景德初，榷务连岁有羡，三司即取多收者为额，上以其不俟朝旨，或致掊克，乃诏增额皆奏裁。

至道二年，两京诸州收榷课铜钱一百二十一万四千余贯、铁钱一百五十六万五千余贯，京城卖曲钱四十八万余贯。天禧末，榷课铜钱增七百七十九万六千余贯、铁钱增一百三十五万四千余贯，卖曲增三十九万一千余贯。汉初，犯私曲者并弃市，周祖始令至五斤死。建隆二年四月，以周法太峻，令民犯私曲者至十五斤、以私酒入城至三斗者，始处极典，其余论罪有差；私市酒、曲者，减造者罪之半。三年三月，再下酒、曲之禁，凡私造，差定其罪：城郭二十斤、乡间三十斤，弃市；民敢持私酒入京城五十里、西京及诸州城二十里者，至五斗死；所定里数外，有官署酤酒而私酒入其地一石，弃市。乾德四年，诏比建隆之禁第减之：凡至城郭五十斤以上、乡间一百斤以上、私酒入禁地二石三石以上、至有官署处四石五石以上者，乃死。法益轻而犯者鲜矣。

熙宁十年以前天下诸州酒课岁额：

---

① 九万八十贯，《宋史·食货志》作"九万八千贯"。

四十万贯以上：

东京　成都二十八务

三十万贯以上：

开封三十五务　秦十八务　杭十务

二十万贯以上：

京兆二十三务　延十二务　凤翔二十五务　渭十三务

苏七务

十万贯以上：

西京二十三务　北京二十七务　齐二十六务　郓十一务　徐七务
许十三务　沧二十三务　真定八务　定六务　华十务　庆十三务　镇戎六
务　太原十一务　亳十二务　郿六务　宿十三务　楚五务　泗七务　真八
务　越十务　湖六务　婺九务　秀十七务　江宁六务　常九务　江陵十五
务　绵十四务　汉十九务　邛十九务　果二务　梓十八务　阆四十二务

五万贯以上：

南京九务　青十务　密五务　莱四务　淄七务　淮阳四务　兖九
务　济六务　单四务　濮七务　襄八务　邓八务　孟五务　蔡二十二务
陈六务　颖七务　郑八务　澶九务　冀十四务　瀛七务　博十四务　棣十
三务　德十六务　恩十一务　滨八务　相七务　邢十二务　洺十一务　深
五务　赵七务　河中七务　陕十五务　同十一务　耀五务　邠五务　宁八
务　环二十五务　保安二务　泾六务　陇十务　阶六务　德顺　通远
晋十二务　仪七务　绛八务　隰八务　汾四务　扬九务　泰八务　寿十六
务　庐三务　舒十九务　无为十务　润六务　明五务　温七务　台八务
衢四务　睦七务　宣七务　信八务　潭八务　鄂八务　鼎三务　眉十六
务　蜀八务　彭八务　嘉三务　遂四务　合九务　兴元三十六务　建十
三务

五万贯以下：

沂六务　潍三务　曹四务　光化一务　汝十务　滑四务　永静六
务　怀十务　磁十二务　卫五务　祈三务　保一务　通利六务　解四务
虢六务　商八务　坊四务　凤五务　岷　乾七务　忻二务　岚四务　保
德一务　岢岚二务　石二务　海四务　通四务　蕲八务　和五务　光七务

黄八务　涟水一务　高邮三务　太平六务　江六务　洪七务　饶九①在城，五县，石头，景德，兴利　兴国三务　安五务　澧二务　岳四务　简十五务　资十六务　怀安十二务　剑三务

三万贯以下：

广济一务　随二务　金一务　均三务　郢三务　唐五务　鄞四务雄一务　乾宁二务　灞四务　安肃一务　永宁二务　广信一务　顺安一务　丹三务　北平一务　熙一务　成三务　潞十务　府一务　代七务　威胜军八务　平定军四务　泽五务　宪一务　慈三务　辽三务　滁六务濠七务　处八务　歙六务　南康四务　广德二务　虔十三务　池六务　抚一务　筠一务　临江三务　建昌三务　衡六务　汉阳三务　陵井监二十务　永康八务　荆门一务　昌四务　普四十三务　荣六务　渠一务　广安三务　利六务　南剑十五务　三泉一务　蓬七务　兴一务　洋五务

一万贯以下：

登二务　信阳二务　信安一务　保定一务　房三务　庆成三务　宁化军一务　南安二务　吉九务　袁四务　永三务　邵二务　峡一务　归一务　雅七务　泸一务　巴十四务　邵武四务　文一务

五千贯以下：

原十一务　开宝监　火山军一务　道一务　郴一务　全务　桂阳六务　戎三务　富顺监一务　龙三务　集二务　壁三务　大宁监一务　渝四务　万一务　忠一务

无定额：

莱芜监　利国监　河　康定军　沙苑监　太平监　司竹监　大通监　麟丰　永平监　辰　沅　滇州监　黎　茂　威　剑门关

无榷：

夔　黔　达　开　施　涪　云安　梁山　福　汀　泉　漳　兴化一广南东、西两路州军②。

右《会要》所载熙宁以前天下酒课岁额，以大数为之第等如此，内大郡课多者，除钱之外，又有总绢布之类，不悉录。

止斋陈氏曰："国初，诸路未尽禁酒。吴越之禁自钱氏始，而京

西禁始太平兴国二年，闽、广至今无禁。大抵祖宗条约，酒课大为之防。淳化四年十二月十四日，敕令诸州以茶盐酒税课利送纳军资府，于是稍严密矣。咸平四年五月四日，敕诸州曲务自今后将一年都收到钱，仍取端拱至淳化元年三年内中等钱数立为祖额，比较科罚，则酒课立额自此始，然则藏之州县而已。庆历二年闰九月二十四日，初收增添盐酒课利钱岁三十七万四千一百三十余贯上京，则酒课上供始于此，从王琪之请也。今户部所谓王福部一文添酒钱是也。熙宁五年正月四日，令官务每升添一文，不入系省文帐，增收添酒钱始于此，则熙宁添酒钱也。崇宁二年十月八日，令官监酒务上色每升添二文，中下一文，以其钱赡学。四年十月，量添二色酒价钱，上色升五文，次三文，以其钱赡学，则崇宁赡学添酒钱也。五年二月四日，罢赡学添酒钱。政和五年十二月十一日，令诸路依山东酒价升添二文六分，入无额上供起发，则政和添酒钱也。建炎四年十一月十二日，曾纡申请权添酒钱。每升上色四十二文，次色十八文，以其钱一分州用，一分充漕计，一分提刑司桩管①，则建炎添酒钱也。绍兴元年五月六日，令诸州军卖酒亏折本钱，随宜增价，不以多寡，一分州用，一分漕计，一分隶经制。前此酒有定价，每添一文，皆起请后行之，至是，州郡始自增酒价而价不等矣。十二月十八日，令添酒钱每升上色二十文，下色十文，一半提刑司桩管，一半州用。三年四月八日，令煮酒量添三十文作一百五十文足，以其钱起发。五年闰二月二十三日，置总制司。六月五日，令州县见卖酒务，不以上下，每升各增五文，隶总制，而总制钱始于此。六年二月二十二日，令卖煮酒权增升十文，以四文州用，六文令项桩管赡军，是为六文煮酒钱。七年正月二十二日，令诸州增置户部赡军酒库一所，以其息钱三分留本州充本，余钱应副大军月桩，无月桩处起发，是为七分酒息钱。八年六月十日，令两浙诸路煮酒增添十文足，并蜡蒸酒增添五文足，内六文隶总制。九年七月二十九日，以都督府申请，权添煮酒一十文，内四文木州靡费②，六文三省、枢密院桩管，激赏库拘收，是为六分煮酒钱。而又有发运司造舡添酒钱，每升上色三文，次二文；提举司量添酒钱，不

---

① 桩管，保存、管理。
② 木州，无解，当为刊刻之误，应为"本州"。

以上下色，升一文。盖不知所始。绍兴十一年二月八日，并为七色酒钱，隶经制，而坊场名课亦数增长，与蜀之折估不与焉，则绍兴添酒钱也。酒政之为民害至此极矣，不可不稍宽也。"

仁宗时，河北酒税务有监临官，而转运司复遣官比视岁课，浸以侵民，诏禁之。既而又请场务岁课三千缗以上者，以使臣监临，帝曰："岁入不多而增官，得无扰乎？"乃诏岁课倍其数，乃增使臣。时天下茶盐酒税岁课有比年不登者，诏取一岁中数别为额，后虽羡溢，勿复增。

嘉祐初，又诏酒税场务毋得抑配人户，苛阻商旅，求羡余以希赏。

乾兴初，言者谓天下酒课月比岁增，无有艺极，非古者禁群饮、教节用之义。遂诏乡村毋得增置酒场，已募民主之者期三年，他人虽欲增课以售，弗听；主者欲自增课，委官吏度异时不致亏负，然后上闻。既而御史中丞晏殊请酒场利薄者悉禁增课。从之。

初，酒场岁课不登，州县多责衙前或五保输钱以充其数①。嘉祐、治平中，数戒止之，又诏蠲京师酒户所负曲钱十六万缗。

皇祐中，酒曲岁课合缗钱一千四百九十八万六千一百九十六，至治平中，减二百一十二万三千七百三，而皇祐中，又入金帛、丝纩、刍粟、材木之类，总其数四万七百六十②，治平中，乃增一百九十九万一千九百七十五云。

英宗治平四年，诏江南近复村酒场抑民市酒者罢之。

神宗熙宁四年，三司承买酒曲坊场钱率千钱税五十，储之以禄吏。七年，诸郡旧不酿酒者，许以公使钱酿之，率百缗为一石，溢额者论以违制律。

崇宁二年，知涟水军钱景允言建立学舍，请以承买醋坊钱给用。诏常平司计其无害公费乃如所请，仍令他路准行之。

先是，元祐初，臣僚请罢榷醋，而户部以为本无禁文，命加约

---

① 五保，《宋史·食货志》作"伍保"。
② 总其数四万七百六十，联系上下文数字，此数有误。《宋史·食货志》作"四百万七百六十"。

束。至绍圣二年，翟思请诸郡醋坊日息用度之余，悉归之常平，以待他用。及是，景允有请，故令常平司计之。

宣和六年，户部奏诸路增酒钱，请如元丰法，悉充上供，为户部用，毋以入漕司。从之。

高宗建炎三年，张浚用赵开总领四川财赋。开言蜀民已困，惟榷酤尚有盈余，遂大变酒法：自成都始，先罢公帑卖供给酒，即旧扑卖坊场所置隔酿①，设官主之，民以米赴官自酿，每斛输钱三十，头子钱二十二。明年，遍其法于四路，于是岁迎增至六百九十余万贯②，凡官槽四百所，私店不与焉。于是东南之酒额亦日增矣。

四川制置使胡世将即成都潼川府、资普州、广安军创清酒务，许人户买扑分认，岁课为钱四万八千余缗。自赵开行隔槽法，所增至十四万六千余缗，绍兴元年额。及世将改官监，所入又倍自，后累增至五十四万八千余缗绍兴二十五年额。而外邑及民户坊场又为三十九万缗。淳熙二年额。然隔槽之法始行，听民就务槽酤卖，官计所入之米而取其课，若未病也。行之既久，酤卖亏欠，则责入米之家认定月额，不复核其米而第取其钱，民始病矣。

中兴后，增添酒价钱入漕计及总制司本末，见前止斋论。

绍兴十三年，诏淮东总所酒止于元置州军，淮西总所止于建康，扬州止于本州，不于别州县村镇添置，其有添置及诸军开沽，并与停闭。

十五年，罢夔路酒禁。夔旧无酒禁，为场店一百四十余所，建炎末增至六百余所，约增额钱四万二千九百余贯，然土荒人少，不以为便。至是，宣抚司与转运司对数补填，遂弛其禁。十二月，诏南北十一库并隶左右司，充赡军激赏酒库。

二十一年，诏诸军买扑酒坊特许依旧监官赏格。四万、三万贯以上场

---

① 扑卖坊场所，《宋史·食货志》作"扑买坊场所"。隔槽，南宋的酒专卖方式之一。其办法是：官府只提供场所，酿具，酒曲，酒户自备酿酒原料，向官府缴纳一定的费用，在官坊酿酒，销售自负。

② 迎增，《宋史·食货志》作"递增"。

务，增及一倍，减一年磨勘①，以下者递赏有差。

乾道间，又诏诸酒库除本任旬发窠名钱外，能补纳前官拖欠者，各有赏劝。又诏十万贯以上场务酒官，任满与减四年磨勘，余等第推赏有差。

二十五年，罢逐路漕司寄造酒。以侍御史汤鹏举言诸州县寄造，不支本钱，专用耗米，始于李椿年，甚于曹泳故也。

三十年，以检点措置赡军酒库改隶户部。既而户部侍郎邵大受等言："岁计赖经、总制，窠名至多，今诸路岁亏二百万，皆缘诸州公使库广行造酒，别置店沽卖，以致酒务例皆败坏。"乃诏户部行下提刑司检察诸州，将违法酒店日下住罢，其诸州别置酒库如军粮酒库、防桩库、月桩库之类，并省务寄酒及帅司激赏酒库②，应未分隶经制钱去处③，并日下立额分隶，补趁亏额。

三十一年，殿帅赵密以诸军酒坊六十六归之户部又见九年，同安郡王杨存中罢殿岩，复以私家扑酒坊九处上之，岁通收息六十万缗有奇，以十分为率，七分起赴行在，三分应副漕计。盖自军兴以来，诸帅擅榷酤之利，由是，县官始得资之以佐经费焉。

乾道元年，以浙东、西六十四所拨付三衙④，分认课额，岁付左藏南库，输余钱充赡军器等用。五年，三衙以酒库还之户部。

孝宗兴隆二年⑤，右正言晁公武言："私酒、私曲有禁法也，未闻有犯糯米之罚者，乞行禁止。"

二年，臣僚言："赣州并福建、广南等处，以烟瘴之地，许民间自造酒服药。小民无力酿造，榷酤之利，尽归豪户。乞将所造酒经官税毕，然

后出卖，其税钱椿发行在。"从之。

八年，详定敕令所以知常德府刘邦翰言："湖北之民困于酒坊，至贫之家，不捐万钱则不能举一吉凶之礼。乞将课额令民随产业均纳，其酿造酤卖听民便。"然以酒课均分民间，即是两税之外别生一税，他日渔利之臣仍旧酤榷而此税不除，反为民害，乃检《乾道重修敕令》，禁止抑买。

淳熙三年，诏减四川酒课钱四十七万三千五百余贯，令礼部给除度牒六百六十一道，补还今岁减数；自来年以后，于四川合应副湖广总所钱内，截上件钱补足。从制使范成大之请也。

七年，从右正言葛邲之请，诏："民间买扑酒坊，一界既满，无人承买，虽欲还官而官司不受，无以偿还，虚受刑责。仰诸路提刑司委官体究蠲放。"

八年，兵部侍郎芮辉言："潭州自绍兴初剧盗马友行税酒法，一方便之，于官无费，岁得钱十四五万缗。昨守臣辛弃疾变榷酒，人多移徙，乞依旧法。"

　　按：榷酒之课额既重，官自酿造，则不免高价抑勒人户沽买。欲以课额随民均配而纵其自酿，则又是两税之外别生一税，他日必有税不除而再榷酒之事。惟有于要闹坊场之地听民酿造，纳税之后，从便酤卖，实为公私两利，但恐各处先立定高大之额，则所收税未必能及额耳。县官惟务榷利，而便民之事乃愧于一剧盗，何邪？
　　《建炎以来朝野杂录》曰①："旧两浙坊场一千三百三十四，岁收净利钱八十四万缗，至是，合江、浙、荆湖人户扑买坊场，一百二十七万缗而已。盖自绍兴初概增五分之后，坊场败阙者众故也。"
　　水心叶氏②《平阳县代纳坊场钱记》曰："自前世乡村以分地扑酒，有课利买名净利钱，恣民增钱夺买。或卖不及，则为败缺而当停闭。虽当停闭而钱自若，官督输不贷。民无高下，枚户而偿，虽良吏善政，莫能救也。嘉定二年，浙东提举司言：'温州平阳县言，县之乡村坊店二十五，当停闭二十一，有坊店之名而无其处，旧传自宣和时则然。钱之以贯数二千六百七十三，州下青册于县，月取岁足，无

----

① 《建炎以来朝野杂录》，应为《建炎以来朝野杂记》。
② 水心叶氏，指宋代学者叶适（1150—1223年），字正则，号水心居士，因晚年讲学于水心村，故世称水心先生。

敢蹉跌。保正赋饮户不实，杯盂之酤，罂缶之酿，强家幸免，浮细受害。穷山入云，绝少醉者，鬻樵雇薪，抑配白纳，而永嘉至有算亩而起，反过正税，斯又甚矣。且县人无沉湎之失，而受败缺之咎，十百零细，承催乾没，关门逃避，攘及锅釜，子孙不息，愁苦不止，惟垂裁哀，颇加救助。伏见近造伪会子抵罪者所籍之田，及余废寺亦有残田，谓宜赐县就用，禾利足以相直，补青册之缺，释饮户之负，不胜大愿。'于是朝廷恻然许之。命既布，一县无不歌舞赞叹，以纪上恩。夫坊场之有败缺，州县通患也。今平阳独以使者一言去百年之疾，然则昔所谓莫能救者，岂未之思欤！某闻仁人视民如子，知其痛毒，若身尝之，审择其利，常与事称，疗之有方，子之有名①，不以高论废务，不以空意妨实，然后举措可明于朝廷，而惠泽可出于君上，此其所以法不弊而民不穷也。"

　　按：水心此记足以尽当时坊场之弊。祖宗之法，扑买坊场，本以酬奖役人，官不私其利；又禁增价挽扑，恐其以逋负破家，皆爱民之良法也。流传既久，官既自取其钱，而败阙停闭者，额不复蠲，责之州县，至令其别求课利以对补之而后从，则凋敝之州县他无利孔，而有败阙之坊场者，受困多矣。

---

① 子之有名，叶适《水心集》卷十《平阳县代纳坊场钱记》作"予之有名"。

卷十八　征榷考五

榷茶

唐德宗建中元年，纳户部侍郎赵赞议，税天下茶、漆、竹、木，十取一，以为常平本钱①。时军用广，常赋不足，所税亦随尽，亦莫能充本储，及出奉天乃悼悔，下诏亟罢之。

贞元九年，复税茶。先是，诸道盐铁使张滂奏："去岁水灾，诏令减税。今之国用，须有供储。伏请于出茶州县及茶山外商人要路，委所由定三等时估，每十税一，充所放两税。其明年已后所得税钱外贮，若诸州遭水旱，赋税不办，以此代之。"诏可，仍委张滂具处置条目。每岁得钱四十万贯，茶之有税自此始。然税无虚岁，遭水旱处亦未尝以税茶钱拯赡。

　　致堂胡氏曰："茶者，生人之所日用也，其急甚于酒。然王鉷、杨慎矜、韦坚以及刘晏皆置而不征，犹为忠厚。天地生物，凡以养人，取之不可悉也。张滂税茶，则悉矣。凡言利者，未尝不假托美名，以奉人主私欲，滂以茶税钱代水旱田租是也。既以立额，则后莫肯蠲，非惟不蠲，从而增广其数，其法严峻者有之矣，至于官尽榷之，商旅不得贸迁，而必与官为市。在私，则终不能禁，而椎埋恶少窃贩之害兴②，偶有败获，奸人猾吏相为囊橐，狱讫不直，而治所由历，株连枝蔓，致良民破产，接村比里，甚则盗贼出焉。在公，则收

---

① 常平本钱，实行常平法的本钱。《新唐书·食货志二》："请于两都、江陵、成都、扬、汴、苏、洪置常平轻重本钱，上至百万缗，下至十万，积米、粟、布、帛、丝、麻，贵则下价而出之，贱则加估而收之。诸道津会置吏，阅商贾钱，每缗税二十、竹、木、茶、漆税十之一，以赡常平本钱。"

② 椎埋恶少，杀人越货的不法之徒。椎，杀人；埋，埋尸。

贮不虔①，发泄不时，至于朽败，与新敛相妨，或没入窃贩，无所售用，于是举而焚之，或乃沈之，殃民害物，咸弗恤也。其原则在于得数十万缗钱而已。夫弛山泽之禁以予民，王政也。必不得已，听商旅贸迁而薄其征。茶也者，东南所有，西北所无，虽曰薄征，其入于王府者亦不赀矣。息盗夺，止讼狱，佐国用，其利亦大矣，张滂、王涯岂足效哉！"

穆宗即位，两镇用兵，帑藏空虚，禁中起百尺楼，费不胜计。盐铁使王播乃增天下茶税，率百钱增五十。江淮、浙东西、岭南、福建、荆襄茶，播自领之，两川以户部领之。天下茶加斤至二十两，播又奏加取焉。

右拾遗李珏上疏谏曰："榷茶起于养兵，今边境无虞，而厚敛伤民，不可一也。茗饮，人之所资，重赋税则价必增，贫弱益困，不可二也。山泽之饶，其出不赀，论税以售多为利，价腾踊则市者稀，不可三也。"

文宗时，王涯为相，判二使，复置榷茶，自领之使②，徙民茶树于官场，榷其旧积者，天下大怨。令狐楚代为盐铁使兼榷茶使，复令纳榷，加价而已。李石为相，以茶税皆归盐铁，复贞元之旧。

武宗即位，盐铁转运使崔珙又增江淮茶税。是时，茶商所过州县有重税，或掠夺舟车，露积雨中，诸道置邸以收税，谓之"拓地钱"③，故私犯益起。大中初，盐铁转运使裴休请："厘革横税，以通舟船，商旅既安，课利自厚。又正税茶商，多被私贩茶人侵夺其利，今请委强干官吏，先于出茶山口及庐、寿、淮南界内，布置把捉，晓谕招收，量加半税，给陈首帖子，令所在公行，更无苛夺。所冀招怀穷困，下绝奸欺，使私贩者免犯法之忧，正税者无失利之欺。"④从之。

---

① 不虔，不敬。
② 复置榷茶，自领之使，应为"复置榷茶，自领其使"。《新唐书·食货志》作"复置榷茶使，自领之"。
③ 拓地钱，唐后期，诸道方镇非法拦截茶商，制造茶商通行不畅，以设栈收储茶叶，从而额外横征的存栈费。
④ 正税者无失利之欺，《旧唐书·食货志》作"正税者无失利之叹"。

休著条约：私鬻三犯皆三百斤，乃论死；长行群旅，茶虽少亦死；顾载三犯至五百斤、居舍侩保四犯至千斤，皆死；园户私鬻百斤以上，杖脊，三犯加重徭；伐园失业者，刺史、县令以纵私盐论。庐、寿、淮南皆加半税，税商给自首之帖①，天下税益增倍贞元。江淮茶为大模，一斤至五十两。诸道盐铁使于悰每斤增税五钱，谓之"剩茶钱"，自是斤两复旧。

按《陆羽传》："羽嗜茶，著经三篇，言茶之原、之法、之具尤备，天下益知饮茶矣。时鬻茶者至画羽形置炀突间，为茶神。有常伯熊者，因羽论复广著茶之功。其后尚茶成风，回纥入朝②，始驱马市茶。"羽贞元末卒，然则嗜茶、榷茶，皆始于贞元间矣。

宋制，榷货务六：江陵府、真州、海州、汉阳军、无为军、蕲州之蕲口。乾德二年八月，始令京师及建安、汉阳等军、蕲口置务。太平兴国二年，又于江陵府，襄、复州，无为军增置务。端拱二年，又于海州置务。淳化四年，废襄、复州务。其后京城务但会给交钞往还，而不积茶货。又有场十三：蕲州曰王祺、石桥、洗马，又有黄梅场，景德二年废。黄州曰麻城，庐州曰王同，舒州曰太湖、罗源，寿州曰霍山、麻步、开顺口，光州曰商城、子安。又买茶之处：江南则宣、歙、江、池、饶、信、洪、抚、筠、袁州，广德、兴国、临江、建昌、南康军；两浙则杭、苏、明、越、婺、处、温、台；湖南则江陵府、潭、澧、鼎、岳、鄂、镇、归、峡州，荆门军；福建则剑南③、建州虔、吉、郴、辰州，南安军，皆折税课，本州买给民用。山场之制，领园户，受其租，余悉官市之。又别有民户折税课者，其出鬻皆在本场。诸州所买茶，折税受租同山场，悉送六榷务鬻之。江陵府受本府及潭、鼎、澧、岳、归、峡州茶；真州务受潭、袁、池、吉、饶、抚、洪、歙、江、宣、岳州、临江、兴国军茶；海州务受杭、湖、常、睦、越、明、温、台、衢、婺州茶；汉阳军务受鄂州茶；无为军务，抚、吉州，临江军，而增南康军茶；蕲口务受潭州、兴国军茶。凡茶有二类，曰片、曰散。片茶蒸造，实卷摸中串之，惟建、剑则既

① 税商，《新唐书·食货志》作"私商"，较此为通。
② 回纥，北朝至唐代，中国西北的少数民族部落国家。最初是铁勒诸部的一支，北朝后期开始处于突厥汗国统治之下，东突厥汗国瓦解以后回纥取得独立，和铁勒其他部落一起隶属于唐。公元743年，回纥在唐朝的帮助下，灭突厥汗国，建立回纥汗国。
③ 剑南，应为"南剑"。

烝而研，编竹为格，置焙室中，最为精洁，他处不能造。其名有龙、凤、石乳、的乳、白乳、头金、蜡面、头骨、次骨、末骨、粗骨、山挺十二等，龙、凤皆团片，石乳、头乳皆狭片，名曰"京"。的乳亦有阔片者。乳以下皆阔片，以充岁贡及邦国之用，洎本路食茶。江、浙、荆湖旧贡新茶芽者三十余州，有岁中再三至者。大中祥符元年，上悯其劳，诏罢之。余州片茶，有进宝、双胜、宝山、两府出兴国军，仙芝、嫩蕊、福合、禄合、运合、庆合、指合出饶、池州，泥片出虔州，绿英、金片出袁州，玉津出临江军，灵川福州①，先春、早春、华英、来泉、胜金出歙州，独行、灵草、绿芽、片金、金茗出潭州，大拓枕出江陵，大小巴陵、开胜、开卷、小卷、生黄、翎毛出岳州，双上、绿芽、大小方出岳、辰、澧州，东首、浅山、薄侧出光州，总二十六名。其两浙及宣、江、鼎州止以上中下或第一至第五为号。散茶有太湖、龙溪、次号、末号出淮南，岳麓、草子、杨树、雨前、雨后出荆湖，清口出归州，茗子出江南，总十一名。江、浙又有以上中下、第一至第五为号者。凡买价：蜡面茶，每斤自三十五钱至一百九十钱，有十六等；片茶，每大片自六十五钱至二百五钱，有五十五等；散茶，每一斤自十六钱至三十八钱五分，有五十九等。岁课山场八百六十五万余斤。和市：江南一千二十万余斤，两浙一百二十七万九千余斤，荆湖二百四十七万余斤，福建三十九万三千余斤。其贸鬻：蜡茶，每斤自四十七钱至四百二十钱，有十二等；片茶，自十七钱至九百一十七钱，有六十五等；散茶，自十五钱至百二十一钱，有一百九等。至道末，卖钱二百八十五万二千九百余贯，天禧末，增四十五万余贯。天下茶皆禁，唯川、陕、广听民自卖，不得出境。

太祖皇帝乾德二年，诏民茶折税外，悉官买，敢藏匿不送官及私贩鬻者，没入之，论罪；主吏私以官茶贸易及一贯五百，并持仗贩易为官私擒捕者，皆死。

太平兴国二年，重定法，务轻减。主吏盗官茶贩鬻钱三贯以上，黥面送阙下；茶园户辄毁败其丛树者，计所出茶论如法。

八年，诏禁伪茶。又诏民间旧茶园荒废者蠲之，当以茶代税而无茶者，许输他物。

淳化三年，诏盗官茶贩鬻十贯以上，黥面配本州牢城。雍熙后用兵，

---

① 灵川福州，应为："灵川出福州"，脱一"出"字。

乏于馈饷，多令商人输刍粮塞下，酌地之远近不为其直①，取市价而后增之，授以要券，谓之交引，至京师给以缗钱，又移文江、淮、荆湖给以颗、末盐及茶。

端拱二年②，置折中仓，听商人输粟京师，优其直，给江、淮茶盐。

三年八月，监察御史薛映、秘书丞刘式等上言："向者，朝廷制置缘江榷货八务，以贮南方之茶，便于商人贸易。今四海无外，诸务皆宜废罢，令商人就出茶州府官场算买，既大省辇运，又商人皆得新茶。"诏从之。遂以三司盐铁副使雷有终为诸路茶盐制置使，左司谏张观与映副之，令商榷利害。次年四月，废缘江榷货八务，听商人就出茶州军买贩，大减榷务茶价。诏既下，商人颇以江路回远非便，有司以损其直，亏失岁计为言。七月，复置缘江八务，罢制置使、副。至道初，刘式犹固执前议，西京作坊使杨允恭上言："商人杂市诸州茶，新陈相糅，两河、陕西诸州，风土各有所宜，非参以多品，则商旅少利，罢榷务令就茶山买茶不可行。"上欲究其利害之说，令宰相召盐铁使陈恕、副使、判官与式、允恭定议，召问商人，皆愿如淳化所减之价，不然者，即望仍旧。有司职于出纳，既难于减损，皆同允恭之说，式议遂寝。即以允恭为江南、两浙发运兼制置茶盐使，西京作坊副使李廷遂、著作郎王子与副之③。二年，遂允恭等请，禁淮南十二州军盐，官鬻之，商人先入金帛京师及扬州折博务者，悉偿以茶。自是鬻盐得实钱，茶无滞积，岁课增五十万八千余贯，允恭等皆被赏。

　　止斋陈氏曰："乾德时，东南六路、闽、浙归职方，余尚未平。太祖榷法盖禁南商擅有中州之利，故置场以买之，自江以北皆为禁地。太平兴国中，樊若水奏，江南诸州茶官市十分之八，其二分量税听自卖，逾江涉淮，乘时射利，紊乱国法，望严禁之，则谓乾德榷法也。自若水建议，其法始密。凡茶之利，一则官卖以实州县；一则沿边入中粮草，算请以省馈运；一则榷务入纳金银钱帛算请以赡京师。而河东、北互市，川陕折博，又以所有易所无，而其大者最在边备。

————————————

　　①　联系上文，"不为其直"句不通。因不为其直，何必酌之。《宋史·食货志》作"而为其值"，当是。

　　②　端拱二年，在淳化三年之前，依本书行文规律，此条当前移。

　　③　王子与，疑为"王子舆"，《宋史》有其传。

盖祖宗以西北宿兵供亿之费，重困民力，故以茶引走商贾，而虚估加抬以利之①。其后理财之臣往往以遗利在民，数务更张，然大概无过李谘、林特二法，二法大概以抑茶商及边民耳。故林特以见钱买入中贱价交钞，而以实钱算茶，然犹以五十千或五十五千算茶百千，则是去虚估加抬未远也。至李谘复祖刘式之意，淳化三年，秘书丞刘式起请，令商旅自就园户置茶，于官场贴射②，废榷货务。始断然罢去买纳茶本，使客自就山园买茶，而官场坐收贴纳之利，行之三年而罢。然当时议者徒咎谘法不能惜留在京见钱，而不及其刻剥商贾之怨。景祐以后，西边事兴，始复行加抬法。嘉祐四年，天下无事，仁皇慨然一切弛禁。当时诏书曰：'上下征利垂二百年，江、湖之间，幅员数千里，为陷阱以害吾民。尚虑幸于立异之人，因缘为奸之党，妄陈奏议，以惑官司。必真明刑，用惩狂谬。'自此，茶不为民害者六七十载矣。此韩琦相业也。至蔡京始复榷法，于是茶利自一钱以上皆归京师。其子蔡绦自记之曰：'公始说上以茶务，若所入厚，专以奉人主。'此京本意，而西北边粮草名曰便籴③，而均籴④、结籴⑤、贴籴⑥、括籴⑦之名起。盖以官告、度牒之类等第抑配⑧，而边民不聊生矣。京之误国类如此。"

凡园户，岁课作茶输其租，余则官悉市之。其售于官者，皆先受钱而后入茶，谓之本钱。百姓岁输税愿折茶者，亦折为茶，谓之折税。此收茶之法。

---

① 虚估加抬，唐宋时政府以明显高于市场价格的高价收买急需物资。

② 贴射，商人直接向园户买茶，茶官居中估价，以估定价与园户的实际售出价之间的差额入官。

③ 便籴，宋政府在西北边疆收购粮食等军需物资，不以现金实物当时交割，而付给商人钞引，让其到京师或指定地点领取现钱或茶盐香料等禁榷物资贩卖。因其形式类似飞钱便换，故称便籴。

④ 均籴，宋代按照人户家产、土地多少，分等摊派征购粮食的制度。其强制性类似于赋税。

⑤ 结籴，宋政府赊借金钱、茶盐等物资给商人，使其为政府揽购粮食，从中渔利。因这种赊借需要结保，故称结籴。

⑥ 贴籴，具体操作方式尚不清楚。

⑦ 括籴，括有搜查之意，是一种强制性籴粮。官府给民户量留食用后，尽数籴买。这一般是在军粮紧张时的临时措施。

⑧ 抑配，强行摊派。

　　凡民鬻茶者，皆售于官，其以给日用者，谓之食茶，出境则给券。商贾之欲贸易者，入钱若金帛京师榷货务，以射六务、十三场茶，给券随所射予之，谓之交引；愿就东南入钱若金帛者，计直予茶如京师。凡茶入官以轻估，其出以重估，县官之利甚博，而商贾转致于西北，以致散于夷狄，其利又特厚。此鬻茶之法。

　　自西北宿兵既多，馈饷不足，因募人入中刍粟，度地里远近，增其虚估，给券，以茶偿之。后又益以东南缗钱、香药、象齿，谓之"三说"，而塞下急于兵食，欲广储峙，不爱虚估，入中者以虚钱得实利，人竞趋焉。及其法既弊，则虚估日益高，茶日益贱，入实钱金帛日益寡。而入中者非尽行商，多其土人，既不知茶利厚薄，且急于售钱，得券则转鬻于茶商或京师坐贾号交引铺者，获利无几。茶商及交引铺或以券取茶，或收畜贸易，以射厚利。繇是虚估之利皆入豪商巨贾，券之滞积，虽二三年茶不足以偿，而入中者以利薄不趋，边备日蹙，茶法大坏。

　　景德中，丁谓为三司使，尝计其得失，以谓边籴才及五十万，而东南三百六十余万茶利尽归商贾。当时以为至论，厥后虽屡变法以救之，然不能亡弊。

　　天圣元年，有司请罢三说，行贴射之法。即李谘所陈，见上文。

　　景祐中，叶清臣上疏言："尝计茶利岁入，以景祐元年为率，实本钱外①，实收息钱五十九万余缗，天下所售受食茶，及本息岁课亦只及三十四万缗，而茶商见行六十五州军，所收税钱已及五十七万缗。若令天下通商，只收税钱，自是数倍，即榷务、山场及食茶之利，尽可笼取。又况不废度支之本，不置榷场之官，不兴辇运之劳，不滥徒黥之辟。臣意议者谓榷卖有定率，征税无彝准，通商之后，必亏岁计。臣按管氏盐铁法，计口受赋，茶为人用，与盐铁均，必令天下通行，以口定赋，民获善利，又去严刑，口出数钱，人不厌取。"时下其议，皆以为不可行。至嘉祐中，何㬢、王嘉麟上书请罢给茶本钱，纵园户贸易，而官收租钱与所在征算，归榷货务以偿边籴之费。时韩琦、富弼等执政，力主其说，乃议弛禁，以三司岁课均赋茶户，谓之租钱，与诸路本钱悉储以待边籴。自是唯蜡茶禁如旧，余茶肆行天下矣。论者尤谓朝廷志于便人，欲省刑罚，其意良善，然

---

　　①　实本钱外，《宋史·食货志》作"除本钱外"。

茶户困于输钱，而商贾利薄，贩鬻者少，州县征税日蹙，给费不充①。学士刘敞、欧阳修等颇论其事，略言："昔时百姓之摘山者，皆受钱于官，今也顾使纳钱于官，受纳之间，利害百倍；先时百姓冒法贩茶者被罚耳，今悉均赋于民，赋不时②，刑亦及之，是良民代冒法者受罪；先时大商贾为国贸迁，而州郡收其税，今大商富贾不行，则税额不登，且乏国用。"时朝廷方排众论而行之，敞等言不从。

民之种茶者，领本钱于官而尽纳其茶，官自卖之，敢藏匿及私卖者有罪。此国初之法。以十三场茶买卖本息并计其数，罢官给本钱，使商人与园户自相交易，一切定为中估而官收其息，如茶一斤售钱五十有六，其本钱二十有五，官不复给，但使商人输息钱三十有一，谓之贴射此天圣之法。园户之种茶者，官收租钱，商贾之贩茶者，官收征算而尽罢禁榷，谓之通商此嘉祐之法。

治平中，岁入蜡茶四十八万九千余斤，散茶二十五万五千余斤，茶户租钱三十二万九千八百五十五缗，又储茶钱四十七万四千三百二十一缗，而内外总入茶税钱四十九万八千六百缗，推是可见茶法得失矣。

吴氏《能改斋漫录》曰："建茶务，仁宗初，岁造小龙、小凤各三百斤③，大龙、大凤各三百斤，入香、不入香、京挺共二百斤，蜡茶一万五千斤。小龙、小凤，初因蔡君谟为建漕，造十斤献之，朝廷以其额外免勘。明年，诏第一纲尽为之，故《东坡志林》载温公曰④：'君谟亦为此邪？'"

神宗熙宁七年，始建三司干当公事李杞入蜀经画买茶⑤，于秦凤、熙河博马，与成都路漕司议合。事方有端，而王韶言西人颇以善马至边，所

---

① 给费不充，《宋史·食货志》作"经费不充"。
② 赋不时，《宋史·食货志》作"赋不时入"。
③ 三百斤，吴氏《能改斋漫录》原文为"三十斤"。如为三百斤，则数量与大龙、大凤同，不见难得。下文言蔡君谟只献十斤，可见数量之少。故当为"三十斤"。
④ 《东坡志林》，书名，宋代苏轼所著，载作者自元丰至元符年间二十年中之杂说史论。
⑤ 始建，《宋史·食货志》作"始遣"，当是。

嗜惟茶，乏茶与市。即诏趣杞据见茶计水陆运至，又以银十万两、帛二万五千、度僧牒五百付之，假常平及坊场余钱，以著作佐郎蒲宗闵同领其事。初，蜀之茶园皆民两税地，不殖五谷，惟宜种茶。赋税一例折输绢、䌷、绵、草，各以其直折输，役钱亦视其赋。民卖茶资衣食，与农夫业田无异，而税额总三十万。杞被令经度，即诸州创设官场，岁增息为四十万，而重禁榷之令。其输受之际，往往压其斤重，侵其价直。既而运茶积滞，岁课不给，乃建议于彭、汉二州岁买布各十万匹，以折脚费，实以布息助茶利，亦未免积滞。复建议岁易解盐十万席，顾运回东船载入蜀^①，而禁商贩。未几，盐法复难行，宗闵乃议川陕略民茶息收十之三^②，尽卖于官场，更严私交易之令，稍重至徒刑，仍没缘身所有物，以待给赏。于是蜀茶尽榷，民始病矣。

　　知彭州吕陶言："川陕四路所出茶货，北方东南诸处^③，十不及一，诸路既许通商，两川却为禁地，亏损治体，莫甚于斯。只如解州有盐池，民间煎者乃是私盐；晋州有矾山，民间炼者乃是私矾。今川蜀茶园乃百姓已物，显与解盐、晋矾事体不同。恭惟仁圣恤民之心，必不如此。"又言："国家置市易司笼制百货，岁出息钱不过十之二，必以一年为率。今茶场司不以一年为率，务重立法，尽榷民茶，随买随卖，取息十之三，或今日买十千之茶，明日即作十三千卖之客旅，日以官本变转，殊不休已，比至岁终，不可胜算，岂止三分而已？此于市易之条自相违戾。又客旅及佣人以榷茶，不许私交市，共邀难园户，于外预商计裁价，园户畏法惧罪，且欲变货营生，穷迫之间，势不获已，则一听客言，斤收实钱七分卖之官，余三分留为客人买茶之息。如此则园户有三分之亏，而官中名得其息，自是园户本钱，客人无所费也。乞下本路体量更改。"不报^④。

自熙宁七年至元丰八年，蜀道茶场四十一，京西路金州为场六，陕西卖茶为场三百三十二，税息至李稷加为五十万，及陆师闵为百万云。

---

① 回东船，《宋史·食货志》作"回车船"。
② 川陕略，《宋史·食货志》作"川峡路"。
③ 北方东南诸处，《宋史·食货志》记为"比方东南诸处"。
④ 不报，不予批复。

五年①，以福建茶陈积，乃诏福建茶在京、京东西、淮南、陕西、河东仍禁榷，余路通商。

王子京为转运副使，言："建州蜡茶旧立榷法，自熙宁权听通商，自此茶户售客人茶甚良，官中所得唯常茶，税钱极微，南方遗利无过于此，仍行榷法②。"元祐初，罢子京事任，令福建禁榷州军仍其旧。

元丰中，宋用臣都提举汴河堤岸，创奏修置水磨，凡在京茶户擅磨末茶者有禁，并赴官请买，而茶铺入米豆杂物拌和者有罚，募人告者有赏。讫元丰末，岁获息不过二十万，商旅病焉。元丰修置水磨，止于在京及开封府界诸县，未始行于外路。及绍圣复置，其后遂于京西郑、滑州，颖昌州，河州、澶州皆行之。

哲宗元祐二年，熙河、秦凤、泾原三路茶仍官为计置，永兴、鄜延、环庆许通商，凡以茶易谷者听仍旧，毋得逾转运司和籴价，其所博斗斛勿取息。

侍御史刘挚上言："蜀地榷茶之害，园户有逃以免者，有投死以免者，而其害犹及邻伍。欲伐茶则有禁，欲增植则加市，故其俗论谓地非生茶也，实生祸也。愿选使者考茶法之弊欺，以苏蜀民。"

右司谏苏辙上言："盗贼之法，赃及二贯，止徒一年，出赏五千，今民有以钱八百和买茶四十斤者③，辄徒一年，赏三十千，立法苟以自便，不顾轻重之宜。盖造立茶法，皆倾险小人，不识事件。"④且备陈五害。诏遣黄廉等体量。

绍圣元年，陕西复行禁榷，凡茶法并用元丰旧条。

徽宗崇宁元年，右仆射蔡京议大改茶法，奏言："自祖宗立额榷之法，岁收净利凡三百二十余万，而诸州商税七十五万贯有奇，食茶之算不

① 五年，《宋史·食货志》作"初，熙宁五年"。
② 仍行榷法，《宋史·食货志》作"乞仍行榷法"，符合臣子对君主说话的口气。
③ 和买，是政府行为，私人买卖无此名称。《宋史·食货志》作"私买"，当是。
④ 不识事件，《宋史·食货志》作"不识事体"。

在焉，其盛时几五百余万缗。庆历之后，法制浸坏，私贩公行，遂罢禁榷，行通商之法。自后商旅所至，与官为市，四十余年，利源浸失。谓宜荆、湖、江、淮、两浙、福建七路所产茶，仍旧禁榷官买，勿复科民，即产茶州县随所置场，申商人园户私易之禁。凡置场地，园户皆籍名数，岁鬻于官吏，皆用仓法，园户自前茶租折税仍旧。产茶州军许其民赴场输息，量限斤数，给短引，于旁近郡县便鬻，余悉听商人于榷货务入纳金银、缗钱或并边粮草，即本务给钞，取便算请于场，别给长引，从所指州军鬻之。商税自场给长引，沿路登时批发，至所指地，然后计税尽输，则在道无苛留。买茶本钱以度牒及盐钞、诸色封桩、坊场、常平剩钱通三百万缗为率，给诸路，诸路措置，各分命官。"诏悉听焉。俄定诸路措置茶事官置司：湖南于潭州，湖北于荆南，淮南于扬州，两浙于苏州，江东于江宁府，江西于洪州。其置场所在：蕲州即其州及蕲水县，寿州以霍山、开顺，光州以光山、固始，舒州即其州及罗源、太湖，黄州以麻城，庐州以舒城，常州以宜兴，湖州即其州及长兴、德清、安吉、武康，睦州即其州及清溪、分水、桐庐、遂安，婺州即其州及东阳、永康、浦江，处州即其州及遂昌、青田，苏、杭、越各即其州，而越之上虞、余姚、诸暨、新昌、剡县皆置焉，衢、台各即其州，而温州以平阳。大法既定，其制置节目，不可毛举。

四年，京复议更革，遂罢官置场，商旅并即所在州县或京师请长短引，自买于园户。茶贮以笼箬，官为抽盘，循第叙输息讫，批引贩卖，茶事益加密矣。长引许往他路，限一年。短引止于本路，限一季。

　　按：京崇宁元年所行乃禁榷之法，是年所行乃通商之法，但请引抽盘商税，苛于祖宗之时耳。

大观三年，计七路一岁之息一百二十五万一千九百余缗，榷货务再岁一百十有八万五千余缗。京专用是以舞智固权，自是岁以百万缗输京师所供私奉，掊息滋厚，盗贩公行，民滋病矣。

政和二年，大增损茶法。凡请长引再行者，输钱百缗，即往陕西，加二万，茶以百二十斤；短引输缗钱二十，茶以二十五斤。私造引者如川钱引法。岁春茶出，集民户约三岁实直及今价上户部。茶笼箬并官制，听客买，定大小式，严封印之法。长短引辄窜改增减及新旧对带、缴纳申展、住卖转鬻科条悉具。初，客贩茶用旧引者，未严斤重之限，影带者众。于是又诏凡贩长引斤重及三千斤者，须更买新引对卖，不及三千斤者，即用新引以一斤带二斤鬻之，而合同场之法出矣。场置于产茶州军，而簿给于都茶务。凡不限斤重茶，委官秤制，毋得止凭批引为定，有赢数即没官，别定新引限程及重商旅规避秤制之禁，凡十八条，若避匿钞札及擅卖，皆坐以徒。复虑茶法犹轻，课入不羡，定园户私卖及有引而所卖逾数，保内有犯不告，并如煎盐亭户法。短引及食茶关子辄出本路，坐以二千里流，赏钱百万。

大抵茶、盐法主于蔡京，务巧掊利，变改法度，前后罢复不常，民听眩惑。

高宗建炎初，于真州印钞，给卖东南茶、盐，以提领真州茶盐为名。三年，置行在都茶场，罢合同场一十八处，惟洪州、江州、兴国军、潭州、建州各置合同场，监官一员。罢食茶小引。建炎三年九月旨，别印小引，每引五贯文，许贩茶六十斤。比附短引，增添斤重，暗亏引钱，损害茶法，住罢。淳熙二年复置。凡茶、盐经从而把隘官军以搜检奸细为名而骚扰者，依军法施行。明年，以罚太重，减徒。

三年，捕私茶赏罚依盐事指挥。祖宗应犯榷货并不根究来历，止以见在为坐。嘉祐著令，今户部言，不系出产州军捕获私贩茶、盐，可以不究来历其出产州军私贩者，并系亭、灶、园户为之，一概不究，无以杜私贩之弊。诏自茶、盐外，其余榷货并不根究来历。他日，都省又言，应犯私茶、盐，不得信凭供指，妄有追呼。诏从之。

绍兴二十七年，令凡商贩淮南长引茶，令秤发官司先问客人所指住卖州县，经由场务及合过官渡，并背批月日姓名，即时放行；如不行批引，纵放私茶，与正犯茶人一等犯罪。盖自榷场转入疬中，其利至博，淮河私渡讥禁甚严，然民触犯法禁自若。

宁宗嘉泰四年，知隆兴府韩邈奏："户部茶引，岁有常额，隆兴府惟分宁产茶，他县并无，而豪民武断者乃请引认租，借官引以穷索一乡，无茶者使认茶，无食利者使认食利，所至惊扰。乞下省部，非产茶县并不许人户擅自认租，他路亦比类施行。"从之。

四川茶

建炎元年四月，成都路运判赵开言榷茶、买马五害，请用嘉祐故事，尽罢榷茶，而令漕司买马；或未能然，亦当减额以苏园户，轻价以惠行商，如此则私贩衰而盗贼息矣。朝廷遂擢开同主管川、陕茶马。二年十一月，开至成都，大更茶法，仿蔡京都茶场法，印给茶引，使商人即园户市茶，百斤为一大引，除其十勿算。置合同场以讥其出入，重私商之禁，为茶市以通交易。每斤引钱春七十、夏五十，市利、头子在外。所过征止一钱五分①，引与茶随，违者抵罪。自后引息钱至一百五万缗。绍兴复提举官，又旋增引钱。至十四年，每引收十二道三百文，视开之初又增一倍矣。

自熙、丰来，蜀茶官事权出诸司之上，而其富亦甲天下，时以其岁剩者上供。旧博马皆以粗茶②，乾道末始以细茶遗之。然蜀茶之细者，其品视南方已下，惟广汉之赵坡、合州之水南、峨眉之白芽、雅安之蒙顶，土人亦珍之。然所产甚微，非江、建比也。

乾道初，川、秦八场马额共九千余匹，川马五千匹，秦马四千匹。淳熙以后，为额共万二千九百九十四匹，自后所市未尝及焉。

建茶

建炎二年，叶浓之乱③，园丁散亡，遂罢岁贡。绍兴四年明堂，始命市五万斤为大礼赏。十二年兴榷场，取蜡场为榷场本④，禁私贩，官尽榷之，上供之余许通商，官收息三倍。上供龙凤及京铤茶岁额，视承平才半，盖高宗以锡赉既少，惧伤民力，故裁损其数云。

坑冶

《周官》丱人掌金玉锡石之地，而为之厉禁以守之，若以时取之，则物其地，图而授之，物色，占其形色之咸淡也。授之，教取者之处，巡其禁令。

齐管仲言盐铁之利。汉桑弘羊建议榷盐铁。东汉以后盐铁本末并见《盐铁门》。不再录。

---

① 所过征止一钱五分，《宋史·食货志》作"所过征一钱，所止一钱五分"。
② 博，贸易、交换。
③ 叶浓之乱，指宋高宗建炎二年（1128 年）发生在建州的兵变，叶浓是兵变的领导人之一。
④ 取蜡场为榷场本，《宋史·食货志》作"取蜡茶为榷场本"，较此为通。

汉武帝行幸回中，诏曰："往者朕郊见上帝，泰山见金，宜更铸黄金为麟趾袅蹄以协瑞焉。"

东坡《仇池笔记》曰①："王莽败时，省中黄金六十万斤。陈平四万斤间楚，董卓郿坞金亦多。其余三五十斤者不可胜数。近世金不以斤计，虽人主未有以百金与人者，何古多而今少也？凿山披沙无虚日，金为何往哉？颇疑宝货神变不可知，复归山泽邪？"

石林叶氏曰："汉时，赐臣下黄金每百斤、二百斤，少亦三十斤，虽燕王刘泽，以诸侯赐田生金亦二百斤，楚梁孝王死②，有金四十余万斤。盖币轻，故米贱金多也。"

按：如二公之说，则金莫多于汉，然民间之淘取，官府之征敛，史未尝言之，度未必如后世之甚也。三代之时，服食器用，下之贡献有程，上之用度有节，未尝多取于民。后之言利者，始以为山海天地之藏，上之人当取其利以富国，而不可为百姓豪强者所擅。其说发于管仲，而盛于桑弘羊、孔仅之徒，然不过曰盐、曰铁，则以其适于民用也，金为天地之秘宝，独未闻有征榷之事。汉法，民私铸铁者钛左趾③，博士使郡国，矫诏令民铸农器者罪至死，铁官凡四十郡，而不出铁者又置小铁官，遍于天下，独未闻有犯金之禁。铁至贱也，而榷之析秋毫；金至贵也，而用之如泥沙。然则国家之征利，无资于金也。《货殖传》所载蜀卓氏、山东程郑、宛孔氏、鲁丙氏称为尤富，然皆言其擅铁冶之利，而未闻有藏金之事。然则豪强之致富，不由于金也。上下之间，好尚如此，盖犹有古人不贵难得之货之遗意云。

后汉明帝永平十一年，濡湖出黄金④，庐江太守取以献。

后魏宣武帝延昌三年，有司奏长安骊山今昭应县。有银矿，二石得银七两。其秋，恒州今代郡、安边、马邑。又上言白登山今马邑郡界。有银矿，八石得银七两、锡三百余斤，其色洁白，有逾上品。诏并置银官，常令采

---

① 《仇池笔记》，题为苏轼撰，《四库全书总目》疑其书为"好事者集其杂帖为之，未必出轼之手著。"不过，即使是旁人所集，也是宋人收集苏氏文稿而成。

② 楚梁孝王，西汉早期，与梁并封的还有楚王，故不当称楚梁孝王，而应呼"梁孝王"。

③ 钛左趾，用脚镣锁住左脚。

④ 濡湖，即今巢湖。

铸。又汉中旧有金户千余家，常于汉水沙金，年终输之。后临淮王彧为梁州刺史，奏罢之。

　　按《酉阳杂俎》①：魏明帝时，昆明国贡避寒鸟，常吐金屑如粟。《蜀都赋》②："金沙银砾。"注："永昌有水，出金如糠，在沙中。"《南史·夷貊传》：林邑国"有金山，石皆赤色，其中生金。金夜则出飞，状如萤火"。此皆沙金之见于史传者。昔时遐方裔夷所产，今则东南处处有之矣。

唐，凡金、银、铁、锡之冶一百八十六：陕、宣、润、饶、衢、信五州③，银冶五十八，铜冶九十六，铁山五，锡山二，铅山四。汾州矾山七。

　　贞观初，侍御史权万纪上言宣、饶二州银大发，采之岁可得数百万缗。帝曰："朕之所乏者非财也，但恨无嘉言可以利民耳！卿未尝进一贤，退一不肖，而专言税银之利，欲以桓、灵视我邪？"乃黜万纪还家。

麟德二年，废峡山铜冶四十八。
开元十五年，初税伊阳五重山银、锡。

　　天宝五载，李林甫为相，谓李适之曰："华山有金矿，采之可以富国，主上未知也。"他日，适之因奏事言之，上以问林甫，对曰："臣久知之，但华山陛下本命王气所在，凿之非宜，故不敢言。"上以林甫为爱己，薄适之虑事不熟，适之自是失恩。

德宗时，户部侍郎韩洄建议，山泽之利宜归王者，自是隶盐铁使。元和时，天下银冶废者四十，岁采银万二千两，铜二十六万六千斤，铁二百七万斤，锡五万斤，铅无常数。

————————

　　①　《酉阳杂俎》，唐段成式撰，虽系志怪小说，但同时保存了大量唐代珍贵历史资料、遗闻逸事。
　　②　《蜀都赋》，指晋人左思的《蜀都赋》。
　　③　五州，疑应为"六州"，抑或所列州名有误。

二年，禁采银，一两以上者笞二十，递出本界，州县官吏节级科罪。

开成元年，复以山泽之利归州县，刺史选吏主之。其后诸州牟利以自殖，举天下不七万缗，不能当一县之茶税。

宣帝增河、湟戍兵衣绢五十二万余匹①，裴休请复归盐铁使以供国用，增银冶二、铁山七十一，废铜冶二十七、铅山一。天下岁率银二万五千两、铜六十五万五千斤、铅十一万四千斤、锡万七千斤、铁五十三万二千斤。

后唐长兴二年敕："今后不计农器、烧器、动使诸物，并许百姓逐便自铸造，诸道监冶除依常年定数铸办供军熟铁并器物外，只管出生铁，比已前价，各随逐处见定高低，每斤一例减十文货卖，杂使熟铁亦任百姓自炼。巡检、节级、勾当卖铁场官并铺户，一切并废。乡间百姓只于夏秋苗亩上纳农器钱一文五分足，随夏秋二税送纳。"

晋天福六年敕节文："诸道铁冶三司，先条流百姓农具破者，须于官场中卖，铸时却于官场中买铁。今后许百姓取便铸造买卖，所在场院不得禁止搅扰。"

宋兴，金、银、铜、铁、铅、锡之货，凡诸军产金有五，曰：商、饶、歙、抚州，南安军。至道元年，废邵武军院。二年，又废成州二院。饶州旧禁商人市贩，颇致争讼，大中祥符五年，从凌策之请，除其禁，官收算焉。产银有三监，曰：桂阳、凤州之开宝、本七房冶，开宝五年赐名。建州之龙焙；又有五十一场，曰：饶州之德兴，虔州之宝积，信州之宝丰，建昌之马茨湖、看都，越州之诸暨，衢州之南山、北山、金水，旧又有灵山场，大中祥符二年废。处州之庆成、望际，道州之黄富，福州之宝兴，漳州之兴善、毗婆、大深、岩洞，汀州之黄焙、龙门、宝安，南剑州之龙逢、宝应、王丰、杜唐、高才、赡国、新丰岩、梅营、龙泉、顺昌，邵武军之焦阮、龙门、小杉、青女、三溪、黄上、同福、礤礤，南安军之稳下，广州之上云，韶州之乐昌、螺阮、灵源，连州之同官，英州之贤德、尧山、竹溪，恩州之梅口；春州之阳江；三务曰秦州陇城、陇州、兴元府。太平兴国四年，于五台置冶，后废。秦州旧有太平监，后去其名。又贺州有宝盈场及杭州务，后并省。产铜有三十五场，饶、处、建、英州各一，信州、南安军各二，汀州三，漳州四，邵武军八，南剑州十二；饶州曰兴利，建州曰同德，英州曰礼

---

① 宣帝，《新唐书·食货志》作"宣宗"，应是，因史书称唐代诸帝用庙号。

平，信州曰铅山，南安军曰南康、城下，汀州曰钟僚，余皆与银场同。一务曰梓州之铜采国初，坊、陇二州亦置场，后废。又嘉州亦有采场，咸平六年置。产铁有四监，曰大通兖州之正文，莱芜监领杏山、阜阳、何家、鲁东、汶阳、万家、宜山七冶。旧又有石门、大叔、道士等冶，景德中，以铁数不登，并废。汶阳、南鲁西冶，大中祥符七年废徐州之利国，相州之利成；又有十二冶，曰河南之凌云，虢州之麻庄，同州之韩山，凤翔之赤谷、砲平，仪州之广石河，蕲州之回岚、瓷窑，黄州之龙陂，袁州之贵山，兴国军之慈湖，英州之黄石；二十务曰晋、磁、凤、澧、道、渠、合、梅州各一，陕州之集津，耀州之榆林，坊州之玉华，虔州之上平、符竹、黄平、青堂，吉州之安福，汀州之莒溪、古田、龙兴、罗村；二十五场曰信州之丁溪、新溪，鄂州之圣水、荻洲、樊源、安乐、龙兴、大云、建州之晚化，南剑州之毫村、东阳、武夷、平林、涂阮、安福、万足、桃源、交溪、娄杉、汤泉、立沙、黄溪，邵武军之万德、宝积、连州之牛鼻。又有沂州鄮城冶、磁州苑城冶、齐州龙山冶。泽、淄、秦、潭、利、英、白、郁林州皆旧出铁，后并废。产铅有三十六场、务，曰越、建、连、英、春州各一，韶州、南安军各二，衢州、汀州各三，漳州四，邵武军八。南剑州十二。并与银、铜场同名①。产锡有九场，曰河南之长水，虔州之安远，南安之城下，南康之上犹，道州之黄富，贺州之太平川、石场，潮州之黄冈，循州之大任。旧信州有铅场，后废。产水银有四场，曰秦、阶、商、凤州。产朱砂有三场，曰：商宜州、富顺。

太祖皇帝开宝三年，诏曰："古者不贵难得之货，后代赋及山泽，上加侵削，下益抗敝②。每念兹事，深疾于怀，未能捐金于山，岂忍夺人之利！自今桂阳监岁输课银宜减三分之一。"

太宗至道二年，有司言凤州山内出铜业，定州诸山出银矿，请置官署掌其事。上曰："地不爱宝，当与众庶共之。"不许。

至道末，天下岁课银十四万五千余两，铜四百一十二万二千余斤，铁五百七十四万八千余斤，铅七十九万三千余斤，锡二十六万九千余斤。天禧末，金一万四千余两，银八十八万三千余两，铜二百六十七万五千余斤，铁六百二十九万三千余斤，铅四十四万七千余斤，锡二十九万一千余

---

① 上文言产铅之处三十六场务，而计之为三十九，或三十九错为三十六，或罗列中有误。
② 抗敝，《宋史·食货志》作"凋敝"

斤，水银二千余斤，朱砂五千余斤，然金银除坑冶、丁税、和市外，课利、折纳、互市所得皆在焉。

开宝五年，诏罢岭南道媚川都采珠。

先是，刘鋹于海门镇募兵能探珠者二千人，号"媚川都"。凡采珠者必以索系石，被于体而没焉，深者至五百尺，溺死者甚众。及平岭南，废之，仍禁民采取。未几，复官取。容州海渚亦产珠，官置吏掌之。

自太平兴国二年，贡珠百斤。七年，贡五十斤，径寸者三。八年，贡千六百一十斤。皆珠场所采。

金、银、铜、铁、铅、锡之冶，总二百七十一。金产登、莱、商、饶、汀、南恩六州，冶十一。银产登、虢、秦、凤、商、陇、越、衢、饶、信、虔、郴、衡、漳、汀、泉、福、建、南剑、英、韶、连、春二十三州，南安、建昌、邵武三军，桂阳监，冶八十四。铜产饶、信虔、建、漳、汀、泉、南剑、韶、英、梓十一州，邵武军，冶四十六。铁产登、莱、徐、兖、凤翔、陕、仪、虢、邢、磁、虔、吉、袁、信、澧、汀、泉、建、南剑、英、韶、渠、合、资二十四州，兴国、邵武二军，冶七十七。铅产越、衢、信、汀、南剑、英、韶、连、春九州，邵武军，冶三十。锡产商、虢、虔、道、潮、贺、循七州，冶十六。又有丹砂产商、宜二州，冶二；水银产秦、凤、商、阶四州，冶五。皆置吏主之。然大率山泽之利有限，或暴发辄竭，或采取岁久，所得不偿其费，而岁课不足，有司必责主者取盈。

仁宗、英宗每下敕书，辄委所在视冶之不发者废冶，或蠲主者所负岁课，率以为常，而有司有请，亦辄从之无所吝，故冶之兴废不常，而岁课增损系焉。皇祐中，岁得金万五千九十五两，银二十一万九千八百二十九两，铜五百一十万八百三十四斤，铁七百二十四万一千一斤，铅九万八千一百五十一斤，锡三十三万六百九十五斤，水银二千二百一斤。其后，以敕书从事，或有司所请，废冶百余。既而山泽兴发，至治平中，或增冶或复故者，总六十八。是岁，视皇祐金减九千六百五十六，银增九万五千三百八十四，铜增一百八十七万，铁、锡增百余万，铅增二百万，独水银无增损，又得丹砂二千八百余斤。今之论次诸冶，以治平中所有云。

　　天圣中，登、莱采金岁益数千两。帝命奖官吏，王曾曰："采金多则背本趋末者众，不宜诱之。"

　　景祐中，登、莱民饥，诏弛金禁，听民自取，后岁丰然后复故①。

　　吴氏《能改斋漫录》曰："登、莱州产金，自太宗时已有之，然尚少，至皇祐中始大发。民废农桑采掘地采之②，有重二十余两为块者，取之不竭，县官榷买，岁课三千两。"

《中书备对》诸路坑冶金数③：

　　莱州金四千一百五十两。房州金六十六两。登州金三十九两。商州金三十九两。饶州金三十四两。沅州金一百三十二两。汀州金一百六十七两。邕州金七百四两。

　　神宗熙宁元年，诏："天下宝货坑冶，不发而负岁课者蠲之。"

　　七年，广西经略司言邕州填乃峒产金，请置金场。后五年，凡得金为钱二十五万缗。

　　四年④，以所产薄，诏罢贡金。

　　八年，知熙州王韶奏本路银、铜坑发。诏令转运、市易司共计之，以所入为熙河籴本。七月，诏坑冶坊郭乡村并淘采烹炼，人并相为保，保内及于坑冶有犯，知而不纠或停盗不觉者，论如保甲法。

　　元丰元年，是岁诸路坑冶金总计万七百一十两，银二十一万五千三百八十五两，铜千四百六十万五千九百六十九斤，铁五百五十万一千九十七斤，铅九百十九万七千三百三十五斤，锡二百三十二万一千八百九十八斤，水银三千三百五十六斤，朱砂三千六百四十六斤十四两有奇。

　　七年，坑冶凡一百三十六所，领于虞部。

---

　　①　后岁丰然后复故，《宋史·食货志》作"俟岁丰然后复故"。
　　②　民废农桑采掘地采之，《能改斋漫录》卷一五原文作"民废农桑来掘地采之"。
　　③　《中书备对》，是北宋毕仲衍（1040—1082年）于神宗元丰元年（1078年）奉命而修的一部"典故类"历史文献。
　　④　四年，《宋史·食货志》作"元丰四年"。

哲宗绍圣二年，江、淮、荆、湖等坑冶司言："新发坑冶，漕司虑给本钱，往往停闭不当，请令本司同遣官详度。"从之。

　　湖南漕司言："潭州益阳县近发金苗，以碎矿淘金赋权入官，请修立私出禁地之制。"从之。

徽宗崇宁四年，湖北置旺溪金场监官。以其岁收金千两，钤辖司请置官故也。

大观二年，诏："金银坑发，虽告言或方检视，而私开淘取以盗论。九月，银、铜坑冶旧不隶知县、县令者，并令兼监，赏罚减正官一等。"

政和元年，张商英言："湖北产金，非止辰、沅、靖溪洞，其峡州夷陵、宜都县，荆南府枝江、江陵县赤湖城至鼎州，皆商人淘采之地。漕司既乏本钱，提举司买止千两，且无专司定额。请置专切提举买金司，有金苗无官监者，许遣部内州县官及使臣掌干。"诏提举官措画以闻，仍于荆南置司。

政和二年，诏工部以坑冶所收金、银、铜、铅、锡、铁、水银、朱砂物数，置籍签注，岁半消补，上之尚书省。自是，户、工部，尚书省皆有籍钩考，然所凭惟帐状，至有额而无收，有收而无额，乃责之县丞、监官及曹、部奉行者，而更督递年违负之数。九月，措置陕西坑冶蒋彝奏："本路坑冶收金千六百两，他物有差。"诏输大观西库，彝增秩，官属各减磨勘年。

六年，诏："承买坑冶，岁计课息钱十分蠲一。"以频年无买者，欲优假之故也。五月，中书言刘芑计置万、永州产金，甫及一岁，收二千四百余两。诏特与增秩。

宣和元年，石泉军江溪沙碛麸金，许民随金脉淘采，立课额，或以分数取之。

　　坑冶，国朝旧有之，官置场、监，或民承买，以分数中卖于官。旧例诸路转运司①，本钱亦资焉，其物悉归之内帑。崇宁以后，广搜利穴，权赋益备。凡属之提举司者，谓之新坑冶，用常平息钱与剩利

---

① 旧例，《宋史·食货志》作"旧隶"，较此为通。

钱为本，金银等物往往皆积之大观库，自蔡京始也。政和间，数罢数复，然告发之处，多坏民田，承买者立额重，或旧有今无而额不为损。

政和间，臣僚言诸路产铁多，民资以为用而课息少，请仿茶、盐法，榷而鬻之。于是户部言："详度官置炉冶，收铁给引，召人通市。苗脉微者令民出息承买，以所收中卖于官，毋得私相贸易。"从之。

先是，元丰六年，京东漕臣吴居厚奏："徐、郓、青等州岁制军器及上供铁之类数多，而徐州利国、莱芜二监岁课铁少不能给。请以铁从官兴煽，计所获可多数倍。"诏从其请。自是，官榷其铁，且造器用，以鬻于民，至元祐罢之。其后，大观初，泾源皇城使裴绚上言[①]："石河铁冶令民自采炼，中卖于官，请禁民私相贸易。农具、器用之类，悉官为铸造，其冶坊已成之物，皆以输官而偿其直。"乃诏毋得私相贸易如所奏，而农具、器用勿禁。于是官自卖铁，唯许铸镉户市之[②]。

钦宗靖康元年，诸路坑冶苗矿微，或旧有今无，悉令蠲损，凡民承买金银并罢。

高宗建炎三年，诏："福建、广南自崇宁以来，岁买上供银数浩大，民力不堪，岁减三分之一。"

七年，工部言："知台州黄岩县刘觉民乞依熙宁法，以金银坑冶召百姓采取，自备物料烹炼，十分为率，官收二分，其八分许坑户自便货卖。江西运司相度，江州等处金银坑冶亦乞依熙、丰法。"从之。

十四年，诏："见今坑冶立酌中课额，委提刑、转运司不得别有抑勒，抱认虚数，令有力之家计嘱幸免，切致下户受弊。"

孝宗隆兴二年，铸钱司言，坑冶监官岁收买金及四千两、银及十万

---

① 泾源皇城使，《宋史·食货志》作"泾原干当皇城使"。
② 镉，铸范。《宋史·食货志》作"铸泻户市之"，铸泻很形象地描绘了工艺过程，泻字已无铸范之意。

两、铜锡及四十万两①、铅及一百二十万斤者，各转一官；知、通、令、丞部内坑冶每年比租额增剩者，推赏有差。

宁宗嘉定十四年，臣僚言："产铜之地，莫盛于东南，如括苍之铜廊、南算、孟春、黄涣峰、长拔、殿山、炉头、山庄等处，诸暨之天富，永嘉之潮溪，信上之罗桐，浦城之因奖，尤溪之安仁、杜唐、洪面、子坑五十余所，多系铜银共产，大场月解净铜万计，小场不下数千，银各不下千两，为利甚博。至今双瑞、西瑞、十二岩之坑出银，繁澣、大定、永兴等场银铅并产，兴盛日久。又信之铅山与处之铜廊皆是胆水，春夏如汤，以铁投之，铜色立变。浸铜，以生铁炼成薄片，置胆水槽中浸渍数日，上生赤煤，取刮入炉，三炼成铜，大率用铁二斤四两，得铜一斤。淳熙元年七月指挥，信州铅山场浸铜，每发二千斤为一纲，应副饶州永平监鼓铸。夫以天地之间显界坑冶，而属吏贪残，积成蠹弊，诸处检踏官吏大为民殃，有力之家悉务辞逊，遂至坑源废绝，矿条湮闭。间有出备工本，为官开浚，元佃之家方施工用财，未享其利，而哗徒诬胁，甚至黥配估籍，冤无所诉，此坑冶所以失陷也。"

---

① 按习惯，铜、锡产量不以两为单位，而以斤为单位。《宋会要辑稿》食货三四之一六作"四十万斤"。

卷十九　征榷考六

杂征敛 山泽津渡

《周官》：委人掌敛野之赋，敛薪刍，凡疏材木材，凡蓄聚之物。野，远郊以外所敛野之赋，谓野之园圃、山泽之赋也。凡疏材，草木有实者也。凡蓄聚之物，瓜瓠、葵芋御冬之具也。

载师漆林之征，二十而五。疏：漆林特重者，自然所生，非人力所作故也。

汉高祖时，山川、园池、市肆租税之入，自天子至于封君汤沐邑，各自为奉养，不领于天下之经费。言各收其所赋税以自供，不入国朝之仓库也[1]。

文帝后六年，弛山泽。

> 章氏曰[2]："汉之山泽、园池之税，本以给供养而少府掌之。其后，仿古虞衡之意而置水衡，乃取少府之所谓山林、苑池之税，而付水衡以平之。然他日犹有江海陂池属少府者，而海丞、主海税。果丞主果实，二者皆少府属官。犹掌之于少府之下，则亦不尽属之也。惟文帝时赵弛其赋[3]，而后世犹有增益其税而故为六筦之令，其增损行废固有时邪？"

武帝元狩四年，初算缗钱。

> 公卿言："郡国颇被灾害，贫民无产业者，募徙广饶之地。陛下

---

[1]　天子、封君都只消费自己封地收入，不花费国家的财政收入，这是皇室财务和国家财政分离的标志。

[2]　章氏，章如愚，南宋婺州金华人，庆元二年进士，与马端临名气相近，退休后致力于讲学。著有《山堂先生群书考索》。

[3]　赵弛其赋，赵字似为刊刻错误，查章如愚《群书考索》原文为"稍弛其赋"。

损膳省用，出禁钱以振元元，而民不齐出南亩，商贾滋众。贫者蓄积
无有，皆仰县官。异时算轺车、贾人之缗钱皆有差，请算如故。诸贾
人末作贯贷卖买①，居邑贮积诸物及商以取利者，虽无市籍，各以其
物自占，占，隐度也，各隐度其财物多少，而为名簿送之于官也。率缗钱二
十而算一②。诸作有租及，铸，以手力所作而卖之者。率缗钱四十算一。
非吏比者、三老、北边骑士轺车一算，比，例也。身非为吏之例，非为三
老，非为北边骑士，而有轺车，皆令出一算。商贾人轺车二算。商贾人有轺
车，使多出一算，重其赋，船五丈以上一算。匿不自占，占不悉，戍
边一岁，没入缗钱。有能告者，以其半畀之。贾人有市籍，及家属，
皆无得名田，以便农。敢犯令，没入田货。"是时，豪富皆争匿财，
唯卜式数求入财以助县官。天子乃超拜式中郎，赐爵左庶长，田十
顷，布告天下，以风百姓，而百姓终莫分财佐县官，于是告缗钱纵
矣。纵，放也，放令告言。杨可告缗遍天下，如淳曰："告缗令杨可所告言
也。"师古曰："此说非也。杨可据令而发动之，故天下皆被告。"中家以上大
抵皆遇告，杜周治之，狱少反者。乃分遣御史、廷尉正监分曹往，往
即治郡国缗钱，得民财以亿计，奴婢以千万数，大县数百顷③，小县
百余顷，宅亦如之。于是商贾中家以上大抵破，民媮甘食好衣，不事
蓄藏之业，而县官以盐铁缗钱之故，用少饶矣。

东莱吕氏曰："卜式为小忠而不知大体者也，其愿输家业半助
边，丞相弘以为此非人情，不轨之臣。然罢报之后，此助县官之心终
不衰，则非矫饰也。惜其未尝讲学，故区区以输财为忠。是时，富豪
皆争匿财，惟式独欲助费，事势相激，故武帝宠式者日厚，嫉富豪者
日深。中家以上大率破，虽假手于桑弘羊辈，苟无式以形之，未必如
是之酷也。"

元鼎四年，令民得畜边县，得畜牧于边县。官假马母，三岁而归，及
息什一，以除告缗，用充入新秦中。边有官马，令民能畜官母马者，满三岁，
十母马还一驹，以给用度，得充实秦中人，故除告缗之令也。

①　贯贷卖买，《汉书·食货志》作"贳贷卖买"。
②　率缗钱二十而算一，及下文四十算一，"十"皆当为"千"，可见《汉书·食货志》，
且一算一二零钱，二零钱、四零钱，不可能出一算，恐是抄写刊刻之误。
③　大县数百顷，《汉书·食货志》作"田大县数百顷"，较此明确。

先公曰："按：告缗之令，至是行之五年矣。武帝之聚敛，正为征伐计也，得马息遂不告缗，此汉之所以犹愈于秦也。尝观文帝时，才令民实粟塞下，便可以减田租；武帝时，才令边民畜马取息，便可除告缗，盖一事辄有一事之益。后世厉民之政，一行则与国俱弊，无可哀救，虽复县官百方措置，徒为烦扰，而于民间无分毫之益，可叹也夫"

宣帝五凤中，大司农中丞耿寿昌白增海租三倍，天子从其计。御史大夫萧望之言："故御史属徐宫家在东莱，言往年加海租，鱼不出。长老皆言武帝时县官尝自渔，海鱼不出，后复与民，鱼乃出。夫阴阳之感，物类相应，万事尽然。寿昌习于商功分铢之事，其深计远虑未足任，宜如故。"上不听。

元帝元凤元年①，令郡国无敛今年马口钱。往时有马口出敛钱，今省。武帝时，租及六畜。

王莽初，设六筦之令，诸采取名山泽众物者税之。

王莽末，边兵二十万人仰县官衣食，用度不给，数横赋敛。又一切税吏民，赀二十而取一。又令公卿以下至郡县黄绶吏皆保养军马师古曰："保者，不许其死伤。"，吏尽复以予民转令百姓养。民摇手触禁，不得耕桑。

后汉和帝永元五年，自京师离宫果园上林广成囿悉以假贫民，恣得采捕，不收其税。九月，官有陂池令得采取，勿收假税二岁。

九年，诏："山林饶利，陂池鱼采，以赡元元，勿取假税。"

十二年、十五年俱有此令，不复录。

顺帝时，长吏、二千石听百姓谪罚者输赎，号为"义钱"，托为贫人储，而守令因以聚敛。尚书仆射虞诩上疏："元年以来，贫百姓章言长吏

---

① 元帝元凤元年，此处系年有误。元凤为汉昭帝年号，元帝无此年号。而免马口钱一事，《汉书·昭帝纪》载在昭帝元凤二年。

取受百万以上者，匈匈不绝，谪罚吏人至数千万，而三公、刺史少所举奏。寻永平、章和中，州郡以走卒钱给贷，_{贫人走卒，五百之类①，行鞭杖者。此言钱者，令其出资钱，不役身也，}司空劾按，州及郡县皆坐免黜。令宜遵前典，蠲除权制。"于是诏书下谞章，切责州郡，谪罚输赎自此而止。

灵帝令刺史、二千石及茂材、孝廉迁除，皆责助军修宫钱，大郡至二三千万，余各有差。当之官者，皆先至西园谐价，然后得去。其守清者乞不之官，皆迫遣之。又令郡国贡献先输中府，名为"道行费"。_{盖正贡外别有所献也。详见《国用门》。}

晋自渡江以来，至于梁、陈，凡货卖奴婢、马牛、田宅文券，率钱一万输估四百入官。_{详见《商税门》。}

宋文帝元嘉二十七年，魏师南侵，军旅大起，用度不充。王公、妃主及朝士、牧守，各献金帛等物，以助国用，下及富室小人，亦有献私财数千万者。扬、南徐、兖、江四州富有之家赀满五十万，僧尼满二十万者，并四分借一，过此率计，事息即还。

宋孝武帝大明初，扬州刺史西阳王子尚上言："山湖之禁，虽有旧科，人俗相因，替而不奉，炀许气反山封水②，保为家利。自顷以来，颓弛日甚，富强者兼领而占，贫弱者薪樵无托，至渔采之地，亦又如兹。斯实害理之深弊。请损益旧条，更申常制。"有司检壬辰诏书："擅占山泽，强盗律论，赃一丈以上，皆弃市。"左丞羊希以"壬辰之制，其禁严刻，事既难遵，理与时弛。而占山封水，渐染复滋，更相因仍，便成先业，一朝顿去，易致怨嗟。今更刊革，立制五条。凡是山泽，先恒炀炉力居反。种竹木、薪果为林仍③，及陂湖江海鱼梁鳅鰲七由反。即移反④。常加工修作者，并不追旧。各以官品占山，_{见《官品》、《占田门》，}若先已占山，不得更占。先占足⑤。若非前条旧业，一不得禁。有犯者，水上一尺以上⑥，并计赃，依常盗论。除晋壬辰之科"。从之。

齐武帝即位，诏免逋城钱，自今以后，申明旧制。初，晋、宋旧制，

---

① 五百，官府中的职役，担任官员车舆的前导或杖刑的执行者。
② 炀山封水，放火焚烧山上的野草，封占水源。
③ 炀爝，焚烧。仍，通荋，割后再生之草。
④ 及陂湖江海鱼梁鳅鰲，《南史·羊希传》作"及陂湖江海鱼梁鳅鰲场。"
⑤ 先占足，《南史·羊希传》作"先占阙少，依限占足"。
⑥ 水上一尺以上，《南史·羊希传》作"水土一尺以上"。

受官二十日，辄送修城钱二千。宋太始初，军役大兴，受官者万计，兵戎机急，事有未遑，自是，令仆以下并不输送。二十年中，大限不可胜计，文符督切，所在扰乱，至是除荡，百姓悦焉。

齐武帝时，王敬则为东扬州刺史，今会稽郡。以会稽边带湖海，人无士庶，皆保塘陂，敬则以功力有余，悉详敛为钱，以送台库，帝纳之。

竟陵王子良上表曰："臣忝会稽，粗娴物俗，塘丁所上，本不入官。良由陂湖宜壅，桥路须通，均夫计直，人自为用。若甲分毁坏，则年一修改；乙限坚牢，则终岁无役。今乃通课此直，悉以还台，租赋之外，更生一调。致令塘路崩芜，湖源泄散，害人损政，实此为剧。建元初，军用殷广，浙东五郡，丁税一千，乃质卖妻子，以充此限。所逋尚多，寻蒙蠲原。而此等租课，三分逋一，明知徒足扰人，实自弊国。愚谓课塘丁一条，宜还复旧。"

唐高宗龙朔三年，减百官一月俸，赋雍、同等十五州民钱作蓬莱宫。

唐肃宗即位时，两京陷没，民物耗弊，乃遣御史郑叔清等籍江淮富商右族赀富，什收其二，谓之率贷①。诸道亦税商贾以赡军，钱一千者有税。

德宗时，朱滔、王武俊、田悦背叛，国用不给，陈京请借富商钱。度支杜佑以为军费才支数月，幸得商钱五百万缗，可支半岁。乃以户部侍郎赵赞判度支，代佑行借钱令，约罢兵乃偿之。搜督甚峻，民有自经者，家若被盗。然总京师豪人田宅奴婢之估，才得八十万缗。又取僦匮纳质钱及粟麦粜于市者，四取其一，长安为罢市，遮邀宰相哭诉。乃以钱不及百缗，粟米不及五十斛者免，而所获才二百万缗。

时军用不给，乃税间架、算除陌。其法：屋二架为间，上间钱二千，中间一千，下间五百。吏执笔握算，入人家计其数，或有宅屋多而无他资者，出钱动数百缗。敢匿一间，杖六十，告者赏钱五万。除陌法者，公私给与及买卖，每缗官留五十钱；旧算三十，今加为五十。

---

①　率贷，文字意思为按资产的一定比例借贷，可实际有借无还，成为一种杂税，行于唐肃宗年间。

给他物及相贸易者，约钱为率算之。市牙各给印纸，人有买卖，随日署记，翌日合算之。有自贸易不用市牙者，给其私簿①，无簿者投状自集。其有隐钱百者没入，二千杖六十，告者赏十千，出犯人家。法既行，而主人、市牙得专其柄，率多隐盗，公家所入不能半，而怨讟满天下。

旧制，诸道军出境，则仰给度支。时讨贼兵在外者众，上优恤士卒，每出境，加给酒肉，本道粮仍给其家，一人兼三人之给。故将士利之，各出军才逾境而止。月费钱百三十余万缗，常赋不能给，赵赞乃奏行二法，愁怨之声，盈于远近。及泾原兵反，大呼长安市中曰："不夺尔商户僦质，不税尔间架、除陌矣。"于是间架、除陌、竹、木、茶、漆、铁之税皆罢。

致堂胡氏曰："当是时，天下税户三百八万五千余，户税谷二百一十五万七千余斛，而籍兵七十六万七千余人，是税户四、谷斛三而养一兵，他用不预焉。被甲荷戈者既不常饱，量入以为出，国非其国矣。"

今按：德宗之横敛，诿曰军兴乏用也。然琼林、大盈之积，特不过假军兴之名，而厚赋以实私藏。是以饷赐稍不如意，反使泾原骄横之卒，得借口以为作乱之阶。然则平时刻剥生民而姑息军卒，竟何益哉！

唐贞观初，京司及州县皆有公廨田，供公私之费。其后以用度不足，京官有俸赐而已。诸司置公廨本钱，以番官贸易取息，计员多少为月料。

十二年，罢诸司公廨本钱，以天下上户七千人为胥士②，视防阁制而收其课③，计官多少而给之。

十五年，复置公廨本钱，以诸司令史主之，号"捉钱令史"。每司九人，补于吏部，所主才五万钱以下，市肆贩易，月纳息钱四千，岁满受官。谏议大夫褚遂良上疏言："七十余司，更一二载，捉钱令史六百余人受职。太学高第，诸州进士，拔十取五，犹有犯禁罹法者，况廛肆之人，苟得无耻，不可使其居职。"太宗乃罢捉钱令史，复给京官职田。

---

① 给其私簿，即不应有下文所言无簿者。《旧唐书·食货志》作"验其私簿"。
② 胥士，为官府经管公廨本钱向官府纳课的民户，称为"胥士"。
③ 防阁，北朝和唐代的一种侍从仆役。

开元十八年，御史大夫李朝隐奏请藉百姓一年税钱充本，依旧令高户及典正等捉，随月收利，将供官人料钱，并取情愿自捉，不得令州县牵挽。

乾元元年，敕长安、万年两县各备钱一万贯，每月收利，以充和顾。

时祠祭及蕃夷赐宴、别设，皆长安、万年人吏主办，二县置本钱，配纳质积户收息以供费。诸使捉钱者，给牒免徭役，有罪，府县不敢劾治。民间有不取本钱，立虚契，子孙相承为之。尝有殴人破首，诣闲厩使纳利钱，受牒货罪①。御史中丞柳公绰奏诸司捉钱户，府县得捕役，给牒者毁之。自是，不得钱者不纳利矣。

宝应元年敕："诸色本钱，比来将放与人，或府县自取，及贫人将捉，非唯积利不纳，亦且兼本破除。今请一切不得与官人及穷百姓并贫典吏，拣择当处殷富干了者三五人②，均使翻转回易，仍放其诸色差遣，庶得永存官物，又冀免破人家。"

贞元元年敕："自今后应征息利本钱，除主保逃亡转征邻近者放免，余并准旧征收。其所欠钱，仍任各取当司阙官职田，量事祟货，充填本数。"

元和二年，宰臣上言："圣政惟新，事必归本，疏理五坊户色役，令府县却收，万人欣喜，恩出望外。臣等辄厘革旧弊，率先有司，其两省纳课陪厨户及捉钱人，总一百二十四人，望令归府县色役。"从之。

元和十一年，御史中丞崔从奏："捉钱人等比缘皆以私钱添杂官本，所防耗折，裨补官吏。近日访闻商贩富人投身要司，依托官本，广求私利，可征索者自充家业，成逋欠者证是官钱，非理逼迫，为弊非一。今请许捉钱户添放私本，不得过官本钱，勘责有剩，并请没官。"

十四年，御史中丞萧俛奏："诸司、诸军、诸使公廨诸色本利钱等，伏缘臣当司及秘书省等三十二司利钱，准赦文，至十倍者，本利并放，碾转摊保；至五倍者，本利并放。缘前件诸司、诸使、诸军利钱，节文并不该及，其中有纳利百姓，见臣称诉纳利已至十倍者，未蒙一例处分，求臣

① 货罪，《新唐书·食货志》作"贷罪"，应是。
② 干了，即干练、精明。

上达天听。伏以南北诸司事体无异,纳利百姓皆陛下赤子,若恩泽均及,则雨露无偏,乞特赐准赦放免。"

会昌元年正月赦节文:"每有过客衣冠,皆求应接行李,苟不供给,必致怨尤。刺史、县令但取虚名,不惜百姓,夫畜皆配民户,酒食科率所由。蠹政害人,莫斯为甚。宜为本道观察使条流①,量县大小及道路要僻,各置本钱,逐月收利。或前观察使前任台省官不乘馆驿者,许量事供给,其钱便以留州留使钱充,每至季终申观察使。如妄破官钱,依前科配,并同入己赃论,仍委出使御史纠察以闻。"

> 按:捉钱之事,惟唐有之。盖以供诸司公用之费。虽曰官出本钱,令其营运纳息,非凿空之横敛,及其久也,民利非假官之势②,则不请本钱,白纳利息;官利于取民之财,则所征利息数倍本钱,而其为无艺甚矣。故述其事,附之杂征敛之后。

宋太祖皇帝建隆元年,诏除沧、德、棣、淄、齐、郓干渡三十九处所算钱③,或水涨,听民置渡,勿收其算。

> 五代时,有津渡之算,水或枯涸,改置桥梁,有司犹责主者备偿,至是诏除。此后诸州有类是者,多因恩宥蠲除。陈州私置蔡河琐④,民船胜百斛者取百钱,有所载,倍其征,太平兴国中诏除之。

建隆二年,诏:"自今宰相、枢密使、带平章事、兼侍中、中书令、节度使,依故事纳礼钱,宰相、枢密使三百千,藩镇五百千,充中书门下公用,仍于中书刻石记授。上年月已经纳者,后虽转官,不再更纳。旧相复入者,纳如其数。"时中书门下言"唐制,凡视事于中书者,纳礼钱三千缗,近颇隳废,乞举行之"故也。

---

① 宜为本道观察使条流,语义欠通。《唐会要》卷九三诸司"诸色本钱下"作"宜委本道观察使条流"。
② 民利非假官之势,语义矛盾。不请官钱,自愿纳息者图的就是可以用官之势。
③ 干渡,五代时河流改道而原来桥梁照旧收税,称干渡钱。
④ 私置蔡河琐,《宋史·食货志》作"私置蔡河锁"。锁,锁闭之处,即税卡。

按：朝廷视官制禄，所以养贤。官莫崇于相，则禄赐宜优于百僚，今于上日反征其钱，以充公用，可乎？今考《五代会要》，后唐天成元年，门下、中书两省状："准旧例，检校官合纳光省礼钱。近降敕命，除翊卫勋庸、藩垣将佐外，其余不带平章事节度使，及防御、团练、刺史、诸道副使、郎中以下，并三司职掌盐院官、县令、录事参军、判司等，凡关此例，并可征收。伏缘省司旧例，别无钱物，祗征礼钱，以充公廨破使。遭值离乱，致失规绳，乞依元行依例征理，自防御、团练、刺史至诸道将校、押衙，各纳钱有差。"则为例已久，且不止于使相而已。又考是年十二月中书奏："准故事，应诸道藩镇带平章事处，各纳礼钱五百千，充中书修建公署及添置都堂内铺陈什物。"敕从之。则纳此钱者，似是唐末以来，方镇据土地，修贡献，求为使相之人，恐非盛唐之制。然观建隆之诏，则在庙堂为相者皆纳矣。又考梁开平五年敕："食人之食者忧人之事，况丞相位尊，参决大政，而堂封未给，且无餐钱，朕甚愧之。宜令日食万钱之半。"则当时为相者，俸廪尚无之，况修公署置什物乎！此所以反有无艺之横取也。

又按：所谓修公署、备什物之类，唐时有诸司捉钱户，捉官本钱，营运纳息，以供此费。至五代之时，则不复有之，而令居职者履任之初，自出此钱。国初承五代之法，遂亦有之，故并附于捉钱之后。

太宗淳化元年，诏："诸处鱼池，旧皆省司管系，与民争利，非朕素怀。自今应池塘河湖鱼鸭之类，任民采取，如经市货卖，乃收税。"

先时，淮南、江、浙、荆湖、广南、福建，当僭伪之时，应江湖及池潭陂塘聚鱼之处，皆纳官钱，或令人户占卖输课，或官遣吏主持。帝闻其弊，诏除之。

又有橘园、水碓、社酒、莲藕、鹅鸭、螺蚌、柴薪、地铺、枯牛骨、溉田水利等名，皆因伪国旧制而未除，前后累诏废省。

开宝三年，令买扑坊务者收抵当①。

止斋陈氏曰："买扑始见此，至淳化中而买扑酬奖之法次第举矣。买扑之利归于大户，酬奖之利归于役人，州县坐取其赢以佐经费，以其剩数上供，此其大略也。自熙宁悉罢买扑酬奖之法，官自召买，实封投状，著价最高者得之，而旧章举废矣。"

神宗元丰二年，导洛通汴司言："纲船为商人附载，有留阻之弊。今洛水入汴无湍驶，请置堆垛场于泗州，贾物至者，先入官场，官以船运至京，稍输船算。"从之。

三年，诏近京以通津水门外顺成仓为场。

元丰二年，三司言："人户买扑官监，及非新酬衙前场务所增收钱，并合入三司帐。而司农寺以谓官监、务外，皆是新法拘收钱，不当入三司。乞留以助募役；兼岁入百万缗，于市易务封桩，若失此钱，恐不能继。"争辩久之，乃从司农之请。

七年，府界、诸路坊场钱岁收六百九十八万六千缗，谷、帛九十七万六千六百石、匹有奇。

新法既鬻坊场、河渡，司农又并祠庙鬻之，募人承买，收取净利。官既得钱，听民为贾区庙中，判应天府张方平言："管下五十余祠，百姓尽已承买。阏伯主祀大火，火为国家盛德所承；微子开国于宋，亦本朝受命建号所因。又有双庙，乃唐张巡、许远。今既许承买，小人以利为事，必于其间营为招聚，纷杂冗亵。岁收甚微，实损大体。欲乞不卖此三庙，以称国家严恭之意。"上震怒，批出曰："慢神辱国，无甚于斯！"于是天下祠庙皆得不鬻。明年二月，中丞邓润甫言："兴利之臣议前代帝王陵寝皆合请射耕垦，而司农可之。缘此，唐之诸陵悉见芟刈，闻昭陵已剪伐无遗。乞下所属依旧禁止。"诏从之。

哲宗元祐元年，侍御史刘挚言："坊场旧法，买户相承，皆有定额，

---

① 买扑，宋元时的包税制度，一般行于酒醋坊、渡口等税的征收中。

毋得增价。新法乃使实封八状①，唯利价高，有旧才百缗而益及千缗者，其后类多败阙。请罢实封之法，令诸路转运、提举司会新旧之数，酌取其中，立为永额，召人承买。"其后，详定役法所度之事，请下之诸州，若累界有增，以次高一界为额；增亏不常，以酌中为额。或前次所负及五分，县以闻州，州与漕司次第保上之，仍立界满承买抵当之制，余皆如旧法。从之。

五年，户部郎中高镈言："场务败阙者请止损净息，其省额如故。"从之。又诏："无人承买者许自陈，损其钱数，明谕以召人，愿增价者听。若不售，则更减之，减及八分而不售者，提刑司审核，权停闭。"

徽宗自崇宁来，言利之言殆析秋毫。其最甚，若沿汴州县创增锁栅，以牟税利；官卖石炭，增卖二十余场，而天下市易务炭皆官自卖。名品琐碎，则有四脚、铺床、榨磨等钱，水磨钱、侵街房廊钱、庙图钱、淘沙金钱，不得而尽记也。

大观三年，臣僚言："比岁诸郡求以坊场增给公帑，不啻二十余万缗，且虑朝廷封桩，浸为厨传之费。请考元丰旧制，详议行之。"诏令户部以所用封桩及坊场钱数申尚书省。

按：坊场即墟市也，商税、酒税皆出焉。今考其明言酒务者入《榷酤门》，明言货税者入《征商门》，而泛言坊场者，则以附杂征榷之后。

牙契　税契始于东晋，历代相承，史文简略，不能尽考。宋太祖开宝二年，始收民印契钱，令民典卖田宅输钱印契，税契限两月。

止斋陈氏曰："元降指挥，应典卖物会问邻至，有不愿，即书之于帐，听即两月批印，违者依漏税法。所以防奸伪，省狱讼，非私之也。庆历四年十一月，始有每贯收税钱四十文省之条，至政和无所增。宣和四年，发运使、经制两浙江东路陈亨伯奏，乞淮、浙、江、湖、福建七路，每贯增收二十文，充经制移用通旧收钱不得过一百省。"绍兴五年三月敕："每贯勘得产人合同钱一十文，入总制名起发。"乾道七年，户部尚书曾怀奏："人户交易一十贯内正钱一贯，

---

①　实封，宋代在出卖坊场包税权时实行的一种类似现代招标投标的制度，出价高者先得。

除六百九十五文充经、总制钱外，有三百二十五文①，欲存留一半，余入总制钱帐，另项起发。"至是，牙契今为州县利源矣。

神宗元丰时，令民有交易则官为之据，因收其息。

徽宗崇宁三年敕："诸县典卖牛畜契书，并税租钞旁等印卖田宅契书，并从官司印卖。除纸笔墨工费外，量收息钱，助瞻学用，其收息不得过一倍。"

大观二年，以出卖钞旁息钱事涉苛细，罢之。

政和中，应奉事起，乃复行。

宣和五年，诏："诸路所收钞旁定帖钱，除两浙路隶应奉外，余路并逐州委通判拘收，与发运司充籴本。"

高宗建炎元年敕："应今日以前典卖田宅、马牛之类，违限印契合纳倍税者，限百日，许自陈蠲免。"

二年，初复钞旁定帖钱靖康时尝罢之，命诸路提刑司掌之，无得擅用。

绍兴二年，右朝奉郎姚沇言："诸路曾被兵火去失契书业人，许诣所属陈理，本县下邻保证实，给户帖。"从之。

五年，诏诸路勘合钱每贯收十文足。即钞旁定帖钱。

初令诸州通判印卖田宅契纸，自今民间竞产而执出白契者，毋得行用。从两浙运副吴革请也。

革言："在法，田宅契书县以厚契印造，遇人户有典卖，纳纸墨本钱买契书填。缘县典自掌印板，往往多印私卖，致有论诉。今欲委逐州通判立千字文号印造，每月给付诸县，遇民买契，当官给付。"

冬十一月，诏："诸路州县出卖户帖，令民间自行开其所管地宅田亩间架之数而输其直，仍立式行下。"时诸路大军多移屯江北，朝廷以调度不继，故有是诏。既而中书言恐骚扰稽缓，乃立定价钱，应坊郭乡村出等户皆三十千，乡村五等、坊郭九等户皆一千，凡六等，惟闽、广下户差减，期一等足计纲赴行在，即旱伤及四分以上，权住听旨。又用殿中侍御

① 此处数字有误，六百九十五文与三百二十五文相加，超过了一贯一千文。

史王缙言，诏州县止以簿籍见在数目出给户帖，务要简便不扰，如容纵乞取，重实于法，令刑狱使者察之。时州县追呼颇扰，乃命通判职官遍诣诸邑，面付人户，其两浙下户展限二月。内诸路簿籍不存者，计先纳价钱，俟造簿毕日给帖。

二十六年，户部言：“印契违日限者，罪之而没其产，太重难行，徒长告讦。欲并依绍兴法旧限六十日投税，再限六十日赍钱请契。”从之。

二十七年，诏：“人户买卖耕牛，并免投纳契税。”

孝宗乾道七年，户部言：“每交易一十贯，纳正税钱一贯，除六百七十五文充经、总制钱外，三百二十五文存留，一半充州用，余一半入总制钱帐，如敢隐漏，依上供钱法。人户违限不纳，或于契内减落价贯，规免税钱，许牙人并出产户陈首，将物业半给赏，半没官。每正税钱一百文带纳头子钱二十一文二分，州县过数拘收、公人邀阻作弊，并重置典宪。”从之。

臣僚言：“乞诏有司，应民间交易并令先次过割，而后税契。凡进产之家，限十日缴连小契自陈，令本县取索两家砧基赤契，并以三色官簿夏税簿、秋苗簿、物力簿。令主簿点对批凿。如不先经过割，不许投税。”诏：“敕令所参照见行指挥，修立成法。”

八年，诏：“今后遇赦，删去税契违限许免倍自首一节。监司、州郡无得自擅免倍税契，违者坐之。”

　　言者谓今之置产者，未尝以税契为意，盖起于赦恩许其免纳而自首，况监司、州郡不候朝旨，免倍税契，所收钱不复分隶窠名，一切以资妄用，故有此令。

六年①，敕令所进呈《重修淳熙法》，上亲笔圈记人户内驴、驼、马、船契书收税，谕辅臣曰：“凡有此条，并令删去，恐后世有算及舟车之言。”

七年，臣僚言：“民间典卖田产，必使之请官契，输税钱，其意不徒利也，虑高赀之家兼并日增，下户日益朘削，是亦抑之微意。今州县以人

---

① 前文已述及乾道八年，此处又言“六年”，应有误。查《宋史·食货志》，此事在淳熙六年。

户物力科配，空给印纸，名为预借契钱，殊失法意。"诏禁止之。

宁宗嘉定十三年，臣僚言："州县交易，印契所以省词讼，清税赋，而投报输直，亦有助于财计。今但立草契，请印纸粘接其后，不经官投报者，不知其几也。印契具文，过割可废，间有交易已毕，迁徙他郡，二税茫无所归，州县徒费追扰，至于改换等色、减退亩步者，不知其几也。乞申严成法。"从之。

经、总制钱 宣和末，陈亨伯以发运兼经制使，因以为名，废于靖康，建炎复之。绍兴初，孟庾提领措置财用，又因经制之额，增析而为总制钱。盖南渡以来，养兵耗财为夥，不敢一旦暴敛于民，而碾转取积于细微之间，以助军费，初非强民而加赋也。建炎二年冬，上在维扬，四方贡赋不以期至，于是户部尚书吕颐浩、翰林学士叶梦得等言："亨伯以东南用兵，尝设经制司，取量添酒钱及增收一分税钱、头子、卖契等钱，敛之于细而积之甚众，求之于所欲而非强其所不欲。如增收印契钱出于兼并之家，无伤于下户；增收卖酒钱合于人情，而无害于民；官吏俸给除头子钱百分取一。靖康初相继遽罢。欲望博延群议，更加讨论。且亨伯为河北转运使①，又行于京东西、河北路，昨来河北、京东西一岁得钱近二百万缗，所补不细，今若行于两浙、江东西、荆湖南北、福建、二广，岁入无虑数百万计。况边事未宁，苟不知出此，缓急必致暴敛，与其暴敛于仓促，曷若取积于细微。"于是除不便于民者，如免行钱、减罢曹官役人钱、钞旁定帖钱、院虞候充狱子重禄钱、牛畜等契息钱、契白纸钱。以权添酒钱、添卖糟钱、人户典卖田宅增添牙税钱、官员等请给头子钱，并楼店务增添三分房钱五省，令东西八路州军两浙、江东西、荆湖南北、福建、二广。收充经制钱，命各路宪臣领之，州委通判拘收，季终起发。绍兴五年闰二月，参政孟庾提领措置财用，乞以总制司为名，而总制钱自此始矣。四月，臣僚言："赋入之利，莫大于杂税。茶盐出纳之间，每贯增头子钱五文，岁入不少。"而财用司言："茶盐已复钞价，其头子钱难以增添，而诸路州县出纳系省钱所收头子钱，依节次指挥，每贯共收钱二十三文省，内一十文省作经制起发上供，余一十三文并充本路州县并漕司支用。今欲令诸路州县，杂税出纳钱于每贯见收头子钱上，量行增添，共作二十三文足，除漕司并州旧来合得一十三文省外，余尽并入经制窠名帐内起发，补助军

---

① 且，《宋史·食货志》为"及"。

需。"尚书省又言："耆、户长雇钱并抵当库桩四分息钱、转运移用钱、勘合朱墨钱、出卖系官田舍钱，及赦限内典卖牛畜等印契税钱、进献纳贴钱、常平司七分钱、茶盐司袋息钱，并令诸路州县桩管，应办军期。"而总制司又言："人户税赋畸零，如析居异财，绢绵零至一寸一钱者，亦收一尺、一两，米零至一勺、一抄者，亦收一升之类，并与折纳。至于二广、福建、江东西路免役一分宽剩钱，若无灾伤减阁，并令发付行在，及两浙西路役人雇钱，除岁用应副外，大军支用。"八月，江西提举司言："常平钱物，旧例每贯收头子钱五文足，今合依诸钱例增作二十三文足，除五文依旧法支费外，余增到钱与经制司别作一项窠名起发。"十一月，尚书省言："经制钱，监司州郡或以军期应办为名，辄行借兑拘截取拨者。乞依诸路州军通判已得指挥施行。"^{州县辄将经制钱擅行应副兑借拘截取拨，辄有侵支互用者，内所委官所当职及取拨官，并先降两官放罢，人吏徒二年，各不以去官赦降原减。}绍兴十六年，户部侍郎李朝正言："诸路每岁所取经、总制钱，委本路提刑并检法、干办官点磨拘催，岁终欲通行殿最。"

　　增及一分以上，减三季磨勘；二分、四分以上，议赏。有差亏一分以上，展三年磨勘；二分、四分以上，议罚有差。

　　二十六年，礼部侍郎贺允中言："比年经、总制钱以二十六年以前最高者十九年之数立额，其当职官既诱以厚赏，又驱以严责，额一不登，每至横敛，民受其弊。望诏有司立岁额。"既而仓部郎中黄祖舜乞自十九年之外，有稍高年分，或少损其数，诏从之。三十一年，诏诸路州军未起二十六年、二十七年经、总制钱特与除放，其二十八年以后欠数，令提刑司督责补发。孝宗乾道元年，诏诸路州县出纳，每贯添收钱一十三文省，充经、总制钱，仍将所增钱别项发纳左藏西库，补助经费。自是，公家出纳经、总制^①，每千共收五十六文。光宗登极，从吏部尚书颜师鲁奏，减江东西、福建、淮东、浙西路经总制钱共十七万一千缗。嘉泰初，除四川外，东南诸州额理经制钱七百八十余万^{四川九十万缗}。

　　月桩钱　始于绍兴二年也。时韩世忠驻军建康，宰相吕颐浩、朱胜非共议，令江东漕臣月桩发大军钱十万缗，以朝廷上供经制及漕司移用等钱

---

① 公家出纳经、总制，《宋史·食货志》作"公家出纳经总制钱"。

应办。当时漕司不量州军之力，一例均抛，既有偏重之弊，又于本司移用钱不肯取拨，止取于朝廷窠名①，曾不能给十之二三。上供、经制无额、添酒钱，并净利钱、赡军酒息钱、常平钱，及诸司封桩不封桩、系省不系省钱，皆是朝廷窠名也。于是州县横敛，铢积丝累，仅能充数，一月未毕，而后月之期已逼，江东、西之害尤甚。七年，户部员外郎霍蠡言："愿诏诸路守臣条具所桩实有窠名几何，临时措画者若为而办。"八年，侍郎士㒟及参政李光皆言月桩之害，上感动，每谕宰臣："若得休兵，凡取于民者悉除之。"九年正月复河南州军赦，务与民休息，令转运司具逐州见认月桩钱数申朝廷，据实科拨。二月，诏以州县大小所入财赋，欲斟量适当，易于桩办。其日后殿进呈，各有窠名，但多为漕司占留，遂不免敷及百姓。上曰："若所拨科名钱不足，从朝廷给降应副，不得一毫及民。"绍兴十七年，减江东、西月桩钱一十二万七千缗有奇。光宗登极，用吏部尚书颜师鲁奏，减江、浙诸郡月桩钱一十六万五千缗有奇。

江浙转运赵汝愚上言："臣伏自到任以来，不住询访民间利害，及今来巡历所至，有可以宽裕民利者。本司已随事斟酌轻重，次第罢行，独有诸县措置月桩钱物，其间名色类多违法，最为一方细民之害。臣试举其大者，则有曰曲引钱、曰纳醋钱、卖纸钱、户长甲帖钱、保正牌限钱、折纳牛皮筋角钱，两讼不胜，则有罚钱，既胜，则令纳欢喜钱，殊名异目，在处非一。臣尝询究，盖已累经朝廷指挥及前后监司约束往罢矣。大抵类能力制于一时，而不能保无于后日，其弊正如鼠穴，左固则右逸矣。至诘其所从出入，则首以月桩无科名，循例措置为辞。甚者奸赃之吏，又并缘掊克，以济其私，预于簿书之间，阴为抵谰之计。有司熟视，不可稽考，其间设有能自植立，整齐纪纲者，则往往窘于调度，拘率牵制，困不得逞。其豪宗大姓，因得持是数者，挟持官吏，以渔猎细民。流弊万端，不可殚述，其原则始于月桩太重而已。臣不胜愤懑，因尽考诸县月桩出纳之数，及其初科降之目，与夫先后因革之制观之。其始缘江、淮用兵，供亿数万，朝廷深恐一时乏事，遂令本路计月桩办大军钱物，而月桩之名始立。然其时降到旁通式内，犹许先取无额经制钱；不足，方取上供钱；又不

---

① 窠名，款目；条项。

足，则取诸司封桩钱。其后又增置赡军七分酒息钱，其余不以有无拘
碍钱物，皆许移用，甚至急阙，则朝廷亦时支降茶引、度牒之类以济
之。是时兵火之初，所在皆有余积，公私未告病也。今诸司封桩固不
得用，而无额经制钱州县皆有定额，不尽分隶月桩，此外所存名目，
惟上供钱及七分酒息钱二种而已，其余盖尽以取足于州县也。况夫比
年以来，州县用度日广，财赋日蹙，所以予之者岁益加少，谓如州县
科拨二税与州县赡用之类。而取之者岁益加多谓如增收头子钱、勘合钱、闰
月坊场钱之类，非作法以取诸民，则何以哉！臣尝略计本路月桩之数，
每岁为缗钱七十万，而格外所入者半之，虽其间亦有傅致文法者，大
抵法外之敛，什尝三四也。今朝廷纵未能大有蠲除，以尽扫宿弊，臣
谓宜令有司择其间最重者稍赈恤之。”

板帐钱　亦军兴后所创。嘉定十六年正月五日，两浙运判耿秉言：
“二浙近在日边，疾苦易于上闻，固宜州县之间，雍容为政。今百里之
寄，铨曹见缺，至无人愿就，是安可不思所以救之。盖今县邑之所苦者，
不过板帐钱额太重耳！额重而收趁不及，计无所出，则非法妄取。以纳斛
斗则增收耗剩，交钱帛则多收靡费。幸富人之犯法而重其罚，恣胥吏之受
赃而课其入。索到盗贼①，不还失主；检校财产，不及其卑幼。亡僧、绝
户，不候核实而拘籍入官；逃产、废田，不与销豁而逼勒填纳。远债之难
索者，豪民献于官，则追催甚于正税；私纳之为罚者，仇家讼于县，则监
纳过于赃钱。赊酒不至于公吏，而抑配及保正、户长。检税不止于商旅，
而苛细及于盘合、奁具。今年之税赋已足，而预借于明年；田产之交易未
成，而探契以寄纳其他。如罚酒、科醋、卖纸、税酱、下拳钱之类，殆不
可以遍举，亦不能遍知，无非违法。州郡利其能办财赋，佯若不闻，一旦
告发，则邑宰坐罪而去，后人继之未免循复前例。盖其太重之额既不减，
则亦别无他策尔！且是法创立，经隔已数十年，物价有低昂，户口有息
耗，安可不随时而加损？乞令臣与诸郡从长斟酌，将合减之数开具闻奏，
去其太甚而立为中制，庶几仰副圣天子惠养斯民之意。”从之。于是镇江
府丹阳、金坛两县一岁通减钱二千八百四十四贯有奇，平江府常熟县每年
与减一万贯，昆山、吴江县每年合与减发三千贯。自此诸路有陈情，亦优

① 索到盗贼，《宋史·食货志》作“索到盗赃”。

减不一矣。

叶适应诏条奏曰："何谓一曰经总制钱之患①？昔李宪经始熙河，始有所谓经制财用者，其后童贯继之，亦曰经制，盖其所措画，以足一方之用而已，非今之所谓经制也。方腊既平，东西残破②，郡县事须兴复，陈亨伯以大漕兼经制使，移用诸路财计，其时所在艰窘，无以救急，故减役钱，除头子，卖糖醿③，以相补足。靖康招募勤王兵，翁彦国以知江宁兼总制，括民财以数百万计，已散者视若泥沙，未用者弃之沟壑。维扬驻跸，国用益困，吕颐浩、叶梦得实总财事，四顾无策，于是议用陈亨伯所收经制钱者。其说以为征商虽重，未有能强之而使贩，卖酒虽贵，未有能强之而使饮。若头子之类，特取于州县之余，而可供猝迫之用。梦得号为士人，而其言如此，盖办目前者不暇及远，亦无怪也。然其所取，止于一二百万而已。其后内则为户部，外则为转运使，不计前后，动添窠名。黄子游、柳约之徒，或以造运船，或以供军兴，递添酒税，随刻头子，赵鼎、张浚相继督师，悉用取给。而孟庾以职事之重，当总制之名，耆户长、壮丁雇钱始行起发，役法由此大坏。二制并出，色额以数十计。州县之所趋办者，本不过数条，瓜剖棋布，皆以分隶，一州则通判掌之，一路则提点刑狱督之，胥吏疲于磨算，属官倦于催发。酒有柳运副、王祠部、都督府二分本柄，亏折官本；茶有秤头、籯息、油单、压面④；商税有增添七分，免役有一分宽剩；得产有勘合，典卖有牙契。至于后也，僧道有免丁，截拨有靡费。故酒之为胜也，几至于二百；头子之去贯也，至于五十六。而其所收之多也，以贯计者至于千七百万。凡今截取以畀总领所之外，户部经常之用，十八出于经、总制。士方其入仕，执笔茫然，莫知所谓，老胥猾吏，从旁而嗤之。上之取财，其多名若是，于是州县之所以诛求者，江、湖为月桩，两浙、福建为印板帐，其名尤繁，其籍尤杂。上下焦然役役以度日月者，五十年于

---

①　何谓一曰经总制钱之患，叶适《水心集》卷四《财总论二》作"何谓经总制钱之患"。
②　东西残破，叶适《水心集》卷四《财总论二》作"东南残破"。
③　卖糖醿，叶适《水心集》卷四《财总论二》作"买糟醿"。
④　压面，叶适《水心集》卷四《财总论二》作"靥面"。

此。向之学士大夫，尤有知其不善①，叹息而不能拯；今之新进后出者，有智者惊，有勇者奋，视两税为何物，而况远及先王贡赋之法乎！臣尝计之，自王安石始正言财利，其时青苗、免役之所入，公上无所用，坊场、河渡、免行、茶汤、水磨、堆垛之额，止以给吏禄而已。前有薛向，后有吴居厚，可谓刻薄矣。蔡京继之，行钞法，改钞币②，诱赚商旅，以盗贼之道利其财，可谓甚矣。然未有收拾零细，解落贯陌，饮人以不赀之酒，其患如经、总制之甚者。盖王安石之法，桑弘羊、刘晏之所不道；蔡京之法，又王安石之所不道；而经、总制之为钱也，虽吴居厚、蔡京亦羞为之。至其急迫惶骇，无所措其手足，则虽绍兴以来号为名相如赵、张者皆安焉，又以遗后人。而秦桧权伎劫胁一世而出其上，及其取于弃余琐屑之间以为国用者，是何其无耻之至是也哉！故总制钱不除，一则人才日衰，二则生民日困，三则国用日乏。陛下诚有意加惠天下，以图兴复，以报仇怨，拔才养民，以振国用，在一出令而已。”

又曰："何谓人才日衰？本朝人才所以衰弱不逮古人者，直以文法繁密，每事必守程度，按故例，一出意则为妄作矣。当其风俗之成，名节之厉，犹知利之不当言，财之不当取，盖处而学与出而仕者虽不能合，而犹未甚离也。今也不然，其平居道先古，语仁义、性与天道者，特雅好耳，特美观耳，特科举之余习耳。一日为吏，簿书期会迫之于前，而操切无义之术用矣，曰'彼学也，此政也'，学与政判然为二。县则以板帐、月桩无失乎郡之经常为无罪，郡则以经、总制无失乎户部之经费为有能而已矣。夫置守、令、监司以寄之人民社稷，其所任必有大于此者，而今也推是术以往，风流日散，名节日坏，求还祖宗盛时，岂复可得！是则人才日衰者，经、总制钱使之也。何谓生民日困？俗吏小人之说，必曰'经、总制钱者，朝廷所以取州县之弃余，而板帐、月桩，各自以力趁办，其于民固未尝明加之赋敛也，赢缩多少，惟人而已'，臣请以事验之，知州去民尚远，而知县去民最近者也。月桩、板帐，多者至万缗，少者犹不下数千缗。昔之所谓窠名者，强加之名而已，今已失之，所以通融收簇者，

---

① 尤有知其不善，叶适《水心集》卷四《财总论二》作"犹有知其不善"。
② 改钞币，叶适《水心集》卷四《财总论二》作"改钱币"。

用十数爪牙吏，百计罔民，日月消削。盖昔之号为壮县富州者，今所在皆不复可举手，今之所谓富人者，皆其智足以兼并，与县官抗衡，及衣冠势力之家在耳。若夫齐民中产，衣食仅足，昔可以耕织自营者，今皆转徙为盗贼饿死矣。若经、总制不住①，州县破坏，生民之困未有已也。何谓国用日乏？今岁得缗钱千五百万，昔三代及汉、唐不能进焉，所以裕国也，而何乏之敢言？陛下知夫博者乎？其骤为孤注，与不博而丐其赢之一二者，皆其本先竭者也。为国有大计，自始至末，必有品节条章，岂有左右望而罗其细碎不收之物？且均之为朝廷出纳也，又从而刻削其头子，卖酒取数倍之息，若此者犹可以为国乎？使国不贫，宜不至此，既至此矣，何以能富？故经、总制钱不除，则取之虽多，敛之虽急，而国用之乏终不可救也。今欲变而通之，莫若先削今额之半，正其窠名之不当取者罢去。然后令州县无敢为板帐、月桩以困民，黜其旧吏刻削之不可训诲者，而拔用恻怛爱民之人，使稍修牧养之政。其次罢和买，其次罢折帛，最后议茶盐而宽减之。若此，则人财不衰，生民不困矣。夫财用之所以至此者，兵多使之也。财与兵相为变通，则兵数少而兵政举，若此则国用不乏矣。陛下岂有爱于多财多兵哉，直未得其所以去之之道耳！一举而天下定，王业之所由始也。"

右经总制、月桩、板帐等钱所取，最为无名。虽曰责办州县，不及百姓，然朱文公尝论其事，以为"自户部四折而至于县，如转圜于千仞之坂，至其址而其势穷矣。县何所取之，不过巧为科目，以取之于民耳，而议者必且以为朝廷督责官吏补发，非有与于民也，此又与掩耳盗钟之见无异，盖其心非有所蔽而不知，特借此说以诖误朝听耳"。此至当之论。昔太史公论桑弘羊之善理财，以为民不加赋而上用足，而司马温公谓其不过设法阴夺民利。然弘羊所谓理财，若盐铁，则取之山泽也；若酒酤，均输、舟车之算，则取之商贾逐利者也。盖山海天地之藏，而商贾坐笼不赀之利，稍夺之以助县官经费，而不致尽倚办于农田之租赋，亦崇本抑末之意。然则弘羊所为，亦理财之良法，未可深訾也。至后世则若茶盐，若酒酤，若坑冶，若商税，官既各有名额以取之，未尝有遗利在民间矣，而复别立窠名，以

---

① 若经、总制不住，叶适《水心集》卷四《财总论二》作"若经总制钱不除"。

为取办州县，所敛不及民，将以谁欺？此水心所以言非惟桑弘羊、刘晏所不道，虽蔡京、吴居厚之徒亦羞为之者是也。盖宋承唐之法，天下财赋除其供辇送京师之外，余者并留之州郡。至于坊场、坑冶、酒税、商税，则兴废增亏不常，是以未尝立为定额。其留州郡者，军资库、公使库、系省钱物，长吏得以擅收支之柄。景德以来，虽屡有拘辖此算之令，然祖宗法度宽大，未尝究竟到底。熙、丰以后，驱磨方密，然又有青苗、助役、市易、免行等项钱物，则州郡所入，亦复不少。过江以来，军屯日盛，国用大困，遂立经、总制等窠名以取之，虽曰增征商之羡余，减出纳之贯陌，而亦所以收州县之遗利也，然悾偬之际，不暇审订，故不量州军之力，一例均抛，而额之重者不可复轻，督迫之余，州县遂至别立苛横之法，取之于民。绍兴讲和以后，至乾、淳之时，诸贤论之屡矣，如赵丞相所奏，及水心应诏所言，最为详明。然言其弊而不思所以革弊之方，则亦未免书生之论。盖经、总制等窠名皆起于建炎、绍兴间，而彼何如时也？强敌压境，岁有荐食吞噬之谋；翠华南巡，未知税驾息肩之所。兵屯日盛，将帅擅命，而却敌之功无岁无之，固非计财惜费之时，则何暇为宽征薄敛之事？隆兴再讲和好之后，国势稍张，敌患亦息。虽曰诘戎兵、讨军实，不当废弛，然文物礼乐既已粲然承平之旧矣，则无名之征、权宜之法，岂不可讲求而蠲削之？议者必曰钱谷数目浩大，而科取各有去著，未易尽捐。然酒价、牙契之利可以增羡，则当于坊场要闹之地、人物殷实之处而明增之，不当例立此法，而使州县之凋敝无措者，不免别赋于民以取足也。官员请俸之给可以克除，则当视其员之太冗者、俸之太优者而明减之，不当措留头钱而使士大夫之受俸于官者①，不免有口惠而实不至之讥也。州郡桩留之财赋可以收取，则当择其郡计之优厚者，于留州钱内明增上供，而凋敝之郡则不复责取。如此考核明白之后，则正其名色曰某郡酒坊、牙契钱增羡几何，某郡增解户部上供钱几何，诸州减除冗官俸钱几何，按期申解而尽削经总制、月桩、板帐之名，则是三者之名已去，而三者之利未尽捐也。其未尽捐者，明以增课、减俸等项之所得起解。而其名既去，则州县不得借凿空取办、挨那不敷之说，而违法取财以困民，上下之间，岂不两利？盖天

---

① 措，强迫、刁难。

下之财皆朝廷之财，遮藏讳避而暗取之，固不若考核名实而明取之。且使牙契、酒坊增羡等项既明属版曹，则异日或有趁办不行之处，亦未尝不可明致蠲减之请。今朝廷之所以取之州县者，曰经总制、月桩、板帐钱也，而州县之所借以办此钱者，曰酒坊、牙契、头子钱也。或所取不能及额，则违法扰民以足之，曰输纳斛面、富户词讼、役人承替、违限科罚之类是也。上下之间，名目各不吻合。州县以酒坊、牙契不办诉之版曹，则朝廷曰"吾所取者经、总制钱而已，未尝及此"，则不知其实取此以办彼也。百姓以斛面、罚钱等事诉之朝廷，则州县曰"吾以办经、总制钱而已，未尝入己"，而不知上取其一而下取其十也。互相遮覆，文不与而实与，百姓如之何而不困？固不若大行核实，择其可取者正其名，而使不失经常之赋；其不应取者，削其名而可绝并缘之奸，岂非经久之计！寿皇英主，乾、淳间贤俊满朝，而计不及此，惜哉！

卷二十　市籴考一

均输市易和买

《周官》：泉府掌以市之征市，敛布之不售[①]、货之滞于民用者，以其贾买之物揭而书之，以待不时而买者。买者各从其抵，都鄙从其主，国人郊人从其有司，然后予之。凡赊者，祭祀无过旬日，丧纪无过三月。凡民之货者[②]，与其有司辨而授之，以国服为之息。<small>注见《钱币考》。</small>

　　水心叶氏曰："熙宁大臣慕周公之理财，为市易之司，以夺商贾之赢，分天下以债，而取其什二之息，曰：'此周公泉府之法也。'天下之为君子者，又从而争之曰：'此非周公之法也，周公不为利也。'其人又从而解之曰：'此真周公之法也。圣人之意、《六经》之书，而后世不足以知之。'以此嗤笑其辨者。然而其法行而天下终以大散，故今之君子真以为圣贤不理财，言理财者必小人而后可矣。夫泉府之法，敛市之不售，货之滞于民用者，以其贾买之，其余者祭祀[③]、丧纪皆有数，而以国服为之息。若此者，真周公所为也。何者？当是时，天下号为齐民，未有特富者也。开阖[④]、敛散、轻重之权一出于上，均之田而使之耕，筑之室而使之居，衣食之具，无不毕与。然而祭祀、丧纪犹有所不足，则取于常数之外。若是者，周公不与，则谁与之？将无以充其用而恤之也，则民一切仰上而其费无名，故赊而贷之，使以日数偿，而以其所服者为息。且其市之不售，货之

---

　　① 泉府掌以市之征市，敛布之不售，《周礼·地官·泉府》作"泉府掌市之征布，敛市之不售"。下文叶氏论中所引，即同《周礼》原文。

　　② 货，《周礼·地官·泉府》作"贷"。

　　③ 其余者，《周礼·地官·泉府》作"其赊者"。

　　④ 开阖，中国古代政府管理经济的手段，开指抛售，阖指收购。

滞于民用者，民不足于此，而上不敛之，则为不仁。然则二者之法，非周公谁为之？盖三代固行之矣。今天下之民不齐久矣，开阖、敛散、轻重之权不一出于上，而富人大贾分而有之，不知其几千百年也，而遽夺之，可乎？夺之可也，嫉其自利而欲为国利，可乎？呜呼！居今之世，周公固不行是法矣。夫学周公之法于数千岁之后，世异时殊，不可行而行之者，固不足以理财也。谓周公不为是法，而以圣贤之道不出于理财者，是足为深知周公乎？且使周公为之，固不以自利，虽百取而不害，而况其尽与之乎？然则奈何君子避理财之名，苟欲以不言利为义，坐视小人为之，亦以为当然而无怪也！徒从其后频蹙而议之，厉色而争之耳。然则仁者固如是邪！"

愚论见《钱币考》。

汉武帝元封元年，置均输官。

桑弘羊以诸官各自市相争，物以故腾跃，而天下赋输或不偿其僦费，乃请置大农部丞数十人，分部主郡国，各往往置均输盐铁官，令远方各以其物如异时商贾所转贩者为赋，而相灌输。置平准于京师，都受天下委输。招工官治车诸器，皆仰给大农。大农诸官尽笼天下之货物，贵则卖之，贱则买之。如此，富商大贾亡所牟大利，则反本，而万物不得腾跃。故抑天下之物，名曰"平准"。天子以为然而许之，一岁之中，诸均输五百万匹，民不益赋而天下用饶。是时，岁小旱，上令百官求雨。卜式言曰："县官当食租衣税而已，今弘羊令吏坐市列，贩物求利，烹弘羊，天乃雨。"

昭帝时，霍光辅政，令郡国举贤良文学之士，使丞相、御史相与语人疾苦。文学曰："理人之道，防淫佚之原，广教道之端，抑末利而开仁义，无示以利，然后教化可兴，而风俗可移也。今郡国有均输，与人争利，散敦厚之朴，成贪鄙之行，是以百姓就本寡而趋末众。夫末修则人侈，本修则人悫，悫则财用足，侈则饥寒生。愿罢均输以进本退末。"大夫曰："匈奴背叛，数为寇暴，备之则劳中国，不备则侵盗不止。先帝哀边人之愁苦，为虏所俘，乃修郭塞，饰烽燧，屯戍以备之。边用不足，故置均输，蓄货长财，以助边费。今议者欲罢之，是内空府库之财，外乏执备之用，罢之不便。夫国有沃野之饶，而不足于食者，器械不备也；有山海之货，而不足于财者，商工不备也。陇、蜀之丹砂毛羽，荆、扬之皮革骨象，江南之楠梓竹箭，燕、齐之鱼盐毡裘，兖、豫、河之漆丝絺纻①，养生奉终之具也，待商而通，待工而成。故圣人作为舟楫之用，以通川谷；服牛驾马，以达陵陆；致远穷深，所以交庶物而便百姓也。"文学曰："有国有家者，不患贫而患不安。故天子诸侯不言利害②，大夫不言得失，蓄仁义以风之，励德行以化之，是以近者亲附，远者说德。王者行仁政，无敌于天下，恶用费哉！夫导人以德，则人归厚；示人以利，则人俗薄。俗薄则背义而趋利，趋利则百姓交于道而接于市。夫排困市井，防塞利门，而民犹为非，况上为之利乎③？传曰：'诸侯好利则大夫鄙，大夫鄙则士贪，士贪则庶人盗。'是开利孔为人罪梯也。夫古之赋税于人也，因其所工，不求其拙，农人纳其谷，工女效其织，今释其所有，责其所无，百姓贱卖货物，以便上求。间者郡国或令作布絮，吏恣留难，与之为市。吏之所入，非独济④、陶之缣，蜀、汉之布也，亦人间之所为耳。行奸卖平，农人重苦，女工再税，未见输之均也。县官猥发，阖门擅市，则万人并收⑤，并收则物腾跃，腾跃则商贾牟利。自市则吏容奸，豪而富商积货储物，以待其急。轻贾奸吏，收贱以取贵，未见准之平也。盖古之均输，所以齐劳逸而便贡输，非以为利而贾物。"大夫曰："往者郡国诸侯，各以其物贡输，往来烦难，物多苦恶，不偿其费。故郡置输官，以相给运，而便远方之贡，故曰'均输'。开委府于京师，以笼货物，贱则买，贵则卖，是以县官不失实，商贾无所牟利，故命曰'平准'。准平则民不失职，均输则人不劳，故平准、均输，所以平万物而便百姓也。古之立国家者，开本末之涂，通有无之用，故《易》曰：'通其变，使人不倦。'故工不出则农用乏，商不出则宝货绝。农用乏则谷不殖，宝货绝则财用匮。故均输所以通委财而周缓急，是以先帝开均输以足人财。王者塞人财，禁关市，执准守时，以轻重御人，丰年则贮积以备乏绝，凶年岁俭

---

① 兖、豫、河之漆丝絺纻，《盐铁论·本议》作"兖、豫之漆丝絺纻"。

② 故天子诸侯不言利害，《盐铁论·本议》作"故天子不言多少，诸侯不言利害"。

③ 况上为之利乎，《盐铁论·本议》作"况上之为利乎"。

④ 济，《盐铁论·本议》作"齐"。

⑤ 万人并收，《盐铁论·本议》作"万物并收"。

则行币物，流有余而拯不足。战士或不得禄①，今山东被灾，赖均输之蓄，仓廪之积，战士以奉，饥人以振。故均输之蓄，非所以贾万人而专奉兵师之用，亦所以振困乏而备水旱也。古之贤圣，理家非一室，富国非一道，理家养生必于农，则舜不甄陶，而伊尹不为庖。故善为国者，以末易本，以虚易实。今山泽之材，均输之藏，所以御轻重而役诸侯也。"

　　先公曰："今按桑大夫均输之法，大概驱农民以效商贾之为也。然农民耕凿，则不过能输其所有，必商贾懋迁，乃能致其所无。今驱农民以效商贾，则必释其所有，责其所无，如贤良文学之说矣。太史公《平准书》云'令远方各以其物贵时商贾所转贩者为赋，而相灌输'，此说疑未明。班孟坚采其语曰②'令远方各以其物如异时商贾所转贩者，而相灌输'，此说涣然矣。盖作'如异时'三字，是谓驱农民以效商贾之为也。东莱吕氏尊迁抑固③，是以取《书》而不用《志》语。然义理所在，当惟其明白者取之，是以《通鉴》取《志》语云。"

　　水心叶氏曰："《平准书》直叙汉事，明载聚敛之罪，比诸书最简直。然观迁意，终以为安宁变故，质文不同，山海轻重，有国之利。按《书》'懋迁有无化居'，周讥而不征，《春秋》通商惠工，皆以国家之力，扶持商贾，流通货币，故子产拒韩宣子，一环不与，今其词尚存也。汉高祖始行困辱商人之策，至武帝乃有算船、告缗之令，盐铁、榷酤之入，极于平准，取天下百货居之。夫四民交致其用而后治化兴，抑末厚本，非正论也。使其果出于厚本而抑末，虽偏，尚有义，若后世但夺之以自利，则何名为抑？恐此意迁亦未知也。"

王莽篡位，于长安及五都立五均官。

　　莽有所兴造，必欲依古经文。刘歆言周有泉府之官，收不售与欲得，即《易》所谓"理财正辞，禁民为非"者也。莽乃下诏曰："夫《周礼》有赊贷，《乐语》有五均，《乐语》，《乐元语》。河间献王所

---

① 战士或不得禄，《盐铁·论力耕》作"往者财用不足，战士或不得禄。"
② 班孟坚，《汉书》作者班固，字孟坚。
③ 尊迁抑固，尊崇司马迁而看轻班固。

传，道五均事。言天子取诸侯之书以立五均①，则市无二贾，四民常均，传记各有斡焉②。今开赊贷，张五均，设诸斡者，所以齐众庶，抑并兼也。"遂于长安及五都立五均官，各名长安东西市令③，及洛阳、邯郸、临淄、宛、成都市长皆为五均司市，称师。东市称京，西市称畿，洛阳称中，余四都各用东西南北为称，皆置交易丞五人、钱府丞一人。工商采金银铜连锡、登龟取贝者，皆自占司市钱府，顺时气而取之。诸取众物鸟兽鱼鳖百虫于山林水泽及畜牧者，嫔妇蚕桑织纴纺绩补缝，工匠医卜及他方技商贩贾人坐肆列里区谒舍居处所在为区。谒舍，今客舍。皆各自占所为于其所在之县官，除其本，计其利，十一分之，而以其一为贡。敢不自占，占不以实，尽没入所采取，而作县官一岁。诸司市尝以四时中月实定所掌，为物上中下之贾，各自用为其市平，毋拘他所。众民卖买五谷布帛丝绵之物，周于民用而不售者，均官有以考检厥实，用其本贾取之，无令折钱。万物昂贵，过平一钱，则以平贾卖与民。其贾低贱减平者，听民自相与市，以防贵庾者。庾，积也。积物待贵。民欲祭祀丧纪而无用者，钱府以所入工商之贡但赊之，毋过旬日，丧纪毋过三月。民或乏绝，欲贷以治产业者，均受之④，除其费，计所得受息，毋过岁什一。

按：古人立五均以均市价，立泉府以收滞货而时其买卖，皆所以便民也。所谓"国服为息"者，乃以官物赊贷与民，则取其息耳。今莽借五均、泉府之说，令民采山泽者、畜牧者、纺织者，以至医巫技艺，各自占所为，而计其息，十一分之一⑤，以其一为贡，则是直攫取之耳，周公何尝有此法乎？噫！古人之立法，恶商贾之趋末而欲抑之；后人之立法，妒商贾之获利而欲分之。

东汉章帝时，尚书张林上言："宜自交趾、益州上计吏往来市珍宝，收采其利，武帝所谓均输也。"谓租赋并雇运之直，官总取而官转输於京，曰均输。诏议之。尚书仆射朱晖曰："按《王制》，天子不言有无，

① 取诸侯之书以立五均，《汉书·食货志》臣瓒注曰"取诸侯之土以立五均"。
② 斡，古同"管"。
③ 各名，《汉书·食货志》作"更名"。
④ 均受之，《汉书·食货志》作"均授之"。
⑤ 十一分之一，与下文连读不通。查前文，疑末尾"一"字为衍文。

诸侯不言多少，食禄之家不与百姓争利。今均输之法与贾贩无异，非明主所宜行。"帝不从。其后用度益奢。

齐武帝永明中，天下米谷布帛贱，上欲立常平仓，市积为储。六年，诏出上库钱五千万，于京师市米，买丝绵绫绢布。详见《籴门》。

唐德宗时，赵赞请置常平官，兼储布帛，于两都、江陵、成都、扬、汴、苏、洪置常平轻重本钱，上至百万缗，下至十万，积米、粟、布、帛、丝、麻，贵则下价而出之，贱则加估而收之，并榷商贾钱，以赡常平本钱。帝从。属军用迫蹙，亦随而耗竭，不能备常平之数。

德宗时，宫中取物于市，以中官为宫市使，置"白望"数十百人①，以蓝敝衣②、绢帛，尺寸分裂酬其直。又索进奉门户及脚价钱，有赍物入市而空归者。每中官出，沽浆卖饼之家皆彻肆塞门。谏官御史言其弊，而中官言京师百姓赖宫市以养，帝以为然。顺宗即位乃罢之。

> 按："京师百姓赖宫市以养"之语，出于中官之口。此辈逢君之恶，岂能顾义理之是非，生民之休戚。然王莽之五均，介甫之易市，亦皆以为便百姓而行之，且举《周官》泉府之法以缘饰其事，然则名为效周公，而识见乃此阉之流耳！

宋太宗皇帝太平兴国七年，诏："应剑南东西、川峡路从前宫市及织锦绮、鹿胎、透背、六铢、欹正、龟壳等，宜令诸州自今只织买绫、罗、绸、绢、布、木棉等，余并罢之。"

> 宋朝如旧制，调绢、绸、布、丝、绵，以供军需，又就所产折科、和市。其纤丽之物，则东京有绫锦院初，平蜀得锦工百人，始置院，所织有锦、鹿胎、花罗、绉縠、绫绝。咸平初，尝停织机百余，令织绢。西京、真定府、青益梓州亦有场院，主织锦绮、鹿胎、透背漳州旧有绫锦务，淳化四年废。、江宁府、润州有织务，江宁岁无定额，润州万匹。又婺州岁买万。润州务旧十二日为一匹，王子与制置江淮，匹减一日，岁终不如数，至被笞棰。景德三年，诏复旧。梓州有绫绮场又溢州市买院亦织熟色绫③，及

---

① 白望，宫中派往市场的采办者，因为他们在市上观望比较又白取人货物，故人称"白望"。

② 蓝敝衣，《新唐书·食货志》作"盐估敝衣"。

③ 溢州，宋诸路中无溢州，此处州名疑有刊刻之误。马氏为宋人，不会写错州名。

彭、锦①、汉、邛、蜀、眉、陵、简、遂、资、荣、普州，怀安军皆织大小绢、
㲯正、花纱。大名府，贝、沧、德、博、棣、杭、越、湖、婺州和市小绫。庐、
寿州折科小绫。乾德四年，蓬州请以租丝配民织绫，给其工直，诏不许。旧济
州有机户十四，岁受直织绫，开宝三年，诏廪给者送阙下，余罢之。湖州亦有
织绫务，太平兴国中，从转运使熊延吉之请，停务，女工五十人悉纵之。至道
元年，杭州置织务，岁市诸州丝给其用，后罢。又亳州市绉纱，大名府织
绉縠，庐、寿州亦折科白縠。青、齐、郓、濮、淄、潍、沂、密、登、
莱、衡、永、全州市平绝庐寿濠泗和泰光州、高邮涟水军亦折科官绝。又
东京榷货务岁入中平罗、小绫各万匹，以供服用及岁时赐与。诸州折
科、和市，皆无常数，唯内库所需，则有司下其数，充足而止。

五年②，又诏：“官中买物有元不出产处，毋得抑配扰民。”

大中祥符三年，河北转运使李士衡言：“本路岁给诸军帛七十万，民
间罕有缣钱，常预假于豪民，出倍称之息，及期则输赋之外，先偿逋欠，
以是工机之利愈薄。请令官司预给帛钱，俾及时输送，则民获利而官亦足
用。”从之，仍令优予其直。自是，诸路亦如之。或蚕事不登，则许以大
小麦折纳，仍免其仓耗及头子钱。

　　吴氏《能改斋漫录》曰：“本朝预买绸绢，谓之和买绢。按：
《玉壶清话》与《渑水燕谈》二书③，皆以为始于祥符初。因王旭知
颍州，时大饥，出府钱十万缗，与民约曰：‘来年蚕熟，每贯输一
缣。’谓之和买，自尔为例。而《渑水燕谈》又以为其后李士衡行之
陕西，民以为便，今行天下，于岁首给之。然予按范蜀公《东斋记
事》称是太宗时马元方为三司判官，建言方春乏绝时，预给库钱贷
之，至夏秋令输绢于官。预买绸绢，盖始如此。以三书考之，当以范
说为是，盖范尝为史官耳。予读诗人袁陟世弼所为墓志④，序其当仁
宗时，为太平州当涂知县。且言江南和市绸绢，豫给民钱，郡县或以

---

①　锦，宋无此州名，疑此字刊刻有误。
②　五年，前无年号，按《宋会要辑稿》食货三七之二，为淳化五年。
③　《玉壶清话》，又称《玉壶野史》，是北宋僧人文莹撰写的一部野史笔记。其内容主要记
载君臣行事、礼乐文章、四海见闻等。《渑水燕谈》，北宋学者王辟之所撰的史料笔记。
④　袁陟世弼，宋朝诗人袁陟，字世弼，庆历六年进士，曾任当涂知县，官至太常博士。与
欧阳修、韩琦、苏轼等人有往来。陟少有诗名，不足四十岁身亡，曾自撰墓志铭。

私惠人，而不及农者，当涂尤甚，世弼所为条约，细民始均得之，乃知太宗之所以惠爱天下多矣。而其后以盐代钱，以为缣直。又其后也，盐亡而额存，然后知《左氏》所谓'作法于凉'①，其说不诬矣。"

国初，凡官所需物，多有司下诸州，从风土所宜及民产厚薄而率买，谓之"科率"。开宝三年，令天下诸州，凡丝、绵、绸、绢、麻、布、香药、毛翎、箭笴、皮革、筋角等，所在约支二年之用，不得广有科市，以致烦民。淳化五年，诏诸州科买物非风土所出，多课民转市于他处，及调役飞挽不均者，件析以闻，当议均减。

止斋陈氏曰："和、预买始于太平兴国七年，然折钱未有定数，如转运使辄加重，诏旨禁绝之。熙宁理财，多折见钱，而诸郡犹有添起贯陌不等之弊，朝廷随即行遣。今之困民，莫甚于折帛，而预、和市尤为无名之敛。然建炎初行折帛，亦止二贯，户部每岁奏乞指挥，未为常率。四年为三贯省，绍兴二年为三贯五百省，四年为五贯二百省，五年七贯省，七年八贯省。至十七年，有旨稍损其价，两浙绸绢每匹七贯文，内和买六贯五百文，绵每两四百文，江东路绸绢每匹六贯文，则科折之重，至此极矣，不可不务宽之也。"

皇祐中，诏曰："三司岁下诸路科买，多出仓促，故物价翔踊伤民。其度民所堪，先期告诫，若府库有备，勿复收市。"

嘉祐三年，枢密副使张屏请罢民间科率及营造不急之物，其库务物之阙供者，在所以官分售之。于是置减省司于三司，命韩绛、陈升之等总其事。自是，多所裁损矣。

初，京师有杂买务、杂买场②，以主禁中贸易。景祐中，尝诏须库物有缺，乃听市于杂买务。皇祐中，帝谓辅臣曰："国朝惩唐宫市之弊，置务以京朝官、内侍参主之，以防侵扰，而近岁非所急物一切收市，扰人甚矣。"乃申景祐之令，使皆给实直。其后内东门市民间

---

① 作法于凉，《左传·昭公四年》："君子作法于凉，其弊犹贪；作法于贪，敝将若之何？"凉，诚信，或说意为薄取。

② 杂买场，前文已有杂买务，如又有场，当说二者区别。且下文两次述及"杂卖场"，可见此处亦应为杂卖场。

物，或累岁不偿钱，有司请自今悉开杂买务①，以见钱市之；内出金帛欲易钱者，旧付杂卖场，至是又悉请送左藏库计直易钱，诏皆可之。至嘉祐中，复诏金帛付杂卖场，以三司判官监视，平估以售，毋抑配小民。

英宗治平四年，三司言："在京糯米有余蓄，请令发运司损和籴数五十万石，市金帛上京，储之榷货务，备三路军需。"从之。

神宗熙宁三年，御史程颢言："京东漕司王广廉和买绸绢，增数抑配，率钱千课绢一匹，其后和买并税绢，匹皆输钱一千五百。"诏条析以闻。时王安石右广廉，颢言不行。

祖宗时官市布帛，依时直以济用度，其有预给直，俾偿岁赋以输公上，谓之和、预买。然价轻而物重，民力浸困，其后官不给直而赋取益甚矣。

时右正言李常亦言："广廉以陈汝羲所进羡余钱五十余万缗，随和买绢钱分配，于常税折科放买外，更取二十五万缗。请以颢言付有司行之。"不从。

七月，以京东预买绸绢并息钱五十万缗赐常平场司。

按：熙宁初，王介甫秉政，专以取息为富国之务。然青苗则春散秋敛，是以有赊贷之息；市易则买贱卖贵，是以有贸易之息。至于和买，则官以钱买民之绸绢而已，息钱恶从出？盖当时言利小人如王广廉辈，以千钱配民，课绢一匹，其后匹绢令输钱一千五百，是假和买绸绢之名，配以钱而取其五分之息，如明道所言，可见其刻又甚于青苗矣。

四年②，遣李元辅变运川、陕西路司农物帛。中书言："物帛至陕西，择省样不合者贸之，籴粮储于边，期以一年毕。"

---

① 悉开，《宋会要辑稿》食货六四之四二作"悉关"。
② 四年，《宋史·食货志》作"元丰四年"。

五年，户部上其数，凡八百十六万一千七百八十四两①，三百四十六万二千缗有奇。

均输、市易 熙宁二年，制置三司条例司言："今天下财用无余，典领之官拘于弊法，内外不相知，盈虚不相补。诸路上供，岁有常数。丰年便道，可以多致而不能赢；年俭物贵，难以供亿而不敢不足。远方有倍蓰之输，中都有半价之鬻，徒使富商大贾乘公私之急，以擅轻重敛散之权。今发运使实总六路之赋入，而其职以制置茶、盐、矾、酒税为事，军储国用，多所仰给，宜假以钱货，资其用度，周知六路财赋之有无而移用之。凡籴买税敛上供之物，皆得徙贵就贱，用近易远。令预知中都帑藏年支见在之定数，所当供办者，得以从便变易蓄买，以待上令。稍收轻重敛散之权归之公上，而制其有亡，以便转输，省劳费，去重敛，宽农民。庶几国用可足，民财不匮。"诏令本司俱条例以闻，而以发运使薛向领均输平准事，赐内藏钱五百万缗、上供米三百万石。时议虑其为扰，多以为非。向既董其事，乃请置官设属，帝曰："兹事鼎新，脱有纷纭，须朝廷坚主之，使得自择其属。若委以事而制于朝廷，是教玉人雕琢也。"向于是辟置卫琪、孙珪、张穆之、陈倩为属，又请有司具六路岁所当上供之数、中都岁所用及见储度可支岁月，凡当计置几何，皆预降付有司。从之。

　　权开封府推官苏轼言："均输立法之初，其说尚浅，徒言徙贵就贱，用近易远。然而广置官属，多出缗钱，豪商大贾皆疑而不敢动，以为虽不明言贩卖，然既已许之变易，变易既行而不与商贾争利，未之闻也。夫商贾之事，曲折难行，其买也先期而予钱，其卖也后期而取直，多方相济，委曲相通，倍称之息，由此而得。今官买是物，必先设官置吏，簿书廪禄，为费已厚；非良不售，非贿不行，是以官买之价比民必贵，及其卖也，弊复如前，商贾之利，何缘而得？朝廷不知虑此，乃捐五百万缗以予之，此钱一出，恐不可复。纵使其间薄有所获，而征商之额，所损必多矣。"

　　谏官李常论均输不便。他日，帝语宰执曰："朕问常何以名均输，常言买贱卖贵而已。朕谕以《禹贡》纳粟、纳秸，此即均输之

意，岂买贱卖贵哉！"王安石曰："常所言乃平准，非均输也。盖常亦不晓均输之名耳。"帝复以手诏褒谕薛向，然均输后讫不能成。

元丰二年，帝因论薛向建京师买盐钞法无成事，语侍臣曰："新进之人轻议更法，其后见法不可行，犹遂非惮改。均输之法，如齐之管仲、汉之桑弘羊、唐之刘晏，其智仅能推行，况其下者乎？朝廷措置终始，所当重惜，虽少年所不快意，然于国计甚便，姑静以待之。"

五年①，诏曰："天下商旅物货至京，多为兼并之家所困，宜出内藏库钱帛，选官于京师置市易务。"先是，有魏继宗者，自称草泽，上言："京师百货所居，市无常价，贵贱相倾。富能夺，贫能与，乃可以为天下。"于是中书奏："在京师市易务监官二，提举官一，句当公事官一。许召在京诸行铺牙人充本务行人，牙人内行人令供通已所有，或借他人产业金银充抵当，五人已上充一保。遇有客人物货出卖不行愿卖入官者，许至务中投卖，句行人、牙人与客人平其价，据行人所要物数，先支官钱买之；如愿折博入官物者亦听，以抵当物力多少，许令均分赊请。相度立一限或两限送纳价钱，若半年纳，即出息一分，一年纳，即出息二分，以上并不得抑勒。若非行人见要物，而实可以收蓄变转，亦委官司折博收买，随时估出卖，不得过取利息。其三司诸司库务年计物，若比在外科买省官私烦费，即亦一就收买。"故降是诏。又以赞善大夫、户部判官吕嘉问提举在京市易务，仍赐内藏库钱一百万缗、京东市钱八十七万缗为市易本钱②，其余合有交钞及折博物令三司应副。

时三司起请市易十三条，其一云"兼并之家较固取利，有害新法，令市易务觉察按置"。御批削去此条。

七月，谕王安石："闻市易极苛细，人皆怨谤，如榷货鬻冰则民鬻雪者皆不售，市梳朴则梳朴贵，市脂麻则脂麻贵。"安石皆辩解之，以为鬻冰由园苑，梳朴为兼并者欲占，脂麻以不稔，自当贵耳。上又谓：'市易鬻果，太烦碎，罢之如何？安石曰：'立法当论有害于人与否，不当以烦碎废也。'

① 五年，按本书行文习惯，此五年似应为元丰五年，但《续资治通鉴长编》卷二三一系此事于熙宁五年。
② 京东市钱，《宋史·食货志》作"京东路钱"。

七年，诏权三司使曾布、翰林学士吕惠卿同究诘市易事。

先是，帝出手诏付布，谓市易司市物，颇害小民之业，众言喧哗。布乃引监市易务魏继宗之言，以为吕嘉问多取息以干赏，商旅所有者尽收，市肆所无者必索，率贱市贵鬻，广衰盈余，是挟官府为兼并也。王安石具奏，明其不然，乃更令惠卿偕布究诘之。布即上行人所诉，并疏惠卿奸欺状，且言："臣自立朝以来，每闻德音，未尝不欲以王道治天下，今市易之为虐，固已凛凛乎间架、除陌之事矣。嘉问奏：'近差官往湖南贩茶，陕西贩盐，两浙贩纱，皆未敢计息。'臣以为如此政事，书之简牍，不独唐、虞、三代所无，历观秦、汉以来衰乱之世，恐未之有也。"五月，乃诏章惇、曾孝宽即军器监鞠布所究市易事，又令户房会财赋数，与布所陈异，而吕嘉问亦以杂买务多入月息钱不觉，皆从公坐有差。未几，布褫职，与嘉问皆出守郡，魏继宗仍夺秩勒停。初，市易之建，布实预之。后揣帝意有疑，遂急治嘉问，而惠卿与布有宿怨，故卒挤之，而市易如故。

九年，中书言市易息钱并市利钱，总收百三十三万二千缗有奇，诏吕嘉问等推恩有差。自后凡二年一较。十年，定上界本钱以七百万缗为额，不足，以岁所收息益之；其贷内帑钱，岁偿以息二十万缗。

元丰二年，诏市易旧法听人赊钱，以田宅或金银为抵当，无抵当者，三人相保则给之，皆出息十分之二，过期不输息外，每月更罚钱百分之二。贪人及无赖子弟多取官货，不能偿积息，罚愈滋，囚系督责，徒存虚数，实不可得。于是都提举市易王居卿建议，以田宅金银抵当者减其息，无抵当徒相保者不复给；自元丰二年正月一日以前，本息之外所罚钱悉蠲之，凡数十万缗；负本息者延其半年。众议颇以为惬。

按：均输、市易、皆建议于熙宁之初，然均输卒不能行，市易虽行之而卒不见其利，何也？盖均输之说始于桑弘羊，均输之事备于刘晏。二子所为虽非知道者所许，然其才亦有过人者。盖以其阴笼商贩之利，潜制轻重之权，未尝广置官属，峻立刑法，为抑勒禁制之举，迫其磨以岁月，则国富而民不知，所以《史记》《唐书》皆亟称之，以为后之言利者莫及。然则薛向之徒，岂遽足以希其万一？宜其中道而废也。然所谓徙贵就贱，用近易远，则夫祖宗时以赋税而支移、折变，以茶盐而入中粮草，即其事矣。苟时得能吏以斡运之，使其可以裕国而不至困民，岂非理财之道？固不必亲行贩易之事，巧夺商贾之利而后为均输也。介甫志于兴利，苟慕前史均输之名，张官置吏，废财劳人，而卒无所成，误矣。至于市易，则假《周官》泉府之名，袭王莽五均之迹，而下行黜商豪家贸易称贷之事，其所为又远出桑、刘之下。今观其法制，大概有三：结保贷请，一也；契要金银为抵，二也；贸迁物货，三也。是三者，桑、刘未尝为之，然自可以富国，则其才岂后世所能及？然贷息、抵当、贸迁之事，使富家为之，假以岁月，岂不获倍蓰千万之利？今考之熙宁五年赐内藏库及京东路钱为市易本，共一百八十七万缗，至九年，中书言市易息钱并市利钱仅总收百三十三万二千缗有奇。呜呼！以县官而下行黜商豪家之事，且贸迁图利，且放偿取息，以国力经营之，以国法督课之，致使物价腾踊，商贾怨嗟，而孜孜五年之间，所得子本盖未尝相称也，然则是岂得为善言利乎！桑、刘有知，宁不笑人地下？又按：郑介夫熙宁六年进《流民图》，状言自市易法行，商旅顿不入都，竟由都城外径过河北、陕西，北客之过东南者亦然。盖诸门皆准都市易司指挥，如有商货入门，并须尽数押赴市易司卖，以此商税大亏。然则市易司息钱所获，盖不足以补商税之亏矣。

熙宁三年，王韶置秦凤市易司于古渭城。
六年，置两浙市易司于杭州，又置夔路市易司于黔州。

　　十二月，置成都市易司。

八年，置广州市易司，又置郓州市易司。
熙宁六年，详定行户利害所言："乞约诸行利入厚薄纳免行钱，以禄吏与免行户祗应。自今禁中买卖，并下杂买务①，仍置市易估市物之低昂，凡内外官司欲占物价，则取办焉。"皆从之。

---

①　并下杂买务，《宋史·食货志》作"并下杂卖场、杂买务"。

郑侠奏议跋云："京城诸行，以计利者上言云，官中每所需索，或非民间用物，或虽民间用物，间或少缺，率皆数倍其价收买供官。今立法，每年计官中合用之物，令行人众出钱，官为预收买，准备急时之用，如岁终不用即出卖，不过收二分之息，特与免行。所贵于行人不至于急时枉用数倍之价，至于破坏镂本①。此法固善，若要深合民心，上等行人多出，中等助之，下等贫乏特与免，官中只取足用，无冀其余，则善矣。泊至立法，更不辨上、中、下之等，一例出钱，富者之幸，贫者之不幸，其不愿者固多，而愿者少矣。才立法，随有指挥：元不系行之人，不得在街市卖坏钱纳免行钱人争利②，仰各自诣官投充，行人纳免行钱，方得在市卖易，不赴官自投行者有罪，告者有赏。此指挥行，凡十余日之间，京师如街市提瓶者必投充茶行，负水担粥以至麻鞋头髻之属③，无敢不投行者。适因献丞相书言及是，又黎东美之前得仔细陈述，相次闻已有指挥，些少擎负贩卖者免投行，然已逾万缗之数。三月二十七日圣旨所先放，乃此免行钱也。"

元丰三年，诏免行月纳钱不及百者皆除之，凡除八千六百五十四人。

哲宗元祐元年，外内监督市易及功场净利钱，许以所入息并罚钱比计，若及官本者并释之。

绍兴四年④，复置市易务，唯以钱交市，收息毋过二分，勿令贷请。

元符三年，市易务改名平准务。

哲宗绍圣元年，户部言两浙蚕丝薄，今岁和买并税绸绢，请令四等下户输钱，易左帑等绸绢用之。

徽宗建中靖国元年，尚书省言预买钱多，人户愿请比岁例增给。诏诸路提举司假本司剩利钱，同漕司来岁市绸绢，计纲赴京。

---

① 镂，雕刻。此处意为制造钱模。镂本，创造货币收入的根本。郑侠《西塘集》卷一，镂，作"钱"，较此通顺。

② 不得在街市卖坏钱纳免行钱人争利，《西塘集》卷一此句作"不得在街市卖买，与纳免行钱人争利"。

③ 头髻，假发。

④ 绍兴四年，从上下文看，此处在讲哲宗年间的事情，绍兴四年则是高宗南渡以后的年份，故文字应有误，查《宋史·食货志》为"绍圣四年"，当是。

左司员外郎陈胡瑾言："预买之息，重于常平数倍，人皆以为苦，何谓愿请？今复创增，虽名济乏，实聚敛之术。"

大观元年，以坊郭户预买，有家至千匹或四五百匹者，令诸路漕司详度以闻。

政和元年，臣僚言："两浙因绍圣中王同老之请，和买并税绸绢匹有头子钱，又收市倒钱四十①，例外约增数万缗，以分给典吏等，多者千余缗，少者五百缗。"于是诏罢市利钱。

政和六年，成都路官户预买许减其半，后河北诸路皆如之。既而臣僚言二浙官户猥多，请均和、预之数，乃照旧尝全利者如旧②。

七年，诏："和、预买绢本以利民，比或稍偿杂物，或徒给虚券，为民害多。其令漕司会一路之数，分下州县经画，不以钱而以他物，不以正月而以他月给者，以违制论。"

高宗建炎三年，车驾初至杭州，朱胜非为相。两浙运副王琮言："本路上供、和买绸绢，岁为一百一十七万匹，每匹折纳钱两千，计三百五万缗省，以助国用。"诏许之。东南折帛钱自此始。

折帛、和买，非古也。国初二税输钱米而已，咸平三年，始令州军以税钱、物力科折帛绢，而于夏科输之，此夏税折帛之所从始也。大中祥符九年，内帑发下三司预市绸绢，时青、齐间绢匹直八百，绸六百，官给钱率增二百，民甚便之，自后稍行之四方。宝元后改给盐七分、钱三分，崇宁三年，钞法既变，盐不复支，三分本钱亦无。

九月，御笔："朕累下宽恤之诏，而迫于经费，未能悉如所怀。今闻江南和、预买绢，其弊尤甚，可下江、浙减四分之一，以宽民力，仍俵见钱，违寘之法。"

二年③，户部请诸路上供丝帛并半折钱如两浙例，于是左相吕颐浩视师，右相秦桧奏从之。江、淮、闽、广、荆湖折帛钱自此始。时江、浙、湖北、夔路岁额绸三十九万匹，江南、川、广、湖南、两浙绢二百七十三

---

① 又收市倒钱四十，《宋史·食货志》作"又收市例钱四十"。
② 乃照旧尝全利者如旧，《宋史·食货志》作"令旧尝全科者如旧"。
③ 二年，《宋史·食货志》作"绍兴二年"，当是。因前文已述至建炎三年。

万匹，东川、湖南绫罗絁七万匹，四川①、广西路布七十七万匹，成都府锦绮千八百余匹，皆有奇。

　　神武右军统制张俊置到产业，乞蠲免应干和买等事。绍兴四年。诏特依。后省言："国家兵革未息，用度至广，粒米寸帛，悉出民力。陛下哀悯元元，权俾士大夫及勋戚之家与编户一等科敷，盖欲宽民力，均有无。今俊独得免，则当均在余户，是使为俊代输也，人心谓何？兼方今大将不止俊一人，使各援此例求免，何以拒之？望命有司检会官户科敷及和、预买等见行条法，札俊使知。"诏令以次官书行。后省又言："从俊之请，则恩加于将帅而害及于编户，望收还前诏，乃所以安俊。"其命遂寝。越数年，俊乞免岁输和买绢，俊时为少傅、淮西安抚使。三省拟本岁特赐俊绢五千匹，庶免起例。上以示俊，因谕之曰："诸将皆无此，独汝欲开例，朕固不惜，但恐公议不可。汝自小官，朕拔擢至此，须当自饬，如作小官时，乃能长保富贵，为子孙之福。"俊惶悚力辞赐绢。俊喜殖产，其罢兵而归，岁收租米六十万斛。右司谏王瑨言："军兴以来，费用百出，州县科敷，有不能免，已诏官户并同编户，所以宽下民也。诸寺院之多产者，类请求贵臣改为坟院，冀免科敷，朝廷优礼大臣，特从所请。然官户既不免，坟院岂缘官户得免哉！况今前宰执员数不少，所在僧徒，侥幸干请，使庄产多者独免，则合科之物归之下户，非官户同编户之意也。"诏户部申严行下。

　　诏诸路宪臣覈州县已未支还和买本钱实数来上。初，魏矼在考功，建言州县和、预买绢不给本钱，乞就折民间应纳役钱，使官无受给之弊，民无请给之劳。寻下转运、常平司议，冬十月，两浙转运司言："本路岁用和买本钱七十三万余缗，无可那拨。"而常平司言："此钱既充和买，则役人无以给之。"其议遂止。

　　按：折帛元出于和买。其始也，则官给钱以买之；其后也，则官不给钱而白取之；又其后也，则反令以每匹之价折纳见钱，而谓之折

_____

① 四川，前文已有"东川"，此处不应再言四川，《宋史·食货志》作"西川"。

帛。倒置可笑如此，则官价之不给久矣，今乃甫诏诸路宪臣覈州县已未支和买本钱实数来上，岂其时上之人元未知邪？或官吏肆为欺蔽，复以和买名色妄有支破邪？魏矼之说固为当理，然役钱者，应纳之物也；折帛者，横取之物也。官惟其乏钱，是以不免横取于民，若其可蠲，则自当明蠲横取之折帛钱，正不必以应纳之役钱比折也。

四年十一月，初令江、浙民户悉纳折帛钱。

六年，两浙转运使李迨始取婺秀湖州、平江府岁计宽剩钱二十二万八千缗有奇，依折帛钱条限起发。

十七年，诏减折帛钱，江南每匹为六千，两浙七千，和买六千五百；绵，江南每两三百，两浙四百，自来年始。

孝宗乾道四年，宰执进呈度支郎官刘师尹奏："江、浙四路折帛钱，绍兴初年立价折纳，至十一年顿增一倍。十二年九月赦书止令折十之一，十五年又诏两浙夏税绸绢匹减一贯，和预买减一贯二百，江东西减两贯。缘州县不尽遵依，暗有增添，乞裁减以宽民力。"上曰："朕未尝妄用一毫，只为百姓，可从之。"冬十有二月甲辰，诏两浙、江东西路乾道五年夏税、和买折帛钱，并权与减半输纳一年，如州县过取一文以上，许人户诣检、鼓院进状陈诉。

淳熙十一年，臣僚言浙东和买绍兴路偏重①，浙西临安府偏重。寻论两浙漕臣钱冲之、临安守臣张杓条奏。

又言："和买科取，人皆规避，田越多则折户越不一。其始也，敷及上户而中户不与；其后也，上户巧为规避而中户不得免。乾道二年，每物力户二十一千敷和买一匹，至淳熙七年，十五千敷一匹，数年后可知也。其弊皆由不以田亩均敷，其害至此，惟平江一郡和买皆亩均，故民之诡名少。望先自浙东西行以亩均敷之法，则民不偏受其害。"

汪义端言："若和买用亩头均敷，则上户顿减而下户顿增。盖下五等人户元不预和买，但每丁有丁绢，有丁绵，有丁盐钱，今又以亩头均受上户和买，则是以一小民之身，些小薄瘠之产，而纳数项之税

① 绍兴路，宋代绍兴为府，称其为路，应系后人刊刻之误，马氏为宋人，不会误府为路。

赋。合将逐县浮财物力，只照旧例均敷于四等以上为是。"

光宗绍熙元年，臣僚言："广德军两县物力不多，而和、预买绢乃二万六千余匹，视他郡十倍其数，民何以堪？户部看详，绍兴三年已减一万一千一百余匹，后因守臣胡彦国于经界时妄复元数，民不胜困，于是江东运副林岍奏，增复之数姑减一半，漕司通融，代纳三分之一，余二分倚阁①。今本部更与抱认一分，余一分令本军措置。"从之。

三年，臣僚言："今日取民已重，未能蠲除，使之均平，民亦无怨。然有甚不均者，夏税和买之有折帛，官户则多纳本色；秋米之有加耗，官户则止纳正数，和籴非正赋，不得已而取之，乃止敷民户而不及官户。夫有官君子，居位食禄，正宜率先乡里，以应公上之需，乃恃势自私如此，不均孰甚焉！望申严诸州县，应折变、加耗、科敷之类，官民户并一概输纳，违许内外台劾奏。"从之。

秘书郎孙逢吉言："和买为民间白著之赋②，虽正月给散本钱之法尚载令甲，而人户钞旁亦有见钱请给之文，然上下皆知其为文具也。中兴之初，绢价暴增，匹至十贯，高宗念下户重困，乃令上户输绢，下户输钱，于是有折帛之名，匹折六贯或七贯。和议既定，物帛梢贱又令输?者以八分折钱，输绢者以三分折钱，余输本色，遂为定制。朝廷以经费之故，未能裁损，州县又于此外苛取，民力安得不重困哉！"

侍御史林大中论江、浙四路和买之弊，略谓："今日东南所入之数，较之祖宗时已不啻数倍，掌计之人倘循中制取之，一岁之入自足以给一岁之用。苟为国敛怨，所得少而所失多矣。"

时东南诸路岁起绸三十九万匹，浙东上供八万，淮衣、福衣八千。浙西上供九万二千，淮衣万六千。江东上供九万，淮、福衣二万七千。江西上供五万二千，淮、福衣万五千。湖北上供三百。皆有奇。绢二百六十六万匹，浙东上供四十三万六千，淮、福衣五万三千，天申大礼八千。浙西上供三十八万一千，淮、福衣十三万八千，天申大礼万匹。江东上供四十万六千，淮、福衣十三万九千，天申大礼八千。江西上供三十万四千，淮、福衣六万七千，天

---

① 倚阁，暂缓缴纳，宋代公文用语。
② 白著之赋，无任何正当名目的赋敛。

申大礼八千已上。皆有奇。淮东天申大礼五万九百五十，淮西大礼三千七百，湖南天申大礼四百，广东天申大礼四千六百，广西天申大礼六千五百。绫罗绝三万余匹，浙西绫八千七百，婺州罗二万，湖南平绝三千。其淮、福衣及天申大礼与绫罗绸总五十二万匹有奇，皆起正色。其绸绢二百五十六万余匹，约折钱一千七百余缗，而绵不与焉。

叶适应诏条奏言：“何谓和买之患也？自州县而后至于民，民犹怨州县而后又于朝廷，和买则正取之民而民①。固以二税为常赋也②，岂宜使经用有不足，于二税之内而复有所求哉？经用不足，则大正其名实可也。承平以前，和买之患尚少，民有以乏钱而须卖，官有以先期而便民。今也举昔日和买之数委之于民，使与夏税并输，民自家力钱之外，浮财营运，生生之具悉从折计。且若此者，上下皆明知其不义，独困于无策而莫之敢躅耳！陛下断然出命以号天下，曰：‘自今并罢和买之为上供者所用绸绢，惟军衣未可裁损，其他宫禁、官吏时节支赐，格令之所应与者，一切不行可也。’和买既罢，取民之名正，义声畅于海内矣。”又曰：“何谓折帛之患？支移、折变，昔者之弊事固多矣，而今莫甚于折帛。折帛之始，以军兴，绢价大踊至十余千，而朝廷又方乏用，于是计臣始创为折帛，其说曰‘宽民而利公’。其后绢价即平，而民之所纳折帛钱乃三倍于本色，既有夏税折帛、又有和买折帛。且本以有所不足于夏税，而和买以足之，今乃使二者均折，于事何名而取何义乎？其事无名，其取无义，平居自治其国且不可，而况欲大有为于天下乎！虽然，折帛之为钱多矣，所资此以待用者广矣，陛下必钧考其凡目，而后可以有所是正。若经、总制钱不减，和买、折帛不罢，舍目睫之近而游视于八荒，此方、召不能为将，良、平不能为谋者也。”③

宁宗嘉泰二年，判建康府吴琚奏：“本府在城、上元、江宁两县，昨因兵火，遂将营运和买绵绢数，在外三县内句容除元额外，增绢，二千一十九匹、绵二万一百六十两。继尝请减于朝，而时相无田土在句容谓秦

①　和买则正取之民而民，《叶适集》卷四《财总论二》作“和买则正取之于民而已”。
②　固以二税为常赋也，《叶适集》卷四《财总论二》作“国以二税为常赋也”。
③　方、召，西周时助宣王中兴之贤臣方叔与召虎的并称。良、平，汉初谋士张良、陈平的并称。

桧。独不与减。今欲与尽减续增之绵，永除下邑偏重之害，本府自行承认减数。"并可。

嘉定十一年夏五月，臣僚言："鄱阳为邑，经界之初，税钱额管八千六百四十二贯有奇，每税钱一百文，敷和买六尺四寸八分有畸，吏缘为奸，有增益积，至嘉定九年，遂及七尺五寸六分。又且见寸收尺，谓之'合零就整'，去年复顿增三寸。以最小崇德一乡言之，嘉定九年，分额管五百贯文有奇，敷和买绢九百三十余匹，去年只管九百四十贯有奇，乃增至九百五十五匹，可知其他。乞明诏有司，痛为革绝。"从之。

市舶互市 宋初，承周制，与江南通市。乾德二年，不许商旅涉江，于建阳、汉阳、蕲口置三榷署①，通其交市。开宝三年，徙建安榷署于扬州。及江南平，榷署仍旧置，专掌茶货。

> 互市者，自汉初与南粤通关市，其后匈奴和亲，亦与通市。后汉与乌桓、北单于、鲜卑通交易。后魏之宅中夏，亦于南陲立互市。隋、唐之际，常交戎夷，通其贸易。开元定令，载其条目。后唐复通北戎互市。此外，高丽、回鹘、黑水诸国，亦以风土所产与中国交易。
> 右宋《三朝国史·食货志》略言历代互市之概②，今录于此。

开宝四年，置市舶司于广州，以知州兼使，通判兼判官。

> 止斋陈氏曰："是时，市舶虽始置司，而不以为利。淳化二年，始立抽解二分，然利殊薄。元丰始委漕臣觉察拘拦，已而又置官望舶，而泉、杭、密州皆置司。崇宁置提举，九年之间，收置一千万矣。政和四年，施述奏：'市舶之设，元符以前虽有，而所收物货十二年间至五百万。崇宁经画详备，九年之内收至一千万。'其后废置不常，今惟泉、广州提举官如故。"

北蕃在太祖时，虽听缘边市易，而未有官署。太平兴国二年，始令

---

① 于建阳、汉阳、蕲口置三榷署，与下文"徙建安榷署于扬州"矛盾。《宋史·食货志》作"于建安、汉阳、蕲口置三榷署"。

② 《三朝国史》，宋朝学者、重臣吕夷简主编，计一百五十五卷，记述北宋早期历史。

镇、易、雄、霸、沧州各置榷务，命常参官与内侍同掌，辇香药、犀象及茶与交市。后有范阳之师，乃罢不与通。

端拱元年，复诏许互市。二年，复禁之。

淳化二年，置榷如旧制，寻复罢。

景德初，通好北戎，乃复于雄霸州、安肃军置三榷场。

凡官鬻物如旧，而绵、漆器、粳糯①，所入有钱、银、布、羊、马、橐驼，岁获四十余万。东夷、西戎、南蛮溪洞，皆听与边人市易。

景德四年，夏州纳款，于保安军置榷场，以缯帛、罗绮易羊、马、牛、驼、玉、毡毯、甘草，以香药、瓷漆器、姜桂等物易蜜蜡、麝脐、毛褐、羚羊角、硇砂、柴胡、苁蓉、红花、翎毛，非官市者听与民交易。

仁宗时，诏杭、明、广三州置市舶司，海舶至者，视所载十算其一而市其三。海舶岁入象犀、珠玉、香药之类，皇祐中，总其数五十三万有余。陕西榷场二，天圣中，并代路亦请置场和市，许之。及元昊反，即诏陕西、河东绝其互市，废保安军榷场。后又禁陕西并边主兵官与属羌交易。久之，元昊请臣，数遣使求复互市。庆历六年，从其请，复为置场于保安、镇戎二军，岁售马二千匹、羊万口。继言驱羊马至，无放牧之地，为徙保安军场于顺宁寨。既而番商卒无至者，朝廷亦不诘。

英宗治平四年，河东经略司言夏人丐通和市。初，夏人攻庆州大顺城，诏罢岁赐，禁边民毋得私贸易。至是，上章谢罪，复许之。

神宗熙宁八年，市易司请假奉宸库象、犀、珠直二十万缗，于榷场贸易，至明年终偿其直，从之。

九年，诏立与化外人私相贸易罪赏法，河北漕司请也。

河北四榷场，自治平四年，其物货专掌于三司之催辖司，而度支赏给案判官置簿督之。至是，以私贩者众，故有是命。

_____

① 而绵、漆器、粳糯，《宋史·食货志》作"而增绵、漆器、粳糯"。

哲宗元祐元年，杭、明、广三州市舶，是年收钱、粮、银、香、药等五十四万一百七十三缗、匹、斤、两、段、条、个、颗、脐、只、粒，支二十三万八千五十六缗、匹、斤、两、段、条、个、颗、脐、只、粒。

五年，刑部言贾人由海道往外蕃，请令以贾物名数并所诣之地，报所在州召保，毋得参带兵器或违禁及可造兵器物，官给以文凭。若擅乘船由海入界河及住高丽①、新罗、登州境者，罪以徒，住北界者加等②。

宣和七年，以度僧牒给舶司为折博本，广南、福建、两浙五百至三百各有差。

高宗绍兴二年，邕州守臣言大理请入贡。上谕大臣，令卖马可也，进奉可勿许。

> 臣僚言："邕、钦、廉三州与交趾海道相连，亡赖之徒掠卖人口贩入其国，贸易金香以小平钱为约。"诏监司、守倅巡捕觉察。

四年，诏川陕即永康军、威茂州置博易场，移广西买马司于邕管，岁捐金帛，倍酬其直。然言语不通，一听译者高下其手，吏因缘为奸，非守倅廉明则弊幸倖甚。凡蛮人将以春二月市马，必先遣数十骑至寨，谓之"小队"，如先失其心，则马不至矣。言者谓当厚其缯采，待以恩礼。

十二年，盱眙军建榷场，置官监，准平搭息不得过三分，兑卖入官别搭息；与北官博易，应造军器之物及犬马等并禁。其淮西、京西、陕西榷场如之。于是，沿淮上下，东自扬、楚，西际光、寿，禁止私渡，凡南客贩到草末茶，止许本场折博，不得令南北客相见，北使所过有博易者，许接送伴使应副。

十九年，罢国信所博易。

二十四年，诏四川茶马复置黎州在城，及雅州碉门、灵门两寨博易场。详见《茶考》。

二十九年，诏存盱眙军榷场外，余并罢。

建炎元年六月，诏："市舶多以无用之物枉费国用，取悦权近。自今

---

① 住高丽，《宋史·食货志》作"往高丽"。
② 住北界者，《宋史·食货志》作"往北界者"。

有以笃褥香指环、玛瑙、猫儿眼睛之类博买前来，及有亏蕃商者，皆重寘其罪，今提举按察。惟宣赐臣僚象笏、犀带，取材舶司，每令拣选堪用者起发。"凡舶舟之来，最大者为独樯舶，能载一千婆兰，胡人谓三百斤为一婆兰也。次曰牛头舶，比独樯得三之一。次三木舶，次料河舶，递得三之一也。

绍兴十七年十一月，诏三路舶司，蕃商贩到龙脑、沉香、丁香、白豆蔻四色，并抽解一分，余数依旧法。先是，十四年抽解四分，蕃商诉其太重故也。

上因问御史台检法张阐："舶岁入几何？"阐奏："抽解与和买，岁计之约得二百万缗。"上云："即此即三路所入[①]，皆常赋之外，未知户部如何收附，如何支使。"令辅臣取实数以闻。

隆兴二年，臣僚言："熙宁初，创立市舶以通货物。旧法抽解有定数，而取之不苛，纳税宽其期，而使之待价，怀远之意实寓焉。迩来抽解名色既多，兼迫其输纳，使之货滞而价减，所得无几，恐商旅不行，乞下市舶司约束。"从之。既而市舶司条具利害，谓："抽解旧法十五取一，其后十取其一。又后，择其良者，如犀、牙十分抽二，又博买四分；真珠十分抽一，又博买六分。舶户惧抽买数多，所贩止是粗色杂物。照得象牙、珠犀比他货至重，乞十分抽一之外，更不博买。且三路舶船，各有司存，旧法召保给据起发，回日各于发舶处抽解，近缘两浙舶司申请随便住舶变卖，遂坏成法，乞下三路照旧法施行。兼商贾由海道兴贩，其间或有盗贼、风波、逃亡者，回期难以程限，乞令召物力户充保，自给公凭日为始，若在五月内回舶，与优饶抽税；如满一年内，不在饶税之限；满一年之上，许从本司根究，责罚施行；若有透漏，元保物力户同坐。"从之。

见任官将钱寄附纲首客旅过蕃买物者有罚，舶至，抽解和买入官外，违法抑买，许蕃商越诉，计赃坐罪。

国家三路舶司岁入固不少，然金银铜铁，海舶飞运，所失良多，

---

① 即此即三路所入，按文意，第二个"即"字应为衍文。

而铜钱之泄尤甚，民用日以杇。法禁虽严，奸巧愈密，商人贪利而暮夜贸迁，黠吏受赇而纵释莫问，其弊卒不可禁矣。

六年，诏诸市舶纲首能招诱舶船，抽解物货累价及五万贯补助以上者补官有差，监官推赏。其后监官等止将海商入蕃兴贩，便作招诱计数，该赏者多而发到香货下色者皆充数纽估，乃诏舶司相度措置，毋容侥幸。

卷二十一　市籴考二

常平义仓租税

齐管仲相桓公，通轻重之权，曰："岁有凶穰，故谷有贵贱；令有缓急，故物有轻重。上令急于求米，则民重米；缓于求米，则民轻米。所缓则贱，所急则贵。人君不理，则畜贾游于市，谓贾人之多蓄积也。乘民之不给，百倍其本矣。给，足也，以十取百。故万乘之国必有万金之贾，千乘之国必有千金之贾者，利有所并也。国多失利，则臣不尽忠，士不尽死矣。计本量委则足矣，委，积也。然而民有饥饿者，谷有所藏也，谓富人多藏谷也。民有余则轻之，故人君敛之以轻；民不足则重之，故人君散之以重。民轻之之时，官为敛籴；人重之之时，官为散之。凡轻重敛散之以时即准平，守准平，使万室之邑必有万钟之藏，藏镪千万；六斛四斗为钟。镪，钱贯。千室之邑必有千钟之藏，藏镪百万。春以奉耕，夏以奉耘，奉，谓供奉。耒耜、器械。种饷、粮食必取赡焉，故大贾畜家不得豪夺吾民矣。"豪，谓轻侮之。管子曰："夫物多则贱，寡则贵，散则轻，聚则重。人君知其然，故视国之羡美，余也。羊见反。不足而御其财物。谷贱则以币与食，布帛贱则以币与衣，视物之轻重而御之以准，故贵贱可调而君得其利，则古之理财赋，未有不通其术焉。"谷贱则以币与食，布帛贱以币与衣者，'与'当为'易'，随其所贱而以币易取之，则轻重贵贱由君上也。桓公问管子曰："终身有天下而勿失，有道乎?"对曰："请勿施于天下，独施之于吾国。国之广狭，壤之肥硗，有数；终岁食余，有数。彼守国者，守谷而已矣。曰某县之壤广若干，某县之壤狭若干，国之广狭、肥硗，人之所食多少，其数，君素皆知之。则必积委币，委，蓄也，各于州县里蓄积钱币，所谓万室之邑必有万钟之藏，藏镪千万；千室之邑必有千钟之藏，藏镪百万。于是县州里受公钱。公钱，即积委之币。秋，国谷去参之一，去，减也。邱吕反。君下令谓郡县属大夫里邑，皆籴粟入若干，谷重一也，以藏于上者，一其谷价而收藏之。国谷三分，则二分在上矣。言先贮币于县邑，当秋时下令收籴也。则魏李悝行平籴之法，上熟籴三舍一，中熟籴二舍一，下熟中分之，盖出于此。今言去三之一者，约中熟为准耳。泰春，国谷倍重，数也；泰夏，赋谷以理田土。泰秋，田谷之存子者若干。今土敛谷以币①，人曰无币，以谷，则人之三有归于上矣。言当今谷贵之时，计其价，以谷赋与人，秋则敛其币。虽设此令，本意收其谷，人既无币，请输谷，故归于上。重之相因，时之化举，无不为国策。重之相因，若春时谷贵与谷也。时之化举，若秋时谷贱收谷也。因时之轻重，无不以术权之。则彼诸侯之谷十，吾国谷二十，则诸侯谷归吾国矣。诸侯谷二十，吾国谷十，则吾国谷归于诸侯矣。故善为天下者，谨守重流，重流，谓严守谷价，不使流散，而天下不吾泄矣。泄，散也，吾谷不散出。彼重之相归，如水之就下。吾国岁非凶也，以币藏之，故国谷倍重，诸侯之谷至也，是藏一分以致诸侯之一分也。利不夺于天下，大夫不得以富侈，以重藏经②，国常有十国之策也。此以轻重御天下之道也。”

魏文侯相李悝曰：“籴甚贵伤人，此人谓籴工商③，甚贱伤农，人伤则离散，农伤则国贫。故甚贵与甚贱，其伤一也。善为国者，使人无伤而农益劝。今一夫挟五口，治田百亩，岁收亩一石半，为粟百五十石，除十一之税十五石，余百三十五石。食，人月一石半，五人岁终为粟九十石，余有四十五石。石三十，为钱千三百五十，除社闾尝新春秋之祠用钱三百，余千五十。衣，人率用钱三百，五人终岁用千五百，不足四百五十少四百五十，不足。不幸疾病死丧之费及上赋敛，又未与此。此农夫所以常困，有不劝耕之心，而令籴至于甚贵者也④。是故善平籴者，必谨观岁有上中下熟。上熟其收自四，余四百石。平岁百亩收百五十石，今大熟四倍，收六百石。计人岁终长四百石，官籴三百石，此为籴三舍一也。中熟自三，余三百石。自三，四百五十石也。终岁长三百石，官籴二百石，此为籴二而舍一也。下熟自倍，余百石。自倍，收三百石。终岁长百石，官籴其五十石，云下熟籴一，谓之中分百石之一也。小饥则收百石，平岁百亩之收，收百五十石，今小饥收百石，收

<hr>

① 今土，《管子·山至数》作“今上”。
② 经，《管子·山至数》作“轻”，是与重相对的古代经济管理概念，当是。
③ 籴甚贵之“籴”字，《汉书·食货志》作“籴”，籴工商之“籴”字作“士”。
④ 籴至于甚贵者也，《汉书·食货志》作“籴至于甚贵者也”。

三分之二也。中饥七十石，收二分之一也。大饥三十石，收三之一也①。以此推之，大小中饥之率。故大熟则上籴三而舍一，中熟则籴二，下熟则籴一，使人适足，价平则止。小饥则发小熟之所敛，官以敛藏出籴。中饥则发中熟之所敛，大饥则发大熟之所敛而籴之。故虽遇饥馑水旱，籴不贵而人不散②，取有余以补不足也。行之魏国，国以富强。"

　　按：古今言粜籴敛散之法，始于齐管仲、魏李悝。然管仲之意兼主于富国，李悝之意专注于济民。管仲言"人君不理，则畜贾游于市，乘民之不给，百倍其本"，此则桑、孔以来，所谓理财之道，大率皆宗此说。然山海天地之藏，关市物货之聚，而豪强擅之，则取以富国可也。至于农人服田力穑之盈余，上之人为制其轻重，时其敛散，使不以甚贵甚贱为患，乃仁者之用心。若诿曰国家不取，必为兼并者所取，遂敛而不复散，而资以富国，误矣。

汉五凤中，岁数丰穰，谷至石五钱，农人少利。大司农中丞耿寿昌奏言："故事，岁漕关东谷四百万斛以给京师，用卒六万人，宜籴三辅、弘农、河东、上党、太原郡谷足供京师，可省关中漕卒过半。"又令边郡皆筑仓，以谷贱时增其价而籴，以利农，谷贵时减价而粜，名曰常平仓。民便之。

后汉明帝永平五年，作常平仓。

　　按：《后汉书·刘般传》，显宗欲置常平仓③，公卿议者多以为便。般对以为常平外有利民之名，而内实侵刻百姓，豪右因缘为奸，小民不得其平，置之不便。帝乃止。然则岂后来卒置之欤？般所言者，后世常平之弊。常平起于孝宣之时，盖至东汉而其弊已如此矣。

晋武帝欲平一江表，时谷贱而布帛贵，帝欲立平籴法，用布帛市谷，以为粮储。议者谓军资尚少，不宜以贵易贱。泰始二年，帝乃下诏曰：

---

① 收三之一也，《通典·食货十二》作"收五之一也"。按所列数字计算，当以五之一为是。
② 籴不贵而人不散，《汉书·食货志》作"粜不贵而人不散"。
③ 显宗，即汉明帝刘庄，57—75年在位。刘庄谥号孝明，庙号显宗。

"古人权量国用，取赢散滞，有轻重平籴之法。此事久废，希习其宜，而官蓄未广，言者异同，未能达通其制。更令国宝散于穰岁而上不收，贫人困于荒年而国无备。豪人富商，挟轻资，蕴重积，以管其利，故农夫苦其利，而末作不可禁也"。① 至四年，乃立常平仓，丰则籴，俭则粜，以利百姓。

齐武帝永明中，天下米谷布帛贱，上欲立常平仓，市积为储。六年，诏出上库钱五千万，于京师市米，买丝、绵、纹绢、布。扬州出钱千九百一十万，治建业，今江宁郡。南徐州二百万，治京口，今丹阳郡。各于郡所市籴。南荆河州二百万，治寿春。市丝、绵、纹绢、布、米、大麦。江州五百万，治浔阳。市米、胡麻。荆州五百万，今江陵。郢州三百万，治江夏。皆市绢、绵、布、米、大小豆、大麦、胡麻。湘州二百万，今长沙。市米、布、蜡。司州二百五十万，治汝南，今义阳郡。西荆河州二百五万，治历阳。南兖州二百五十万，治广陵。雍州五百万，治襄阳。市绢、绵、布、米。使台传并于所在市易。

后魏孝庄时②，秘书丞李彪上奏曰："今山东饥，京师俭。臣以为宜折州郡常调九分之二，京师都度支岁用之余，各立官司，年丰籴积于仓，时俭则减私之十二粜之。如此，人必力田以买官绢，又务贮钱以取官粟，年丰则常积，岁凶则直给。"明帝神龟、正先之际③，自徐、扬内附之后，收内兵资，与人和籴，积为边备也。

北齐河清中，令诸州郡皆别置富人仓。初立之日，准所领中下户口数，得一年之粮④，逐当州谷价贱时，斟量割当年义租充入。齐制：岁每人出垦租二石，义租五斗，垦租送台，义租纳郡，以备水旱。谷贵，下价粜之，贱则还用所籴之物⑤，依价籴贮。

后周文帝创制六官，司仓掌辨九谷之物，以量国用。足，蓄其余，以待凶荒，不足则止。余用足，则以粟贷人，春颁秋敛。

隋文帝开皇十四年，关中大旱，人饥。帝幸洛阳，因令百姓就食，从

---

① 故农夫苦其利，而末作不可禁也，《晋书·食货志》作"故农夫苦其业，而末作不可禁也"。
② 后魏孝庄，应为孝文，李彪任秘书丞在北魏孝文帝年间，可见《魏书·李彪传》。
③ 正先，北魏无年号曰"正先"，应为"正光"（520—525 年），北魏孝明帝年号。
④ 得一年之粮，《隋书·食货志》作"得支一年之粮"。
⑤ 所籴之物，《隋书·食货志》作"所粜之物"，按上下文文意，以《隋书》所言为是。

官并准见口赈给，不以官位为限。

隋文帝开皇三年，卫州置黎阳仓，陕州置常平仓，华州置广通仓，转相灌注。漕关东及汾、晋之粟，以给京师，置常平监。五年，工部尚书长孙平奏：“古者，三年耕而余一年之积，九年作而有三年之储，虽水旱为灾，人无菜色，皆由劝导有方，蓄积先备。请令诸州百姓及军人劝课当社，共立义仓。收获之日，随其所得，劝课出粟及麦，于当社造仓窖储之，即委社司执帐检校，每年收积，勿损败。若时或不熟，当社有饥馑者，即以此谷赈给。”自是诸州储峙委积。至十五年，以义仓储在人间，多有费损，诏曰：“本置义仓，止防水旱，百姓之徒，不思久计，轻尔费损，于后乏绝。又北境诸州，异于余处，灵、夏、甘、瓜等十一州，所有义仓杂种，并纳本州。若人有旱俭少粮，先给杂种及远年粟。”十六年，又诏秦、渭、河、廓、兰、陇、泾、宁、原、敷、丹、延、绥、银等州社仓，并于当县安置。又诏：社仓准上中下三等税，上户不过一石，中户不过七斗，下户不过四斗。

致堂胡氏曰：“赈饥莫要乎近其人。隋义仓取之于民不厚，而置仓于当社，饥民之得食也，其庶几乎？储备如此，他日关中大旱，民犹不免食粟糠豆屑，帝亲帅之如洛阳就食，况素无备乎！百姓知挤于沟壑耳。后世义仓之名固在，而置仓于州郡，一有凶饥，无状有司固不以上闻也。良有司敢以闻矣，比及报可，委吏属出，而文移反复，给散艰阻，监临、胥吏相与侵没，其受惠者大抵近郭力能自达之人耳，县邑乡遂之远，安能扶携数百里以就龠合之廪哉！能赈者其弊如此，若逢迎上意，不言水旱，坐视流散，无矜恤之心，则国家大祸由此而起。如王莽之末年，元魏之六镇，炀帝之四方，鱼烂河决，不可收拾矣。必欲有备无患，当以隋文当县置社仓为法，而择长民之官，行恤农之政，其庶有瘳乎！”

唐制，凶荒则有社仓赈给，不足，则徙民就食诸州。尚书左丞戴胄建议：“自王公以下，计垦田，秋熟所在为义仓，岁凶以给民。”太宗善之，乃诏：“亩税二升，粟、麦、粳、稻，土地所宜。宽乡敛以所种，狭乡据青苗簿而督之。田耗十四者免其半，耗十七者皆免。商贾无田者，以其户为九等，出粟自五石至五斗为差。下下户及夷獠不取。岁不登，则以赈民，或贷为种，至秋而偿。"其后，洛、相、幽、徐、齐、并、秦、蒲州又置常平仓，粟藏九年，米藏五年，下湿之地，粟藏五年，米藏三年，皆著于令。

开元七年，敕关内、陇右、河南、河北五道①，及荆、扬、襄、夔、绵、益、彭、蜀、资、汉、剑、茂等州，并置常平仓。其本，上州三千贯，中州二千贯，下州一千贯。每籴具本利，与正仓帐同申。

二十二年，敕："应给贷粮，本州录奏，待敕到，三口以下给米一石，六口以下两石，七口以下三石；给粟，准米计折。"

二十五年，定式：王公以下，每年户别据所种田亩，别税粟二升以为义仓；其商贾户若无田及不足者，上上豆税五石②，上中以下递减，各有差。诸出给杂种准粟者，稻谷一斗五升当粟一斗；其折纳糙米者，稻三石折纳糙米一石四斗。

天宝八载，凡天下诸色米都九千六百六万二千二百二十石。

和籴一百一十三万九千五百三十石：

关内五十万九千三百四十七石；

河东十一万二百二十九石；

河西三十七万一千七百五十石；

陇右十四万八千二百四石。

诸色仓粮总千二百六十五万六千六百二十石：

北仓六百六十一万六千八百四十石；

太仓七万一千二百七十石；

含嘉仓五百八十三万三千四百石；

太原仓二万八千八百四十石；

永丰仓八万三千七百二十石；

龙门仓二万三千二百五十石。

正仓粮总四千二百一十二万六千一百八十四石：

关内道百八十二万一千五百一十六石；

---

① 此处称五道，而列举仅四道，疑有脱文。
② 上上豆税五石，豆难解，查《通典·食货十二》为"上上户五石"。

河北道百八十二万一千五百一十六石；

河东道一千五十八万九千百八十石；

河西道七十万二千六十五石；

陇右道二十七万二千七百八十石；

剑南道二十二万三千九百四十石；

河南道五百八十二万五千四百一十四石；

淮南道六十八万八千二百五十二石；

江南道九十七万八千八百二十五石；

山南道十四万三千八百八十二石。

义仓粮总六千三百一十七万七千六百六十石：

关内道五百九十四万六千二百一十二石；

河北道千七百五十四万四千六百石；

河东道七百三十万九千六百一十石；

河西道三十八万八千四百三石；

陇右道二十万三十四石；

剑南道百七十九万七千二百二十八石；

河南道千五百四十二万九千七百六十三石；

淮南道四百八十四万八百七十二石；

江南道六百七十三万九千二百七十石；

山南道二百八十七万一千六百六十八石。

常平仓粮总四百六十万二千二百二十石：

关内道三十七万三千五百七十石；

河北道百六十六万三千七百七十八石；

河东道五十三万五千三百八十六石；

河西道三万一千九十石；

陇右道四万二千八百五十石；

剑南道万七百十石；

河南道百二十一万二千四百六十四石；

淮南道八万一千一百五十二石；

山南道四万九千一百九十石；

江南道六十万二千三十石。

二十八年①，敕：“诸州水旱，皆待奏报，然后赈给。道路悠远，往复淹迟，宜令给讫奏闻。”

天宝六载，太府少卿张瑄奏：“准敕节文，贵时贱价出籴，贱时加价收籴。若百姓未办钱物者，量事赊籴，至粟麦熟时征纳。臣商量，其余籴者②，至纳钱日若粟麦杂种等时价甚贱，恐更回易艰辛，请加价便与折纳。”

自太宗时置义仓及常平仓，以备凶荒。高宗以后，稍假义仓以给他费，至神龙中略尽。元宗复置之。其后，第五畸请天下常平仓皆置库③，以蓄本钱。至是，赵赞又言：“自军兴，常平仓废垂三十年，凶荒溃散，馁死相食，不可胜计。陛下即位，京城两市置常平仓官，虽频年少雨，米不腾贵，可推而广之。宜兼储布帛。请于两都、江陵、成都、扬、汴、苏、洪置常平轻重本钱，上至百万缗，下至十万，积米、粟、布、帛、丝、麻，贵则下价而出之，贱则加估而收之。诸道津会置吏，阅商贾钱，每缗税二十，竹、木、茶、漆十之一，以赡常平本钱。”德宗纳其策。属军用蹙迫，亦随而耗竭，不能备常平之积。

贞观、开元后，边土西举高昌、龟兹、焉耆、小勃律，北抵薛延陀故地，缘边数十州戍重兵，营田及地租不足供军，于是初有和籴。牛仙客为相，有彭果献策，广关辅之籴，京师粮廪益羡。自是，元宗不复和籴于东都。

按：唐都关中，而关辅土地所入不足以供军国之用，故常恃转漕东南之粟，而东南之粟必先至东都，然后浮河、渭，溯流以入关，是以其至也艰难。故开元以前，岁若不登，天子尝移跸就食于东都。自牛仙客献策和籴，然后始免此行。然肃、代之后，既无东幸之事，东南馈饷稍不至，则上下皇皇，立有菜色之忧。三代以前，京畿千里，

---

① 此处时间顺序疑有误，二十八年应是开元年份，天宝只有十五年，且天宝称载不称年。疑此段和下段文字原在“天宝八载”一段之前。

② 其余籴者，《旧唐书·食货志》作“其赊籴者”，按文意当是。

③ 第五畸，应为“第五琦”，该人两唐书皆有传。

自甸服百里赋纳穗，至于五百里米，而五百里之外皆诸侯国，不过任土作贡，以输王府，而赋税米粟则未尝征之。当时宗庙百官有司与后世不殊，然赋税取之千里之内而自足，不闻其责饷运于畿外之诸侯，籴米粟于畿内之百姓也。然则不能量入为出，以制国用，虽竭天下之力以奉之，多为法以取之，只益见其不足耳！

天宝中，岁以钱六千万缗赋诸道和籴①，斗增三钱，每岁递输京仓者百余斛②，米贱则少府加估而籴，贵则贱价而粜。

贞元初，吐蕃劫盟，召诸道兵十七万戍边。关中为吐蕃蹂躏者二十年，北至河曲，人户无几。诸道代兵月给粟十七万斛③，皆籴于关中。宰相陆贽以"关中谷贱，请和籴，可至百余万斛。计诸县船车至太仓，谷价四十余，米价七十，则一年和籴之数当转运之二年，一斗转运之资当和籴之五斗。减转运以实边，存转运以备时要。江淮米至河阴者罢八十万斛，河阴米至太原仓者罢五十万，太原米至东渭桥者罢二十万。以所减米粜江淮水灾州县，斗减时价五十以救之。京城东渭桥之籴斗，增时估三十以利农。以江淮籴米及减运直市绢帛遗上都"。④ 帝乃命度支增估籴粟三十三万斛，然不能尽用贽议。

贞元四年，诏京兆府于时价外，加估和籴，差清强官先给价直，然后贮纳，续令所司自般运载至太原⑤。先是，京畿和籴多被抑配，或物估逾于时价，或先敛而后给直，追集停拥，百姓苦之。及闻是诏，皆忻便乐输。

宪宗即位之初，有司以岁丰熟，请畿内和籴。当时府县配户督限，有稽违则追蹙鞭挞，甚于税赋，号为和籴，其实害民。

---

① 钱六千万缗，《新唐书·食货志》作"钱六十万缗"。
② 每岁递输京仓者百余斛，《新唐书·食货志》作"每岁短递输京仓者百余万斛"。钱六十万缗，得谷不会区区百余斛，且百余斛于军需国用毫无意义。
③ 代兵，《新唐书·食货志》作"戍兵"。
④ 以江淮籴米及减运直市绢帛遗上都之"籴米"《新唐书·食货志》作"粜米"，当是。
⑤ 太原，《唐会要》卷九〇作"太仓"。

白居易上疏曰："和籴之事，以臣所观，有害无利。何者？凡曰和籴，则官出钱，人出谷，两和商量，然后交易。今则不然，配户督限，蹙迫鞭挞，甚于税赋，何名和籴！今若令有司出钱开场自籴，比时价稍有优饶，利之诱人，人必情愿。且本请和籴，惟图利人，人若有利，自然愿来。今若除前之弊，行此之便，是真为和籴利人之道。又必不得已，则不如折籴。折籴者，折青苗税钱，使纳斗斛，免令贱粜，别纳见钱，在于农人，亦真为利。况度支比来所支和籴价钱，多是杂色匹段，百姓又须转卖，然后将纳税钱。至于给付不免侵偷，货易不免损折，所失过本，其弊可知。今若量折税钱，使纳斗斛，则既无贱籴麦粟之费，又无转卖匹段之劳，利归于人，美归于上，则折籴之便，岂不昭然？由是而论，则配户不如开场，和籴不如折籴，亦甚明矣。臣久处村间，曾为和籴之户，亲被迫蹙，实不堪命。臣近为畿尉，曾领和籴之司，亲自鞭挞，所不忍闻。伏望宸衷俯赐详察。"①

元和六年，制："京畿旧谷已尽，粟麦未登，宜以常平、义仓粟二十四万石贷借百姓。诸道州府有乏粮处，依例借贷。淮南、浙西、宣歙等道元和二年赈贷并停征，容至丰年，然后填纳。"

元和七年，户部奏今年冬诸州和籴贮粟：泽蔡四十万石，郑、滑、易、定各一十五万石，夏州八万石，河阳一十万石，太原二十万石，灵武七万石，振武、丰沚、盐州各五万石②，凡一百三十万石。令于时价每斗加十文，所冀人知劝农，国有常备。

十二年，诏诸道应遭水州府，以当处义仓斛斗，据所损多少，量事赈给，讫具数闻奏。

十三年，户部侍郎孟简奏："天下州府常平、义仓等斗斛，请准旧例减估出粜，但以石数奏申，有司更不收管，州县得专，以利百姓。"从之。

长庆元年，以京北、京西和籴扰人，罢之。

四年，诏于关内、关外折籴、和籴一百五十万石，用备饥歉。

宝历元年，以两京、河西大稔，委度支和籴二百万斛，以备灾沴。

---

① 宸衷，皇帝的心意、判断。
② 此句，《册府元龟》卷四八四《邦计部·经费》作"振武、丰州、盐州各五万石"。

开成元年，户部奏："应诸州府所置常平、义仓，伏请今后通公私田亩别纳粟一升，逐年添贮义仓。敛之至轻，事必通济，岁月稍久，自致盈充，纵逢水旱之灾，永绝流亡之虑。"从之。

太和间，以天下回残钱置常平、义仓本钱，岁增市之。非遇水旱不增者，判官罚俸、书下考，州县假借，以枉法论。

宋太祖皇帝乾德元年，诏曰："多事之后，义仓废寝，岁或小歉，失于预备。宜令诸州于所属县各置义仓，自今官所收二税，石别税一斗贮之，以备凶歉给予民。"

三年，诏民有欲借义仓粟充种食者，令州县即计口给计以闻[①]，勿俟报；义仓不足，当发公廪者奏待报。

四年，诏曰："诸州义仓，用振乏绝，颇闻重叠输送，未免劳烦，宜罢之。"

太宗端拱二年，置折中仓，许商人输粟，优其价，令执券抵江淮，给其茶、盐，每一百万石为一界，禄仕之家及形势户不得辄入粟。

淳化三年，京畿大穰，物价甚贱，分遣使臣于京城四门置场，增价以籴，令有司虚近仓以贮之，俟岁饥即减价粜与贫民。

五年，令诸州置惠民仓，如谷稍贵，即减价粜与贫民，不过一斛。

真宗咸平二年，于福建置惠民仓。

真宗景德三年，诏于京东、京西、河北、河东、陕西、淮南、江南、两浙各置常平仓，惟沿边州郡则不置。以逐州户口多少，量留上供钱一二万贯，小州或二三千贯，付司农司系账，三司不问出入，委转运使并本州委幕职一员专掌其事。每岁秋夏加钱收籴，遇贵减价出粜，凡收籴比市价量增三五文，出粜减价亦如之，所减不得过本钱。大率万户岁籴万石，止于五万石，或三年以上不经粜，即回充粮廪，别以新粟充数。

天禧四年，诏荆湖、川陕、广南并置常平仓。

又诏诸州通河及大路人烟繁处多籴，其僻在山险之处，止约本处主客户收籴。

咸平六年，出内府绫罗锦绮，计直百八十万贯，与河北转运使定价市

---

① 计口给计，《宋史·食货志》作"计口给讫"。

鬻籴粟实边。

景德元年，内出银三十万付河北经度，贸易军粮。自兵罢后，凡边州积谷可给三岁，即止市籴。大中祥符初，连岁登稔，乃令河北、河东、陕西增籴，靡限常数。

初，河东既下，减其租赋。是后，有司言其地沃民勤，多积谷，乃请每岁和籴，随常赋输送，其直多折色给之。又京东西、河北、陕西切须粮食，则州县括民家所积量市之，谓之"推置"；取上户版籍，酌其输租而均籴之，谓之"对籴"，皆非常制。江、淮、湖、浙诸州置场和籴，以裨岁漕。

天圣三年，权三司使范雍言："天下和买、和籴夏秋粮草，虽逐处开场，多被经贩行人小估价例，外面添钱收买。候过时，乘宫中急市，即添价却将籴买者中卖，致粮草怯弱，枉费官钱不便。乞行下及早开场，依见卖时估，趁时籴买，不得容信作弊。"又臣僚言："入中诸般粮草准备军需，其中有所定物价高大，所入粮草低弱。盖因逐处官员，自将收获职田及月俸余剩，或籴米买粗弱斗斛支籴，以互相容隐，致亏损官钱。军人请得恶弱口粮，或形嗟怨。乞严禁绝。"从之。

陕西籴谷，岁预给青苗钱，自天圣中罢不复给。

河北旧有便籴之法，听民输粟边州，而京师给以缗钱，钱不足，即移文外州给之，又折以象牙、香药。景德元年，三司请令河北有输薪入官者，准便籴粟麦例，给八分缗钱，二分象牙、香药，其广信、安肃、北平粟麦，悉以香药博籴，从之。自有事二边，戍兵浸广，师行馈运，仰于博易，有司务优物估，以来输入。

仁宗留意兵食，发内藏库金帛以助籴者，前后不可胜数。宝元中，出内库珠直缗钱三十万，以赐三司，因谕辅臣曰："此无用之物，既不欲捐弃，不若散之民间，收其直助边，亦可纾吾民之敛。"

神宗留意边备，务广储蓄。熙宁五年，诏以银、绢各二十万赐河东经略安抚司，听人赊买，收本息封桩，以备边费。自是，三路封桩，所给不可胜计，或取之三司，或取之他路转运司，或赐常平钱，或鬻爵、给度牒，而出内藏钱帛不与焉。

元丰元年，诏："河东路十三州岁给和籴钱八万余缗，自今罢之，以其钱付转运司市粮草。"

时三司户部副使陈安石言："十三州二税三十九万二千余石，和籴八十二万四千余石，所以灾伤旧不除免，盖十三州税轻，又本路恃为边储，理不可阙。其和籴，旧支钱、布相半，数既畸零，民病入州县之费，以钞贸易于市人，略不食半①，公家实费，民间乃得虚名。欲自今罢支籴钱，岁支与沿边州郡市粮草封桩，遇灾伤，据民不能输数补填，如无灾伤，三年一免输。"朝廷用其议。

五年，诏以开封府界、诸路封桩阙额禁军及淮、浙、福建等路剩盐息钱，并输籴便司为本。寻诏瀛、定、澶等州各置仓，凡封桩，三司毋关预，委度支副使蹇周辅专其事。

结籴　熙宁八年，刘佐体量川茶，因便结籴熙河路军储，得七万余石，诏运给焉。未几，商人王震言："结籴多散官或浮浪之人，有经年方输者。"诏措置熙河财用孙迥究治以闻。

寄籴　元丰二年，籴便粮草王子渊论纲舟利害因言："商人入中，岁小不登，必邀厚价，故设内郡寄籴之法，以权轻重。"

俵籴　熙宁八年，令中书计运米百万石，费约三十七万贯，帝怪其多。王安石因言："俵籴非特省六七十万缗岁漕之费，且河北入中之价，权之在我，遇斗斛贵住籴，即百姓米无所粜，自然价损，非唯实边，亦免伤农。"帝以为然，乃诏岁以米盐钱钞②、在京粳米总六十万贯、石，付都提举市易司贸易。度民田入多寡，预给钱物，秋成，于澶州、北京及缘边籴粟麦封桩。即物价踊，权止入中。听籴便司兑用，须岁丰补偿。

---

① 略不食半，《宋史·食货志》作"略不收半"。
② 米盐钱钞，《宋史·食货志》作"末盐钱钞"。

均籴 政和元年，童贯宣抚陕西奏行之，以人户家业田土顷亩均敷，上等则所均斛斗数多，下等数少。五年，言者谓："均籴之法推行往往不齐，故有其先桩本钱，已籴而不偿其直，或不度州县之力而敷数过多，有一户而籴数百石者。"于是诏诸路毋辄均籴。既而州县以和籴为名，裁价低下，转运司程督愈峻，科率倍于均籴之数，诏约止之。

博籴 熙宁七年，诏河北转运、提举司置场，以常平及省仓岁用余粮，减直听民以丝、绵、绫、绢增价博买，后秋成博籴①。崇宁五年，诏陕西钱重物轻，委转运司措置，以银、绢、丝、绸之类博籴斛斗，以平物价。

兑籴 熙宁九年，诏淮南常平司于麦熟州郡及时兑籴。元祐二年，尝以岁丰麦贱，下诸路广籴，诏后价若与本相当，即许变转兑籴。

括籴 元符元年，泾原经略使章楶请并边籴买，务榜谕民，毋得与公争籴，即官储有之②，括索蓄家，量存其所用，尽籴入官。

按：古之国用，食租衣税而已，毋俟于籴也。平籴法始于魏李悝，然丰则取之于民，歉则捐以济民，凡以为民而已，军国之用未尝仰此，历代因之。自唐始以和籴充他用，至于宋而籴遂为军饷、边储一大事。熙、丰而后始有结籴、寄籴、俵籴、均籴、博籴、兑籴、括籴等名，何其多也！推原其由，盖自真宗、仁宗以来，西北用兵，粮储缺乏，遂以茶盐货物召商人入中，而奸商黠贾遂至低价估货，高价入粟。国家急仰军储，又法令素宽，致有此弊。后来惩其弊，所以只籴之于民，而不复堕商人之计。然至于计其家产而均敷之，量其蓄积而括索之，甚至或不偿其直，或强敷其数，则其为民病有不可胜言者。盖始也官为商所亏，终也民又为官所亏，其失一也。

先是，常平仓领于司农寺。景祐初，始诏诸路转运使与州长吏举所部官专主常平钱粟。既而淮南转运使吴遵言③："本路丁口百五十

万，而常平钱粟才四十余万，岁饥不足以救恤。愿自经画为二百万，他毋得移用。"从之。数年间，常平积有余而兵食不足，乃命司农出常平钱百万缗助三司给军费。久之，数移用，蓄藏无几。自景祐初畿内饥，诏出常平粟贷中一户三斛①。庆历中，诏京西发常平粟以赈贫民，自是，数以赈贷，而聚敛者或增旧贾以籴，欲以市恩，诏戒之。又诏岁歉发以济饥者，不复督取。然常平之积不厚，亦以出多入少故也。

自乾德初置义仓，未久而罢。明道二年，诏议复之，不果。景祐中，集贤校理王琪上疏，行隋唐故事，请复置，大略请："宜令五等以上户，计夏税二斗别输一升②，随税以入，水旱减税则免输。择便地别置仓储之，领于转运使，今以一中郡计之，正税岁入十万石，则义仓岁得五千石。推而广之，可备饥歉。兼并之家占田广，则义仓所入多；中下之家占田狭，则义仓所入少。及水旱赈给，则兼并之家未必待此，而中下之民实受其赐，损有余，补不足，天下之利。"下其事会议，而议者异同。遂诏止令上三等户输粟，已而复罢。庆历初，贾黯又请立民社义仓，然牵于众论，终不果行。

治平三年，常平入五十万一千四十八石，出四十七万一千一百五十七石。

神宗熙宁二年九月，制置三司条例司请："以常平、广惠仓见在斗斛，遇贵量减市价籴，遇贱量增市价籴，可通融转运司苗税及钱斛就便转易者，亦计兑换。仍以见钱，依陕西青苗钱例，愿豫给者听之。令随税纳斗斛，半为夏料，半为秋料，内有愿请本色，或纳时价贵愿纳钱者，皆许从便。如遇灾伤，许展至次料丰熟日纳。非惟足以待凶荒之患，民既受贷，则转运之家不得乘新陈不接以邀倍息。又常平、广惠之物，收藏积滞，必待年凶物贵然后出籴，所及不过城市游手之人。今通一路有无，贵发贱敛，以广蓄积，使农人得以趋时赴事，而兼并不得乘其急。凡以为民而公家无所利其入，亦先王散惠兴利，以为耕敛补助之意也。欲量诸路钱谷多少，分遣官提举，仍先自河北、京东、淮南三路施行，有绪乃推之诸

---

① 诏出常平粟贷中一户三斛，《宋史·食货志》作"诏出常平粟贷中下户，户一斛。"
② 计夏税二斗别输一升，《宋史·食货志》作"随夏秋二税，二斗别输一升。"征集量较此为大。

路。其广惠仓除量留给老疾贫穷人外，余并用常平转移法。"并从之。时天下常平钱谷见在一千四百万贯、石。诸路各置提举一员，以朝官为之，管句一员，京官为之，或共置二员，开封府界一员，凡四十一人。

按：青苗钱所以为民害者三：曰征钱也，取息也，抑配也。今观条例司所请，曰随租纳斗斛，如以价贵愿纳钱者听，则未尝专欲征钱也。曰凡以为民，公家无利其入，则未尝取息也。曰愿给者听，则未尝抑配也。盖建请之初，姑为此美言，以惑上听，而厌众论，而施行之际，实则不然也。

初，王安石欲行青苗法，条例司检详文字苏辙曰："以钱贷民，使出息二分，本非为利。然出纳之际，吏缘为奸，法不能禁；钱入民手，虽良民不免非理费用；及其纳钱，虽富民不免违限。如此则鞭笞必用，州县多事矣。唐刘晏掌国计，未尝有所假贷。有尤之者，晏曰：'使民侥幸得钱，非国之福；使吏倚法督责，非民之便。吾虽未尝贷，而四方丰凶贵贱，知之未尝逾时。有贱则籴，有贵必粜，以此四方无甚贵甚贱之病，安用贷为？'晏之言，则汉常平法耳，今推行此法，晏之功可立俟也。"安石乃止。会河北转运司幹当公事召议事，奏乞度牒数千道为本钱，于陕西转运司行青苗法，春散秋敛，与安石意合，请施之河北，安石遂行之四方。苏辙以议不合罢。

熙宁二年，帝阅群臣奏，以仪鸾司官孙思道言坐仓事，善之。坐仓者，以诸军余粮愿粜入官者计价支钱，复储其米于仓也。诏条例司条例以闻，条例司请如嘉祐附令敷坐仓故事行之。

曾公亮谓支米有量数不同，难以立价。帝曰："家各有斗，人自知其所得之多寡，虽定价，庸何伤？然此法第以恤军班防监人可也。"安石曰："诚然。今立价自一千至六百，过此则军人自粜，与民间所定价亦适平，更增数钱，未至伤民。价钱贱于所定，则军人受惠矣。"帝曰："善。"而司马光恐其动众，因经筵进对，为帝言之。吕惠卿曰："诸军粜石米，止得八百。募其愿以一千粜之，何以致动众？"王珪亦曰："外郡用钱四十，可致斗米至京师。今京师乏钱，及用钱百坐仓籴一斗①，此极非计。"异日，帝又谓执政坐仓籴米何如？珪等皆起对曰："坐仓甚不便，朝廷近罢之，甚善。"帝曰："未尝也。"光曰："坐仓之法，盖因小郡乏米，而库有余钱，故反就军人籴米，以给次月之粮，出于一时之急计耳。今京师有七年之储，而府库无钱，更籴军人之米，使积久陈腐，其为利害，非臣所知也。"惠卿曰："今京师坐仓得米百万石，则减东南岁漕百万石。转易为钱，以供京师，何患无钱？"光曰："臣闻江淮之南，民间乏钱，谓之钱荒。而土宜粳稻，彼人食之不尽，若官不籴取，以供京师发泄，必甚贱伤农矣。且民有米而官不用米，民无钱而官必使之出钱，岂通财利民之道乎？"

元符以后，又有低价抑籴之弊，诏禁之。

三年，诏："青苗钱不许抑配。令诸路提点刑狱官体量觉察禁止，敢沮遏愿请者，按罚亦如之。"

　　初，敕旨放青苗并听从便，而提举司务以多散为功。又民富者不愿取，而贫者乃欲得之，即令随户等高下分配，又兼贫富相兼，十人为保首②。王广廉在河北，第一等给十五贯，第二等十贯，第三等五贯，第四等一贯五百，第五等一贯，民喧然以为不便。而广廉入奏言民间歌舞圣德，会言者交攻，朝廷不得已，乃降是诏。

　　判大名府韩琦言："详熙宁二年诏书，务在优民，不使兼并乘其急以邀倍息，皆以为民，公家无所利其入。今乃乡村自第一等而下，皆立借钱贯陌，三等以上更许增数，坊郭有物业抵当者，依青苗例支借。且乡村三等并坊郭有物业户③，乃从来兼并之家也，今皆多得借钱，每借一千，令纳一千三百，则是官放息钱，与初抑兼并济困乏之意绝相违戾，欲民信服，不可得也。且愚民一时借请则甚易，纳则甚难。故自制下以来，官吏惶惑，皆谓若不抑散，则上户必不愿请，下户与无业客户或愿请，而将来必难催纳。将来必有行刑督索，及勒干系书手、典押、耆户长同保人等均赔之患。朝廷若谓陕西尝放青苗

---

① 及用钱百坐仓籴一斗，《宋史·食货志》作"反用钱百坐仓籴一斗"。
② 十人为保首，《宋会要辑稿》食货四之二一作"十人为保"。
③ 乡村三等，《宋会要辑稿》食货四之二七作"乡村上三等"。

钱，官有所得而民以为便，此乃转运司因军诸有阙，适自冬涉春雨雪及时，麦苗滋盛，决见成熟，行于一时可也。今乃差官置司，以为每岁常行之法，而取利三分，岂陕西权宜之比哉？"上乃出琦奏示执政曰："琦真忠臣，朕始谓利民，不意乃害民如此。且坊郭安得有青苗，而使者强与之乎？"王安石勃然曰："苟从所欲，虽坊郭何害？"因难琦奏，曰："陛下修常平法，所以助民，至于收息，亦周公遗法也。"上终以琦说为疑，与安石问难，安石翌日遂称疾不出。上谕执政罢青苗法，曾公亮、陈升之即欲奉诏，赵抃独欲俟安石出，令自罢之，连日不决。上更以为疑。安石再视事，入谢，上劳问曰："青苗法，朕诚为众论所惑，今思此事，一无所害，极不过失陷少钱物耳，何足恤。"安石曰："但力行之，勿令小人故意坏法，如预买？绢行之已久，亦何常失陷钱物？"安石既视事，持之益坚，人言不能入矣。初，安石在告①，曾公亮、陈升之等举行前诏，乃删去"毋得抑遏不散"之语。安石复视事，志气愈悍，乃面责曾公亮等，公亮不能抗。

右谏议大夫司马光言："彼言青苗钱不便者，大率但知所遣使者或年少位卑，倚势作威，陵轹州县，搔扰百姓，止论今日之害耳。臣所忧乃在十年之后，非今日也。夫民之所以有贫富者，由其材性愚智不同。富者智识差长，忧深思远，宁劳筋骨，恶衣菲食，终不肯取债于人，故其家常有盈余而不至狼狈也。贫者呰窳偷生，不为远虑，一醉日富，无复盈余，急则取债于人，积不能偿，至于鬻妻卖子，冻馁填沟壑，而不知自悔也。是以富者常借贷贫民以自饶，而贫者常假贷富民以自存，虽苦乐不均，然犹彼此相资，以保其生。今县官乃自出息钱，以春秋贷民，民之富者皆不愿取，贫者乃欲得之，提举官欲以多散为功，故不问民之贫富，各随户等抑配与之。富者与债仍多，贫者与债差少，多者至十五缗，少者不减千钱。州县官吏恐以逋欠为负，必令贫富相兼，共为保甲，仍以富者为之魁首。贫者得钱，随手皆尽，将来粟麦小有不登，二税且不能输，况于息钱，固不能偿，吏督之急，则散而之四方。富者不去，则独偿数家所负，力竭不逮，则官必为之倚阁，春债未了，秋债复来。历年浸深，债负益重，或值凶

---

① 告，古代官员的假期。在告，官员在假期中。

年，则流转死亡，幸而丰稔，则州县之吏并催积年所负之债，是使百姓无有丰凶，长无苏息之期也。贫者既尽，富者亦贫，臣恐十年之外，富者无几何矣。富者既尽，若不幸国家有边隅之警，兴师动众，凡粟帛军须之费，将谁从取之？臣不知今者天下所散青苗钱凡几千万缗，若民力既竭，加以水旱之灾，州县之吏果有仁心爱民者，安得不为之请于朝廷，乞因郊赦而除之？朝廷自祖宗以来，以仁政养民，岂可视其流亡转死而必责其所负，其势不得不从请者之言也，然则官钱几千万缗已放散而不反矣。官钱既放散，而百姓又困竭，但使闾胥里长于收督之际有乞取之资，此可以谓之善计乎？且常平仓者，乃三代圣王之遗法，非独李悝、耿寿昌能为之也。谷贱不伤农，谷贵不伤民，民赖其食而官收其利，法之善者无过于此，比来所以隳废者，由官吏不得其人，非法之失也。今闻条例司尽以常平仓钱为青苗钱，又以其谷换转运司钱，是欲尽坏常平，专行青苗也。国家每遇凶年，供军仓自不能足用，固无羡余以济饥民，所赖者只有常平仓钱谷耳。今一旦尽作青苗钱散之，向去若有丰年，将以何钱平籴？若有凶年，将以何谷赒赡乎？臣窃闻先帝尝出内藏库钱一百万缗，助天下常平仓作籴本。前日天下常平仓钱谷共约一千余万贯石，今无故尽散之，他日若思常平之法，复欲收聚，何时得及此数乎？臣以为散青苗钱之害犹小，而坏常平仓之害尤大也。"

条例司奏专疏驳韩琦所言，皆王安石自为之。既而琦又言："今蒙制置司以臣所言皆为不当。看详疏驳，事件多删去臣元奏要切之语，曲为沮格，及引《周礼》国服为息之说①，文其缪妄，将使无复敢言其非者。且古今异宜，《周礼》所载不可施于今者，其事非一。况今天下田税已重，又非《周礼》什一之法，更有农具、牛皮、盐钱、曲钱、鞋钱之类，凡十余件，谓之杂钱。每夏秋起纳，官中更以绸绢斛斗低估价直，令民以此杂钱折纳。又每岁散官盐与民，谓之蚕盐，折纳绢帛。更有预备收卖绸绢，如此之类，不可悉举。皆《周礼》田税什一之外加敛之物，取利已厚，伤农已深，奈何更引《周礼》国服为息之说，谓放青苗钱乃周公太平已试之法？此则诬污圣

---

① 国服为息，语出《周礼·地官·泉府》，意为贷者从官借本经商，以其于国服事（缴纳税赋）的形态、比例出息。

典，蔽惑睿明，老臣得不太息而恸哭也！且坊郭有物力人户，从来不曾见肯零籴常平仓斛斗者，此盖制置司以青苗为名，欲多借钱与坊郭有业之人，以望收利之多。假称《周礼》太平已试之法，以为无都邑鄙野之限，以文其曲说，惟陛下深详其妄。"

翰林学士范镇言："陛下初诏云公家无所利其入，今提举司以户等给钱，皆令出三分之息，物议纷纷，皆云自古未有天子开课场者。"王安石曰："镇所言若非陛下略见《周礼》有此，则岂得不为愧耻。"光又言："青苗钱虽不令抑勒，而使者皆讽令抑配。如开封府界十七县，惟陈留姜潜张敕榜县门及四门，听民自来，请则给之，卒无一人来请。以此观之，十六县恐皆不免于抑勒也。"

知青州欧阳修言："田野之民蠢然，安知《周官》泉府为何物，但见官中放债，每钱一百文要二十文利耳。臣愚以为必若使天下晓然知非为利，则乞除去二分息，但纳本钱。"又言："夏料钱于春中俵散，犹是青黄不接之时，尚有可说。若秋料于五月俵散，正是蚕麦成熟、人户不乏之时，何名济阙，直是放债取利耳。若二麦不熟，则夏料尚欠，岂宜更俵秋料钱？以此而言，秋料可罢不散。"中书言修擅止给青苗钱，欲下问罪，诏放罪，改知蔡州。知亳州富弼亦坐论青苗移镇。

知山阴县陈舜俞不肯奉行，移状自劾曰："方今小民匮乏，愿贷之人往往有之。比如孺子见饴蜜、孰不染指争食？然父母疾止之，恐其积甘生病。故耆老戒其乡党，父兄诲其子弟，未尝不以贷贳为不善治生。今乃官自出钱，诱以便利，督以威刑，非王道之举。况正月放夏料，五月放秋料，而所敛亦在当月，百姓得钱便出息输纳，实无所利，是使民取青苗钱，乃别为一赋以蔽之也。"坐谪监南康盐酒税。

七年，上患俵常平官吏多违法，安石曰："若俵常平稍多县分专置一主簿，令早入暮出，给纳役钱及常平，度不过置五百员，费钱三十万贯。今岁收息至三百万，但费三十万，不为冗费也。"上从之，至元祐元年罢。

帝以久旱为忧，翰林承旨韩维言："畿县近日督青苗甚急，往往鞭挞取足，民至伐桑为薪以易钱。旱灾之际，重罹此苦。"帝颇感悟。

著作佐郎黄颜言："给纳青苗钱谷，乞诏州县视年丰荒为给散多少，毋以元散数为额。"

七月，帝以诸路旱灾，常平司未能赈济，谕辅臣曰："天下常平仓若以一半散钱取息，一半减价籴贵，使二者如权衡之相依，不得偏重，民必受赐。"自是诏诸路州县，据已支见在钱谷通数，常留一半外，方得给散。

九年，诏司农寺自今两经倚阁常平钱人户，更不得支借钱斛。帝谓"天下常平钱谷，十常七八散在民间。又连岁灾伤，倚阁迨半。止务多给计息为功，不计督索艰难，岂惟亏失官物，兼百姓被鞭挞必众"故也。

十年，提举两浙路常平言："灾伤累年，丁口减耗。凡九年以前逃绝户已请青苗钱斛，见户有合摊填者乞需丰熟日理纳外，更有全甲户绝，输偿不足，或同甲内死绝，止存一二贫户难以摊纳者，更乞立法。"从之。

元丰元年，诏："常平仓钱谷，当输钱而愿入谷若金帛者，官立中价示民，物不尽其钱者足以钱，钱不尽其物者还其余直。又听民以金帛易谷，而有司少加金帛之直。凡钱谷当给若籴，皆用九年诏书通取，留一半之余。"

六年，户部言："准朝旨，诸路散敛常平物可自行法，至今酌三年敛散之中数，取一年为格，岁终较其增亏。今以钱粮谷帛贯、石、匹、两定年额：散一千一百三万七千七百七十二，敛一千三百九十六万五千四百五十九。比元丰三年散增二百一十四万八千三百四十二，敛增一百三万四千九百六十三；四年散增三百七十九万九千九百六十四，敛亏一百九十八万六千五百一十五。"诏三年、四年散多敛少及散敛俱少处，户部下提举司具析以闻。

八年八月，诏给散青苗不许抑配，仍不立定额。时哲宗已即位。

哲宗元祐元年二月，诏："提举官累年积蓄钱谷财物，尽桩作常平仓钱物，委提点刑狱交割主管，依旧常平仓法。"

左正言朱光庭言："天下青苗钱除支俵外，见在钱数尚多。乞并用收籴可存留斛斗，凡遇丰年则添价以籴，遇岁饥则减价以粜，大饥则贷之，候丰岁输还，更不出息。"

门下侍郎司马光札子言："常平之法，公私两利。此乃三代之良法也。向者有因州县阙常平籴本钱，虽遇丰岁，无钱收籴。又有官吏怠慢，厌籴粜之烦，虽遇丰岁，不肯收籴。又有官吏不能察知在市斛斗实价，只信凭行人与蓄积之家通同作獘①。当收成之时，农人要钱急粜之时，故意小估价例，令官中收籴不得，尽入蓄积之家。直至过时，蓄积之家仓廩盈满，方始顿添价，中粜入官。是以农夫粜谷，止得贱价，官中籴谷，常用贵价，厚利皆归蓄积之家。又有官吏虽欲趁时收籴，而县申州，州申提点刑狱，提点刑狱司申司农寺取候指挥，比至回报，动涉累月，已至失时，谷价倍贵。是致州县常平仓斛斗有经隔多年，在市价例终不及元籴之价，出粜不行，堆积腐烂者。此乃法因人坏，非法之不善也。"

四月，诏再立常平谷钱给敛出息之法，限二月或正月以散及一半为额，民间丝麦丰熟，随夏税先纳所输之半，愿并纳者止出息一分。

左司谏王岩叟、中丞刘挚、右司谏苏辙等交章言其非。右仆射司马光札子乞约束州县抑配青苗钱曰："先朝初散青苗，本为利民，故当时指挥，立取人户情愿，不得抑配。自后因提举官速要近功，务求多散，讽胁州县废格诏书，名为情愿，其实抑配。或举县句集，或排门钞札。亦有无赖子弟谩昧尊亲，钱不入家；亦有他人冒名诈请，莫知为谁，及至追催，皆归本户。朝廷深知其弊，故悉罢提举官，不复立额考校，访闻人情安便。昨于四月二十六日有敕令给常平钱斛，限二月或正月，只为人户欲借者，及时得用。又令半留仓库，半出给者，只为所给不得辄过此数。又令取人户情愿，亦不得抑配，一遵前朝本意。虑恐州县不晓朝旨本意，将谓朝廷复欲多散青苗钱谷，广收利息，句集抑配，督责严急，一切如向日置提举官时。今欲续降指挥，令诸路提点刑狱司告示州县，并须候人户自执状纳保，赴县乞请常平钱谷之时，方得勘会，依条支给，不得依前句集钞札，强行抑配。仍仰提点刑狱常切觉察，如有官吏以此为法骚扰者，即时取勘施行，若提点刑狱不切觉察，委转运、安抚司觉察闻奏。"从之。录黄

过中中书①，舍人苏轼奏曰："臣伏见免役之法已尽革去，而青苗一事乃独因旧，少加损益，欲行絟臂徐徐，月攘一鸡之道。熙宁之法本不许抑配，而其言至此②，今虽复禁其抑配，其害犹在也。昔者，州县并行仓法，而受纳之际③，十费二三，今既罢仓法，不免乞取，则十费五六，必然之势也。又官吏无状，于给散之际，必令酒务设鼓乐倡优，或关扑卖酒牌，农民至有徒手而归者。但每散青苗，即酒课暴增，此臣所亲见而为流涕者也。二十年间，因欠青苗，至卖田宅，雇妻女，溺水自缢者，不可胜数，朝廷忍复行之欤？臣谓四月二十六日指挥以散及一半为额，与熙宁之法初无小异，而今月二十日指挥④，犹许人户情愿⑤，未免于设法罔民。便一时非理之私⑥，而不虑后日催纳之患，三者皆非良法⑦，相去无几也。今者，已行常平籴籴之法，惠民之外，官亦稍利，如此足矣，何用二分之息，以贾无穷之怨！臣虽至愚，深为朝廷惜之。欲乞特降指挥，青苗钱斛后更不给散⑧，所有已请过者，候丰熟日，分作五年十料，随二税送纳。或乞圣慈念其累岁出息已多，自第四等以下人户并与放免，庶使农民自此息肩，亦免后世有所讥议。兼近日谪降吕惠卿告词云'首建青苗，次行助役'，若不尽去其法，必致奸臣有词，流传四方，所损不细。所有上件录黄，臣未敢书名行下。"初，同知枢密院范纯仁以国用不足，建请复青苗钱，四月二十六日指挥，尽纯仁意。时司马光方以疾在告，不与也，已而台谏共言其非，不报。光寻具札子，乞约束抑配，苏轼又缴奏，乞尽罢之。光始大悟，遂力疾入对于帘前曰："近者，不知是何奸邪劝陛下复行此事。"纯仁失色却立，不敢言。青苗钱遂罢不复散。

按：元祐初，温公入相，诸贤并进用，革新法之病民者如救眉

<hr>

① 录黄过中中书，《宋会要辑稿》作"录黄过中书省"。录黄，宋代中书省奉旨起草的文件种类之一，用黄纸抄写送门下省存。
② 而其言至此，《宋会要辑稿》五一一作"而其害至此"。
③ 而受纳之际，《苏轼集》卷五三《乞不给散青苗钱斛状》作"而给纳之际"。
④ 而今月二十日指挥，《苏轼集》卷五三《乞不给散青苗钱斛状》作"今月二日指挥"。
⑤ 犹许人户情愿，《苏轼集》卷五三《乞不给散青苗钱斛状》作"犹许人户情愿请领"。
⑥ 便一时非理之私，《苏轼集》卷五三《乞不给散青苗钱斛状》作"便一时非理之用"。
⑦ 三者皆非良法，《苏轼集》卷五三《乞不给散青苗钱斛状》作"三者皆非良法"。
⑧ 青苗钱斛后更不给散，《苏轼集》卷五三《乞不给散青苗钱斛状》作"青苗钱斛今后更不给散"。

燃，青苗、助役其尤也。然既曰罢青苗钱，复行常平仓法矣，未几而复有再给散出息之令，而其建请乃出于范忠宣。虽曰温公在告，不预知，然公其时有奏，乞禁抑配，奏中且明及四月二十六日敕令给钱斛之说，则非全不预知也。后以台谏交章论列，舍人不肯书黄，遂大悟而不复再行耳。至于役法，则诸贤之是熙宁而主雇募者居其半，故差、雇二者之法，杂然并行；免役六色之钱，仍复征取。然则诸贤虽号为革新法，而青苗、助役之是非可否，胸中盖未尝有一定之见，宜熙、丰之党后来得以为辞也。然熙宁之行青苗也，既有二分之息，提举司复以多散为功，遂立各郡定额而有抑配之弊。其行助役也，既取一分之宽剩，而复征头子钱，民间输钱日多，而雇人给直日损，遂至宽剩积压。此皆其极弊处。至绍圣，国论一变，群奸唾掌而起，于绍述故事宜不遗余力①。然考其施行之条画，则青苗取息止于一分，且不立定额抑配；人户助役钱宽剩亦不得过一分，而蠲减先于下五等人户，则聚敛之意反不如熙宁之甚矣。观元祐之再行青苗，复征六色役钱，则知兴利之途，虽君子不能尽窒。观绍圣之青苗取息，役钱宽剩皆止于一分，则知言利之名，虽小人亦欲少避之。要之，以常平之储贵发贱敛，以赈凶饥，广畜储，其出入以粟而不以金，且不取息，亦可以惩常平积滞不散，侵移他用之弊，则青苗未尝不可行。晦庵之说如此。以坊场扑买之利及量征六色助役之钱，以资雇役，所征不及下户，不取宽剩，亦可以免当役者费用破家之苦，则助役未尝不可行。二苏之说如此。介甫狠愎，不能熟议缓行，而当时诸贤又以决不可行之说激之，群憸因得以行其附会谋进之计②，推波助澜，无所不至，故其征利毒民，反出后来章、蔡诸人之上矣。绍圣绍述之事，章惇为之宗主，然惇元祐时尝言："保甲、保马一日不罢则有一日害。如役法，熙宁初以雇代差，行之太速，故有今弊。今复以差代雇，当详议熟讲，庶几可行，而限止五日，其弊将益甚矣。"其说不惟切中元祐之病，亦且深知熙、丰之非。然则后来之所以攘臂称首者，正张商英所谓热荒要做官，而民间之利病，法度之是非，未尝不了然胸中也，其奸人之雄欤！

①　绍述，继承。在中国历史上特指宋哲宗对神宗实行的新法的继承。
②　憸，奸邪。

绍圣二年，户部尚书蔡京乞下有司检会熙宁、元丰青苗条约，参酌增损，立为定制。淮南转运副使庄公岳言："自元祐罢提举官，钱谷为他司侵借，所存无几。欲乞追还向所侵借，令当职官依限给散，以济乏阙，随夏秋税偿纳，勿立定额，自无抑民失财之弊。"右承议郎董遵言："青苗之制，乞岁收一分之息，给散本钱，不限多寡，各从人愿，仍勿推赏。其出息至寡，则可以抑兼并之家；赏既不行，则可以绝邀功之吏。"诏并送详定重修敕令所。

徽宗政和八年御笔："常平敛散法利天下甚博，而比年以来，诸路欠阙，至未及散而遽取之，甚失神考制法之意。令常平司恪遵条令，敛散必时，违者以大不恭论。"

宣和五年，诏："州县每岁支俵常平钱谷，多是形势户请求，及胥吏诈冒支请。令天下州县每岁散钱谷既毕，即揭示请人数目，逾月敛之，庶知为伪冒者得以陈诉。"

高宗建炎二年，臣僚言："常平和籴，州县视为文具，以新易旧法也。间有损失蠹腐而未尝问，不许借贷法也。间有悉充他用而实无所储。"诏委官遍行按视。

绍兴九年，宗丞郑禹乞以常平钱于民输赋未毕之时[1]，悉数和籴，即诏行之。上因谕宰执曰："常平法不许他用，惟时赈饥。取于民者还以子民也。"

二十八年，赵令詪言："州县义仓米积欠陈腐[2]，乞出粜，及水旱灾荒，不拘检放，及七分便许赈济。"沈该奏："在法，义仓止许赈济，若出粜恐失初意。"乃令量粜三之一，桩收价钱，次年收籴拨还。

孝宗乾道八年，知台州唐仲友言："鳏寡孤独、老幼疾病之人，乞依乾道九年依例取拨常平义仓赈给。"[3] 上命以常平米低价出粜，以义仓米赈济。

宁宗庆元四年，臣僚言："州县受纳苗米，于法，义仓米合于当日支拨，而因循于州用，不复拨还；人户纳苗稍及分数，例多折纳价钱，其带义仓钱并不许拨，此因纳苗而失陷义仓也。至如绍兴府人户就行在省仓送纳湖田米，其合纳义仓多不催理，此因湖田纳米而失陷也。如淮、浙盐亭

---

① 宗丞，《宋史·食货志》作"宗正丞"。
② 积欠陈腐，《宋会要辑稿》食货五三之二七作"积久陈腐"。
③ 乞依乾道九年依例，疑前一"依"字为衍文。

户纳盐以折二税，其合纳义仓多是不曾拘催，此因纳盐而失陷也。常平失于兑换，因致陈损，此仓庾陈腐之弊也。常平米止许递留一年，以新纳秋苗换易支遣。常平专法，主管官替移，无拖欠失陷方与批书离任，今公然兑借，阳为自劾，更不补还，此州县兑移之弊也。常平和籴合专置仓廒，今州县多因受纳，以收到出剩拨归常平仓，赢落价钱，此收籴官吏之弊也。诸没官产业并户绝、僧、道田卖到钱数及亡僧衣钵钱法，当拘入常平，州县侵渔，鲜曾拨正，此出卖官产之弊也。若乃吏胥之禄，合于免役钱内支给，而所催役钱，在州则主管官应副人情，在县佐以为公用。已催之数既不以供支遣，又于方场钱内拨支①，未尝入以为出。如公吏差出，其本身初不请常平钱，乃诡名借请，或元非差出，而妄作缘故。至于吏胥自有定额，今守倅视常平钱米为他司钱物，吏额日增，请给日广，常平司委而不问。若夫借请，在法二分克纳，今或一例借欠，动至数百千，例不除克，此其弊不一也，倘不为之堤防惩革，则诸蓄日寡，荒政无备。乞明诏诸路提举常平官讲求措置，亟去前弊，责令逐州每季以本州及属县收支常平义仓等钱米逐项细数，申常平司，不得泛言都数。然后参照条法，逐一审订，稍有失收、失支，勒令填纳，或有情弊，必寘于法。”

嘉定十一年五月，臣僚言："顷岁议臣有请计义仓所入之数，除负郭县就州输纳外，余令逐县置数，自行收受，非惟革州郡侵移之弊，抑亦省凶年转般之劳。

曩时州仓随苗带纳，同输一钞，今正苗输之州，义仓输之县，则输为两输，钞为二钞矣。曩时鼠雀之耗蠹，吏卒之需求，一切倚办于正税，而义仓不预焉，今付之于县，既无正税，独有此色，耗蠹、需求又不能免矣。于是议臣有请令人户义仓仍旧随正税，从便就州作一钞输纳，而州县复有侵移之弊。臣闻绍兴初，台臣尝请通计一县之数，截留下户苗米，于本县纳，开禧初，议臣之请亦如之。盖截留下户之税米，以补一县之义仓，其余上户则随正税而输之州；州得以补偿其截留下户之数，州不以为怨；县得此米，别项储之以备赈济，使穷民不至于艰食，则县不以为挠。一举而三利得，此上策也。惟是负郭之义仓则就州输送，自如旧制，至于属县之义仓则令丞同主之，每岁之终，令丞合诸乡所入之数，上之守贰；守贰合诸县所入之数，上之提举常平；提举常平合一道之数，上之朝廷。

---

① 方场钱，应为"坊场钱"。

令丞替移，必批印纸，考其盈亏，以议殿最。"从之。

社仓

淳熙八年十一月，浙东提举朱熹言："乾道四年间，建民艰食。熹请于府，得常平米六百石，请本乡土居朝奉郎刘如愚共任赈济，夏受粟于仓，冬则加二计息以偿。自后逐年敛散，或遇少歉，即蠲其息之半，大饥即尽蠲之。凡十有四年，得息米造成仓廒，及以元数六百石还府，见管米三千一百石，以为社仓，不复收息，每石只收耗米三升，以故一乡四十五里间，虽遇凶年，人不阙食。请以是行于司仓。"时陆九渊在敕令局，见之叹曰："社仓几年矣，有司不复挂墙壁，所以远力无知者。"遂编入《赈恤门》。凡借贷者十家为甲，甲推其人为之首，五十甲则本仓自择一公平晓事者为社首。正月告示，社首下都结甲，其有藏匿逃军及作过无行止人，互相觉察。及有税钱衣食不阙者，并不得入甲。仍问人户愿与不愿入甲，开具一家大人若干口、小儿若干口，大人一石，小儿减半，五岁以下不预请，甲头加请一倍。社首亲自审订虚实，取各人亲手押字，类聚齐备，赍赴本仓。再自审其无弊，然后逐一排定，甲头写上都簿，明载某人借若干石，依正簿给，关与甲头收执请谷。仍分两时支散，初当下田时。次当耘耨时，秋禾成熟，还谷不得过八月三十日纳足，谷有湿恶不实者罚之。

嘉定末，真德秀帅长沙行之。然今所在州县间有行之者，皆以熹之已行者为式，凶年饥岁，人多赖之。然事久而弊，或主者倚公以行私，或官司移用而无可给，或拘纳息米而未尝除免，甚者拘催无异正赋。良法美意，胥此焉失，必有仁人君子以公心推而行之，斯民庶乎其有养矣。

　　朱子《建安五夫社仓记》曰[1]："予惟成周之制，县都各有委积，以待凶荒，而隋、唐所谓社仓者，亦近古之良法也。今皆废矣，独常平、义仓尚有古法之遗意，然皆藏于州县，所恩不过市井惰游辈，至于深山长谷力穑远输之民，则虽饥饿致死而不能及也。又其为法太密，使吏之避事畏法者，视民之殍而不肯发，往往全其封镝，递相传授，或至累数十年不一訾省，一旦甚不获已，然后发之，则已化为浮埃聚壤而不可食矣。夫以国家爱民之深，其虑岂不及此？然而未有所改者，岂不以里社不能皆可任之人，欲一听其所为，则恐其计私以害公，欲谨其出入，同于官府，则钩校靡密，上下相遁，其害又有甚于

---

① 《建安五夫社仓记》，宋代名儒朱熹为其长期生活的建宁府崇安县（今属福建）义仓所写的文章。全名《建宁府崇安县五夫里社仓记》。朱熹还在仓壁上题诗劝诫仓库管理人员。

前所云者，是以难之而有弗暇耳。”

又《金华社仓记》曰①：“抑凡世俗所以病乎此者，不过以王氏之青苗为说耳。以予观于前贤之论，而以今日之事验之，则青苗者，其立法之本意固未为不善也。但其给之也，以金而不以谷；其处之也，以县而不以乡；其职之也，以官吏而不以乡人士君子；其行之也，以聚敛亟疾之意而不以惨怛忠利之心。是以王氏能行之于一邑，而不能行之于天下。子程子尝极论之，而卒不免悔其已甚而有激也。”

高宗绍兴间，于江、浙、湖南博籴，博籴极边粮草，每岁自三司抛数下库务，先封桩紧便钞，然后召人入籴也。所谓“紧便钞”谓水路紧便处紧便钞，谓上三山场榷务也。多者给官诰，少者给度牒。于是或以钞引数多不售，而吏缘为奸，人情大扰。于是减损其价，劝诱富实积粟之家，不拘官户、编户。至于斗面加抬有禁，专斗乞取有禁，凡朝廷降金银钱帛和籴，而州县阻节不即支还者有罚。

四川有对籴米，谓如税户甲家当输百石，则又科籴百石，所输倍于正税，皆军兴后科配也。

绍兴八年，侍御史萧振言：“经制司籴米，一例抛降数目，如此则诸州不免抛下诸县科与百姓，年例又添一番科率。经制一司张官置吏，止为收籴一事，如何抛与诸州？乞别选官置场收籴。”从之。

十五年，诏禁州县减克价钱，横敛脚费，如盘量出剩，监官计剩数科罪。

十八年，户部奏免和籴，而命三总领置场籴之。

孝宗乾道三年，诏州县只以本钱坐仓收籴，毋得强配于民。

四年，籴本不给度牒、关引，只降会子，品搭钱粮②，每石价钱二贯五百文，又令人户自行量概。凡江西、湖南民间不便于关子，令两路缴回。

淳熙四年，诏四川旱伤处免籴。上谕执政曰：“闻总司籴米皆散在诸处，万一军兴而屯驻处无米，临时岂不误事。大抵赈粜未可岁循环，以备凶荒；桩积米须留于要害屯军所在，庶几军民皆便。”

---

① 《金华社仓记》，朱熹为金华县社仓所写的文章，全名《婺州金华县社仓记》，见《朱文公文集》卷七九。

② 品搭钱粮，籴本用来买粮，一般不可能是粮。《宋会要辑稿》食货四〇之四七作“品搭钱银”。

卷二十二　土贡考一

历代土贡进奉羡余

《禹贡》：兖州，厥贡漆、丝，厥篚织文。织文，锦绣之属，盛之筐篚而贡。青州，厥贡盐、絺，细葛。海物维错，错，杂也。岱畎丝、枲、铅、松、怪石畎，谷也。怪石，石似玉。厥篚檿丝。檿，桑蚕丝，中琴瑟弦。徐州，厥贡惟土五色，泗滨浮磬，淮夷蚌珠暨鱼，厥篚元纤缟。元，黑缯。缟，白缯。纤，细也。明二缯俱细①。扬州，厥贡惟金三品，金、银、铜，瑶、琨、美玉，篠、荡。美竹。齿、革、羽毛，惟木，厥篚织贝，织，细苧。贝，水物。厥包橘、柚，锡贡。锡命乃贡，言不常。荆州，厥贡羽、毛、齿、革，惟金三品，杶、榦、栝、柏，榦，柘也。砺、砥、砮、丹，砮，矢镞。惟箘、簵、楛，三邦底贡厥名，箘、簵，美竹。楛，中矢榦。三物皆出云梦泽傍，三国常致贡之，天下称善。包橘柚。匦匣也，菁、茅，菁以为菹，茅以为酒。厥篚元纁、玑、组，此州染元纁色善，故贡之。玑，珠类。组，绶类。九江纳锡大龟。豫州，厥贡漆、枲、絺、纻，厥篚纤纩，纩，细绵。锡贡磬错。治玉曰错。梁州，厥贡璆、铁、银、镂、砮、磬，璆，玉名。镂，刚铁。熊、罴、狐、狸、织皮。贡四兽之皮，织金罽。雍州，厥贡球、琳、琅玕。球、琳，皆玉名。琅玕，石似珠。

《周官》：太宰"以九贡致邦国之用，一曰祀贡，牺牲、包茅之属。二曰嫔贡，嫔，故书作'宾'。宾贡，皮帛之属。三曰器贡，宗庙之器。四曰币贡，绣帛。五曰材贡，木材也。六曰货贡，珠贝自然之物。七曰服贡，祭服。八曰斿贡，羽毛。九曰物贡。"九州之外，各以其所贵为赞。

《大行人》②："邦畿方千里，其外方五百里，谓之侯服，岁一见，其

---

① 元，古通"玄"，黑色。清朝避康熙讳，写玄为元。

② 《大行人》，《周礼·秋官·司寇》中的一节，介绍司寇下属大行人的职掌。

贡祀物。又其外方五百里，谓之甸服，二岁一见，其贡嫔物。又其外方五百里，谓之男服，三岁一见，其贡器物。又其外方五百里，谓之采服，四岁一见，其贡服物。又其外方五百里，谓之卫服，五岁一见，其贡材物。材物，八材也。又其外方五百里，谓之要服，六岁一见，其贡货物。九州之外，谓之蕃国，世一见，各以其所贵宝为贽。"若犬戎献白狼、白鹿是也。

汉高帝十一年，诏诸侯王、通侯常以十月朝献，及郡各以人口数率，人岁六十三钱，以给献费。诏见《丁赋门》。

文帝后六年，大旱蝗，令诸侯毋入贡，弛山泽。

时有献千里马者，诏曰："鸾旗在前，属车在后，吉行日五十里，师行日三十里，朕乘千里马，独先安之？"于是还马，与道里费。

元帝初元五年，罢齐三服官。齐国旧有三服之官，春献冠帻缝为首服①，纨素为冬服，轻绡为夏服。

东汉世祖建武十三年，诏曰："往年已敕郡国，异味不得有献御，今犹未止，非徒有豫养导泽之劳②，至乃烦扰道上，疲费过所。其令官勿复受。明敕下以远方口实所以荐宗庙者，自如旧制。"

异国有献名马者，日行千里，又进宝剑，价兼百金。诏以马驾鼓车，剑赐骑士。

野王岁献甘醪、膏饧，每辄扰人，吏以为市。樊鯈临终，奏乞罢之，明帝从之。

明帝永平十一年，澡湖出黄金，庐江太守取以献。

章帝建初二年，诏齐相省冰绮、方空縠、吹纶絮。旧齐有三服官，今省。

和帝诏太官勿受远国珍馐。

旧南海献龙眼、荔枝，十里一置，五里一候，奔腾险阻，死者继路。时临武长汝南唐羌，县接南海，乃上书陈状。诏曰："远国珍馐，本以奉宗庙，苟有伤害，岂爱民之本！其敕太官勿复受献。"

---

① 帻，头巾。缝，束发的带子。
② 豫养导泽之劳，《后汉书·光武帝纪》作"豫养导择之劳"。

安帝永初五年，诏省减郡国贡献太官口食。

和熹邓后诏蜀①、汉扣器凡带佩刀并不复调。扣音口，以金银缘器也②。

顺帝永建四年，诏曰："海内颇有灾异，朝廷修政，太官减膳，珍玩不御。而桂阳太守文砻，不惟竭忠宣畅本朝，而远献大珠，以求幸媚，今封还之。"

晋武帝时，太医司马程据献雉头裘，帝焚之于殿前，乃敕内外敢有献奇技异服者罪之。

隋炀帝龙舟幸江都，所过州县，五百里外皆令献食，多者一州至百轝，极水陆珍奇，后宫厌饫，将发之际，多弃埋之。帝至江都，江淮郡官谒见者，专问礼饷丰薄，丰则超迁丞、守，薄则率从停解。江都郡丞王世充献铜镜屏风，迁通守；历阳郡丞赵元楷献异味，迁江都郡丞。由是郡县竞务刻剥，以充贡献。民外为盗贼所掠，内为郡县所赋，生计无遗。

唐制：州府岁市土所出以为贡，其价视绢之上下，无过五十匹。异物、滋味、名马、鹰犬，非有诏不献。有加配则以代租赋。

中宗时，大臣初拜官，献食天子，名曰"烧尾"，苏瑰独不进，及侍宴，宗晋卿嘲之，帝默然。瑰曰："宰相燮和阴阳，代天治物，今粒食踊贵，百姓不足，臣诚不称职，不敢烧尾。"

元宗开元二十四年千秋节③，群臣皆献宝镜。张九龄以为以镜自照见形容，如人自照见吉凶，乃述前世兴废之源，为书五卷，谓之《千秋金镜录》，上之。

代宗时生日端午，四方贡献至数千万者，加以恩泽，诸道多尚侈丽以自媚。

德宗既平朱泚之后，属意聚敛，藩镇常赋之外，进奉不息。剑南西川节度使韦皋有"日进"，江西观察李兼有"月进"，他如杜亚、刘赞、王纬、李锜皆徼射恩泽，以常赋入贡，名为"羡余"，至代易又有"进奉"。户部财物，所在州府及巡院皆得擅留，或矫密旨加敛，或减刻吏禄，或贩鬻蔬果，往往私自入，所进才十二三，无敢问者，刺史及幕僚至以进奉得迁官。

———————————

① 和熹邓后，东汉和帝邓皇后，和帝去世后以皇太后身份临朝十七年，当时诏旨皆从其出，去世后谥和熹。

② 凡带佩刀，《后汉书·皇后纪》作"九带佩刀"。

③ 元宗，应为"玄宗"，清人避康熙讳，书玄为元。

李德裕为浙西观察使，敬宗立，侈用无度，诏浙西上脂盝妆具。
德裕奏："比年旱灾，物力未完。乃三月壬子赦令，常贡之外，悉罢
进献，又赦令禁诸州羡余无送使。今岁经费常少十三万，军用褊急，
所需脂盝妆具度用银二万三千两、金一百三十两，物非土产，虽力营
索，尚恐不逮。愿诏宰相议，何以俾臣不违诏旨，不乏军兴，不疲
人，不敛怨，则前敕后诏，咸可遵承。"不报。时罢进献不阅月，而
求贡使足相接于道，故德裕推一以讽他。又诏索盘绦缭绫千匹，复奏
言："太宗时，使至凉州，见名鹰，讽李大亮献之，大亮谏止，诏嘉
叹。元宗时，使者抵江南捕鸂鶒、翠鸟，汴州刺史倪若水言之，即见
褒纳；皇甫询织半臂，造琵琶捍拨、镂牙筒于益州，苏颋不奉诏，帝
不之罪。夫鸂鶒、镂牙，微物也，二三臣尚以劳人损德为言，岂二祖
有臣如此，今独无之？且立鹅天马，盘绦掬豹，文采怪丽，惟乘舆当
御，今广用千匹，臣所未谕。"优诏为停。

宪宗禁无名贡献，而至者不甚却。翰林学士钱微恳谏罢之①，帝密戒
后有献毋入右银台门，以避学士。

宣宗时，右补阙张潜奏："藩府代移之际，皆奏'羡余'为课绩，朝
廷因为甄奖。夫财赋有常，非重取于民，刻削军士，则安得'羡余'？南
方诸镇不宁，皆由此也。变故一生，所蓄既遭焚掠，发兵费又百倍，然则
朝廷何利焉？乞自今藩府长吏不增赋敛，不减粮赐，独节游宴、省浮
费而能致羡者，然后可赏也。"上嘉纳之。

> 致堂胡氏曰："宪宗喜进奉，上承乃祖代、德之弊，然当朝多
> 贤，相继论列，虽实不能革，犹文为之禁。穆、敬而后，遂无复谏
> 者，非无进奉也，盖以为常例矣，故李德裕收诸道助军钱帛入备边
> 库。然因私献以为公家费，策之次也。观张潜疏，则益信'羡余'
> 之进，累朝相袭，明矣。虽然，潜之言曰：'长吏不增赋敛，不减粮
> 赐，独节游宴、省浮费而能致羡，然后赏之。'审如是，将安取余？
> 且方镇专制境内，其倚法剥削，朝廷何自而稽之？'羡余'之名存，

---

① 钱微，疑应为钱徽，徽，大历十才子之一钱起之子，曾任翰林学士，两唐书均有其传。

而甄奖之令在，彼必曰：'此皆节省所得，而非增削所致也。'悦其名，不去其实，病源曷瘳？不若禁绝羡余，无得进奉，则民瘼庶乎其少损矣。"

唐天下诸郡每年常贡：

《通典》：按令文，诸郡贡献，皆取当土所出，准绢为价，多不得过五十匹，并以官物充市。所贡至薄，其物易供，圣朝常制，于斯在矣。其有加于此数者亦折租赋，不别征科。

京兆府贡葵草席、地骨白皮、酸枣仁。

华阴郡贡鸲子十联、乌鹘五联、茯苓三十八斤、细辛四斤、茯神三十八斤。今华州。

马翊郡贡白里皱纹皮三十一领。今同州①。

扶风郡贡龙须席十领。今岐州。

新平郡贡剪刀十具、蛇胆十斤、萆豆澡豆五石、白火箸二十具。今邠州。

安定郡贡龙须席十领。今泾州。

彭原郡贡五色龙须席十领、蔓菁、菴䕡子、亭长、假苏、荆芥。今宁州。

汧阳郡贡龙须席六领。今陇州。

中部郡贡龙须席六领。今坊州。

洛交郡贡龙须席六领。今鄜州。

朔方郡贡白毡十领。今夏州。

安化郡贡麝香二十五颗。今庆州。

灵武郡贡鹿角胶、代赭、花苁蓉、白雕翎。今灵州。

榆林郡贡青龙角两具②、徐长卿十斤、赤芍药十斤。今胜州。

延安郡贡麝香三十颗。今延州。

咸宁郡贡麝香一颗。今丹州。

银川郡贡女稽布五端。今银州。

---

① 马翊郡，应为冯翊郡，始置于东汉末，隋唐反复改称冯翊郡或同州。

② 青龙角，《通典·食货六》作"青鹿角"。

平凉郡贡九尺白毡十领。今原州。

九原郡贡野马胯皮二十一片、白麦面、印盛盐。今丰州。

会宁郡贡驼毛褐两段。今会州。

五原郡贡盐山四十颗。今盐州。

新秦郡贡青地鹿角二具、鹿角三十具。今麟州。

单于都护府贡生野马胯皮总十二片。

安北都护府贡生野马胯皮二十一片。

太原府贡铜镜两面、甘草三十一斤、矾石三十斤、龙骨三十斤、蒲萄粉屑、柏子仁。

上党郡贡人参二百小两、墨三梃、今潞州。

河东郡贡绫绢扇四面、龙骨二十斤、枣八千颗、凤栖梨三千五百颗。今蒲州。

绛郡贡梁谷二十石、墨千四百七十挺、白縠五百匹、梨三千颗。今绛州。

平阳郡贡蜡烛三十条。今晋州。

西河郡贡龙须席十领、石膏五十斤、消石五十斤。今汾州。

弘农郡贡麝香十颗、砚瓦十具。今虢州。

高平郡贡白石英五十小两、人参三十两。今泽州。

太宁郡贡胡女布五端。今隰州。

昌化郡贡胡女布五端。今石州。

文城郡贡蜡二百斤。今慈州。

阳城郡贡龙须席六领。今沁州。

定襄郡贡豹尾十枝。今忻州。

乐平郡贡人参三十两。今仪州。

雁门郡贡白雕翎五具、熟青二十两、熟绿二十两。今代州。

楼烦郡贡麝香十颗。今岚州。

安边郡贡松子一石。今蔚州。

马邑郡贡白雕翎五具。今朔州。

河南府贡瓷器十五事。

陕郡贡柏子仁、瓜娄根各三十斤。今陕州。

陈留郡贡绢二十匹。今汴州。

荥阳郡贡绢二十四、麻黄二十斤。今郑州。

临汝郡贡绝二十四。今汝州。

睢阳郡贡绢二十四。今宋州。

灵昌郡贡绫二十四并方文。今滑州。

颍川郡贡绢十四、蔗心席六领。今许州。

谯郡贡绢二十四。今亳州。

濮阳郡贡绢二十四。今濮州。

济阴郡贡蛇床子二十斤、绢二十四。今曹州。

北海郡贡枣两石、仙文绫十四。今青州。

淮阳郡贡绢十四。今陈州。

汝南郡贡鸂鶒绫十四。今豫州。

东平郡贡绢二十四。今郓州。

淄川郡贡防风五十斤、进理石五斤。今淄州。

临淄郡贡丝葛十五匹。今齐州。

鲁郡贡镜花绫十四、紫英白二十二两。今兖州。

彭城郡贡绢二十四。今徐州。

临淮郡贡绵二十屯、赀布十四。今泗州。

汝阴郡贡绵二十屯。今颍州。

东海郡贡楚布十四。今海州。

济阳郡贡阿胶二百小片、鹿角胶三十小片。今济州。

琅琊郡贡紫石英二十两。今沂州。

高密郡贡赀布十端、牛黄一斤、海蛤二十两。今密州。

东牟郡贡牛黄百二十八株、水葱席六领。今登州。

范阳郡贡绫二十四。今幽州。

河内郡贡平沙十四。今怀州。

魏郡贡白绵绸八匹、白平绸八匹。今魏州。

汲郡贡绵三百两。今卫州。

邺郡贡纱十四、凤翻席六领、胡粉百团。今相州。

广平郡贡平绸十四。今洺州。

清河郡贡毡十领。今贝州。

信都郡贡绢二十匹、绵一十屯。今冀州。

平原郡贡绢二十匹。今德州。

饶阳郡贡绢二十匹。今深州。

河间郡贡绢三十匹。今瀛州。

东莱郡贡牛黄百二十二两。今莱州。

常山郡贡梨六百颗、罗二十匹。今恒州。

景城郡贡细簟四领、细柳箱八十合、糖蟹二十三坩、鳢鮬三百五十挺。今
　　沧州。

博陵郡贡细绫千二百七十匹、两窠细绫十五匹、瑞绫二百五十五匹、大独
　　窠绫二十五匹、独窠绫一十匹。今定州。

赵郡贡绵五十匹。今赵州。

钜鹿郡贡丝布十匹。今邢州。

博平郡贡绌十匹。今博州。

文安郡贡绵三百两。今莫州。

上谷郡贡墨三百挺。今易州。

乐安郡贡绢十匹。今棣州。

北平郡贡蔓荆子四斤。今平州。

密云郡贡人参五斤。今檀州。

妫川郡贡麝香十颗。今妫州。

渔阳郡贡鹿角胶十斤。今蓟州。

柳城郡贡麝香十颗。今营州。

归德郡贡豹尾三枚。今燕州。

安东都护府贡人参五斤。

武威郡贡野马皮五张、白小麦十石。今凉州。

天水郡贡龙须席六领、芎䓖四十斤。今秦州。

安西都护府贡碙砂五十斤、绯毡五领。

北庭都护府贡阴牙角五只、速霍角十只、阿魏截根二十斤。

交河郡贡氎布十端。今西州。

晋昌郡贡草鼓子、野马皮、黄矾、绛矾、胡桐泪。今瓜州。

西平郡贡牸羊角十只。今鄯州。

陇西郡贡麝香十颗、秦胶。今渭州。

敦煌郡贡棋子二十具、石膏。今沙州。

酒泉郡贡肉苁蓉二十斤、相脉二十①、野马皮两张。今肃州。

金城郡贡麝香十颗、貔貁鼠六头。今兰州。

安乡郡贡麝香二十颗。今河州。

同谷郡贡蜡烛十条。今成州。

和政郡贡龙须席六领,并青黄色。今岷州。

武都郡贡蜡烛十条、蜜蜡、羚羊角。今武州。

临洮郡贡麝香十颗。今洮州。

怀道郡贡麸金十两、散金十两。今石州。

宁塞郡贡麸金六两、大黄、戎盐。今廓州。

合川郡贡麝香二十颗。今叠州。

张掖郡贡野马皮十张、枸杞子六斗、药二十斤。今甘州。

伊吾郡贡阴牙角五只、胡桐泪二十五斤。今伊州。

广陵郡贡藩客锦袍五十领、锦被五十张、半臂锦百段、新加锦袍二百领、青铜镜十面、莞席十领、独窠细绫十四、蛇床子七斗、蛇床仁一斗、铁精一斤、兔丝子一斤、白芒十五斤、空青三两、造水牛皮甲千领并袋。今扬州。

安陆郡贡青纻十五匹。今安州。

弋阳郡贡葛十四、生石斛六十斤。今光州。

义阳郡贡葛十四。今申州。

庐江郡贡丝布十四、石斛六十斤。今庐州。

蕲春郡贡白苎布十五端、乌蛇脯。今蕲州。

同安郡贡蜡五十斤、石斛六十斤。今舒州。

历阳郡贡麻布十四。今和州。

钟离郡贡丝布十四。今濠州。

寿春郡贡丝布十四、生石斛五十斤。今寿州。

齐安郡贡紫苎布十端、蚕虫二斤。今黄州。

---

① 相脉二十,《通典·食货六》作"柏脉二十斤"。

淮阴郡贡赀布十匹。今楚州。

汉阳郡贡麻赀布十匹。今沔州。

江陵郡贡白方文绫二十匹、橘皮九十斤、栀子五斤、贝母十斤、覆盆子三
　　　斤、石龙芮一斤、乌梅肉十斤。今荆州。

永阳郡贡纻练布十五匹。今滁州。

襄阳郡贡五盛碎古文库路真二具、十盛花库路真二具。今襄州。

南阳郡贡丝布十匹。今邓州。

淮安郡贡绢千匹①。今唐州。

上洛郡贡麝香三十颗。今商州。

安康郡贡麸金五两、乾漆六斤、杜仲二十斤、椒目十斤、黄蘗六斤、枳实
　　　六斤、枳壳十四斤、茶芽一斤、椒子一石、雷丸五两。今金州。

武当郡贡麝香二十颗。今均州。

房陵郡贡麝香二十颗、雷丸、石膏、苍矾石。今房州。

汉东郡贡绫十匹、葛五匹、覆盆子。今随州②。

南浦郡贡金五两。今万州。

澧阳郡贡柑子四百颗、橘子七百颗、龟子绫十匹、恒山一斤、五入簞四
　　　领。蜀漆一斤今沣州。

云安郡贡蜡百斤。今夔州。

竟陵郡贡白苎布一端。今复州。

武陵郡贡纻练布十端。今朗州。

夷陵郡贡茶二百五十斤、柑子二千颗、五加皮二斤、杜若二斤、芒硝四十
　　　斤、鬼臼二斤、蜡百斤。今峡州。

南宾郡贡苏薰席四领、绵绸五匹。今忠州。

富水郡贡白苎布十端。今郢州。

巴东郡贡蜡四十斤。今归州。

汉中郡贡红花百斤、燕脂一升。今梁州。

通川郡贡绵绸三匹、蜂香五斤、药子二百颗。今通州。

顺政郡贡蜡六十斤。今兴州。

巴川郡贡牡丹皮十斤、药子二百颗、今合州。

---

① 贡绢千匹，《通典·食货六》作"贡绢十匹"。二者相差悬殊，非税之贡，似无数量极
大者。且相关部分《通考》所本就是《通典》，故当为十匹。
② 随州，《通典·食货六》作"隋州"。

清化郡贡绵绸十匹。今巴州。

洋川郡贡白檝十匹。今洋州。

河池郡贡蜡百斤。今凤州。

益昌郡贡丝布十匹。今利州。

咸安郡贡绵绸十匹。今蓬州。

盛山郡贡蜡四十斤、车前子一升。今开州。

始宁郡贡绵绸十匹。今璧州。

南平郡贡葛五匹。今渝州。

符阳郡贡蜡五十斤、药子二百颗。今集州。

潾山郡贡绸一十匹、买子木十斤、子一升。今渠州。

丹阳郡贡方文绫七匹、朱文绫八匹。今润州。

晋陵郡贡细青苧布十匹。今常州。

吴郡贡丝葛十匹、白石脂三十斤、蛇床子三斤、鲻鲡鱼皮三十头、鲅鱼腊
　　五十头、压胞七斤、肚鱼五十头、春子五升、嫩藕三百段。今苏州。

余杭郡贡白编绫十匹、橘子二千颗、蜜姜十石。今杭州。

会稽郡贡朱砂十两、白编绫十匹、交梭十匹、轻调十匹。今越州。

余姚郡贡附子百枚。今明州。

东阳郡贡纸六千张、绵六百两、葛粉二十石。今婺州。

新定郡贡交梭三十匹、竹箪一合。今睦州。

信安郡贡绵百屯、纸六千张。今衢州。

吴兴郡贡苧布三十端。今湖州。

临海郡贡鲛鱼皮百张、乾姜百斤、乳柑六千颗、金漆五升三合。今台州。

永嘉郡贡鲛鱼皮三十张。今温州。

新安郡贡苧布十五端、竹箪一合。今歙州。

长乐郡贡蕉二十匹、海蛤一斤。今福州。

清源郡贡绵二百两。今泉州。

建安郡贡蕉二十匹、练十匹。今建州。

临汀郡贡烛二十条。今汀州。

漳浦郡贡鲛鱼皮二十张、甲香五斤。今漳州。

潮阳郡贡蕉布十匹、蚺蛇胆十枚、鲛鱼皮十张、甲香五斤，石井、钞石、
　　水马。今潮州。

宣城郡贡白苧布十匹。今宣州。

豫章郡贡葛十五匹、柑子六千颗。今洪州。

鄱阳郡贡麸金十两、簟一合。今饶州。

长沙郡贡葛十五匹。今潭州。

南康郡贡竹布二十匹。今虔州。

零陵郡贡葛十匹、石燕二百颗。今永州。

临川郡贡葛布十匹、箭簳百万茎。今抚州。

桂阳郡贡白苎布十匹。今郴州。

庐陵郡贡白苎布二十端、陟厘十斤。今吉州。

浔阳郡贡葛十匹、生石斛十斤。今江州。

江华郡贡零陵香百斤、白布十端。今道州。

衡阳郡贡麸金十四两。今衡州。

江夏郡贡银五十两。今鄂州。

宜春郡贡白苎布十匹。今袁州。

巴陵郡贡白苎布十匹。今岳州。

邵阳郡贡银二十两。今邵州。

蜀郡贡单丝罗二十匹、高苎衫段二十匹。今益州。

唐安郡贡罗二十匹。今蜀州。

濛阳郡贡交梭二十匹。今彭州。

德阳郡贡弥布十匹、纻布十匹。今汉州。

通义郡贡麸金八两、柑子不限多少。今眉州。

梓潼郡贡绫十六匹。今梓州。

巴西郡贡双紃二十匹。今绵州。

普安郡贡丝布十匹、苏薰席六领。今剑州。

阆中郡贡重连绫二十匹。今阆州。

资阳郡贡麸金七两、柑子不限多少。今资州。

临邛郡贡丝布十匹。今邛州。

通化郡贡麝香六十枚、扇香十枚、齐香十枚、颗香三十枚。今茂州。

交川郡贡麝香三十枚、当归七斤、羌活五斤、野狐尾五枚。今松州。

越巂郡贡丝布十匹、进刀子靶六十枚。今巂州。

南溪郡贡葛十匹、六月进荔枝煎。今戎州。

遂宁郡贡樗蒲绫十五匹、乾天门冬百一十斤。今遂州。

南充郡贡丝布十匹。今果州。

仁寿郡贡细葛五匹。今陵州。

犍为郡贡麸金五两。今嘉州。

卢山郡贡金、落雁木。今雅州。

泸川郡贡葛十匹。今泸州。

阳安郡贡绵绸十匹、柑子不限多少。今简州。

安岳郡贡葛十匹、天门冬煎四斗。今普州。

洪源郡贡蜀椒一石。今当州。

阴平郡贡麝香二十颗、白蜜一石。今文州。

同昌郡贡麝香十颗。今扶州。

油江郡贡麸金六两、羚羊角六具。今龙州①。

临翼郡贡麝香三十四颗、牦牛尾五斤、当归十斤。今翼州。

归城郡贡麝香六颗、牦牛尾五斤、当归二十斤。今悉州②。

静川郡贡麝香六颗、当归十斤、羌活十斤、牦牛尾五斤、今静州。

恭化郡贡麝香二十颗、当归十斤、羌活十斤。今恭州。

维川郡贡麝香二十颗、牦牛尾十斤。今维州。

和义郡贡班布六匹。今荣州。

云山郡贡麝香十颗、墨牦牛尾二斤。今秦州③。

蓬山郡贡麝香十颗、当归十斤、羌活十斤。今柘州。

黔中郡贡朱砂十斤、今黔州。

卢溪郡贡光明砂四斤、今辰州。

灵溪郡贡朱砂十斤、茶芽二百斤。今溪州。

潭阳郡贡麸金八两。今巫州。

卢阳郡贡光明砂一斤。今锦州。

清江郡贡黄连十斤、蜡十斤、黄子二百颗。今施州。

涪陵郡贡连头獠布十段。今涪州。

宁夷郡贡蜡五十斤。今思州。

---

① 油江郡，应为江油郡。始建于北魏，几经废置，唐天宝元年称江油郡。

② 归城郡，应为"归诚郡"。《新唐书》卷四二《地理志》载"悉州归诚郡"。《通典·食货六》亦作"归诚郡"。

③ 秦州，《通典·食货六》《新唐书·食货六》作"奉州"。《太平御览》卷一六六《州郡部十二》亦载："《图经》曰：'奉州，云山郡。本蛮夷之地，南接土蕃，为夷落之极塞。武德中，羌夷内附，因立奉州，取其奉顺王命为名。'"

义泉郡贡蜡烛十条。今夷州。

龙溪郡贡蜡二十斤。今业州。

南川郡贡布五端。今南州。

南海郡贡生沈香七十斤①、甲香三十斤、石斛二十斤、鼍皮三十斤、蚺蛇
　　胆五枚、蘑沈香二十五斤、藤簟二合、竹簟五领。今广州。

始安郡贡银百两。今桂州。

安南都护府贡蕉布十端、槟榔二千颗、鱼皮二十斤、蚺蛇胆二十枚、翠
　　毛二百合。

普宁郡贡朱砂二十斤、水银二十斤。今容州。

始兴郡贡钟乳二十四斤十二两二分、竹子布十五匹、石斛二十斤。今
　　韶州。

临贺郡贡银三十两。今贺州。

连山郡贡绅布十匹、钟乳十两。今连州。

高要郡贡银二十两。今端州。

平乐郡贡银二十两。今昭州。

新兴郡贡银五十两、蕉五匹。今新州。

南潘郡贡银二十两、今潘州。

陵水郡贡银二十两、今辩州。

高凉郡贡银二十两、蚺蛇胆二枚。今高州。

海康郡贡丝电四匹。今雷州。

临江郡贡银二十两。今龚州。

浔江郡贡银二十两。今浔州。

蒙山郡贡鈇金十两。今蒙州。

开江郡贡斑布五端。今富州。

修德郡贡银二十两。今严州。

临封郡贡银二十两、石斛十小斤。今封州。

南陵郡贡银二十两、石斛十小斤。今春州。

昭义郡贡银二十两。今罗州。

日南郡贡象牙二根、犀角四根、沈香二十斤、金薄黄屑四石。今驩州。

定川郡贡银二十两。今宰州。

---

① 沈，同沉。

怀德郡贡银二十两。今宾州。

宁浦郡贡银二十两。今横州。

象郡贡银二十两。今象州。

开阳郡贡石斛三斤、银二十两。今泷州。

感义郡贡银二十两。今藤州。

平琴郡贡银二十两。今平琴州。

合浦郡贡银二十两。今廉州。

连城郡贡银二十两。今义州。

玉山郡贡玳瑁二具、鼍皮六十斤、翠毛三百合、甲香二斤、今陆州。

宁仁郡贡银一十两。今党州。

怀泽郡贡细白苎布十端。今贵州。

龙城郡贡银二十两。今柳州。

铜陵郡贡石斛二十小斤、银二十两。今勤州。

海丰郡贡五色藤镜匣一具、蚺蛇胆三枚、甲煎二两、鲛鱼皮三、荃台一。
　　今循州。

晋康郡贡银二十两。今康州。

恩平郡贡银二十两。今恩州。

朱崖郡贡银二十两、珍珠二斤、玳瑁一具。今崖州。

万安郡贡银二十两。今万安州。

延德郡贡藤盘①。今振州。

　　右《通典》所载唐朝诸郡土贡物件②，比《唐书·地理志》所言各郡土贡微有不同。又《宋史·地理志》及《会要》亦各有土贡物件，与唐亦小异。今除土产已见《地里考》③，余不悉录，而罢免蠲除之诏旨与其名物，则不容不悉著之云。唐天宝前土宇广于宋，举唐则可以见宋矣，故不悉著。《宋史》所载，详见《地里考》。

　　后周太祖命王峻疏四方贡献珍美食物，下诏悉罢之。诏略曰："所奉止於朕躬，所损被于甿庶。"又曰："积于有司之中，甚为无用之物。"

---

①　贡藤盘，《通典·食货六》作"贡藤盘一"。
②　此处明言上述州郡上贡情况录自《通典》，而两相对比，小有误差。
③　《地里考》，应为《舆地志》。

宋太祖皇帝建隆二年，诏文武官及致仕官、僧、道、百姓，自今长春节及他庆贺，不得辄有贡献。

自唐天宝以来，方镇屯重兵，多以赋入自赡，名曰留使、留州，其上供殊鲜①。五代方镇益强，率今部曲主场院②，厚敛以自利；其属三司者，补大吏临之，输额之外辄入已，或私纳货赂，名曰"贡奉"，用冀恩赏。上始即位，犹循前制，牧守来朝，皆有贡奉，及赵普为相，劝上革去其弊。是月，申命诸州度支给费外，凡金帛悉送都下，以助军实，无得占留。方镇阙帅守，命文官权知；所在场院，间遣京朝官廷臣监临；又置转运使、通判。条禁文簿，渐为精密。由是利归于上，外权削矣。

乾德四年，罢光州岁贡鹰鹞，放养鹰户。
开宝五年，诏罢荆襄道贡鱼腊。
太宗太平兴国二年，容州初贡珠。

自废"媚川都"，禁民采珠，未几，官复自采。容州海渚亦产珠，仍置官掌之。至是，加贡珠百斤，赐负担者银带、衣服。

真宗咸平二年，内侍裴愈因事至交州，谓龙花蕊难得之物，宜充贡，本州遂以为献。上怒黜愈，隶崖州，仍绝其贡。是岁，又减罢剑、陇、夔、贺等五十余州土贡，又罢三十余州岁贡茶。
仁宗天圣四年，却川峡献织绣。又诏罢夔州玳瑁、紫贝等贡。
神宗元年③，上出诸州贡物名件，自漳州山姜花万朵以下，至同州楉梓二十颗，凡四十三州七十种，虑其耗蠹民力，诏罢之。
诸路进奉金银钱帛共二十七万三千六百八贯、匹、两。金二千一百两。银一十六万五千四百五十两。折银钱一万八千二百五十九贯七十七文。匹帛八万七千八百匹。

---

① 此处十分明确地解释了唐朝财政体制中的"上供、留使、留州"，可见其并不是中央政府制定或首肯财政制度，而只是地方自行其是的做法。
② 率今部曲主场院，按文意，应为"率令部曲主场院"，参见《续资治通鉴》卷四。
③ 此处言"神宗元年"而无年号，是因此事在神宗即位但未改元的英宗治平四年。

同天节进奉一十二万七百四十三贯、匹、两。京东路金二百两、银五千五百两，折银钱四千三百二十四贯七百文、绢七千三百匹。京西路金一百两、银七千一百两，折银钱二千六百九贯四百七十五文。淮南路银九千二百五十两，折银钱一千七十九贯二百二十一文。两浙路银一万一千八百两、绢五千五百匹。江南东路金一千两、银六千两，折银钱五百八十贯、绢四千匹。江南西路银一万四千五百两、绢二千五百匹。荆湖南路银九千三百两。荆湖北路银八千一百两。福建路银一万四千两。广南东路银四千两。江、淮、荆、浙发运使副银各五百两。江、淮等路提点铸钱司银一千两。

南郊进奉一十五万二千八百六十五贯、匹、两。京东路金七百两、绢一万三千匹，折银钱六百五贯文。京西路金一百两、银一千三百两、绢一万五千五百匹，折银钱二千一百一十贯。淮南路银三千五百两，折银钱六千一百三十九贯五百一十二文，绢一万五千匹。两浙路银九千五百两、绢八千五百匹、罗一千匹。江南东路银五千五百两，折银钱五百八十一贯一百六十九文、绢九千匹。江南西路银一万五百两、绢四千匹。荆湖南路银一千三百两。荆湖北路银七千八百两、绢五百匹。福建路银二万三千两。广南东路银三千两。广南西路银五百两、钱二百三十贯文。

　　右系毕仲衍《中书备对》所述元丰间诸路圣节、南郊进奉金帛之数，内同天节江南东路进奉金一千两，即乾道间洪文敏公奏乞蠲减饶州圣节贡金，而寿皇特旨减七百两者是也。盖承平时圣节天下进奉通该金一千三百两，而江东路独当一千两，而江东之一千两则又止饶州一郡所出云。

徽宗政和七年，置提举御前人船所。时东南监司、郡、二广市舶率有应奉，又有不待旨，但送物至都，计会宦者以献。大率灵璧、太湖、慈口溪、武康诸石，二浙奇竹、异花、海错，福建荔枝、橄榄、龙眼，南海椰实，登、莱文石，湖湘文竹，四川佳果木，皆越海渡江，毁桥梁、凿城郭而至，植之皆生，而异味珍苞则以健步捷走，虽甚远，数日即达，色香未变也。乃作提举淮、浙人船所，命内侍邓文浩领之。蔡京以橐备东封船二千艘及广济兵士四营，又增制作牵驾人，乞诏人船所比直达纲法，自后所用，即从御前降下，使系应奉人船所数贡入，余皆不许妄进。

高宗建炎元年，诏："诸路常贡时新口味果实之类，所在因缘更相馈送，骚扰为甚。其令礼部措置，除天地、宗庙、陵寝荐献所须外，余并罢。"又诏："天下土贡如金银、匹帛，以供宗庙祭享之费用，以赡官兵之请给，不可阙者依格起发外，其余药材海错、邠州火箸、襄阳府漆器、象州藤合、扬州照子之类，一切罢之。"

绍兴四年，先是，和州言："本州残破之余，乞蠲免大礼银绢。"户部奏展半年。中书舍人王居正言："生辰及大礼进贡，乃臣子飨上之诚，初非朝廷取于百姓。若民力无所从出，合预降诏，曲加慰谕，止其进奉，则君臣恩礼两尽。既不能然，至使州县自乞，盖已非是，矧又不许，臣窃以为过矣。望特与蠲免，仍诏户部，淮南诸郡如合行除放，不须令本处再三申请，庶使恩意自出朝廷，人知感悦。"乃诏淮南州军进奉大礼银绢并蠲之。

绍兴二十六年，诏罢临安府岁贡御服绫一百匹。又诏罢连州岁贡珠子，其籍定蜑丁并放逐便。

二十七年，宰执奏四川便民事，上曰："蜀制造锦绣帘幕，以充岁贡，闻十岁女子皆拘在官刺绣。朕自即位以来，不欲土木被文绣，首为罢去，后来节次科敷多所蠲减，想民力稍宽矣。"

三十二年，孝宗登极赦："诸路或假贡奉为名，渔夺民利，果实则封闭园林，海错则强夺商贩，至于禽兽、昆虫、珍味之属则抑配人户，致使所在居民以土产之物为苦。太上皇帝尝降诏禁约贡奉，窃虑岁久，未能遵承，自今仰州军条具土产合贡之物闻于朝，当议参酌天地、宗庙、陵寝合用荐献及德寿宫甘旨之奉，止许长吏修贡外，其余一切并罢，州郡因缘多取，以违制坐之。"

卷二十三　国用考一

历代国用

《王制》[①]："冢宰制国用，必于岁之杪，五谷皆入，然后制国用。用地小大，视年之丰耗，以三十年之通，制国用，量入以为出。通三十年之率，当有九年之蓄。出，谓所当给为。祭用数之仂，算今年一岁经用之数，用其什一，丧用三年之仂，丧，大事，用三岁之什一。丧祭，用不足曰暴，有余曰浩。暴，犹耗也。浩，犹饶也。祭，丰年不奢，凶年不俭。国无九年之蓄曰不足，无六年之蓄曰急，无三年之蓄曰国非其国也。三年耕，必有一年之食；九年耕，必有三年之食。以三十年之通，虽有凶旱水溢，民无菜色，然后天子食，日举以乐。"

《周官》：太宰以九赋敛财贿，一曰邦中之赋，二曰四郊之赋，三曰邦甸之赋，四曰家削之赋，五曰邦县之赋，六曰邦都之赋，七曰关市之赋，八曰山泽之赋，九曰币余之赋。财，泉谷也。郑司农云："邦中之赋，二十之税一[②]，各有差也。币余，百工之余。"元谓[③]："赋，口率出泉。卿大夫岁时登其夫家之众寡，辨其可任者征之，遂师征其财，皆此赋也。邦中，在城郭者。四郊，去国百里。邦甸，二百里；家削，三百里；邦县，四百里；邦都，五百里。此平民也。关市、山泽，谓占会百物。币余，谓占卖国中之斥币。盖百官所用官物不尽者归之职币，职币得之，不入本府，恐久藏朽蠹，则有人占卖，依国服出息，谓之斥币，谓指斥舆人也[④]。此三者皆末作当增赋者，若今贾人倍算矣。自邦中至币余，各入其所有谷物，以当赋泉之数。"

---

① 《王制》，儒家经典《礼记》之《王制》篇。
② 二十之税一，文句难通，疑刊刻有误。查《周礼注疏》原文为"二十而税一"。
③ 元，应为"玄"，即注解《周礼》的东汉学者郑玄，此处当为清人避康熙讳而改写。
④ 舆人，《周礼注疏》为"舆人"，文意明晰。但若依《左传·僖公二十八年》"晋侯听舆人之诵"一句，舆人作众人解，则"舆人"也通。

按：此九赋，先郑以为地赋，后郑以为口赋①。然关市即邦中之地也，山泽即四郊以下之地也，一地而再税之可乎？关市即邦中之人也，山泽即四郊以下之人也，一人而再税之可乎？后郑虽有末作增赋之说，然于币余一项尚觉牵强，且居关市及山泽之民，未必皆能占会百物以取利者也，尽从而倍征之，可乎？愚以为自邦中至邦都，皆取之于民者，其或为地赋，或为口赋，不可知也；关市以下，则非地赋，亦非口赋，乃货物之税也。关市者，货之所聚，故有赋，如后世商税是也；山泽者，货之所出，故有赋，如后世榷盐、榷茶之类是也。币余则如后世领官物营运之类，故取其息。息即赋也，故名之曰九赋，而太宰总其纲焉。

以九式均节财用：一曰祭祀之式，二曰宾客之式，三曰丧荒之式，四曰羞服之式，五曰工事之式，六曰币帛之式，七曰刍秣之式，八曰匪颁之式，匪，分也，谓颁赐也，九曰好用之式。燕好所赐予。式谓用财之节。

太府掌九贡、九赋、九功之二，以受其货贿之入，颁其货于受藏之府，若内府也。颁其贿于受用之府，若职内也。凡官府都鄙之吏及执事者受财用焉。凡颁财，以式法授之；关市之赋以待王之膳服，邦中之赋以待宾客，四郊之赋以待稍秣，家削之赋以待匪颁，邦甸之赋以待工事，邦县之赋以待币帛，邦都之赋以待祭祀，山泽之赋以待丧纪，币余之赋以待赐予。凡邦国之贡以待吊用，此九贡之财。凡万民之赋以充府库，此九职之财。凡式贡之余财以供玩好之用，谓先给九式及吊用，足府库而有余财，乃可以供玩好，明玩好非治国之用。凡邦之赋用取具焉，岁终则以货贿之入出会之。

先公曰："《周官》，天下之财只有三项：九贡是邦国之贡，据经以待吊用；九赋是畿内之赋，以给九式之用；九职万民之贡，以充府库。三者余财，以供玩好。虽然，邦国之贡多矣，吊用之费几何，愚恐其有余；畿内之赋有限矣，九式之费何广也？愚恐其不足。"

玉府掌王之金玉玩好，凡良货贿之藏，凡王之献金玉、兵器、文织、

① 先郑，指西汉学者郑众。众（？—83年），字仲师，河南开封人。官至大司农，后世习称郑司农。后郑，指东汉学者、经解家郑玄。玄（127—200年），字康成，北海高密（今山东高密）人。

良货贿之物，受而藏之。凡玉之好赐，供其货贿。

贾山《至言》①："昔者，周盖千八百国，以九州之民养千八百国之君，用民之力不过岁三日，君有余财，民有余力，而颂声作。秦皇帝以千八百国之民自养，力罢而不能胜其役，财尽而不能胜其求。一君之身耳，所以自养者驰骋弋猎之虞，天下弗能供也。"

汉接秦之弊，民失作业，而大饥馑。天下既定，民亡盖藏，自天子不能具醇驷，醇，不杂也。而将相或乘牛车。上于是约法省禁，轻田租，而山川园池市肆租税之入，自天子以至封君汤沐邑，皆各有私奉养②，不领于天子之经费。漕转关东粟以给中都官，岁不过数十万石。文帝即位，贾谊说上曰："汉之为汉几四十年，公私之积犹可哀痛"云云，上感谊言，开籍田，躬耕以劝百姓。

晁错说上募民入粟，边支五岁则入粟郡县，支一岁则时赦，勿收农民租。见《田赋门》。

武帝时，太仓之米红腐而不可食，都内之钱贯朽而不可授③，乃外事四夷，内兴功利。用度不足，乃募民入奴婢得以终身复，及入羊为郎，又令民买爵，置武功爵，见《鬻爵门》。造皮币、白金，见《钱币门》。置盐、铁、均输官，算商车、缗钱，榷酒酤。见《征榷门》。

西汉财用之司凡三所：大司农，官库。少府、水衡。二者天子之私藏。故桑弘羊言"山海天地之藏，宜属少府，陛下勿私，以属大农"，毋将隆言"大司农钱自乘舆不以给供养，劳赐一出少府"。盖不以本藏给末用，不以民力供浮费，别公私，示正路也。又宣帝本始二年，

---

① 贾山，生卒年不详，汉文帝时名臣，曾谏阻文帝允许民间铸钱。《至言》是贾山的政论文章，以秦为鉴，谈治乱之道。

② 皆各有私奉养，《汉书·食货志》作"皆各为私奉养"。

③ 太仓之米红腐而不可食，都内之钱贯朽而不可授，语义通顺，但《汉书·贾捐之传》作"太仓之粟红腐而不可食，都内之钱贯朽而不可校"。"粟"较"米"准确，"校"与《史记·平准书》《汉书·食货志》一致。

以水衡钱为平陵民起宅第。应劭注："县官公作当仰司农，今出水衡钱，宣帝即位为异政也。"

王莽末，边兵二十万人仰县官衣食，用度不足，数横赋敛。又一切税吏民，訾三十而取一。又令公卿以下至郡县黄绶吏，皆保养军马，师古曰："保者，不许其死伤。"吏尽复以与民。转令百姓养之。民摇手触禁，不得耕桑，繇役烦剧，旱蝗相因。上自公侯，下至小吏，皆不得俸禄，而私赋敛，民无以自存，盗贼蜂起。

汉兵攻莽，时省中黄金万斤者为一匮，尚有六十匮，黄门、钩盾、藏府、中尚方处处各有数匮。长乐御府、中御府及都内，平准帑藏钱帛珠玉财物甚众，莽愈爱之。拜将军九人，皆"虎"为号，将精兵而东，纳其妻子宫中以为质。赐九虎士人四千钱，众重怨，无斗志。

更始都长安，居安乐宫，府藏完全，独未央宫烧，攻莽三日，死则安堵复故。更始至，岁余政教不行。明年，赤眉入关，立刘盆子，遂烧长安宫室市里，害更始，长安为虚，城中无人行。

东汉大司农掌诸钱谷金帛诸货币，四时上月旦见钱谷簿①，其逋未了，各具别之。边郡诸官请调度者皆为报给，损多益寡，取相给足。部丞一人主帑藏，太仓令一人主受郡国传漕谷。

世祖建武六年，诏田租三十税一如旧。见《田赋门》。

肃宗时②，张林请置盐、铁、均输官。见《征榷门》。

旧大官汤官给用岁且二万万，窦太后诏杀省珍费③，自是裁数千万。汉故事，供给南单于岁一亿九十余万，西域岁七千四百八十万。

桓帝时，段颎言："永初中，诸羌反叛，十有四年，用二百四十亿；永和之末，复给七年，用八十余万亿。今若以骑五十，步万人，车三千两，三冬二夏，无虑用费五十四亿。"④

灵帝光和元年，初开西邸卖官，自关内侯、虎贲、羽林，入钱各有

---

① 司马彪：《续汉书·百官志》大司农条本注曰："掌诸钱谷金帛诸货币。郡国四时上月旦见钱谷簿"，多"郡国"二字，《续汉书》志入《后汉书》，故《后汉书》也如此记。

② 汉章帝庙号肃宗。

③ 窦太后，《后汉书·皇后纪》作"邓太后"。

④ 此段中数字有不合理处，如"八十余万亿""五十"，查《后汉书·段颎传》作"骑五千，步万人，车三千两，三冬二夏，足以破定""永和之末，复经七年，用八十余亿"。

差。私令左右卖公卿，公千万，卿五百万。

中平二年，敛修宫钱。

中常侍张让、赵忠说帝敛天下田亩十钱，以修宫室。又令西园骓分道督趣，恐动州郡，多受赇赂。刺史、二千石及茂才、孝廉迁除，皆责助军、修宫钱，大郡至二三十万，余各有差。当之官者，皆先至西园谐价，然后得去，其守清者乞不之官，皆迫遣之。时钜鹿太守司马直新除，以有清名，减责三百万。直被诏，怅然曰："为民父母，而反割剥百姓，以称时求，吾不忍也。"辞疾，不听。行至孟津，上书极谏当世之失，即吞药自杀。书奏，帝为暂绝修宫钱。又造万金堂于西园，引司农金钱缯帛，仞积其中。又还河间买田宅，起第观。帝本侯家，宿贫，每叹桓帝不能作家居，故聚为私藏，复藏寄小黄门、常侍钱各数千万。

帝多蓄私藏，收天下之珍，每郡国贡献，先输中府，名为"导行费"。中府，内府也。导，引也，贡献外别有所入，以为所献希之引导也。

吕强上疏谏曰："天下之财，莫不生之阴阳，归之陛下。归之陛下，岂有公私？而尚方敛诸郡之宝，中御府积天下之缯，西园引司农之藏，中厩聚太仆之马，而所输之府，辄有导行之财。调广民困，费多献少，奸吏因其利，百姓受其弊。"书奏不省。

献帝即位，董卓劫迁长安，卓诛死，李傕郭汜自相攻伐[1]，于长安城中为战地。时谷一斛五十万，豆麦二十万，人相食啖，白骨盈野。帝出太仓米豆为饥民作糜，于御前自加临给。及东归至安邑，御衣穿败，唯以野枣、园菜以为糇粮，长安丘墟。建安元年，驾至洛阳，百官披荆棘而居。州郡各拥强兵，委输不至，尚书郎官自出采稆，或不能自反，死于墙巷。

晋武帝平吴之后，世属升平，物流仓府，宫闱增饰，服玩相辉。于是王君夫、武子、石崇等更相夸尚，舆服鼎俎之盛，连衡帝室，布金埒之泉，粉珊瑚之树。物盛则衰，固其宜也。永宁之初，洛中尚有锦帛四百

① 李傕、郭汜皆董卓部将。

万，珠宝金银百余斛。惠后北征，荡阴反驾，寒桃在御，只鸡以给，其布衾两幅、囊钱三千，以为车驾之资焉。怀帝为刘曜所围，王师累败，府帑既竭，百官饥甚，比屋不见烟火，饥人自相啖食。愍皇西宅，馁馑仍多，斗米二金，死人大半，刘曜陈兵，内外断绝，拾饼之麴屑而供御，君臣相顾挥涕。

元帝渡江，军士创草蛮貊，赎布不可恒准，中府所储布四千匹。于时石勒勇锐，挺乱淮南，帝惧其侵逼，乃诏方镇能斩勒首者，赏布千匹云。

苏峻既平，帑藏空竭，库中唯有练数千端，鬻之不售，而国用不给。王导患之，乃与朝贤俱制练布单衣，于是士人翕然竞服之，练遂踊贵，乃令主者出卖，端至一金。

晋自元帝寓居江左，侨立郡县，诸蛮貊俚洞霑沐王化者，各随轻重收其赎物，以裨国用，历宋、齐、梁、陈，皆因而不改。见《田赋门》。

后魏自孝明帝正光后，国用不足，乃先折天下六年租调而征之，百姓怨苦，有司奏断百官当给之酒，计一岁所省米谷麴有差。见《榷酤门》。尔后寇贼转众，诸将出征，相继奔败，帑藏空竭，有司又奏内外百官及诸蕃客廪食、肉悉三分减一，计岁终省肉百五十九万九千八百五十六斤、米五万三千九百三十二石。

魏自永安之后，政道陵夷，寇乱寔繁，农商失业。官有征伐，皆权调于人，犹不足以相资奉，乃令所在迭相纠发，百姓愁怨，无复聊生。六镇扰乱，相率内徙，寓食齐、晋之郊，齐神武因之，以成大业。魏武西迁，连年战争，河、洛之间，又并空竭，迁都于邺。时六坊之众从武帝而西者，不能万人，余皆北徙，并给常廪，逐丰稔之处，折绢籴粟，以充国储。于诸州缘河津济，皆官仓储积，以拟漕运；于沧、瀛、幽、青四州之境，傍海置盐官以煮盐，每岁收钱，军国之资，得以周赡。

北齐武成时，用度转广，赐予无节，府藏不足以供，乃减百官之禄，彻军人常廪，并省州郡县镇戍之职[1]；又制刺史守宰行兼者并不给干，南齐以有僮干，若今驱使门仆之类。以节国用之费焉。

隋文帝开皇时，百姓承平渐久，虽遭水旱，而户口岁增，诸州调物，

---

[1] 镇戍之职，《隋书·食货志》《通典·食货五》皆作"镇戍之职"。

每岁河南自潼关，河北自蒲坂，至于京师，相属于道，昼夜不绝数月。帝又躬行节俭，益宽徭赋，平江表，师还，赐物甚广，其余出师命赏，莫不优崇。十二年，有司上言库藏皆满，帝曰："朕既薄赋于人，又大经赐用，何得尔也？"对曰："用处常出，纳处常入，略计每年赐用至数百万段，曾无减损。"乃更开左藏之院，构屋以受之。诏曰："既富而教，方知廉耻，宁积于人，无藏府库。"乃蠲河北、河东今年田租，三分减一，兵减半，功调全免。炀帝即位，户口益多，府库盈溢，乃除妇人及奴婢、部曲之课。其后征伐巡游不忘，租赋之入益减，百姓怨叛，以至于亡。

按：古今称国计之富者莫如隋，然考之史传，则未见其有以为富国之术也。盖周之时，酒有榷，盐池、盐井有禁，入市有税，至开皇三年而并罢之。夫酒榷、盐铁、市征，乃后世以为关于邦财之大者，而隋一无所取，则所仰赋税而已。然开皇三年调绢一匹者减为二丈，役丁十二番者减为三十日，则行苏威之言也。继而开皇九年以江表初平，给复十年，自余诸州并免当年租税。十年，以宇内无事，益宽徭赋，百姓年五十者输庸停放。十二年，诏河北、河东今年田租三分减一，兵减半，功调全免，则其于赋税复阔略如此。然文帝受禅之初，即营新都徙居之，继而平陈，又继而讨江南、岭表之反侧者，则此十余年之间，营缮征伐未尝废也。史称帝于赏赐有功，并无所爱，平陈凯旋，因行庆赏，自门外夹道列布帛之积，达于南郭，以次颁给，所费三百余万段，则又未尝啬于用财也。夫既非苛赋敛以取财，且时有征役以糜财，而赏赐复不吝财，则宜用度之空匮也，而何以殷富如此？史求其说而不可得，则以为帝躬履俭约，六官服浣濯之衣，乘舆供御有故敝者，随令补用，非燕享不过一肉，有司尝以布袋贮乾姜，以毡袋进香，皆以为费用，大加谴责。呜呼！夫然后知《大易》所谓"节以制度，不伤财，不害民"[①]，《孟子》所谓"贤君必恭俭礼下，取于民有制"者，信利国之良规，而非迂阔之谈也。汉、隋二文帝皆以恭履朴俭富其国，汉文师黄老，隋文任法律，而所行暗合圣贤如此。后之谈孔孟而行管商者，乃曰"苟善理财，虽以天下自奉

① 《大易》，即《周易》。"节以制度"一语出自《周易·节卦》。

可也",而其党遂倡为"丰亨豫大①,惟王不会"之说②,饰六艺,文奸言,以误人国家,至其富国强兵之效,则不逮隋远甚,岂不谬哉!

唐贞观时,马周上疏曰:"隋室贮洛口仓,而李密因之;东都积布帛,而王世充据之;西京府库亦为国家之用,至今未尽。向使洛口、东都无粟帛,则王世充、李密未能聚大众。但贮积固有司之常事,要当人有余力而后收之,若人劳而强敛之,更以资寇,积之无益也。"

唐天宝以来,海内富实,天下岁入之物,租钱二百余万缗,粟千九百八十余万斛,庸、调绢七百四十万匹,绵百八十余万屯,布千三十五万余端。天子骄于佚乐而用不知节,大抵用物之数,常过于所入,于是钱谷之臣始事朘削。太府卿杨崇礼句剥分铢,有欠折溃损者,州县督送,历年不止。其子慎矜专知太府,次子慎名知京仓,亦以苛刻结主恩。王洪为户口色役③,使岁进钱百亿万缗,非租庸正额者,积百宝大盈库,以供天子燕私。及安禄山反,杨国忠以为正库物不可以给士,遣御史崔众至太原纳钱度僧尼、道士,旬日得万缗而已。自两京陷没,民物耗弊,肃宗即位,籍江淮富商赀,见《榷算门》。时第五琦以钱谷得见,请于江淮置租庸使。明年,宰相裴冕以天下用度不足,诸道得召人纳钱,给空名告身,授官勋邑号,度道士、僧尼不可胜计;纳钱百千,赐明经出身;商贾助军者,给复。

故事,天下财赋归左藏,而太府以时上其数,尚书比部覆其出入。时京师豪将假取不能禁,第五琦为度支盐铁使,请皆归大盈库,供天子给赐,主以中官。自是天下之财为人君私藏,有司不得程其多少。

杨炎既相德宗,上言曰:"财赋,邦国大本,生人之喉命,天下

---

① 丰亨豫大,语源于《周易》。《周易·丰卦》:"丰亨,王假之,勿忧。"《周易·豫》:"豫大有得,志大行也。"意为世道太平兴盛,无须忧虑。
② 惟王不会,语出《周礼·天官·膳夫》,原话为"岁终则会,唯王及后世子之膳,不会"。意为王室的膳食费用可以不算计、考核。后世阿谀之臣讲惟王不会,则是说王室的一切花销都不必算计考核。
③ 王洪为户口色役,《新唐书·食货志》作"王鉷为户口色役使"。

治乱轻重系焉。先朝权制，以中人领其职，五尺宦竖操邦之柄，丰俭盈虚虽大臣不得知，无以计天下利害。臣请出之，以归有司，度宫中给费一岁几何，量数奉入，不敢阙。"帝从之，乃诏岁中裁取以入大盈库，度支具数先闻。

初，转运使掌外，度支使掌内。永泰二年，分天下财赋、铸钱、常平、转运、盐铁，置二使。东都畿内、河南、淮南、江东西、湖南、荆南、山南东道，以转运使刘晏领之；京畿、关内、河南、剑南、山南西道，以京兆尹、判度支第五琦领之。及琦贬，以户部侍郎、判度支韩滉与晏分治。时回纥有助收西京功，代宗厚遇，与为婚，岁送马十万匹，酬以缣帛百余万匹，而中国财竭，岁负马价。鱼朝恩、元载擅权，帝诛朝恩，复与载贰，君臣猜间不协，边计兵食置而不议者几十年。诸镇擅地，结为表里，日治兵缮垒，天子不能绳其法①，专留意祠祷，焚币玉，写浮屠书，度支廪赐僧巫，岁巨万计。时朝多留事，经岁不能遣，置客省以居，上封事不足采者，蕃夷贡献未报及失职未叙者，食度支数千百人。德宗即位，用宰相崔祐甫，拘客省者出之，食度支者遣之，岁省费万计。

自至德以后，天下兵起，因以饥厉，百役并兴，人户凋耗，版图空虚。军国之用，仰给于度支、转运使，四方征镇又自给于节度、都团练使。赋敛之司数四，莫相统摄，纲目大坏，朝廷不能覆诸使，诸使不能覆诸州。四方贡献，悉入内库，权臣巧吏因得旁缘，公托进献，私为赃盗，动万万计。河南、山东、荆襄、剑南重兵处，皆厚自奉养，王赋所入无几。科敛凡数百名，废者不削，重者不去，新旧仍积，不知其涯。百姓竭膏血，鬻亲爱，旬输月送，无有休息。吏因其苛，蚕食于人，富者得免，贫者丁存，故课免于上，而赋增于下。杨炎为相，乃请为两税法以均之，自此吏不能容奸，权归朝廷。详见《田赋门》。

初，德宗居奉天，储蓄空窘，尝遣卒视贼，以苦寒乞襦，不能致，剔亲王带金而鬻之。朱泚既平，乃属意聚敛，常赋之外，进奉不息。剑南西川节度使韦皋有"日进"，江西观察使李兼有"月进"，他如杜亚、刘赞、王纬、李锜皆徼射恩泽，以常赋入贡，名为"羡余"，至代易又有"进奉"。户部钱物，所在州府及巡院皆得擅留，或矫密旨加敛，或减刻吏

---

① 天子不能绳其法，《新唐书·食货志》作"天子不能绳以法"。

禄，或贩鬻蔬果，往往私自入，所进才什二三，无敢问者。刺史及幕僚至以进奉得迁官。继而裴延龄用事，益为天子积私财，生民重困，又为宫市。见《征榷门》。

朱泚僭位长安，既据府库之富，不爱金帛，以悦将士。公卿家属在城者皆给月俸，神策及六军从车驾及哥舒曜、李晟者皆给其衣粮。加以缮完器械，日费甚广。及长安平，府库尚有余蓄，见者皆追怨有司之横敛焉。

裴延龄领度支，奏：“左藏库司多有失落，近因检阅使置簿书，乃于粪土之中得银十三万两，其匹段杂货百万有余，此皆已弃之物，即是羡余，悉应移入杂库，以供别敕支用。”太府少卿韦少华不伏，抗表称此皆每月申奏见在之物，请加推验。执政请令三司详覆，上不许，亦不罪少华。

司马温公有言：“天之生财止有此数，不在民则在官，譬如雨泽，夏潦则秋旱。”善哉言也。后世多欲之君、聚敛之臣，苟征横敛，民力不堪而无所从出，于是外则擅留常赋以为进奉，内则妄指见存以为羡余，直不过上下之间自相欺蔽耳。德宗借军兴用度不足之名，而行间架、陌钱诸色无艺之征敛，乃复不能稍丰泾原军士之廪饷，以致奉天之难，至委其厚藏以遗朱泚。泚平而府库尚盈，人皆追怨横敛，而帝方惩奉天储蓄空窘，益务聚蓄，不知所以致难之由非因乏财，盖知聚而不知散，乃怨府也。不明之君可与言哉？

宪宗时，分天下之赋以为三：一曰上供，二曰送使，三曰留州。宰相裴垍又令诸道观察、节度调费取于所治州，不足则取于属州，送使之余与其上供者皆输度支。时因德宗府库之积，天子颇务俭约。及刘辟、李锜平，赀藏皆入内库。方镇于頔、王锷进献甚厚，帝受之，李绛言其非宜，帝喟然曰：“诚知非至德事，然两河中夏贡赋之地，朝觐久废，河、湟陷没，烽侯列于郊甸，方刷祖宗之耻，不忍重敛于人也。”然不知进献之取于人重矣。其后，皇甫镈、王遂、李翛、程异用事，益务聚敛，诸道贡献尤甚。

会昌末，置备边库，收度支、户部、盐铁钱物。宣宗更号延资库。初以度支郎中判之，至是以属宰相，其任益重。户部岁送钱帛二十万，度支盐、铁送者三十万，诸道进奉助军钱皆输焉。

元和中，供岁赋者，浙西、浙东、宣歙、淮南、江西、鄂岳、福建、湖南八道，户百四十四万，比天宝四之一，兵食于官者八十三万，加天宝三之一，通以二户养一兵。京西北、河北以屯田广①，无上供。至长庆，户三百三十五万，而兵九十九万，率三户以奉一兵。至武宗即位，户二百一十一万四千九百六十。会昌末，户增至四百九十五万五千一百五十一。宣宗既复河、湟，天下两税、榷酒茶盐，岁钱入九百二十二万缗，岁之常费率少三百余万，有司远取后年乃济，及郡盗起②，诸镇不复上计云。

李吉甫为《元和国计簿》及中书奏疏③，以天下郡邑户口财赋之入较吏禄、兵廪、商贾、僧道之数，大率以二户而资一兵，以三农而养七游手。

后唐庄宗既灭梁，宦官劝帝分天下财赋为内、外府，州县上供者入外府、充给费；方镇贡献者入内府，充宴游及给赐左右。于是外府常虚竭无余，而内府山积，及有司办郊祀，乏劳军钱。郭崇韬颇受藩镇馈遗，或谏之，崇韬曰："吾位兼将相，禄赐巨万，岂藉外财？但伪梁之世，贿赂成风，今河南藩镇皆梁旧臣，主上之仇雠也，若拒其意，能无惧乎？吾特为国家藏之私室耳。"至是，首献劳军钱十万缗，因言于上曰："臣已倾家所有，以助大礼。愿陛下亦出内府之财，以赐有司。"上默然久之，曰："吾晋阳自有储蓄，可令租庸辇取以相助。"于是取李继韬私第金帛数十万以益之。继韬时以诛死。军士皆不满望，始怨恨有离心矣。

潞王之发凤翔也④，许军士以入洛人赏钱百缗。既至，阅府库实金帛不过三万疋、两，而赏军之费应用五十万缗，乃率京城民财，数日仅得数万缗。执政请据屋为率，无问士庶，自居及僦者预借五月僦直，百方敛民财，仅得六万。帝怒，下军巡使狱昼夜督责，囚系满狱，贫者至自经死，而军士游市肆皆有骄色。时竭左藏旧物及诸道贡献，乃至太后、太妃器服

---

① 京西北、河北以屯田广，《新唐书·食货志》作"京西北、河北以屯兵广"，较此合理。

② 及郡盗起，《新唐书·食货志》作"及群盗起"。

③ 《元和国计簿》，唐宪宗时的宰相李吉甫所撰，收录了唐代人口、赋役等方面的统计资料，分项记载其收入数字。

④ 潞王，指后唐末帝李从珂，934—936 年在位，死后无谥号，登基前曾受封为潞王。

簪珥皆出之，才及二十万缗。帝患之，李专言于帝曰①："窃思自长兴之季，赏赉亟行，卒以是骄。继以山陵及出师，帑藏遂涸。虽有无穷之财，终不能满骄卒之心，故陛下拱手于危困之中而得天下。夫国之存亡，不专系于厚赏，亦在修法度、立纪纲。陛下苟不改覆车之辙，臣恐徒困百姓，存亡未可知也。今财力尽于此矣，宜据所有均给之，何必践初言乎？"帝以为然。军士无厌，犹怨望。

宋太祖皇帝乾德三年，诏诸州支度经费外，凡金帛悉送阙下，无得占留。自唐末兵兴，方镇皆留财赋自赡，名曰留使、留州，其上供殊鲜。五代疆境迫蹙，藩镇益强，率令部曲主场、院，厚敛以自奉。太祖周知其弊，后藩郡有阙，稍命文臣权知所在场务，或以京朝官廷臣监临，于是外权削而利归公上，条禁文簿，渐为精密。

六年，诏诸州通判、官粮科院至任，并须躬自检阅账籍所列官物，不得但凭主吏管认文状。

是岁，置封桩库②。国初，贡赋悉入左藏库，及取荆、湖，下西蜀，储积充羡，始于讲武殿别为内库，号"封桩库"，以待岁之余用。

> 帝尝曰："军旅、饥馑，当预为之备，不可临事厚敛于人。"乃置此库。太宗又置景福殿库，隶内藏库，拣纳诸州上供物，尝谓左右曰："此盖虑司计之臣不能约节，异时用度有阙，当复赋率于民耳。朕终不以此自供嗜好也。"自乾德、开宝以来，用兵及水旱赈给、庆泽赐赉，有司计度之所缺者，必籍其数，以贷于内藏，俟课赋有余则偿之。淳化后，二十五年间，岁贷百万，有至三百万者。累岁不能偿，则除其籍。

> 止斋陈氏曰："国初平僭伪，尽得诸国所藏之赋入内藏。是后，时时以州县上供揎拨入库，而不齐集，守藏之臣每以为言，上亦不察察也。盖祖宗盛时，内藏库止是收簇给费之余或坊场课利，不以多寡，初无定额。熙宁二年，始命三司户部判官张讽核实，讽取自嘉祐至治平十年以来输送之数、见得川路金银，自皇祐三年并纳内库，余福建、广东、淮南、江南东则各有窠名分隶。而十年之间所入殊不

---

① 李专，应为"李专美"，此处所述见《旧五代史·晋书·李专美传》。

② 与前文连读，似乎置封桩库在乾德六年，而据《宋史纪事本末·太祖建隆以来诸政》，此事在乾德三年。疑此段应在"六年，诏诸州通判……"一段之前。

等，乃诏今后并令纳左藏库，逐年于左藏库拨金三百两、银五十万两入内藏，遂为永额。然讽元奏治平以前诸路所进坑冶、山泽、河渡课利，悉在其中，既合为元额矣，在后中书再取旨，以诸路提点银铜坑冶司所辖金银场冶课利并依久例，尽数上供入内库，则坑冶之入不理为左藏库年额之数。自是条制益严密，皆王安石之为也。元丰元年，敕诸路上供金银钱帛令赴内藏库内者，委提刑拘催，擅折变、那移、截留者徒二年，不以赦原。元祐诏令诸路坑冶课利七分起发赴内藏库，三分充漕计，靖康改元，三分复尽输内藏矣。"

开宝元年，诏诸道给舟车辇送上供钱帛。

　　止斋陈氏曰："国初上供随岁所入，初无定制，而其大者在粮、帛、银、钱、诸路米纲。《会要》：开宝五年，令汴、蔡河岁运江淮米数十万石赴京充军食；太平兴国六年，制岁运三百五十万石；景德四年，诏淮南、江、浙、荆湖南北路，以至道二年至景德二年终十年酌中之数，定为年额，上供六百万石。米纲立额始于此。银纲，自大中祥符元年诏五路粮储已有定额，其余未有条贯，遂以大中祥符元年以前最为多者为额，则银纲立额始于此。钱纲，自天禧四年四月三司奏请立定钱额，自后每年依此额数起发，则钱纲立额始于此。绢绵纲虽不可考，以咸平三年三司初降之数，则亦有年额矣。然而前朝理财务在宽大，随时损益，非必尽取。上供增额起于熙宁，虽非旧贯，尤未为甚。崇宁三年十一月，始立上供钱物新格，于是益重。宣和元年，户部尚书唐恪稽考诸路上供钱物之数：荆湖南路四十二万三千二百二十九万匹、两，利州路三万二千五百一十八贯、匹、两，荆湖北路四十二万七千二百七十七贯、匹、两，夔州路一十二万三百八十九贯、匹、两，江南东路三百九十二万四百二十一贯、匹、两，福建路七十二万二千四百六十七贯、匹、两，京西路九万六千三百五十一贯、匹、两，河北路一十七万五千四百六十四贯、匹、两，广西路九万一千九百八十贯、匹、两，京东路一百七十七万二千一百二十四贯、匹、两，广南东路一十八万八千三十贯、匹、两，陕西路一十五万七百九十贯、匹、两，江南西路一百二十七万六千九十八贯、匹、两，成都路四万五千七百二十五贯、匹、两，潼川路五万二千一百二十贯、匹、两，两浙路四百四十三万五千七百八十八贯、匹、两，两淮南路一百一十一万一千六百四十三贯、匹、两，而斛斗地杂科不与焉，其取之民极矣。方今版图仅及承平之半，而赋入过宣和之数，虽曰饷军，出不得已，要非爱惜邦本之道，此宽民力之说所以为最先务也。"

按：止斋此段足以尽宋朝上供之委折。上供之名始于唐之中叶，盖以大盗扰乱之后，赋入失陷，国家日不暇给，不能考覈，加以强藩自擅，朝廷不能制，是以立为上供之法，仅能取其三之一。宋兴，既已削州镇之权，命文臣典藩，奉法循理，而又承平百年，版籍一定，大权在上，既不敢如唐之专擅以自私，献入有程，又不至如唐之璀乱而难考则，虽按籍而索，锱铢皆入朝廷，未为不可。然且犹存上供之名，取酌中之数，定为年额，而其遗利则付之州县桩管，盖有深意：一则州郡有宿储，可以支意外不虞之警急；二则宽于理财，盖阴以恤民。承流宣化者幸而遇清介慈惠之人，则上供输送之外，时可宽假以施仁；不幸而遇贪饕纵侈之辈，则那计优裕之余，亦不致刻剥以肆毒，所谓损上益下者也。呜呼，仁哉！

六年，令诸州旧属公使钱物尽数系省，毋得妄有支费。以留州钱物尽数系省始于此。

止斋陈氏曰："自唐末方镇厚敛以自利，上供殊鲜，或私纳货赂，即名贡奉，至是始尽系省。按：后唐天成年宣命，于系省麹钱上，每贯止二百文充公使。同光二年，庸租院奏，诸道如更妄称简置官员，即勒令自备请给，不得正破系省钱物，则系省之名旧矣，然初未尝立拘辖钩管之制，要不使枉费而已。淳化五年十二月，初置诸州应在司，具元管、新收、已支、见在钱物申省。景德元年，复立置簿，拘辖累年应在。虽有此令，不过文具。三司使丁谓奏立转运司比较闻奏，省司进呈增亏赏罚之法。然承平日久，国家盖务宽大，诸郡钱物往往积留，漕臣靳惜，吝于起发，而省司殊不究知其详。魏羽在咸平则言淳化以来收支数目攒簇不就，名为主计而不知钱出纳。王随在景德则言咸平以来未见钱物著落，诸州受御指挥，多不供申，或有申报多是鲁莽，以致勘会勾销了绝不得。范雍在天圣则又言自太平兴国以来未尝除破，更有桩管，倍万不少。天圣至嘉祐四十年间，理财之令数下，徒有根括驱磨之文，设而不用，以此见得开国以来讫于至和，天下财物皆藏州郡。祖宗之深仁厚泽，于此见矣。熙宁五年，看详编修中书条例检正五房公事、判司农寺曾布奏：'伏以四方财物，乾没差谬，漫不可知，三司虽有审覆之名，不复省阅，但为空文。自天圣九年，上下因循，全无检点，纵有大段侵欺，亦无由举发，为弊滋多。'遂乞专置司驱磨天下账籍。自专置司，继以旁通目子，而天下无遗利，而公使钱始立定额，自二百贯至三千贯止。州郡所入，才醋息、房园、祠庙之利，谓之'收簇'，守臣窘束，屡有奏陈。谓如本州额定公使钱一千贯，则先计其州元收坊场、园池等项课利钱若干，却以不系省钱贴足额数。然诸项课钱逐年所收不等，或亏折不及元数，而所支不系省贴足之钱更不增添，则比额定数有不及一半者，此其所以窘束也。后又以在州诸色钱类为一体，封桩入便，以便不尽钱起发。初，嘉祐茶通商，于是以六路茶本钱、茶租、茶税钱封桩入便，若辄有支动，即当职黜降，不以自首、迁官、去官、赦降原减之限。至是，遂以七路诸色钱并依通商茶法矣。元丰五年，又以上供年额外，凡琐细钱定为无额上供。谓坊场税钱、增添盐酒钱、卖香矾钱、卖秤斗钱、卖铜锡钱、披剃钱、封赠钱、淘寻野料钱、额外铸到钱、铜铅木脚钱、竹木税钱、误支请受钱、代支失陷赏钱、赃罚钱、户绝物帛钱。盖自系省而后有应在司，有应在司而后有封桩，有封桩而后起发。盖至熙、丰系省，初无窠名，应在司最为冗长，此元祐群臣所以深罪王安石之纷更也。"

又诏诸州守臣，非圣节进奉，自余诸般进奉钱物并留本州管系，不得押领上京。圣节进奉始此。

　　止斋陈氏曰："谨按李焘《续通鉴》、熊克《九朝要略》[①]，皆于乾德三年三月平蜀后书：诏诸州计度经费外，凡金帛悉送阙下，于是外权削而利归公上矣。盖约本志修入，而《实录》不著。窃考建隆以来，凡上供纲皆有元降指挥，独不见上件条贯，唯至道四年二月

---

　　① 熊克，宋代学者，绍兴二十一年（1151年）进士。历任主簿、府学教授、知县、秘书郎、起居郎兼直学士等职。《九朝要略》，应为《九朝通略》，熊氏所著，现已散佚。

十四日，敕川陕钱帛令本路转运司计度，只留一年支备，其剩数计纲起发上京，不得占留，盖平蜀后事也。自余诸州常切约度，在州以三年准备为率外，县镇二年，偏僻县镇一年，河北、陕西缘边诸州不在此限。 江、浙、荆湖、淮南西四路自来便钱，州月帐内将见钱除半支遣外，并具单状申奏。诸州应系钱物合供文帐，并于逐色都数下，具言元管年代、合系本州支用申省，候到省日，或有不系本州支用及数目浩大，本处约度年多支用不尽时，下转运及本州相度，移易支遣。三司据在京要用金银钱帛诸般物色，即除式样遍下诸州府，具金银钱帛粮草收、支、见在三项单数，其见在项内开坐约支年月，省司即据少剩数目下诸路转运司移易支遣，及牒本州般送上京。如有约度不足去处，许以收至诸色课利计置封桩，以此参考是岁进奉约束。并景德元年李焘所奏，足见国初未尝务虚外郡，以实京师，今从《实录》。"

按：乾德三年有诸州金帛悉送阙下之诏，今复有此诏，疑若异同，而止斋遂以《实录》不载前诏为疑。盖唐末而方镇至于擅留上供之赋，威令不行故也；宋兴而州郡不敢私用留州之钱，纪纲素立故也。既欲矫宿弊，则不容不下乾德之诏；然纪纲既已振立，官吏知有朝廷，则不妨藏之州郡，以备不虞，固毋烦悉输京师而后为天子之财也。

诏官受仓场头子钱之半。头子钱本末见《田赋门》。

卷二十四　国用考二

历代国用

宋兴而吴、蜀、江南、荆湖、南粤皆号富强，相继降附，祖宗因其畜，守以恭俭简易。方是时，天下生齿尚寡，而养兵未甚蕃，任官未甚冗，佛老之徒未甚炽，外无夷狄金缯之遗，百姓各安其生，不为巧伪放侈，故上下给足，府库羡溢。承平既久，户口岁增，兵籍益广，吏员益众，佛老、夷狄耗蠹中国，县官之费，数倍昔时，百姓亦稍纵侈，而上下始困于财矣。仁宗承之，给费寝广，天圣初，始命有司取景德一岁用度，较天禧所出，省其不急者。初，自祥符天书既降①，斋醮靡费甚众②，至是始大省斋醮宴赐，及减诸宫观卫卒。自是，道家之奉有节，土木之费省矣。至宝元中，陕西用兵，调度百出，县官之费益广。贾昌期上言③："江淮岁运粮六百余万，以一岁之入，仅能充期月之用，三分二在军旅，一在冗食，先所畜聚，不盈数载。天下久无事，而财不藏于国，又不在民，倘有水旱军戎之急，计将安出？"于是议省冗费，减皇后及宗室妇郊祠所赐之半，著为式。于是皇后、嫔御、宗室刺史，各上俸钱以助军，帝亦罢左藏库月进钱千二百缗，公卿近臣亦减郊祠所赐银绢，著为式。时三司使王尧臣取陕西、河北、河东三路未用兵前，及用兵后岁出入财用之数会计以闻：宝元元年未用兵，陕西钱帛粮草入一千九百七十八万，出一千一百五十一万；用兵后，入三千三百六十三万④，出三千三百六十三万有

---

① 祥符天书，宋真宗为宣扬道教、粉饰太平，宣称天降祥符天书三篇于其所建道场，且果然寻见。遂改年号为大中祥符，并发行祥符元宝钱。

② 斋醮，道教的祈祷仪式。

③ 贾昌期，《宋史·食货志》作"贾昌朝"，应是。昌朝，镇定获鹿（今属河北）人，真宗朝赐同进士出身，累迁至枢密使、参知政事、同中书门下平章事，封魏国公。《宋史》有传。

④ 入三千三百六十三万，《宋史·食货志》作"三千三百九十三万"。

奇。盖视河东北尤剧，以兵屯陕西特多故也。

元昊请臣，西兵既解，而调用无所减，即下诏切责边臣及转运司趣议蠲除科率，稍徙屯兵还内地，汰其老弱，官属羡溢则并省之；又命较近岁天下财赋出入之数送三司，取一岁中数以为定式。初，真宗时，内外兵九十一万二千，宗室、吏员受禄者九千七百八十五。宝元以后，募兵益广，宗室繁衍，吏员岁增，至是，兵百二十五万九千，宗室、吏员受禄者万五千四百四十三，禄廪俸赐从而增广。又景德中，祀南郊，内外赏赉缗钱、金帛总六百一万；至是，飨明堂，增至一千二百余万，故用度不得不屈。范镇上言："古者宰相制国用，今中书主民，枢密院主兵，三司主财，各不相知，故财已匮而枢密院益兵不已，民已困而三司取财不已，中书视民之困，而不知使枢密减兵，三司宽财者，制国用之职不在中书也。愿使中书、枢密院通知兵民财利大计，与三司量其出入，制为国用，则天下民力庶几少宽。"至英宗治平二年，内外入一亿一千六百一十三万八千四百五，出一亿二千三十四万三千一百七十四，非常出者又一千一百五十二万一千二百七十八。是岁，诸路积一亿六千二十九万二千九十三，而京师不兴焉。

苏轼《策别》曰①："人君之于天下，俯己以就人，则易为功，仰人以援己，则难为力，是故广取以给用，不如节用以廉取之为易也。臣请得以小民之家而推之。夫民方其困穷时，所望不过十金之赀，计其衣食之费，妻子之奉，出入于十金之中，宽然而有余。及其一旦稍稍畜聚，衣食既足，则心意之欲，日以渐广，所入益众，而所欲益以不给，不知罪其用之不节，而以为求之未至也。是以富而愈贪，求愈多而财愈不供，此其为惑，未可以知其所终也。盍亦反其始而思之？夫乡者岂能寒而不衣，饥而不食乎？今天下汲汲乎以财之不足为病，何以过此？国家创业之初，四方割据，中国之地至狭也。然岁岁出师，以诛讨僭乱之国，南取荆楚，西平巴蜀，而东下并潞，其费用之众，又百倍于今，可知也。然天下之士，未尝思其始，而惴惴焉患今世之不足，则亦甚惑矣！

夫为国有三计：有万世之计，有一时之计，有不终月之计。古者

---

① 《策别》，宋代学者苏轼的政论散文，收入《苏轼文集》。

三年耕，必有一年之蓄；以三十年之通，则可以九年无饥也。岁之所入，足用而有余，是以九年之蓄，常闲而无用，卒有水旱之变，盗贼之忧，则官可以自办，而民不知。若此者，天不能使之灾，地不能使之贫，四夷盗贼不能使之困，此万世之计也。而其不能者，一岁之入，才足以为一岁之出，天下之产，仅足以供天下之用，其平居虽不至于虐取其民，而有急则不免于厚赋，故其国可静而不可动，可逸而不可劳，此亦一时之计也。至于最下而无谋者，量出以为入，用之不给，则取之益多，天下晏然，无大患难，而尽用衰世苟且之法，不知有急，则将何以加之，此所谓不终月之计也。

今天下之利，莫不尽取；山陵林麓，莫不有禁；关有征，市有租，盐铁有榷，酒有课，茶有算，则凡衰世苟且之法，莫不尽用矣。譬之于人，其少壮之时，丰健勇力，然后可以望其无疾以至于寿考。今未五六十，而衰老之候具见而无遗，若八九十者，将何以待其后邪！然天下之人，方且穷思竭虑，以广求利之门，且人而不急，则以为费用不可复省，使天下而无盐铁酒茗之税，将不为国乎？臣有以知其不然也。天下之费，固有去之甚易而无损，存之甚难而无益者矣，臣不能尽知，请举其所闻，而其余可以类求焉。

夫无益之费，名重而实轻，以不急之实，而被之以莫大之名，是以疑而不敢去。三岁而郊，郊而赦，赦而赏，此县官有不得已者，天下吏士数日而待赐，此诚不可以卒去。至于大吏，所谓股肱耳目，与县官同其忧乐者，此岂亦不得已而有所畏邪？天子有七庙，今又饰老、佛之官而为之祠，固已过矣，又使大臣以使领之，岁给以钜万计，此何为者也？天下之吏为不少矣，将患未得其人，苟得其人，则凡民之利莫不备举，而其患莫不尽去。今河水为患，不使滨河州郡之吏亲行其灾，而责之以救灾之术，顾为都水监。夫四方之水患，岂其一人坐筹于京师而尽其利害？天下有转运使足矣，今江淮之间，又有发运，禄赐之厚，徒兵之众，其为费岂可胜计哉？盖尝闻之，里有畜马者，患牧人欺之而盗其刍菽也，又使一人焉为之厩长，厩长立而马益癯。今为政不求其本而治其末，自是而推之，天下无益之费不为不多矣。臣以为，凡若此者，日求而去之，自毫厘以往，莫不有益，惟无轻其毫厘而积之，则天下庶乎少息也。"

曾巩《议经费》曰①："臣闻古者以三十年之通制国用，使有九年之蓄，而制国用者必于岁秒，盖量入而为出。国之所不可俭者祭祀也，然不过用数之仂，则先王养财之意可知矣。盖用之有节，则天下虽贫，其富易致也。汉唐之始，天下之用尝屈矣，文帝、太宗能用财有节，故公私有余，所谓天下虽贫，其富易致也。

用之无节，则天下虽富，其贫亦易致也。汉唐之盛时，天下之用常裕矣，武帝、明皇不能节其制度②，故公私耗竭，所谓天下虽富，其贫亦易致也。宋兴，承五代之敝，六圣相继，与民休息，故生齿既庶，而财用有余。且以景德、皇祐、治平校之：景德户七百三十万，垦田一百七十万顷；皇祐户一千九十万，垦田二百二十五万顷；治平户一千二百九十万，垦田四百三十万顷。天下岁入，皇祐、治平皆一亿万以上，岁费亦一亿万以上。景德官一万余员，皇祐二万余员，治平并幕职州县官三千三百有余，其总三万四千员。景德郊费六百万③，皇祐一千二百万，治平一千三十万，以二者校之，官之众一倍于景德，郊之费亦一倍于景德。官之数不同如此，则皇祐、治平用财之端多于景德也。诚诏有司按寻载籍而讲求其故，使岁之数入、官之多门可考而知，郊之费用、财之多端可考而知，然后合议其可罢者罢之，可损者损之，使天下之人如皇祐、治平之盛④，而天下之用、官之数、郊之费皆同于景德，二者所省者盖半矣。则又以类而推之，天下之费，有约于旧而浮于今者，有约于今而浮于旧者。其浮者必求其所以浮之自而杜之，其约者必本其所以约之由而从之。如是而力行，以岁入一亿万以上计之，所省者十之三，则岁有余财三万万。以三十年之通计之，当有余财九亿万，可以为十五年之蓄。自古国家之富，未有及此也。古者言九年之蓄者，计每岁之入存十之三耳，盖约而言之也。

今臣之所陈，亦约而言今，其数不能尽同，然要其大致必不远

---

① 曾巩（1019—1083年），字子固，宋代政治家、文学家，建昌军南丰（今属江西）人，世称南丰先生，唐宋古文八大家之一。《议经费》是曾巩上给皇帝的一篇札子，收入曾的文集《元丰类稿》中。

② 节其制度，难通，《议经费》原文作"节以制度"。

③ 郊费，即祭祀天地之费。

④ 使天下之人，《议经费》原文作"使天下之入"。

也。前世于凋敝之时，犹能易贫而为富，今吾以全盛之势，用财有节，其所省者一，则吾之一也；其所省者二，则吾之二也。前世之所难，吾之所易，可不论而知也。 伏惟陛下冲静质约，天性自然，乘舆器服，尚方所造，未尝用一奇巧，嫔嫱左右，掖庭之间，位号多阙，躬履节俭，为天下先，所以忧悯元元，更张庶事之意，至诚恻怛，格于上下，其于明法度以养天下之财，又非陛下之所难也。"

按：东坡、南丰二公之论，足以尽昭陵以来国计之本末①。然大概其所以疲敝者，曰养兵也，宗俸也，冗官也，郊费也。而四者之中，则冗官、郊费尤为无名，故二论特详焉。所谓"去之甚易而无损，存之甚难而无益"，所谓"其浮者必求其所以浮之自而杜之，其约者必本其所以约之由而从之"，诚名言也。

神宗以国用不足，留意理财。熙宁元年，谓文彦博等曰："当今理财，最为急务，养兵备边，府库不可以不丰，大臣宜共留意节用。"乃命翰林学士司马光、御史中丞滕甫同看详裁减国用制度。帝曰："宫中如私身有俸及八十千者，嫁一公主至费七十万缗，如沈贵妃月俸八十万，皆浮于祖宗之时。"帝以勤俭率天下，诏龙图、天章阁及禁中诸殿栏俱不用毡覆，励精为治，大修宪度，内自百司府寺，外薄四海，事为之制，物为之法，虽藏冰、治灶、畜羊之小事，亦思有以节省。

帝患增置官司费财。王安石反谓增创官司，所以省费。中书言诸仓主典、役人增禄不厚，不可责其廉，谨请增至一万八千九百缗，复尽增选人之禄。三司上新增吏禄数：京师岁增四十一万三千四百余缗，监司、诸州六十八万九千八百余缗。时主新法者，皆谓吏禄既厚，则人知自重，不敢冒法，可以省刑。然良吏实寡，赇取如故，往往陷重辟，议者不以为善。

帝谓辅臣曰："比阅内藏库籍，文具而已，财货出入，初无关防。前此尝以龙脑、珍珠鬻于榷货务，数年不输直，亦不钩考。"盖领之者中官数十人，惟知谨扃钥，涂窗牖，以为固密，安能钩考其出入多少与所蓄之

---

① 昭陵，宋仁宗的陵名永昭陵，简称昭陵（不是唐太宗的昭陵），故用昭陵代指宋仁宗。

数。乃令户部、太府寺，于内藏诸库皆得检察。置库百余年，至是始编阅焉。

初，艺祖尝欲积缣帛二百万易胡人首，又别储于景福殿。元丰元年，帝乃更景福殿库名，自制诗以揭之曰："五季失固，猃狁孔炽，艺祖肇邦，思有惩艾，爰设内府，基以募士，曾孙保之，敢忘厥志"，凡三十二库。后积羡赢①，又揭以诗曰："每虔夕惕心，妄意遵遗业，顾予不武姿，何日成戎捷。"

哲宗元祐元年，议者谓熙宁以前，上供无额外之求，州县无非法之敛，自后献利之臣，不原此意，惟务刻削以为己功。事有所减，如禁军阙额与差出衣粮、清汴水脚、外江纲船之类，例皆责转运司封桩上供；即用度有增，又令自办上供名额，岁益加多。有司财用，日惟不足，必至多方以取于民。非法之征，其原于此。因请罢，熙宁以来，旧上供额外所创封桩钱物，及内外封桩、禁军阙额奉给等，枢密院议悉罢封桩。虑诸路观望，于搜铺兵备，或阙缓急之事，乃诏三路、岭南被边勿封桩，仗师臣以占募，余路封桩仍旧。

诏曰："邦赋之入，盖有常制，若不裁减浮费，量入为出，深虑有误国计。宜令户部尚书、侍郎同相度裁减，条析以闻。"

右司谏苏辙奏："臣窃闻熙宁以来②，天下财赋文账，皆以时上于三司。至熙宁五年，朝廷患其繁冗，始命曾布删定法式。布因上言，三部胥吏所行职事非一，不得专意点磨文账，近岁因循，不复省阅，乞于三司选吏二百人，颛置一司，委以驱磨。是时朝廷因布之言，于三司取天下所上账籍视之，至有到省三二十年不发其封者。盖州郡所发文账，随账皆有贿赂，各有常数，常数已足者，皆不发封，一有不足，即百端问难，要足而后已。朝廷以其言为信。账司之兴，盖始于此。张设官吏，费用钱物，至元丰三年，首尾七八年间，账司

---

①　后积羡赢，《宋史·食货志》作"后积羡赢为二十库"。以上文之全诗一字一库的规律来看，也应该是二十库。

②　熙宁以来，与下文"至熙宁五年"语义矛盾。苏辙《栾城集》卷四〇《论户部乞收诸路帐状》作"熙宁以前"当是。

所管吏仅六百人，用钱三十九万贯，而所磨出失陷钱止一万余贯。朝廷知其无益，遂罢账司，而使州郡应申省账皆申转运司，内钱帛、粮草、酒曲、商税、房园、夏秋税管额纳毕，盐账，水脚、铸钱物料、稻糯账，本司别造计账申省，其驿料、作院欠负、修造竹木杂物、舟船、柴炭、修河物料、施利桥船物料、车、驴、草料等账，勘勾讫架阁。盖谓钱帛等账，三司总领国计，须知其多少虚实，故账虽归转运司，而又令别造计账申省。至于驿料等账，非三司国计虚盈所系，故止令磨勘架阁。又诸路转运司，与本部州军地里不远，取索文字，近而易得，兼本道文账数目不多，易以详悉，自是内外简便，颇称允当。

今户部所请收天下诸账，臣未委为收钱帛等账邪？为并收驿料等账邪？若尽收诸账，为依熙宁以前不置账司，不添吏人邪？为依熙宁以来复置账司，复添吏人邪？若依熙宁以前，则三二十年不发封之弊行当复见；若依熙宁以来，则用吏六百人，磨出失陷钱一万余贯，而费钱三十九万贯之弊亦将复见。臣乞朝廷下户部令仔细分析闻奏。然窃详司马光元奏：'自改官制以来，旧日三司所掌事务散在六曹及诸寺、监、户部不得总天下财赋，账籍不尽申户部，户部不能尽天下钱谷之数。欲乞令户部尚书兼领左右曹，其旧三司所管钱谷财用事有散在五曹及诸寺、监者，并乞收归户部。'推其本意，盖欲使天下财用出纳卷舒之柄，一归户部，而户部周知其数而已。今户部既已专领财用，而元丰账发①，转运司常以计账申省，不为不知其数也，虽更尽收诸账，亦徒益纷纷，无补于事矣。臣谓账法一切如旧甚便，乞下三省公议，然后下户部施行。"

苏辙《元祐会计录·收支叙》②曰："古者三年耕，必有一年之蓄，以三十年之通制国用，则九年之蓄可跂而待也。今者一岁之入，金以两计者四千三百，而其出之不尽者二千七百；银以两计者五万七千，而其出之多者六万钱；以千计者四千八百四十八万，除末盐钱后得此数。而其出之多者一百八十二万；并言未破应在及汎支、给赐得此数。

① 账发，参阅下文"账法一切如旧甚便"，此处亦应为"账法"，查《栾城集》卷四〇《论户部乞收诸路账状》确作"而元丰账法"。
② 《元祐会计录》，元祐年间由苏辙、李常等人编写的《会计录》，但未呈送哲宗皇帝批阅。苏辙《栾城集》中收录了该《会计录》的某些内容，如《收支叙》等。

绅绢以匹计者一百五十一万①，而其出之不尽者七十四万；草以束计者七百九十九万，而其出之多者八百一十一万，然则一岁之入，不足以供一岁之出矣。故凡国之经费，折长补短，常患不足，小有非常之用，有司辄求之朝廷，待内藏、末盐而后足。臣身典大计，以为是嬔岁月可也，数岁之后，将有不胜其忧者矣。是以辙尝推原其故，方今禁中奉养有度，金玉锦绣不逾其旧，宫室不修，犬马不玩，有司循守法制，谨视出入之节，未尝有失也，而其弊安在？天下久安，物盈而用广，亦理之常也，顾所以处之如何耳。

臣请历举其数：宗室之众，皇祐节度使三人，今为九人矣；两使留后一人，今为八人矣；观察使一人，今为十五人矣；防御使四人，今为四十二人矣；百官之富，景德大夫三十九人，**景德为诸曹郎中。**今为二百三十人矣；朝奉郎以上一百六十五人，**景德为员外郎。**今为六百九十五人矣；承议郎一百二十七人，**景德为博士。**今为三百六十九人矣；奉议郎一百四十八人，**景德为三丞。**今为四百三十一人矣；诸司使二十七人，今为二百六十人矣；副使六十三人，今为一千一百一十一人矣；供奉官一百九十三人，今为一千三百二十二人矣；侍禁三百一十六人，今为二千一百一十七人矣；三省之吏六十人，今为一百七十二人矣。其余可以类推，臣不敢以遍举也。昔者郎止前行，卿有定员；今之大夫、朝议皆无限法。尚书、侍郎历改三曹，而今之正议、银青合而为一。官秩并增，不知其义，夫国之财赋，非天不生，非地不养，非民不长，取之有法，收之有时，止于是矣，而宗室、官吏之众，可以礼法节也。祖宗之世，士之始有常秩者，俟阙则补，否则循资而已，不妄授也。仁宗末年，任子之法，自宰相以下无不减损。英宗之初，三载考绩，增以四岁。神宗之始，宗室袒免之外，不复推恩；袒免之内，以试出仕。此四事者，使今世欲为之，将以为逆人心、违旧法，不可言也，而况于行之乎！虽然，祖宗行之不疑，当世亦莫之非。何者？事势既极，不变则败，众人之所共知也。今朝廷履至极之势，独持之而不敢议，臣实疑之。诚自今日而议之，因其势，循其理，微为之节文，使见任者无损，而来者有限，今虽未见其

---

① 此处语句无不通，但会计录言及银钱、草束、绢帛，而不言最重要的物资米谷，属不正常。查《栾城后集》第十五卷，《收支叙》原文，此处脱"而其出之多者十七万；谷以石计者二千四百四十五万，"一句，应是刊刻时脱落。

利，要之十年之后，事有间矣。贾谊言诸侯之变，以为失今不治，必为痼疾。今臣亦云苟能裁之，天下之幸也。"

左司郎中张汝贤复请下诸路转运司，会计自熙宁以前一岁出入之数，及常供泛用之差，并熙宁复参考焉。且条画某事之费，因某法而用，今某法既改，则某费可罢。要亦省不急之用，量入为出，则无不足之忧。从之。

元丰初，作元丰库，岁发坊场百万缗输之。大观时，又有大观东、西库。徽宗崇宁后，蔡京为相，增修财利之政，务以侈靡惑人主，动以《周官》惟王不会为说，每及前朝爱惜财赋减省者，必以为陋。至于土木营造，率欲度前规而侈后观。元丰官制既行，赋禄视嘉祐、治平既优，京更增供给、食料等钱，于是宰执皆增。京又专用丰亨豫大之说，谀悦帝意，始广茶利，岁以一百万缗进御，以京城所主之，于是费用寖广。其后又有应奉司、御前生活所、营缮所、苏杭造作局、御前人船所，其名纷如，大率皆以奇侈为功。岁运花石纲，一石之费，至用三十万缗。牟取无艺，民不胜弊。时用度日繁，左藏库异时月费缗钱三十六万，至是，衍为一百二十万缗。又三省、密院吏员猥杂，有官至中大夫，一身而兼十余俸者，故当时议者有"俸入超越从班，品秩几于执政"之言。吏禄滥冒已极，以史院言之，供检三省几千人[1]。蔡京又动以笔贴于榷货务支赏给，有一纸至万缗者。京所侵私，以千万计，朝论益喧。

户部言："本部岁用六百余万缗，悉倚上供。官吏违负者，请以分数为科罪之等，不及九分者，罪以徒，多者更加之。岁首则列次年之数，闻于漕司，考实申部。"从之。是年，以无额钱物督限未严，乃更一季为一月。

靖康元年，言者论天下财用，岁入有常，须会其数，宜量入为出。比年以来，有御前钱物、朝廷钱物、户部钱物，其措置哀敛、取索支用，各不相知。天下常赋多为禁中私财，上溢下漏，而民益重困。欲以命户部取索、措置其事且曲折[2]，得以周知大数，而不失盈

---

①　供检三省几千人，《宋史·食货志》和清人黄以周所编《续资治通鉴长编拾补》卷四三皆作"供检吏三省几千人"。

②　措置其事且曲折，《宋会要辑稿》食货五六之三九作"措置其事目曲折"。

虚缓急之宜。上至宫禁须索，下逮吏卒廪饩，一切付之有司，格以法度，示天下以至公。诏从其请。

高宗建炎元年，诏诸路无额上供钱依旧法，更不立额，自来年始。

绍兴五年，川陕宣抚司奏："四川上供钱帛乞依旧留充赡军，俟边事宁息如旧。"上曰："祖宗积储内帑，本以备边陲缓急之用，今方多故，军旅未息，宜从所请。"

龙图阁学士、四川都转运使李迨言："唐刘晏理财，谓亚管、萧。是时天下岁入缗钱千二百万，而莞榷居其半。今四川一隅之地，榷盐榷酒，并诸色窠名钱已三倍晏数，彼以千二百万贯赡六师恢复中原而有余，今以三千六百万贯赡一军屯驻川陕而不足。计司虽知冗滥，力不能裁节，虽知宽剩，亦未敢除减，但日夜忧惧，岁计不足而已。"

十一年，始命上供罗复输内藏库，其后绫、纱、绢亦如之。

三十年，户部奏，科拨诸路上供米斛，内外诸军岁费米三百万斛而四川不与焉。

巽岩李氏曰①："唐分天下之赋为三，曰上供、送使、留州。及裴垍相宪宗，更令诸道观察调度，先取于所治州，不足，乃取于属州。送使之余，与上供者，悉输度支。当时兵费皆仰度支，未尝别为之名，凡度支钱悉系省也。今所谓系省，特唐留州及送使钱耳，送使钱既无几，其上供钱则往往移以赡军。移上供以赡军，此天子之甚盛德也。"

孝宗乾道二年，诏："孙大雅奏汉制上计之法，朕以为可行于今。令侍从、台谏参考古制进呈。"

---

① 巽岩李氏，即宋代学者、《续资治通鉴长编》的作者李焘。李焘（1115—1184年），字子真，号巽岩，故称"巽岩李氏"。

先是，知秀州孙大雅置《本州拘催上供钱格》自来上①，且言：
"汉制：岁尽，郡国诣京师奏事。至中兴，则岁终遣吏上计，于正月
旦，天子幸德阳殿临轩受贺，而属郡计吏皆觐，以诏殿最。今也不
然，未尝有甘泉上计之制，而臣始为之，盖法汉之大司农，郡国四时
上月旦见钱谷簿，其逋未毕，各具列之意以为书也。"于是监察御史
张敦实、刘贡言："一县必有一县之计，一郡必有一郡之计，天下必
有天下之计。天下之计，总郡县而岁考焉。三代远矣，方册可得而知
者，自禹九州②，成赋中邦，因南巡狩，而至大越，登茅山而会诸
侯，号其山曰'会稽'，后立会稽郡。《汉书》注云：'以其会诸侯之
计于此也。'逮至《周官》所载，最为详悉。《天官》冢宰之属，理
财居其半，掌财用而言，岁终则会者凡十。又太府之职，岁终则以货
贿之入出会之。小宰之职，岁终则令郡吏致事。郑氏注云：'若今之
上计也。'汉承秦后，萧何收其图籍，知张仓善算，于是令以列侯居
相府，领郡国上计者，此则汉初之制，专命一人以掌天下所上之计
也。至武帝建元三年③，诏吏民有明当世之务，习先圣之术者，县次
续食，令与计偕。注云：'计者，上计簿使也郡国每岁遣诣京师上
之。'元封五年三月，朝诸侯王、列侯，受郡国计。太初元年十二
月，又受计于甘泉。天汉三年，又受计于泰山之明堂。太始四年三
月，又受计于泰山之明堂。是则终武帝之世，五十余年之间，一受计
于帝都，三受计于方岳，或以三月，或以十二月之不同也。至宣帝黄
龙元年正月，下诏曰：'方今天下少事，而民多贫，盗贼不毕，其咎
安在？上计簿，文具而已，务为欺谩，以避其课。令御史察计簿，疑
非实者，案之，使真伪无相乱。'是则在宣帝之时，郡国所上计簿已
不能无弊矣。光武中兴，岁终遣吏上计，遂为定制。正月旦，天子幸
德阳殿临轩受贺，而属郡计吏皆在列，置大司农掌之，其逋未毕，各
具列之。今孙大雅所陈者是也。然西汉言郡国上计，东汉言属郡计
吏，则远方者在东汉未必偕至矣。汉之大司农则今之户部也。窃见户

① 格自，疑刊刻有误。表格，宋时称格目，如《宋史·孝宗纪》："甲午，立中兴以来十
三处战功格目。"
② 自禹九州，《宋会要辑稿》食货一一之二一作"自禹别九州"，语意完整。《尚书·禹
贡》曰："禹别九州，随山浚川，任土作贡"，证明《宋会要辑稿》语为准确。
③ 建元三年，《汉书·武帝纪》和该书卷二八《选举考》均系此事于元光五年。

部掌天下之财计，有上限、中限、末限之格法。有月催、旬催、五日一催之期会。每于岁终，独以常平、收支、户口、租税造册进呈，而于诸郡诸色窠目尚略焉。是于三代岁终则会，与两汉上计之法为未备也。然而去古越远，文籍越烦，在西汉已不免文具之弊，况今日能尽革其伪乎？在东汉止于属郡之内，况今日川、广之远，能使其如期毕至乎？臣等愚见，莫若岁终令户部尽取天下州郡一岁之计，已足、未足、亏少、亏多之数，并皆造册，正月进呈；兼采汉初之制，丞相选差一人考覈户部所上计，而明州郡之殿最，则三代、两汉之制皆兼该而无不举之处矣。"① 诏户部措置。

其后，户部言："诸路州军，岁起上供诸色窠名钱帛，各有条限。年额数目，本部每年预期行下，逐路监司及州军，依限催纳。其岁终具常平收支，并税租、课利旁通，系取前二年数，户部本年数造册进呈②，内不到路分，次年附进。今来张敦实等奏陈，岁终令户部尽取天下州郡一岁之计，已足、未足、亏少、亏多之数造册，正月进呈。缘诸路州军，地里远近不同，窃虑次年正月未能尽实申到，若候取会齐足，攒造亦恐后时。今欲立式，遍下诸路州军，各以本州每岁应于合发上供窠名钱帛粮斛数目置籍，照条限钩考发纳，岁终开具造册，须管次年正月了毕，诣阙投进，降付户部参考；将拖欠州军，取旨黜责施行。"上曰："如此措置，甚善。"从之。

是年，宰执进呈户部收支细数，见管只四十二万，而未催之钱乃二百八十余万。是知乾道仁民之政，不尽敛以归国，而财赋之藏于州县如此。

淳熙十年，诏左藏南库拨隶户部。尝试考昔验今：至道中，岁入一千二百余万。天禧末，岁入三千六百余万。嘉祐岁入三千六百八十余万。熙宁岁入五千六十余万。宁宗时，岁入六千余万。然则土地之广狭，财赋之多少可以考矣。司版曹之计者，尚忍求详生财之方乎？

叶适《应诏条奏财总论》曰："财用，今日之大事也，必尽究其

---

① 兼该，兼备而无不足。
② 户部本年数，难通。《宋会要辑稿》食货一一之二三作"户口本年数"。

本末，而后可以措于政事。欲尽究今日之本末，必先考古者财用之本末。盖考古虽若无益，而不能知古则不知今故也。夫财之多少有无，非古人为国之所患，而今世乃以为其患最大而不可整救，此其说安从出哉？

盖自舜、禹始有贡赋之法以会计天下之诸侯，比于尧、喾以前为密矣，今《禹贡》之所载是也。然总、秸、米、粟，不及于五百里之外；九州之贡入，贡于今世，乃充庭之仪品，盖千百之一二耳。周公之为周治其财用，视舜、禹则已详；然王畿千里之外，法或不及，千里之内，犹不尽取。盖三代之所取者，正天下之疆理而借民力以治公田，为其无以阜通流转，则作币铸金以权之。当是之时，不闻其以财少为患，而以财多为功也。虽然，此其事远矣。

盐策末利，起自春秋，鲁之中世，田始有税，然诸侯各以其国自足，而无煎熬逼迫之忧。盖汉文景之盛，而天下之财不以入关中，人主不租税天下，而诸侯若吴人者，亦不租税其田。光武、明、章，未闻其以财少自困，而中年常更盗贼夷狄之难，内外征讨，亦不大屈。惟秦始皇豪暴，有头会箕敛之讥；汉武帝奢侈，有均榷征算之政，而西园聚钱，大鬻天下之官爵以致之。盖两汉虽不足以言三代，而其以财为病非若今世也。虽然，此其事远矣。分为三国，裂为南北，无岁不战，无时少安。且其运祚迫蹙，祸变烦兴，至于调度供亿，犹自有序，而亦岂若今日之贫窘漏底哉！此皆具载册书，可即而见者。虽然，此其事远矣。隋最富而亡，唐最贫而兴。唐之取民，以租、以庸、以调，过此无取也。而唐之武功最多，辟地最广、用兵最久、师行最胜。此其事则差近而可知矣。致唐之治，有唐之胜，其不待多财而能之也决矣。然则其所以不若唐者，非以财少为患也。故财之多少有无，非古人为国之所患，所患者，谋虑取舍，定计数，必治功之间耳。非如今日以一财之不足而百虑尽废，奉头竭足以较锱铢，譬若慵夫浅人劫劫焉，徒知事其口腹而已者也。

以财少为患之最大而不可整救，其说稍出于唐之中世，盛于本朝之承平，而其极甚乃至于今日。其为国之名物采章，精神威望，一切消耗，内之所以取悦其民，外之所以示威于敌者，一切无有。习为宽缓迂远之常说以文其无用，而尽力于苟且督迫，鞭挞疲民，舞小文，而谓之有能。陛下回顾而加圣思，必有大不可安者。故臣以为不究古者财之本末，循而至于本朝，以去其错谬而不合于常经者，则无以知财之多少有无不足为国家之患。此而不知，则天下之大计皆不可得而预论，而况望其有所施行以必成效哉！"

又曰："唐末藩镇自擅，财赋散失，更五代而不能收，加以非常之变屡作，排门空肆以受科敛之害，而财之匮甚矣，故太祖之制诸镇，以执其财用之权为最急。既而僭伪次第平一，诸节度伸缩惟命，遂强主威，以去其尾大不掉之患者，财在上也。至于太宗、真宗之初，用度自给，而犹不闻以财为患。及祥符、天禧以后，内之蓄藏稍以空尽，而仁宗景祐、明道，天灾流行，继而西事暴兴，五六年不能定。

夫当仁宗四十二年，号为本朝至平极盛之世，而财用始大乏，天下之论扰扰，皆以财为虑矣。当是时也，善人君子，以为昔之已取者固不可去，而今之所少者不可复取，皆甘心于不能。所谓精悍驵侩之吏，亦深自藏，不敢奋头角以哀敛为事。虽然，极天下之大而无终岁之储，愁劳苦议乎盐茗、榷货之间而未得也。是以熙宁新政，重司农之任，更常平之法，排兼并，专敛散，兴利之臣四出候望，而市肆之会，关津之要，微至于小商、贱隶什百之获，皆有以征之。盖财无乏于嘉祐、治平，而言利无甚于熙宁、元丰，其借先王以为说而率上下以利，旷然大变其俗矣。

崇、观以来，蔡京专国柄，托以为其策出于王安石、曾布、吕惠卿之所未工，故变钞法，走商贾，穷地之宝以佐上用，自谓其蓄藏至五千万，富足以备礼，和足以广乐，百侈并斗，竭力相奉。不幸党与异同，屡复屡变，而王黼又欲出于蔡京策划之所未及者，加以平方腊则加敛于东南，取燕山则重困于北方，而西师凡二十年，关陕尤病，然后靖康之难作矣。

方大元帅建府于河北，而张悫任馈饷之责者，盐钞数十万缗而已。及来维扬，而黄潜善、吕颐浩、叶梦得之流，汲汲乎皆以榷货自营，而收旧经制钱之议起矣。况乎大将殖私，军食自制，无复承统。转运所至，划刷攫拏。朝廷科降，大书文移，守令丞佐持巨校，将五百，追捉乡户，号痛无告，赃贪之人，又因之以为己利。而经总制之窠名既立，添酒、折帛、月桩、和籴，皆同常赋，于是言财之急，自古以来，莫今为甚，而财之乏少不继，亦莫今为甚也。自是以后，辛已之役①、甲申之役，边一有警，赋敛辄增，既增之后，不可复减。

尝试以祖宗之盛时所入之财，比于汉唐之盛时一再倍；熙宁、元丰以后，随处之封桩，役钱之宽剩，青苗之结息，比治平以前数倍；而蔡京变钞法以后，比熙宁又再倍矣。王黼之免夫至六千余万缗，其大半不可钩考，然要之渡江以至于今，其所入财赋，视宣和又再倍矣。是自有天地，而财用之多未有今日之比也。然其所以益困益乏，皇皇营聚，不可一朝居者，其故安在？

夫计治道之兴废而不计财用之多少，此善于为国者也。古者财越少而越治，今者财越多而越不治。古者财越少而有余，今者财越多而不足。然善为国者，将从其少而治且有余乎？多而不治且不足乎？而况于多者劳而少者逸，岂恶逸喜劳而至是哉？故臣请陈今日财之四患：一曰经总制钱之患；二曰折帛之患；三曰和买之患；四曰茶盐之患。四患去则财少，财少则有余，有余则逸，有余而逸，以之求治，朝令而少改矣。"

右《水心外稿》所上《财总论》二篇，足以见历代理财之大概，及中兴以后财越多而事越不立之深病，故备载之于《国用考》之终。至其所言经总制、和买、折帛钱，则各具本门。

王藏库者，国家经费所贮。系帮支三衙、百官请给，及宗庙宫禁非泛之费。并将校、卫卒、阁门、医职、近侍请给，皆出焉。

左藏南库，本御前桩管激赏库。绍兴休兵后，秦桧取户部窠名之可必者，尽入此库，户部告乏则与之，由是金币山积，士大夫指为琼林、大盈之比。高宗尝出数百万缗以佐调度，淳熙末始并归户部。

左藏封桩库，孝宗所创。其法，非奉亲，非军需不支。至淳熙末年，往往以犒军或造军器为名，拨入内库，或睿思殿，或御前库，或修内司，有司不敢执。

内藏库，即祖宗时旧置元丰三十二库。崇宁后为大观东、西库。秦桧用事时，每三宫生辰，及春秋内教、冬年寒食节②，与诸局所进书，皆献令币，由是内帑山积。绍兴末，诏除太后生辰及内教外，余并减半。孝宗

---

① 辛已，"已"字当为刊刻之误，干支纪年只能有"辛巳"，不会有"辛已"。
② 冬年，难解。李心传《建炎以来朝野杂记》甲集十七作"每年"，当是。

初，又并进书礼物罢之。绍熙初，始数取封桩钱入内藏。

御前甲库者，绍兴中置。凡乘舆所需图画、什物，有司不能供者，悉于甲库取之，故百工伎艺之巧者，皆出其间，日费毋虑数百千。禁中既有内酒库，而甲库所酿尤胜，以其余酤卖，颇侵户部课额，以此库储常不足。臣僚以为言，乃罢之。

三省枢密院激赏库者，渡江后所创。自建炎龙兴，赏膳始减，至维扬及临安又减。绍兴四年秋，赵元镇为川陕、荆襄都督，既而不行，遂以督府金钱入此库。十年，秦桧之当国①，以兀术畔盟用兵，须犒赐之物，乃计亩率钱，遍天下五等，贫民无免者。然兵未尝举，而所敛钱尽归激赏库。其后岁支至三十八万缗，堂厨万五千，东厨万二千，玉牒所，日历、敕令所，国史院，尚书省犒设，中书门下、密院支费，各有差，议者指为冗费，后减二十万缗。孝宗时，再减十万缗。

合同凭由司者，宫禁所取索也。岁取金银钱帛，率以百万计，版曹照数除破，不能裁节。

修内司，掌宫禁营缮，岁输缗钱二十万，以给其费，后减其半。

榷货务都茶场者，旧东京有之。建炎二年，始置于扬州。明年，置于江陵②。绍兴三年，置于镇江及吉州。五年，省吉州务，而行在务移于临安，岁收茶、盐、香息钱。

丰储仓者，绍兴二十六年始置。韩尚书仲通在版曹，请别储粟百万斛于行都，以备水旱，号"丰储"。其后，镇江、建康、关外、四川皆有之。

东南三总领所，掌利权皆有定数。然军旅饥馑，则告乞于朝，惟四川在远，钱币又不通，故无事之际，计臣得以擅取予之权，而一遇军兴，朝廷亦不问。

诸州军资库者，岁用省记也。旧制，每道有计度转运使，岁终则会诸郡邑之出入，盈者取之，亏者补之，故郡邑无不足之患。自军兴，计司常患不给，凡郡邑皆以定额窠名予之，加赋增员，悉所不问，由是州县始困。近岁离军添差，大为州郡之患，绍兴十一年四月己未，初用张循王奏，离军将佐并与添差，州郡患无以给。二十七年六月丙辰，兵部奏大郡毋过百人，次郡半

---

① 秦桧之，当指秦桧（1090—1155 年）。桧，字会之，高宗年间，两度为相当国。但此处刊刻有误，若称秦桧之字，当称"会之"，而不可称"桧之"。

② 江陵，李心传《建炎以来朝野杂记》甲集卷一七作"江宁"，当是。

之，小郡三十人为额。从之。而宗室、戚里、归明、归正，甚至于乐艺贱工、胥史杂流，亦皆添差。庆元一郡而添差四十员，尽本府七场务所入，不足以给四员总管之俸，其间有十五年不徙任者，计其俸入，钱二十余万缗，米十余万斛。扬州会府也，岁输朝廷钱不满七八万，而本州支费乃至百二十万缗，民力安得不困？绍熙初，议者请裁定朝廷经费，然后使版曹尽会一岁之入，正其旧籍，削去虚额，择诸路监司之爱民而知财计者，俾之稽考调度，蠲其繁重，以宽民力，朝廷未克行。今之为郡者，但能撙节用度，讥察渗漏，使岁计无乏，已号过人，无复及民之政矣。

公使库者，诸道监、帅司，及州军边县与戎帅皆有之。盖祖宗时，以前代牧伯皆敛于民，以佐厨传，是以制公使钱，以给其费，惧及民也。然正赐钱不多，而著令许收遗利，以此州郡得以自恣。若帅、宪等司，则又有抚养、备边等库，开抵当、卖熟药，无所不为，其实以助公使耳。公使苞苴，在东南为尤甚。扬州一郡，每岁馈遗，见于账籍者，至十二万缗。江、浙诸郡，酒每以岁遗中都官，岁五六至，至必数千瓶。淳熙中，王仲行尚书为平江守，与祠官范致能、胡长文厚，一饮之费，率至千余缗。时蜀人有守潭者，又有以总计摄润者，视事不半岁，过例馈送，皆至四五万缗，供宅酒至二百余斛，孝宗怒而绌之，九年正月戊子、三月乙未。然其风盖未殄也。东南帅臣、监司到罢，号为上下马，邻路皆有馈，计其所得，动辄万缗。近岁蜀中亦然。其会聚之间，折俎率以三百五十千为准，有一身而适兼数职者，则并受数人之馈，献酬之际，一日而得二千余缗，其无艺如此。顷岁陈给事岘为蜀帅，冯少卿宪为成都漕，就以所遗元物报之。陈怒，奏其容覆赃吏，朝廷移之，逮陈败方得直。时芮国器侍郎、赵子直丞相相继为江西漕，凡四方之聘币，皆不入于家，斥其资，置养济院于南昌以养贫者。朱少卿时敏为潼川守，受四方之馈，每以其物报之。赵德老镇成都，受而别储之，临行以散宗室之贫者，此皆廉节之可纪者也。惟总领所公使钱，以料次取于大军库，故敛不及民。然正赐不多，而岁用率十数万，每岁终，上其数于户部，辄以劳军、除戎器为名，版曹知而不诘也。所谓公使醋钱者，诸郡皆立额，自取于属县，县敛于民吏以输之，小邑一岁亦不下千缗，人尤以为怨，谓宜罢互送而损遗利①，使上下一体，而害不及民，则合祖宗制公使之意矣。

---

① 罢互送而损遗利，李心传《建炎以来朝野杂记》甲集卷一七作"罢互送而捐遗利"。

右左藏库以下，皆《建炎以来朝野杂记》所载宋朝渡江后帑藏之大概，而其制多承东京之旧，至军资库、公使库则皆财赋之在州郡者也。夫以经总制、月桩钱观之，则其征取于州郡者，何其苛细？以军资、公使库观之，则其储蓄之在州郡者，又何其宽假也？夫其征取之苛细，则民宜痛受椎剥之苦；储蓄之宽假，则吏宜大肆侵盗之恶，而俱不然，何也？盖国家之赋敛虽重，而所以施于百姓者，常有惨怛忠利之意，故民无怨讟。州郡之事力虽裕，而所以励士大夫者，壹皆礼义廉耻之维，故吏少贪污，又宋承唐之法，分天下财赋为三：曰上供，曰送使，曰留州。然立法虽同，而所以立法之意则异。唐之法起于中叶之后，盖版籍隳废，体统陵夷，藩方擅财赋以自私，而朝廷不知。人主又多好殖私财，节镇刺史往往取经常之赋，以供内府之所进奉，上之人因而利之，遂不复能究其岁入之数，而苟为是姑息之举，则其意出于私也。宋之法立于承平之时，盖拊民以仁，驭吏以礼，而人主未尝有耽欲黩货之事，虽内藏之蓄积，常捐以助版曹，则州郡之财赋，固已其不必尽归之京师。又使为监司、郡守者，厨传支吾，官给其费，则不取之于民，而因以行宽裕之政，则其意出于公也。然此法沿袭既久，得失相半。其得者则如前所云；而其失者，盖自中兴以来，朝廷之经费日蹙，则不免于上供之外，别立名色，以取之州郡，如经总制、月桩钱之类是也。州郡之事力有限，则不免于常赋之外，别立名色，以取之百姓，如斛面米、头子钱之类是也。盖其所以倚办责成于州郡者，以其元有桩留之赋，然有限之桩留，不足以给无艺之征取。又其法立于仓倅之时，州郡利源之厚薄，事力之优剧，不能审订斟酌，而一概取之。故郡计优裕，幸而长吏又得廉干之人，则撙节奉上之外，其余力又可代输下户之逋悬，对补无名之窠额。若郡计凋敝不幸，而长吏又值贪庸之辈，则经常之赋入，不登于版曹，而并缘之渔猎，已遍及于闾阎矣！愚常备论其事于经总制钱之末，虽然，仁厚之泽所以著在人心者何也？盖虽愧于取民有制之事，而每有视民如伤之心，故奉行之者不敢亟疾，所谓不从其令而从其意者，是也。虽不免季世征敛之法，而能行之以士君子忠厚之心，故蒙被者不见其苛娆，所谓不任法而任人者，是也。

卷二十五　国用考三

漕运

秦欲攻匈奴，运粮，使天下飞刍挽粟，运载刍稿令疾至，故曰飞刍。挽粟，谓引车船也。音晚。起于黄、腄音谁。东莱二县、琅琊负海之郡，转输北河，言沿海诸郡，皆令转输至北河。北河，今朔方之北河也。率三十钟而致一石。六斛四斗为钟。计其道路所费，凡用百九十二斛乃得一石[①]。

汉兴，高帝时，漕运山东之粟，以给中都官，岁不过数十万石。

娄敬说帝都关中。张良曰："关中阻三面而守独以一面，东制诸侯，诸侯安定；河、渭漕挽天下，西给京师，诸侯有变，顺流而下，足以委输，敬说是也。"

孝文时，贾谊上曰："天子都长安，而以淮南东道为奉地，镪道数千，不轻致输，郡或乃越诸侯而遂调均发征[②]，至无状也。古者天子地方千里，中之而为都，输将缥使，其远者不在五百里而至；公侯地百里，中之而为都，输将缥使，远者不在五十里而至。输者不苦其缥，缥者不伤其费，故远方人安。及秦，不能分人寸地，欲自有之，输将起海上而来，一钱之赋，数十钱之费，不轻而致也。上之所得甚少，而人之所苦甚多也。"

孝武建元中，通西南夷，作者数万人，千里负担馈粮，至十余钟致一石。其后，东灭朝鲜，置沧海郡，人徒之众，拟西南夷。又卫青击匈奴，取河南地，今朔方。复兴十万余人，筑卫朔方，转漕甚远，自山东咸被

---

① 在秦汉时期，斛与石是相等的容量单位，均为十斗。

② 而遂调均发征，《通典·食货十》作"而远调均发征"，皆通。

其劳。

元光中，大司农郑当时言于帝曰："异时关东运粟，漕水从渭中上，度六月而罢，而渭水道九百余里，时有难处。引渭穿渠，起长安，傍南山下，至河三百余里，径易漕，度可三月罢，而渠下民田万余顷，又可得以溉，此损漕省卒，而卒肥关中之地，得谷。"上以为然，发卒穿渠以漕运，大便利也。

其后，番系言："漕从山东西，岁百余万石，更底柱之险，败亡甚多，而亦颇费。穿渠引汾，溉皮氏、汾阴下，引河溉汾阴、蒲阪下，皮氏，今绛郡龙门县。汾阴、蒲阪，今河东郡宝鼎、河东二县。度可得五千顷，故尽河壖弃地，度可得谷二百万石以上。谷从渭上，与关中无异，而底柱之东，可无复漕。"上又以为然，发卒作渠田。数岁，河移徙，渠不到，田者不能偿种。久之，河东渠田废，予越人，令少府以为稍入。时越人徙者以田予之，其租税入少府，其入未多，故谓之稍。

其后，又有人上书欲通褒斜道褒、斜，二水名。褒水东流，南入沔，今汉中郡褒城县。斜水北流入渭，今武功县及扶风郡。及漕，事下御史大夫张汤，汤言："抵蜀从故道，多阪①，回远。今穿褒斜道，少阪，近四百里。而褒水通沔，斜水通渭，皆可以行船漕。漕从南阳上沔入褒，褒之绝水至斜②，间百余里，以车转，从斜入渭。如此，汉中谷可致，而山东从沔无限，便于底柱之漕，且褒、斜材木竹箭之饶，拟于巴蜀。"上以为然，拜汤子昂为汉中守，发数万人作褒斜道五百余里。道果便近，而水多湍石，不可漕。

武帝作柏梁台，宫室之修，由此日丽。徒奴婢众，而下河漕度四百万石，及官自籴乃足。

元封元年，桑弘羊请令民入粟补吏、赎罪，他郡各输急处，而诸农各致粟，山东漕益岁六百万石。一岁之中，太仓、甘泉仓满，边余谷。

按：汉初，致山东之粟，不过岁数十万石耳。至孝武，而岁至六

① 阪，同坂，斜坡。
② 褒之绝水至斜，此句引自《史记·河渠书》，而《册府元龟》卷四九八《邦计部·漕运》作"褒绝水至斜"，少一"之"字，似较《史记》所言简洁、通顺。

百万石，则几十倍其数矣。虽征敛苛烦，取之无艺，亦由河渠疏利，
致之有道也。

昭帝元凤二年，诏曰："前年减漕三百万石。"

三年，诏曰："民被水灾，颇匮于食，其止四年勿漕。"

孝宣即位，岁数丰穰，耿寿昌五凤中奏言："故事，岁漕关东谷四百
万斛以给京师，用卒六万人。宜籴三辅、弘农、河东、上党、太原等郡，
谷多足供京师，可以省关东漕卒过半。"天子从其计。御史大夫萧望之奏
言："寿昌欲近籴漕关内之谷，筑仓理船，费直二万万余万字，亿也，有动
众之功，恐生旱气，人被其灾，寿昌习于商功分铢之事，其深计远虑，诚
未足任，宜且如故。"帝不听，漕事果便。

光武北征，命寇恂守河内，收四百万斛以给军，以辇车骊驾，转输
不绝。

虞诩为武都太守，开漕船道，而水运通利。

明帝永平十三年，汴渠成。河、汴分流，复其旧迹。初，平帝时，
河、汴决坏，久而不修。建武时，光武欲修之而未果。其后，汴渠东侵，
日月弥广，兖、豫百姓怨叹。会有荐乐浪王景能治水者①，乃诏发卒数十
万，遣景与将作谒者王吴修汴渠堤，自荥阳东至千乘海口千余里。十里立
一水门，令更相洄注，无溃漏之患。费以百亿计。

致堂胡氏曰："世言隋炀帝开汴渠以幸扬州。文士考《禹贡》言
尧都冀州，居河下流，而八都贡赋重于用民力，故每州必记入河之
水。独淮与河无相通之道，求之故迹而不得，乃疑汴水自禹以来有
之，不起于隋。世既久远，或名鸿沟，或名官渡，或名汴渠，大概皆
自河入淮，故淮可引江湖之舟以达于冀也。今据《后汉书》，则平帝
时已有汴渠，曰'河、汴决坏'，则谓输受之所也。至是，发卒四十
万修渠堤，则平地起两岸，而汴水行其中也。十里立一水门，更相洄

---

① 王景，东汉水利专家，生于30年前后，卒于85年前后。曾主持整修漕运干道汴渠，并
主持整修黄河，筑堤维护，使黄河在此后800多年中无重大改道，泛滥减少。对中国古代人民的
生命财产安全，农业经济的发展，漕运的通畅都有重大贡献。

注，则以节制上流，恐河溢为患也。是正与今之汴渠制度无异，特未有导洛之事耳。史曰'渠堤自荥阳而东'①，则上疑其为鸿沟，下疑其为官渡者，恐未得其要。官渡直黄河也，故袁、曹相距，沮授曰：'悠悠黄河，吾其济乎！'汴渠自西而东，鸿沟乃横亘南北，故曰未得其要也。独所谓自禹以来有汴者，此则不易之论也。"

汉丞相诸葛亮劝农讲武，作木牛流马运米，集斜谷口，治斜谷邸阁，息民休士三年而后用之。

木牛，其法："方腹曲胫，一脚四足，头入领中，舌著于腹。载多而行少，宜住，可大用，而不可小使；特行者数十里，群行者二十里。曲者为牛头，双者为牛脚，横者为牛领，转者为牛足，覆者为牛背，方者为牛腹，垂者为牛舌，曲者为牛肋。牛御双辕，人行六尺，牛行四步。载一岁粮，日行三十里，而人不大劳，牛不饮食。"② 流马亦有尺寸之数。

先公曰："邸阁者，仓廪之异名欤！魏晋以来多称之。《晋史·景纪》言，蜀将姜维寇狄道，帝曰：'姜维攻羌，收其质任，聚谷作邸阁讫而复转行至此。'云云。是邸阁者，仓廪之名耳。"

魏齐王正始四年，司马宣王使邓艾行陈、项以东至寿春。今淮阳郡至寿春郡。艾以为田良水少，不足以尽地利，宜开河渠，可以大积军粮，又通运漕之道。宣王从之，乃开广漕渠。东南有事，兴众泛舟而下，达于江淮，资食有储而无水害，艾所建也。语在《屯田篇》。

晋武帝太始十年，凿陕南山，决河，东注洛以通运漕。虽有此诏，竟未成功。

怀帝永嘉元年，修千金堨于许昌以通运。

成帝咸和六年，以海贼寇抄，运漕不继，发王公以下千余丁，各运米六斛。

穆帝时，频有大军，粮运不继，制王公已下十三户共借一人，助度支运。

---

① 荥阳，《资治通鉴》卷四五、《大学衍义补》卷三三，皆作"荥阳"，当是。
② 对木牛形状、功能的描述，《三国志》卷三五《蜀书·诸葛亮传》引《诸葛亮集》较此更详。

赵王虎以租入殷广，转输劳烦，令中仓岁入百万斛，余皆储之水次；令刑赎之家得以钱代财帛，无钱听以谷麦，皆随时价输水次仓。

后魏自徐扬内附之后，徐州，今彭城。扬州，今寿州，仍代经略江淮。于是转运中州，以实边镇，百姓疲于道路。有司请于水运之次，随便置仓，乃于小平、石门、白马津、漳涯、黑水、济州、陈郡、大梁凡八所，各立邸阁，每军国有需，应机漕引。此费役微省①。

时三门都将薛钦上言："计京西水次汾、华二州，恒农、河北、河东、平阳等郡，年常绵绢及贳麻皆折公物，雇车牛送京，道险人敝，费公损私。略计华州一车，官酬绢八匹三丈九尺，别有私人雇价布八十匹；河东一车，官酬绢五匹二丈，别有私人雇价布五十匹。自余州郡，虽未练多少，推之远近，应不减此。今求车取雇绢三匹，市木造船，不劳采斫。计船一艘，举十三车，车取三匹，合有三十九匹，雇作首并匠及船上杂具食直，足以成船。计一船剩二七十八匹②，布七百八十匹。又租车一乘，官格二十斛成载；私人雇价，远者五斗布一匹，近者一石布一匹。准其私费，一车有布远者八十匹③，近者四十匹。造船一艘，计举七百石，准其雇价，应有千四百匹。今取布三百匹造船一艘，并船上覆理杂事，计一船有剩布千一百匹。又其造船之处，皆须锯材人功，并削船茹，依功多少，即给当州郡门兵，不假更召。汾州有租庸调之处④，去汾不过百里，华州去河不满六十，并令计程依旧酬价，车送船所。船之所运，唯达潏陂。其陆路后潏陂至仓门⑤，调一车雇绢一匹，租一车布五匹，则于公私为便。"诏从之，而未能尽行也。

孝文太和七年，薄骨律镇将刁雍上表曰："奉诏高平、安定、统万薄骨律镇，今灵武郡。高平，今平凉郡。安定，即今郡。统万，即朔方郡也。及臣所守四镇，出车五千乘，运屯谷五十万斛，付沃野镇以供军粮。臣镇去沃野八百里，道多深沙，轻车往来，犹以为难，设令载谷二十石，每至深沙，

---

① 此费役微省，《魏书·食货志》作"自此费役微省"。
② 剩二七十八匹，疑刊刻有误，以致欠通。此处绢、布分计，后言"布七百八十匹"，则此处说的应是绢。查《通典·食货十》即为"剩绢七十八匹"。
③ 一车有布远者八十匹，《魏书·食货志》作"一车布远者八十匹"。
④ 汾州有租庸调之处，此句乃北魏人所言，当时并无"庸"，只有"租调"，《魏书·食货志》作"汾州有租调之处"。
⑤ 后，《魏书·食货志》作"从"。

必至滞陷。又谷在河西，转至沃野，越渡大河，计奉五千乘运十万斛①，百余日乃得一返，大废生人耕垦之业。车牛艰阻，难可全至，一岁不过三运②，五十万斛乃经三年。臣闻郑、白之渠，远引淮海之粟，溯流数千里，周年乃得一至，犹称国有储粮，人用安乐。求于崞吨山在今平凉郡高平县，今笄头山，语讹亦曰汧沌山，即崞吨山也。河水之次造船二百艘，二船为一船③，一船胜二十斛④，一舫十人，计须千人。臣镇内之兵，率皆习水。一运二十万斛，方舟顺流，五日而至。自沃野牵上，十日还到，合六十日得一返。从三月至九月三返，运送六十万斛，计用人工轻于车运十倍有余，不费牛力，又不废田。"诏曰："知欲造船运谷，一冬即大省人力⑤，既不费牛，又不废田，甚善。非但一运，自可永以为式。"

隋文帝开皇二年，以京师仓廪尚虚，议为水旱之备，诏于蒲、陕、虢、熊、伊、洛、郑、怀、邲⑥、卫、汴、许、汝等水次十三州，熊州，今福昌县。伊州，今陆浑县。洛州，今绛县。余县并今郡。置募运米丁。又于卫州置黎阳仓，陕州置常平仓，华州置广通仓，卫、陕、华并今郡。转相灌注。漕关东及汾、晋之粟，以给京师。又遣仓部侍郎韦瓒，向蒲、陕以东，募人能于洛阳运米四十石，经底柱之险，达于常平者，免其征戍。其后以渭水多沙，流有深浅，漕者苦之。四年，诏宇文恺率水工凿渠，引渭水，自大兴城即今西京城也。东至潼关，三百余里，名曰广通渠。转运通利，关内便之。

炀帝大业元年，发河南诸郡男女百余万开通济渠，自西苑引谷、洛水达于河。又引河通于淮海。自是天下利于转输。四年，又发河北诸郡百余万众开永济渠。引沁水⑦，南达于北，河通涿郡，今范阳郡⑧。自是丁男不

---

① 奉，《通典·食货十》作"车"。

② 一岁不过三运，《魏书·刁雍传》作"一岁不过二运"。如按上述数字关系，说"不过三运"更准确。可考虑气候因素，《魏书》所言更合乎实际。

③ 二船为一船，语意不清，恐有刊刻之误。《魏书·刁雍传》作"二船为一舫"，且下文也说"每舫"如何。

④ 二十斛，《魏书·刁雍传》作"二千"。

⑤ 一冬即大省人力，《魏书·刁雍传》作"一冬即成，大省人力"。

⑥ 邲，《隋书·食货志》作"邵"，可参考。邵州废于开皇三年，故也可能是马端临有据而改。

⑦ 沁水，《隋书·食货志》作"沁水"。

⑧ 南达于北，河通涿郡，语句难通。《隋书·食货志》作"南达于河，北通涿郡"。

供，始以妇人从役。五年，于西域之地置西海、鄯①、且末等郡，逐吐谷浑得其地，并在今酒泉、张掖、晋昌郡之北，今悉为北狄之地。谴天下罪人，配为戍卒，大开屯田，发四方诸郡运粮以给之。七年冬，大会涿郡。分江淮南②，配骁卫大将军来天儿③，别以舟师济沧④，舳舻数百里。并载军粮，期与大兵会于平壤。高丽所都。置洛口回洛仓，穿三千三百窖，窖容八千。

致堂胡氏曰："隋炀积米，其多至二千六百余万石，何凶旱水溢之足虞！然极奢于内，穷武于外，耕桑失业，民不聊生，所谓江河之水不能实漏瓮。仓窖充盈，适足为重敛多藏之罪耳。"

唐都长安，而关中号称沃野，然其土地狭，所出不足以给京师，备水旱，故常转漕东南之粟。高祖、太宗之时，用物有节而易赡，水陆漕运，岁不过二十万石，故漕事简。自高宗以后，岁益增多，而功利繁兴，民亦罹其弊矣。

初，江淮漕租米至东都输含嘉仓，以车或驮陆运至陕。而水行来远，多风波覆溺之患，其失常十七八，故其率一斛得八斗为成劳。而陆运至陕才三百里，率两斛计庸钱千。民送租者，皆有水陆之直，而河有三门底柱之险。显庆元年，苑西监褚朗议凿三门山为梁，可通陆运。乃发卒六千凿之，功不成。其后，将作大匠杨务廉又凿为栈，以挽漕舟。挽夫系二䋏于胸，而绳多绝，挽夫辄坠死，则以逃亡报，因系其父母妻子，人以为苦。

开元十八年，宣州刺史裴耀卿朝集京师，元宗访以漕事，耀卿条上便宜，曰："江南户口多，而无征防之役。然送租、庸、调物，以岁二月至扬州入斗门，四月以后，始渡淮入汴，常苦水浅，六七月乃至河口，而河水方涨，须八九月水落，始得上河入洛，而漕路多梗，船樯阻隘。江南之人，不习河事，转雇河师水手，重为劳费。其得行日少，阻滞日多。今汉、隋漕路，濒河仓廪，遗迹可寻。可于河口置武牢仓，巩县置洛口仓，使江南之舟不入黄河，黄河之舟不入洛口。而河阳、柏崖、太原、永丰、渭南诸仓，节级转运，水通则舟行，水浅则寓于仓以待，则舟无停留，而

---

① 鄯，应为"鄯善"。可见《通典·食货十》。
② 分江淮南，《隋书·食货志》作"分江淮南兵"。
③ 来天儿，《隋书·食货志》作"来护儿"，应是。来护儿为隋朝名将，《隋书》有传。
④ 济沧，《隋书·食货志》《通典·食货十》皆作"济沧海"。

物不耗失。此甚利也。"元宗初不省。二十一年，耀卿为京兆尹，京师雨水，谷踊贵，元宗将幸东都，复问耀卿漕事，耀卿因请罢陕陆运，而置仓河口，使江南漕舟至河口者，输粟于仓而去，县官雇舟以分入河、洛；置仓三门东西，漕舟输其东仓，而陆运以输西仓，复以舟漕，以避三门之水险。元宗以为然，乃于河阴置河阴仓，河西置柏崖仓，三门东置集津仓，西置盐仓；凿山十八里以陆运。自江淮漕者，皆输河阴仓，自河阴西至太原仓，谓之北运，自太原仓浮渭以实关中。元宗大悦，拜耀卿为黄门侍郎、同中书门下平章事，兼江淮都转运使，以郑州刺史崔希逸、河南少尹萧炅为副使，益漕晋、绛、魏、濮、邢、贝、济、博之租输诸仓，转而入渭。凡三岁，漕七百万石，省陆运佣钱三十万缗。

是时，民久不罹兵革，物力丰富，朝廷用度亦广，不计道里之①，输送所出水陆之直，增以"函脚"、"营窖"之名②，民间传言用斗钱运斗米，其糜耗如此。

及耀卿罢相，北运颇艰，米岁至京师才百万石。三十五年③，遂罢北运。而崔希逸为河南陕运使，岁运百八十万石。其后，以太仓积粟有余，岁减漕数十万石。

二十九年，陕郡太守李齐物凿底柱为门以通漕，开其山巅为挽路，烧石沃醯而凿之。然弃石入河，激水益湍怒，舟不能入新门，候其水涨，以人挽舟而上。天子疑之，遣宦者按视，齐物厚赂使者，还言便。

齐物入为鸿胪卿，以长安令韦坚代之，兼水陆运使。坚治汉、隋运渠，起关门，抵长安，通山东租赋。乃绝灞、浐，并渭而东，至永丰仓与渭合。又于长乐坡濒苑墙凿潭于望春楼下，以聚漕舟。坚因使诸舟各揭其郡名，陈其土地所产宝货诸奇物于楸上。先时民间唱俚歌曰"得体纥那邪"。其后宝符于桃林④，于是陕县尉崔成甫更《得体歌》为《得宝弘农野》。坚命舟人为吴、楚服，大笠、广袖、芒屩以歌之。成甫又广之为歌辞十阕，自衣阙后绿衣、锦半臂、红抹额，立第一船为号头以唱，集两县

---

① 不计道里之，《新唐书·食货志》作"不计道里之费"。

② 函脚、营窖，按文意，应是当时新加收的税粮运费，用作脚力费、中途保管费，而不是说此前不收运费。

③ 三十五年，按前后文所述时间，此段当是在述开元年间事，而开元无三十五年。查《新唐书·食货志》为二十五年。

④ 宝符于桃林，《新唐书·食货志》作"得宝符于桃林"，较此为通。

妇女百余人，鲜服靓妆，鸣鼓吹笛以和之。众艘以次辇楼下，天子望见大悦，赐其潭名曰广运潭。是岁，漕山东粟四百万石。自裴耀卿言漕事，进用者常兼转运之职，而韦坚为最。

初，耀卿兴漕路，请罢陆运，而不果废。自景云中，陆运北路分八递，雇民车牛以载。开元初，河南尹李杰为水陆运使，运米岁二百五十万石，而八递用车千八百乘。耀卿罢久之，河南尹裴迥以八递伤牛，乃为交扬两递，滨水处为宿场，分官总之，自龙门东山抵天津桥为石堰以遏水。其后大盗起，而天下匮矣。

肃宗末年，史朝义兵分出宋州，淮运于是阻绝，租庸盐铁溯汉江而上。河南尹刘晏为户部侍郎，兼句当度支、转运、盐铁、铸钱使，江淮粟帛，繇襄、汉越商于输京师。

及代宗出陕州，关中空窘，于是盛转输以给用。广德二年，废句当度支使，以刘晏颛领东都、河南、淮西、江南东西转运、租庸、铸钱、盐铁，转输至上都，度支所领诸道租庸观察使，凡漕事亦皆决于晏。

晏即盐利雇佣分利督之，随江、汴、河、渭所宜。故时转运船繇润州陆运至扬子，斗米费钱十九，晏命囊米而载以舟，减钱十五；繇扬州距河阴，斗米费钱百二十，晏为歇艎支江船二千艘，每船受千斛，十船为纲，每纲三百人，篙工五十人，自扬州遣将部送至河阴，上三门，号"上门填阙船"，米斗减钱九十。调巴蜀、襄汉麻枲竹筿为绹挽舟，以朽索腐材代薪，物无弃者。未十年，人人习河险。江船不入汴，汴船不入河，河船不入渭；江南之运积扬州，汴河之运积河阴，河船之运积渭口，渭船之运入太仓。岁转粟百一十万石，无升斗溺者。轻货自扬子至汴州，每驮费钱二千二百，减九百，岁省十余万缗。又分官吏主丹阳湖，禁引溉，自是河漕不涸。大历八年，以关内丰穰，减漕十万石，度支和籴以优农。晏自天宝末掌出纳，监岁运，知左右藏，主财谷三十余年矣。及杨炎为相，以旧恶罢晏，转运使复归度支，凡江、淮漕米，以库部郎中崔河图主之。

及田悦、李惟岳、李纳、梁崇义拒命，举天下兵讨之，诸军仰给京师。而李纳、田悦兵守涡口，梁崇义扼襄、邓，南北漕引皆绝，京师大恐。江淮水陆转运使杜佑以汉运路出浚仪十里入琵琶沟，绝蔡河，至陈州而合，自隋凿汴河，官漕不通，若导流培岸，功用甚寡；疏鸡鸣冈首尾，可以通舟，陆行才四十里，则江、湖、黔中、岭南、蜀、汉之粟可方舟而下，繇白沙起东关①，历颍、蔡，涉汴抵东都，无浊河溯淮之阻，减故道二千余里。会李纳将李洧以徐州归命，淮路通而止。户部侍郎赵赞又以钱货出淮迁缓，分置汴州东西水陆运两税盐铁使，以度支总大纲。

贞元初，关辅宿兵，米斗千钱，太仓供天子六宫之膳不及十日，禁中不能酿酒，以飞龙驼负永丰仓米给禁军，陆运牛死殆尽。德宗以给事中崔造敢言，为能立事，用为相。造以江、吴素嫉钱谷诸使颛利罔上，乃奏诸道观察使、刺史选官部送两税至京师，废诸道水陆转运使及度支巡院、江淮转运使，以度支、盐铁归尚书省，宰相分判六尚书②。以户部侍郎元琇判诸道盐铁、榷酒，侍郎吉中孚判度支诸道两税。增江、淮之运，浙江东、西岁运米七十五万石，复以两税易米百万石，江西、湖南、鄂岳、福建、岭南米亦百二十万石，诏浙江东、西节度使韩滉，淮南节度使杜亚运至东、西渭桥仓。诸道有盐铁处复置巡院，岁终宰相计课最。崔造厚元琇，而韩滉方领转运，奏国漕不可改。帝亦雅器滉，复以为江淮转运使。元琇嫉其刚，不可共事，因有隙。琇称疾罢，而滉为度支、诸道盐铁、转运使，于是崔造亦罢。滉遂劾琇常馈米淄青、河中，而李纳、怀光倚以构叛，贬琇雷州司户参军，寻赐死。

是时，汴宋节度使春夏遣官监汴水，察盗灌溉者。岁漕经底柱，覆者几半。河中有山号"米堆"，运舟入三门，雇平陆人为门匠，执标指麾，一舟百日乃能上。谚曰："古无门匠墓。"谓皆溺死也。陕虢观察使李泌益凿集津仓山西径为运道，属于三门仓，治上路以回空车，费钱三万缗，下路减半；又为入渭船，方五板，输东渭桥太仓米至凡百三十万石，遂罢南路陆运。其后诸道盐铁、转运使张滂复置江淮巡院。及浙西观察使李锜领使，江淮堰埭隶浙西者，增私路小堰之税，以副使潘孟阳主上都留后。李巽为诸道转运、盐铁使，以堰埭归盐铁使，罢其增置者。自刘晏后，江淮米至渭桥浸减矣，至巽乃复如晏之多。

初，扬州疏太子港、陈登塘，凡三十四陂，以益漕河，辄复埋塞。淮南节度使杜亚乃浚渠蜀冈，疏句城湖、爱敬陂，起堤贯城，以通大舟。河益庳，水下走淮，夏则舟不得前。节度使李吉甫筑平津堰，以泄有余，防不足，漕流遂通。然漕益少，江淮米至渭桥者才二十万斛。以诸道盐铁、

---

① 起东关，《新唐书·食货志》作"趣东关"。
② 宰相分判六尚书，《新唐书·食货志》作"宰相分判六尚书事"。

转运使卢坦籴以备一岁之费，省冗职八十员。自江以南，补署皆刬厉院监[①]，而漕米亡耗于路颇多。刑部侍郎王播代坦，建议米至渭桥五百石亡五十石者死。其后判度支皇甫镈议万斛亡三百斛者偿之，千七百斛者流塞下，过者死；盗十斛者流，三十斛者死。而覆船败挽至者不得十之四五。部吏舟人相挟为奸，榜笞号苦之声闻于道路，禁锢连岁，赦下而狱死者不可胜数。其后贷死刑，流天德王城[②]，人不畏法，运米至者十亡七八。盐铁、转运使柳公绰请如王播议加重刑。太和初，岁旱河涸，掊沙而进，米多耗，抵死甚众，不待覆奏。

秦汉时故漕兴成堰，东达永丰仓，咸阳县令韩辽请疏之，自咸阳抵潼关三百里，可以罢车挽之劳。宰相李固言以为非时，文宗曰：“苟利于人，阴阳拘忌，非朕所顾也。”议遂决。堰成，罢挽车之牛以供农耕，关中赖其利。

故事，州县官充纲，送轻货四万，书上考[③]。开成初，为长定纲，州择清疆官送两税[④]，至十万迁一官，往来十年者授县令。江淮钱积河阴，转输岁费十七万余缗，行纲多以盗抵死。判度支王彦威置县递群畜万三千三百乘，使路傍民养以取佣，日役一驿，省费甚博。而宰相亦以长定纲命官不以材，江淮大州，岁授官者十余人，乃罢长定纲，送五万者书上考，七万者减一选，五十万减三选而已。及户部侍郎裴休为使，以河濒县令董漕事，自江达渭，运米四十万石。居三岁，米至渭桥百二十万石。

凡漕达于京师而足国用者，大略如此。其他州、县、方镇，漕以自资，或兵所征行，转运以给一时之用者，皆不足纪。

贞元初，陆贽上奏，言：“邦畿之税，给用不充，东方岁运租米，冒淮湖风浪之险，溯河、渭湍险之艰，费多而益寡。习闻见而不达时宜者，则曰国之大事，不烦费损，故有用斗钱运斗米之言。虽知劳烦，不可废也。习近利而不防远患者，则曰每至秋成，但令畿内和籴，既易集事，又足劝农，何必转输，徒耗财用。臣以两家之论，互有短长，各申偏执之怀，俱昧变通之术。若国家理安，钱谷俱富，悉

黎蕃息，力役靡施，然后常以羡财，益广漕运，虽有厚费，适资贫人。贞元之始，巨盗初平，太仓无兼月之储，关辅遇连年之旱，而有司奏停水运，务省脚钱，致使郊畿烟火殆绝，馁莩相望，斯所谓睹近利而不防远患者也。近岁关辅年谷屡登，数减百姓税钱，许其折纳粟麦，公储委积，足给数年，农家犹苦谷贱。今夏江淮水潦，漂损田苗，米价倍贵，流庸颇多，关辅以谷贱伤农，宜加价籴谷，以劝稼穑。江淮以谷贵民困，宜减价粜米，以救凶灾。今宜籴之处则无钱，宜粜之处则无米，而又运彼所乏，益此所余，所谓习闻见而不达时宜者也。今淮南诸州米，每斗当钱一百五十文，从淮入渭桥，每斗船脚又约用钱二百文，计运米一斗，总当钱三百五十文，其米既糙且陈，尤为京邑所贱。据市司月估，每斗只粜得钱三十七而已，耗其九而存其一，馁彼人而伤此农，制事若斯，可谓深失矣。今约计一年和籴之数，可当转运二年；一斛转运之资，足以和籴五斛。比较即时利害，运务且合悉停。臣窃虑停运，则舟船无用，坏烂莫修；倘遇凶灾，复须转漕，临时纠集，理必淹迟。臣今欲减所转之数，以实边储。其江淮诸道，运米至河阴，河阴运米至太原仓，太原运米至东渭桥，来年各请停所运三之二。其江淮所停运米八十万斛，委转运使每斗取八十钱，于水灾州县粜之，以救贫乏，计得钱六十四万缗，减僦直六十九万缗。请令户部先以二十万缗付京兆，令籴米以补渭桥仓之阙数，斗用百钱，以利农人；以一百二万六千缗付边镇，使籴十万人一年之粮，余十万四千缗，以充来年和籴之价；其江、淮米钱僦直，并委转运使折市绫、绢、**绝**、绵，以输上都，偿先贷户部钱，如此，则不扰一人，无废百事。但于常用之内，收其枉费之资，百万赢粮，坐实边鄙，又有劝农振乏之利，存乎其间矣！"

元祐间，东坡苏氏《论纲梢欠折利害奏状》曰①："臣闻唐代宗时，刘晏为江淮转运使，始于扬州造转运船，每船载一千石，十船为一纲，扬州差军将押赴河阴。每造一船，破钱一千贯，而实费不及五百贯。或讥其枉费，晏曰：'大国不可以小道理，凡所创置，须谋经久，船场即兴，执事者非一，须有余剩，养活众人，私用不窘，则官

---

① 《论纲梢欠折利害奏状》，是苏轼以龙图阁学士左朝奉郎知扬州时所上的奏折。纲梢，纲运中服役的船工。

物牢固。’乃于扬子县置十船场，差专知官十人，不数年间，皆致富赡。凡五十余年，船场既无破败，馈运亦不阙绝。至咸通末，有杜侍御者，始以一千石船，分造五百石船二只，船始败坏。而吴尧卿者，为扬子院官，始勘会每船合用物料，实数估给，其钱无复宽剩。专知官十家即时冻馁，而船场遂破，馈运不给，不久遂有黄巢之乱。刘晏以一千贯造船，破五百贯为千系人欺隐之资①，以今之君子寡见浅闻者论之，可谓疏缪之极矣！然晏运四十万石，当用船四百只，五年而一更造，是岁造八十只也。每只剩破五百贯，是岁失四万贯也。而吴尧卿不过为朝廷岁宽四万贯耳！得失至微，而馈运不继，以贻天下之大祸。臣以此知天下之大计，未尝不成于大度之士，而败于寒陋之小人也。国家财用大事，安危所出，愿常不与寒陋小人谋之，则可以经久不败矣。”

　　按：西汉与唐俱都关中，皆运东南之粟以饷京师，自河、渭溯流而上，然汉武帝时，运六百万斛，唐天宝极盛之时，韦坚为水陆运使，仅一岁能致四百万斛余。岁止二百五十万斛。而至德以后，仅百余万而已，俱未能如汉之数。且考之《食货志》，及参以陆、苏二公之言，则运弥艰，费弥重，岂古今水道有险易之不同邪？当考。

　　咸通元年，南蛮陷交趾，征诸道兵赴岭南。诏湖南水运自湘江入澧渠，并江西水运，以馈行营诸军。溯运艰难，军屯广州乏食，润州人陈磻石诣阙言："海船至福建，往来大船一只可致千石；自福建不一月至广州，得船数十艘，便可得三五万石，胜于江西、湖南溯流运粮。"又引刘裕海路进军破卢循故事。乃以磻石为盐铁巡官往扬子县专督海运，于是军不阙供。

　　后唐同光三年，吏部尚书李琪奏请敕下诸道，合差百姓转般之数，有能出力运官物到京者，五百石以上，白身授一初任州县官，有官者依资次迁授，欠选者便与放选，千石以上至万石者，不拘文武，显示赏酬。免令方春农人流散，此亦转仓赡军之一术也。敕租庸司下诸州，有应募者闻奏施行。

　　长兴二年，敕应沿河船般仓，依北面转运司船般仓例，每一石于数内与正销破二升。

　　四年二月，三司使奏："洛河水运，自洛口至京，往来牵船下卸，皆

① 千系人，《苏轼集》卷六二《论纲梢欠折利害奏状》原文为"干系人"，指责任相关者。

是水运，牙官每人管定四十石。今洛岸至仓门稍远，牙官运转艰难，近日例多逃走。今欲于洛河北岸别凿一湾，引船直至仓门下卸，其工役欲于诸军僦人内差借①。"从之。

周显德二年，上谓侍臣曰："转输之物，向来皆给斗耗，自汉以来，不与支破。仓廪所纳新物，尚破省耗，况水路所般，岂无损失，今后每石宜与耗一斗。"

> 致堂胡氏曰："受税而取耗，虽非良法，诚以给用，犹不使民徒费。今观世宗之言，则知晋、汉间取雀鼠耗及省耗，未尝为耗用，直多取以实仓廪耳。比及输运，其当给耗，反不与之，而或责之纲吏，或还使所出州县补其亏数，亡身破家，不可胜计，岂为国抚民之道也！不宜取而取者，省耗靡费是也；当予而未尝予者，漕运斗耗是也。世宗既与之，善矣；省耗应罢而未罢，岂非以多故未及邪？明宗、潞王时，可谓窘匮，犹放逋租数一百万，世宗诚欲蠲除省耗，又何难哉？"

四年，诏疏下汴水，一派北入于五丈河，又东北达于济。自是，齐、鲁之舟楫皆至京师。

六年，命侍卫马军都指挥使韩令坤，自京东疏汴水入于蔡河。侍卫步军都指挥使袁彦，浚五丈河以通漕运。

宋东京之制：受四方之运者，谓之"船般仓"，曰永丰、通济、万盈、广衍、通济有四仓，景德四年改第三曰万盈，第四曰广衍。延丰、旧广利，景德中改。大中祥符二年，增第二。顺成、旧常丰，景德中改。济远、旧常盈，景德中改。富国，凡十仓，皆受江淮所运，谓之东河，亦谓之里河。曰永济、永富二仓，受怀、孟等州所运，谓之西河。曰广济第一，受颍、寿等州所运，谓之南河，亦谓之外河。曰广积、广储二仓，受曹、濮等州所运，谓之北河。受京畿之租者，谓之税仓。曰广济②，受京东诸县。广积第一、左右骐骥、天驷监凡三仓，受京北诸县。左天厩坊仓受京西诸县。旧有义丰仓，大中祥符元年停。大盈、右天厩二仓，受京南诸县。受商人入中者，

---

① 僦人，官员的佐吏或随从。
② 曰广济，《宋会要辑稿》食货六二之二作"曰广济第二仓"。

谓之折中仓，有里、外河二名，又有茶库仓，或空则兼受船般斛斗。草场则汴河南北各三所，骐骥、左右天厩坊、天驷监各一所，以受京畿租赋及和市所入。诸州皆有正仓、草场，受租税、和籴、和市刍粟，并掾曹主之。其多积之处，亦别遣官专掌。凡漕运所会，则有转般仓。

太祖皇帝乾德二年，令诸州自今每岁受民租及筦榷所获之课，除支度给用外，凡缗帛之类，悉辇送京师，官乏车牛者，僦民车以给。

六年，令诸州辇送上供钱帛，悉官给车乘，当水运者，官为具舟，不得调发居民，以妨农作。

初，荆湖、江、浙、淮南诸州，择部民之高赀者部送上供物，民质不能检御舟人，舟人侵盗官物，民破产以偿，乃诏遣牙将部送，勿复扰民。

自江南东[1]，岁漕米数百万给京师，太宗恐仓吏给受不平，遣皇城卒变服侦逻，廉得永丰仓持量者八辈受赇为奸，悉斩之，监仓免官治罪。

端拱元年，徐休复上言："京师内外凡大小二十五仓，官吏四百二人，计每岁所给不下四百万石，望自今米、麦、菽各以一百万石为一界，每界命常参官、供奉官、殿直各一人，专知、副知各二人，凡七人共掌之。"诏可。

二年，国子博士李觉上言曰："晁错云'欲民务农，在于贵粟'，盖不可使至贱，亦不可使至贵。今王都万众所聚，导河渠，达淮海，贯江湖，岁运五百万斛，以资国费，此朝廷之盛，臣庶之福也。近来都下粟麦至贱，仓廪充牣，红腐相因，或以充赏给，斗直数十钱，此工贾之利而军农之不利也。夫军士妻子不过数口，而月给粮数斛，即其费有余矣。百万之众，所余既多，游手之民，资以给食，农夫之粟，何所求售？况粮之来也，至远至艰；官之给也，至轻至丰[2]。岁丰俭，不可预期，傥不幸有水旱之虞，卒然有边境之急，何以救之？今运米一斛至京师，其费不啻三百钱，诸军旧日给米二升[3]，今若月赋钱三百，人必乐焉。是一斗为钱五

① 自江南东，《续资治通鉴长编》卷一八太平兴国二年条作"自东南平"，符合历史发展过程，语句也较通顺。

② 至轻至丰，《续资治通鉴长编》卷三〇端拱二年条作"至轻至易"。

③ 诸军旧日给米二升，《续资治通鉴长编》卷三〇端拱二年条作"诸军傔人旧日给米二升"。傔人，佐吏、随从之类。

十，计江淮运米工脚，亦不减此数。望明敕军中，各从其便，愿受钱者，若市价官米斗为钱二十，即增给十钱，裁足以当工脚之费，而官私获利，数月之内，米价必增，农民受赐矣。若米价腾踊，即官复给粮，军人粜其所余，亦获善价，此又戎士受赐矣。不十年，官有余粮，江外之运，亦渐可省。"上览奏嘉之。

天禧未①，京城所积仓粟一千五百六十万余石，草一千七百万五千余围。

国初以来，四河所运粟未有定制。至太平兴国六年，汴河岁运江淮米三百万石，菽一百万石；黄河粟五十万石，菽三十万石；惠民河粟四十万石，菽二十万石；广济河粟十二万石：凡五百五十万石。非水旱大蠲民租，未尝不及其数。至道初，汴河运米至五百八十万石。自是，京城积粟盈溢。大中祥符初，至七百万石。凡漕运，大约其数，亦计临时移易焉。凡水运自淮南、江南、荆湖南、北路所运粟，于扬、真、楚、泗州四处置仓以受其输，既而分调舟船溯流而入京师，发运使领之。荆湖、江、淮、两浙以及岭表金银、香药、犀象、百货亦同之。惟岭表陆运至虔州而后水运。咸平五年七月，又命户部判官凌策，与江南转运同计度，省自京至广南香药驿递军士及使臣计六千一百余人。陕西诸州菽粟，自黄河三门沿流由汴河而至，亦置发运使领之。陈、颍、许、蔡、光、寿等六州之粟帛，由石塘、惠民河而至。京东十七州之粟帛，由广济河而至，皆有京朝官廷臣督之。凡三水皆通漕运，而岁计所赖者，惟汴流焉。河北卫川东北有御河达乾宁军②，其运物亦有廷臣主之。川陕诸州金帛，自剑门列传置，分辇负担，以至租布，及官所市布，由水运送江陵。自江宁遣纲吏运送京师，咸平中，定岁运六十六万疋，分为十纲。旧常至数百万匹。天禧末，水陆上供金帛、缗钱二十三万一千余贯、两、端、疋，珠宝、香药二十七万五千余斤。诸州岁造运船，至道末三千三百三十七艘，天禧末减四百二十一。虔州六百五，吉州五百二十五，明州一百七十七，婺州一百三，温州一百二十五，台州一百二十六，楚州八十七，潭州二百八十，鼎州二百四十一，凤翔斜谷六百，嘉州四十五。

　　<u>止斋陈氏曰</u>："本朝定都于汴，漕运之法分为四路。江南、淮南、

---

①　未，当为"末"字之误。
②　卫川，《宋史·食货志》作"卫州"。

浙东西、荆湖南北六路之粟，自淮入汴至京师；陕西之粟，自三门、白波转黄河入汴至京师；陈、蔡之粟，自闵河、蔡河入汴至京师；京东之粟，自十五丈河历陈、济及郓至京师，四河所运惟汴河最重。"

景德中，漕东南粟岁不过四百五十万石，后增至六百万。天圣中，发运使请所部六路计民税一石，量籴粟二斗五升，岁可更得二百万石给京师。仁宗曰："常赋外增籴，是重扰民。"不许。时江南谷贵民贫，尚书员外郎吴耀卿以为言，诏岁减五十万，后是三司奏，复增至六百万。然东南灾歉，辄减岁漕数，或百万或数十万。又转移以给他路者时有焉。

庆历中，诏减广济河岁漕一十万石。后黄河岁漕益减耗，才运菽三十万石，而岁创漕船，市材木，役牙钱①，劳费甚广；嘉祐四年，诏罢所运菽，减漕船三百艘。自是岁漕三河而已。

江、湖上供米，旧转运使以本路纲输真、楚、泗州转般仓，载盐以归，舟还其郡，卒还其家。而汴舟诣转般仓漕米输京师，岁擢运者四②。河冬涸，舟卒亦还营，至春复集，名曰放冻。卒得番休，逃亡者少；而汴船不涉江路，无风波沉溺之患。其后发运使权益重，六路上供米团纲发船，不复委本路，独发运使专其任。文移坌并③，事目繁夥，有不能检察，则吏胥可以用意于其间。操舟者赋诸吏，辄得诣富饶郡市贱贸贵，以趋京师。自是江、汴之舟，合杂混转无辨矣，挽舟卒有终身不还其家而老死河路者。籍多空名，漕事大敝。

皇祐中，发运使许元奏："近岁诸路因循，粮纲法坏，遂令汴纲至冬出江，为他路转漕，兵不得息。宜敕诸路增船载米，输转般仓充岁计如故事。"于是言利者多以元说为然，朝廷为诏如元奏。久之，而诸路纲不集。嘉祐三年，复下诏切责有司以格诏不行，及发运使不能总纲条，转运使不能斡岁入，预敕江、淮、两浙转运司，以期年功，各造船补卒，团本路纲，期自嘉祐五年汴纲不得复出江。至期，诸路船犹不足。汴纲既不得至江外，江外船亦不得至京师，失商贩之利；而汴纲工卒讫冬坐食，苦不足，皆盗毁船材，易钱以自给，船愈

---

① 役牙钱，《宋史·食货志》作"役衙前"。

② 擢运，《宋史·食货志》作"折运"。

③ 文移坌并，公文往来繁多。

坏，漕岁额又愈不及。论者初欲漕卒得归息，而近岁汴纲多佣丁夫，每船卒不过一二人，至冬当留守船，实无得归息者。时元罢久矣。后至者数奏请出汴船，执政守前诏不许。御史亦以为言。治平三年，始诏出汴船七十纲，未几，皆出江复故。

治平二年，漕粟至京师，汴河五百七十五万五千石，惠民河二十六万七千石，广济河七十四万石。又运金帛缗钱入左藏库、内藏库者，总其数一千一百七十三万，而诸路转移以相给者皆不与焉。繇京西、陕西、河东运薪炭至者，薪以斤计为一千七百一十三万，炭以秤计为一百万。是岁，诸路创漕船二千五百四十艘。大约京师岁费粟四百余万石，刍四百余万围，粟则漕运之人及畿县岁赋、商人入中皆在焉，刍亦赋于畿县，或体量和市。既而罢商人入中粟，至景祐初议复之。论者或谓籴京师，则谷价翔贵，命官度利害，后虽复之，然入中者无几。刍以体量和市者，遇岁俭则蠲之，前后不可胜数。至和中，一岁凡蠲二十五万。三司尝请以布偿刍直，登、莱端布为钱千三百六十，沂布千一百。仁宗以取直过厚，命差减其数云。

英宗治平四年，三司言："京师粳米支五岁余，久且陈腐，请令发运司以上供谷五十万石粜谷贵处，市金帛储榷货务，以给三路军需。"从之。

发运司始于仁宗。时许元自判官为副使，创汴河一百纲，漕荆湖、江、淮、两浙六路八十四州米至真、扬、楚、泗转般仓而止，复从通、泰载盐为诸路漕司经费。发运司自以汴河纲运米入京师。

神宗熙宁七年，诏委官疏浚广济河，增置漕舟，依旧运京东米上供。

宣徽南院使张方平言："国初，浚河渠三道以通漕运，立上供年额，汴河六百万石，广济河六十二万石，惠民河六十万石。广济河所运，止给太康、咸平、尉氏等县军粮而已，唯汴河运米麦，此乃太仓蓄积之实。近罢广济河，而惠民河斛斗不入太仓，大众之命惟汴河是赖。议者不已，屡作改更，必致汴河日失其旧。愿留神虑。以固基本。"

京东察访邓润甫等言："山东沿海州郡地广，丰岁则谷贱，可募人为海运。山东之粟可转之河朔，以助军食。"诏京东、河北路转运相度，讫无施行。

薛向为江淮发运使，先是，漕运吏卒上下共为侵盗贸易，甚则讬风水沉没以灭迹。而官物陷折者，岁不减二十万斛。至向，始募客舟与官舟分运，以相检察，而旧弊悉去。

七年，提举汴河提岸司言："京东地富，谷粟可以漕运，但以河水浅涩，不能通舟。近修京东河岸，开斗门通广济河，为利甚大。今请通津门里汴河岸，东城里三十步内，开河一道，及置斗门，上安水磨，下通广济河，应接行运。"从之。

八年，诏罢岁运粮百万石赴西京。先是，导洛入汴，运东南粟以实洛下，至是，户部奏罢之。

元祐七年，知扬州苏轼上言："臣窃见嘉祐中，张方平论京师军储云：'今之京师，古所谓陈留，四通八达之地，非如雍、洛有山河之险足恃也，特恃重兵以立国。兵恃食，食恃漕运，漕运一亏，朝廷无所措手足。'因画十四策。内一项云，粮纲到京，每岁少欠不下六七万石，皆以折会填偿，发运司不复抱认，非祖宗之旧也。臣以此知嘉祐前，岁运六百万石，而以欠折六七万石为多。访闻去岁止运四百五十余万石，而欠折之多，约至三十余万石，运法之坏，一至于此。臣到任以来，所断粮纲欠折等人不可胜数，衣粮罄于折会，船车尽于折卖，质妻鬻子，聚为乞丐，散为盗贼，窃计京师及缘河诸郡，例皆如此。盖祖宗以来，通许纲运，揽载物货，既免征税，而脚钱又轻，故物货流通，缘路虽失商税，而京师坐获富庶。自导洛司废，而淮南转运司阴收其利，数年以来，官用窘逼，转运司督迫诸处税务，日急一日。谨按一纲三十只船，而税务那官不过一员①，未委如何点检得三十只船一时皆遍，而必勒留住岸，一船检点，即二十九只船皆须住岸伺候。以淮南一路言之，真、扬、高邮、楚、泗、宿六州军所得粮纲税钱，不过万缗。而所在税务专栏，因金部转运司许令检点，缘此为奸，邀难乞取，十倍于官。遂致纲梢皆穷困骨立，亦无复富商大贾肯以物货委令搭载。以此专仰攮取官米，无有限量，折卖船板，动使

---

① 那官，《苏轼集》卷六二《论纲梢欠折利害奏状》作"监官"。

净尽，事败入狱，以命偿官。显是金部与转运司违条刻剥，得粮纲税钱一万贯，而令朝廷失陷纲运米三十余万石，利害皎然。臣闻东南馈运，所系国计至大，故祖宗以来，特置发运司，专任其责，选用既重，威令自行。如昔时许元辈，皆能约束诸路，主张纲运，其监司州郡及诸场务，岂敢非理刻剥邀难？但发运使得人，稍假事权，申明元祐编敕，不得勒令住岸条贯，严赐约束行下，庶刻薄之吏不敢取小害大，东南大计，自然办集。"

徽宗大观三年，尚书省言："六路上供斛斗已令直达，而奉行之吏因循，止将岁贡额斛于真、扬、楚、泗仓廒为卸纳摺运之地。又以所管斛斗代诸路岁额不足之数，且欠发运司米一百二十余万斛不偿。乞将见在斛斗尽令般发赴朝廷。"从之。

转般之法，东南六路斛斗，自江、浙起纲至于淮甸，以及真、扬、楚、泗，为仓七以聚蓄军储。复自楚、泗置汴纲般运上京，以发运使董之。故常有六百万石以供京师，而诸仓常有数年之积。州郡告歉，则折纳上等价钱，谓之额斛。计本州岁额，以仓储代输京师，谓之代发。复于丰熟以中价收籴。谷贱则官籴，不至伤农，饥歉则纳钱，民以为便。本钱岁增，兵食有余。国家建都大梁，足食足兵之法，无以加于此矣。崇宁初，蔡京为相，始求羡财以供侈费，用所亲胡师文为发运使，以籴本数百万缗充贡，入为户部侍郎。自是来者效尤，时有进献，而本钱竭矣。本钱既竭，不能增籴，而储积空矣。储积既空，无可代发，而转般无用矣。乃用户部尚书曾孝广之说，立直达之法。时崇宁三年九月二十九日也。

孝广之言曰："往年南自真州江岸，北至楚州淮堤，以堰潴水，不通重船，般剥劳费。遂于堰傍置转般仓，受逐州所输，更用运河船载之入汴，以达京师。虽免推舟过堰之劳，然侵盗之弊由此而起。天圣中，发运使方仲荀奏请度真、楚州堰为水闸，自是东南金帛、茶布之类直至京师，惟六路上供犹循用转般法[1]，吏卒靡费与在路折阅，动以万数。欲将六路上供斛斗，并依东南杂运直至京师或南京府界卸纳，

---

[1] 惟六路上供犹循用转般法，《宋史·食货志》作"惟六路上供斛斗犹循用转般法"。

庶免侵盗乞贷之弊。自是六路郡县各认岁额，虽湖南、北至远处所，亦直抵京师，丰不加籴，歉不代发。方纲米之来也，立法峻甚，船有损坏，所至修整，不得逾时。州县欲其速过，但令供状，以钱给之，以至沿流乡保悉致骚扰，公私横费，无有纪极。又盐法已坏，回舟无所得，舟人逃散，船亦随坏，本法尽废，弊事百出，良可叹也。"

谭稹言："伏读圣训，自转般之法废为直达，岁运仅足。自开岁纲运，不至两河，所籴所般，数目不多，何以为策？令臣询访措置以闻。窃详祖宗建立真、楚、泗州转般仓之本意，可谓至密。一则以备中都缓急，二则以防漕渠阻节，三则纲般装发，资次运行，更无虚日。自其法废，河道日益浅涩，遂致中都粮储不继，仰烦圣训，丁宁训饬，谓淮南三转般仓，今日不可不复，置淮南路泗州，江南路真州，两浙路楚州。仍乞先自泗州为始，候一处了当，次及真、楚，既有籴本，顺流而下，不甚劳费。乞赐施行，然后俟丰岁计置储蓄，取旨立法转般，以为永法。"诏："稹所陈利害甚明，并可依奏。候睦贼平日，令发运司措置施行。"五年二月①，新淮南路转运判官向子諲奏："转般之法，寓平籴之意，江、湖有米，则可籴于真；二浙有米，则可籴于扬；宿、亳有米，则可籴于泗。坐视六路之丰歉，间有不登之处，则以钱折斛，发运司得以斡运之，不独无岁额不足之忧，因以宽民力。万一运渠旱乾，则近有汴口仓庾，今日所患者，向来籴本岁五百万缗，支移殆尽，难以全仰朝廷。乞将经制司措置地契、卖糟、量添七色等钱，以桩充籴本，假之数年，可以足用。"六月，诏特支降度牒一百万贯，香、盐钞一百万贯，付吕淙、卢知原均斛斗，专充应副转般。令尚书省措置取旨。

<u>大观以后，或行转般，或行直达，诏令不一。</u>

政和元年，张根为江西转运副使，岁漕米百二十万以给中都。江南州郡僻远，官吏艰于督趋，根常存三十万石于本司为转轮之本，以宽诸郡，时甚称之。

高宗建炎初，诏诸路纲米以三分之一输行在所，余赴京师。二年八

---

① 五年，前文并未述及纪年，此处不当承前省年号。查《宋史·向子諲传》，子諲"宣和初……召对，除淮南转运判官"，且很快又被降职，可见事在宣和年间，此五年当为宣和五年。

月，诏二广、湖南北、江东西路纲运赴江宁府，福建、两浙路赴平江府，京畿、淮南、京东西、河北、陕西路及川纲并赴行在。又诏二广、湖南北纲运如经由两浙，亦许赴平江府送纳；福建纲运经由江东、西，亦许赴江宁府送纳。三年闰八月，又诏诸路纲运除见钱并粮斛赴建康府户部送纳外，其金银绢帛并赴行在所。绍兴初，因地之宜，以两浙粟专供行在，以江东之粟饷淮东，以江西之粟饷淮西，荆湖之粟饷岳、鄂、荆南。量所用之数，责漕臣将输，而归其余行在，钱帛亦然。惟水运有舟楫之劳，陆运有夫丁之扰，雇舟差夫，不胜其弊，民间有自毁其舟楫不愿藏舟，自废其田而不愿有田。王事鞅掌，人胥病之，于是申水脚靡费七分钱三分钱法，严卸纲无欠复拘留人船之戒，虑掳船之为民害也。既优价雇募客舟矣，又许将一分力胜搭带私物捐其税，及于两浙、江东西、四川、泸、叙、嘉、黔间自造官舟。又揆道里之远近，滩碛之险阻，置转般仓；修堰闸，开浚河道，以便漕运。

绍兴四年，川陕宣抚吴玠调两川夫运米十五万斛至利州，率四十余千致一斛，饥病相仍，道死者众。漕臣赵开听民以粟输内郡，募舟挽之，人以为便。然嘉陵江险，滩碛相望，夏苦涨流，冬阻浅涩，终岁之运，殆莫能给。玠再欲陆运，帅臣邵溥争之，且言："宣司已取蜀民运脚钱百五十万，其忍复使之陆运乎！"乃卒行水运。总所委官就籴于沿流，复就兴、利、阆州置场，听客人中卖。又减成都水运对籴米①，免四川及京西路请州租以宽之②。

　　纲运之官，其责繁难，人以为惮。故自绍兴以来，优立赏格，其有少欠，许籴填补足，其纲欠及一分，才送有司究弊。后来献说者止欲从窄减作五厘，且以百石论之，五厘止五斗耳，使之全无侵蠹，当风扬掷，亦不免五厘之少，则举无纳足之纲。于是户部言："乞将少欠五厘以上，一分以下之人，立限二十日籴填。"

孝宗淳熙元年，诏："不以所欠多少，并与放除。其纲米赴仓卸纳，以陈易新，不得就舟支遣。其折帛钱纲在路违法借贷重其罚，或借贷官钱

---

① 对籴米，文意难通，疑刊刻有误。《宋史·食货志》作"对籴米"。
② 京西路请州，查宋京西路无请州，或为许州，或将"诸"字误为"请"。

收买物货无偿，许估卖出豁其金银钱帛色额；低次亏损官钱者，行下元买纳场吏人名下追理，不得均摊民户。其有因纲运欠折追降官资者，如本非侵盗，且补纳已足，许保明叙复。"

吴氏《能改斋漫录》曰："本朝东南岁漕米六百万石，而江西居三分之一，盖天下漕米多取于东南，而东南之米多取于江西也。"

东莱吕氏曰："古者，天子中千里而为都，公侯中百里而为都。天子之都，漕运东西南北，所贡入者，不过五百里；诸侯之都，漕运所贡入者，不过五十里。所以三代之前，漕运之法不备。虽如《禹贡》所载入于渭，乱于河之类，所载者不过是朝廷之路；所输者不过币帛九贡之法。所以三代之时，漕运之法，未甚讲论，正缘未是事大体重。到春秋之末，战国之初，诸侯交相侵伐，争事攻战，是时稍稍讲论漕运，然所论者尚只是行运之漕，至于国都之漕，亦未甚论。且如《管子》所论，粟行三百里，则无一年之积粟；行四百里，则无二年之积粟；行五百里，则众有饥色；如孙武所谓千里馈粮，士有饥色，皆是出征转输，至其所以输国都不出五百里、五十里，国都所在各有分，故当时亦尚未讲论。惟是后来，秦并诸侯，罢五等，置郡，然后漕运之法，自此方详。秦运天下之粟，输之北河，是时，盖有三十钟致一石者。地里之远，运粟之多，故讲论之详，方自此始。后来历代最盛，无如汉、唐。在汉初，高后、文、景时，中都所用者省，岁计不过数十万石而足，是时，漕运之法亦未讲。到得武帝，官多徒役众，在关中之粟四百万犹不足给之，所以郑当时开漕渠、六辅渠之类，盖缘当时用粟之多，漕法不得不讲。然当汉之漕在武帝时，诸侯王尚未尽输天下之粟，至武、宣以后，诸侯王削弱，方尽输天下之粟，汉之东南漕运，至此始详。当高帝之初，天子之州郡与诸侯封疆相间杂，诸侯各据其利，粟不及于天子。是时，所谓淮南东道皆天子奉地，如贾生说是汉初如此。至汉武帝时，亦大概有名而无实，其发运粟入关，当时尚未论江淮。

到得唐时，方论江淮，何故？汉会稽之地去中国封疆辽远，开垦者多，粟不入京师，以京师之粟尚不自全，何况诸侯自封殖？且如吴王濞作乱，枚乘之说，言京都之仓不如吴之富，以此知当时殖利自丰，不是运江淮之粟。到唐时，全倚办江淮之粟。唐太宗以前，府兵之制未坏，有征行，便出兵，其不征行，各自归散于田野，未尽仰给大农，所以唐高祖、太宗运粟于关中不过十万。后来，明皇府兵之法渐坏，兵渐多，所以漕粟自此多。且唐睿宗、明皇以后，府兵之法已坏，是故用粟乃多，向前府兵之法未坏，所用粟不多。唐漕运时，李杰、裴耀卿之徒未甚讲论，到二子讲论，自是府兵之法既坏，用粟既多，不得不讲论。且如汉漕系郑当时之议，都不曾见于高、惠、文、景之世①。唐之李杰、裴耀卿之议，都不曾见于高祖、太宗之世，但只见于中、睿、明皇之时，正缘汉武官多役众。唐中、睿以后，府兵之法坏，聚兵既多，所以漕运不得不详。大抵这两事常相为消长，兵与漕运常相关。所谓宗庙、社飨之类，十分不费一分，所费广者，全在用兵，所谓漕运，全视兵多少。且唐肃宗、代宗之后，如河北诸镇，皆强租赋不领于度支。当时有如吐蕃、回纥为乱，所用犹多。镇武、天德之间②，岁遣两河诸镇，所以全倚办江淮之粟。议论漕运，其大略自江入淮，自淮入汴，自洛入河，自河入渭，各自征输，水次各自置仓。如集津仓、洛口仓、含嘉仓、河阴仓，渭桥转相船运，道途之远，此法遂坏。自当时刘晏再整顿运漕之法，江淮之道，各自置船，淮船不入汴，汴船不入河，河船不入渭，水之曲折，各自便习，其操舟者所以无倾覆之患，国计于是足。所以唐人议论之多，惟江淮为最急。德宗时，缘江淮米不至，六军之士脱巾呼于道，韩滉运米岁至③，德宗、太子置酒相庆。可见唐人倚办于此，如此其急。

唐时漕运，大率三节：江淮是一节，河南是一节，陕西到长安是一节。所以当时漕运之臣，所谓无如此。三节最重者京口。初，京口济江淮之粟所会于京口，京口是诸郡咽喉处。初时，润州、江淮之粟至于京口，到得中间，河南、陕西互相转输。然而三处惟是江淮最切，何故？皆自江淮发足，所以韩滉由漕运致位宰相，李锜因漕运飞扬跋扈④，以至作乱。以此三节，惟是京口最重。所谓汉漕，一时所

① 都不曾见于，《历代制度详说》卷四《漕运》作"却不曾见于"。

② 镇武、天德，唐宋行政区划"军"的名称。但唐代无镇武军，有振武、天德两军，均在今内蒙古西部。

③ 韩滉运米岁至，《历代制度详说》卷四《漕运》作"韩滉运米至"，当是。岁至，即每年常规，皇帝不至惊喜。

④ 李锜（741—807 年），唐朝叛臣，淄川王李孝同的五世孙，即李渊祖父李虎的八世孙。锜曾主持盐铁专卖和漕运事务，假公济私、蓄积力量，最终反叛。

运，临时制宜，不足深论。

到得宋朝定都于汴，是时，漕运之法分为四路：东南之粟自淮入汴至京师；若是陕西之粟，便自三门、白波转黄河入汴至京师；若是陈、蔡一路粟，自惠民河至京师。京东粟自广济河至京师。四方之粟有四路，四条河至京师。当时最重者惟是汴河最重，何故？河西之粟，江无阻，及入汴，大计皆在汴；其次北方之粟，自三门、白波入关，自河入汴入京师，虽惠民、广济来处不多，其势也轻。

本朝置发漕两处，最重者是江淮至真州，陆路转输之劳；其次北之粟，底柱之门，舟楫之利。若其他置发运，如惠民河、广济河虽尝立官，然不如两处之重。此宋朝之大略如此。然而宋朝所谓岁漕六百万石，所专倚办江淮，其所谓三门、白波之类，非大农仰给之所，惟是江淮最重。在祖宗时，陆路之粟至真州入转般仓，自真方入船，即下贮发运司，入汴方至京师，诸州回船，却自真州请盐散于诸州，诸州虽有费，亦有盐以偿之，此是宋朝良法。

凡以江淮往来，迟速必视风势。本朝发运使相风旗，有官专主管，相风旗合则无罪；如不合，便是奸弊。夫船之迟速，何故以风为旗①？盖缘风动四方，万里只是一等，所以使得相风旗。真州便是唐时扬子江，后来本朝改号曰真州。运法未坏，诸州船只到真州请盐回，其次入汴、入京师。后来发运岁造船，谓之发运官船，与诸州载米发运，申明汴船不出江，诸州又自造船。虽有此约束，诸州船终不应付，因此漕法渐坏，惟发纲发运未罢。

及蔡京为相，不学无术，不能明考祖宗立法深意，遂废改盐法，置直达江，无水处不如此②。是时奸吏多，虽有运漕之官，不过催督起发，其官亦有名而无实。大抵用官船逐处漕运时，便都无奸计。若用直达江，经涉岁月长远，故得为奸，所费甚多，东南入京之粟亦少。故太仓之粟少似东南蓄积，发运有名无实，此召乱之道也。本朝漕运之法坏自蔡京，东京发运本原大略如此③。

---

① 为旗，《历代制度详说》卷四《漕运》作“为期”。
② 无水处不如此，《历代制度详说》卷四《漕运》作“无水次不如此”。
③ 东京发运，《历代制度详说》卷四《漕运》作“东南发运”，当是。

卷二十六　国用考四

振恤

《周礼》：遗人掌邦之委积，以待施惠；乡里之委积，以恤民之艰厄；门关之委积，以养老孤；郊里之委积，以待宾客；野鄙之委积，以待羁旅；县都之委积，以待凶荒。委积者，廪人、仓人计九谷之数足国用，以其余共之，所谓余法用也。职内邦之移用亦如此也，皆以余财共之。少曰委，多曰积。廪人掌九谷之数，以待国之匪颁，赒赐稍食。以岁之上下数邦用，以知足否，以诏谷用，以治年之丰凶。凡万民之食食者，人四釜，上也；人三釜，中也；人二釜，下也。此皆谓一月食米也。六斗四升曰釜。若食不能人二釜，则令邦移民就谷，诏王杀邦用。

汉高祖二年，关中大饥，米斛万钱，人相食。令民就食蜀汉。

文帝六年①，大旱，蝗。发仓庾以振贫民。

武帝四年②，山东被水灾，民多饥乏。于是天子遣使虚郡国仓廪，以振贫民。犹不足，又募豪富人相假贷。尚不能救，乃徙贫民于关以西，及充朔方以南新秦中七十余万口，衣食皆仰给于县官，数岁，贷与产业，使者分部护，冠盖相望，费以亿计。

元鼎二年，诏曰："水潦移于江南，迫隆冬至，朕惧其饥寒不治。江南之地，火耕水耨，方下巴蜀粟致之江陵，遣博士中等分循行，告所抵，无令重困。吏民有救振饥民免其厄者，具以名闻。"

河内贫民伤水旱万余家，汲黯以便宜持节发河内仓粟，以振贫

---

① 此事，《史记·文帝本纪》《汉书·文帝纪》皆记在文帝后元六年（前158年），而不是文帝六年（前174年）。

② 武帝四年，纪年不明。查《汉书·武帝纪》有类似记载，事在元狩四年（前119年），《资治通鉴》则系此事于元狩三年。

民，请归节伏矫制罪①。上贤而释之。

昭帝元凤三年，诏曰："乃者民被水灾，颇匮于食，朕虚仓廪，使使者振困乏，其止四年毋漕。三年以前所振贷，非丞相、御史所请，边郡受牛者勿收责。武帝始开边，徒民屯田②，皆与犁、牛。后丞相、御史复间有所请。令敕自上所赐予勿收责，丞相所请乃令其顾税耳。"

宣帝本始四年，诏曰："今岁不登，已遣使者振贷困乏，使农移就业。丞相以下至都官令丞上书入谷，输长安仓，助贷贫民，以车船载谷入关，得无用传。传，传符也。欲谷之多，故不问其出入③。"

元帝初元元年，诏振业贫民，赀不满千钱者赋贷种、食。

永光元年，赦天下，令各务农，无田者皆假之，贷种、食如贫民。

永光四年，诏所贷贫民勿收责。

成帝河平四年，振贷濒河郡水伤不能自存者，避水他郡国，所在冗食之。冗，散。禀食使生活，不占着户给役使也。

永始二年，诏曰："关东比岁不登，吏民以义收食贫民，入谷物助县官振赡者，已赐直，其百万以上，加赐爵右更，欲为吏，补三百石，其吏也迁二等。三十万以上，赐爵五大夫，吏亦迁二等，民补郎。十万以上，家无出租赋三岁。万以上，一年。"

光武建武六年，令郡国有谷者，给禀高年、鳏、寡、孤、独、笃癃，无家不能自存者。

明帝永平十八年，赐鳏、寡、孤、独、笃癃不能自存者谷，人三斛。

章帝建初十六年④，诏贫民有田业而匮乏者贷种种⑤，勿收责。

以后，以各处水旱、饥馑，振贷非通行天下者不书。

献帝兴平元年，三辅大旱，帝出太仓米豆作糜食饥人。

---

① 矫制，伪造君主明令。

② 徒民屯田，"徒"字当为"徙"字之误。

③ 得无用传，可以不用传符。由此反推，当时运输其他商品，途中要交验官府所发的传符。

④ 章帝建初十六年，建初无十六年，此事《后汉书·和帝纪》记在和帝永元十六年。

⑤ 贷种种，《后汉书·和帝纪》作"贷种粮"。

时谷一斛五十万，豆麦一斛二十万，人相食啖，白骨委积。帝使侍御史侯汶出太仓米豆，为饥人作糜粥，经日而死者如故。帝疑振恤有虚，乃亲于御座前量试作糜，乃知非实，使侍中刘艾出责有司，收侯汶考实，杖五十。自是之后，多得全济。

魏文帝黄初二年①，冀州大蝗，民饥，遣使开仓廪以振之。

明帝景初元年，冀、兖、徐、豫四州遇水，遣使循行。没溺死亡及失产财者，所在开仓振给之。

吴大帝赤乌三年，民饥，诏开仓廪以振贫穷。

晋成帝咸康元年，扬州诸郡饥，遣使开仓振给。

宋文帝元嘉中，三吴水潦，谷贵人饥。彭城王义康立议："以东土灾荒，人稠谷踊②，富商蓄米，日成其价。宜班下所在，隐其虚实，令积蓄之家，听留一年储，余皆勒使粜货，为制平价。又沿淮岁丰，令三吴饥人，即以贷给，使强壮转运，以赡老弱。"又诏以会稽、宣城二郡米谷百万斛赐遭水人。

二十年，诸州郡水旱，人大饥，遣使开仓振恤。

魏孝文太和元年，诏州郡水、旱、蝗，人饥，开仓振恤。

七年，以冀、定二州饥，诏郡县为粥于路以食之。定州上言，为粥所活者，九十四万七千余口。冀州上言，为粥所活者，七十五万一千七百余口。

宣武延昌元年，州郡十一大水，诏开仓振恤，以京师谷贵，出仓粟八十万石以振恤贫民。

隋文帝开皇十四年，关中大旱，民饥，上遣左右视民食，得豆屑杂糠以献，为之流涕，不御酒，殆将一期。乃帅民就食于洛阳，敕斥候不得辄有驱逼，男女参厕于仗卫之间③，遇扶老携幼，辄引马避之，慰勉而去；至艰险之处，见负担者，令左右扶助之。

唐太宗谓黄门侍郎王珪曰："开皇间大旱，隋文帝不许振给，而

① 黄初二年，《三国志·魏书·文帝纪》载此事在黄初三年秋七月。
② 人稠谷踊，《通典·食货十二》作"人凋谷踊"，两皆可通，而此说更合理，人凋最终会导致谷跌。
③ 参厕，参与、混杂。

令百姓就食山东，比至末年，天下储积可供五十年。炀帝恃其富饶，侈心无厌，卒亡天下。但是仓庾之积足以备凶年[1]，其余何用哉！"

唐太宗贞观二年，山东旱，遣使振恤饥民，鬻子者，出金宝赎还之。

以后，发常平义仓振恤事，并见《市籴考》，兹不再录。

周显德六年，淮南饥，上命以米贷之，或曰："民贫，恐不能偿。"上曰："民犹子也，安有子倒悬而父不为解者！安责其必偿也？"

致堂胡氏曰："称贷所以惠民，亦以病之。惠者纾其目前之急也，病者责其他日之偿也。其责偿也，或严其期，或征其耗，或取其息，或予之以米而使之归钱，或贫无可偿而督之不置，或胥吏诡贷而征诸编民。凡此皆民之所甚病也。有司以丰取约予为术，聚敛之臣以头会箕敛为事，大旱而税不蠲，水潦而税不蠲，蝗、蝻、螟、贼而税不蠲。长官督税不登数，则不书课；民户纳欠不破产，则不落籍。出于民力尚如此，而况贷于公者，其责偿固不遗余力矣！世宗视民犹子，匡救其乏而不责其必偿，仁人之心，王者之政也。"

宋太祖皇帝建隆三年，遣使振贷扬、泗饥。户部郎中沈义伦使吴越还，言："扬、泗饥民多死，郡中军储尚有余万斛[2]，倘以贷民，至秋收新粟，公私俱利。"有司沮之曰："若来岁不稔，孰任其咎？"义伦曰："国家以廪粟济民，自当召和气，致丰年，宁忧水旱邪？此当断自宸衷。"上从之。三月，诏赐沂州饥民种、食。又诏振宿、蒲、晋、慈、隰、相、卫州饥。

开宝四年，刘𬭚平，诏振广南管内州县乡村不接济人户，委长吏于省仓内量行振贷，候丰稔日令只纳元数。

八年，平江南，诏出米十万石振城中饥民。

太宗太平兴国八年，以粟四万石振同州饥。

---

① 但是仓庾之积足以备凶年，按文意应为"但使仓庾之积足以备凶年"。

② 尚有余万斛，《续资治通鉴长编》卷三建隆三年条曰"尚百余万斛"。

淳化二年，诏永兴、凤翔、同华陕等州岁旱，以官仓粟贷之，人五斗，仍给复三年。

五年，命直史馆陈尧叟等往宋、亳、陈、颍等州，出粟以贷饥民。每州五千石，及万石仍更不理纳。

真宗咸平二年，诏出米十万石振两浙贫民。

五年，遣中使诣雄、霸、瀛、莫等州为粥，以振饥民。

> 两浙提刑钟离瑾言："百姓阙食，官设糜粥，民竞赴之，有妨农事。请下转运司量出米振济，家得一斗。"从之。

仁宗、英宗一遇灾变，则避朝变服，损膳彻乐。恐惧修省，见于颜色，恻怛哀矜，形于诏令，其德厚矣。灾之所被，必发仓廪振贷，或平价以粜；不足，则转漕他路粟以给；又不足，则诱富人入粟，秩以官爵。灾甚，则出内藏或奉宸库金帛，或鬻祠部度僧牒，东南则留发运司岁漕米，或数十万，或百万石济之。赋租之未入、入未备者，或纵不取，或寡取之，或倚格以须丰年①。宽逋负，休力役，赋入之有支移、折变者省之；应给蚕盐若和籴，及科率追呼不急、妨农者罢之。薄关市之征，鬻牛者免算。利有可与民共者不禁，水乡则蠲蒲、鱼、果、蓏之税。民流亡者，关津毋责渡钱；过京师者，分遣官诸城门振以米，所至舍以官第，为淖糜食之②，或赋以闲田，或听隶军籍。老幼不能自存者，听官司收养，因饥役若厌溺死者③，官为瘗理祭之，厌溺死者加赐其家钱粟。蝗为害，则募民捕，以钱若粟易之，蝗子一升至易菽粟三升或五升。下诏州郡戒长吏存拊其民，缓缧系，省刑罚，饥民劫囷窖者薄其罪。且以戒监司俾察官吏之老疾、罢懦不任职者。间遣内侍存问，灾甚则遣使安抚。其前后所施，大略如此。

> 初，天下没入户绝田，官自鬻之。至嘉祐二年，枢密使韩琦请留勿鬻，募人耕，收其租，别为仓储之，以给州县郭内之老、幼、贫、疾不能自存者，谓之广惠仓，领以提点刑狱，岁终具出纳之数，以上

---

① 倚格，格字为同音相借，应为"倚阁"，即缓期交纳。须，等待。
② 靡，通糜。
③ 饥役，《宋史·食货志》作"饥疫"，较此为通。

三司。户不满万，留田租千石，万户倍之，户二万留三千石，三万留四千石，五万留六千石，七万留八千石，十万以上留万石。田有余，则鬻如旧。四年，诏改隶司农寺，州选官二人，主出纳。岁十月，则遣官验视应受米者，书其名于籍。自十一月始，三日一给米，人一升，幼者半之，次年二月止。有余乃及诸县，量其大小而均给之。其大略如此。

庆历八年，河北、京东西大水，大饥，人相食。诏出二司钱帛振之①。流民入京东者不可胜数，知青州富弼择所部丰稔者五州劝民出粟，得十五万斛，益以官廪，随所在贮之。择公私庐舍十余万区，散处其人，以便薪水。官吏自前资、待阙、寄居者，皆给其禄，使即民所聚，选老弱者廪之。山林河泊之利，有可取以为生者，听流民取之，其主不得禁。官吏皆书其劳，约为奏请，使他日得以次受赏于朝，率五日辄遣人以酒肉粮饭劳之，人人为尽力。流民死者为大冢葬之，谓之"丛冢"。自为文祭之。及流民将复其又业，各以远近受粮。凡活五十余万人，募而为兵者又万余人。上闻之，遣使慰劳，就迁其秩。弼曰："救灾，守臣职也。"辞不受。前此救灾者皆聚民城郭中，煮粥食之，饥民聚为疾疫。及相蹈籍死②，或待次数日不食，得粥皆僵仆，名为知人，而实杀之。弼所立法简便周至，天下传以为法。时救郓州刘夔亦发廪振饥，民赖全活者甚众，盗贼衰止，赐书褒奖。

曾巩《救灾议》曰："河北地震、水灾，隳城郭，坏庐舍，百姓暴露乏食，主上忧悯，下缓刑之令，遣持循之使③，恩甚厚也。然百姓患于暴露，非钱不可以立屋庐；患于乏食，非粟不可以饱。二者不易之理也。非得此二者，虽主上忧劳于上，使者旁午于下，无以救其患、塞其求也。有司建言，请发仓廪与之粟，壮者人日二升，幼者人日一升，主上不旋日而许之赐之，可谓大矣！然有司之所言，特常行之法，非审计终始，见于众人之所未见也。今河北地震、水灾，所毁

———————

① 宋无"二司"，这一官署按文意应为三司。元丰改制前户部、盐铁、度支合称三司。《续资治通鉴长编》卷一六五庆历八年条即作"三司"。
② 蹈籍，按文意应为"蹈藉"。
③ 持循，《元丰类稿》卷九《救灾议》为"拊循"。

坏者甚众，可谓非常之变也。遭非常之变者，必有非常之恩，然后可以振之。

今百姓暴露乏食，已废其业矣，使之相率日待二升之廪于上，则其势必不暇乎他为。是农不复得修其畎亩，商不复得治其货贿，工不复得利其器用，闲民不复得转移执事，一切弃百事而专意于待升合之食，以偷为性命之计，是直以饿莩之义养之而已，非深思远虑为百姓长计也。以中户计之：户为十人，壮者六人，月当受粟三石六斗，幼者四人，月当受粟一石二斗，率一户月当受粟五石，难可以久行也，则百姓何以赡其后？久行之，则被水之地既无秋成之望，非至来岁麦熟之时，未可以罢。自今至于来岁麦熟，凡十月，一户当受粟五十石。今被灾者十余州，州以二万户计之，中以上①，及非灾害所被，不仰食县官者去其半，则仰食县官者为十万户。食之不遍，则为施不均，而民犹有无告者也；食之遍，则当用粟五百万石而足，何以办？此又非深思虑为公家长计也。

至于给授之际，有淹速，有均否，有真伪，有会集之扰，有辨察之烦，措置一差，皆足致弊。又群而处之，气久蒸簿②，必生疾疠，此皆必至之害也。且此不过能使之得旦暮之食耳，其余屋庐构筑之费将安取哉？屋庐构筑之费既无所取，而就食于州县，必相率而去其故居。虽有颓墙坏屋之尚可完者，故材旧瓦之尚可因者，什器众物之尚可赖者，必弃之而不暇顾，甚则杀牛马而去者有之，伐桑枣而去者有之，其害可谓甚也。

今秋气已半，霜露方始，而民露处，不知所蔽，盖流亡者亦已众矣，如不可止，则将空近塞之地，失战斗之民，此众士大夫之所虑而不可谓无患者也。空近塞之地，失耕桑之民，此众士大夫所未虑而患之尤甚者也。何则？失战斗之民，异时有警，边戍不可以不增尔；失耕桑之民，异时无事，边籴不可以不贵矣。二者皆可不深念欤？万一或出于无聊之计，有窥仓库，盗一囊之粟、一束之帛者，彼知已负有司之禁，则必鸟骇鼠窜、窃弄锄梃于草茅之中③，以扞游徼之吏。强者既嚣而动，则弱者必随而聚矣。不幸或连一二城之地，有枹鼓之

---

① 中以上，《元丰类稿》卷九《救灾议》作"中户以上"。
② 气久蒸簿，《元丰类稿》卷九《救灾议》为"气久蒸薄"。
③ 锄挺，应为锄梃，可见《元丰类稿》卷九《救灾议》。

警，国家胡能晏然而已乎！况今外有夷狄之可虑，内有郊祀之将行，安得不防之未然，销之于未萌也！然则为今之策，下方纸之诏，赐之以钱五十万贯，贷之以粟一百万石，而事足矣。何则？今被灾之州为十万户，如一户得粟十石，得钱五千，下户常产之赀，平日未有及此者也。彼得钱以完其居，得粟以给其食，则农修其畎亩，商得治其货贿，工得利其器用，闲民得转移执事，一切得复其业，而不失其常生之计，与专意以待二升之禀于上，而势不暇乎他为，岂不远哉？此可谓深思远虑为百姓长计者也。由有司之说，则用十月之费，为粟五百万石，由今之说，则用两月之费，为粟一百万石，况贷之于今而取之于后，足以振其艰乏，而终无损于储蓄之实，所实费者钱五巨万贯而已，此可谓深思远虑为公家长计者也。又无给授之弊、疾疠之忧，民不必去其故居，苟有颓墙坏屋之尚可完者，故材旧瓦之尚可因者，什器众物之尚可赖者，皆得而不失，况于全牛马，保桑枣，其利又可谓甚也。虽寒气方始而无暴露之患，民安居足食，则有乐生自重之心，各复其业，则势不暇乎他为，虽驱之不去，诱之不为盗矣。

夫饥寒饿殍之民，而与之升合之食，无益于救灾补败之数，此常行之弊法也。今破去常行之弊法，以钱与粟一举而振之，足以救其患，复其业。河北之民，闻诏令之出，必皆喜上之足赖，而自安于畎亩之中，负钱与粟而归，与其父母妻子脱于流离转死之祸，则戴上之施而怀欲报之心，岂有己哉①！天下之民闻国家措置如此，恩泽之厚，其孰不震动感激，悦主上之义于无穷乎？如是而人和不可致，天意不可悦者，未之有也。"

英宗治平四年，河北旱，民流入京师。待制陈荐请以籴使司陈粟贷民②，户二石。从之。

御史中丞司马光上疏曰："圣王之政，使民安其土、乐其业，自生至死，莫有离散之心。为此之要，在于得人。以臣愚见，莫若谨择公正之人为河北监司，使之察灾伤州县，守宰不胜者易之，然后多方

---

① 己，应为"已"，可见《元丰类稿》卷九《救灾议》。
② 籴使司，《续资治通鉴》卷六五作"便籴司"。

那融斗斛①，各使振济本州县之民。若斗斛数少不能周遍者，且须救土著农民，各据版籍，先从下等次第振济，则所给有限，可以豫约矣。若富室有蓄积者，官给印历，听其举贷，量出利息，候丰熟日，官为收索，示以必信，不可诳诱，则将来百姓争务蓄积矣。如此，饥民知有可生之路，自然不弃旧业，浮游外乡。居者既安，则行者思反，若县县皆然，岂得复有流民哉？"

神宗熙宁元年，降空名度牒五百道付两浙运司，令分赐本路，召人纳米或钱振济。

帝以内侍有自淮南来者，言宿州民饥多盗，系囚众，本路不以闻。诏遣太常博士陈充等视宿、亳等州灾伤。又诏河北灾伤州军劫盗死罪者并减死，刺配广南牢城，年丰如旧。

> 司马光上疏论曰："臣窃闻降敕下京东、京西灾伤州军，如人户委是家贫，偷盗斛斗因而盗财者，与减等断放，未知虚的，若果如此，深为不便。臣闻《周礼》荒政十有二：散利、薄征②、缓刑、弛力、舍禁③、去几④，率皆推宽大之恩，以利于民，独于盗贼愈更严急。所以然者，盖以饥馑之岁，盗贼必多，残害良民，不可不除也。顷年尝见州县官吏有不知治体，务为小仁者，或遇凶年有劫盗斛斗者，小加宽纵，则盗贼公行，更相劫夺，乡村大扰，不免广有收捕，重加刑辟，或死或流，然后稍定。今若朝廷明降敕文，预言'偷盗斛斗因而盗财者与减等断放'，是劝民为盗也。百姓乏食，官中当轻徭薄赋⑤，开仓振贷，以救其死，不当使之相劫夺也。今岁府界、京东、京西水灾极多，严刑峻法以除盗贼，犹恐春冬之交，饥民啸聚，不可禁御，又况降敕以劝之，臣恐国家始于宽仁而终于酷暴，意在活人而杀人更多也。"

---

① 那融，挪移通融

② 薄征，应为薄征，全句语出《周礼·地官·大司徒》，亦可见司马光《传家集》卷三三《言除盗札子》。

③ 舍禁，取消山泽之禁。

④ 去几，取消关税。

⑤ 簿，应为薄；见司马光《传家集》卷三三《言除盗札子》。

按：温公此奏，乃言之于英宗治平年间，非此时所上，今姑附此。

六年，诏："自今灾伤，用司农常法振救不足者，并预具当修农田水利工役募夫数及其直上闻，乃发常平钱斛募饥民兴修，不如法振救者，委司农劾之。"

七年，赐环庆路安抚司度僧牒千，以备振济汉蕃饥民。

元丰元年，诏以滨、棣、沧州被水灾，令民第四等以下立保贷请常平粮有差，仍免出息。

帝曰："振济之法，州县不能举行，夫以政杀人与刃无异。今出入一死罪，有司未尝不力争，至于凶年饥岁，老幼转死沟壑，而在位者殊不恤，此出于政事不修而士大夫不知务也。"

九年，知太原府魏绛言①："在法，诸老疾自十一月一日州给米豆，至次年三月终止。河东地寒，与诸路不同，乞自十一月一日起支②，至次年二月终止；如有余，即及三月终。"从之。

振贫始于嘉祐中罢鬻诸路户绝田，以夏秋所输之课，给老幼贫疾不能自存者。神宗以来，其法不废。自蔡京置居养院、安济坊，给常平米，厚至数倍。差官卒充使令，置火头，具饮膳，给以衲衣絮被。州县奉行过当，费用既多，不免率敛，贫者乐而富者扰矣。

元丰间，诏青、齐、淄三州被水之民老幼疾病无依者，给口食，如乞匄法③。

哲宗元祐六年，翰林学士承旨、知杭州苏轼言："浙西二年诸郡灾

① 魏绛，《宋史·食货志》作"韩绛"，但查《宋史·韩绛传》，无韩绛知太原府的记载。
② 十一月，《宋史·食货志》作"十月"，当是。因既言河东苦寒，自当为其请延长救济时间，不可能反请缩短。
③ 匄，同丐。

伤①，今岁大水，苏、湖、常三州水通为一，杭州死者五十余万，苏州三十万，未数他郡。今既秋田不种，正使来岁丰稔，亦须七月方见新谷，变故未易度量。乞令转运司约度诸郡合籴米斛数目，下诸路封桩，及年计上供赴浙西诸郡粜卖。"诏赐米百万斛，钱二十余万缗，振济灾伤。

绍圣元年，帝以京东、河北之民乏食，流移未归，诏给空名假承务郎敕十、太庙斋郎补牒十、州助教不理选限敕三十、度牒五百，付河北东、西路提举司，召人入钱粟充振济。

　　东莱吕氏曰②："荒政条目，始于黎民阻饥，舜命弃为后稷，播时百谷，其详见于《生民》之诗。到得后来，如所谓禹之水，汤之旱，民无菜色，《荀子》：'禹十年水，汤七年旱，而天下无菜色者。'其荒政制度不可考。及至成周，自大司徒以荒政十有二聚万民，《周礼·地官》：大司徒以荒政十有二聚万民，一曰散利，二曰薄征③，三曰缓刑。其详又始错见于六官之书。然古者之所谓荒政，以三十年之通制国用，则有九年之蓄，出《礼记·王制》。遇岁有不登，为人主者则贬损减省丧荒之式，见于小行人之官，札丧、凶荒、厄穷为一书。《周礼·秋官》。当时天下各自有廪藏，所遇凶荒则振发济民而已。当时措置与后世不同，所谓移民、平粜，皆后世措置。且自周论之，太宰以九式均节物用，三曰丧荒之式，又遗人掌县鄙之委积，以待凶荒，而大司徒又以薄征④、散利。凡诸侯莫不有委积，以待凶荒，凶荒之岁，为符信发粟振饥而已。当时敛散轻重之式未尝讲。侯甸采卫皆有馈遗，不至于谷价翔踊，如弛张、敛散之权亦不曾讲。惟到春秋、战国，王政既衰，秦饥乞籴于晋，鲁饥乞籴于齐，出《左传》。岁一不登，则乞籴于邻国，所谓九年之制度，已自败坏。见《管子·轻重》一篇，无虑百千言，不过君民互相攘夺。收其权于君上，已非君道。所谓荒政，一变为敛散轻重，先王之制因坏。到后来敛散轻重之权又不能操，所

────────────

① 浙西二年诸郡灾伤，语序颠倒，疑刊刻有误。《苏轼文集》卷六〇《乞将上供封桩斛斗应副浙西诸郡接续籴米札子》作"浙西诸郡二年灾伤"。

② 此段引语出自吕祖谦《历代制度详说》，见浙江古籍出版社 2008 年版《吕祖谦全集》第 9 册。

③ 簿，应为薄，见前文注。

④ 同上。

以启奸民幸凶年以谋祸害，民转死于沟壑，至此一切急迫之政。五代括民粟，不出粟者死，与敛散轻重之法又殆数等，大抵其法愈坏，则其术愈粗。

论荒政古今不同，且如移民、易粟，孟子特指为苟且之政，已非所以为王道，秦汉以下，却谓之善政。汉武帝诏令：‘水潦移于江南，方下巴蜀之粟，致之江陵’，本纪元鼎二年诏。唐西都至岁不登，关中之粟不足以供万乘，荒年则幸东都。自高祖至明皇，不特移民就粟，其在高宗时，且有‘逐粮天子’之语。后来元宗溺于苟安，不出长安。并出《通鉴》。以此论之，时节不同，孟子所谓苟且之政，乃后世所谓善政。且三十年之通制国用，须必世百年而可行①，亦未易及此。后之有志之士，如李悝之平籴法②，非先王之政，丰年收之甚贱，凶年出之振饥，此又思其次之良规。到得平籴之政不讲③，一切趣办之政，君子不幸，遇凶荒之年，不得已而讲，要之，非常行。使平籴之法常行，则谷价不贵，四民各安其居，不至于流散，各可以自生养。至于移民、移粟，不过以饥殍之养养之而已，若设糜粥，其策又其下者。王莽末年，民愈贫困，常若枯旱④，谷价翔贵，北边及青、徐地人相食，雒阳以东，米石二千。莽遣三公、将军开东方诸仓，振贷穷乏。又分遣大夫、谒者，教民煮木为酪，酪不可食。流民入关者数十万人，置养赡宫以廪之。吏盗其廪，饥死者十七八。

大抵荒政，统而论之，先王有预备之政，上也；使李悝之政修，次也；所在蓄积有可均处，使之流通，移民、移粟，又次也；咸无焉，设糜粥，最下也。虽然如此，各有差等。有志之士，随时理会便其民。战国之时，要论三十年之通计，此亦虚谈，则可以行平籴之法。如汉、唐坐视无策，则移民、通财虽不及先王，亦不得不论。又不得已而为糜粥之养，随所遇之时，就上面措置得有法亦可。大抵论荒政，统体如此。

今则所论，可行者甚多，试举六七条。且如汉载粟入关中无用

① 须必世，吕氏《历代制度详说·荒政》作“须必是”。
② 平籴法，吕氏《历代制度详说·荒政》作“平籴法”，且下文也言“则可以行平籴之法”。
③ 平籴，吕氏《历代制度详说·荒政》作“平籴”。
④ 常若，吕氏《历代制度详说·荒政》作“常苦”。

传。宣帝本始四年，岁不登，民以车船载谷入关，毋得用传。出《本纪》。后来贩粟者免税，此亦可行之法。此法一行，米粟流通。如后世劝民出粟，散在乡里，以田里之民，令豪户各出谷，散而与之，此一条亦可行。又如富郑公在青州①，处流民于城外所谓'室庐'，措置种种有法，当时寄居游士分掌其事，不以吏胥与于其间。富郑公自郓移青②，会河朔大水，民流京东。公以为从来拯救，当聚之州县③，人既猥多，仓廪不能供，散以粥饭，欺弊百端，由此人多饥死；死者气熏蒸，疾疫随起，居人亦致病弊。是时方春，野有青菜，公出榜要路，令饥民散入村落，择所部丰稔者三州，劝民出粟，得十五万斛，益以官廪，随所在贮之。各因坊村，择寺庙及公私空屋，又因山岩为窟室，以处流民。富民不得陂泽之利，分遣寄居闲官往主其事，间有健吏，募流民中有曾为吏胥、走隶者，皆给其食，令供簿书、给纳、守御之役。借民仓以贮，择地为场，掘沟为限，与流民约，三日一支，出纳之详，一如官府。公推其法于境内，吏之所至，手书④，酒炙之馈日至，人人忻戴，为之尽力。比麦熟，人给路粮遣归，饿死者无几，为大冢葬之，谓之"丛冢"。其间强壮堪为禁卒者，募得数千人，奏乞拨充诸军。自是天下流民处，多以青州为法。又如赵清献公在会稽⑤，不减谷价，四方商贾辐辏。出《言行录》。熙宁中，以大资政知越州，两浙旱蝗，米价踊贵，饿死者十五六。诸州皆榜衢路，禁人增米价，公独榜衢路，令有米者增价粜之。于是诸州米商辐辏诣越，米价更贱，民无饿死者。此一条亦是可行之法。凡六七条皆近时可举而行者。自此推之，不止六七条，亦见《历世大纲》，须要参酌其宜于今者。大抵天下事虽古今不同，可行之法，古人皆施用得遍了，今但则举而措之而已。

今所论荒政，如平籴之政，条目尤须讲求。自李悝平籴至汉耿寿昌为常平仓，元帝以后或废或罢，到宋朝遂为定制。仁宗之世，韩魏公请罢鬻没官之田，募人承佃，为广惠仓，散与鳏寡孤独。庆历、嘉祐间，既有常平仓，国朝淳化三年置。景德三年，于京西、河北、河东、陕西、淮南、两浙置。天禧四年，诏益、梓、夔州，荆湖南北、广南东西路并置。又有广惠、广济仓振恤，所以仁宗德泽洽于民，三仓盖有力。至王荆

---

① 富郑公，指北宋大臣富弼（1004—1083年）。因富弼曾被封为郑国公，故称富郑公。
② 自郓移青，语义欠通。查《宋史·富弼传》载富弼知郓州而后转青州。
③ "当"字不妥，看下文，正是不当聚在州县。司马光《涑水记闻》附录一记载此言曰："多聚之州县"，当是。又《宋史·富弼传》作"皆聚之州县"。
④ 手书，《宋史·富弼传》作"仍书其劳"，当是。不然，无所书对象。
⑤ 赵清献公，指北宋大臣赵抃（1008—1084年），其卒后谥清献，故称赵清献公。

公用事，常平、广惠量可以支给，尽粜转以为钱，变而为青苗，取三
分之息，百姓遂不聊生。广惠之田卖尽，熙宁二年，制置三司条例司言：
'乞令河南①、京东、淮南转运司施行常平、广惠仓出纳乃预备之法②。广惠仓
斛斗，除依律合支老疾、乞丐人，据数量苗外③，其余并令常平仓监官通管，一
般转易。其两仓见钱，依陕西出俵青苗钱例，每于夏秋未熟以前，召人户请领，
令随税送纳斛斗；内有愿请本色斛斗，或纳时价贵，愿纳见钱，皆听。仍于京
东、淮南、河西三路先行此法措置。'④ 四年，诏卖广惠仓田。虽得一时之
利，要之竟无根底。元祐间虽复，章惇又继之，三仓又坏，论荒政者
不得不详考。"

高宗建炎元年，诏劝诱富豪出粟米济粜饥民，赏各有差。

　　粜及三千石以上，与守阙进义校尉；一万五千石以上，与进武校
尉；二万石以上，取旨优异推赏；已有官荫不愿补援名目⑤，当比类
施行。

绍兴二十八年，浙东、西田苗损于风水。诏出常平米振粜，更令以义
仓振济。在法，水旱检放及七分以上者济之，诏自今及五分处，即拨义仓
米振济。

孝宗隆兴二年，霖雨害稼，出内帑银四十万两，付户部变籴以济之。
其年，淮民流于江、浙十数万，官司虽济而米斛有限，乃诏民间不曾经水
灾处占田万亩者，粜三千石；万亩以下，粜一千石。

三年⑥，臣僚言："日前富家放贷，约米一斗，秋成还钱五百。其时
米价既平，粜四斗始克偿之，农民岂不重困？"诏应借贷米谷只还本，取
利不过五分。

---

　　① 河南，宋朝无河南路，《宋史·食货志》作"河北"，《宋会要辑稿》食货四之一六亦作
"河北"。

　　② 广惠仓出纳乃预备之法，《宋会要辑稿》食货四之一六作"广惠仓出纳及预散之法"。

　　③ 除依律合支老疾、乞丐人，据数量苗外，《宋会要辑稿》食货四之一六至一七作"除量
留给老幼贫穷人外"。

　　④ 河西，宋朝无河西路，《宋史·食货志》作"仍先自河北、京东、淮南三路施行"。

　　⑤ 补援名目，《宋史·食货志》作"补授名目"。

　　⑥ 三年，若承前文，年号应为隆兴，而隆兴只有二年。《通考》他本有"干道"二字，
当是。

七年，中书门下省言："湖南、江西旱伤，立赏格以劝积粟之家。凡出米振济，系崇尚义风，不与进纳同。"

无官人，一千石补进义校尉，愿补不理选限将仕郎者听。以上补官或进士，则免文解及补上州文学、迪功郎各有差。文臣：一千石减二年磨勘，选人转一官，以上循资及占射差遣有差。武臣亦如之。五千石以上，文武臣并取旨优与推恩。

臣僚言："诸路旱伤，乞以展放①、展阁责之运司，籴给、借贷责之常平司，觉察妄滥责之提刑司，体量措置责之安抚司。"上谕宰执曰："转运只言检放一事，恐他日振济之类必不肯任责。"虞允文奏曰："转运司管一路财赋，谓之省计。凡州郡有余、不足，通融相补，正其责也。"

淳熙八年，诏支会子二十二万，并浙东路常平义钱内支一十万贯，付提举朱熹，措置振粜。

十年，江东宪臣尤袤召人②，言："东南民力凋敝，中人之家至无数月之储。前年旱伤，江东之南康、江西之兴国俱是小垒，南康饥民一十二万二千有奇，兴国饥民七万二千有奇。且祖宗盛时，荒政着闻者，莫如富弼之在青州，赵抃之在会稽，在当时已是非常之灾，夷考其实，则青州一路饥民止十五万，几及南康一军之数；会稽大郡，饥民才二万二千而已，以兴国较之，已是三倍。至于振赡之米，弼用十五万，抃用三万六千。今江东公私合力振救，为米一百四十二万，去岁江西振济兴国一军，除民间劝诱所得，出于官者自当七万，其视青州一路、会稽一郡，所费实相倍蓰，则知今日公私诚是困竭，不宜复有小歉。国家水旱之备止有常平义仓，频年旱暵，发之略尽。今所以为预备之计，唯有多出缗钱，广储米斛而已。"

又言："救荒之政，莫急于劝分。昨者朝廷立赏格以募出粟，富家忻然输纳，故庚子之旱不费支吾者，用此策也。自后输纳既多，朝廷吝于推赏，多方沮抑，或恐富家以命令为不信，乞诏有司施行。"

---

① 展放，《宋史·食货志》作"检放"，应是。展为延期，而逢宰放贷最急，不可以展。
② 召人，或为"召入"之误。《宋史·尤袤传》作"召对"。

　　浙东提举朱熹与丞相王淮书曰："今上自执政，下及庶僚，内而侍从，外而牧守，皆可以交结附讬而得。明公不此之爱，而顾爱此迪功、文学、承信、校尉十数人之赏，以为重惜名器之计，愚亦不知其何说也。大抵朝廷爱民之心，不如惜费之甚，是以不肯为极力救民之事；明公忧国之念，不如爱身之切，是以但务为阿谀顺旨之计。此其自谋，可谓尽矣，然自旁观论，则亦可谓不思之甚也。"

　　宁宗嘉定二年，起居郎贾从熟言："出粟振济，赏有常典，多者至命以官，固足示劝，然应格沾赏者未有一二。偏方小郡，号为上户者，不过常产耳，今不必尽责以振济，但随力所及，或粜或贷，广而及于一乡，狭而及于一都，有司核实量多寡与之免役一次，少者一年或半年，庶几官不失信，民必乐从。"从之。

卷二十七　国用考五

蠲贷

汉文帝二年，民贷种食未入、入未备者，皆赦之。

十二年，赐天下民田租之半。

十三年，除民之田租。

　　右除田租，始于汉文，以后或因行幸所过除田租，或各处灾伤除田租，非遍及天下者不录。详见《田赋考》。

武帝元朔元年，诸逋贷在孝景后三年以前，皆勿收。

昭帝始元二年，诏所振贷种食勿收责。

　　按：汉以来始有蠲贷之事，其所蠲贷者有二：田赋一也，逋债二也，何三代之时独不闻有所蠲贷邪？盖三代之所以取民，田赋而已，贡、助、彻之法虽不离乎什一，然往往随时随地为之权衡，未尝立为一定不易之制，故《禹贡》九州之地，如人功多则田下而赋上，人功少则田上而赋下。兖州之地，盖十有三载而后可同于他州，又有杂出于数等之间，如下上上错、下中三错之类，可见其未尝立为定法。孟子以为治地莫不善于贡，亦病其较数岁之中以为常，然则数岁之外亦未尝不变易，非如后世立经常之定额，其登于赋额者，遂升合不可悬欠也。盖其所谓田赋者，既随时斟酌而取之，则自不令其输纳不敷而至于逋悬，既无逋悬，则何有于蠲贷？而当时之民，亦秉义以事其上，所谓"雨我公田，遂及我私"。所谓私田稼不善则非吏，公田稼不善则非农，则又不至如后世徇私忘公，而徼幸其我蠲。至于田赋之外，则未尝他取于民，虽有春省耕，补不足；秋省敛助不给之制，然未闻责其偿也。春秋时，始有施舍已责之说①，家量贷而公量收之说。秦、汉而下，赋税之额始定，而民不敢逋额内之租，征敛之名始多，而官复有税外之取。夫如是，故上之人不容不视时之丰歉、民之贫富而时有蠲贷之令，亦其势然也。由唐以来，取民之制愈重，其法越繁，故蠲贷之令越多，或以水旱，或以乱离。改易朝代，则有所蠲；恢拓土宇，则有所蠲；甚至三岁祀帝之赦，亦必有所蠲，以为常典。盖征敛之法本苛，逋欠之数日多，故蠲贷之令不容不密，而桀黠顽犷之徒，至有故逋常赋以待蠲，而以为得策，则上下胥失之矣。

宣帝元康元年，诏所振贷勿收。

神爵元年，诏所振贷勿收。

元帝永光四年，诏所贷贫民勿收责。

鸿嘉元年②，诏逋贷未入者勿收。

四年，逋贷勿收。

成帝河平四年，诏诸逋租赋、所振贷勿收。

后汉章帝元年③，诏以大旱，勿收兖、豫、徐州田租。

和帝永元四年，诏郡国秋稼为旱蝗所伤者，什四以上，勿收田租。九年，诏如之。

顺帝永建元年，诏以疫疠水旱，令人半输今年田租；其伤害什四以上，勿收责；不满者，以实除之。

桓帝延熹九年、灵帝熹平元年，皆有是诏。

魏陈留王景元四年，取蜀，赦。益州士民，复除租税之半。

吴大帝嘉禾三年，宽民间逋赋，勿复督课。

十三年，诏原逋责④。

晋武帝泰始元年，受禅。复天下租赋及关市之税一年，逋债宿负皆

① 已责，疑此处刊刻有误。应为"已责"，既往的债务。见《左传·昭公二十年》"薄敛已责"。责，通债。

② 鸿嘉元年，鸿嘉、河平皆为汉成帝年号。但河平在前，所以，下文"成帝河平四年"条应在本条之前。

③ 后汉章帝元年，此处只讲章帝元年，而未讲年号，因事在明帝永平十八年，但该年八月章帝已继位，事在年末，故云章帝元年。

④ 此段未记年号，只云"十三年"，按文意应为嘉禾年份，但嘉禾并无十三年。查《三国志·吴书·吴主传》事在赤乌十三年，可见本段年份之前脱"赤乌"二字。

勿收。

太康元年，平吴，将吏渡江复十年；百姓及百工复二十年。

二年①，诏四方水旱甚者，无出田租。

五年，减天下户课三分之二②。

六年，以岁不登，免租贷宿负。

惠帝永平元年，除天下户调绢绵。

成帝咸和四年，诏遭贼州县，复租税三年。

孝武太元四年，郡县遭水旱者，减租税。

五年，以比岁荒歉，大赦。自太元三年以前逋租宿债，皆蠲除之。

十七年，大赦。除逋租宿债。

宋武帝即位，大赦。逋租宿债勿收。

齐高帝即位，大赦，除逋租宿债。梁、陈受禅皆然。

魏道武天兴元年，诏大军所经州郡，皆复赀租一年，除山东人租赋之半。

二年，又除州郡租赋之半。

太武延和三年，诏以频年征伐，有事西北，运输之役，百姓勤劳。令郡县括贫富以为级，富者租赋如常，中者复二年，下穷者复三年。

孝文帝太和六年，分遣大使巡行州县，遭水之处免其租赋。

隋文帝开皇九年，以江表初平，给复十年；自余诸州并免当年租赋。

十二年，诏河北、河东今年田租三分减一，兵减半，功调全免。

唐高祖武德元年即位，诏义师所过给复三年，其余给复二年③。

四年，平王世充、窦建德，大赦。百姓给复一年，陕、鼎、函、虢、虞、芮、邠七州转输劳费，幽州管内久隔寇戎，并给复二年。

太宗即位，免民逋租宿负。又免关内及蒲、芮、虞、秦、陕、鼎六州二岁租，给复天下一年。

贞观元年，以山东旱，免今年租。

中宗复位，免民一年租赋。

睿宗即位，免天下岁租之半。

元宗开元五年，免河南、北蝗水州今岁租。

---

① 按《晋书·武帝纪》记载，此事在太康三年。
② 《晋书·武帝纪》作"三分之一"。
③ 二年，《新唐书·高祖纪》作"一年"。

八年，免水旱州逋负。

九年，免天下七年以前逋负。

十七年，免今岁租之半。

二十七年，免今年租。

天宝十四载，免今年租、庸半。

肃宗乾元二年，免天下租、庸，来岁三之一；陷贼州，免三岁租。

代宗即位，免民逋负租宿负①。次年，又诏免之。

宪宗元和四年，免山南东道、淮南、江西、浙东、湖南、荆南今岁税。

十四年，大赦。免元和二年以前逋负。

武宗会昌六年，以旱免今年夏税。

宣宗大中四年，蠲度支、盐铁、户部逋负。

九年，以旱，遣使巡抚淮南，减上供馈运，蠲逋租。又罢淮南、宣歙、浙西冬至、元日常贡，以代下户租税。

懿宗咸通七年，大赦。免咸通三年以前逋负。

后唐庄宗天成二年②，诏免三司逋负近二百万缗。

潞王即位，以刘昫判三司，钩考旧逋，必无可偿者请蠲之。诏长兴以前，户部及诸道逋租三百三十万石咸免之。贫民大悦，三司吏怨之。

致堂胡氏论见《田赋考》。

宋太宗皇帝至道二年，秘书丞高绅上言："受诏诣江南诸州，首至宣州，检责部内逋官物千二百四十八万。"即日诏太常丞黄梦锡乘传案其事，皆李煜日吏掌邮驿、盐铁、酒榷、供军槁秸等，以铁钱计其数，逮四十年，州郡不为削去其籍。梦锡检勘合理者才三四万，民贫无以偿。乃诏悉除逋籍。

真宗咸平元年，判三司催欠司王钦若上言："诸路所督逋负并十保人偿纳未尽者，请令保明闻奏；均在吏属科理者，请蠲放之。"诏可。又令川峡逋欠官物，不得估其家奴婢以偿。自是，每有大赦，必令台省官与三

---

① 逋负租宿负，疑第一个"负"字为衍，可见《新唐书·代宗纪》。

② 后唐庄宗天成二年，天成为后唐明宗年号，此事《旧五代史·明宗纪》亦载在明宗天成二年。

司同详定逋负，引对蠲放。天书降，放五百八十万；东封，放五百四十九万；汾阴，放五百九十四万。其后所放，大约准此。

巽岩李氏《送汤司农归朝序》曰："侧闻真宗初即位，王文穆公与毋宾古同佐三司。宾古谓：'天下宿逋自五代讫咸平理督未已，民病不能胜，将启蠲之。'文穆得宾古言，即夕俾吏治其数。翌日具奏，真宗愕曰：'先帝曷不知此？'文穆曰：'先帝固知之，特留遗陛下收天下心耳！'真宗感悟，因遣使四出蠲宿逋，凡一千余万，释系囚三千余人，由是遇文穆甚异，卒用为相。仁宗继立，推广先志，丞改追欠司曰蠲纳司，旋命近臣详定应在名物，下诸路转运使，期以三年悉蠲之。每三年复一大赦，凡宿逋之总于蠲纳司者，苟非侵盗，皆得除洗。历圣相授，率由旧章，所蠲当以数百万计，究其本原事迹，实自文穆发之。文穆晚缪所为，要不合古，而真宗独加宠待，亦惟文穆旱有恤民之言，宜为宰相故尔。"

仁宗天圣六年，诏："天下应在物，转运司选所部官，期三年内悉除之。百万以上，岁中除十之八者升陟；不及百万，而岁中悉除者录其劳；过期者劾其罪。"是岁，有司言所蠲二百三十六万。

嘉祐四年，蠲三千二百一十六万，其余或千万，或数百万，推是以知四十余年之间，以恩释者多矣。然有司或务聚敛，有尝以恩除而追督不舍者，朝廷知其弊，下诏戒饬。

英宗治平三年，诏逋负非侵盗皆除之。或请所负须嘉祐七年赦后已输十之三，乃以赦除。端明殿学士钱明逸言："此非赦意，请如初令。"诏可。

神宗熙宁元年，释逋负贷粮一百六十二万八千五百石有奇，钱十一万七千四百缗有奇。

元丰五年，诏内外市易务，在京酒户罚息钱并除之。后又诏倍罚曲钱三分已放一分外，更免一分。

哲宗元祐元年，右司谏苏辙言："乞将民间官本债负、出限役钱，及酒坊元额罚钱，见今资产耗竭，实不能出者，令州县监司保明除放。"诏令户部勘会。辙谓此事惟州县可见，若令户部取之，州县文字，往来问难，淹延岁月，救民之急，不当如此，乞与一切放免。于是诏户部勘会应系诸色欠负窠名①，数目若干，系息或罚，及逐户已纳过息罚钱数，并抛下免役及坊场净利等钱，仍以欠户见有无抵抵当物力②，速具保明以闻。寻诏内外见监理市易官钱，特许以纳过息罚钱充折，如已纳及官本，即便与放免，并坊场净利钱亦依此。

五年，诏府界诸路人户，积年负欠，以十分为率，每年随夏、秋料各带纳一分，愿并纳者听。又诏诸路负欠，许将斛斗增价折纳。

御史中丞傅尧俞言："风闻逐处监司，以今岁蚕麦并熟，催督积年逋负，百姓必不能用一熟之力，了积年之欠，徒费鞭朴，长公人贪暴乞取之弊。诸路监司且令带纳一料，候秋成更令带纳。"

知杭州苏轼言："二圣嗣位以来③，恩贷指挥，多被有司巧为艰阂④，故四方皆有黄纸放白纸收之语。虽民知其实，止怨有司，然陛下未尝峻发德音，戒饬大臣，令尽理推行。况臣所论市易、盐钱、酒税、和买绢四事，钱物虽多，皆是虚数，必难催理。除是复用小人如吴居厚、卢秉之类，假以事权，济其威虐，则五七年间，或能索及三五分。若官吏兵循常法，何缘索得，三五年后，人户竭产，伍保散亡，势穷理尽，不得不放。当此之时，亦不得谓之圣恩矣。伏乞留神省览，或执政只作常程文字行下，一落胥吏庸人之手，则茫然如堕海中，民复何望矣！"⑤

七年，轼又上言曰："臣闻之孔子曰：'善人教民七年，亦可以即戎矣。'夫民既富而教，然后可以即戎，古之所谓善人者，其不及圣人远甚。今二圣临御，八年于兹，仁孝慈俭，可谓至矣，而帑廪日益困，农民日益贫，商贾不行，水旱相继，以上圣之资无善人之效，臣窃痛之。所至访问耆老有识之士，阴求其所以，皆曰：'方今民荷宽政，无他疾苦，但为积欠所压，如负千钧而行，免于僵仆则幸矣，何暇举首奋臂，以营求于一饱之外哉！'今大姓富家，昔日号为无比

---

① 窠名，款目；条项。
② 有无抵抵当物力，按文意，句中应衍一"抵"字。
③ 二圣，宋哲宗幼年继位，高太后以太皇太后的身份临朝主政，故臣下称二圣。
④ 艰阂，推脱阻隔。
⑤ 查《苏轼文集》卷五七《应诏论四事状》，与此段引文文字小有出入，但作者观点并无不同。古人引文并不求文字绝对吻合，无伤文意即可。

户者①，皆为市易所破，十无一二矣，其余自小民以上，大率皆有积欠。监司督守令，守令督吏卒，文符日至其门，鞭笞日加其身，虽有白圭、倚顿②，亦化为筚门圭窦矣③。自祖宗以来，每有赦令，必曰凡欠官物，无侵欺盗用，及虽有侵盗而本家及五保人无家业者，并与除放。祖宗非不知官物失陷，奸民幸免之弊，特以民既乏竭，无以为生，虽加鞭挞，终无所得。缓之则为奸吏之所蚕食，急之则为盗贼之所凭借，故举而放之，则天下悦服。虽有水旱盗贼，民不思乱，此为捐虚名而收实利也。自二圣临御以来，每以施舍己责为先务④，登极赦令，每次郊赦，或随事指拨⑤，皆从宽厚。凡今所催欠负，十有六七，皆圣恩所贷矣，而官吏刻簿⑥，与圣意异，舞文巧诋，使不该放。监司以催欠为职业，守令上为监司之所迫，下为胥吏之所使，大率县有监催千百家，则县中胥徒，举欣欣然日有所得，若一旦除放，则此等皆寂寥无获矣。自非有力之家纳赂请求，谁肯举行恩贷，而积欠之人，皆邻于寒饿，何赂之有？其间贫困扫地，无可蚕食者，则县胥教令通指平人，或云衷私擅买，抵当物业；或虽非衷私，而云买不当价。似此之类，蔓延追扰，自甲及乙，自乙及丙，无有穷已。每限皆空身到官，或三五限得一二百钱，谓之破限。官之所得至微，而胥徒所取，盖无虚日，俗谓此等为县胥食邑户。

嗟乎！圣人在上，使民不得为陛下赤子，而皆为奸吏食邑户，此何道也！商贾贩卖，例无见钱，若用见钱，则无利息，须今年索去年所卖；明年索今年所赊，然后计算得行，彼此通济。今富户先已残破，中民又有积欠，谁敢赊卖物货？则商贾自然不行，此酒税课利所以日亏，城市房廊所以日空也。诸路连年水旱，上下共知，而转运司窘于财用，例不肯放税，纵放亦不尽实，虽无明文指拨，而以喜怒风晓官吏，孰敢违者？所以逐县例皆拖欠两税，较其所欠，与依实检放无异，于官了无所益，而民有追扰鞭挞之苦，近者诏旨凡积欠皆分为

---

① 无比户，古指豪富的家族。
② 白圭、倚顿，二人都是战国时代的富商巨贾。
③ 筚门圭窦，上尖下方似圭状的门窦（不规整），树枝编的门，指贫寒之家。
④ 己责，当为"已责"，见前文注。
⑤ 指拨，即指挥。
⑥ 簿，当为薄。

十料催纳，通计五年而足，圣恩隆厚，何以如此？而有司以谓有旨倚阁者，方待依十料指拶，余皆并催。纵使尽依十料，吏卒乞觅，必不肯分料少取。人户既未纳足，则追扰常在，纵分百料，与一料同。

臣顷知杭州，又知颍州，今知扬州，亲见两浙、京西、淮南三路之民，皆为积欠所压，日就穷蹙，死亡过半，而欠籍不除，以致亏欠两税，走陷课利。农末皆病，公利并困，以此推之，天下大率皆然矣。臣自颍移扬州，舟过濠、寿、楚、泗等州，所至麻麦如云，臣每屏去吏卒，亲入村落，访问父老，皆有忧色，云丰年不如凶年，天灾流行，民虽乏食，缩衣节口，犹可以生。若丰年举催积欠，胥徒在门，枷棒在身，则人户求死不得，言讫泪下。臣亦不觉流涕。又所至城邑，多有流民，官吏皆云以夏麦既熟，举催积欠，故流民不敢归乡。臣闻之孔子曰：'苛政猛于虎。'昔尝不信其言，以今观之，殆有甚者。水旱杀人，百倍于虎；而人畏催欠，乃甚于水旱。臣窃度之，每州催欠吏卒不止五百人，以天下言之，是常有二十余万虎狼散于民间，百姓何由安生？朝廷仁政何由得成乎？臣自到任以来，日以检察本州积欠为事，内已有条贯除放，而官吏不肯举行者，臣即指拶本州一面除放去讫。其于理合放而于条未有明文者，即且令本州权住催理，听候指拶；其于理合放而于条有碍者，臣亦未敢住催，各具利害，奏取圣旨。"

元符三年十二月，时徽宗已即位。诏两浙转运司应旧欠朝廷及他司钱物斛斗总计六百五十余万，分作十五年拨还，仍自建中靖国元年为始。

时右司员外郎陈瓘进《国用须知》，言帝嗣位之初，肆赦天下，大弛逋负，其数太多，不无侥幸，方国用匮乏之时，倾天下之财而无孑遗，大臣为无益之举，以坏先宪，不可以不虑。会御史中丞赵挺之亦言："契勘元祐七年所放，不问系与不系欠负，凡民间钱物宜输于官者，一切均放之。然所放欠，乃元丰八年三月以前，盖七年以前也，今元符三年乃放元符三年以前者，则所放不赀矣。祖宗以来，放欠自有程式，今不取祖宗以来旧法，而独取元祐七年之法，其间放欠，止依所放名件，而不依所放年岁，显有情弊。乞并送户部勘当，将建隆以来至元祐六年赦敕契勘，如不曾放过名件，并合依祖宗以来赦敕催纳。方当内外告乏之时，朝廷能收宜取之物，以助国用，非小补也。"

宣和六年，臣僚言："京西等处二税，及坊场、酒税拖欠贯万不少，悉非良民不纳，多是形势顽猾，人户欺隐。又高邮县共欠一十余万贯石，作逃移者四万七千余户，每岁辄除额税五万二千余贯石。盖州县之官不能治豪右，抑兼并，贫下之户为豪右兼并，其籍必妄申逃移，失陷省税。乞诏有司驱磨按治，庶使贫下之民，均被圣泽。"从之。

高宗建炎二年，诏元年夏秋税租及应欠负官物并除放。

绍兴二年，诏遣范汝为平①，蠲本州路上四州今年夏、秋税及夏料役钱②。下四州曾遭寇掠者，蠲今年夏税。

三年，诏诸州军所欠绍兴元年夏秋二税并和买，上三等人户与倚阁一半，第四等以下并倚阁，分限三年带纳。又诏潭、郴、鼎、澧、岳、复、循、梅、惠、英、虔、吉、抚、汀、南雄、荆南、南安、临江皆盗贼所蹂践，及军行经历处，与免科差及催欠各二年。

六年，诏去年旱伤及四分已上州县，绍兴四年以前积欠租税皆除之。执政初议倚阁，上曰："若倚阁州县，因缘为奸，又复催理扰人。"乃尽蠲之。

七年，诏："驻跸及经由州县，见欠绍兴五年以前赋税，并坊场净利所负并蠲之。"

二十一年，诏："自绍兴十一年至十七年诸色拖欠钱物，除形势及公吏、乡司，与第二等已上有力之家，余并蠲之。"

二十三年，温州布衣万春上书，言："乞将民间有利债欠，还息与未还息，及本与未及本者并除放，庶少抑豪右兼并之权，伸贫民不平之气。"上谓辅臣曰："若止偿本，则上户不肯放债，反为细民害。"乃诏私债还利过本者，并与依条除放。

二十六年，吏部侍郎许兴古言："今铨曹有知县③、县令共二百余阙，

---

① 诏遣范汝为平，此句文意难通，范汝为系建州私盐贩的首领、造反者，不可能"遣"，遣与平也不能搭配。疑刊刻有误，应为"范汝为平，诏遣"。《宋史·食货志》作"建盗范汝为平，诏蠲本路今年二税及夏科役钱"。较此义通。

② 本州路，州字衍，可参见《建炎以来系年要录》卷五三。

③ 铨曹，主管选拔、任命官员的部门。铨，铨选；曹，机构。

无愿就者，正缘财赋督迫，民官被罪，所以畏避如此。若罢献羡余，蠲民间积欠，谨择守臣，戒饬监司，奉法循理，则称民安矣"。诏行之。

二十八年，三省言："平江、绍兴府，湖、秀州被水，欲除下户积欠，拟令户部开具有无侵损岁计。"上曰："不须如此，止令具数，便于内库拨还。朕平时不枉费内库所积，正欲备水旱。本是民间钱，却为民间用，何所惜？"乃诏平江等处，应日前积欠税赋并蠲之。

二十九年，诏诸路州县，绍兴二十七年前积欠官钱三百九十七万余缗，及四等以下户系官所欠皆除之。

三十年，臣僚言："自岳飞得罪，湖北转运司拘收前宣抚司库务金币物斛，计置六百九十余万缗，有未输纳者八十九万缗，至是一十年，拘催不已。此皆出军支使及回易逃亡之数，即非侵盗，无所追偿，望即除放。"从之。

绍兴三十二年，孝宗即位赦文："应官司债负房赁、税赋、和买、役钱及坊场、河渡等，截止绍兴三十二年以前并除放①。如别立名额追纳者，许越诉官吏，并坐之。"

乾道元年正月，有事于南郊，赦，蠲减并循旧制。自后每三岁郊禋赦皆如之②。

诏蠲福建路寺、观宽剩钱。

> 先是闽部寺、观计口给食，常住所余，尽为官拘。是致僧道不肯留心管业，田多不耕，耕者旋复逃弃，抑勒邻保补欠，累及乡民，乃有是命。

广东帅臣林安宅言："近者湖南凶贼奔冲本路，韶、连、南雄、封州，德庆、肇庆府之西，会广州之怀集、清远，皆遭蹂践，或被焚荡。乞依广西例，免今年夏秋二税，并命应副转运司，供赡荆南及本路大兵钱粮。"诏并英、贺、郴州，桂阳军未起钱物悉蠲之。十二月，宰执进呈立皇太子赦内一项，应为人曾孙，如祖孙四世见在，特与免本身色役、二税、诸般科敷一年。户部虑亏损岁计，欲每户放止五十千，上曰："岂可失信于人？虽

---

① 绍兴三十二年，《宋史·食货志》作"三十年"，可参考。

② 郊禋，古代帝王祭祀仪式的一种，升烟而祭天地。

数多亦不奈何。"乾道二年，诏饶州岁进金一千两，特减七百两。

五年，蠲诸路州军隆兴元年至乾道二年终拖欠上供诸色窠名钱粮，及乾二年以前上供、科籴纲运欠米。

又蠲江淮等路绍兴二十七年至乾二年终拖欠

内藏库岁额钱共八十七万五千三百缗有奇。

六年，户部侍郎王佐等言："军兴以后，行在省仓、诸路总所借兑过钱一百九十六万余缗、银三十八万五千余两、金二百余两、度牒五千道。殿步马军司元借过酒本钱二十二万五千余缗，及诸郡寄招军兵兑支钱五万八千缗，起发忠勇军衣，赐绵一万二千九百余两、绢三千八百余匹，并乞蠲放。"从之。

九年，诏大理寺见追赃钱自乾道七年二月以前并蠲之。

淳熙四年，臣僚言："屡赦蠲积欠，以苏疲民，州县不能仰体圣意，至变易名色以取之。宜下诸路漕司，如合该除放无得更取之于州，州无得更取之于县，仍督逐县销豁欠簿，书其名数，榜民通知。"诏可。

七年，池州言："检放旱苗米四万五千余石，其经总制钱二万六千余贯，系于苗上，收趁无所从出。"诏蠲之。

浙东提举朱熹言："去年水旱相继，朝廷命检放秋苗，蠲阁夏税。缘起催在前，善良畏事者多已输纳，其得减放者皆顽猾人户，事件不均。望诏将去年剩纳数目，理作八年蠲豁。"诏户部看详。

诏："淳熙七年、八年，诸路州军，应住催并，权免拘催，候秋成理纳，或随料留纳。苗税缘系连年旱伤，可特与蠲放。"

十年，先是，户部尚书曾怀申请："妄诉灾伤，侥幸减免税租，许人告，依条断罪，仍没其田一半充赏。"至是，江东运副苏谔奏："昨称灾伤，止是规免本年一料税租，断罪给赏，已是适中，难以拘没其田。"从之。

朱熹戊申封事："臣伏见祖宗旧法，凡州县催理官物，已及九分以上，谓之'破分'，诸司即行住催，版曹亦置不问。由是州县得其盈余，以相补助，贫民些小拖欠亦得迁延，以待蠲放。恩自朝廷，惠及闾里，君民两足，公私两便，此诚不刊之令典也。昨自曾怀用事，始除此法，尽刷州县旧欠，以为隐漏，悉行拘催，于是民间税物，豪分铢两①，尽要登足。怀以此进身，遂取宰相，而生灵受害，冤痛日深。得财失民，犹为不可，况今政烦赋重，民卒流亡，所谓财者，又无可得之理，若不早救，必为深害。"

<u>按：以此二事观之，曾怀之为刻剥小人可知矣。</u>

淳熙十六年二月，光宗受禅即位。蠲赦条画一依寿皇登极赦事理。

臣僚言："绍兴三十二年赦止放官司债负，今乃易官司之司为公私之私。赦下之后，并缘昏赖者众，乃诏私债纳息过本者放，未过本者，免息还本，并缘昏赖者科罪。"

绍熙元年，臣僚言："陛下嗣位之初，首议蠲贷，意州县可以均受其赐。今郡之督责于县者如故，县之诛求乎民者无所遗也。乞令诸路监司，将知名阙乏，县、道、诸郡公心共议蠲减无名之供，而后禁戢不止之取。一郡则通一郡之事力，而宽融所当减之县；监司则通一路之事力，而宽融所当减之州。期以一季，开具减放名色钱数闻奏。"诏可。

绍熙五年，宁宗即位登极赦，蠲放一如淳熙十六年故事。

庆元五年，臣僚奏："乞蠲潭州科纳、承平时黄河筑埽铁缆钱、宁国府抱认废圩米。"从之。二项系攸县及宣城县民田亩内抱认科纳，今除之。

嘉泰四年，前知常州赵善防言："贫民下户，每岁二税但有重纳，未尝拖欠，朝廷蠲放，利归揽户、乡胥，而小民未尝沾恩。乞明诏自今郊需与减放次年某料官物，或全料，或一半，其日前残零，并要依数纳足，则贫民实被宽恩，官赋亦易催理。"从之。

开禧元年，诏免两浙身丁钱绢，自来年并除之。

右宋以仁立国，蠲租已责之事②，视前代为过之，而中兴后尤多。州郡所上水旱、盗贼、逃移，倚阁钱谷，则以诏旨径直蠲除，无岁无之，殆不胜书。姑撮其普及诸路与所蠲名目颇大者登载于此。盖建炎以来，军兴用度不给，无名之赋稍多，故不得不时时蠲减数目，

① 豪，古通毫。如《史记·平准书》"故三人言利事析秋豪矣"。
② 已责，应为"已责"，见前文注。

以宽民力。又西蜀自张魏公屯军□陕①，以赵□为随军转运②，军前支使，馈饷尤浩。故赋税茶、盐，榷酤，和买布、绢，对籴米粮，及其他名色钱物，锱铢必取，率是增羡，蜀民颇困。事定之后，凡无名横敛，不急冗费，多从蠲减云。

---

① 张魏公，即南宋抗金名将张浚（1097—1164年），曾受封为魏国公，故称张魏公。陕字前缺一字，按《宋史·食货志》"张浚节制川、陕"一语，为"川"字。
② 赵字后缺一字，应为"开"。《宋史·食货志》载：建炎三年，"张浚节制川、陕，承制以同主管川、秦茶马，赵开为随军转运使，总领四川财赋"。

后　记

对财经古籍的整理、句读、注释，是一件费时、费力的基础研究工作。本辑从史料收集到出版，经历了两年半时间。它的完成，不仅需要具有丰富的财经历史理论研究积淀和深厚古代汉语专业功底的专家，还需要一大批甘愿付出辛勤劳动的资料收集、校对人员和编辑——他们也是保证本书能够高质量、高水平出版的重要力量！

在此我们特别要感谢卢小生主任对本书编辑和出版自始至终的支持！感谢责任编辑熊江平先生给予本书在古代汉语专业水平方面的斧正！

参与本辑编著工作的还有丁永玲、张波、王文雪、李广伟、韦丹丹、柴璐娟、刘梦笑、郝爽、宋雅晴、张静、张维霞、白兰、赵旸、丁曼琪、梧题、马静秋、赖治存、郭琰、何宇璇、孙泽慧、胡欣莉、金露露、李美、佟丹、何怡君、方圣滢、卜天虹、王杰华、石红、杨璐、冶小红。非常感谢他们为本辑出版作出的贡献！

我们还要感谢中国财政发展协同创新中心李俊生、马海涛和王俊主任，他们非常重视财政基础理论的研究，把财政史研究作为财政基础理论研究不可分割的重要组成部分。非常感谢他们对财政历史研究始终给予的全力支持！

王文素

2015 年 5 月 22 日